洞口县人大志

（1949—2016）

《洞口县人大志》编纂委员会 编

方志出版社
Publishing House of Local Records

图书在版编目（CIP）数据

洞口县人大志. 1949—2016/《洞口县人大志》编纂委员会编.——北京：方志出版社，2018.5
ISBN 978-7-5144-3069-1

Ⅰ.①洞… Ⅱ.①洞… Ⅲ.①地方各级人民代表大会-工作概况-洞口县-1949-2016 Ⅳ.①D624.644

中国版本图书馆CIP数据核字(2018)第100359号

洞口县人大志（1949—2016）

编　　者：《洞口县人大志》编纂委员会
责任编辑：罗　滔

出 版 人：冀祥德
出 版 者：方志出版社
地址　北京市朝阳区潘家园东里 9 号（国家方志馆 4 层）
邮编　100021
网址　http://www.fzph.org
发　　行：方志出版社图书经销中心
电话（010）67110500
经　　销：各地新华书店
印　　刷：邵阳市华彩印刷有限公司

开　　本：889×1194　　1/16
印　　张：38.25
字　　数：731 千字
版　　次：2018 年 5 月第 1 版　2018年 5 月第 1 次印刷
印　　数：0001～1000册

ISBN 978-7-5144-3069-1　　定价：259.00元

《洞口县人大志（1949—2016）》
编纂委员会

编辑室

审稿人员

（以姓氏笔画为序）

王友火	王建华	王道钦	尹健生	邓联文
甘建华	龙际红	伍玉龙	刘东兵	刘兴亮
许志华	严楚纲	苏开怀	李柏林	肖德生
吴中华	吴华玉	吴聚怀	旷筱炎	张建云
张治胜	罗崇雄	周国清	贺兴吾	袁仁祝
黄先球	黄明和	曾令钧	曾泽群	曾晓桃
曾祥永	谢　雄	谢先桂	雷小晶	雷家寿
瞿光奇				

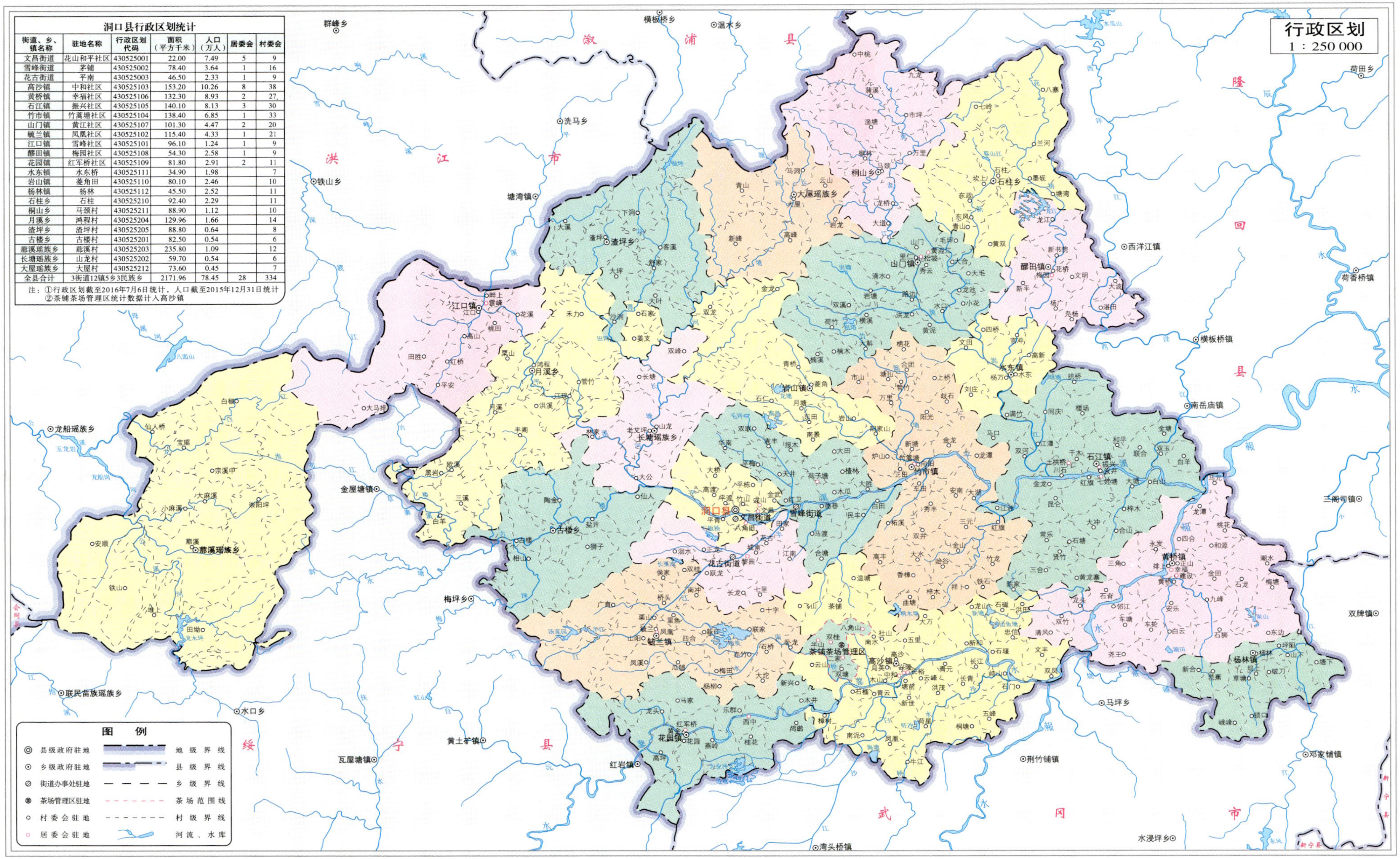

洞口县行政区划统计

街道、乡、镇名称	驻地名称	行政区划代码	面积（平方千米）	人口（万人）	居委会	村委会
文昌街道	花山和平社区	430525001	22.00	7.49	5	9
雪峰街道	茅铺	430525002	78.40	3.64	1	16
花古街道	平南	430525003	46.50	2.33	1	9
高沙镇	中和社区	430525103	153.20	10.26	8	38
黄桥镇	幸福社区	430525106	132.30	8.93	2	27
石江镇	振兴社区	430525105	140.10	8.13	3	30
竹市镇	竹蒿塘社区	430525104	138.40	6.85	1	33
山门镇	黄江社区	430525107	101.30	4.47	2	20
毓兰镇	凤凰社区	430525102	115.40	4.33	1	21
江口镇	雪峰社区	430525101	96.10	1.24	1	9
醪田镇	梅园社区	430525108	54.30	2.58	1	9
花园镇	红军桥社区	430525109	81.80	2.91	2	11
水东镇	水东桥	430525111	34.90	1.98		7
岩山镇	菱角田	430525110	80.10	2.46		10
杨林镇	杨林	430525112	45.50	2.52		11
石柱乡	石柱	430525210	92.40	2.29		11
桐山乡	马颈村	430525211	88.90	1.12		10
月溪乡	鸿程村	430525204	129.96	1.66		14
渣坪乡	渣坪村	430525205	88.80	0.64		8
古楼乡	古楼村	430525201	82.50	0.54		6
罗溪瑶族乡	罗溪村	430525203	235.80	1.09		12
长塘瑶族乡	山龙村	430525202	59.70	0.54		6
大屋瑶族乡	大屋村	430525212	73.60	0.45		7
全县合计	3街道12镇5乡3民族乡		2171.96	78.45	28	334

注：①行政区划截至2016年7月6日统计，人口截至2015年12月31日统计
②茶铺茶场管理区统计数据计入高沙镇

洞口县第一届各界人民代表会议

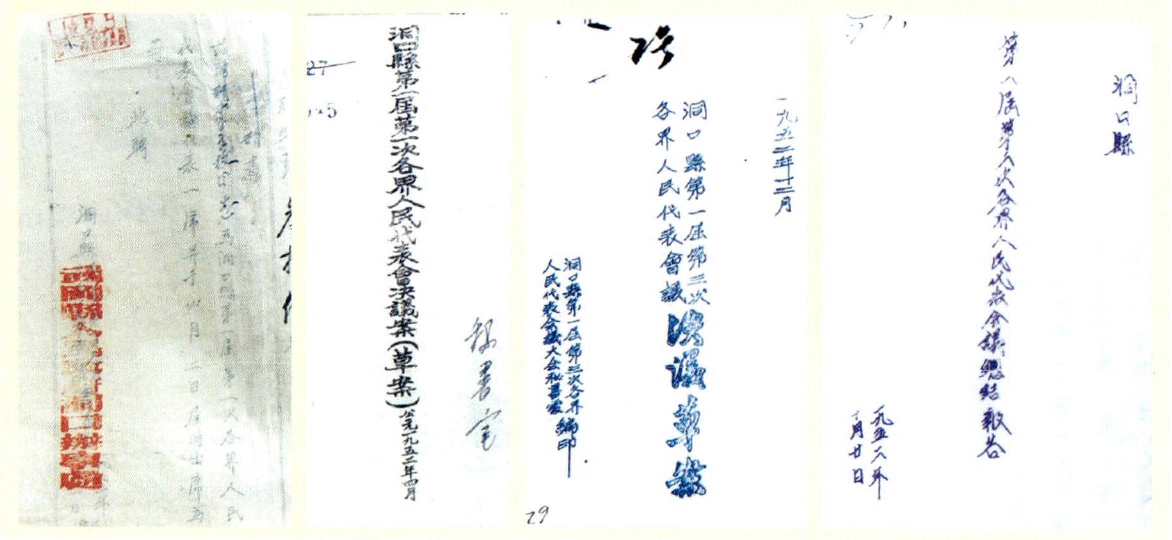

代表聘请书，会议决议，总结报告

各界人民代表会议常务委员会主任李长枚（中）和常务委员孙作英（左）房守玉（右）合影

1990年11月，李长枚（左二）回洞口看望当年土改根子和洞口县首届人民代表。

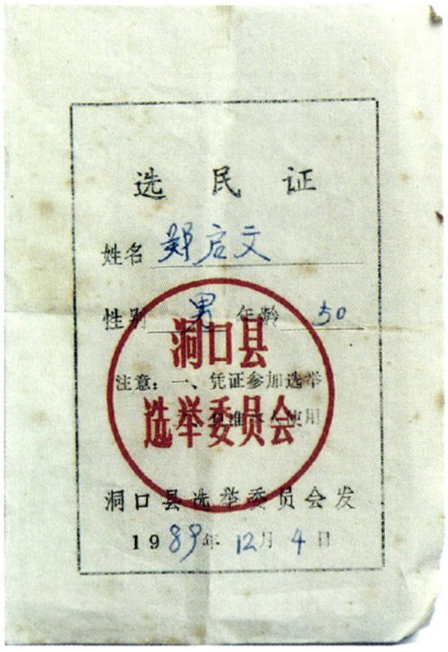
选民证
姓名 郑启文
性别 男 年龄 50
注意：一、凭证参加选举
洞口县选举委员会发
1989年12月4日
洞口县选举委员会

选民证

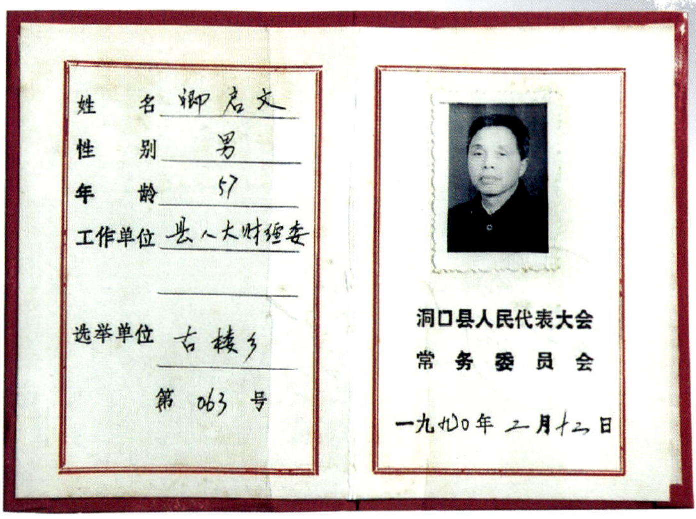
姓名 郑启文
性别 男
年龄 57
工作单位 县人大财经委
选举单位 古楼乡
第 063 号
洞口县人民代表大会
常务委员会
一九九〇年二月十二日

县人大代表当选证

◀ 刘仁浩，桐山乡第一届至第十五届人大代表，洞口县第七届人大代表，2016年10月，84岁的他以高票当选桐山乡第十八届人大代表

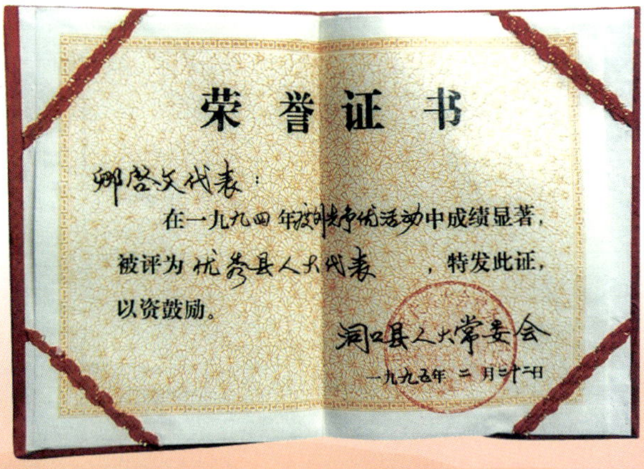
荣誉证书
郑启文代表：
在一九九四年评优活动中成绩显著，被评为优秀县人大代表，特发此证，以资鼓励。
洞口县人大常委会
一九九五年二月二十一日

优秀县人大代表荣誉证书

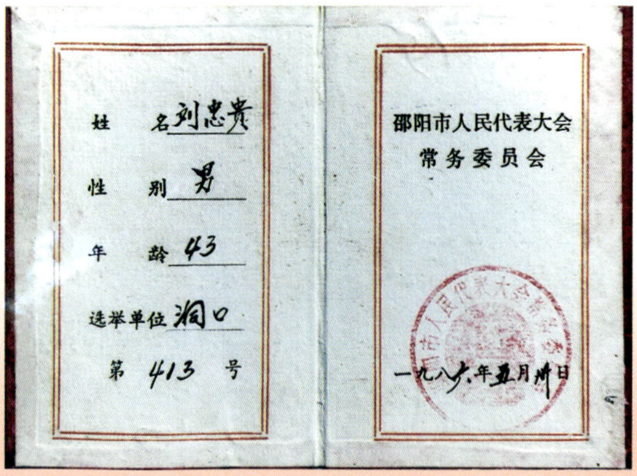
姓名 刘忠贵
性别 男
年龄 43
选举单位 洞口
第 413 号
邵阳市人民代表大会
常务委员会
一九八六年五月卅日

邵阳市人大代表当选证书

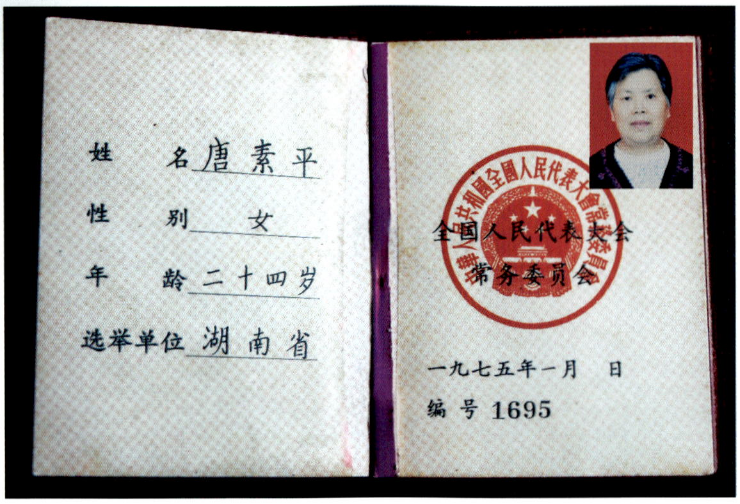

第四届全国人大代表 唐素平（近照）

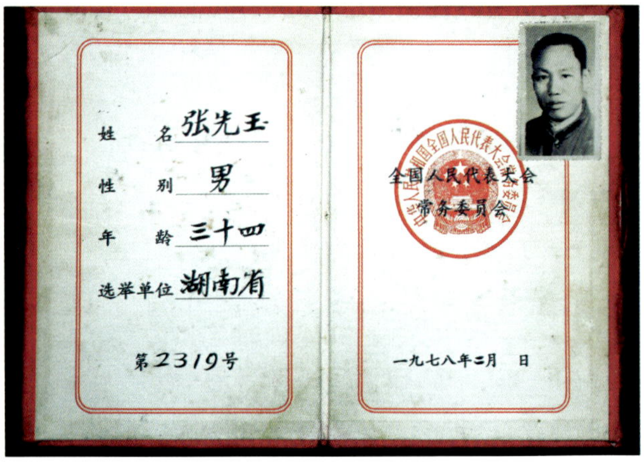

第五届全国人大代表 张先玉（近照）

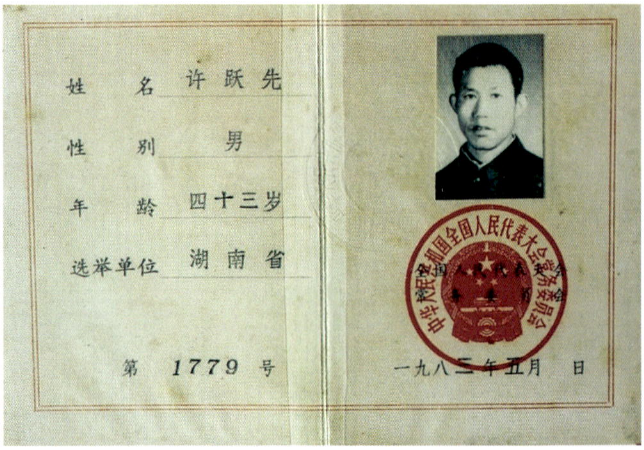

第六届全国人大代表 许跃先

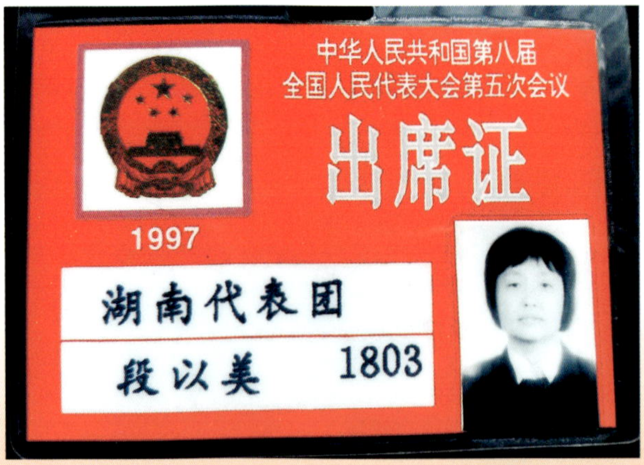

第八届全国人大代表 段以美

◀ 向书凡代表建办原种猪护繁场获“中国养猪业精英一等功勋”荣誉证书

▶ 袁隆平院士（前中）视察舒小云代表（前右）优质粮食生产专业合作社的种粮基地。

杨晚云代表参加2008奥运火炬接力传递，点燃激情，传递梦想

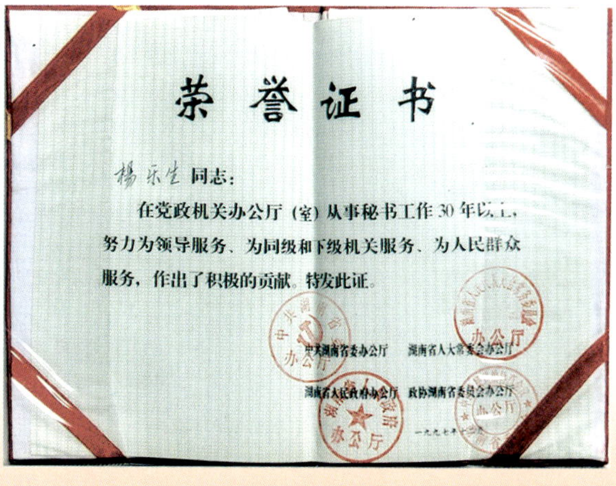

荣誉证书

杨乐生同志：

在党政机关办公厅（室）从事秘书工作30年以上，努力为领导服务、为同级和下级机关服务、为人民群众服务，作出了积极的贡献。特发此证。

中共湖南省委办公厅　湖南省人大常委会办公厅

湖南省人民政府办公厅　政协湖南省委员会办公厅

杨乐生代表从事秘书工作30年荣誉证书

代表组团出席代表大会

洞口县第十三届人民代表大会第一次会议第一团代表合影
一九九七年十二月十二日

洞口县第十三届人民代表大会第一次会议第二团代表合影
一九九七年十二月十二日

洞口县第十三届人民代表大会第一次会议第三团代表合影
一九九七年十二月十二日

洞口县第十三届人民代表大会第一次会议第四团代表合影
一九九七年十二月十二日

洞口县第十三届人民代表大会第一次会议第五团代表合影
一九九七年十二月十二日

洞口县第十三届人民代表大会第一次会议第六团代表合影
一九九七年十二月十二日

洞口县第十三届人民代表大会第一次会议第七团代表合影
一九九七年十二月十二日

洞口县第十三届人民代表大会第一次会议第八团代表合影
一九九七年十二月十二日

十二届人大四次会议主席台

十三届人大三次会议闭幕式

十五届人大六次会议会场

十六届人大一次会议开幕式

雷家寿主任在十二届人大一次会议上

袁仁祝主任（左一）在十三届人大一次会议上

肖德生主任（左一）在十五届人大一次会议上

黄先球主任在十六届人大一次会议上

曾晓桃主任在十七届人大一次会议上

县十六届人大一次会议主席团第四次会议

代表团审议工作报告

十六届人民代表大会第一次会议投票选举

十六届人大一次会议投票选举

大会通过决议

县八届人大二次会议通过决议

县十届人大四次会议通过决议

县十五届人大一次会议通过决议

县八届人大常委会组成人员、工作人员和县政府部分领导人合影

县十届人大常委会组成人员合影

县十一届人大常委会组成人员合影

县人大常委会十二届组成人员与机关工作人员合影

县十三届人大常委会组成人员和“一府二院”负责人合影

县十四届人大常委会组成人员合影

县十五届人大常委会组成人员合影

县十六届人大常委会组成人员合影

第八届人大常委会副主任向本槐（右二）和人大代表一起学习法律

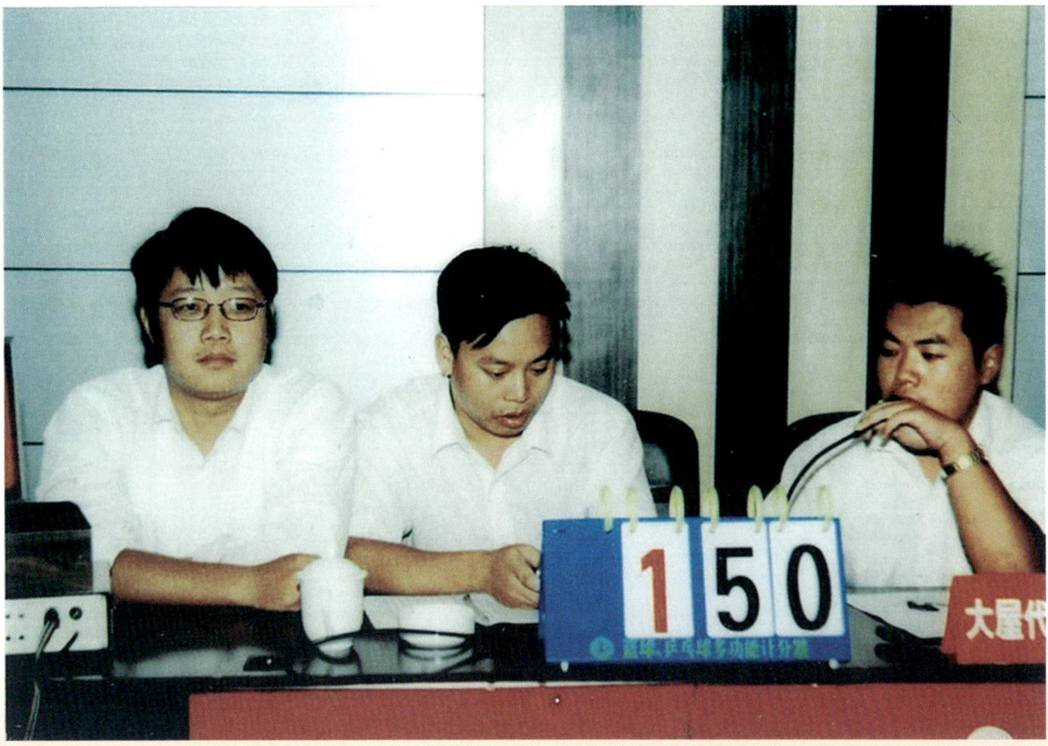

人大常委会组织《代表法》抢答赛，大屋瑶族乡代表队夺冠

洞口县1994年人大干部培训班合影

洞口县2004年乡镇人大干部培训班合影

省人大常委会义务教育执法检查组与洞口县人大常委会机关工作人员合影

省人大常委会义务教育执法检查组与邵阳市、洞口县领导合影

1992年7月14日，首次评议司法机关工作

县十五届人大常委会扩大会议听取和审议司法机关工作汇报

县十五届人大常委会听取和审议县政府工作报告

县十六届人大常委会听取和审议县政府工作报告

县十届人大常委会审议、通过人事任免

县十四届人大常委会审议、通过人事任免

县十四届人大常委会表彰人大工作先进单位、先进个人和优秀县人大代表

县十五届人大常委会表彰人民满意公仆

2003年12月，中共湖南省委书记、省人大常委会主任杨正午（中）在洞口县视察民营企业。

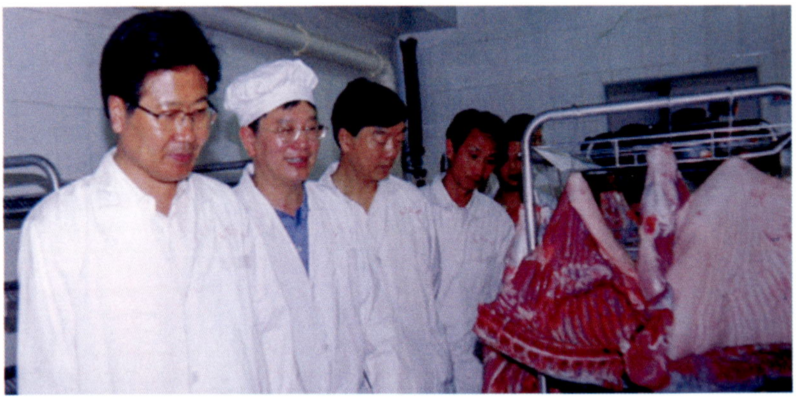

2007年7月18日，中共湖南省委书记，省人大常委会主任张春贤（左一）在洞口县视察食品工业。

湖南省人大常委会党组成员、原副主任、省委驻邵党的群众路线教育实践活动领导小组组长肖雅瑜（右一）在洞口县视察。

序

盛世修志，经世致用。

正值隆重庆祝人民代表大会成立六十周年之际，欣修《洞口县人大志1949—2016》，叙史实，励来人，继续推进社会主义民主政治建设，发展社会主义政治文明，为社会主义经济建设、政治建设、文化建设、社会建设和生态文明建设服务。

以史为鉴，鉴往知来。1949年10月10日，全县解放，开辟新天地，人民翻身做主人，建设红色新政权。1952年2月，中央人民政府政务院批准湖南省增设洞口县；4月3日，洞口县即举行第一届各界人民代表会议第一次会议，发扬民主，加强政权建设，此为召开人民代表大会前的一种过渡形式，代行人民代表大会之职权。1954年6月30日至7月2日，洞口县首届人民代表大会第一次会议在县城隆重举行，成立宪法草案讨论委员会，管理国家大事，选举湖南省第一届人大代表；1955年4月，举行第一届人大第二次会议，审议县政府《施政工作报告》，通过《关于贯彻中华人民共和国第一届全国人民代表大会第一次会议精神的决议》等七项决议，选举产生县人民委员会，标志着人民代表大会制度基本建立。在“文化大革命”期间，人民代表大会制度遭到了破坏。1980年5月16日至20日，举行洞口县第八届人民代表大会第一次会议，按照中共十一届三中全会精神和全国五届人大二次会议精神，拨乱反正，撤销县革命委员会，恢复县人民政府，依法设立洞口县人民代表大会常务委员会，人大工作揭开新篇章，与时俱进，不断完善、蓬勃发展。纵观人民代表大会制度建设的历程，大体经过初创、发展、停滞、遭践踏、被取代、再恢复和再发展的坎坷、曲折，显示了人大制度强大的生命力。回顾六十年的实践，充分证明了人民代表大会这一根本政治制度是正确的、成功的，正如习近平总书记所指出的“是符合中国国情和实际、体现社会主义国家性质、保证人民当家作主、保障实现中华民族伟大复兴的好制度”。

人事有代谢，往来成古今。过去的已凝结成历史，有宝贵的经验，也有值得吸取的教训。习近平总书记在庆祝全国人民代表大会成立六十周年大会上强调：“在新的奋斗征程上，必须充分发挥人民代表大会制度的根本政治制度的作用，继续通过人民代表大会制度牢牢把国家和民族前途命运掌握在人民手中。”当代人大代表、人大工作者，更应该对中国特色社会主义民主政治充满道路自信、理论自信、制度自信和文化自信。

启动编修工作以来，编纂人员殚精竭虑、广征博采，并得人大代表、人大工作者、史志界专家指教帮助，六改纲目，七易其稿，三次评审，耗四年之功，志书始成。通读全志，观点正确，史料翔实，布局恰当，通俗可读，具有浓郁地方特色，虽不尽善尽美，但基本达到“存史、资治、教化”之目的。只因时间久远，跨度颇大，加之历史原因，疏漏之处在所难免，则待广大读者赐教。

志书付梓，可喜可贺。谨向辛苦耕耘的编、审人员，向关心和支持《洞口县人大志1949—2016》的领导与各界人士，表示衷心的感谢。感激之余，欣然命笔，谨以此为序。

洞口县人大常委会主任　曾晓桃

2017年12月

凡例

一、《洞口县人大志1949—2016》以马克思列宁主义、毛泽东思想、邓小平理论、“三个代表”重要思想、科学发展观、习近平新时代中国特色社会主义思想为指导，坚持辩证唯物主义和历史唯物主义的立场、观点和方法，实事求是，记述各界人民代表会议、县乡人民代表大会、县人民代表大会常务委员会建立和完善完备的历史，正确反映发展中的曲折和问题，为领导机关决策服务，为全面促进民主建设、法治建设和人大常委会自身建设服务，为社会主义经济建设、政治建设、文化建设、社会建设和生态文明建设服务。

二、本志上限为1949年10月，全境解放；下限为2016年12月，十七届人大常委会举行第1次会议；历时67年。

三、本志综合运用述、记、志、传、图、表、录诸体裁。前列图、序、概述、大事记；后设附录；志尾为后记。“概述”总揽全志；“大事记”记叙与人民代表大会相关的大事、要事、新事和首次发生的重大事件；“附录”先录致敬电、贺信，选录部分规定、决议、工作总结，节录主任重要讲话。

四、本志采用中篇结构，章节体，辅以条目体。正文设各界人民代表会议、人民代表大会代表、人民代表大会会议、人民代表大会常务委员会、县人大常委会履职纪要、乡镇人民代表大会、人物共七篇，横排竖记，纵叙史实，计34章121节2则专记，其中人物篇以人大代表为主体，设人物传略、主任简历、人物简介三章。

五、文体，除“概述”有叙有议、叙议结合外，其余均采用记叙体，语体文。

六、志内有关机构称谓和法律、法规名称，沿用通称。第一次出现用全称，尔后采用约定俗成的简称，如“中国共产党洞口县委员会”简称“县委”，“洞口县人民代表大会常务委员会”简称“县人大常委会”，“洞口县人民政府”简称“县政府”，“洞口县人民法院”简称“县法院”，“洞口县人民检察院”简称“县检察院”，县政府、县法院、县检察院同时出现时简称“一府两院”，《中华人民共和国宪法》简称《宪法》。

七、本志史料，主要来自县政府（县人民委员会）和县人大常委会的档案资料；其次是《洞口县志》和《中共洞口县历史》。引用材料均不注明出处，不署提供人姓名。

八、行政区划几经变更，志内区、镇、乡（公社）、村（大队）名称均采用当时的名称。

九、详近略远，“各界人民代表会议”从略，中共十一届三中全会前的人大工作亦从略。

十、采用公历纪年。

十一、考虑到社会使用习惯，全书中亩、斤不统一换算。

目录

概 述

洞口，位于雪峰山东麓，处资水支流平溪江中游，汉代成集镇，属都梁县地；西晋属建兴县。唐辟驿站，武德七年624并入武冈县。宋置寨，驻兵把守，称硖口；元代设衙门。出集镇沿江西上4公里为峡谷，双壁对峙，巍然屹立，相传悬崖覆盖江面，江水穿石洞东去，至此成潭，名“洞口潭”，地名缘于此。土地革命战争时期，唐盛等人组建成中共洞口（地下）支部与敌斗争，中共武冈（地下）县委的活动中心即转移至洞口，为革命老区铸就辉煌。抗战时间，洞口潭争夺战一役，斃寇数以千计。1949年正月，一批中共（地下）党员率众举行洞口起义，高举“反蒋拥共”大旗，迎接解放。1949年10月7日凌晨，解放大军攻占洞口潭，直取洞口镇，开辟新天地。1951年9月30日建县级雪峰办事处，管辖武冈县西北部的79个乡镇。1952年2月26日，中央人民政府政务院批准湖南省新置洞口县，县政府设洞口镇。全县总人口350601人，总面积2200平方公里。东与隆回县接壤，南与武冈县（市）为邻，西与黔阳（洪江市）、会同县、绥宁县毗连，北与溆浦县交界。是年4月1日，各界人民代表于县城隆重集会，热烈庆祝中国共产党洞口县委员会、洞口县人民政府正式成立；随即举行洞口县第一届第一次各界人民代表会议，讨论审查政府工作，决定重大问题，揭开历史新一页。

一

洞口县人民代表大会制度的建立和发展是一个不断健全和完善的历史过程。

第一阶段为初创时期，始于武冈县1950年3月11日至14日举行的第一届各界人民代表会议，止于1957年反右派斗争扩大化，人民代表大会制度受到挫折时。

这个时期，洞口县各界人民代表经历了武冈县召开的第一届各界人民代表会议一至五次会议。由于时值解放初期，社会动荡不安，匪患严重，加上交通闭塞，代表出席会议困难重重，处处受到残余反动势力和土匪的阻挠与破坏，甚至惨遭杀害。代表们仍然出席会议，参与大会作出关于清剿土匪、减租反霸、土地改革、生产救灾、公粮入库、拥军优属、增产节约、整顿财政、推销公债、发展教育、恢复工商各业等决议。

洞口县正式建立后，于1952年4月3日至6日在县城召开第一届第一次各界人民代表会议，此后相继召开两至三次各界人民代表会议和第二届一至三次各界人民代表会议。分别作出《关于继续加强抗美援朝、反对美帝细菌战的决议》和贯彻执行过渡时期总路线、发展农业生产、贯彻婚姻法、查田定产、消灭虫灾、文化建设、司法改革、开展爱国卫生运动、实行人民代表制度等决议、决定。

随着国民经济和社会民主政治的发展，1953年1月，中央人民政府委员会通过召开地方各级人民代表大会的决议。从此，人民代表大会作为最高国家权力机关，取代过去由各界协商产生的联合式权力机关——各界人民代表会议。

为迎接新一届人民代表大会的召开，洞口县于1954年3月14日至23日完成全县首次基层民主普选工作，165个乡、镇共选出乡镇人大代表3865名。紧接着，各乡、镇先后召开第一届人民代表大会，选出乡（镇）人民政府委员会委员和正、副乡（镇）长以及县人大代表。洞口县于1954年6月30日至7月2日召开第一届人民代表大会第一次会议。

第一届人民代表大会第一次会议听取和审议县长的施政工作报告，学习讨论中央人民政府委员会《关于公布<中华人民共和国宪法草案>的决议》和《中华人民共和国宪法草案》，作出《关于成立宪法草案讨论委员会的决定》《关于继续广泛地宣传国家过渡时期的总路线和大力开展宪法草案的全民讨论的决议》《关于做好经济工作的决议》《关于执行国家对资本主义工商业改造政策的决议》《关于加强保护公共财产的决议》，通过《关于农业生产互助合作和对资本主义工商业社会主义改造的规划》；选举出席湖南省第一届人民代表大会的5名代表；收到人大代表关于政治、经济、社会事业方的提案234件。第二次会议改县政府为县人民委员会，选举县人民委员会县长、副县长、委员共19人，选举县人民法院院长；作出《关于贯彻中华人民共和国第一届全国人民代表大会第一次会议精神的决议》《反对美国侵略集团干涉我国内政，坚决拥护解放台湾和兵役法修正草案的决议》等7项决议；会议向中共中央、毛主席、中国人民志愿军、中国人民解放军、湖南省人民委员会分别发出致敬电。第三次会议突出合作化运动这个中心，作出《关于大力开展合作化运动，坚决完成全县合作化发展规划的决议》《关于冬季生产、冬修水利、护林防火、大力发动群众养猪的决议》。

第二届人民代表大会第一次会议，听取和审议县人民委员会的工作报告、县人民法院的工作报告和财政工作报告、农村工作报告、政法工作报告，文教工作报告，并分别通过决议；选举产生第二届县人民委员会，选举法院院长、检察院检察长；根据人大代表的提案，大会作出《关于坚决走合作化道路，大力开展生产救灾的决议》。第二次会议突出巩固农业社、正确处理人民内部矛盾的主题，人大代表向县人民委员会提出了许多批评、意见和建议，大会秘书处梳理后油印分发各部门、各机关整改。人民代表大会制度基本建立。

第二阶段为特殊时期，这个时期以1957年“反右派”斗争为起点，人民代表大会制度开始受到挫折，到“文化大革命”时期，人民代表大会制度遭受严重破坏为止。

在这段特殊的历史岁月里，一方面由于遭受严重的自然灾害和国际因素的影响；另一方面，由于党内外“左”倾思想由抬头到泛滥，“大锅饭”“浮夸风”“共产风”“绝对平均主义”盛行，对国民经济，尤其是对国民经济的基础农业经济的发展造成极大的破坏和危害。同时，党内民主政治生活不能正常开展，错误地估计和认识政治、经济形势，导致严重影响国家民主和社会民主的正常发展，有关国计民生的重大事项，不是通过人民代表大会讨论决定，而是“以党代政”“以政代法”。如“人民公社化运动”“大跃进”“文化大革命”等。人民代表大会制度遭受严重破坏。

在这个特定的历史时期内，洞口县相继召开第三届至第七届人民代表大会。由于受政治气候的影响，未能充分彰显人民代表大会的地位和作用。除了履行会议的一般程序之外，未能就有关国计民生的重大事项和问题作出有利于社会民主政治和社会经济发展的决议和决定，也难以将有关决议和决定付诸实施。

第三阶段为恢复发展时期。中共十一届三中全会以后，党中央强调加强社会主义民主法制和人民代表大会制度建设，使人民代表大会制度逐步得到恢复和发展。

在这一历史时期内，洞口县相继召开第八届至第十七届人民代表大会。在县委的统一领导下，组织选民直接选举县人大代表，县人民代表大会选举产生县人民代表大会常务委员会。县人大常委会周密部署，历届人民代表大会都严格遵循民主法定程序，依法精心组织，要求与会代表认真听取和审议各项工作报告，对其提出建议、批评和意见；对县域经济和社会发展的重大问题，以及广大人民群众关切的“热点”“难点”问题作出相应的决议、决定；同时，依法选举县人大常委会组成人员、“一府两院”负责人和上级人大代表；不负人民重托，完成会议议程，达到预期目的。

洞口县第八届人民代表大会第一次会议的召开，标志着人民代表大会制度在洞口这片土地上进入恢复和发展的新的历史时期。也标志着以人民代表大会制度为根本的政治制度在洞口县进一步全面确立。这次会议选举产生八届人大常委会组成人员和“一府两院”领导人员，并宣布撤销“县革命委员会”，恢复“县人民政府”。

二

人民代表大会制度的建立，集中体现了人民群众的根本利益和意志，把人大代表历史地推向了这一制度的主体地位。

《中华人民共和国全国人民代表大会和地方各级人民代表大会代表法》明确规定，代表依法选举产生。洞口县历届人民代表大会代表的产生，在不同的历史时期，有着不同的产生途经和方式。

初创时期，各界人民代表会议人民代表的产生，受到很大的时代局限性。除农民代表由各乡、镇召开会议间接选举产生外，其他各党派、各界别、各部门单位、各群众团体均为自行协商推荐、上级指定、聘请，或由主要负责人充任。第一届人民代表大会的代表，多由县、区指名推荐，经乡镇人民代表大会举手通过。

特殊时期代表的产生，同样打上那个时代的烙印，代表产生的过程缺乏法定民主的程序性和规范性。名额一般由县委确定，下发各公社、镇召开会议选举产生，称之为“间接选举”。各党派、各群众团体、机关、学校、企事业单位多由主要负责人出席。第三届人民代表大会，干部代表比例高达41.7%，比农民代表高8个百分点，尤其是“文化大革命”中，代表必须从所谓的“造反派”中产生或指定。革命领导干部的代表，也要由造反派指定，“朝定夕改”。

中共十一届三中全会以后，人民代表大会制度进入恢复和发展的新的历史时期，代表的产生具有规范性、广泛性和可操作性。全国人民代表大会第二次会议于1979年7月1日通过的《中华人民共和国全国人民代表大会和地方各级人民代表大会选举法》（以下简称《选举法》），为进一步依法选举代表和开展整个选举工作，提供了强有力的法律武器。

根据《选举法》第二条中关于“县、自治县、乡、民族乡、镇的人民代表，由选民直接选出”的规定，洞口县从1980年选举第八届人民代表大会代表起，改“间接选举”为“直接选举”。依法确定代表名额总数，报省人大常委会核准后，按选举法程序将名额分配各选区，经选民反复酝酿后，由全体选民用无记名方式投票选举，当选代表经人大常委会代表资格审查委员会审查通过，公示后成为正式人大代表。

代表的构成，由于前述三个不同历史时期的影响，代表的人选组成有所不同，其政治面貌、文化程度、年龄结构、性别比例、职业成分也存在差异性。随着政治、经济形势的发展，代表的构成在不断变化。尤其是随着社会主义民主政治的发展和改革开放的逐步深入，代表的构成有了更多的变化。在农民居多的代表中，率先致富的能人越来越多；在妇女代表中，“女强人”越来越多；在年龄方面，年轻后起之秀越来越多；在文化素质方面，具有较高文化程度的越来越多。

县八届人大代表以工农兵为主体，同时进一步落实党的知识分子政策、侨务政策、原工商业者和原国民党起义投诚人员的政策，知识分子和其他界属的代表占代表总数的5%。县十七届人大代表中，妇女占30.31%，少数民族占7.32%，非中共党员占26.83%，大专以上文化程度的占48.78%，55岁以下的占90.24%，其中35岁以下的占12.89%。

“人民代表人民选，我当代表为人民。”坚持代表依法履职，是人民代表大会赋予代表的神圣职责和义务。洞口县历届人民代表大会代表在行使职权方面，经历了由参加会议，举手表决，到自觉参政、议政，积极行使职权的过程。经历了由“会议代表”向“职务代表”、由“举手代表”向“主体代表”、由“荣誉代表”向“使命代表”的转变过程。在推进全县社会主义民主政治建设、深化改革开放、加速全县社会和经济的发展中，充分发挥了人大代表主体地位的作用。

一是积极参加有关人大工作的各种会议，勇于参政、议政、建言、献策。在参加每次代表大会时，认真听取和审议会议报告，依法行使决定权；同时，结合县内实际情况和所属代表选区内群众反映的有关问题，提出提案、议案、建议、批评和意见；在参加代表小组和其他有关会议时，积极反映群众意见和要求，主动交流信息，反馈人大工作的成绩经验和不足，进一步促进了人大工作的开展；在参加选举会议时，依法行使选举、被选举权和对候选人的知情权，投好神圣的一票，选出县人大常委会组成人员和“一府两院”负责人，以及上级人民代表大会代表。

二是密切与人民群众的联系，充分发挥人大代表是党委和政府联系广大人民群众的纽带和桥梁的作用。代表是一项职务，时刻关心群众的疾苦，倾听群众的呼声，主动反映他们的要求和愿望，为民说话，为民排忧解难，做深受人民群众喜爱的“贴心人”“代言人”，是人大代表应尽的职责和义务。

三是人大代表依法行使监督权，积极参与对全县法律贯彻实施情况和对“一府两院”的工作情况的监督活动，是人大代表发挥主体监督职能的本质要求和充分体现。在人民代表大会制度这个平台上，通过参加代表大会、视察、评议、提出议案等形式，人大代表积极、主动履职尽责，关注法律的执行和落实，关注经济社会的发展，关注民生忧患的“难点”和“热点”问题，提出建议批评和意见，并监督落实，这是人大代表履行职责的重要内容之一。

四是人大代表紧紧围绕党在各个历史时期的中心工作，充分发挥模范带头作用，促进社会、经济快速发展。无论是县人民代表大会初创时期，还是恢复和发展的新时期，人大代表带头遵纪守法，认真贯彻执行党的路线、方针、政策，在改变洞口落后面貌，推进物质文明、精神文明、政治文明、生态文明等方面的快速发展，做出了积极的贡献，彰显了人民代表大会制度的优越性。

三

《中华人民共和国地方各级人民代表大会和地方各级人民政府组织法》规定：县级以上的各级人民代表大会设立常务委员会。常务委员会在人民代表大会闭会期间，依法履行人民代表大会赋予的各项职责和权力。

洞口县第一届各界人民代表会议，选举产生常务委员会。以后第一届至第七届人民代表大会均没有常设机构。1980年5月16日至20日在县城召开的洞口县第八届人民代表大会第一次会议，选举产生洞口县人民代表大会常务委员会（以下简称县人大常委会）。

县人大常委会不断加强自身建设，在加强党组织建设的前提下，加强队伍建设、思想作风建设、制度建设，加强人大宣传和理论研究。工作机构从第八届的一室三组到第九届的1室3委，逐步完善为1室6委：办公室、选举任免联络工作委员会、内务司法工作委员会、教育科学文化卫生工作委员会、财政经济工作委员会、农业民族华侨外事工作委员会、城乡建设环境资源保护工作委员会，相继设置信访办公室。派出机构先后有：八个区的人大联络工作委员会、茶铺茶场管理区人大联络工作委员会，文昌、雪峰、花古三个街道人大联络工作委员会。第十七届人大一次会议通过《关于设立洞口县人民代表大会法制委员会、财政经济委员会的决定》。机关工作人员（含县人大常委会主任、副主任、工勤人员等）从1980年的7人到1983年年底的20人，到2016年年底共有37人。

县人大常委会面对社会议论“大牌子、老头子、橡皮章子、空架子”，不断适应社会经济、社会民主政治发展的新形势、新任务，在县委的正确领导下，总揽人大工作全局，依法履职，逐步实现了从“无为”到“有为”、从习惯于个人作为到集体作为、从注重务虚作为到追求务实作为、从程序作为到勇于创新作为的转变。

县人大常委会依法行使重大事项决定权

以经济建设这个中心，紧跟县委推进经济社会发展和深化改革开放的战略部署，通过代表大会和人大常委会这两个平台，对全县社会经济发展的短期、中期、长期计划、规划、纲要、财政预算等重大事项，依法行使决定权，把党委的意图，通过法定程序转变为全县人民的共同意愿，这是人大常委会一项十分重要的工作职责和任务。从1980年到2016年，县人大常委会依法作出重要决议、决定149项。对抓住机遇，加快改革开放步伐，进一步促进全县经济持续、健康、稳定发展和开创国泰民安、政通人和的新局面，起到了重大推动作用。

全心全意为人民服务，一切从人民群众的根本利益出发。这是党的根本宗旨，也是人民代表大会及其常务委员会的唯一宗旨。县人大常委在行使决定权的过程中，自始至终心系民困、情系民忧，在深入调查研究的基础上，适时作出有关决议、决定，向“一府两院”和有关部门交办、督办，为民排忧解难。有力地促进了社会的安定团结和和谐发展。

县人大常委会在依法履职的过程中，把坚持党的事业至上和维护人民群众的根本利益有机地统一起来。胡锦涛曾经指出，我们要始终坚持党的事业至上、人民利益至上、宪法法律至上。党的事业至上，本质上就是人民的事业至上。因此，关注、支持“一府两院”的工作，尤其是关注、支持“一府两院”解决工作中面临的严重困难和群众反映强烈的“热点”和“难点”问题，是人大常委会义不容辞的职责。人大常委会通过调查研究、听取民意、集聚民慧、反馈民望，通过法定程序，作出相应的决议、决定，创造良好的依法治县氛围。

促进“一府两院”工作人员牢固树立秉公执法、勤政为民、廉洁奉公的公仆意识和广大人民群众遵法、守法，增强法治观念的自觉性，是人大常委会依法行使决定权的又一重要内容。诸如通过对“保护妇女、儿童合法权益”“认真贯彻执行土地管理法”“制止‘三乱’、减轻农民负担”“治理河道”等重要决议、决定，有力地保护了人民群众的合法权益和生命财产安全，维护了法律的尊严和国家的利益。

县人大常委会依法履行对“一府两院”的监督权

早在中国革命胜利前夕，毛泽东曾经就回答民主人士黄炎培先生的历史兴亡周期律时明确指出，我们已找到新路，这条路就是民主。只有让人民起来监督政府，才不会人亡政息。县人大常委会依法履行监督职权，是从历史的高度保证党兴、国兴的大事；是从维护人民群众的根本利益和长远利益出发，所采取的一项重大举措。也是国家监督体系中具有法律效力的重要组成部分。

县人大常委会对“一府两院”实施法律监督，是推进依法治县方略的重要途径，也是新的社会法治制度建设的必然要求。为使全民学法、知法、遵法、依法办事，县人大常委会大力推进“一府两院”开展“普法教育”宣传活动。县历届人大常委会先后分别作出关于学习宪法和有关法律，开展普法教育等决议，通过举办培训班、法律知识考核、竞赛，评选遵纪守法爱国户等活动，开动各种宣传机器，普遍占领宣传阵地，使全民增长法律知识，树立法治观念。营造浓厚的“有法必依、执法必严、违法必究”的社会法治氛围。为推进依法治县方略，创造了良好的社会基础。

从实际出发，搞好执法大检查。县人大常委会先后组织120余次全县性的执法大检查，从中发现问题，提出意见或作出有关决议、决定，交“一府两院”整改办理，都得到很好的落实，有效地维护了人民群众的合法权益，增强了“一府两院”坚持依法行政的法制观念。在全面实施执法大检查中，对涉及全县有关国计民生发展大局的法律法规，实施重点大检查。诸如对有关土地管理、“三农问题”、教育事业发展等法律、法规的实施和落实，县人大常委会都将其列入重要议事日程，坚持重点督查和普遍检查相结合，坚持适时提出整改意见和作出相关决议、决定向“一府两院”交办、督办相结合，加强了法律、法规的实施力度，取得了显著的成效。2004年省人大常委会、省人民政府有关领导在视察洞口执法检查工作时，对县人大工作给予充分肯定和高度评价。

实施法律监督，适时组织县、乡（镇）人大代表对司法机关的工作进行评议，是实施法律监督的一种有效形式。县人大常委会多次组织参评代表与司法干警面对面的评议会。参评代表在调查研究的基础上，集思广益，写出评议材料，评之有据，议之有理，言之有情，责之有法，实事求是。干警深受教育，提高了秉公执法、无私为民的自觉性。

县人大常委会依法对“一府两院”实施工作监督，是人民代表大会制度的本质要求，是法律赋予的职责。监督不是目的，而是手段，是内在的制约和支持，是与“一府两院”携手共同把党的工作做得更好，实现全心全意为人民服务的总目标。

一是从关注全县国民经济和社会发展大局出发，县人大常委会依法对县域经济和社会发展的计划、纲要、财政预算计划等的制订、执行、落实情况，实施强有力的监督。除认真听取和审议“一府两院”各项工作汇报外，还通过调查研究了解民情等渠道切实提高监督实效。发现问题，及时向“一府两院”交办，遇有重大事项，需对原定计划、纲要做相应变更、调整的，经常委会讨论通过，形成决议、决定，向“一府两院”交办、督办；使计划、规划、纲要更符合本县实际，更适应改革开放和市场经济发展的新形势。

二是以反腐倡廉为切入点，切实实施对“一府两院”的工作监督。“绝对的权力导致绝对的腐败”。县人大常委会始终坚持以1989年“两高院”的“通告”精神为武器，积极参与、支持司法机关开展“两反”斗争，使“两反”工作顺利开展，成效显著。同时，根据中央、省关于行政性收费、罚款收入实行预算管理的规定和有关条例精神，加大了对财政工作的监督力度。推进全县适时建立预算内外资金综合管理调控体制。

三是从深化改革，治理整顿经济秩序和优化投资环境的高度加强对“一府两院”的工作监督。在改革开放的新形势下，商品物流大潮滚滚而来，由于市场机制不健全，尤其是市场监督和调控体系不健全，让诸多假冒伪劣产品涌入市场。特别在事关人民群众生命安全的食品、药品等行业有泛滥成灾之势之时，县人大常委会通过调查研究，适时向“一府两院”提出整顿市场的建议。县政府和有关部门立即采取行动，认真治理和整顿市场秩序，严厉打击了经营“假冒伪劣”产品的非法行为，维护了人民群众的合法权益。为优化投资环境，县人大常委会多次就有关建设“山水园林洲城”、保护和建设“迴龙洲森林公园”等事项，作出相应决议、决定。对于优化投资环境，保护生态平衡和充分开发利用资源，起到了积极的促进作用。

四是坚持以经济建设为中心，以发展为第一要务，紧跟县委在不同发展时期提出的国民经济和社会发展的思路和战略部署。人大常委会主任、副主任分别兼任县域经济发展和社会发展的重要项目工程或局部地区有重大社会影响的建设项目的主要负责人，在实际工作参与中，支持并加大对“一府两院”的工作监督力度，充分体现了在工作中监督、在监督中支持的精神，有力地促进了县委的工作部署正确贯彻实施。

县人大常委会在实施法律监督和工作

监督的同时，充分认识到实施重要案件监督的重要性和必要性，是关系到维护法律的尊严和建设民主社会和法治国家的大事，历届县人大常委会、都把它列入重要议事日程。2001年6月27日，县十三届人大常委会制订、修改并审议通过《洞口县人民代表大会常务委员会实施个案监督办法》，对个案监督的对象、范围、内容、方式、程序及责任作出明确的规定。县十五届人大常委会于2010年审议通过《洞口县人民代表大会常务委员会监督重要案件实施办法》。切实贯彻以事实为依据，以法律为准绳的执法原则，使一批久拖不决案和冤假错案得以公正处理，有效地维护了公民的合法权益和社会稳定，维护了法律的尊严和司法机关秉公执法、无私为民的形象。

县人大常委会依法行使人事任免权

历届人大常委会以对党、对人民高度负责的精神，将严格遵循党管干部的原则和人大依法行使人事任免权的用人机制相结合，坚持从群众中来、到群众中去，将县委意图与人民意志的原则相结合，为全县深化改革开放，推进社会主义四个现代化建设事业，大力选拔德才兼备、德能勤绩廉优良的人才提供了有力的组织保证。1980年至2016年，共任免国家机关工作人员1800多人次。

完善人事任免制度。县人大常委会认真总结人事任免工作经验，多次讨论、修改并通过《洞口县人大常委会人事任免办法》，为依法行使人事任免权提供了制度保障。

坚持任免程序规范化。把坚持党管干部的原则和人大依法实施人事任免权有机地结合起来，坚持民主集中制和依法办事相结合。对拟任人员对象既有党委组织部门的认真考察，又有人大机关的任前调查，为人事任免工作提供了充分有力的组织保证。

加强任后监督。通过述职、评议、考核、评先等形式，监督由代表大会选举和常委会任命的干部，依法行政，勤政为民，廉洁自律，为国民经济和社会发展，不负任前承诺，为人民做出更大贡献。

县人大常委会认真做好代表工作

通过会议、培训班、代表向选民述职等活动，增强代表当家作主，积极参政、议政的观念和责任性，提高依法履行代表职务的能力。

建立代表联系制度。主要采取普遍联系与重点联系、块块联系与业务对口联系相结合的办法，每年制订联系计划，分块块、分系统落实联系责任，县人大常委会组成人员，重点联系省、市、县人大代表，每年至少走访一次以上；各委室工作人员普遍联系县、乡（镇）人大代表，每年至少走访一次以上。围绕各自工作范围和调查研究的情况与代表进行专门联系。管理区或街道人大联络工作委员会，乡（镇）人大主席团，每年至少召开代表座谈会一次以上，县人大常委会派员出席会议。还通过邀请代表列席县人大常委会会议，向代表印发常委会公报、会议纪要、学习资料等各种渠道，密切与代表的联系，有力地促进了人大工作的开展。

组织代表视察、评议“一府两院”工作。县人大常委会为代表行使职责创造良好的工作平台。适时组织省、市、县人大代表集中视察或开展工作评议活动。既加强了与代表的联系，又提高了代表参政、议政的能力，进一步促进了民主政治和县域经济的发展。

在代表中开展创先争优活动。1991年3月，县十一届人大常委会作出《关于在县代表中开展创先争优活动的决议》，并制定评先评优的条件和奖励办法，使这一活动持续有效地开展，既丰富了人大工作的内含，又为人大工作构筑了牢固的群众基础。

尊重人大代表的主体地位。人大代表的主体地位是人民代表大会制度的本质要求，《中华人民共和国代表法》明确规定，人大代表是国家最高权力机关和地方各级国家权力机关的组成人员，理应受到社会的普遍尊重。对代表的议案、建议、批评和意见，群众来信来访反映的情况和问题，历届县人大常委会都十分重视，按照“分级负责，归口办理”的原则，交与“一府两院”及其有关部门负责办理；对落实情况进行反馈，对“难办”“久拖不办”的实行交办督办和问责，做到事事有着落、件件有答复。代表表示满意或基本满意。

县人大常委会依法指导乡镇人大工作

乡镇人大工作，直接关联着全县人大工作的大局，依法指导支持乡镇人大开展工作是县人大常委会植根于基层的一项基础性任务。是县人大常委会体察民情、了解民意、关注民生的最好、最直接的阵地和渠道。

坚持对乡镇人大干部全员培训。凡在乡、镇人大任职的干部，都必须在县级或上一级人大组织的培训班经过培训，学业务、学法律，树立人大工作理念。

建立岗位责任制。1988年，县十届人大常委会制定乡、镇人大主席团工作条例，使乡镇人大工作有章可循、逐步走向正规。此后县人大常委会每年都要结合本县实际情况，为乡镇人大工作制定切实可行的工作量化考核目标。不仅使乡镇人大工作者明确工作任务，增强工作责任性和自觉性，而且使乡镇人大工作有计划、有内容、有检查、有落实。

参与、支持、帮助乡镇人大开展工作。乡镇人大换届选举，召开代表大会，组织代表视察、评议、述职等活动，县人大常委会组成人员和机关工作人员，都分别到场，指导各项工作依法进行。

加强与乡镇人大工作人员的联系。常年坚持开展乡镇人大工作人员创先争优活动；定期召开乡镇人大工作经验交流会；坚持常委会会议邀请乡镇人大主席列席会议的制度；促进乡镇人大工作者开阔视野，拓宽思路，更好地开展工作。

四

乡镇人民代表大会，是人民代表大会制度的基石。

1954年3月，全县完成首次基层民主普

选，选举产生乡镇人大代表3865名；4月，各乡镇分别举行第一届人民代表大会第一次会议，谈国家形势，议地方大事，选举乡（镇）长、副乡（镇）长和乡（镇）人民政府委员，选举县人大代表。人民当家做主，走上政治舞台，此是开天辟地头一回，人民欢欣鼓舞，“彻夜难眠”，这对于建设红色政权、巩固红色江山、建立人民代表大会制度、推进互助合作运动，发挥了积极作用。

1956年11月，全县铺开第二次基层民主普选，选民参政积极性空前高涨，参选率达92.3%。年底，各乡镇分别举行第二届人民代表大会第一次会议，会期2～3天，会议程序相当规范，会议内容比较丰富：党委（或总支）书记发表讲话，乡（镇）长作施政工作报告，代表审议后提出建议、批评和意见，举手通过决议，通过当前重要工作的有关决议决定；选举乡（镇）长、副乡（镇）长、乡（镇）人民委员，产生乡（镇）人民委员会，选举县人大代表，在代表中选举人民陪审员。基层人民代表大会制度已经建立。

1958年5月的乡镇第三届人民代表大会第一次会议后，实现人民公社化，乡镇人民代表大会改称人民公社社员代表大会。此后，公社管理委员会成员由县人民委员会任免，生产计划由县人民委员会下达，公社没有召开社员代表大会。至1960年9月，县人民委员会按照省人民委员会“10月底前召开一次社员代表大会”的指示，部署召开公社社员代表大会。农村人民公社不搞基层选举，代表以1958年选举的乡代表为基础，择优调整，只减不增，经公社党委审查同意后由公社管理委员会办公室指名通知，公社管理委员会组成人员保持原状，无需选举，只举手通过县人大代表人选。基层的人民代表大会制度始遭破坏。

1963年下半年的公社社员代表大会以后，邵阳地委于1964年从洞口县抽调1184名干部去邵阳县搞“社教”；1965年，邵阳地委组织5526名干部进驻洞口县搞“社教”，紧接着是“文化大革命”，基层人民代表大会制度遭受严重破坏，为时14年。

“文化大革命”结束后，各公社（镇）革命委员会先后组织第六届社员代表大会，选举产生县七届人大代表，为恢复人民代表大会制度作准备。1980年4月，公社（镇）改社员代表大会为人民代表大会，恢复性举行第七届人民代表大会，改公社革命委员会为公社管理委员会，改镇革命委员会为镇人民政府。1984年5月，改变“政社合一”的人民公社体制，改公社管理委员会为乡人民政府，举行第八届人民代表大会，选举乡（镇）长、副乡（镇）长。1985年3月–4月，全县调整行政区划，撤乡建镇，撤乡扩镇，分别举行第九届人民代表大会。乡镇乡镇人民代表大会仍无常设机构，会后的人大工作和代表活动由县人大常委会指导，由同级党委领导、政府兼办。

1987年1月，各乡镇分别兴行第十届人

民代表大会第一次会议，会议听取和审议政府工作报告并做出决议，选举产生乡（镇）长、副乡（镇）长，选举产生乡（镇）人民代表大会主席团成员，选举乡（镇）人民代表大会主席团常务主席。常务主席主持主席团会议，受主席团委托负责日常工作，对人民代表大会负责，向人民代表大会报告工作，接受人民代表大会监督，参加同级党委、政府会议，并提出建议和意见。自此，乡镇人民代表大会制度日臻完善，有牌子、有班子、有办公房子、有记事本子，年初有计划，年内有活动，年底有总结。

2008年，乡（镇）人民代表大会主席团改称乡（镇）人民代表大会，经人民代表大会选举主席、副主席各1名，内设办公室，配兼职秘书。

乡（镇）人民代表大会依法行使职权。每年举行一次代表大会，听取和审议乡（镇）人民政府的工作报告，并做出决议，保证宪法、法律、行政法规和上级人民代表大会及其常务委员会决议的遵守和执行；组织代表视察、评议乡（镇）人民政府的工作，制止乱作为乱收费乱摊派，保护公民私人所有的合法财产，维护社会秩序，保障公民的人身权利、民主权利和其他权利，保护各种经济组织的合法权益；支持乡（镇）人民政府发展教育、交通、水利、电力、环保、旅游事业，兴办重点工程，夯实经济发展基础，罢免违法乱纪的乡（镇）政府组成人员，先后罢免1名乡长、1名副乡长、1名副镇长、1名镇长。

2015年，各乡镇（管理区）都建起人大代表联系群众工作室，以此作为代表在闭会期间依法执行职务、密切联系群众的重要平台，代表履职形成常态，基层人民代表大会制度得以发展。

五

“江山代有才人出。”洞口县的各界人民代表，县乡人大代表，在县的全国人大代表和省、市人大代表，人大工作者，在县委的领导下，与县政府同心同德，为建立、巩固红色政权，奋勇拼搏；为建立、恢复、完善、发展人民代表大会制度，保证人民当家做主，不懈前行；为建设全国计划生育工作先进县、全国体育先进县、全国“双拥”模范县、全国造林绿化百佳县、全国森林资源管理先进县、全国产粮大县、全国生猪出口大县、全国蜜橘之乡，全国水利建设先进县、全国抗旱先进县、全国科技先进县、国家农业综合开发县、革命老区县辛勤劳作。其中有一批英雄、劳模、先进工作者、改革开放的能人和“女强人”，他们的光辉业绩将载入史册。

“不尽长江滚滚来。”新的县人民代表大会及其常务委员会、乡镇人民代表大会、县乡人大代表和人大工作者，将与89.7万洞口人民齐心协力，对新时代中国特色社会主义民主政治充满道路自信、理论自信、制度自信和文化自信，人民代表大会制度的根本政治制度的作用必将充分发挥，前景灿烂辉煌。

大事记

1949年

10月7日　中国人民解放军解放洞口，挥师高沙、竹篙塘，锋指武冈。

10月10日　中国人民解放军攻克武冈县城，宣布全县解放。

1950年

3月11日至14日　武冈县第一届各界人民代表会议第一次会议在武冈县城举行。会议听取县长李前义作的《政府工作报告》和县委书记尹子明作的《下阶段工作建议的报告》；会议作出清剿土匪、减租减息、生产度荒等决议；选举武冈县第一届各界人民代表会议常务委员会组成人员。

8月16日至19日　第一届各界人民代表会议举行第二次会议，讨论减租反霸、土地改革等重大事项，并通过决议。随即分三批次开展土地改革。

9月28日至30日　第一届各界人民代表会议举行第三次会议，通过关于公粮入库、税收征管、社会治安、工商行政管理等决议。

1951年

4月21日至24日　举行第一届各界人民代表会议第四次会议，作出支援抗美援朝、坚决镇压反革命、发展农业生产等决议，并通过《爱国公约》。

9月30日　中共武冈县委、武冈县人民政府遵照中共湖南省委、湖南省人民政府指示，析出武冈县西北部79个乡镇新建雪峰县，成立中共雪峰县委，李长枚任书记；分设县级雪峰办事处。雪峰县委、雪峰办事处驻洞口。

12月23日　雪峰办事处遵照省政府指示改名为洞口办事处，张树干任主任。

1952年

2月16日　中央人民政府政务院电令批准湖南省增设洞口县。

4月1日　各界人民代表在洞口镇隆重集会，热烈庆祝中国共产党洞口县委员会、洞口县人民政府正式成立。

4月3日　洞口县第一届各界人民代表会议第一次会议在洞口县城隆重开幕，会期4天。会议作出加紧生产、继续加强抗美援朝、造林护林、贯彻《中华人民共和国婚姻法》等决议。选举产生洞口县第一届各界人民代表会议常务委员会，代行国家权力。会议向毛泽东主席并中央人民政府委员会发出致敬电。

同月　成立洞口县人民法院。

同月　洞口县调整行政区划，设9个区、5个镇、268个乡，建区、乡镇、村三级政府。

10月17日至20日　洞口县第一届各界人

民代表会议第二次会议在县城举行。县长宋运良作工作报告；县委书记李先明通报“三反”的情况和开展“五反”的大体部署。会议讨论互助合作事项，并作出查田定产、秋征、开展文化建设运动和司法改革等决议。

11月30日至12月2日　洞口县第一届各界人民代表会议第三次会议在县城举行。会议作出民主建政、生产建设和关于文教卫生工作等决议。选举出席湖南省第二届各界人民代表会议第一次会议的8名代表。

年内　洞口县彻底肃清匪患，在邵阳西南剿匪的中国人民解放军136师师部撤离高沙，师长曾雍雅亲笔留词：“匪患数百载，一朝根除；民众千秋业，任重道远。”

1953年

一季度　洞口县全面结束土地改革。调整行政区划，区、镇不变，268个乡并为160个乡。

3月24日至26日　第二届各界人民代表会议第一次会议在县城隆重举行，中国人民志愿军归国代表团成员柴川若报告抗美援朝战绩，代表们倍受鼓舞。会议集中学习中南军政委员会颁布的《农业生产十项措施》，讨论春耕、备荒，作出继续加强抗美援朝、开展爱国生产和拥军优属工作、宣传人民代表大会制度等决议。选举产生洞口县第二届各界人民代表会议常务委员会。

5月6日　成立洞口县选举委员会，准备开展人口普查和基层普选工作。

6月21日至24日　第二届各界人民代表会议第二次会议在县城举行。会议确定下半年的主要工作任务，就防旱抗旱、消灭虫灾、加强生产度夏荒、开展爱国主义教育、统一掌握粮食购销等工作作出决议。

10月　区政府改称区公所，为县政府派出机关。

12月28日至30日　第二届各界人民代表会议第三次会议在县城举行。代表们学习、讨论党在过渡时期的总路线和粮食统购统销政策；作出贯彻执行总路线、实行人民代表制度等决议决定；部署全县普选、试办初级农业社、开展增产节约和冬季生产等工作。

1954年

3月　全县完成第一次基层民主普选工作，共选出人民代表3865名，实行人民代表大会制度，各乡镇召开首届人民代表大会，选举乡（镇）长、副乡（镇）长和乡（镇）人民委员会委员，选举县人大代表。

6月30日至7月2日　洞口县第一届人民代表大会第一次会议在县城隆重举行。代表们听取和审议县长姜元腾所作的《半年来的施政工作和今后任务》报告；学习、讨论《中华人民共和国宪法草案》，成立宪法草案讨论委员会；作出《关于广泛地宣传过渡时期的总路线和大力开展宪法草案的全民讨论的决议》等7个决议；通过《关于农业生产互助合作和对资本主义工商业社会主义改造的规划》；选举出席湖南省第一届人民代表大会的5名代表。

下半年　全面实施《关于农业生产互助合作和对资本主义工商业社会主义改造的规划》。农村新建初级农业生产合作社，市镇把私营商店和个体摊贩纳入集体经济。

1955年

4月6日至8日　县一届人民代表大会第二次会议在县城举行。省人大代表许兰菊传达省一届人大二次会议精神；代表们集中学习《中华人民共和国宪法》，表示坚决拥护。根据宪法规定，县人民政府更名县人民委员会，大会选举县人民委员会县长、副县长和16名委员及县人民法院院长。会议作出《关于贯彻中华人民共和国第一届全国人民代表大会第一次会议精神的决议》等七项决议。大会分别向党中央、毛主席、中国人民志愿军、中国人民解放军、湖南省人民委员会发出致敬电。

8月11日　成立洞口县人民检察院。

10月　省人大代表尹显和在湖南省第一届人民代表大会第一次会议上的提案《防治麻风病》，得到省人民委员会重视，督促和支持洞口县在金龙寨建麻风病管理所，收治麻风病患者34人。

12月12日　县一届人民代表大会第三次会议，在县城举行，会议突出农业合作化这个中心，作出《关于大力开展合作化运动，坚决完成全县合作化发展规划的决议》。

1956年

上半年　再次调整行政区划，撤区并乡，全县设置32个乡、3个镇，各乡镇抓紧筹备召开第二届人民代表大会。

10月10日　建立莃溪瑶族乡。

10月至11月　乡镇举行第二届人民代表大会第一次会议，选举产生第二届乡镇人民委员会，选举第二届县人大代表。号召人民群众生产自救，办好高级农业社。

12月7日至10日　县二届人民代表大会第一次会议在县城举行。会议听取和审查上届县人民委员会《关于一年来施政工作情况和今后工作任务》的报告、法院《关于两年来法院工作情况的报告》；选举第二届县人民委员会县长、副县长和16名委员，选举法院院长和检察院检察长。会议作出《坚决走合作化道路，大力开展生产救灾的决议》等六项决议。

1957年

6月24日至27日　县二届人民代表大会第二次会议在县城举行。会议听取、审议县长的工作报告，并通过决议；学习、讨论毛泽东主席《关于正确处理人民内部矛盾的问题》，大鸣大放，向领导机关和领导干部提意见、建议和批评。

8月　全县开展“巩固农业社，批判、打击资本主义自发势力”的斗争。

冬　各农业社紧紧围绕农业合作化、粮食统购统销两大主题组织大辩论，掀起秋播、冬种、冬修水利高潮，巩固高级农业（林业、农林）合作社。

1958年

5月　乡镇举行第三届人民代表大会第一次会议。

6月6日至9日　县三届人民代表大会第

一次会议在县城举行。会议审议、确定当年发展国民经济的主要任务；选举县长、副县长和18名委员，组成第三届县人民委员会；选举县人民法院院长和县人民检察院检察长；选举出席湖南省第二届人民代表大会的5名代表。

8月31日至9月1日　县三届人民代表大会第二次会议提前召开，传达贯彻省二届人大一次会议精神；审查、通过县人民委员会施政工作报告、财政预算工作报告；通过关于农业、林业、政法、工交、文教、卫生工作等决议；作出贯彻执行建设社会主义总路线、大搞工具改革、掀起"大跃进"高潮、迎接和办好人民公社等决定。

10月1日　全县实现人民公社化，废乡镇，建15个公社，实行政社合一、工农兵学商"五位一体"，提倡"一大二公"，大办公共食堂。

1959年

8月　全县开展"反右倾"运动，掀起更大的跃进高潮，推迟举行第三届人民代表大会第三次会议。

12月27日　第三届县人民委员会举行第4次会议，讨论通过1960年工农业生产计划。全县各行各业掀起大跃进、放"卫星"高潮，不召开第三届人民代表大会第三次会议。

1960年

2月　县人民委员会决定，恢复洞口、高沙、石江3个镇，分别建城关（洞口）、迴澜（高沙）、石江3个市镇人民公社，并组织市镇人民公社基层民主选举。

9月　3个市镇人民公社、15个农村人民公社分别举行第四届代表大会，选举产生县四届人大代表。

12月5日至7日　县四届人民代表大会第一次会议在县城召开。会议认为，第三届县人民委员会的工作总体良好，特别是组织山区8个公社1959年的共产主义大协作，支援山外社队的生产救灾；同时指出，自然灾害和"五风"(共产风、浮夸风、干部特殊风、强迫命令风、生产瞎指挥风)造成了很大损失，带来了空前的困难；会议要求，今后一段时间要大办农业，大办粮食；会议选举县长、副县长和18名委员，组成第四届县人民委员会；选举县人民法院院长；增选省二届人大代表2名，补选省二届人大代表1名。

1961年

春　全县人民过苦日子，收割夏粮后形势有所好转。

6月　全县贯彻《农村人民公社工作条例（修正草案）》，将公社所有制调整为"三级所有，以队为基础"。

秋　全县调整行政区划，恢复8个区的建制，调整公社规模，15个农村人民公社划为49个公社，3个市镇人民公社分别改称洞口镇、高沙镇、石江镇。

1962年

9月5日至10日　县四届人民委员会第5次扩大会议和县四届人民代表大会第二次会议合二为一，指名邀请54名人大代表赴会，会议听取和审议县长刘观清《千方百计尽力完成今年农业生产计划，为争取国民经济状况好转而奋斗》的工作报告。会议认为，严重的困难虽未过去，但总体形势有了明显好转；会议要求，深入贯彻《农村人民公社工作条例》，执行“调整、巩固、充实、提高”八字方针；会议强调，大鼓干劲办农业，搞好精兵简政，积极加强战备，认真落实党的各项政策。会议通过《关于坚决完成全年生产计划，争取国民经济状况好转的决议》。

1963年

上半年 全县铺开基层选举，公社、镇分别举行第五届代表大会第一次会议。选举产生社（镇）长、副社（镇）长和管理委员会委员；选举产生监察委员会主任、副主任和委员；选举产生县五届人大代表。

8月 全县紧急动员抗大旱，县委、县人民委员会决定缓期召开县五届人民代表大会。

1964年

8月29日至9月1日 县五届人民代表大会第一次会议在县城召开。听取、审查并通过第四届县人民委员会的施政工作报告；审议、批准洞口县1960年至1963年度财政决算和1964年度财政预算的报告；审议通过县人民法院的工作报告。选举县长、副县长和20名委员，组成第五届县人民委员会；选举县人民法院院长；选举省三届人大代表6名。

1965年

8月 邵阳地委从邵东、双峰、新化三县和地直机关抽调3200多名干部进驻洞口县，加上省委下派的和县直机关抽调的共5526人，在全县开展系统社会主义教育运动，清政治、清经济、清组织、清思想（俗称“四清”），为时一年。

1966年

9月6日 县委贯彻中共中央《关于无产阶级文化大革命的决定》。随后，各机关单位、学校出现名目繁多的“红卫兵”“造反派”，“文化大革命”开展。

冬 各单位造反派冲击各级党政机关和公检法机关，大多数领导干部“靠边站”，不准理事。（对公检法实行军事管制，成立人保组，取代公检法三家的职能）。

1967年

1月13日至16日 县五届人民代表大会第二次会议在县城召开。会议听取县人民委员会《关于1965年、1966年两年的施政工作和今后主要任务的报告》，作出《关于更高地举起毛泽东思想伟大红旗，狠抓无产阶级文化大革命，促进人的思想革命化，推动工农业生产发展的决议》。会议期间，学习贯彻中共中央1966年9月14日发出的《关于县以下农村文化大革命的规定》(以下简称《规定》）和《关于抓革命促生产的通知》（以下简称《通知》），受到“造反派”冲击，《规定》和《通知》的精神未能贯彻落实。

1968年

3月7日 上万人在县体育场庆祝洞口县革命委员会成立。

是日　革命委员会主持召开县六届人民代表大会，协商产生县革命委员会委员，各派群众组织之间观点对立，定不下来，最后协商产生11名常务委员。会议对于贯彻执行中共中央《关于县以下农村文化大革命的规定》观点不一致，分歧很大，斗争激烈。此时，人民代表大会制度中断。

1973年

9月　恢复洞口县人民法院。

1975年

1月3日　第四届全国人大代表、竹市公社向阳大队第九生产队队长唐素平（女）赴京，出席第四届全国人民代表大会第一次会议。

1977年

11月8日　县革命委员会副主任肖茂林等5名省人大代表赴长沙，出席湖南省第五届人民代表大会第一次会议。

12月11日　县委发出《关于召开洞口县第七届人民代表大会的通知》，要求各区、镇、公社党委和革命委员会抓紧召开公社、镇第六届代表大会第一次会议，选举产生县七届人大代表。

1978年

1月2日至5日　县七届人民代表大会第一次会议在县城召开，听取、审议并通过县委书记、县革命委员会主任李荣中所作的工作报告；通过“农业学大寨”“工业学大庆”和《加强领导班子思想革命化》等决议；选举县革命委员会主任、副主任和35名委员。

3月5日　第五届全国人大代表、山门公社里仁大队党支部书记张先玉赴京出席第五届全国人民代表大会第一次会议。

9月25日　县革命委员会宣布撤销“文化大革命”中成立的各种造反派组织。

12月　重建洞口县人民检察院。

1979年

7月19日　县委发出《关于认真学习五届全国人大二次会议文件的通知》，要求各级各单位迅速掀起学习、宣传、贯彻第五届全国人大二次会议精神的热潮。

1980年

2月24日　成立洞口县选举委员会，地委、县委派出6个检查组，督促检查、指导选举工作，由选民直接选举乡镇、县人大代表。

4月中旬　全县各公社、镇分别召开第七届代表大会第一次会议，改公社革命委员会为公社管理委员会，改镇革命委员会为镇人民政府，选举产生公社管理委员会、镇人民政府领导班子。动员人民群众解放思想，发展经济，改善生活。

5月16日至20日　县八届人民代表大会第一次会议在县城隆重举行。会议撤销洞口县革命委员会，恢复洞口县人民政府，设立洞口县人民代表大会常务委员会。选举县人大常委会主任、副主任和委员；选举县长、副县长，选举法院院长、检察院检察长。会议号召全县各族人民更加紧密地团结在党中央周围，扩大和发扬社会主义民主，加强社会主义法制建设。

5月21日至23日　县八届人大常委会第

一次会议在县招待所举行，集中学习《中华人民共和国地方各级人民代表大会和地方各级人民政府组织法》及彭真等领导同志的重要讲话。根据“一府两院”的提请，首次依法通过部分任免名单。

9月26日至28日　县八届人大常委会第3次会议讨论通过《关于加强同县人民代表联系的几项规定》。

1981年

4月，县人大常委会正副主任去竹市区5个公社指导召开第七届代表大会第二次会议，探索和总结发扬民主的经验。

9月3日至5日　县八届人大常委会第7次会议听取、审议公安局《关于整顿社会治安情况的汇报》和建委《关于执行〈环境保护法〉的情况汇报》，分别作出《关于进一步整顿社会治安的决议》和《关于加强环境保护的决议》。

9月中旬至10月上旬　县人大常委会组成人员分头走访县人大代表，听取和收集各地贯彻党的方针政策、执行各项法律法令的情况，倾听人民群众对国家行政机关及其工作人员的意见。

12月13日至16日　县八届人民代表大会第二次会议在县城举行。人事变动较大，大会予以补选，大会作出《关于保护森林，发展林业的决议》。

1982年

3月中旬至4月上旬　县人大常委会副主任田凯带队视察江口、黄桥、石江、山门4个区的春耕生产、造林、农资市场等情况，综合整理有关情况和代表呼声后，于4月12日向“一府两院”交办，要求迅速组织各部门切实支援春耕生产，管好农资市场，打击经济领域中的违法犯罪活动。

6月3日　县人大常委会召开“一府两院”和有关单位负责人会议，伍芬奎主任就讨论宪法修改草案作中心发言，要求集中一段时间进行宣讲和讨论，并将群众讨论的修改意见，综合整理报县人大常委会。县人大常委会上报修改意见24条。

10月　县人大常委会主任伍芬奎带领公检法司和人大常委会机关部分干部在花古公社办法治教育宣传试点。总结“花古经验”并向全县推行。

12月29日　县人大常委会组成人员集中学习五届全国人大五次会议通过的新宪法。作出《关于组织全县人民学习、贯彻、执行新宪法的决议》，向“一府两院”提出交办督办意见。

1983年

3月26日至30日　县八届人民代表大会第三次会议在县城举行。会议安排一天的时间学习新宪法，县委常委、县人民政府副县长肖茂林作中心发言。大会选举出席湖南省第六届人民代表大会的9名代表。

5月26日至28日　县八届人大常委会第20次会议听取和审议公安局《关于公安队伍整风情况的汇报》、检察院《关于打击经济犯罪的汇报》、法院《关于打击拐卖人口和重婚犯罪的汇报》、人大常委会视察组《关于视察监所的情况汇报》，会议作出《关于进一步搞好综合治理，争取社会治安根本好转的决议》，向“一府两院”交办。

6月6日 第六届全国人大代表、洞口园艺场第一队队长许耀先赴京出席第六届全国人民代表大会第一次会议。

8月上旬 全县贯彻全国人大常委会《关于严惩危害社会治安犯罪分子的决定》，逮捕一批严重刑事犯罪分子，处决3个罪大恶极的流氓强奸犯。

8月27日 县八届人大常委会作出《关于切实做好五保户供养工作的决议》（以下简称《决议》）。县人民政府首次为2148名“五保”老人填发“供养证”，督促公社、大队、生产队执行人大常委会的《决议》。省民政厅全文转发《决议》，向全省推介洞口县的经验。

12月中旬 县人大常委会组织视察组赴6个少数民族聚居乡视察，为期3个月。视察组向九届人大常委会第3次会议汇报，会议作出《关于加强民族工作的决议》向县政府交办。

1984年

4月16日至21日 县九届人民代表大会第一次会议在县城举行。会议听取、审议“一府两院”和人大常委会的工作汇报，分别作出决议。大会选举九届人大常委会主任、副主任和11名委员；选举县政府县长、副县长、法院院长、检察院检察长。

5月 全县改变“政社合一”的人民公社体制，撤销公社管理委员会，建立乡人民政府。原生产大队改称村，原生产队改为村民小组。各乡镇分别举行第八届人民代表大会第一次会议。代表们强烈要求稳定和完善家庭联产承包责任制。

12月31日 县九届人大常委会就加强自身建设研究决定，内设办事机构由“一室三组”扩充为“一室三委”；办公室为综合办事机构，下设人事秘书、代表联络两个组，新设法制工作委员会、教育科技文化卫生工作委员会、财政经济工作委员会。并决定在8个区和城关镇设人大联络员。

年底 邵阳地区人大经验交流会议筹备组派员赴洞口，总结洞口县八届、九届人大常委会尊重代表意见、认真办理代表提案、广泛联系代表、按人民意愿办事的工作经验。

1985年

4月25日至29日 九届人民代表大会第二次会议在县城举行。会议听取、审议、通过“一府两院”和人大常委会的工作报告，批准财政局和计委的报告，并分别通过决议。

5月 全县完成“扩老镇建新镇”的行政区划调整，39个乡镇人大换届，举行第九届人民代表大会第一次会议。

9月下旬 湖南省人大代表视察组在洞口县视察。视察组反馈：洞口县经济体制改革已初见成效，推行了经济承包责任制，提高了经济效益；农村很有活力，全力抗旱，减少了损失；供销社“官办”改“民办”的步伐不快，支农积极性不如以前，农药化肥供应比较紧张。

12月14日至16日 县九届人大常委会第10次会议听取和审议公、检、法、司一年的工作汇报，作出《关于向全县人民普及法律常识的决议》。

12月 县人大常委会总结《加强调查研究，推动政府工作》的书面材料上报。被邵阳地区人大工作经验交流会采用。

1986年

4月10日至14日 县九届人民代表大会第三次会议在县城举行。会议动员全县人民努力发展商品生产，建设商品粮、雪峰蜜柑、良种茶叶、速生杉木丰产林、瘦肉型出口猪“五大基地”。首次选举邵阳市第九届人民代表大会代表34名。

4月25日、30日 县人大常委会分别祝贺大屋瑶族乡、长塘瑶族乡成立。

11月至12月 县、乡镇两级人大换届，全面宣传、贯彻《中华人民共和国全国人民代表大会和地方各级人民代表大会选举法》，以村为单位组织选民学习。

1987年

1月 各乡镇分别举行第十届人民代表大会第一次会议，选举产生乡（镇）人大主席团和主席团常务主席。

3月3日至9日 县十届人民代表大会第一次会议在县城举行。审议、批准《洞口县国民经济和社会发展第七个五年计划纲要》。会议选举县十届人大常委会主任、副主任和15名委员；选举县人民政府县长、副县长；选举法院院长、检察院检察长。会议通过《关于认真执行〈土地管理法〉，切实保护耕地的决议》和《关于颁发十届人大代表证并实行持证检查工作的决议》立案，授权人大常委会在调查研究的基础上作出相应的决议，予以落实。

5月28日 县人大常委会作出《坚决打击拐卖妇女、儿童的犯罪，争取社会治安根本好转的决议》，向“一府两院”交办。要求在全县范围内开展一场大规模的“打拐”专项斗争。

9月2日 县人大常委会举行首次颁发任命书大会，要求被任命人员讲理想，讲学习，讲纪律，讲团结，不负重托，不辱使命。

12月26日至27日 县十届人民代表大会举行第二次会议，选举邵阳市第十届人民代表大会代表45名。

1988年

4月10日至14日 县十届人民代表大会第三次会议在县城举行。会议要求县政府继续突出农业，狠抓工业，加快发展乡镇企业，努力办好科教文卫事业，控制人口增长，加强社会治安，全面振兴洞口经济。

5月26日 县十届人大常委会第9次会议通过《关于认真贯彻〈土地管理法〉的决议》，向“一府两院”交办。“一府两院”开展声势浩大的《中华人民共和国土地管理法》宣传月活动，严肃处理一批违法占田建房案件，狠抓了耕地占用税、费的清查补缴。

5月28日 县十届人大常委会第9次会议研究决定，从办公室析出人大代表联络组，增设选举任免联络工作委员会。

11月16日 县十届人大常委会第12次会议作出《关于维护学校合法权益的决

议》，向“一府两院”交办。县政府当年从财政挤出70万元，次年争取上级拨款100万元，共改造学校危房2.8万平方米，新建校舍1.2万平方米。

1989年

1月17日　县十届人大常委会第13次会议研究决定，增设农业工作委员会。

3月25日　县人大常委会首次与“一府两院”举行联席会议，会议通过《洞口县人大常委会、人民政府、人民法院、人民检察院工作联系制度》。

5月15日至17日　县十届人大常委会第16次会议根据代表和群众“医药市场混乱，必须依法整治”的呼声，向县政府提出依法整治医药市场的交办意见。县政府立即成立领导小组，组织工作班子，共检查65个单位，查出伪劣药品110种、2400公斤，罚没多收价款5516元，取消无证店29个，调整了县、镇医疗网点。省人大常委会教科文卫委员会肯定和推介洞口县的经验。

6月2日至7日　县十届人民代表大会第四次会议在县城举行。会议要求“一府两院”治理经济环境，整顿经济秩序，加强廉政建设和法制建设。

12月　全国人大常委会委员莫文祥、王家匀等到洞口县视察贯彻《中华人民共和国森林法》和发展林业生产的情况，要求洞口“依法治林，推进林区综合整治，加快全县绿化。”

1990年

1月18日　县人大常委会研究决定，在各区设立人大联络工作委员会。

1月中下旬　39个乡镇分别召开十一届人民代表大会第一次会议。全县共选举乡镇人大主席团成员223名，常务主席36名（3个乡暂缺）。

2月26日至3月4日　县十一届人民代表大会第一次会议在县城举行。选举县十一届人大常委会主任、副主任和13名委员；选举县人民政府县长、副县长；选举县人民法院院长，县人民检察院检察长。《关于保护水利、电力设施安全的议案》等7件议案立案。

5月23日　县十一届人大常委会第2次会议根据大会立案和在11个乡镇、33个村的实地调查，作出《关于解决干旱死角地区水利问题的决议》。当年冬，全县掀起大修水利的高潮，共投工500余万个，完成工程10810处，计450万立方米土石方，新增和恢复灌溉面积1.2万亩，洞口县获邵阳市水利建设第一名、湖南省水利建设先进县奖牌；1991年，洞口县被评为全国水利建设先进县。

7月18日　县十一届人大常委会第3次会议通过《关于保护水利、电力设施的决议》，向“一府两院”交办。县、乡镇两级建立责任制，公安、水利部门组织两次打击破坏水、电设施犯罪活动的专项斗争。1991年，洞口县被列入全国第二批初级电气化县。

12月　县人大常委会就总结十年地方人大工作组织报告会、经验交流会等系列活动，编印《洞口县人大常委会1980—

1990年人大工作和建设经验材料汇编》。

1991年

3月19日至22日 县十一届人民代表大会第二次会议听取和审议县政府及县计委、财政局的工作报告和教委《关于洞口县九年义务教育实施规划（草案）的报告》及县人大常委会、法院、检察院的工作报告，并分别通过以上报告的决议。会议通过《关于在县人大代表中开展争先创优活动的议案》等6件议案立案。

5月17日 县十一届人大常委会第8次会议通过《关于在全县公民中继续普及法律常识的决议》，宣传、普及“四法两条例”，加强社会治安综合治理。

7月19日 十一届人大常委会第9次会议通过《关于消灭宜林荒山，绿化洞口的决议》，要求县政府组织人民群众四年消灭宜林荒山，八年绿化洞口。

9月19日 十一届人大常委会第10次会议通过《关于加强集贸市场建设和管理的决议》，为发展商品经济提供载体。

1992年

3月17日至20日 县十一届人民代表大会第三次会议首次表彰11个先进代表小组、50名优秀县代表。有《关于依法治县的议案》和《关于对全县机关、事业单位小车实行严格控制，加强管理，限额开支的议案》立案。

上半年 县人大常委会首次动员、组织县人大代表和乡镇人大代表小组组长评议司法机关的工作，调查核实相关材料，确定参评代表。7月14日至16日，参评代表与司法干警面对面地开展评议。

下半年 恰逢15年一遇的五级人大同期换届，县、区、乡镇精心组织，全县选民直接投票率为84%。选举乡镇人大代表2259名，一次成功率为99.2%；选举县人大代表321名，一次成功率为95.8%。

12月中上旬 各乡镇先后召开十二届人民代表大会第一次会议。共选举乡（镇）人大主席团成员249名，专职常务主席38名，1个乡为兼职。在人代会上，代表们对减轻农民负担的呼声很高。

1993年

1月1日至6日 县十二届人民代表大会第一次会议在县城举行。选举十二届人大常委会主任、副主任和13名委员；选举县人民政府县长、副县长；选举法院院长、检察院检察长；选举邵阳市十一届人大代表45名。收到制止乱收费、乱罚款、乱摊派的议案共4件，大会对《关于制止“三乱”，切实减轻农民负担的议案》予以立案。

上半年 县人大常委会督办《欧阳元秀之死是自杀还是他杀》一案，派员深入调研后，决定将此案交由检察院成立专案组办理。通过专案组的深入调查取证，并得到省公安厅刑事技术科研所、市公安局协办，改变了原自杀的定论，逍遥法外一年零四个月的杀人凶手落入法网。

年内 县人大常委会根据十二届人大一次会议授权，组织4个调查组调查“三乱”情况后，常委会第2次会议作出《关于制止“三乱”，减轻农民负担的决议》。县政府组织9个清理小组，清出“三乱”资金295万元，退还农民109万元，撤销不合理负担项目16个，停止17项集资和9项基金，当年减轻农民负担800余万元。此后，十二届、十三届、十四届人大常委会连续跟踪“减负”，并作出相应的决议。

1994年

3月21日至24日　县十二届人民代表大会第二次会议通过《关于严格管理电力及收费的议案》立案，授权县人大常委会作出相应的决议，监督执行。部分代表倡议，在全县开展“万户万元户”竞赛活动；人大常委会对此倡议予以支持。

4月21日　县十二届人大常委会第8次会议作出《关于加强科技网络建设和科技投入的决议》，向县政府交办。

6月27日　十二届人大常委会第9次会议在听取和审议县政府《关于电力管理的汇报》、水利水电局《关于电价和电费收缴情况的汇报》、调查组《关于群众反映乱收电费的调查报告》后，通过《关于加强电力管理、制止乱收电费的决议》，督促和支持县政府贯彻落实。

7月12日　县人大常委会组织部分委员和市人大代表组长视察重点工程茶路电站，听取指挥部工作汇报后，就工程进度、工程质量、建设资金调度提出建议。

年内　县人大常委会组织力量，对116个单位的行政性收费和预算外资金进行全面清理，预算外资金专户储存由上年的2854万元增加到当年的6207万元。

1995年

3月15日至18日　县十二届人民代表大会第三次会议听取和审议6个工作报告后，要求“一府两院”惩治腐败，少说空话，多办实事，为保证圆满完成“八五”计划而努力奋斗。大会对《关于加强城镇环卫设施与管理的议案》予以立案。

4月26日　县十二届人大常委会第14次会议听取和审议县政府《关于撤区并乡扩镇，调整行政区划方案的汇报》，通过决议，撤原8个区和城关镇，将原39个乡镇调整为22个乡镇。原设的8个区人大联络工作委员会随之消失。

6月30日　十二届人大常委会第15次会议根据《中华人民共和国代表法》第41条第三款之规定，决定对连续两次不请假、未出席县十二届人大二次、三次会议的2名县代表，终止代表资格。

8月24日　十二届人大常委会第16次会议在听取和审议县政府《关于环卫设施建设与管理情况的汇报》、专题调查组的调查报告后，通过《关于加强城镇环卫设施建设与环卫管理的决议》。

9月　乡镇人大换届选举工作全面铺开。全县共选出乡镇人大代表1377名。

10月　22个乡镇分别举行第十三届（洞口镇第一届）人民代表大会第一次会议，选举乡镇人大主席团成员162名，其中主席、副主席各22名，乡（镇）长22名，副乡（镇）长58名，党委推荐的候选人全部当选，圆满完成各项议程，受到邵阳市人大常委会表彰。

1996年

3月26日至29日　县十二届人民代表大会第四次会议听取和审议县政府《关于洞口县国民经济和社会发展“九五”计划及2010年远景目标纲要的报告》，批准县人大常委会、法院、检察院的工作报告并通过决议。《关于加强对公费购买小车和移动电话及其使用管理的议案》《关于加强对乡镇邮政储蓄和邮政工作管理的议案》等议案立案。

5月　县人大常委会派调查组赴江口镇调查民营经济逆转、外地28家在此经商办厂的个体户有27家外迁的原因；还组织部分省、市人大代表到江口视察、调研。向“一府两院”提出促进民营经济健康发展交办意见。

8月29日　十二届人大常委会第24次会议听取和审议邮政部门的工作汇报、调查组的调查报告，通过《关于加强乡镇邮政储蓄和邮政工作管理的决议》。从9月1日起，取消投递邮件收取手续费，停止将汇兑款转储蓄、强行扣缴报纸杂志费。

11月5日　十二届人大常委会第25次会议听取和审议县政府《关于公款购置小车和移动电话的情况汇报》、财政经济工作委员会的专项调查报告，作出《关于加强公费购置小车、移动电话及其使用管理的决议》向县政府交办。

是年　县人大常委会会同县政府有关职能部门开展声势浩大的《中华人民共和国土地管理法》颁布实施十周年宣传月活动，并对1994—1996年的非生产用地进行执法检查，共查处各类土地违法案件171起、计占用耕地778.2亩，追缴税费72.1万元，依法拆除影响极坏的违法占田建房3座。

1997年

3月15日至18日　县十二届人民代表大会第五次会议听取和审议并通过6个工作报告，要求进一步规范和整顿经济秩序，惩治腐败，继续实施“加强基础，大力开发，强农兴工，民营富县”战略，迎接香港回归和中共十五大胜利召开。

4月29日　十二届人大常委会第28次会议听取和审议内务司法工作委员会《关于在全县推行执法责任制情况的汇报》，作出《关于建立执法责任制的决定》，向“一府两院”交办。

9月上旬　县十二届人民代表大会开始换届，至11月中旬结束。全县划分129个选区，选出县人大代表273名。

12月8日至13日　县十三届人民代表大会第一次会议在县城举行。听取和审议“一府两院”、县人大常委会五年来的工作报告，并分别通过决议。选举十三届人大常委会主任、副主任和14名委员；选举县人民政府县长、副县长；选举县人民法院院长、县人民检察院检察长；选举邵阳市十二届人大代表50名。会议号召全县人民落实中共十五大精神，团结奋进，维护稳定，大胆创新，强工兴农，大力开发高效农业。

1998年

2月24日至26日　十三届人大常委会第一次会议根据县政府县长、法院院长、检察院检察长提请，审议人事任免，首次对拟任人员进行法律知识闭卷考试，考试合格者再进入述职评议程序，最后无记名投票表决，共免职4名，任命22名。

3月23日至25日　县十三届人民代表大会第二次会议听取和审议县政府、县人大常委会、计划物价局、财政局的年度工作报告，并通过4个报告的决议。会议要求县政府以农业科技工程、工业名牌工程、城镇扩建工程为重点，调整经济结构，提高经济质量，努力建设小康县。会议对《县城规划区内收费于民应做到服务于民的议案》予以立案。

6月　县人大常委会组织力量对全县楠竹低改工作进行深入调查研究，调研后向县政府提出“加大督查力度，狠抓低改质量，出台优惠政策，搞好深加工、积极开发市场”等建议和要求。全县当年完成楠竹低改0.18万公顷。

10月中旬　铺开乡镇人大换届选举工作，至11月26日结束。全县共选出乡镇人大代表1395名；乡镇十四届（洞口镇第二届）人民代表大会第一次会议选举产生乡镇人大主席、副主席各22名，乡（镇）长22名，副乡（镇）长89名。

12月14日至16日　县人大常委会组织部分省、市人大代表视察县城重点建设项目，查出一处“豆腐渣”工程，责成返工，并举一反三，督促城建、交通部门精心组织施工，强化现场管理，严格工程监理，确保工程质量，切实支持城镇扩容提质。在主任扩大会议上，批准县政府1999年动用400万元预算外资金用于县城基础设施建设。

同月　县人大常委会原委员、办公室副主任杨乐生获中共湖南省委办公厅、省人大常委会办公厅、省人民政府办公厅、省政协办公厅颁发的“从事30年以上秘书工作荣誉证书”。1999年10月，全国人大常委会委员长李鹏题词的《中国专家人名辞典》第6卷收录了杨乐生的业绩。

1999年

3月19日至22日　县十三届人民代表大会第三次会议听取和审议并通过县政府、县人大常委会等6个工作报告，要求“一府两院”紧紧围绕“社会稳定、农民增收、企业增效、财政增长”这个目标，抓好各项工作的落实，把一个充满生机的洞口带入21世纪。

二季度　县人大常委会组织相关部门深入黄桥、山门、花古、毓兰、竹市等地，对农业综合开发、丘岗山地开发、农业科技扶贫进行专题调研，针对农业和农村工作中存在的问题，在主任（扩大）会议上向县政府提出“要认真执行党的农村工作政策不走样，加大农业科技和基础设施投入不松劲，优化农业产业化结构调整不放空炮，努力推进农业产业化进程”。

下半年　县人大常委会先后对法院开展“审判质量年”“执行年”“争创人民满意好法院、争当人民满意好法官”三项活动，公安部门的取保候审，检察院开展“执法效果年”活动和采取取保候审措施等情况，组织专题视察，分别提出交办意见和工作建议，推进“两院一局”的公正执法，促进全县的社会稳定。

2000年

3月13日至16日 县十三届人民代表大会第四次会议要求县人大常委会和“一府两院”在21世纪第一年要有新气象，坚决完成报告中提出的各项任务，共同努力，实现富民强县的战略目标。主席团对9个乡镇的县人大代表联名提出的《关于整饬林业公安的议案》决定立案，并获大会通过，授权县人大常委会在调查研究的基础上作出相应的决议。

4月—5月 县人大常委会对《中华人民共和国环境保护法》的实施情况进行执法检查，相继开展“三湘环保世纪行”“2000年洞口环保世纪行”宣传活动，监督、支持县政府对环境污染重点地区进行专项整治，迴龙洲风景区乱搭乱建饮食店的问题得到有效遏制，平溪江上游饮用水源的污染问题得到较好解决。

5月 县人大常委会在县委党校举办法院审判员、检察院检察员集中整训，共200余人参训，并首次对审判员、检察员进行综合法律知识闭卷考试。

6月14日至8月20日 县人大常委会组织力量办理十三届人大四次会议立案的《关于整饬林业公安的议案》。派出两个调查组深入林区9个乡镇，对1998年以来的林业公安执法情况进行调查。人大常委会第19次会议听取和审议林业公安分局的执法情况汇报；第20次会议作出《关于加强对林业公安队伍进行整顿、确保公正执法的决议》。林业公安分局纠正错案9起，直接退还林农罚没款5.9万元。

7月至8月 县人大常委会调查科技推广和科技示范的开展情况，听取和审议县政府《关于1998年以来的科技工作汇报》，督促县政府进一步加大工作力度，保持全国科技示范先进县称号，扩大成果，积极组织推广示范，振兴经济。

8月上旬 县人大常委会总结上报《民主的大实践，法治的里程碑——洞口县人大常委会工作二十年回顾》，被收入邵阳市人大常委会纪念邵阳市人大常委会设立二十周年专册《辉煌二十年》。

年内 县人大常委会督办十三届人大四次会议期间部分代表提出的《关于县公安局将现役军人向某某押解回县，必须彻底查清的意见》，决定交由县检察院办理。在邵阳市十二届人大四次会议期间，洞口县25名市代表联名向市公安局提出质询，此案得彻底纠正，直接责任人被追究刑事责任，受害者按退伍军人安排去县招待所工作。

2001年

3月12日至16日 县十三届人民代表大会第五次会议听取、审议并批准县政府《关于洞口县国民经济和社会发展第十个五年计划纲要的报告》和人大常委会、法院、检察院的工作报告。

6月 县人大常委会针对洞口县已被列为全省计划生育重点管理县的严峻形势，组织力量深入19个乡镇调查计划生育综合整治情况后，向县政府提出“警钟长鸣，把集中综合整治抓出成效；严肃法纪，查处计划生育工作中的违法行为；强化管理，杜绝乱罚款、乱开支”的工作建议。这些建议得到县政府的落实，促进了当年计划生育工作的进类进位。

6月27日 十三届人大常委会第24次会议在总结前些年实施个案监督、处理疑难案件经验的基础上，通过《洞口县人大常委会实施个案监督办法》，对个案监督的对象、范围、内容、方式、程序及责任都做出了具体规定。下半年，通过个案监督，“一府两院”纠正、处理疑难案件36起。

三季度 县人大常委会组织力量对11个乡镇、33个村“乡统筹村提留”款的收缴、使用情况进行了调查，发现少数乡镇和一些部门、单位乱收费、乱罚款、乱摊派、乱集资的现象仍然存在。主任会议要求县政府“不折不扣地落实中央、省、市的减负政策，加强对‘乡统筹村提留’经费的管理，确保专款专用，并且要通过加大农业投入和加大农业结构调整力度，引导和帮助农民增收”。这些建议和意见，都得到较好落实。

10月 22个乡镇分别举行第十五届（洞口镇为第三届）人民代表大会第一次会议，全程规范化、法律化。省、市人大常委会分别转发洞口县乡镇换届的成功做法；邵阳市的乡镇人大换届选举工作总结大会在洞口县召开。

2002年

3月26日至28日 县十三届人民代表大会第六次会议指出，2002年是我国加入WTO的第一年，是我们党和国家历史上具有特殊意义的一年；会议要求：“走出工业低谷，推进产业升级，加速城镇扩展，摆脱财政困境。”

5月 县人大常委会组成人员分为司法、财经、农村、建设环保4个调查组，分别调查政法机关在处理涉及经济环境、经济秩序方面案件中的司法公正情况，全县行政审批项目和政务公开情况，有关职能部门的“四乱”乱收费、乱罚款、乱摊派、乱集资情况，城镇建设和环保执法情况，责成“一府两院”查处一批典型案件，遏制了“四乱”。

9月30日 十三届人大常委会第33次会议通过《洞口县人大换届选举工作安排意见》；决定成立县选举委员会及其办公室；决定各乡镇成立选举领导小组，并任命正、副组长。

10月 县人大常委会在全面了解全县工业企业改革情况的基础上，听取、审议县政府工业情况汇报，向县政府提出：要落实“民营为主、工业强县”的发展战略，建立以民营为主的所有制结构和以农林矿产品加工为主的产业结构相结合的新型工业体系，尽快走出工业低谷。

11月17日至22日 举行县十四届人民代表大会第一次会议。听取、审议“一府两院”和县人大常委会五年来的工作报告，分别通过决议。选举十四届人大常委会主任、副主任和14名委员；选举县人民政府县长、副县长，选举法院院长、检察院检察长；选举邵阳市十三届人民代表大会代表50名。

2003年

1月23日　县十四届人大常委会第1次会议修正、完善、通过《洞口县人大常委会人事任免办法》，进一步规范人事任免工作程序，强化任后监督和跟踪监督。

3月26日至28日　县十四届人民代表大会第二次会议听取县政府、发展计划局、财政局和县人大常委会的工作报告，分别通过决议。会议对《关于拆除迴龙洲非法建筑，切实保护好迴龙洲的议案》予以立案。

5月　县人大常委会组织8个综合检查组、3个专项检查组，开展义务教育执法检查。执法检查后向县政府提出五个方面的交办意见，至次年4月全部落实。省人大常委会副主任吴向东和副省长许云昭带队检查洞口县义务教育执法情况时，对教育事业的发展和义务教育执法工作给予充分肯定。

6月　县人大常委会组织力量，检查公、检、法取保候审执行情况，发现一些保而不侦、保而不审、保而不结、不了了之等问题，提出整改建议并跟踪监督。年内，公、检、法整改到位。

6月30日　县人大常委会根据十四届人大二次会议授权，在调查研究的基础上召开常委会第5次会议，审议、通过《关于拆除迴龙洲非法建筑，保护迴龙洲生态环境的决定》，向“一府两院”交办。至7月底，拆除洲内47处非法建筑。

9月下旬　县人大常委会组织部分委员和乡镇人大主席团主席赴沿海地区考察学习，开阔视野，借鉴外地先进人大工作经验。

下半年　县人大常委会组织6个调查组，对政府组成机构的主任、局长和法院副院长、检察院副检察长共30名干部的工作情况进行任后调查。于12月9日至10日召开人大常委会第8次会议，听取他们的述职报告和调查组的汇报及人大常委会组成人员的评议发言后，进行无记名投票，当场公布投票（测评）结果。此举在社会上震动很大，社会反映颇好。

12月　湖南省委书记、省人大常委会主任杨正午在洞口县视察民营工业企业的发展情况。

2004年

3月16日至18日　县十四届人民代表大会第三次会议听取和审议县人大常委会和“一府两院”等6个工作报告，并分别通过决议。会议对抗击“非典”取得胜利、战胜严重干旱、保持经济社会协调发展等工作，表示满意。会议对《关于依法治理河道，保证河道行洪功能，确保人民生命财产安全的议案》予以立案。

5月至6月　县人大常委会组织力量对全县河道管理进行调查研究，第13次会议通过《关于切实加强全县河道管理的决议》，提出6条意见向县政府交办，县政府于年底办理完毕，人民群众特别是沿河群众表示满意。

5月至10月　县人大常委会围绕贯彻落

实中共中央〔2014〕1号文件精神，在全县范围内深入开展对农业法及相关法规实施情况的执法检查。向县政府提出5条整改意见，并督促13个单位开展自查自纠。省人大常委会副主任庞道沐率队到洞口县检查时，对洞口的农业执法检查和农业农村工作给予评价。

7月至8月　县人大常委会遵照十届全国人大二次会议修改、通过的宪法有关规定，延长乡镇人大届期，派出6个宣传指导组赴乡镇，增开乡镇十五届人民代表大会第四次会议。

下半年　县人大常委会集中开展建立人民代表大会制度50周年和宪法颁布50周年系列庆祝活动，宣传人民代表大会制度的优越性。人大常委会办公室整编《洞口县纪念人民代表大会制度建立50周年暨洞口县人大常委会设立25周年文件资料汇编》，编纂《洞口县人大工作大事记》。

2005年

1月24日　县十四届人大常委会第17次会议审议、通过《洞口县人民代表大会代表辞职的规定》。

2月17日　县十四届人大常委会第18次会议，接受本届33名代表因工作变动辞去代表职务的请求，由原选区补选代表。

2月　《人民之友》2005年第1期以“以民为本重千钧”为题，介绍邵阳市人大代表、洞口县人大常委会主任肖德生见爱民的事多办、见利民的事多做、见惠民的事多干，老百姓亲切地称他为“贴心代表”“爱民主任”的事迹。

3月21日至24日　县十四届人民代表大会第四次会议听取、审议、通过6个工作报告。会议对《关于加强我县矿产资源保护、开发、利用及管理的议案》予以立案。

6月　县人大常委会根据十四届人大第四次会议立案，会同县政府就矿产资源保护利用这一重大课题在县内外做了117天的调查研究，于21次常委会会议审议，并通过《关于加强我县矿产资源保护、开发、利用和管理的决议》。

8月24日　县人大常委会组成人员集中学习《中华人民共和国公务员法》，审议、通过《洞口县人大常委会2005年述职评议和评选“人民满意公仆”方案》。

12月22日至24日　县十四届人大常委会第24次会议对3名副县长和25个政府工作机构的主任（局长）及法院副院长、检察院副检察长共35人进行述职评议，当场宣布测评结果。同时还公布113名国家机关工作人员法律考试成绩。

2006年

3月27日至30日　县十四届人民代表大会第五次会议听取和审议县政府《关于〈洞口县国民经济和社会发展十一个五年规划纲要（草案）的报告〉》，审议后批准《洞口县国民经济和社会发展第十一个五年规划纲要》。

7月4日至6日　十四届人大常委会第26次会议先后听取县政府《关于贯彻实施<环境保护法>的工作情况汇报》《关于贯彻实施<传染病防治法>的工作情况汇报》

《关于实施农业综合开发项目和资金使用情况的汇报》，并听取人大常委会调查组的三个专项调查报告。会议审议后，首次采用投票表决的办法评价县政府的这三项工作。

12月26日至27日　十四届人大常委会第29次会议分别听取县政府《落实县人大常委会关于加强全县环保工作交办意见的情况汇报》《关于加强全县非税收入管理工作交办意见的情况汇报》和检察院《反贪污反贿赂工作情况汇报》，审议后予以票决。会议还听取6名副县长的述职报告，审议后予以票决。

12月28日　县人大常委会在县委大会议室召开贯彻实施《中华人民共和国监督法》动员大会，县直副科以上单位党政一把手和乡镇党委、人大、政府的正职参加会议。肖德生主任发表主旨讲话；"一府两院"的主要负责人做表态发言；县委书记赵清云为会议作《认真贯彻实施〈监督法〉，开创人大工作新局面》总结讲话。

2007年

3月13日至16日　县十四届人民代表大会第六次会议听取和审议6个工作报告，并分别通过决议。会议号召全县人民努力实现经济社会又好又快发展，以优异成绩迎接中共十七大召开。

5月10日　十四届人大常委会第32次会议修正并通过"工作简则""议事规则""人事任免办法"；审议并通过选举任免联络工作委员会、内务司法工作委员会、财政经济城乡建设工作委员会、教育科学文化卫生工作委员会、农业华侨外事工作委员会的"工作规则"。

7月10日　十四届人大常委会第33次会议听取和审议公、检、法关于取保候审情况的汇报及内务司法工作委员会的专题调查报告，分别向"一府两院"提出交办意见。

7月18日　湖南省委书记、省人大常委会主任张春贤在洞口县考察食品工业。

10月8日　十四届人大常委会第35次会议审议通过《关于成立洞口县选举委员会的决定》《关于设立乡（镇）选举委员会的决定》。

11月　乡镇分别召开举行十六届（洞口镇第十四届）人民代表大会第一次会议。

12月3日至7日　县十五届人民代表大会第一次会议在县城举行。会议听取和审议"一府两院"和人大常委会五年来的工作报告，并分别通过决议。会议选举十五届人大常委会主任、副主任和17名委员；选举县人民政府县长、副县长；选举县人民法院院长、县人民检察院检察长；选举邵阳市十四届人大代表50名。

2008年

2月28日　县十五届人大常委会第2次会议集中学习《中华人民共和国各级人民代表大会常务委员会监督法》。

4月25日　十五届人大常委会第4次会议接受黎仁寅辞去县长职务的请求；根据县委提名、审查履历、听取任前发言后，决定任命肖拥军为县政府副县长、代理县长，报十五届人大二次会议备案。

6月3日至6日　县十五届人民代表大会第二次会议选举肖拥军为县政府县长；通过《关于<坚决拆除迴龙洲内非法建筑、取缔其非法经营、搬迁洲内居民并尽快启动迴龙洲生态公园建设的议案>立案的决议》。

8月29日　县十五届人大常委会第6次会议审议通过《洞口县人大常委会规范性文件备案审查办法》《洞口县人大常委会工作评议办法》《关于建设迴龙洲森林公园的决议》。

12月26日　县人大常委会组成人员集中评议公安局、国土资源局、水利局、人口与计划生育局的工作，投票表决后分别向4局提出评议交办意见，要求半年后报告整改落实情况。

年内　乡（镇）人大主席团根据地方组织法和上级人大常委会的文件精神，改称乡（镇）人民代表大会。

2009年

2月26日　县十五届人大常委会第10次会议研究决定：财政经济城乡建设工作委员会分设为财政经济工作委员会、城乡建设环境资源保护工作委员会，并审议通过两个工作委员会的工作规则。

3月16日至20日　县十五届人民代表大会第三次会议听取和审议县政府、县人大常委会、县法院、县检察院年度工作报告，并分别通过决议；审查、批准财政工作和计划工作报告。

6月1日　人大常委会主任扩大会议听取县政府《关于我县柑橘产业发展情况的汇报》，会议提出“抓紧抓好拳头产品的生产，主攻无公害生产，提高市场竞争能力，形成规模生产能力”等交办意见。

6月19日　县十五届人大常委会第12次会议审议通过《洞口县人大常委会关于审议决定县财政投入大型建设项目的办法》。

8月27日　县十五届人大常委会第13次会议听取县政府《关于迴龙洲森林公园建设情况的汇报》，提出审议意见向县政府交办。

9月22日　县人大常委会在新华宾馆举行纪念洞口县人大常委会设立30周年座谈会，回顾30年的光辉历程，展望新时期的人大工作。人大常委会办公室编发了《洞口县人大常委会设立30周年大事记》。

10月29日至30日　县十五届人大常委会第14次会议对县人民法院、劳动和社会保障局、交通局、林业局、安全生产监督管理局、质量技术监督管理局进行工作评议，评议票决后向6个单位分别提出交办意见，要求在10个月以内向县人大常委会主任会议报告落实情况。

2010年

3月21日至24日　县十五届人民代表大会第四次会议听取和审议“一府两院”、人大常委会的年度工作报告，审查财政工作报告和经济社会发展计划报告，并分别通过决议。代表们对历年累计财政赤字超过3000万元、计划生育没有实现升类目标、综合治理民意测评结果在全省排位靠后等问题，提出了批评和建议。

4月14日　县十五届人大常委会第17次会议审议通过《洞口县人大常委会监督重要案件实施办法》《洞口县人大代表工作制度》。

10月28日　县十五届人大常委会第21次会议对检察院、民政局、建设局进行工作评议，听取单位工作汇报、审计局对这些单位经济责任的审计情况汇报和评议调查组的调查报告，会议进行评议票决，并分别提出整改交办意见。

12月27日　县十五届人大常委会第22次会议审议通过《洞口县人大常委会关于加强县人民政府预算调整监督的决定》和《关于成立用地性质变更和建设规划调整相关规费追缴专题调查委员会的决定》。

年内　县人大常委会加强机关制度建设，发布“机关干部作风公开承诺书”，制定“廉政建设制度”“信访工作制度”“安全保卫保密制度”等12项规章制度。人大常委会办公室编印《洞口县人民代表大会常务委员会规章制度汇编》。

2011年

3月28日至4月1日　县十五届人民代表大会第五次会议听取和审议县政府、人大常委会、法院、检察院年度工作报告，审查、批准《洞口县国民经济和社会发展第十二个五年规划纲要》、财政工作报告、计划工作报告，分别通过决议。

5月27日　县人大常委会主任（扩大）会议听取县政府《关于我县人民防空经费收取和人防工作开展情况的汇报》和县人大常委会调查组的调查报告，对人防工作表示满意。

6月16日　县十五届人大常委会第25次会议听取和审议县政府《关于新建洞口经济开发区管委会综合服务大楼的议案》，通过决议，同意建筑面积7800平方米，总投资2200万元。

9月9日　县十五届人大常委会第28次会议听取县政府《关于再次提交县城华荣路南侧建设用地规划范围调整的议案》和“说明”。会议通过城环工委的《审查报告》：(1)、今后不再对华荣路南侧150米以外区域进行建设规划用地调整，以防止对柑橘基地造成更深更大的破坏；(2)、150米以内区域不允许园艺场非拆迁户自建房屋。

年内　县人大常委会就县茶路电站与中国东方资产管理公司的1.7亿元债务纠纷，组织省、市人大代表向省人大常委会、省高院、市人大常委会请示、汇报，最终达成茶路电站还款0.3亿元的协议，解决了多年没有解决的经济纠纷。

2012年

3月21日至24日　县十五届人民代表大会第六次会议听取县政府、人大常委会、法院、检察院年度工作报告，审议后分别通过决议。表彰人民满意公仆、优秀县代表、乡镇人大工作先进单位、宣传工作先进单位和先进个人。

3月22日中午　县十五届人大常委会第32次会议通过《关于洞口县基本气象观测站搬迁问题的决议》，同意搬迁至花古乡江南村长湾岭，占地面积1公顷，总投资控制在700万元以内，从政府基金中分期拨付。

8月31日　县十五届人大常委会第34次会议审议通过《关于言爱基金援建洞口县思源实验学校的决议》和《成立洞口县选举委员会的决定》，审议通过各乡镇选举委员会成员名单。

11月中旬　各乡镇分别举行十七届人民代表大会（洞口镇第五届）第一次会议，选举产生乡镇人大、政府领导班子，党委推荐的候选人全部高票当选。

11月25日至30日　县十六届人民代表大会第一次会议在县城举行。听取、审议“一府两院”和人大常委会五年工作报告，并分别通过决议。选举县人大常委会主任、副主任和19名委员；选举县政府县长、副县长，选举法院院长、检察院检察长；选举邵阳市十五届人大代表52名。

2013年

1月14日　县十六届人大常委会主任曾晓桃主持召开第1次主任会议，重点研究自身建设，加强机关管理，创建县级文明单位。

3月18日　县十六届人大常委会第2次会议审议通过《洞口县人大常委会组成人员守则》《洞口县人大常委会工作总则》《洞口县人大常委会议事规则（修订案）》等规章制度。

4月19日至23日　县十六届人民代表大会第二次会议听取和审议“一府两院”、人大常委会的年度工作报告，审查财政局、发改局的年度工作报告，通过以上6个报告的决议；补选县人民政府县长。

5月27日　曾晓桃主持召开主任扩大会议，听取县政府《关于近三年改造学校危房的工作汇报》，要求落实“五个部门”的“三个责任”，切实抓好“五个到位”，到本届政府期满，实现“教育强县”目标。

10月　县人大常委会部分委员和省、市人大代表赴湘西，学习连任4届全国人大代表的田儒斌履职经验和优秀事迹。

12月2日　十六届人大常委会第6次会议审议通过《关于撤销水东乡建立水东镇的决议》和《关于撤销岩山乡建立岩山镇的决议》。

2014年

1月3日　县人大常委会召开与“一府两院”工作联席会暨颁发任命书大会，并公布《洞口县人大常委会议事规则》。

3月16日至18日　县十六届人民代表大会第三次会议听取审议通过“一府两院”和人大常委会年度工作报告，审查批准县财政局、县发改局的年度报告。

6月5日　曾晓桃主持召开主任扩大会议，研究决定编纂《洞口县人大志》，成立编纂委员会；即日由县人大常委会办公室发出《切实做好〈洞口县人大志〉编纂工作的通知》。

10月30日　县十六届人大常委会第12次会议听取、审议县政府《关于杨林乡撤乡建镇问题的议案》及其说明。会议审议后通过决议。

12月2日　县人大常委会在人民大会场

举行人民代表大会制度设立60周年庆祝大会，曾晓桃主任发表题为《继往开来，秉承辉煌，充分发挥人民代表大会制度的根本政治制度的作用》的重要讲话。

年内　县人大常委会开展“工作进步年”活动和“三联三创二访一帮”活动，治庸提能，治懒增效，治散聚力，治虚务实，走访代表110余人次，收集关于洞口发展的建议244条，为群众解决实际困难82件。洞口镇、高沙镇、石柱乡率先建立人大代表联系群众工作室。

2015年

3月22日至26日　县十六届人民代表大会第四次会议听取、审议“一府两院”和人大常委会年度工作报告，审查财政、计划年度工作报告，通过以上报告的决议。

6月24日　县十六届人大常委会第18次会议审议通过《关于撤销洞口镇、花古乡，设立文昌、雪峰、花古三个街道的决议》。

7月24日　县十六届人大常委会第19次会议审议通过《关于〈洞口生态县建设规划（2014—2020）〉的决议》。

12月1日　曾晓桃主任根据省、市人大代表集中视察洞口县水利建设后的情况反馈，主持召开主任扩大会议，听取县政府水利工作汇报。会议指出：全县水利建设曾经取得很大成就，但现阶段存在严重问题，“五小”水利荒废，渠道无人管，农村饮水不安全，农民意见大。会议向县政府交办五条整改意见。

2016年

1月8日　县十六届人大常委会第23次会议听取和审议县政府《洞口县县城总体规划2003—2020年（2015年修改）汇报》。会议原则通过这个规划并提出修改意见，要求按程序报批，再将修改结果报县人大常委会备案。

3月11日至15日　县十六届人民代表大会第五次会议听取和审议“一府两院”、人大常委会年度工作报告，审查《洞口县国民经济和社会发展第十三个五年规划纲要》、年度计划工作报告、年度财政工作报告。会议批准以上7个报告。

8月22日　县十六届人大常委会第28次会议通过《关于成立洞口县选举委员会的决定》，并通过主任、副主任及成员名单。紧接着，选举委员会发出1号文件《洞口县县乡两级人大换届选举工作方案》。

10月18日　召开县乡人大换届选举工作推进会，县人大常委会主任、县选举委员会主任曾晓桃强调，营造良好的舆论氛围，严明换届纪律，切实做到“零容忍、零差错、零问题”，确保换届选举万无一失。

11月上旬　各乡镇举行十八届（水东镇、岩山镇为第二届）人民代表大会第一次会议。

11月27日—30日　县十七届人民代表大会第一次会议在县城举行。听取和审议县人大常委会和“一府两院”的工作报告并通过决议。选举十七届人大常委会主任、副主任和29名委员；选举县人民政府县长、副县长；选举法院院长、检察院检察长；选举邵阳市十六届人大代表51名。通过《关于设立洞口县十七届人民代表大会法制委员会、财政经济委员会的决定》，并通过其主任委员、副主任委员、委员名单。新当选的领导班子成员向宪法宣誓就职。

第一篇
各界人民代表会议

1949年10月10日上午，中国人民解放军攻克武冈县城，宣布全县解放。17日夜，中共南下武冈县委入驻武冈县城；次日，在皇城坪召开军民大会，宣告中国共产党武冈县委员会和武冈县人民政府正式成立；随即成立接管委员会，全面接管政权，按照中央人民政府委员会第四次会议分别通过的省、市、县各界人民代表会议组织通则，召开武冈县第一届各界人民代表会议。武冈、洞口分县后，洞口县人民政府及时召开洞口县各界人民代表会议，代行人民代表大会的职权，讨论、审查政府工作，决定一切重大问题。洞口县各界人民代表会议共两届、举行6次会议。至1954年全民讨论宪法草案、第一届全国人民代表大会第一次会议通过《中华人民共和国宪法》，各界人民代表会议作为人民代表大会召开前的一种过渡形式，完成了它的历史使命而消失。

第一章　武冈县各界人民代表会议

经过武冈县委、县政府、驻县部队、各工作队及区、乡镇的艰苦发动，扎根串联，发现和培养积极分子，建立乡、村农民协会，建设新的红色政权，于1950年2月筹备召开武冈县第一届第一次各界人民代表会议。

县委、县政府确定第一届各界人民代表会议的代表为400名。其中农民代表285名，分配给6个区，由区农民协会组织选举产生，主要选举苦大仇深的贫苦农民；工人代表14名、工商界代表11名、文教界代表25名、军队代表7名、妇女代表7名，分别由总工会、工商联、文教界、驻县部队、妇女联合会民主协商产生；开明绅士代表5名，党政机关代表46名，均由县政府聘请（或指定）。

第一届一次会议于1950年3月11日至14日在武冈县城隆重举行，代行人民代表大会职权。应到代表400名，实到351名，49名代表因土匪挡道而未能出席。

会议听取、审查县长李前义的《政府工作报告》，《政府工作报告》总结武冈县人民政府建立以来的工作：稳定民心，筹集粮秣，支援解放大军挺进大西南；接管旧政权，废除保甲制，建立区乡新政权；依靠广大群众，收缴地方武器，壮大县区武装和乡村民兵队伍，发展农民协会会员，开展生产度荒，减租减息和清剿土匪，取得了很大的成绩。但也付出很大的牺牲，土匪杀害解放军指战员、南下干部、工作队员、进步教师、农会骨干、民兵共53人。代表静默致哀。

县委书记尹子明作《中共武冈县委向代表会议建议》的报告，提出今后工作任务，特别指出，县内共有大小匪帮32股，对人民群众和新生政权危害极大；要着重开展剿匪反霸运动，稳定社会秩序，巩固人民民主专政，保护人民生命财产；要坚决执行“首恶必办，胁从不问，立功者奖”的剿匪政策，分化瓦解敌人；展开强有力的政治攻势和凌厉的军事清剿相结合，一年内要彻底肃清境内土匪。同时，要继续做好减租退租、反霸除恶、生产节约、救灾度荒、整顿财政、清理公产、推销人民胜利折实公债等工作；最后号召全体共产党员、各界人民代表、各级干部和广大人民群众，紧急动员起来，排除万难，去争取胜利。

会议期间，提案审查委员会共收到提案169件，其中属剿匪的36件、减租反霸的12件、生产救灾的27件、整顿地方财政和清理公产的13件、商业贸易及推销胜利折实公债的25件、文化教育方面的30件、其他26件。会议根据这些提案，分别作出清剿土匪、减租反霸、生产度荒、清理公产、推销人民胜利公债、发展教育六项决议。

会议选举产生武冈县第一届各界人民代表会议常务委员会，尹子明任主席，李前义、周调阳、李长枚、徐然任副主席，李长校兼任秘书长，委员25名。

24日举行全体会议，一致通过《关于政府工作报告的决议》和关于清剿土匪等六项决议。会议在国歌声中胜利闭幕。

第一届二次会议于1950年8月16日至19日在县城举行，到会代表250名。县长李前义作《政府工作报告》，总结五个月废除保甲制度，建立乡村新政权，组织农民协会等工作，提出减租反霸、生产救灾、准备土地改革和动员广大妇女起来革命等重点工作。通过代表审议，作出清剿土匪、减租反霸、生产救灾、土地改革、工商业工作、妇女工作、交通建设和发展教育事业等决议。

第一届三次会议提前于1950年9月28日至30日在县城举行，因诸多原因，实到代表233名。县长李前义报告政府工作，特别着重宣讲“依靠贫农，团结中农，中立富农，打倒地主，有步骤、有分别地消灭封建剥削制度，发展农业生产”的政策。代表们集中讨论征粮、税收、土地改革、发展生产、恢复工商各业、肃清匪特及加强社会治安等工作。会议通过关于公粮入库、税收征管、社会治安、工商行政管理和教育工作的决议。会后即分批次开展土地改革。

第一届四次会议于1951年4月21日至24日在县城举行。因调整行政区划代表变动较大，应到代表276名，实到212名。代表们听取、审议和通过《政府工作报告》；商讨抗美援朝、镇压反革命、发展农业生产等重要工作。会议作出支援抗美援朝、坚决镇压反革命和发展农业生产等决议，并通过《爱国公约》。会后，掀起广泛的和平签名运动，全县人民踊跃向政府捐粮捐钱，用于购买飞机大炮。

第一届五次会议于1951年10月17日至20日在县城举行。经过补选代表后，应到350名，实到291名。代表们听取、审议《政府工作报告》，《政府工作报告》着重总结土地改革、剿匪工作，安排部署了面上的土改复查和山区乡的土改。会议商讨几项重大工作，作出关于社会改革、农业生产、文化教育、政法、卫生工作的决议。因武冈、雪峰分县在即，人事变动较大，选举常务委员会主席1名、副主席5名、委员29名。

一届四次会议以后，邵阳专员公署根据《湖南省县行政区划调整修正草案》的有关规定，将武冈县西北部析出，新设雪峰县，分县方案上报中共湖南省委、湖南省人民政府。经省委、省政府批准，于1951年9月30日建立中共雪峰县委、武冈县人民政府雪峰办事处。李长枚任雪峰县委书记，张树干任雪峰办事处代主任。

一届五次会议以后，武冈、雪峰两县按照原上报方案呈报了具体实施方案，获邵阳专员公署核准，将武冈县西北部的79个乡镇，总面积2200平方公里，350601人划归雪峰办事处管辖。1951年12月13日，邵阳专员公署令武冈县人民政府雪峰办事处改名为武冈县人民政府洞口办事处，张树干任洞口办事处代主任，洞口建县的有关工作紧张进行。

第二章 洞口县各界人民代表会议

1952年2月16日，中央人民政府政务院电令批准湖南省增设洞口等八县，并指示“应即成立县人民政府”。中共雪峰县委、武冈县人民政府洞口办事处立即抓紧工作，遵照政务院1951年4月24日发出的《关于人民民主政权建设工作的指示》所指出的“各级人民政府必须依照各级各界人民代表会议组织通则的规定，按期召开各界人民代表会议。各级人民政府的一切重大工作，应向各界人民代表会议提出报告，并在代表会议上进行讨论审查；一切重大问题应经人民代表会议讨论并做出决定”。迅速组建洞口县第一届各界人民代表会议筹备委员会，在成立洞口县人民政府的同时，举行洞口县第一届第一次各界人民代表会议。

第一节 各界代表

洞口县第一届各界人民代表会议筹备委员会发出通知，代表必须具备以下条件：（1）年满18岁；（2）工作（劳动、生产）积极；（3）作风正派，群众拥护；（4）历史清楚，思想进步，政治可靠。

代表名额由筹备委员会确定，共182名，按工人农民代表占64%、党政军干部代表占19%、文教卫代表占14%、工商界和开明绅士及其他代表占3%的比例分配；并规定，妇女、青年要占代表总数的15%。

代表通过以下办法产生：农民代表名额分配到区，由各乡召开人民代表会议选举产生（1个乡1～2名）；军队代表由驻县解放军（人民武装部、公安队）自行选举产生；政府和司法部门的代表由县长、副县长、县政府秘书，各委办主任、各科（局）长。县人民法院院长和各区区长充任；县委机关、工商界、开明绅士代表和其他代表由筹备委员会指名聘请。

洞口县第二届各界人民代表会议的代表名额由县委、县政府确定，代表总数为300名。强调代表条件：必须历史清白，在群众中有威信，年龄在18岁以上、45岁以下。各界别的比例和产生办法，与第一届基本相同。

第二节 代表会议

一、洞口县第一届各界人民代表会议

洞口县第一届各界人民代表会议第一次会议，于1952年4月2日至6日在县城隆重举行，出席会议的代表182名。先于4月1日参加热烈庆祝中国共产党洞口县委员会、

洞口县人民政府成立大会。2日报到，召开预备会议。3日举行开幕式，县委代书记李长枚作重要讲话，祝贺洞口县第一届各界人民代表会议第一次会议胜利召开，要求各位代表当家做主，审查政府工作报告，研究重大工作，团结和带领全县人民，巩固胜利成果，保卫红色江山，建设新洞口。县长张树干作《政府工作报告》，首先传达中央第三次全国政协会议精神和湖南省第一届第二次各界人民代表会议的决议。接着，总结镇压反革命、土地改革、支援抗美援朝、捐献购买飞机大炮款等重大工作。洞口县境内的股匪已基本肃清，共击毙165人，打伤420人，俘虏670人，投诚自首2500人；缴获小炮、机枪、长短枪等武器1500多件、子弹4000余发；全面开展反霸斗争，关押一批恶霸地主，枪决有血债的地主恶霸或其他严重犯罪分子；消灭恶贯满盈的土匪头子张云卿。洞口县境内除菲溪、大屋、桐山外，全面开展了土地改革，共没收地主的水田17.66万亩、旱土2.87万亩、房屋1.7万间、耕牛4425头、各种农具1.93万件，征收富农的水田7.62万亩、旱土2.19万亩，共有26.7万人分得胜利果实，人均最多的分土地2.8亩、粮食150公斤。洞口各界人民以实际行动支援抗美援朝运动，共捐献15亿元（旧人民币），可购买3架战斗机、4门高射炮；已有1850名青年志愿参军，赴朝参战。最后，提出近段时期的工作任务。代表们就响应毛主席号召，加紧生产，夺取1952年大丰收进行认真的讨论，提出了整修塘坝、开展积肥运动、选择良种、深耕细作、提倡格式秧田、多种早熟作物、推行经济作物、开展副业生产、组织农村互助组、实行借贷自由、宣传《生产十大政策》、肃清匪特等措施。会议作出《加紧生产，争取1952年大丰收》《继续加强抗美援朝，反对美帝细菌战》《造林护林》《贯彻新婚姻法》《关于文教工作》《防疫工作》《兄弟民族工作》《城市工作》8个决议；选举产生洞口县第一届各界人民代表会议常务委员会；向中央人民政府毛泽东主席并中央人民政府委员会、中国抗美援朝总会转前线中国人民志愿军的致敬电。（详见本志“附录”）

第一届第二次会议，于1952年10月17日至20日在县城召开。邀请部分烈、军、工属代表、农业劳模代表、船员代表、少数民族代表、自由职业者代表共50人出席会议；各区的副区长或民政助理等人列席会议；包括列席人员共273人。县委书记李先明作重要讲话，通报在武冈集中开展反贪污、反浪费、反官僚主义的大体情况，阐述在城市开展反行贿、反偷税漏税、反盗骗国家资产、反偷工减料、反盗窃国家经济情报的重要意义；对土地改革复查基本结束后的农村经济形势作了分析，号召组织起来，走互助合作道路，学习水稻劳模尹显和、军属劳模许兰菊、植棉劳模李长庭，大力发展农业生产。代县长宋运良作《政府工作报告》。《政府工作报告》总结一年的工作，实现了耕者有其田，肃反、镇反比较彻底，开展广泛深入的禁毒运动，洞口从此得太平。《政府工作报告》安排了今后的工作任务，主要是掀起爱国增产运动，开展互助合作运动和手工业社会主义改造运动。会议讨论了征粮、冬种、司法改革、开展文化运动、贯彻《中华人民共和国婚姻法》等重大工作，作出《查田定产，大搞冬种冬耕》《开展文化建设运动》《开展司法改革》等决议。选举宋运良为县长、丁锡祥为副县长；改选李先明为各界人民代表会议常务委员会主任、宋运良为副主任。

第一届第三次会议，于1952年11月30日至12月2日在县城召开。会议着重讨论民主建政、生产建设、冬季文化学习、开展物资交流、实行普遍民兵制及完成全年税收任务等工作；作出《关于民主建政工作的决议》，包括：洞口县各界人民代表会议代行人民代表大会的职权，召开乡人民代表大会，进行民主建政教育，做好选举第二届各界人民代表会议代表的准备工作等四项内容；作出《关于生产建设工作的决议》，包括制订增产计划、冬修水利、多积肥料、消灭害虫、改良稻种、护林育林、保护耕牛、发展副业生产八项内容；还作出《关于文教卫生工作的决议》。选举出席湖南省第二届第一次各界人民代表会议的八名代表。

二、洞口县第二届各界人民代表会议

第二届各界人民代表会议第一次会议，于1953年3月24日至26日在县城召开，应到代表300名，实到269名。宋运良县长作《今后工作任务》的报告。该报告指出：在全面完成土改复查后，要努力发展生产，走互助合作道路，深入开展爱国生产运动；要坚决打击反动会道门的破坏活动；要认真组织人口普查，开展基层普选；要切实做好拥军优属等工作。会议听取中国人民志愿军归国代表团成员柴川若《关于抗美援朝战迹》的报告；学习了中南军政委员会颁布的《农业生产十项措施》，就搞好春耕生产、互助合作、生产备荒开展热烈而认真的讨论；还讨论继续加强抗美援朝、开展爱国卫生运动和反对官僚主义、命令主义、违法乱纪等工作。会议作出《关于生产备荒工作的决议》《关于宣传人民代表大会制度的决议》《关于贯彻〈婚姻法〉的决议》《关于农业合作化工作、文教工作、税收工作的决议》。选举产生洞口县第二届各界人民代表会议常务委员会。

第二届第二次会议，于1953年6月21日至24日在县城召开，277名代表出席会议。宋运良辞去县长职务，姜元腾任县长，丁锡祥任副县长。会议讨论生产度荒、社会治安、建立基干民兵团等重大问题；会议作出《加强防旱抗旱工作的决议》《加强生产度荒的决议》《关于统一掌握粮食购销的决议》《开展爱国主义教育的决议》《加强农村治安工作的决议》《关于消灭虫灾的决议》。

第二届第三次会议，于1953年12月28日至30日在县城召开，270名代表出席会议。县长姜元腾作《关于一年来的施政报告和今后任务》的报告，该报告称：全县已全面完成土地改革，开展初步的互助合作运动、兴修水利运动、爱国生产运动，超额完成国家统购粮食的任务；今后要努力发展生产，积极认购经济建设公债，认真贯彻执行党和国家在过渡时期的总路线，掀起互助合作高潮。代表们学习、讨论国家在过渡时期的总路线——“是要在一个相当长的时期内，逐步实现国家的社会主义工业化，并逐步实现国家对农业、对手工业和对私营工商业的社会主义改造”。还学习讨论粮食统购统销政策，总结了互助合作的优越性。会议作出《关于拥护和执行国家在过渡时期的总路线的决议》《关于冬季生产工作的决议》《关于实行人民代表制度的决定》《关于文教工作、工商工作的决议》。会议部署试办初级农业生产合作社和基层普选工作。

第三节 各界人民代表会议常务委员会

一、组成人员

1.洞口县第一届各界人民代表会议常务委员会

主　任　李长枚　县委代书记
副主任　张树干　县长、县委委员
　　　　王占恕　县委委员、公安局局长
　　　　谭界诚　第一区农民
　　　　刘尧卿　瑶族，第五区农民
秘书长　周光远　县税务局局长
委　员　萧调长　第二区农民
　　　　覃贤贵　第三区农民
　　　　周继兴　第四区农民
　　　　尹仲伯　第五区农民
　　　　张赐喜　第六区农民
　　　　周后志　第七区农民
　　　　曾传清　第八区农民
　　　　周继聪　第九区农民
　　　　阳彰豹　瑶族，第二区农民
　　　　许华山　第四区农民，省特级二等农业劳模
　　　　刘贞秀（女）第四区
　　　　梁四姣（女）第九区
　　　　雷春秀（女）第三区
　　　　张廷萱　工人
　　　　吴　贵　工商界
　　　　黄开虎　文教界
　　　　龙际昌　平溪中学学生
　　　　唐石泉　医学界
　　　　姜元腾　县人民武装部副部长
　　　　孙作英　县委组织委员
　　　　初增科　县委宣传委员
　　　　房守玉　团县委
　　　　杨瑞兰（女）县委机关
　　　　周　鼎　法院
　　　　李更生　银行
　　　　梁其玉　解放军公安队
　　　　夏寰球　贸易公司
　　　　艾　克　总工会
　　　　谢志成　卫生所

留位两名委员给粮食局、粮食公司

至1952年8月，李长枚、张树干、王占

恕调离；在10月召开的第二次会议上，县委书记李先明任主任，县长宋运良任副主任。

第一届各界人民代表会议常务委员会不设办事机构。

2.洞口县第二届各界人民代表会议常务委员会

在1953年2月的第二届一次会议上，基本按照第一届的模式选举产生由32人组成的各界人民代表会议常务委员会，李先明为主任，宋运良为副主任。抽调三名干部驻常务委员会办理日常工作。

4月，李先明调离，宋运良任县委书记、各界人民代表会议常务委员会主任。在6月召开的第二次会议上，姜元腾任县长、各界人民代表会议常务委员会副主任。

二、联系代表

县各界人民代表会议代表按区分成若干代表小组，每月开会一次，区长、县常务委员会委员参加代表小组会，与代表保持联系；小组长和代表保持经常联系。

第一届划分32个代表小组，其中农村农民18个小组，余为界别、机关小组。第二届划分20个代表小组，其中农民代表15个小组、界别代表小组5个，机关不设代表小组，机关代表分到农民代表组参加活动，负责做记录，倾听代表呼声，收集群众意见，掌握第一手资料，密切干群关系。

在代表会议召开前，常务委员分别到联系的代表小组参加会议，收集意见，向常务委员会汇报。常务委员参加常务委员会议以后，又回到联系的代表小组，将会议讨论的工作和决议的事项传达贯彻到代表中间；经代表小组讨论，学习后，再传达贯彻到人民群众中去。

三、办理提案

一届二次会议期间，收到代表提案131件，经提案处理委员会分类整理编号报大会主席团。其中定产秋征的有78件、农业生产的25件，主席团研究后，交由县政府在大会总结时公开答复；反映干部作风的有5件，县委书记批给县委监察委员会处理；涉及经济、文教卫、社会治安的共23件，政府有关部门在大会总结时公开答复11件，12件交县政府秘书督促相关部门办复。代表们对此表示满意。第三次会议期间收到提案151件，写进决议内容的89件，会议总结时，公开答复15件，交县政府秘书督促相关部门办理47件，限一个月内办复。代表们对此亦表示满意。

二届一次会议期间，收到代表提案172件。其中生产备荒的93件、继续加强抗美援朝的23件、贯彻婚姻法的11件，由会议讨论作出决议；有关乡镇建设的15件、文教卫生事业的11件、交通建设的3件，交县政府处理；其他16件，交县政府有关部门处理。会议总结时，件件提案有交代、有着落。提案截止时以后的提案，由常务委员会分别处理或留作下一次会议讨论、决议。二次会议期间，收到提案223件。其中符合会议中心议题抗旱、度荒、灭虫和农村治安的151件由会议讨论作出决议；有关粮食购销的18件，由县政府在总结会上公开解答；有关工商贸易、文教卫、财政等54件，交由县政府批转有关部门办理，暂时办不到的给予解释。

四、处理来信来访

1953年，县二届各界人民代表会议常务委员会收到人民群众和代表的信访件共198件（次），其中关于农业生产88件、要求救济32件、土改遗留问题12件、优抚工作23件、工商贸易8件、婚姻问题14件、关于税收4件、要求统销粮食9件、要求贷款4件、建议4件。

对于个别的、一般的问题，转交政府部门。按法令、政策规定直接答复或处理，不绕弯子，“不打排球”；对于建议、批评、意见，分别转抄有关部门研究处理，并将处理情况告知原建议人，要求件件有回复。

对于要求救济的问题，先调查研究。八区太平乡有人反映：30户农户没饭吃，生产生活很困难。经调查核实，反映情况有些扩大，只有少数几户农户很困难，代表小组发动群众互助互济，开展生产自救，困难已基本解决。莆溪少数民族反映口粮少，有钱买不到粮，要求政府帮助解决。经调查反映情况属实，转交政府粮食科妥善处理，粮食科派人到莆溪解决这一问题，瑶族同胞感激不尽。

对于土地改革遗留的问题，慎重处理，一靠政策，二靠群众。八区石堰乡与武冈县石塘乡毗邻，一块公山在土改时未确定权属，双方争执很大，经两县法院调解三次无效，常务委员曾传清是本地人，很有威信，且了解历史根源，经他出面，找双方的土地改革积极分子座谈，交心通气，增进理解，达成“天下穷人是一家”的共识，将公山划为两半，靠近石塘的那一半做石塘的公山，靠近石堰的一半做石堰的公山，双方代表订立合同，互相照看，互不侵犯，息事宁人。

对于涉及农民利益的问题，丝毫不含糊。五区大屋乡农民反映，资江三矿公司收购竹麻丝压级压价，农民吃了亏，常务委员会即向邵阳行署报告，行署派员实地调查，认为情况属实，责成收购方补偿差价。四区有农民反映，牛发瘟，死了牛很伤心，常务委员会即与家畜站联系，责成派技术人员去组织地方兽医治瘟防瘟，并告知常务委员周继兴鼎力协助，不到十天时间，治好了病牛，而且控制了牛瘟流行，有效地支援了农业生产。

第二篇 人民代表大会代表

1953年2月11日，中央人民政府委员会审议通过《中华人民共和国全国人民代表大会及地方各级人民代表大会选举法（草案）》，成立中央选举委员会；随后开展第一次全国人口普查工作和全国范围内的普遍选举；并确定召开用人民普选方法产生的乡县省（市）各级人民代表大会，在此基础上召开全国人民代表大会。洞口县于1953年5月6日成立选举委员会；7月，完成第一次人口普查，总人口为392410人；随即部署第一次基层民主普选，全县共登记选民208920人，计有192991名选民参加投票选举，占选民总数的92.4%；直接选举乡镇第一届人民代表大会代表3865名。至1954年4月，全县160个乡、5个镇分别举行第一届人民代表大会第一次会议，间接选举洞口县第一届人民代表大会代表271名。洞口县第一届人民代表大会第一次会议选举湖南省第一届人大代表5名。“文化大革命”时期，造反派协商产生第六届县代表。1980年，按照五届全国人大二次会议通过的《全国人民代表大会和地方各级人民代表大会选举法》，采用无记名投票直接选举县八届人民代表大会代表。此后各届县人民代表大会代表均为直接选举。由人民直接或间接选举人大代表，组成人民代表大会，行使国家权力，对人民负责，受人民监督。

第一章 县人大代表

第一节 代表产生

人民代表大会的代表，按民主集中制原则，经过充分民主协商，广泛征求群众意见，由人民用无记名方式投票选举产生。县人民代表大会第一届至第五届和第七届代表为间接选举；第六届为协商产生；自第八届起，由选民直接选举。

一、间接选举

第一届

1953年7月，全县完成第一次人口普查，总户数为90972户，总人口为392410人，在此基础上登记选民。全县年满18岁的居民共216511人，其中7053人被剥夺选举权，219人被停止选举权，319人是精神病患者，登记选民为208920人。1954年3月，160个乡、5个镇分别召开选民大会和人民代表大会，计有192991人参选，参选率达92.4%，经乡镇人民代表大会选出县人大代表271名（排名不分先后，由会议报到册记录）：

肖相春　向传和　刘同前　陈林善
谢仁田　许兰菊　肖田成　王在贵
贺苑松　刘毓姣　薛公正　唐前胜
许等成　雷青秀　曾江华　王国华
陈显庭　林瑞明　胡作庭　谭春兰
谭正奇　肖耿南　肖富祥　傅建姣
向忠保　向乾渭　傅龙山　向保金
张春元　肖稳臣　吴希贤　罗康林
杨安石　叶发云　胡善武　黄爱云
邓镇中　肖波文　胡湘文　吴　贵
龙瑞廷　肖进明　唐前桂　谢同兴
谢仁节　易成玉　刘光立　龙会宏
肖汉卿　龙会栋　肖富廷　谢文华
李泽彰　阳彰豹　胡孝金　肖国生
向仁松　向传石　肖前顺　袁再凡
彭美蓉　卢泽槐　尹昌盛　刘大石
胡珍姣　曾祥美　刘梓成　邹东开
尹大候　曾庚申　刘又增　龙德元
邓国材　邓　忠　胡春长　王光平
刘苏姣　朱魁通　邓玉金　杨相华
王世和　曾老三　邓安廷　邓学贤
唐清太　唐焕廷　许第能　罗恢祥
傅昭穆　谢岳云　雷家元　傅立志
傅木廷　傅木南　罗郁轩　尹道晚
尹大早　罗清元　周继兴　傅贵廷
唐文灿　旷理球　周后根　杨伟云
傅连和　傅金林　刘庆华　尹显和
尹显让　刘辉英　林坤山　林田成
曾传鑑　王槐雨　赵乌桂　欧阳叙俭
林鸣志　林温山　邓集桂　张道财
张保庭　郭炳汉　肖汉卿　杨鲜田
尹华葵　张宝贵　潘全明　尹大松

曾维周　袁世桂　张孝喜　阳松英
尹宝堂　尹全甲　尹显世　林亥山
尹显南　尹风梅　尹光中　尹大发
米庆祥　宋毓花　周维富　李清金
刘柳庭　廖名富　刘方成　尹华其
宁望南　尹贵盛　方第章　尹显庆
刘述盛　杨目金　张树林　杨金莲
黄寿生　向米贵　林道树　张晚玉
杨鲜凤　王微秀　王松廷　袁松春
廖素梅　王文燕　尹爱秀　李长庭
王道黄　杨春华　谭春玉　曾周斌
覃显石　卿启保　王道禄　王文贵
王道球　卿国仁　周梓成　周春玉
刘怡生　谢同鼎　王师聪　谢续龙
尹晚姑　卿笃厚　刘金贵　刘逊教
胡纯龙　舒瑞生　杨维松　曾晚姣
李命池　曾纪柏　曾纪槐　许清春
王叙云　刘兴汉　谢先七　刘定桓
刘定清　段班全　肖步云　杨期达
周志禾　谢宏花　刘大廷　杨炎强
杨期礼　蒋正元　刘坤元　汤绍正
邓义芳　邓星淼　杨守石　陈瑞庭
梁开五　严立朝　徐开祥　曾令元
尹华松　黄生保　黄长光　杨相沐
梁自铁　唐诗善　徐朝田　许第仁
罗耀常　罗耀纯　曾广南　马松保
谢后迪　王福生　肖银平　谢文保
肖调夏　李清堂　谢　龙　张治元
卿方莲　曾祥榜　曾令周　卿笃生
肖在修　曾纪金　张兴石　李肇富
肖堂良　肖在仲　王德楚　胡礼仙
袁廉会　邱富保　梁开宏　梁自煌
尹显清　张颂尧　邓隆茂　张治友
谢裕金　郑灶奇　王景贵　谢乐目
梁老黑　陈均沐　李迪江　肖贻本
李焱生　周秀英　彭啟治

第二届

1956年，全县年满18岁的居民共226538人，其中7164人剥夺选举权，185人停止选举权，309人是精神病患者，共登记选民为218880人。11月底至12月初，35个乡镇先后召开选民大会和人民代表大会，共有201940人参选，参选率达92.3%。经乡镇人民代表大会选出县人大代表347名（乡镇报送名单，排名不分先后）：

洞口镇（17名）：

邓镇中　肖宝信　何明阶　李伯勋
杨清桂　黄寿生　甘汉德　吴　贵
唐国扬　袁再光　黄爱云　刘德生
雷丁成　向秋伯　向裕煌　向恒山
肖三娥

木瓜乡（9名）：

孙明贤　殷光明　林晓东　林亲善
袁保姣　米庆坤　刘任运　傅立石
唐国保

花古乡（10名）：

王国华　林卫华　谢甫臣　向传树
肖万里　袁保泉　谭正平　肖体明
米振松　袁秋山

古楼乡（5名）：

肖洪云　肖和顺　向明莲　丁富晚
肖洪炳

长塘乡（5名）：

丰明臣　杨守春　林目球　龙石晚
丰春芳

高沙镇（10名）：
唐世炳　刘长生　许奇香　许久生
王雨秀　王文琳　肖　豪　钟力吾
朱熙甫　旷清炎

太平乡（12名）：
丁锡祥　曾伯凡　刘兴杰　刘兴汉
许三凡　刘常青　曾纪才　袁杰堂
向苏姣　黄秋莲　舒增廷　刘祖德

茶铺乡（10名）：
杨采玉　唐学毫　杨期燕　向青泉
杨苏兰　陈立才　米楚楠　徐秀姣
杨林汉　刘全德

洪茂乡（11名）：
曾晚玉　曾宣乾　黄仁青　姜和秀
贺谋道　黄青和　肖祥云　刘大元
向国龙　张　贤　周玉奎

马安乡（10名）：
蔡苏国　曾辉贤　曾令斌　曾广智
段云金　曾冬莲　曾益轩　李老四
曾毓同　曾广益

大水乡（10名）：
邓星华　许明求　曾传林　许长粘
王淑云　曾国干　杨本煌　许盛田
黄仁烈　梁自治

石江镇（6名）：
袁茂生　周还吾　杨理正　卿启玉
陈云清　刘伯中

双江乡（11名）：
谭正木　杨相宇　谢光洲　张傍菊
谭南廷　谭长松　谭书林　张海涵

周水成　周继梨　王有学

江潭乡（6名）：
周香菊　王师祥　王久干　刘佐生
王　纯　谢乐凯

青龙乡（8名）：
吕永相　张颂堂　尹华金　尹大细
曾姣秀　谢扬宏　谢训成　胡李英

黄桥乡（12名）：
肖光中　胡湘文　张秉武　谢光斌
张保祥　左三玉　敖燕球　谢宏炎
蒲宏胜　肖宝焕　曾维栋　刘鹏程

石背乡（10名）：
向本槐　张颂后　刘文生　尹大元
曾梅菊　尹华周　谭丁坤　施德姣
陈桂莲　陈今建

金田乡（11名）：
胡伯良　彭迪光　林金莲　曾东美
袁连智　廖盛金　肖松堂　王振雄
胡楚中　李正甫　邓光雄

杨林乡（10名）：
肖谋汉　王复升　姚志时　李耀炎
李志富　肖举凤　曾德仲　王运凡
曾德练　曾迪凡

竹市乡（13名）：
伍汉之　刘东娥　傅平山　黄春贤
刘黄庭　何功丰　曾令权　王美苏
唐智明　刘细毛　曾广润　旷仁富
王友族

山门乡（14名）：
欧阳成　毛日丁　尹金仙　杨金莲
禹荣光　宁仁连　李迪享　曾维楚
杨白其　宁顺汉　傅兰山　肖逢吉

杨玉松　尹显和

水东乡（10名）：

尹玉坤　尹国英　张启相　王文联
谭希群　陈华风　尹显近　张满元
张金兰　杨白富

花桥乡（11名）：

尹文安　尹大目　尹诗韵　尹秀堂
尹大华　尹华丁　周述元　方细金
黄光奇　廖宏秋　尹大叫

横溪乡（10名）：

曾昭成　曾岩山　罗吉生　尹显艮
胡冬菊　尹兰蓉　潘復隆　潘厚华
伍子云　张映槐

石柱乡（10名）：

周述烈　龙水运　杨葵秀　汤永纯
尹大祖　张录增　段采容　周维喜
李正中　宁香菊

桐山乡（8名）：

刘尧卿　杨信成　张道才　潘美蓉
毛茂莲　曾德修　尹早廷　杨期孝

桥头乡（12名）：

王道钦　胡苏斋　王春秀　蔡阴湘
彭美蓉　邓春秀　邓安廷　邓兆庭
杨相华　胡求风　李久向　胡求龙

花园乡（10名）：

刘乐轩　张耀华　刘清和　黄沐生
曾纪根　邓美莲　邓集德　李克运
邓星弟　邓星炳

石桥乡（10名）：

唐光璋　杨维喜　尹全锡　傅又彬
卢　曙　曾凌姬　邓忠秀　袁通正
朱魁模　李清菱

苏溪瑶族乡（7名）：

阳中明　刘玉然　杨元华　杨维昌
王煌明　陈秀英　阳彰豹

江口乡（5名）：

姜君理　左竹兰　刘时喜　易吉昌
唐自光

月溪乡（6名）：

刘长庚　刘光亮　龙世达　肖富成
向树南　刘煌玉

渣坪乡（5名）：

谢仁明　刘凡葵　沈友姣　丁玉洪
谢宏兴

平溪乡和岩山乡共24名代表，姓名不详。

第三届

1958年，全县年满18岁的居民共225206人，其中4547人被剥夺选举权，157人被停止选举权，314人是精神病患者，37个乡镇登记选民为220188人，216312人参选，在家选民的参选率达98.2%。5月底至6月初，各乡镇先后召开人民代表大会，共选出县人大代表347名（是乡镇报送名单，排名不分先后）：

洞口镇（18名）：

林目香　邓镇中　姜如松　袁再光
肖三娥　朱坤娥　赵青秀　伍玉华
吕深萍　甘汉德　罗邦林　肖尊仙
向裕煌　向书增　黄爱云　刘　杰
王复升　蒋仁华

平溪乡（10名）：

肖和铨　袁光碧　唐惠贞　黄和录
黄虎贞　向迪平　尹大连　向书木

肖老伍　田　凯

木瓜乡（9名）：

孙明贤　林亲录　米庆金　贺苑聪

林亲善　袁彩姣　傅昭生　刘任远

米庆坤

花古乡（10名）：

林卫华　唐学凡　石鸾喜　谢虎成

唐学品　王国华　肖国才　谢苏凤

肖调鼎　肖善朝

古楼乡（5名）：

肖汉敏　曾付晚　谢激蓉　张居华

肖宝秀

长塘乡（5名）：

戴昌炳　龙石晚　唐东山　傅秋姣

丰明臣

江口乡（6名）：

向传石　肖调政　粟群贤　肖光明

肖调郎　肖前清

月溪乡（7名）：

肖光忠　肖调春　肖文政　肖调才

肖凤姣　陈金贤　傅观光

苈溪瑶族乡（7名）：

阳中明　朱甫生　阳祥美　杨元华

杨香姐　杨维昌　姚生卿

渣坪乡（5名）：

沈友姣　沈上宏　丁于美　谢冈兴

谢于梓

高沙镇（10名）：

曾传贵　赵家善　杨联珍　唐世炳

旷清炎　王雨秀　刘银金　黄仁康

刘舜成　邓正生

洪茂乡（10名）：

向芳扬　向本金　向回龙　黄平清

曾春莲　曾晚玉　罗运堂　肖化龙

曾昭友　丁锡祥

马安乡（11名）：

张华云　曾广祥　任冬姣　曾广智

曾传维　梁开石　曾纪耀　刘全德

曾昭核　曾纪良　曾春莲

茶铺乡（10名）：

黄松柏　杨秀安　傅光汉　曾凡富

米楚楠　朱大本　杨维德　杨期燕

徐秀姣　尹大成

太平乡（12名）：

曾德华　蒋万平　刘常青　刘德业

刘文润　蒋太奇　候清炎　刘菊秀

刘定太　肖逢吉　曾伯凡　刘春菊

大水乡（10名）：

向传习　许友菊　杨相品　梁罗玉

姜维斌　梁启联　徐可畏　徐朝立

曾国干　许其春

竹市乡（13名）：

刘玉奇　傅平山　廖兰池　唐纯慧

林盛交　王炳成　许青菊　刘四维

罗黄金　旷春姣　曾广进　欧阳禹金

李石秋

岩山乡（10名）：

王荣春　周后贵　傅玉龙　龙运南

傅木庭　傅昭丁　雷晚贞　唐贞玉

雷家木　傅晚姣

石江镇（6名）：

张光荣　袁茂生　卿启玉　金富莲

杨宗上　周维清

双江乡（10名）：

向本槐　周还吾　孙桂清　周裕奎
谢光保　刘清莲　刘黄英　卿上安
杨守炎　卿启顺

青龙乡（8名）：

邓光雄　黄民朝　李桂玉　肖坤田
谢训成　尹正生　蒲李英　吕永湘

江潭乡（10名）：

王有松　王有耀　王道英　王友根
刘秋生　王道钦　周香菊　贺苑楚
谢先洪　王师石

黄桥镇（5名）：

陈长皋　曾传凡　尹大光　左三玉
卿学生

黄桥乡（10名）：

梁自安　胡湘文　何金尧　向奎成
肖堂焕　谢宏炎　谭忠斌　戴秀美
蒲祝元　刘群保

石背乡（10名）：

曾友德　周继伴　陈汉生　刘厚良
曾传金　梁四姣　曾梅菊　傅昌盛
曾纪金　张邦作

金田乡（11名）：

王秉范　王福生　肖堂高　彭培元
曾德元　袁廉友　谢冬莲　胡礼先
李顺隆　肖贻定　袁秀莲

花园乡（10名）：

李先明　殷光明　唐学智　李允广
邓小兰　曾广玉　邓冬娥　兰丰盛
唐迪用　王立稀

桥头乡（12名）：

孙喜义　曾毓金　王利云　丰玉成
王春秀　王征全　戚树广　谢华国
刘秀兰　李元向　谭保秀　杨相华

石桥乡（10名）：

邓星礼　彭范围　卢　曙　邓星友
傅又彬　尹华旺　朱魁邦　朱杰金
邓华轩　朱南珍

山门乡（11名）：

张海涵　吴德斋　张赐桂　张甲清
张芳容　尹显益　尹春莲　阳金莲
张化阶　尹全仁　吴英常

石柱乡（10名）：

向锦堂　刘大启　廖昌炳　阳葵秀
张禄增　尹大佐　李正中　龙水运
宁义菊　彭修长

横溪乡（10名）：

何明阶　曾祯才　尹湘安　张　林
傅冬菊　林园元　周翠娥　傅喜生
张傅汉　尹王林

水东乡（10名）：

张陆华　杨玉松　向章银　黄沐先
尹现庆　周玉光　王文连　尹华进
张金南　王奠华

花桥乡（12名）：

聂玉保　米春秀　肖保信　尹诗颉
向晚姑　黄先容　尹显庭　唐国成
方炳南　尹邦益　尹大丙　廖宏秋

桐山乡（8名）：

刘永干　杨桂山　毛茂莲　张德盛
丁店晚　潘美蓉　杨期孝　尹昌付

山门镇（5名）：

张道杰　周述华　毛日登　张桂梅
尹益凡

杨林乡（9名）：

曾根喜　李志堂　戴雄纠　肖木高
肖耀楚　李银莲　李石林　曾纪芳
李开练

第四届

1960年，18个公社15个农村人民公社、3个市镇人民公社进行选民登记，全县年满18岁居民的共245054人，其中4675人被剥夺选举权，219人被停止选举权，315人是精神病患者，登记选民为239845人，221617人参选，参选率为92.4%。11月底至12月初，各公社先后召开社员代表大会，共选出县人大代表343名（是公社报送名单，排名不分先后）：

高沙公社（52名）：

肖堂坤　曾昭业　黄兰轩　任冬姣
刘长生　蒋万平　袁爱姣　蒋兴洪
徐秀姣　刘常清　陈锦文　蒋太书
黄先柱　刘芳作　曾文族　梁开石
肖云干　杨相石　曾令礼　林春生
谢先庭　陈述庭　刘大永　袁文庭
段玉贞　曾毓珍　蒋万甲　杨相品
黄先柏　黄春秀　陈老水　杨期苟
舒云树　梁自铁　袁杰堂　舒金山
曾传仔　徐秀英　杨常礼　蒋泽茂
刘玉华　向清凤　曾伯凡　向日雄
杨联珍　曾省成　曾国干　蒋仁华
曾传炎　曾焕甫　袁耀斌　刘观清

黄桥公社（44名）：

杨文治　谢老伍　谭志成　曾兰娥
周定茂　曾申连　李仁连　袁老时
曾祥榜　李肇福　许连菊　张兰菊
肖怡定　彭光中　尹晚姣　谢细乐
胡定龙　谢洪炎　肖怡松　谢冬莲
周老菊　袁安细　胡湘文　贺苑楚
左三玉　谭正兰　杨江林　肖调富
王付生　谢文保　李纪信　张楚高
肖谋梭　李凤林　彭启足　肖其爱
曾老姣　王金香　刘群保　袁细莲
周又安　曾友德　尹文安　戴雄纠

山门公社（35名）：

尹全仁　张芳容　傅南山　尹春莲
尹玉林　吴南菊　毛日丁　张映槐
周述华　傅冬菊　罗伦丽　尹保堂
刘桂秀　刘友光　尹辉芳　方贻贵
周维富　尹树庭　李代桂　曾岩山
张赐茂　吴周才　张长林　罗清元
张　林　何明阶　殷光明　张光国
向锦堂　张传汉　尹治成　杨金莲
尹大左　刘兴才　尹锦安

桥头公社（32名）：

肖尊长　杨柏煌　胡扬本　胡求龙
王干林　刘兴田　谭又有　李允和
段庭甲　段金山　李活球　刘相学
刘又增　邓美清　尹大海　李迪咸
唐富秀　李盛富　彭洋莲　龙泽元
初增科　田　凯　张春林　杨清华
邓安庭　丰玉成　向传石　曾祥照
尹叔君　杨俊贞　王腾云　龙运善

竹市公社（29名）：

傅舒金　曾叔贞　向清奇　王高元
谢详春　傅美姣　唐文凤　唐吉生
王荣春　唐文灿　林积成　梁开详
罗群华　谭清云　曾东庭　林亲品

傅安平　唐文才　黄煌贞　邓文荣
张光荣　唐南池　唐积纯　傅平山
肖昌楚　王惠贤　尹国英　刘绍同
杨财训

双江公社（28名）：

肖光忠　王有耀　王有根　谢美姣
谢洪鼎　谭菊英　周后长　王师石
周玉奎　杨守炎　卿上柏　谢苏爱
周顺莲　卿上安　周还吾　李突玉
王辉榜　王荷莲　戴宝菊　王道钦
何金尧　向本槐　姜如松　吕永湘
孙杨庭　钟菊英　廖柏凡　王道英

洞口公社（25名）：

张海涵　杨姣秀　肖信常　夏镇中
米楚楠　林卫华　杨爱华　傅满山
刘明德　许又乐　谢苏凤　尹友三
孙明均　尹湘光　肖万红　张庆云
王国华　唐惠贞　肖汉益　唐香莲
向崇元　唐清全　向书振　雷付元
肖冬香

水东公社（22名）：

龙世和　张林生　向章宜　张耀华
李迪尧　张金兰　杨道松　杨玉松
王有水　杨鲜石　向晚姑　王道坤
尹光大　周后昭　王桂玉　尹聪生
尹桂成　宁云枚　黄云英　尹晚生
尹显月　廖振湘

城关公社（14名）：

卿启文　沈云弟　蔡苏国　冯新民
甘汉德　罗邦林　黄爱云　尹秀姣
唐学晚　雷登程　谭正柏　朱坤娥
伍玉华　林端生

廻澜公社（10名）：

邓镇中　王雨秀　曾传桂　肖海仁
张龙云　曾昭华　刘银贞　陈远平
刘述稼　刘舜臣

桐山公社（8名）：

刘永干　杨桂山　陈凤英　杨期孝
丁昌财　黄玉期　贺秀堂　潘莲秀

茀溪公社（8名）：

阳天炉　阳祥美　阳维昌　阳文秀
阳龙华　肖洪森　陈槐桃　阳南富

月溪公社（8名）：

杨相林　肖文信　肖前昌　易必煌
杨堂姣　肖宪仁　谢龙玉　龙运友

江口公社（6名）：

邓光雄　姜君理　尹大正　粟群贤
尹长臣　肖木南

渣坪公社（5名）：

易自强　朱国轩　沈友姣　易喜林
谢堂启

古楼公社（5名）：

丁富晚　胡田秀　胡纯华　肖洪炳
胡菊秀

长塘公社（5名）：

丰明臣　戴昌炳　刘苏姣　唐东山
罗崇春

石江公社（7名）：

李允胜　王周仁　王家齐　袁茂生
向喜群　戴凤秀　成文模

第五届

1963年5月至6月，各公社、镇登记年满18岁的人口，全县共256379人，其中

5137人被剥夺选举权，285人被停止选举权，316人是精神病患者，登记选民250641人。230589人参选，参选率为92%。经54个公社（镇）代表大会选出县人大代表370名（是49社5镇报送名单，排名不分先后）：

城关镇（12名）：

卿启文　杨姣秀　黄寿生　甘汉德　罗邦林　黄爱云　袁树屏　肖尊杞　朱坤娥　雷登程　彭国禹　杨守信

马渡公社（6名）：

唐前浩　唐行礼　米进廷　欧阳兰菊　雷復元　唐贤春

花古公社（10名）：

许毓轩　肖宪朝　王国华　肖老四　唐香莲　肖信常　冯新民　林卫华　米彩秀　谢瑞池

长塘公社（6名）：

戴国玖　陈林一　唐礼目　丰春秀　丰明臣　向安石

洞口公社（10名）：

雷安生　黄开芳　杨明秀　唐春姣　罗明钦　谢　伟　向冀雄　海逢贞　向传松　向保光

古楼公社（6名）：

肖长保　丁桂晚　肖纯华　胡晚姣　张华荣　欧阳善成

茆溪瑶族人民公社（9名）：

黄飞峰　阳早菊　阳文芳　陈端凯　阳维昌　阳中和　蒋元璋　徐运凤　张跃华

渣坪公社（5名）：

易自强　谢冈兴　易喜林　王顺翠　丁友娃

江口公社（9名）：

姜君理　刘　杰　肖和金　刘树轩　肖育英　肖福姣　肖调敛　朱长臣　肖根元

月溪公社（8名）：

龙世书　陈炳中　汤爱华　谢于雄　张颂堂　肖顺姣　丰保香　龙会洪

桥头公社（7名）：

林亲美　田　凯　向初学　王世和　胡品莲　胡杨本　杨相华

四合公社（4名）：

王利云　丰玉成　胡求昆　殷林姣

石桥公社（7名）：

彭范围　向传石　张春林　彭嘉年　彭绍书　尹全孝　朱冬兰

花园公社（6名）：

卢清堂　袁再清　刘老告　尹淑君　初增科　刘梧山

西中公社（7名）：

曾纪斌　刘又增　曾纪友　蒋祝秀　吴希贤　刘乐轩　李盛池

太平公社（8名）：

刘序才　刘明清　杨常立　杨任章　袁宝玉　王克玉　刘奇元　袁进德

高沙镇（11名）：

唐世炳　杨联珍　王雨秀　邵鹏斌　王惠民　刘四妹　邓镇中　夏青莲　张光荣　袁长贵　黄仁康

茶铺公社（10名）：

舒焕中　曾传炎　刘长生　米楚楠

罗金和　徐秀姣　米善成　蒋万鹏
尹中成　舒云树

大水公社（8名）：
许毓坤　曾友德　曾伯凡　姜维斌
陈老水　杨相品　王小苏　许兰菊

回龙公社（6名）：
梁开立　赵季良　曾令礼　罗征祥
梁了元　梁自铁

南泥公社（8名）：
曾辉瓒　蔡苏国　李振洪　袁杰堂
刘常青　刘玉华　蒋爱青　向维善

洪茂公社（9名）：
肖时金　袁耀斌　曾晚玉　向本志
曾纪四　姜照鹏　姜和珠　王业叶
向芳清

马安公社（9名）：
曾凡玉　莫然德　曾元族　任冬姣
向　实　曾振华　严立章　段云贞
刘桂莲

秀丰公社（6名）：
刘国器　梁中华　黄绍基　谭青云
林亲朋　曾金成

管竹公社（8名）：
罗宽生　傅冬菊　刘洪运　杨水金
尹华松　杨头莲　陈伯仪　尹治成

菱角公社（4名）：
向银石　向章银　雷昌庚　丁启才

木瓜公社（5名）：
卿光金　林化金　杨冬梅　林彰立
傅安南

岩山公社（7名）：
潘树松　傅美姣　向锦堂　尹华广
傅满山　周继升　易大凡

竹市公社（9名）：
林盛交　旷春姣　唐文财　杨香莲
林亲吾　匡四光　王荣春　唐纯慧
罗群华

石江镇（11名）：
李允胜　曾周斌　李慎玉　袁茂生
王金菊　文同元　何金尧　李寿彭
曾仲儒　成文模　王付秀

江潭公社（8名）：
王道英　王师石　王周仁　谭菊英
周后长　王文和　向本槐　胡湘文

江洲公社（3名）：
孙桂清　谢宏鼎　王龙秀

青龙公社（10名）：
肖子雨　廖伯凡　陆连友　谢云莲
周述成　周三妹　吕莲秀　谢扬宜
肖龙臣　向喜祥

大塘公社（5名）：
孙龙学　周玉奎　周后海　周维众
黄仁菊

树林公社（7名）：
钟美和　谭玉莲　谭正常　钟美足
卿雨桂　金富莲　郭连生

黄桥公社（8名）：
梁自安　尹桂姣　刘群保　谢志华
禹光卿　袁学文　覃安南　梁秀莲

黄桥镇（2名）：
陈长皋　彭又安

杨林公社（7名）：
曾令武　李迪尧　贺苑楚　肖金秀
王运江　李少福　胡葱姣

龙潭公社（5名）：

肖调须　谢洪炎　杨连山　邱美莲
胡孝洪

金田公社（6名）：

彭勋教　肖堂云　彭启石　肖桂兰
彭启凤　朱嵩高

东边公社（7名）：

曾德海　肖春蓉　王復生　邱盛同
彭菊生　胡南山　李弘浩

石背公社（6名）：

谢后良　刘西乐　谢大妹　肖堂秋
张希廷　向秋山

观音公社（5名）：

尹大元　许莲菊　邵玉阶　张中又
廖振堂

横溪公社（5名）：

曾德达　潘玉泉　曾松山　王金衡
杨香珠

蒲溪公社（3名）：

杨显应　沈义廷　米苏莲

和平公社（4名）：

尹显柏　张　林　尹春莲　黄先玉

大屋公社（4名）：

欧阳洪炎　傅昌良　刘足金　丰安南

山门公社（8名）：

吴建楼　杨金莲　张芳容　林太山
吴英宗　张海涵　胡瑞候　周保珠

水东公社（9名）：

李长松　杨玉松　周桂生　杨金秀
廖振炎　尹仁莲　尹国英　刘观清
张克武

花桥公社（9名）：

余丁顺　刘　斌　戴復生　尹聪生
尹晚莲　廖桂莲　尹文安　严第石
尹大盛

桐山公社（4名）：

曾德祯　陈凤英　潘树松　杨会云

山门镇（3名）：

尹光中　廖秋爱　贺汉东

兰河公社（5名）：

周国政　周维富　方怡禄　方怡贵
刘金菊

石柱公社（6名）：

阳锡江　尹大佐　尹甫成　尹大目
邓克恭　肖洪秀

二、协商产生

第六届

1968年1—2月，正是“文化大革命”高潮中“造反派”夺权阶段，党政机关已经瘫痪，群众组织林立，各派观点对立。代表由革命造反派、革命领导干部和军队“支左”干部三方面组成。革命造反派的代表名额占绝大多数，由工人造反组织“工代会”、农民造反组织“农代会”、学生造反组织“红代会”三家协商分配名额，再由所属的基层造反派组织协商推荐产生。革命领导干部代表名额次之，由军队“支左”干部和三家造反派头头协商指定，意见分歧很大，朝定夕改，一再变化。军队“支左”干部代表由县人民武装部自行确定。代表名额、代表名单，均无记载。

第七届

因为“文化大革命”，人民代表大会制度中断10年。1977年12月上旬，中共洞口县第四次代表大会传达贯彻中共十一大精神，恢复人民代表大会制度，筹备召开洞口县第七届人民代表大会，沿用间接选举县代表的方式。全县时有年满18岁的居民共310431人，其中5645人剥夺选举权，245人停止选举权，345人是神病患者，登记选民304196人。279556人参选，参选率为91.9%。城关镇、38个公社、4个（公社级）镇召开代表大会，共选出县人大代表765名，代表姓名无记载。

三、直接选举

第八届

1980年一季度，县委遵照中共中央[1980]7号文件精神和五届全国人大二次会议通过的《中华人民共和国地方各级人民代表大会和地方各级人民政府组织法》《全国人民代表大会和地方各级人民代表大会选举法》，成立县选举委员会，受中共邵阳地委工作组指导，筹备召开县八届人民代表大会，采用无记名投票直接选举县人大代表。县选举委员会在桥头公社试点，先走一步，总结经验，再全面铺开，广泛宣传发动，一环紧扣一环地开展工作。全县总人口为621509人，把好年龄关，年满18岁的有335944人；把好政策关，严肃认真地登记选民，右派分子已摘帽子，尚有3895人被剥夺选举权，289人被停止选举权，348人是精神病患者，331412人获选民证，选民占总人口的53.2%。按生产（工作）单位和居住状况条件划分选区，全县划分为213个选区直接选举县代表，其中以片为选区的149个，以大队为选区的5个，以居委会为选区的4个，以机关单位为选区的10个，以战线（系统）为选区的4个，联合组成的选区41个。各选区组织选民学习“两法”，严格掌握代表的基本条件：拥护中共十一届三中全会以来的路线、方针、政策，热爱社会主义制度；有一定的文化水平，能阅读文件和书写提案；身体较好，生活可以自理；在人民群众中有较高的威信。在“文化大革命”期间跟随林彪、江青一伙造反起家的人，帮派思想严重的人，打、砸、抢分子，反对中共十一届三中全会以后党中央路线的人，在经济领域和其他方面严重违法乱纪的人，这“五种人”不能选。选区按照县选举委员会分配的代表名额和比例，民主酝酿，先采用一人提名、十人附议的方式提出候选人，再经过“三上三下”（甚至“五上五下”）确定正式（差额）候选人名单，分别张榜公布。确定4月5日、6日、7日为全县选举投票日。广大选民以“选举好人当好家，同心合力干四化”的心态，参加直接投票选举。桥头公社南冲大队79岁高龄的选民袁瑞莲带领60岁的儿子、41岁的孙子、22岁的曾孙等四代11人参加直选投票。全县共有303945人参选，参选率达92%。5镇38公社7系统和省地驻县单位，计213个选区，共选出县八届人大代表536名，经代表资格审查委员会审查，535名代表资格有效（排名不分先后）：

城关镇（15名）：

曾毓成　刘淑荷　李启胜　周继桐
黄寿星　王道钦　杨美艳　谭远姣
肖和祥　林道华　黄元湘　肖相和
肖尊俭　向传龙　曾长述

洞口公社（11名）：

肖和铨　向本槐　廖日新　向乾坤
肖秀姣　黄开芳　张红兰　杨美莲
向吉星　向宝成　向金莲

木瓜公社（11名）：

王训简　唐行礼　谢花兰　林石生
傅畅林　林亲坤　林目德　彭族元
米喜美　张国成　米若华

花古公社（14名）：

谢和田　唐学国　袁仕石　伍芬奎
米庆金　林亲美　向苏菊　肖又华
肖槐兰　唐贤安　唐谊桂　肖尊龙
肖相友　谭香莲

古楼公社（5名）：

卿启文　谭回姣　肖洪松　尹泽民
肖洪炎

长塘公社（6名）：

丰明臣　戴昌陆　丰麦华　周述仁
谢启运　杨联山

江口公社（9名）：

黄端生　李久和　肖理玉　肖光桂
左茂仁　肖西红　肖平稳　肖　勇
王道东

月溪公社（10名）：

曾德成　肖福廷　肖玉姣　刘林秀
刘先和　肖周成　谢于太　肖宪登
肖和赞　肖文福

渣坪公社（8名）：

黄明和　雷家端　谢录生　谢宗成
谢明玉　丁玉宏　丁有林　左茂政

茆溪公社（10名）：

杨长凤　阳献昌　向戴兰　杨岩基
陈勉秀　杨天荣　胡扬龙　刘光喜
兰祥明　阳朝庭

石江镇（7名）：

彭启贵　张录华　许美红　谭楚瑶
王道甲　黄书芳　林斗华

大塘公社（8名）：

卿启玉　孙仁姣　周后顶　周述光
周继关　谢正东　孙池凤　文楚保

青龙公社（10名）：

王尧臣　肖坤建　谢扬章　张中琪
尹显春　严桂花　陈立赞　梁自祥
谢扬均　肖池莲

树林公社（9名）：

卿上渺　谭正松　王学友　廖继成
杨相玉　王槐叶　谭本能　周水成
王有万

江潭公社（12名）：

刘富炎　王师石　王道坤　刘富云
张仁龙　王周春　王家宏　王有典
王有南　梁香菊　王富秀　孙爱凤

高沙镇（10名）：

杨松材　汪维芬　袁通理　刘小英
姜菊贞　曾传林　袁进柏　张瑞兰
李茂顺　曾仁凤

太平公社（9名）：

许海南　尹大成　杨三保　王顺莲
曾维吉　肖艾贞　刘大初　刘祖炎
董芳交

洪茂公社（12名）：

曾纪炎　肖祥宏　曾晚玉　曾祥云
蒋秋元　向瑞顺　蒋运长　黄火生
曾广书　杨期淼　肖祥迪　胡冬莲

马安公社（12名）：

杨守堂　曾志莲　曾昭太　曾广业
文星发　尹晚秀　许晚秀　向　明
曾纪灯　曾德友　袁冬菊　唐光荣

茶铺公社（9名）：

刘子金　杨相成　刘扬中　袁进主
舒增武　曾汝相　吴宣耕　舒增志
唐秀姣

南泥公社（9名）：

尹东元　曾春成　陈青莲　向秘姣
刘荣堂　向乾干　蒋太来　王振材
蒋运辉

黄桥镇（7名）：

王惠贤　蒋兴东　肖信妹　李　善
刘玉桂　贾安安　吕音雄

黄桥公社（14名）：

蒲玉栋　卿和莲　周光烈　周述学
肖在东　邱满玉　周纪礼　姜桂香
邱盛坤　张振球　肖谋智　刘群保
王池凤　梁恩贵

杨林公社（12名）：

曾广忠　王晚卿　陈智生　李开国
胡葱姣　黄体坤　曾令汗　曾顺作
肖坤阶　张顺槐　李德江　李大萍

石背公社（14名）：

彭勋照　曾广田　尹大元　钟友雄
张邦梓　肖贻庆　谢光兴　陈远杰
尹大明　张兴建　谢友江　尹晚金
张美莲　张邦成

金田公社（13名）：

王景洽　李跃生　袁前华　袁仁富
袁菊英　邱伟业　袁连钧　彭启炳
王景湖　肖凤莲　贺青香　胡楚中
肖又奇

山门镇（7名）：

罗家玉　吴理友　杨鲜金　刘保林
肖玲菊　李怀仁　谢来秀

山门公社（16名）：

廖维勋　杨相喜　贺金兴　尹大立
张禄仁　张成保　周保元　陈建平
宁教龙　黄喜元　王玉梅　张苏梅
尹显贵　尹江庭　尹大多　李迪响

石柱公社（14名）：

张先玉　向池玉　尹奇章　方湘安
尹大明　段清阶　向瑞庭　阳征大
阳征秀　刘兰玉　尹大佐　尹金秋
米四秀　米庆才

花桥公社（13名）：

尹石山　周继响　胡吉英　尹全月
尹武安　尹显群　杨子秀　尹香堂
张细梅　廖洪坤　廖继世　黄生文
廖洪首

水东公社（12名）：

刘功清　刘光前　杨道宣　尹仁莲
尹显仁　王奠华　周述沐　陈木生
黄春元　李金堂　杨相和　陈世胜

横溪公社（9名）：

余丁顺 袁细容 杨松云 张太来
潘中良 曾维前 曾木生 曾春育
曾满菊

桐山公社（8名）：

卿理霖 兰施斌 尹石山 罗元炼
尹显金 阳恩全 方第和 李晚秀

大屋公社（6名）：

阳新雄 袁仁庭 尹华玉 曾建湘
张爱莲 刘永干

桥头公社（20名）：

向秋山 邓国政 李荣中 王健美
谭本足 胡求龙 胡永祥 刘相年
谭又友 胡纯尧 胡迪凡 肖小容
杨相金 姜范廷 刘清军 尹苏元
颜克清 刘大器 李兰秋 杨相玉

花园公社（8名）：

唐学凡 邓集根 邓集雄 傅水珍
李允清 邓星焕 曾广敏 曾宝梅

西中公社（9名）：

龙运保 张素姣 邓陈香 邓集明
邓兴实 王康元 黄松柏 袁南贞
邓成金

石桥公社（9名）：

刘　品 刘华林 尹大吉 袁春姣
尹大金 尹显和 尹爱莲 肖正山
朱洪南

竹市公社（15名）：

曾焕甫 龙际红 肖茂林 贺苑楚
袁通甲 唐中元 许光前 唐建国
许池元 蒋宝玉 王承汉 刘绍楚
欧阳怡良 欧阳伦溪 王茂仁

管竹公社（10名）：

刘千苟 杨松山 罗恢来 李代苏
杨保生 林道贤 肖金艳 罗友娇
杨相炳 尹提光

岩山公社（13名）：

向银石 谢岳云 易金林 袁才珍
雷国良 林爱元 周香桂 谢瑞生
傅昭廷 龙会奇 傅舒球 傅舒龙
张木石

秀丰公社（11名）：

王廷香 曾昭能 梁开仁 刘瑞先
曾大石 刘菊英 刘付生 王有族
罗家龙 王训国 谭青云

大水公社（13名）：

刘国器 曾元凤 严成告 曾姣凤
伍玉真 唐积东 许保池 杨青凡
杨期龙 杨守升 许第千 曾目雄
许英才

党政群（13名）：

唐运祥 唐清华 许梓元 朱宽冰
胡济泉 刘家鼎 杨秀贞 甘澍生
赵学理 刘目坤 邓光雄 李迪尧
郭又德

农林水（13名）：

肖信常 欧阳善成 曾雨青 胡休虎
尹邦汉 杨恩烈 袁耀斌 尹　曦
罗建南 张映槐 杨姣秀 曾令廷
肖玉廷

工交线（23名）：

唐光璋 姜国富 唐文兴 肖调煌
雷桂云 周述伟 刘松秀 张素清
何金保 谢述林 邓玉田 王小春
彭孟秋 唐谟发 谢周康 米小华

刘　杰　胡南才　唐文生　尹邦佐
吴琦瑛　肖汉进　王春姣

财贸线（8名）：

蒋仁华　田　凯　郭连生　杨美秀
张光荣　谢裕煌　肖龙臣　唐学品

文教卫（7名）：

向省身　陈英栋　曾元凤　肖育木
王振武　蔡才元　刘祖坤

计划建设线（3名）：

尹文安　袁松春　袁仁久

省地驻县单位（9名）：

左国纯　曾锡庭　刘四生　王建国
张仪生　米久达　杨期才　罗老告
吕学明

第一次会议后，7名代表调离本县，7名代表逝世，2名代表被罢免，1名代表结婚迁出本县。先后由原选区补选15名代表：

黄飞烽　尹益庭　肖健录　王连生
傅光汉　谢宏海　孙传海　杨相华
刘贵民　邓爱民　曾纪义　谢裕田
舒正华　肖尊光　朱魁乐

第九届

1984年，全县年满18岁的居民390683人，地主、富农分子已全部摘帽，仅8人被剥夺选举权，123人被停止选举权，196人是精神病患者，390356人获选民证。划分234个选区、355224人参加直接投票选举，参选率达91%，选出县九届人大代表403人。县八届人大常委会代表资格审查委员会依照《中华人民共和国全国人民代表大会和地方各级人民代表大会选举法》和《湖南省县级以下人民代表大会代表直接选举实施细则》的规定进行审查，确认3人代表资格无效；第九届实际代表总数为400名（排名不分先后）：

城关镇（7名）：

刘淑荷　林雨成　林道华　黄寿星
肖伯祥　肖尊付　黄秀珍

城郊乡（4名）：

肖　彪　肖洪澄　肖和祥　谭远姣

洞口乡（8名）：

刘兴亮　尹益秋　向宝成　王　建
尹大勇　杨苏莲　肖调炎　向乾坤

木瓜乡（7名）：

宁教杰　谢花兰　林石生　米若华
尹满莲　傅畅林　林达群

花古乡（8名）：

唐学来　朱大林　胡寿山　肖菊兰
刘大兴　黄生石　向书刚　肖槐兰

古楼乡（4名）：

孟调保　肖和解　丰永成　谭回姣

长塘乡（4名）：

唐逢春　杨苏保　袁梓华　戴昌炳

蓈溪瑶族乡（9名）：

杨期钊　陈永清　刘克林　肖淑清
阳灿虎　阳献昌　彭南先　林睦森
阳修德

江口乡（8名）：

杨　升　向戴兰　肖理玉　尹满成
周后禄　肖调主　肖光桂　肖树生

月溪乡（6名）：

肖育斌　杨湘瑞　刘先强　肖宪登
谭兰香　谢龙玉

渣坪乡（5名）：

肖光璋　易和清　丰树文　谢明玉

谢金生

桥头乡（13名）：

杨相林　胡求光　李淑兰　刘大才

杨相金　王仁炳　肖和干　谭花菊

邓菊莲　胡元秀　林道古　谭中标

米衡山

花园乡（6名）：

许名友　刘老友　段长生　曾纪清

刘孙练　杨香莲

西中乡（6名）：

龙运虎　彭泽玉　袁满蓉　邓联驷

卢克芬　袁南贞

石桥乡（6名）：

刘国赞　李翠英　肖汉左　刘华林

朱洪南　尹爱莲

高沙镇（9名）：

曾传林　袁仁卓　袁英莲　曾纪虎

袁春娥　汪维芬　刘奇源　刘小英

李茂顺

南泥乡（6名）：

舒正华　向金菊　刘云堂　刘兴业

曾爱菊　贺训春

洪茂乡（8名）：

袁再章　黄正民　向瑞顺　蒋兴中

肖桂莲　蒋运通　曾春金　曾纪火

太平乡（7名）：

曾祥永　许第信　董芳交　汤荣华

许白菊　曾纪清　王顺莲

马安乡（7名）：

向建国　曾传扬　尹邦兴　严立军

向青兰　曾纪练　黄菊蓉

茶铺乡（6名）：

许又坤　肖善成　杨启元　杨梓球

许社菊　舒和田

黄桥镇（5名）：

肖健录　左桂香　邱清泉　李成国

肖信妹

杨林乡（8名）：

曾纪木　曾令汗　肖树良　李开声

曾秀英　李德武　张乐春　刘青菊

金田乡（10名）：

邓集福　袁菊英　王景湖　刘兴堂

肖凤莲　胡定燕　袁仁福　彭启炳

曾纪煌　王岐山

黄桥乡（9名）：

谢老伍　周继礼　尹宝山　周述灼

蒲友兰　肖在东　张治君　邱盛尧

姜桂香

石背乡（9名）：

彭克赞　尹大元　张声财　曾纪金

曾姣凤　尹能楷　陈小平　谢友红

谢后运

石江镇（5名）：

尹显兴　卿启凯　彭　辉　杨志炳

金富莲

青龙乡（7名）：

张学华　卿笃廷　谢乐雄　谢沫林

袁金莲　张中其　肖池菊

大塘乡（5名）：

周英豪　卿笃成　周后顶　文保祥

王金莲

树林乡（6名）：

王中田　谭楚保　谭正松　杨相玉
周顺莲　肖香美

江潭乡（9名）：

孙传海　王有龙　姚伦荣　王祥前
梁杏菊　王有金　刘富荣　王有东
王小英

竹市乡（10名）：

杨相华　梁瑞生　肖　平　黄煌金
徐　杰　唐中元　刘绍楚　林炳坚
唐子素　唐金玉

大水乡（8名）：

梁开春　唐学提　许英才　杨子淳
谢香莲　罗小安　唐国桂　曾媛凤

秀峰乡（6名）：

刘贵民　唐光斌　杨相平　王友族
刘桃莲　肖美姣

管竹乡（5名）：

杨鲜林　尹显中　尹邦友　尹楚石
尹华金

岩山乡（7名）：

蒋太忠　傅舒球　龙会奇　周和元
雷国良　肖坤峰　谢岳云

山门镇（5名）：

尹友生　朱桂梅　唐秉镛　刘保林
邱清秀

山门乡（12名）：

廖文中　刘汉成　尹跃莲　张　理
刘永香　尹全才　吴贤柏　吴贤成
陈建中　张久仁　尹大多　曾菊凤

横溪乡（5名）：

曾维隆　王隆成　黎烈火　罗和石
张一姑

石柱乡（10名）：

尹细光　尹显忠　方远清　郑大才
尹宗凡　黄池秀　阳桃莲　尹湘南
尹祝成　刘玉兰

醪田乡（9名）：

宁光杰　段龙金　张细梅　尹冬梅
尹华猷　廖长江　刘树南　刘燕光
周水生

水东乡（7名）：

向槐生　王保南　王周石　唐文怡
廖玉英　李金堂　尹江南

大屋乡（5名）：

尹显清　尹华玉　曾维槐　袁仁廷
杨凤秀

桐山乡（5名）：

尹仁忠　谌坤山　尹大周　兰施坤
沈菊云

党政群系统（22名）：

王道钦　陈世胜　雷家寿　肖坤熊
王道信　袁汉清　刘中平　曾德堂
张　贤　龙际红　田　凯　周振寰
邓光雄　肖茂林　彭绍来　杨姣秀
张克武　曾广权　胡伟章　杨期林
许梓元　向本槐

宣传系统（9名）：

李怀仁　王振武　唐前睦　刘祖坤
赵　林　林汉阳　吴玉菊　陈英栋
肖孝礼

政法系统（6名）：

肖迎祥　谭炎廷　王道卢　刘家鼎
匡保之　刘建平

农林水系统（13名）：

谢瑞庭　尹寿生　欧阳善成　梁海林
陈显春　贺家烈　邓松杰　梁小桃
胡济泉　杨守豪　肖岩成　贺苑朗
邓克恭

经委系统（22名）：

黄长勇　杨明富　王小春　谢后登
唐文生　段以美　黄沐华　舒文石
吴聚怀　匡建华　匡贵球　黄爱云
彭金良　朱志勇　郭良玉　何金保
邓其荣　米长水　朱庆华　伍玉泉
尹显国　吴琦瑛

财贸系统（8名）：

尹文安　肖龙臣　谭正南　蒋桃元
郭世厚　欧阳甫廷　杨美秀　傅相熙

计划建设系统（3名）：

谢瑞池　杨久保　肖平凡

省地驻县单位（6名）：

雷兴美　杨期才　吕学明　刘太江
王云吉　黄明礼

第一次会议后，3名代表调离本县，2名代表逝世。补选曾令柏、赵永海、孙在田、莫然德、肖承嗣5名代表。

第二次会议后，5名代表调离本县，1名代表逝世，1名代表被罢免。补选杨殿奎、杨乐生、刘宏力、曾德集、袁再春、黎桂南、唐行奇7名代表。

第十届

1986年11月下旬开始，县选举委员会根据《中华人民共和国全国人民代表大会和地方各级人民代表大会选举法》及湖南省人大常委会《关于县、乡两级人民代表大会代表直接选举若干问题的决定》组织选举，不带框框，不搞指选派选，实行差额选举。省人大常委会核定洞口县第十届人大代表名额320名，县选举委员会全部分配到选区，不留机动。全县时有选民446006人，划为263个选区；选民参选率为85%；直接参加投票选举的选民为347884人，占选民总数的78%。选出县代表318名；经县九届人大常委会代表资格审查委员会审查，其中5名不符合法定选举程序，确认313名代表资格有效，于1987年2月22日发出公告：

城关镇（11名）：

向冬生　肖相和　肖尊仁　肖和祥
肖尊范　肖和国　周述居　欧阳爱莲
袁连成　莫然德　黄小兰

山门镇（14名）：

王惠田　尹大多　尹长明　刘保林
刘永香　张克武　张益容　张华站
张赐正　胡济泉　唐秉谕　杨相和
谢来秀　廖文中

醪田乡（8名）：

尹邹平　宁光杰　宁望付　刘春生
阳凤美　周玉秀　廖雨生　廖洪楚

横溪乡（4名）：

王进勇　尹礼中　尹学民　曾满菊

石柱乡（8名）：

尹华柏　尹中歧　尹头花　尹端莲
刘图新　宁教俭　余丁科　张千顺

水东乡（5名）：

王道发　尹细光　杨德云　张红秋
贺建国

大屋瑶族乡（3名）：

兰月成　汪玉清　袁仕庭

桐山乡（4名）：

尹显快　尹大万　吴理光　张菊华

石江镇（11名）：

王茂卿　孙池凤　肖秀姣　肖健录
李和友　李玉生　金富莲　周玉石
唐光明　谢正相　黎桂南

树林乡（4名）：

王中田　刘秀英　杨期范　卿云华

青龙乡（5名）：

尹大英　邓集元　邓玉桃　周乐文
张中琪

江潭乡（6名）：

王友金　王铁石　刘爱媛　孙传海
唐述洪　曾贞江

毓兰镇（12名）：

王建田　肖承嗣　肖玉庭　肖满玉
肖小容　杨立元　胡求俭　胡纯尧
胡楚华　彭绍来　彭云镇　谭忠标

花园乡（4名）：

王龙庄　邓学勤　刘书生　许名友

西中乡（5名）：

尹美光　卢克芬　龙青莲　邓联四
杨友娣

石桥乡（5名）：

尹华成　李迪渊　袁容姣　彭芳钦
曾湘君

黄桥镇（12名）：

王道钦　王步云　肖恒山　肖　萼
邱时云　周　琼　张邦才　张声涛
曾德集　蒋万燕　谢先清　蒲　斌

杨林乡（6名）：

王桃红　刘　诚　肖功长　李开良
李松柏　曾令汗

金田乡（9名）：

肖凤莲　胡定龙　胡南田　胡保永
袁菊英　袁仁富　彭奇生　曹跃明
蒲孝汤

石背乡（7名）：

尹立中　杨清华　陈　跃　张声才
曾广元　谢光升　谭夏秀

洞口乡（6名）：

尹益秋　刘家鼎　向中富　向书凡
肖和铨　肖云林

木瓜乡（5名）：

林正南　林亲平　林荣华　杨贵炎
谢冬秀

花古乡（7名）：

刘青兰　朱大林　许丁记　肖尊红
胡祥林　唐目石　袁再春

长塘瑶族乡（4名）：

丰清录　易延贵　陈显楚　胡纯秀

古楼乡（3名）：

肖烈顺　肖秋花　胡作贵

竹市镇（9名）：

许竹君　林少光　杨姣秀　欧阳自来
卿理霖　唐中元　唐章智　曾传海
蒋太忠

大水乡（7名）：

许小艳　许又云　严成生　杨相华
杨春桃　袁进长　梁开春

管竹乡（5名）：

旷理楷　罗恢来　张前华　傅池云

傅舒银

岩山乡（6名）：

丁光华 龙会球 罗富秀 欧阳伦勇
曾维隆 雷国良

秀丰乡（6名）：

林录生 曾 爱 梁满堂 谢杨林

高沙镇（14名）：

尹显升 邓昌进 孙在田 刘大富
刘桂凤 刘忠均 刘逊祥 杨灵凤
袁金莲 袁进柏 袁大昌 曾纪虎
曾竹青 董芳交

洪茂乡（6名）：

向瑞顺 杨期漩 杨期祥 曾小红
蒋兴忠 蒋兴燕

茶铺乡（5名）：

许社菊 杨启元 杨惟雄 杨乐生
舒和田

南泥乡（5名）：

刘大卓 刘兴木 刘德珍 向金菊
舒正华

马安乡（5名）：

尹邦兴 严立周 陈云玉 杨梓光
曾纪初

江口镇（6名）：

肖育斌 肖和祥 肖光贵 肖前槐
谢柏青 雷家寿

茀溪瑶族乡（5名）：

兰本雄 孙明元 阳岩宝 杨梦虎
郑立明

渣坪乡（3名）：

易叶青 肖光璋 谢成明

月溪乡（3名）：

肖振球 肖周成 傅昭银

党政群战线（13名）：

王国清 尹世明 尹燎原 刘祥佳
龙际红 肖茂林 陈世胜 罗新顺
杨德光 袁汉清 袁仁祝 曾广权
龚佳禾

财委战线（6名）：

马小珍 王友惠 肖沪生 肖调凡
杨美秀 曾广炳

宣传战线（4名）：

尹俊生 邓星智 陈奠乾 林汉阳

计委战线（2名）：

黄贤成 蔡菊凡

建委战线（2名）：

王祥生 黄先华

经委战线（15名）：

王君林 王小春 王春姣 邓学贤
杜修录 陈四晚 周 杰 林丽君
欧阳洪初 姚正甫 曾德杰 彭安民
傅光汉 谢东山 戴桂莲

农委战线（8名）：

尹 曦 罗美光 贺家烈 贺苑华
曾广义 谢瑞庭 廖振汉 潘本玉

政法战线（5名）：

毛解菊 刘 雍 伍玉龙 肖迎祥
谭炎庭

教委战线（2名）：

邱清贻 唐前睦

市以上驻县单位（5名）：

李永炎 赵永海 徐景全 唐绍忠
彭修银

二次会议以后，有5名代表调离本行政

区，1名代表病故。洞口区补选费永贵、江口区补选简寿生为县代表。

三次会议后，1名代表调离本行政区，1名代表病故。机关选区补选谢光银、城关镇选区补选张宏义为县代表。

第十一届

1989年11月上旬，在党的十三届四中全会和五中全会精神指引下铺开换届选举，至1990年1月上旬结束。全县有选民422946人，省人大常委会核定洞口县十一届代表名额为323名。县选举委员会分配到各乡镇的代表名额为320名，留3名做机动。全县39个乡镇划分为195个选区，归县、区、镇、乡的选举工作领导机构负责领导、发动和组织；县属机关由城关镇选举委员会负责组织，不再成立机关代表团；县选举委员会只推荐县党政领导人和人大常委会机关负责人共30名到有关乡镇参加选举。各选区代表候选人的提出，按照选举法的规定，选民10人以上联名和各政党、人民团体推荐的代表候选人，都列入代表候选人名单，经选民反复讨论、酝酿协商后，根据较多数选民的意见确定正式代表候选人，实行差额选举。参选的选民为401799人，占选民总数的95%；直接参加投票选举的选民为349776人，占选民总数的82.7%，分别比上届提高10%和4.7%。共选举产生县十一届人民代表大会代表318名，经县十届人大常委会代表资格审查委员会2月初依法审查，确认318名代表资格有效，县人大常委会于2月6日发布公告：

城关镇（28名）：

王宏山　尹世民　尹启光　尹显炎
尹显楚　尹逢生　邓跃云　邓裕田
向晚玉　杨美秀　吴聚怀　肖仲文
肖和国　肖和祥　肖和豪　肖构庭
肖相和　罗中田　费永贵　袁秀珍
郭世莉　唐前非　彭佩玉　彭绍来
傅久梅　曾庆良　曾祥忠　谭正南

江口镇（6名）：

刘玉清　肖木弟　肖宪保　陈端瑞
易湘秀　傅文保

月溪乡（6名）：

龙菊红　肖周成　肖前安　肖调录
张宏义　谢恩存

蓈溪瑶族乡（5名）：

阳选明　阳中桂　杨中田　杨芳魁
李　萍

渣坪乡（4名）：

刘宝珍　陈可夫　易和清　钱大光

洞口乡（6名）：

向忠富　向乾坤　刘光甫　刘国胜
肖素芬　傅冬贞

长塘瑶族乡（4名）：

丰清录　刘家鼎　陈再秀　杨守葵

古楼乡（4名）：

刘图桃　肖国清　肖秋花　卿启文

木瓜乡（6名）：

许英杰　林求彪　段以美　唐章清
唐晚姣　谢光山

花古乡（9名）：

向菊萍　肖目成　肖尊红　林目友

孟调保　唐目石　袁仁祝　谢长达
廖文中

毓兰镇（12名）：

王建田　邓菊莲　尹清慧　杨光庭
李迪渊　肖和民　张稳芳　欧阳友秋
胡纯尧　胡杨秀　唐前松　唐前睦

花园乡（6名）：

邓星明　邓香风　邓集明　肖承嗣
周光祥　彭云镇

西中乡（5名）：

龙运瑶　龙青莲　邓联驷　刘金鹏
蒋兴相

石桥乡（6名）：

尹华成　尹爱莲　龙会珍　周维朝
莫然德　曾湘君

高沙镇（24名）：

尹族中　邓光华　邓美容　匡恒照
刘大富　刘大发　刘奇源　许金山
杨小青　杨阿鲁　杨灵凤　陈锦文
林火石　袁大昌　袁汉清　袁正柱
袁明武　袁再豪　袁瑞春　卿理霖
唐余田　曾广照　曾传国　戴宏付

茶铺乡（6名）：

邓汉广　许明干　杨子求　杨乐生
肖公元　欧阳菊玉

南泥乡（6名）：

刘昆成　刘大卓　向元足　贺小菊
舒正华　曾广权

洪茂乡（6名）：

向瑞顺　黄民健　曾广连　曾宪灯
曾小菊　蒋兴忠

马安乡（6名）：

严立权　徐开荣　董菊容　曾令柏
曾传林　曾纪初

竹市镇（10名）：

尹友生　尹生爱　龙际红　许竹君
张先玉　欧阳自来　唐中元　唐章元
梁开春　曾纪金

大水乡（7名）：

许又云　许小艳　许绍煌　杨相虎
曾维隆　曾彩莲　谢香莲

秀丰乡（5名）：

刘小芳　刘谋胜　孙在田　吴方钦
林录生

管竹乡（6名）：

尹华兴　尹邦治　尹邦和　欧阳玉凤
罗恢来　傅池云

岩山乡（7名）：

丁文化　龙雨程　张千顺　周香桂
黄贤成　雷国良　雷金财

山门镇（15名）：

尹大黄　尹大兴　尹显清　尹德光
尹德梅　刘长梅　杨期政　张先刚
张华金　张映合　禹湘玉　唐　仆
黄品高　彭友云　谢先桂

横溪乡（5名）：

王道勇　尹华柏　张克武　雷良桂
潘德艳

大屋瑶族乡（4名）：

丰积屋　尹显完　陈世胜　舒丽君

桐山乡（5名）：

尹大余　杨相发　杨德光　周玉广
蓝桂香

石柱乡（8名）：

方金凡　尹千秋　尹华柏　尹美桃
刘兰玉　欧阳怡元　欧阳锡锦　周仕荣

醪田乡（9名）：

尹大伟　尹桃花　宁左岩　宁国宏
张先金　张玉华　杨相华　杨期南
廖洪坤

水东乡（7名）：

王明礼　王建业　李本泳　宁光杰
张秋红　杨池珍　杨解中

石江镇（20名）：

丁相成　王祥照　王小春　王云贵
宁华菊　孙仁凤　刘芳前　李玉生
李和友　陈长顺　林道雄　金富莲
周裕松　周述成　周述清　姜照明
龚桂兴　陈显正　谭建华　黎贵南

江潭乡（7名）：

王周桂　王淑连　王铁石　王祥前
李迪渊　萧贻安　雷家寿

青龙乡（5名）：

尹大英　孙传海　张中琪　陈远桃
肖凤元

树林乡（5名）：

王道球　杨期范　姚学容　曾尧成
谭炳光

黄桥镇（12名）：

田鸣友　邱时云　李焕典　肖谋桂
肖　萼　周维汉　张声海　张颂立
郭翠英　梁秀英　谢　雄　谢先清

金田乡（10名）：

孙建楚　肖凤莲　肖贻红　胡楚建
胡松卿　袁仁富　袁菊英　曹跃民
曾祥焕　蒲　斌

石背乡（10名）：

尹华炳　肖迎祥　杨达轩　杨清华
陈　耀　邱清泉　张治胜　曾安中
谢光怀　谭夏秀

杨林乡（6名）：

李石堂　肖功治　肖育荣　曾细英
曾德伟　谢武甫

届中，共有8名代表调离本县；届末，实有代表310名。

第十二届

换届选举工作于1992年9月上旬开始，以中共十四大和邓小平视察南方重要讲话精神为指针，严格依法办事。全县共有选民510409人，省人大常委会核定洞口县十二届代表名额为323名，对代表的构成比例，强调非中共党员占35—40%，妇女不低于22%，少数民族代表按法律规定执行。全县划分185个选区，县选举委员会分配名额321名（留机动2名），推荐29名县党政领导人和县人大常委会机关负责人到有关乡镇选区参加选举。参选的选民计478146人，占选民总数的94%。共选出县代表320名，经县十一届人大常委会代表资格审查委员会审查，确认318名代表资格有效，符合法律程序，县人大常委会于1992年12月20日发布公告：

萧溪瑶族乡（5名）：

王调华　刘光甫　阳选明　杨孟虎
杨秋梅

江口镇（7名）：

刘秀莲　肖益生　肖祥林　杨爱国

张宏义　谢恩黔　谢商岩

月溪乡（6名）：

龙菊红　刘先驷　肖调武　杨平泉
谢仁录　谢恩德

渣坪乡（4名）：

丰桃青　陈可夫　钱大光　谢于广

洞口乡（6名）：

尹帮治　尹跃龙　刘书杰　向乾平
向乾坤　唐美芳

长塘瑶族乡（4名）：

刘家如　陈菊兰　易延贵　林章斌

古楼乡（4名）：

尹大章　肖回莲　吴金祥　卿启文

花古乡（9名）：

王有祥　向书桂　肖冬生　肖尊红
肖尊素　肖和友　肖调用　孟调保
唐文菊

木瓜乡（6名）：

尹晓聪　米跃华　向章煜　肖尊华
李本泳　唐小云

毓兰镇（13名）：

王美凤　尹梅花　邓集和　刘逊敖
肖万涛　肖满玉　李迪渊　胡伟庭
彭宗和　唐孝刚　唐章水　覃必山
谭小惠

西中乡（6名）：

王建华　邓满秀　龙运虎　龙运瑶
肖承嗣　黄泽祝

花园乡（5名）：

王仁章　尹华雄　邓星明　卢　红
杨香莲

石桥乡（6名）：

尹冬菊　尹红艳　刘谋清　米长龙
肖汉左　彭日平

高沙镇（23名）：

尹小玉　尹族中　刘　诚　刘大发
刘金鹏　杨小青　杨大康　杨期兵
汪维芬　袁端春　卿理霖　徐正中
曾小安　曾广金　曾广怡　曾方伶
曾传国　曾姣连　曾照跃　谢武松
蒋美娣　潘火莲　戴宏富

马安乡（6名）：

杨相林　张志农　邵艳香　周　芳
贺湘华　曾广化

洪茂乡（6名）：

向瑞顺　肖青华　张炳国　曾志雄
曾金莲　曾宪灯

茶铺乡（6名）：

刘家齐　许明干　杨月生　杨梓球
黄启忠　曾艳秀

南泥乡（6名）：

刘美容　肖柏山　张建文　杨进亮
杨相银　段以美

黄桥镇（12名）：

王德戎　尹帮干　朱坤玉　杨素琴
李辉建　张美英　林开莲　罗光荣
唐光明　曾纪淮　谢先菊　谢淑梅

石背乡（10名）：

尹华正　肖四群　邱清泉　张帮梓
陈能恒　唐德生　曾广炎　谢光升
谢光怀　谭石秀

金田乡（9名）：

毛晚菊　肖凤莲　肖贻洪　邱正才
张治树　胡松成　胡楚建　袁仁富

卿玉莲

杨林乡（6名）：

王道球　李石堂　李华主　胡冬英
袁艳萍　欧阳典成

石江镇（20名）：

丁相成　王云贵　文保祥　尹冬枚
尹秋霞　邓集元　孙忠胜　孙传均
向　敏　刘芳前　杨冬贞　邱青山
林江立　金富莲　罗艳艳　周玉国
周乐友　姜照明　谢扬林　谢冬梅

江潭乡（7名）：

王虎生　王铁石　刘美玉　张冬艳
雷家寿　蒲解莲　戴香石

树林乡（5名）：

卢春莲　伍玉龙　杨相钦　罗春石
覃显正

青龙乡（5名）：

尹大英　陈远秋　肖爱平　周玉宝
唐前申

岩山乡（8名）：

尹素容　龙雨成　张映明　罗煌石
周玉林　黄贤成　傅玉梅　傅昭生

管竹乡（6名）：

王振武　龙际红　杨期兴　杨鲜石
林玉润　罗恢来

竹市镇（10名）：

王朝霞　尹小花　邓隆禹　刘时正
刘富炎　林爱莲　张先玉　欧阳自来
梁开春　唐发定

秀丰乡（5名）：

刘谋清　吴方钦　林录生　曾纪水
谢小娣

大水乡（8名）：

王小春　许又云　许伟生　杨晚云
杨相华　欧阳玉凤　曾小芳　傅新成

山门镇（14名）：

尹显清　尹德光　尹德梅　刘功奇
李素娥　杨相云　张先刚　张先和
张祝棠　张赐正　唐　璞　袁仁祝
彭友云　谌坤山

醪田乡（8名）：

尹大忠　尹头凤　尹显光　刘图才
宁光杰　杨友理　黄昭玉　廖宏坤

水东乡（7名）：

王长桂　尹华柏　伍华友　李慎富
杨池金　杨红玉　张绍屏

石柱乡（8名）：

方征凡　尹千秋　尹华柏　尹池秀
刘自强　欧阳庆南　宁爱秀　戴有余

桐山乡（5名）：

尹大余　兰松英　陈世胜　张映龙
郑大才

大屋瑶族乡（4名）：

丁香花　兰月成　李迪享　吴庆生

横溪乡（5名）：

宁光标　杨双艳　曾令善　雷运发
黎桂南

城关镇（28名）：

王宏山　尹全礼　尹青山　孙建楚
卢西怀　朱中槐　杨　升　杨克成
李春风　杨期庵　肖和国　肖香生
肖调刚　肖调灼　肖霞青　肖爱莲
陈美姣　吴聚怀　武文献　郑纪湖
罗中田　袁桂玉　袁甫金　凌爱群

唐文山　曾姣莲　谢先羽　熊家完

第一次会议以后，1名代表调离本县；商业局补选王真、山门镇补选禹湘玉、黄桥镇补选谢先清为县代表。

第二次会议后，4名代表调离本行政区；山门镇补选胡青松、毓兰镇补选宁顺常、金田乡补选杨期务、黄桥镇补选王若波、驻县部队补选王献东为县代表。

第十三届

换届选举工作于1997年9月开始，当年11月下旬结束。这次换届选举以中共十五大精神和邓小平理论为指针，根据《中华人民共和国全国人民代表大会和地方各级人民代表大会选举法》和湖南省人大常委会关于《湖南省县级以下人民代表大会直接选举细则》的规定进行。全县共有选民501462人，省人大常委会核定代表名额为273名，县选举委员会不留机动，全部分到129个选区，推荐30名县党政领导同志和县人大常委会机关负责人到有关乡镇、选区参加选举。按照“选举法”的规定，选民10人以上联名和各政党、人民团体推荐的代表候选人，都列入代表候选人名单，经“三上三下”酝酿协商后，根据较多数选民的意见，确定正式代表候选人名单，实行差额选举。全县共有470921名选民参选，占选民总数的93.9%。选出县代表273名，经十二届人大常委会代表资格审查委员会依法审查，确认273名代表资格有效，县人大常委会于1997年12月1日发布公告：

洞口镇（31名）：

王若波　孙文球　刘益平　向中富
李　斌　陈今龙　陈保良　吴聚怀
肖和顶　肖和豪　肖晚珍　肖德生
杨　升　杨芳德　杨跃中　张金美
周解玉　林维保　罗友花　罗筱安
胡玉明　郭东红　唐池菊　唐贤用
唐学伟　唐贤能　唐海菊　秦惠兰
傅秀茂　曾元彪　曾祥忠

大屋瑶族乡（4名）：

丁友良　尹丁山　张映宗　唐玉桂

高沙镇（33名）：

尹小玉　尹大春　龙跃海　匡方梅
孙立志　刘仲声　刘艮泉　刘素菊
向南朝　向乾军　向乾造　向瑞顺
李辉柱　陈端莲　肖怡田　肖和明
肖调武　杨桂莲　何国金　郑纪湖
林春云　胡爱秀　徐春花　唐世忠
袁仁豪　黄生伟　黄惠莲　梁金莲
曾广山　曾小安　曾广炉　曾广卓
曾方伶

渣坪乡（4名）：

左小容　肖硕平　谢华礼　曾龙生

竹市镇（25名）：

王友尧　王振球　尹小花　尹华友
尹春美　龙际红　伍华友　刘兴亮
刘明国　李明华　肖乾君　杨英德
杨晚云　欧阳叙高　林玉润　罗日春
赵清云　胡阳春　唐行家　黄小青
梁开千　傅少华　傅盛元　谢录红
葛邦伟

蓈溪瑶族乡（5名）：

肖立群　杨秋梅　杨期艾　易叶青
舒炉宝

古楼乡（4名）：

吴华玉　肖建旭　肖惠明　胡华泉

石江镇（26名）：

王小英　王全中　王有光　王秀英
王明中　王明庭　文迪石　尹大军
尹光荣　尹松平　宁顺光　许美春
陈远炉　肖海燕　周玉石　周石庭
周宝兰　周述清　周英豪　金富莲
姜照明　卿上丁　卿彩红　谢先羽
曾俊华　覃显国

花古乡（8名）：

尹显治　许丁记　朱了兰　肖和礼
欧阳小艳　林建文　唐宜安　唐斌龙

黄桥镇（26名）：

王洪开　王家胜　文建如　尹立中
邓祥红　刘志荣　向翠花　肖小林
肖连英　肖贻顺　杨清华　杨溢清
周又湘　周　林　欧阳蒲英　胡水燕
卿笃永　袁安宝　梁任庚　蒋绍情
谢瑞财　曾小艾　曾广炎　曾密常
彭光桂　彭焱生

水东乡（8名）：

王长桂　王昌武　尹华顶　尹显光
尹跃龙　杨池珍　杨晚爱　张绍屏

山门镇（17名）：

尹小东　尹大黄　尹连容　尹高见
尹德梅　龙际权　宁顺池　刘成甫
朱桂梅　李振进　杨生华　杨美凤
张继刚　蒋太移　谢　雄　雷平玉
潘嗣辉

江口镇（6名）：

左喜容　肖岩山　肖调兴　杨　忠
易重华　袁仁祝

杨林乡（7名）：

邱盛解　肖小妹　肖化洪　胡南田
黄海燕　曾昭武　曾维让

长塘瑶族乡（4名）：

丰清录　杨湘元　杨聪秀　张林生

毓兰镇（16名）：

王了菊　尹显豪　尹满元　邓青华
刘建社　朱月林　肖局章　肖品云
周吉平　林爱萍　罗美光　郭安菊
唐发光　曾广军　彭宗和　廖雨桃

醪田镇（9名）：

尹立山　尹显金　宁双连　刘光奇
肖东花　杨英喜　黄小四　廖文中
廖长江

岩山乡（7名）：

尹喜菊　付昭善　杨期璇　张学庭
易贤跃　唐德生　舒戴春

花园乡（12名）：

王美凤　邓宝菊　邓星明　龙小冬
龙运谣　龙海金　刘业生　李连喜
肖　磊　杨碧莲　旷筱炎　胡俊敏

石柱乡（9名）：

尹大操　尹邦尧　尹邦治　尹华柏
尹美桃　尹高贵　尹富娥　尹燎原
贺建国

月溪乡（7名）：

丁华菊　伍玉龙　向江华　许志华
肖宪军　张基平　谢恩康

桐山乡（5名）：

尹小成　尹显廷　向兰玉　肖和平
贺昌茂

第十四届

2002年10月8日至11月8日，全县进行县人民代表大会换届选举。换届选举高举邓小平理论伟大旗帜，以“三个代表”重要思想为指导，坚持党的领导、充分发扬民主和严格依法办事有机地结合起来，严格按照法律规定程序，精心安排，周密组织，保证如期顺利完成。省人大常委会核定代表名额为273名，县选举委员会不留机动，全部分到乡镇、选区，推荐29名县党政领导同志和县人大常委会机关负责人到有关乡镇、选区参加选举。各选区代表候选人的提名，选民10人以上联名和各政党团体提名，都列入代表候选人，经选民讨论，“两上两下”或“三上三下”酝酿协商，根据多数选民的意见，组织选民对照代表条件反复比较，优中选优，体现了广泛意义上的民主。全县登记选民575609人，144个选区共有546829人参加投票选举，占应参加选民的95%；选举一次成功率100%。经十三届人大常委会代表资格审查委员会依法审查，144个选区选举产生的十四届人大代表263名代表资格全部有效。县人大常委会于2002年11月11日发布公告：

洞口镇（30名）：

王友火　邓光明　尹　宁　尹火青
尹显池　尹素华　尹爱秀　甘建华
申群和　向书斌　许云成　杨碧莲
杨守建　肖宝田　肖建华　肖硕明
林石生　林亲南　林群玉　周吉平
周英豪　胡扬平　段光华　姜桂香
袁清海　唐晚艳　傅爱华　谢友红
谢友珍　谢羽芳

茀溪瑶族乡（6名）：

王周龙　艾方毅　阳九桃　孙孝龙
杨梦虎　薛开柏

高沙镇（33名）：

尹玉林　乔文木　向坤发　刘长军
刘兴茂　刘远兵　刘建社　刘素菊
刘素琼　刘群桃　孙立志　杨　华
杨大高　杨守华　肖艳梅　张一飞
张录金　周继耐　赵清云　姜贻升
袁立衡　唐诗中　黄惠莲　梁金莲
梁恩常　蒋　洁　舒小云　舒善根
曾和平　曾祥旺　曾祥衔　曾银苏
曾维柏

大屋瑶族乡（4名）：

刘恒生　张启松　胡定武　曾枚容

石江镇（26名）：

王全中　王周前　王铁石　王雪梅
文建如　伍玉祥　刘千苟　刘芳前
张治胜　张映德　陈永国　陈建平
金小芳　周良仁　周范中　胡俊敏
姚家仲　卿上丁　黄美兰　梁小丽
曾广和　曾东凤　谢光汉　谢先羽
廖丽蓉　谭晓林

水东乡（8名）：

王池娥　尹显光　李同尧　杨晚爱
杨康林　张居洪　袁中勇　唐晓林

黄桥镇（27名）：

王礼桃　王洪开　龙际红　刘兴柱

刘志荣　李小平　肖和清　肖义成
肖红玉　肖恒山　张治凡　周又湘
胡振国　姜小妹　姚湘武　贺青香
袁安炉　袁国平　卿上戈　梁小明
黄渊贵　曾明文　曾泽群　谢光勇
蒲玉文　蒲炳胜　薛孝平

杨林乡（7名）：

尹跃龙　李开云　李德海　肖谋成
张秀娥　张建文　曾姣香

竹市镇（24名）：

尹春美　尹显祥　龙小元　匡敏胜
刘兴亮　刘建成　刘俊石　刘谋胜
许跃林　杨　忠　肖如民　肖乾君
旷筱炎　欧阳坚　欧阳柱石　周乐海
袁进强　唐华夏　唐章法　梁恩剑
曾广槐　曾祥永　曾慧君　谢录红

岩山乡（7名）：

尹晚玉　龙湘生　肖硕平　张林生
张松茂　唐银元　雷俊成

桐山乡（5名）：

尹小成　尹显恒　米长龙　肖晓明
吴娇凤

山门镇（17名）：

尹大黄　尹小东　尹小曼　宁春红
刘成甫　肖小林　张继刚　张赐政
陈宣光　罗巧艳　袁建平　傅满菊
曾维亮　谢先桂　谢来秀　雷金财
潘竹楼

醪田镇（9名）：

王周文　邓祥红　尹玉德　尹冬梅
宁奇光　周　彦　黄小四　廖长江
廖美莲

石柱乡（9名）：

尹邦富　尹品元　刘业伟　刘谋军
李　勋　林凤姣　欧阳桃玉
欧阳恩解　袁再雄

毓兰镇（17名）：

王祥春　尹显甲　尹显军　朱姣春
朱魁军　向传喜　许志华　杨素英
肖德生　林爱萍　胡扬兴　唐松元
彭芳炎　彭泽水　曾志雄　廖雨桃
廖勤俭

花古乡（8名）：

王生刚　尹丁山　尹大操　尹显治
杨小许　肖　辉　肖调贵　肖尊中

古楼乡（4名）：

王明庆　兰雨秀　欧阳爱武　胡求庭

长塘瑶族乡（4名）：

杨杰文　唐尾香　谢稳成　廖　卓

花园镇（11名）：

邓星明　邓满秀　龙运梅　龙运瑶
卢冬菊　朱绍群　李纯玉　李桂楚
肖　磊　何忠义　易广石

江口镇（6名）：

向富贵　肖瑞兰　易图友　唐德生
黄明和　蒋清良

月溪乡（7名）：

刘玉华　刘图强　杨　升　李立明
李俊成　肖卫民　谢恩柏

渣坪乡（4名）：

左小容　段联群　曾龙生　谢华礼

2005年2月17日，十四届人大常委会第18次会议通过，接受33名人大代表辞去代表职务；1名代表调离本县。3月12日，代表资格审查委员会审查原选区补选的代表资格后，向人大常委会第19次会议报告，原选区补选34名代表的资格有效：

王子午　文立斌　邓联国　尹小龙
尹江平　尹建华　尹显庚　尹绰华
龙运民　卢　诚　刘大运　刘双全
刘克良　许丁宝　许小艳　许　峰
杨　钧　杨杰生　杨韶辉　肖又查
沈志定　邵逸凡　易文教　周述聪
赵金良　禹德辉　袁仁汉　彭　凯
曾　刚　曾志贤　曾秦伟　谢商广
谢商文　谢　雄

第十五届

2007年9月1日至11月17日，全县进行人大代表换届选举，以邓小平理论和“三个代表”重要思想为指导，全面贯彻落实科学发展观，推进社会主义民主法制建设，坚持和完善人民代表大会制度，把坚持党的领导、人民当家作主和依法治国有机统一起来，严格按照法律规定的程序部署。省人大常委会核定代表名额为287名，县选举委员会不留机动指标，全部分到乡镇、选区，推荐29名县党政领导和县人大常委会机关负责人到有关乡镇、选区参加选举。根据法律规定，全县登记选民627459人，划分147个选区；596086人参加投票选举，占应参加选民总数的95%；准备工作充分，组织工作周密，从“代表资源调查”至酝酿协商正式代表候选人的每一个环节，都依靠人民群众，充分发扬民主，全部一次性成功。经县十四届人大常委会代表资格审查委员会依法审查，确认147个选区选举的286名十五届县人大代表资格全部有效。县人大常委会发布公告：

洞口镇（31名）：

甘建华　申　尧　申群和　付秀聪
付松梅　米昌能　朱桂梅　向章光
刘大运　刘兴柱　刘金海　杨兰云
杨碧莲　肖　忠　肖小林　肖芳红
肖和豪　肖建华　肖春莲　张　明
林　涛　周英豪　罗日芳　赵清云
贺新伦　唐立平　黄少义　蒋太友
曾龙生　谢瑞生　雷国华

蓈溪瑶族乡（6名）：

阳汉生　肖志友　陈素梅　黄生龙
曾昭州　薛开柏

高沙镇（34名）：

邓海伦　刘小兵　刘丛华　刘爱国
李小华　杨小桃　杨守华　杨清荣
杨维定　肖　磊　肖化松　肖乐民
沈志定　张明连　张桂余　邱国龙
陈　芳　周林生　袁再豪　唐诗中
黄长军　舒善根　曾立新　曾花荣
曾昭堂　曾祥才　曾银苏　谢　玲
谢先桂　谢瑞金　简金仁　廖文中
廖代国　戴质良

大屋瑶族乡（5名）：

尹晓军　李立明　张华金　张晚清
罗春风

石江镇（27名）：

王卫东　王立东　王岐礼　王周桂
王铁石　王舒淮　文建如　尹大丁
尹大操　尹青柏　许志华　伍玉祥

刘芳前　刘图站　孙传松　李学军
邱丽媛　张映德　陈永国　周小妹
姚湘武　袁立华　唐菊英　黄明和
谢　辉　谢立新　谢菊娥

水东乡（8名）：

王爱国　尹翠兰　刘述铁　肖晓明
罗永清　胡志群　谢乐勇　董晒英

黄桥镇（28名）：

王洪开　王雪梅　尹光标　尹江顺
邓光明　刘谋军　李迪胜　李和清
杨　钧　吴华玉　肖仁爱　肖义成
肖四解　邱元龙　张小平　张治凡
张剑兰　林荣芳　袁仁汉　袁立德
袁再雄　袁安炉　袁安保　曾芳艳
曾泽群　谢　雄　蒲玉文　谭艳梅

杨林乡（7名）：

肖功正　李开明　李伟光　张玉芳
周范中　段再春　舒文铭

竹市镇（25名）：

王振球　尹英豪　尹显庚　尹显治
尹显祥　龙小元　龙际红　卢正川
付昭基　匡敏胜　刘兴千　刘谋胜
许绍煌　许跃林　杨相涛　张方林
欧阳坚　罗家池　周　彦　姚建华
袁进强　唐叶生　梁恩剑　曾兆彪
黎仁寅

岩山乡（8名）：

尹香元　付昭国　付稳当　向传喜
肖德生　张海云　赵双宏　雷金桂

桐山乡（6名）：

尹小成　兰爱花　刘东兵　周玉科
袁升山　戴伟建

山门镇（18名）：

尹大黄　尹建金　尹琪锋　龙　军
朱新兰　刘兴茂　旷筱炎　杨炳凤
杨恢龙　张玉光　张先梯　陈宣光
罗巧艳　袁菊容　黄生坚　黄先球
曾志雄　潘竹楼

醪田镇（10名）：

尹大忠　尹显龙　尹喜容　米百录
刘仁德　陈竹光　欧阳征赛
曾　刚　廖长江　廖继文

石柱乡（9名）：

方凤华　尹大山　尹华柏　尹华桂
尹晚梅　刘小桂　许朝晖　宋志刚
张纲学

毓兰镇（18名）：

王征云　尹大解　匡锦晖　朱显明
刘少罗　刘拥军　肖调高　张治胜
林爱萍　罗建南　胡扬平　胡休涛
胡建春　胡南云　胡思见　曾志贤
谭小剑　薛　标

花古乡（8名）：

尹燎原　米桂元　肖兴业　肖桂林
林目秋　唐祥英　彭　凯　廖湘中

古楼乡（5名）：

尹小龙　邓联团　罗美凤　肖建山
肖调明

长塘瑶族乡（5名）：

肖小艳　肖井泉　陈显龙　胡小革
曾昭华

花园镇（13名）：

王立平　王建华　王建国　龙会金
刘大业　刘大勋　刘双全　刘兴才

刘华国　肖爱菊　李允龙　耿淑文
蔡明清

江口镇（5名）：

卢　诚　卢恢友　阳湘民　易图友
彭俊彪

月溪乡（6名）：

文立斌　付舒达　刘玉华　刘玉虎
肖　信　肖卫民

渣坪乡（5名）：

李大松　林力博　姚素芬　谢纪平
谢华礼

一次会议以后，3名代表调离本县，洞口镇补选肖拥军、石江镇补选王丽群为县代表。

三次会议以后，1名代表调离本县，24名代表因工作岗位变动而辞去代表职务，原选区补选21名代表，2010年3月4日，经代表资格审查委员会审查，代表资格有效，第十五届人大常委会第16次会议通过。

王周安　杨桂平　尹邦来　周乐彬
廖洪君　肖　亮　邓星满　杨小鹏
尹玉林　伍卫彬　梁仲茂　刘鸿飞
唐慧芬　龙建军　刘建军　唐　煜
易文教　尹江平　唐　盛　付舒湘
邵逸凡

四次会议以后，2名代表辞职，1名代表调离本行政区，一名代表因车祸死亡；竹市镇补选尹健生、醪田镇补选王少君为县代表，经审查，代表资格有效。

五次会议以后，2名代表调离本县，3名代表病故；原选区补选3名县代表：曾晓桃、孙立志、苏远刚，经审查，代表资格有效。

第十六届

从2012年7月1日开始代表选举工作，以邓小平理论和“三个代表”重要思想为指导，全面落实科学发展观，推进社会主义民主法制建设，坚持和完善人民代表大会制度，把坚持党的领导、人民当家作主和依法治国有机统一起来，严格按照法律规定的程序，精心安排，周密组织，至11月9日结束。省人大常委会核定代表名额287名，与上届代表名额保持不变，县选举委员会不留机动，推荐33名县党政领导和县人大常委会机关委室负责人到有关乡镇、选区参加选举。各级依法成立选举机构，依法划分选区，依法做好选民登记，依法进行差额选举。全县登记选民701143人，划分143个选区，666086名选民参加投票选举，占应参加选民的95%，142个选区选举一次成功，1个选区进行补选；共选出县十六届人民代表大会代表287名。十五届人大常委会代表资格审查委员会依法对代表资格进行审查，确认287名代表资格有效，符合法律程序，县人大常委会发布公告：

洞口镇（35名）：

文立斌　尹跃龙　尹琪峰　尹燎原
艾方毅　匡力平　朱魁伟　向书富
向乾河　向乾德　肖德华　刘　荣
刘平平　刘兴茂　刘丽容　刘勋才
孙立志　阳友金　李惠祥　肖小林

肖正华　肖伯祥　宋联明　呙勇志
陈健武　贺又勇　刘　峰　唐三喜
黄建祥　彭小红　彭俊彪　蒋太友
曾晓桃　曾鹏祥　谢志龙

荷溪瑶族乡（5名）：

阳　叶　肖华成　邵逸凡　林　峰
薛开柏

高沙镇（37名）：

王金桓　邓海伦　邓联国　甘建华
朱清芳　向彩兵　刘长石　刘兴容
刘兴鸿　许名利　李开淼　杨　华
杨　杰　杨小华　杨守华　肖小庭
肖乐明　张明连　张治胜　张覃良
周乐彬　周林生　袁小莲　袁再豪
黄　河　彭　凯　蒋兴照　舒小云
曾广鹗　曾友成　曾泽群　曾纪沐
曾昭林　曾昭建　曾祥才　谢　雄
简金仁

大屋瑶族乡（4名）：

杨小鹏　肖　程　张华金　张容花

茶铺茶场管理区（3名）：

杨　均　肖　萍　谢小玲

石江镇（28名）：

文建如　王力梅　王卫东　王友火
王立平　王全中　王周安　王周桂
王铁石　王舒淮　尹小龙　邱年升
刘东兵　刘图站　伍华省　孙传松
肖拥军　邱丽媛　陈伟平　罗解成
周素珍　袁立华　夏春生　梁开光
谢正楚　谢先桂　谢青庚　卿笃俭

水东乡（8名）：

王泽江　尹翠兰　刘继东　肖晓明
张　剑　罗永清　周国良　曾广贤

黄桥镇（28名）：

王业华　王洪开　尹邦来　尹江顺
田洪文　许志华　许朝晖　李迪胜
肖义成　肖国西　肖洪顺　张桂林
陈显平　陈建平　林力博　林铁石
周　林　贺青香　袁邦祥　袁安炉
雷小晶　黄葵华　彭世杰　曾兆彪
谢　飞　谢正火　谢扬石　蒲建文

杨林乡（7名）：

刘兴伟　李　武　李开明　张中田
肖硕军　廖湘中　蔡明清

竹市镇（25名）：

尹华斌　付昭基　许绍煌　刘大运
刘兴千　孙传读　张绍永　吴华玉
旷筱炎　阳湘民　杨大中　杨文武
杨相爱　杨相涛　杨铁金　杨桂平
罗家池　罗征槐　周国清　姚建华
彭芳炎　曾　刚　谢安英　欧阳坚
欧阳叙高

岩山乡（8名）：

尹谊群　付卫群　付舒黄　肖谋解
谢恩刚　谢和石　雷俊成　廖文中

桐山乡（5名）：

王建平　王雪花　付舒湘　兰爱花
米承松

山门镇（17名）：

尹华刚　尹显云　尹红艳　尹健生
刘珍玉　杨志军　吴文革　旷建斌
张映中　张桂溪　罗巧艳　贺国庆
黄先球　黄长军　曾军辉　曾刚金
潘竹楼

酆田镇（9名）：

尹玉德　米百录　宋志刚　肖志友
肖伟利　张方林　黄生雄　廖名虎
廖金光

石柱乡（9名）：

尹子华　尹华禄　龙剑军　朱伟勇
伍玉潮　刘桂芳　张纲学　郭芙蓉
欧阳燕山

毓兰镇（17名）：

文　斌　王立明　尹录生　尹显风
尹显豪　尹朝红　李伟群　肖　亮
肖硕忠　陈河容　罗崇雄　贺兴吾
胡小革　胡休涛　郭国宝　曾湘君
廖洪君

花古乡（8名）：

王建华　伍卫彬　向　旺　肖和财
肖喜清　林　艳　林树柏　唐文菊

古楼乡（4名）：

肖国清　肖调伟　周后友　唐　煜

长塘瑶族乡（4名）：

毛友和　肖尊剑　姜明芳　舒春明

花园镇（12名）：

王建国　邓星礼　邓联宇　邓集胡
苏远刚　刘大业　刘兴才　刘鸿飞
李纯玉　唐伟峰　梁丽君　曾昭华

江口镇（5名）：

尹江平　邓建军　肖和艳　肖德伟
谢正华

月溪乡（5名）：

许洪军　肖　涛　肖宪再　沈艳华
易文教

渣坪乡（4名）：

尹华云　肖井泉　易圣明　谢纪平

一次会议以后，石江选区1名代表调离本县，补选唐克俭为县代表。二次会议以后，黄桥选区1名代表调离本县，补选李福信为县代表。

第十七届

县乡两级人大换届选举从2016年8月开始宣传发动，全面贯彻中共十八大和十八届三中、四中、五中全会精神，以邓小平理论、“三个代表”重要思想和科学发展观为指导，深入贯彻落实习近平总书记系列讲话和省市换届选举工作会议精神，严格执行中央“九个严禁、九个一律”换届纪律要求，坚持党的领导、发扬民主和依法办事的有机统一，统筹谋划，选举忠诚、干净、担当的好代表，为加快建设“富裕宜居新洞口”做出应有贡献。全县总人口897329人，18周岁以上人口627445人，其中被剥夺选举权利的0人，共登记选民627209人，占全县总人口的70%，共划分153个选区，经过几上几下反复酝酿讨论，从506名第一轮候选人中依法依程序选举产生县十七届人大代表287名，其中：政党和人民团体推荐当选的254名，占88.5%；选民10人以上联名推荐当选的33名，占11.5%。经十六届人大常委会代表资格审查委员会审查并报十六届人大常委会第30次会议审议通过，发布公告（按姓氏笔画排列）：

丁华菊　丁香成　丁祥科　王卫东
王友火　王　丹　王立平　王立东

王有源　王全中　王岐勇　王征洪

王周桂　王泽江　王秋花　王艳平

王铁石　王敏敏　王辉茂　王道安

毛友和　文建如　尹大忠　尹邦来

尹邦沐　尹邦忠　尹华兴　尹军峰

尹红伟　尹坚武　尹玮玮　尹青美

尹国安　尹建峰　尹建梅　尹铁平

尹显云　尹显苏　尹显作　尹艳容

尹桂香　尹健生　尹菊香　尹彩贞

尹族建　尹清华　尹朝红　尹湘春

尹楚刚　尹新峰　尹翠兰　邓光明

邓射军　邓集田　甘建华　艾方毅

龙永怡　龙松娥　龙朝阳　龙德正

申异芬　付立权　付全印　付菊红

付敏慧　付舒干　付舒军　付照凤

兰青梅　兰艳花　兰　涛　宁建凯

朱巧林　伍卫彬　伍玉军　任广湖

向玉兰　向　平　刘大运　刘大勇

刘仁德　刘从华　刘玉华　刘平平

刘东兵　刘兴光　刘孙元　刘孙华

刘宏斌　刘美春　刘桂生　刘桂芳

刘继东　刘鸿飞　关辉雄　米百录

米承松　米爱菊　许志华　许洪军

许朝晖　孙文贵　孙立志　孙传读

阳　叶　严兰艳　严晓红　苏开怀

李开明　李天平　李少立　李会明

李柏林　李　香　李恒荣　李清波

李惠祥　李德太　杨大中　杨小春

杨小鹏　杨长义　杨文武　杨芹霞

杨　杰　杨建纯　杨玲萍　杨勇平

杨桂平　杨鲜银　肖井泉　肖志德

肖苏容　肖连生　肖国西　肖和友

肖春艳　肖峥嵘　肖　亮　肖　勇

肖艳君　肖　莉　肖调金　肖调高

肖　萍　肖晴蕾　肖智群　肖　程

肖尊柏　肖舞霞　肖毓芳　肖黎明

肖德伟　吴中华　吴水丽　吴华玉

旷武军　旷建斌　旷筱炎　邹松林

张小华　张纲学　张建云　张绍永

张映桂　张　海　陈小芳　陈显平

陈桂莲　邵逸凡　林力博　林文明

林江武　林亲凤　林　艳　林　峰

欧阳向东　欧阳叙成　罗永清

罗芸芸　罗花美　罗恢刚　周乐彬

周兰香　周　林　周林生　周国良

周国清　周晓华　胡小革　胡文伟

胡　平　胡春林　胡晓林　胡海庭

胡海艳　姜志龙　姜佼军　贺兴吾

贺青香　贺国庆　贺朝晖　袁玉辉

袁邦国　袁安炉　袁国基　袁建文

袁桂红　袁嘉敏　袁慧娟　袁　毅

徐善平　卿小兰　卿文珍　卿笃俭

唐伟峰　唐贤申　唐金甫　唐荣掌

唐梅芳　唐　盛　唐晚艳　唐　煜

唐慧芬　黄长军　黄孝为　曹　丽

梁丽君　梁恩品　彭小红　彭芳炎

彭　凯　彭俊彪　蒋　丹　蒋金良

蒋桂莲　蒋晖云　傅立先　舒　伟

舒春明　曾友成　曾兆彪　曾军辉

曾红芳　曾李群　曾丽佳　曾青桂

曾明文　曾垂运　曾柳青　曾秋容

曾宪军　曾晓桃　曾祥才　曾鹏翔

曾德艳　谢小英　谢小玲　谢　飞

谢正坤　谢正楚　谢　龙　谢龙云

谢冬英 谢伟龙 谢华礼 谢建英 雷小晶 雷 安 廖洪君 谭天然
谢青艳 谢秋晖 谢洪兵 谢雪云 谭本云 谭 亮 潘洲洋 潘夏霞
谢 雄 蒲四平 蒲建文 雷 力 潘满玉 薛建文 薛 蓉 戴佐龙

表2—1：1954—2016年洞口县历届人大代表选举情况表

届次	时间	登记选民人数	选举情况			
			参选人数	参选率（%）	选举方式	选出代表（名）
一	1954.3	208920	192991	92.4	165个乡镇间接选举	217
二	1956.12	218860	201940	92.3	35个乡镇间接选举	339
三	1958.6	220188	216312	98.2	37个乡镇间接选举	345
四	1960.12	239845	221617	92.4	18个公社间接选举	343
五	1963.6	250641	230589	92.0	54个公社、镇间接选举	370
六	1968.3	“文化大革命”期间，未经选举，主要由“革命造反派”协商产生				无记载
七	1978.1	304196	279556	91.9	43个公社、镇间接选举	765
八	1980.5	331642	303945	92.0	213个选区直接选举	536
九	1984.4	390356	355224	91.0	234个选区直接选举	403
十	1987.1	446006	347884	78.0	263个选区直接选举	318
十一	1990.1	422946	401799	95.0	195个选区直接选举	318
十二	1992.12	510409	478146	94.0	185个选区直接选举	320
十三	1997.11	501426	470921	93.9	129个选区直接选举	273
十四	2002.10	575609	546829	95.0	144个选区直接选举	273
十五	2007.11	627459	596086	95.0	147个选区直接选举	287
十六	2012.11	701143	666086	95.0	143个选区直接选举	287
十七	2016.10	627209	611965	98.0	153个选区直接选举	287

说明：第九届有3名代表资格无效；第十届有5名代表资格无效；第十二届有2名代表资格无效。

第二节 代表构成

人民代表大会的代表，具有广泛的代表性，但由于各个时期的政治形势、中心工作任务不同，各方面的代表构成比例也有些不同。

第一届代表271名，工人占5.6%，农民占62.43%，干部占19.4%，军人占0.37%，文化教育卫生及知识分子占10.0%，其他方面的代表占2.2%。时值农业互助合作高潮，农民代表中有互助组组长108人。代表总数中，妇女代表占9.8%，少数民族代表占2.3%，非中共党员占53.9%。代表的文化程度相当低，黄埔军校毕业生1人，高中毕业生1人，文盲有51人。年龄最大的56岁，最小的19岁。

第二届代表339名，工人占3.9%，农民占60.7%，干部占11.1%，军人占3.5%，文教卫及知识分子占9.7%，工商界占11.1%。农业合作化是当时最大的中心任务，农民代表中，贫农、下中农的办社骨干占绝大多数，为201人。国家对私营工商业的社会主义改造渐成高潮，工商界计有35名代表，占代表总数的11.1%。正值实施《中华人民共和国兵役法》，实行义务兵役制之时，军队代表占代表总数的3.5%；在其他各界代表中，荣、复、转、退军人和军属计有28人。妇女代表比例比上届有较大提高，占代表总数的20.1%。代表中，年龄最大的67岁，最小的19岁。

第三届代表345名，工人占4.3%，农民占33.7%，干部占41.7%，军人占2.4%，文教卫及知识分子占11.1%，工商界人士占6.8%。在代表总数中，妇女占18.3%，少数民族占2.1%。经过“反右派”斗争，锻炼和提高了干部队伍与知识分子队伍，本届的干部代表所占比例有很大提高，知识分子代表所占的比例也有较大提高。出身于地主家庭的2名教师、1名医师、1名干部当选为县人大代表，体现了正确处理人民内部矛盾和团结一切可以团结的人的政策。

第四届代表343名，工人占3.1%，农民占42.0%，干部占33.3%，军人占3.1%，文教卫及知识分子占8.0%，工商界人士占10.5%。与上届比较，干部、知识分子代表所占比例有所下降，农民和工商界代表所占比例有所提高，主要是“大跃进”、人民公社化运动以来涌现的先进人物。

第五届代表370名，工人占5.0%，农民占51.0%，干部占30.0%，文教卫及知识分子占9.0%，工商界及其他代表占5.0%。代表总数中，妇女占21.6%，少数民族占1.8%，非中共党员占49%。随着地方工业的发展，工人代表所占比例有所提高。

第六届代表由革命造反派、革命领导干部、军队“支左”干部三方面构成，无总数记载，也无比例记载。“造反派”代表居多数，主要是“敢于造反的闯将”；革命领导干部代表次之；军队“支左”干部代表较少。

第七届代表765名，工人占7.9%，农民占57.8%，干部占18.4%，军人占1.0%，文教卫及知识分子占7.8%，工商界和其他代表占7.0%。代表总数中，妇女占20.0%，少数民族占2.0%，非中共党员占30.8%。

第八届代表536名，工人占6.8%，农民占68.7%，干部占19.1%，军人占0.37%，文教卫及知识分子占4.0%，工商界和其他代表占1.03%。本届代表既具有代表性，又具有明显的先进性，有参加过抗日战争、解放战争和渡江南下的老干部，有在解放战争和抗美援朝战争中建立过功勋的老战士，有经过长期革命斗争考验和经过社会主义革命与建设事业锻炼成长的中、青年干部，有在四个现代化建设中涌现出来的劳动模范、先进生产者、先进工作者，有在文化科学技术方面做出贡献的先进人物，有热心于党的教育事业的特级教师，有对越自卫反击作战的战斗英雄的母亲，有少数民族代表，有离退休的老同志，有人老心红志不衰、年过七十岁的代表，有朝气蓬勃、年仅二十岁的青年代表。是以工农兵为主体、有各民族、各界别、各战线的代表组成的人大代表队伍，同时落实了知识分子政策、民族政策、原工商业者和原国民党起义投诚人员的政策，有利于调动各方面的积极因素，实现全党工作着重点的转移。

第九届代表400名，工人占6.75%，农民占49.5%，军人占0.75%，干部占24.75%，知识分子占14.5%，其他劳动人民占2.25%，归国华侨、民主党派爱国人士占1.5%。代表总数中，妇女占23.28%，非中共党员代表占33.42%，少数民族代表占4.99%；代表中，有一批省地县劳模、先进工作者、三八红旗手、优秀共产党员，这些先进代表参加管理国家大事，体现了人民群众的意愿。代表中的文化结构开始变化，具有大专文化程度的42人，占代表总数的10.47%；中专文化程度的24人，占代表总数的5.99%；初中文化程度的205人，占代表总数的51.1%；充分表现对知识和知识分子的重视。代表中，上届老代表有92名，占代表总数的23%，他们对如何发挥代表作用积累了一定经验，有利于新老代表合作，共同行使代表职权，发挥代表作用。

第十届代表313名。工人占2.88%，军人占0.32%，干部占35.14%，农民占47.6%，知识分子占11.5%，其他劳动人民占2.56%。在代表总数中，妇女占21.4%；党外人士占25.24%；少数民族代表占3.51%。十届人大代表与上届比较，平均年龄降低2.6岁；文化程度有了较大提高，具有大专文化程度的占代表总数的11.5%，具有中专文化程度的占代表总数的10.22%，具有初中以上文化程度的占代表总数的59.42%。代表中绝大多数是各级各部门各行业的工作、生产骨干，有一批省、县的先进工作者、“三八红旗手”、优秀共产党员。有74名上届代表继续当选，占本届代表总数的23.64%，有利于新老代表合作，更好地发挥代表的作用。

第十一届代表318名。工人占7.5%，农民占49%，知识分子占9.4%，干部占31%，其他劳动人民占2.7%。在代表总数中，妇女占21%，非中共党员占25.2%，少数民族占3.8%。代表中具有初中以上文化程度的占84%，其中有大专以上文化的占17%。从年龄结构看，35岁以下的占21.5%，36岁至54岁的占68.5%，55岁以上的占10%。上届代表连选连任的占代表总数的26.4%。

第十二届代表318名，其中工人占9.1%，农民占49.3%，干部和知识分子占41%，军人占0.3%，归侨占0.3%。在代表总数中：非中共党员占35.2%；妇女代表占26%；少数民族代表占5%。代表中具有初中以上文化程度的占40.6%，其中有大专以上文化的占13%。从年龄结构看，35岁以下的占26.4%，36岁至55岁的占69.4%，56岁以上的占4.1%。上届代表连选连任的，占代表总数的25%。

第十三届代表273名，其中女代表占代表总数的28.2%；中共党员代表占代表总数的64.8%，非党员代表占35.2%；少数民族代表占代表总数的4.4%。代表中，工人占8.1%，农民占51.3%，知识分子占6.2%，干部占30.8%，军人占0.73%，个体户和居委会等其他方面的代表占2.9%。代表中，具有中专以上文化程度的占72.7%。代表中，35岁以下的占30%，36岁至55岁的占66.3%，56岁以上的占3.7%。

第十四届代表273名，工人占5.9%，农民占52%，知识分子占5%，党政干部占33%，军人占0.7%，其他劳动者占3.3%。代表中，妇女占24.5%；非中共党员占27.5%；少数民族占3.7%。代表中具有大学本科文化程度的占16.5%，大专及高职的占23.1%，中专及高中的占43.6%，初中以下文化的占16.8%。代表中，35岁以下的占16.5%，36岁至55岁的占82%，56岁以上的占1.5%。

十五届代表287名，其中妇女占26.6%；中共党员占73.5%，非党员占26.5%；少数民族占5.23%。代表中：工人占8.4%，农民占47.7%；知识分子占8.7%，干部占30.7%，军人占0.7%，其他劳动人民占3.8%。代表中，大学本科以上文化程度的占31%，中专及高中文化程度的占60.4%，初中以下文化程度的占8.5%。代表中，35岁以下的占9.4%，36岁至55岁的占81.2%，56岁以上的占9.4%。

十六届代表287名，其中妇女占12.54%；中共党员占83.98%，非党员占16.02%；少数民族占5%。代表中，工人占12.54%，农民占46.34%，专业技术人员占6.97%，干部占31.01%，军人占0.7%，其他人士占2.44%。代表中，大学本科以上文化程度的占38%，大专文化程度的占18%，中专及高中文化程度的占35%，初中及初中以下文化程度的占8%。代表中，35岁以下的占6.27%，36岁至55岁的占84.32%，56岁以上的占9.4%。

十七届代表287名，其中妇女占30.31%，中共党员占73.17%，非党员占26.83%，少数民族占7.32%，连任代表占29.97%。代表中，工人占4.53%，农民占66.55%，专业技术人员占7.67%，干部占30.31%，军人占0.35%，其他人士占3.14%。代表中，大学本科以上文化程度的占31.71%，大专文化程度的占17.07%，中专及高中文化程度的占28.22%，初中文化程度的占26.83%。代表中，35岁以下的占12.89%，36岁至55岁的占77.35%，56岁以上的占9.76%。代表来自各条战线，处在不同的工作岗位，一线的工人、农民、专业技术人员比例占55%以上。代表具有一定的广泛性和代表性，思想觉悟较高，具有一定的先进性与较强的工作能力。

表2-2：1954—2016年洞口县历届人民代表大会代表构成比例表

单位：%

届次	代表总数	其中			界属比例					
		妇女	非中共党员	少数民族	工人	农民	干部	军人	知识分子	其他
一	271	9.8	53.9	2.3	5.6	62.4	19.4	0.4	10.0	2.2
二	339	20.1	—	2.0	3.9	60.7	11.1	3.5	9.7	11.1
三	345	18.3	—	2.1	4.3	33.7	41.7	2.4	11.1	6.8
四	343	21.2	—	2.1	3.1	42.0	23.3	3.1	8.0	10.5
五	370	21.6	49.0	1.8	5.0	51.0	30.0	—	9.0	5.0
六	无记载	由“革命造反派”“军队支左干部”“革命领导干部”三部分构成								
七	765	20.2	30.8	2.0	7.9	57.8	18.4	1.0	7.9	7.0
八	536	19.6	29.1	2.0	6.8	68.8	19.1	0.37	3.9	1.1
九	400	24.0	28.5	2.0	15.3	37.3	26.3	—	18.8	2.3
十	313	21.4	25.2	3.8	2.9	47.6	35.0	0.3	11.5	2.6
十一	318	21.1	25.2	3.8	7.5	49.1	30.8	0.3	9.4	2.8
十二	318	25.8	35.2	5.0	9.1	49.3	40.9	0.3	—	0.3
十三	273	28.2	35.2	4.4	8.1	51.3	30.8	0.9	6.2	2.9
十四	273	24.5	27.5	3.7	5.9	52.0	33.0	0.7	5.1	3.3
十五	287	26.6	26.5	5.2	8.4	47.7	30.7	0.7	8.7	3.8
十六	287	12.5	16.0	4.9	12.5	46.3	31.0	0.7	7.0	2.4
十七	287	30.3	26.8	7.3	4.5	66.6	30.3	0.4	7.7	3.1

说明：1、表中数字按“四舍五入”法保留一位小数；

2、“界属”中的“其他”，一届至五届系工商界人士，十二届系归侨，其余各届系指其他劳动人民；

3、十二届干部代表中含知识分子代表；

4、十七届统计口径有别，部分重复。

第二章 上级人大代表

第一节 邵阳市人大代表

1986年1月，邵阳地区与邵阳市合并，实行市管县的行政体制，洞口县归属邵阳市管辖。

1986年4月14日，洞口县第九届人民代表大会第三次会议选举出席邵阳市第九届人民代表大会代表34名：寸守英（女）、王小春（女）、王有龙、王啸云、王道钦、尹友生、尹逢生、刘兴水、刘菊英（女）、刘相庭（瑶族）、刘甫元、刘忠贵（瑶族）、向书斌、李光宝（瑶族）、许克明、吴琦瑛、吴玉菊（女）、汪维芬（女、侗族）、肖秀英（女）、肖和祥、肖德生、陈世胜、张振东、周琼（女）、林汉阳、袁仁荣、梁恩龙、黄寿星、舒增礼、曾纪宜、曾广权、曾广义、谭惠宗、蔡美瑞（女）

1987年12月，洞口县第十届人民代表大会第二次会议选举邵阳市第十届人大代表45名：寸守英（女）、王友龙、王道钦、尹大熙、尹友生、尹藕媛（女）、刘兴水、刘菊英（女）、刘淑荷（女）、刘惠云（女）、刘德生、许安生、孙传海、肖小容（女）、肖延秀（女）、肖相君、肖富生、杨郁林、肖德生、李桂玉（女）、杨升（瑶族）、杨超、杨善太、汪维芬（女、侗族）、张友爱（女）、陈显精（瑶族）、罗秋贵（女）、林亲忠、林登明、赵林、胡维生、贺训春、徐成全、张治胜、张益容（女）、卿上斌、彭茂吾、彭绍来、彭丽莲（女）、彭维龙、曾广权、曾纪光、曾维龙、蒋子棠、蔡美瑞。

1990年3月23日，洞口县第十一届人大常委会第1次会议增补李本泳、雷家寿为邵阳市第十届人大代表。

1993年1月6日，洞口县第十二届人民代表大会第一次会议选举邵阳市十一届人大代表45名：朱怀玉（女）、伍先平、孙在田、杨超、林亲忠、王玉堂、王征耀、王学源、王德戎、龙际华、龙清莲（女）、刘小达、刘平忠（瑶族）、刘德生、孙孝生、杨凤秀（女，瑶族）、李小平、肖如民、肖芳（女）、肖贻安、肖喜玉（女）、吴树坚、张先绍、陈美姣（女）、陈菊清（女）、林登明、范积元、罗友姣（女）、周玉清、胡再奇、赵林、姜晓云（女）、姜照明、袁仁祝、袁清莲（女）、徐松南、卿理林、唐行典、唐孝刚、唐贤安、黄金娥（女）、梁恩龙、傅晚菊（女）、曾国荣、曾维龙。

1994年10月16日，县十二届人大常委会第11次会议按照法律程序罢免1名市代表职务。同年12月7日，县十二届人大常委会第12次会议根据主任会议提请，补选罗家铁为邵阳市十一届人大代表。

1997年12月13日，洞口县十三届人民代表大会第一次会议选举邵阳市十二届人大代表50名：邓湘文、朱魁良、李联山、肖高国、罗月林、姜华、银醇祥、王若波、王晚贞（女，瑶族）、邓祥红、尹大操、尹小东、尹光荣、尹红贞（女）、龙友菊（女，侗族）、龙际华、宁祝梅（女）、朱永红、向轮军、孙建华、杨吉成、杨相仁、李少立、李秀兰（女）、李清爱（女）、严弟保、肖调武、肖晋文、肖程刚、肖照祥、肖德生、吴树坚、张代云（女）、张先绍、张晓兰（女）、林丽君（女）、周小红（女）、周玉石、周玉清、周吉平、胡求奇、胡求俭、胡祥林、胡跃林、段太石、袁剑平、袁碧（女）、唐文菊（女）、唐立文、曾元彪。

2002年11月22日，洞口县十四届人民代表大会第一次会议选举邵阳市十三届人大代表50名：向望然、刘曙光、肖怡虎、肖增奎、周建达、黄天锡、蒋康俭、王在华、王理清（女，瑶族）、王晚贞（女，瑶族）、尹二梅（女）、尹小东、尹火青、尹花红（女）、尹素华（女）、邓碧红（女）、甘建华、艾方毅、田雄、朱建龙、朱新兰（女）、刘兴茂、刘志荣、刘志前、江松柏、李少立、杨凤元（女）、杨跃中、肖沪生、肖德生、张梦晖、陈自报（瑶族）、林操守、欧阳卫卫（女）、周吉平、赵清云、候冬姣（女）、袁再雄、袁帮书、卿笃斌、唐丽红（女）、曾广和、曾广增、曾成生、曾纪根、曾和平、曾祥旺、谢璐（女）、谢恩柏、雷永武。

2004年3月18日，县十四届人民代表大会第三次会议选举黎仁寅为邵阳市十三届人大代表。2005年10月29日，县十四届人大常委会第23次会议接受1名市代表的辞职请求；同年12月22日，县十四届人大常委会第24次会议接受1名市代表的辞职请求。2006年3月1日，县十四届人大常委会第25次会议补选陈钢生为邵阳市十三届人大代表；同年12月26日，县十四届人大常委会第29次会议根据邵阳市人大常委会选举任免联络工作委员会的推荐，补选邵阳市检察院党组书记、代检察长胡波为邵阳市十三届人大代表。

2007年12月7日，洞口县十五届人民代表大会第一次会议选举邵阳市十四届人大代表50名：邓新凤、申翊君、朱魁良、刘克荻、肖增奎、黄天锡、曹外英、王萍、甘建华、田雄、刘永定、刘兴茂、刘晚燕、江松柏、李必青、李纯玉、杨相爱、杨晚云、杨跃中、杨期兴、肖小林、肖冬红、肖益红、肖朝阳、肖德生、邱国龙、沈志定、宋志刚、陈焕中、罗建南、周纲、赵清云、胡容、胡小许、候冬姣、袁再雄、徐中兰、卿笃斌、黄小四、黄先球、黄孝为、彭常来、曾广增、曾龙军、曾纪怀、谢雄、谢立林、雷永武、蔡明清、黎仁寅。

一次会议后，3名代表调离本行政区域。2008年6月27日，县十五届人大常委会第5次会议根据邵阳市人大常委会选举任免联络工作委员会的推荐，补选童名谦、李朝晖为邵阳市十四届人大代表。同年12月25日，县十五届人大常委会第8次会议补选肖拥军为邵阳市十四届人大代表。2009年12月28日，县十五届人大常委会第15次会议接受1名市代表的辞职请求。2010年2月26日，县十五届人大常委会第16次会议补选黄少华为邵阳市十四届人大代表。

2012年12月30日，洞口县十六届人民代表大会第一次会议选举邵阳市十五届人大代表52名：王斌、王道信、刘克茨、孙清良、张光耀、吴镇国、龚文密、曾建秋、董康明、王周前、尹小龙、尹邦建、尹跃龙、邓正群、艾方毅、田雄、田洪文、龙庆安、匡敏胜、朱晓华、刘永定、江松柏、许跃林、孙立志、杨晚云（女）、肖冬红（女），肖拥军、张建亚、陈芳（女）、陈焕中、林道雄、周乐彬、郎拥满、胡友明、胡书礼、姚作祥、徐中兰（女）、唐连湘、唐晓林、黄少华、黄先球、黄荣富、彭凯、彭明君、葛邦伟、蒋太友、舒小云（女）、曾向东、曾桂芳（女）、曾晓桃（女）、雷小晶（女）、雷永武。

2014年8月28日，县十六届人大常委会第11次会议接受1名市代表的辞职请求；2015年1月19日，县十六届人大常委会第14次会议补选肖磊为邵阳市十五届人大代表。

2016年11月30日，洞口县十七届人民代表大会第一次会议选举邵阳市十六届人大代表51名：邓大成、向建国、李驰宇、张映梅（女）、黄红禹、蒋耀华、蔡典维，丁香成（瑶族）、丰丽群（女、瑶族）、王玉松、王池元（女）、王道清、文锴、尹显云、尹峥嵘（女）、艾方毅、付爱华（女）、匡敏胜、向敏、刘丽（女）、刘文龙、刘任山、米青柏、许跃林、孙波、苏竹林、李少立、李光清、杨华、杨惟杰、肖卫军、肖冬红（女）、张建亚、陈淑君（女）、林道雄、欧阳克文、周乐彬、胡国晖（女）、贺礼娥（女）、殷长青、黄易本、蒋业民、曾昭建、曾桂芳（女）、曾晓桃（女）、曾碧伍（女）、谢东、谢正荣、谢艳梅（女）、谭文娟（女）、薛开柏（瑶族）

第二节 湖南省人大代表

1954年6月，洞口县第一届人民代表大会第一次会议选举湖南省第一届人大代表5名。届中，有代表辞职，县代表大会及时予以补选。

1958年6月，洞口县第三届人民代表大会第一次会议选举湖南省第二届人大代表5名。1960年12月，洞口县第四届人民代表大会第一次会议增（补）选湖南省第二届人大代表3名。

1964年8月，洞口县第五届人民代表大会第一次会议选举湖南省第三届人大代表6名。

湖南省第四届人大代表的选举产生，查无记载。

1977年10月，洞口县革命委员会扩大会议选举产生湖南省第五届人大代表5名。

1983年3月，洞口县第八届人民代表大会第三次会议选举湖南省第六届人民代表9名。

1986年1月实行市管县的行政体制后，由邵阳市人民代表大会选举湖南省人大代表。

表2-3：1954—2016年洞口县省人大代表登记表

届次	代表姓名	概况
一	尹显和	洞口县第五区里仁初级农业社社长、湖南省水稻劳模
	许兰菊	女，洞口县第一区农民、县特等模范军属、湖南省特级劳模
	姜元腾	洞口县县长，1955年12月辞
	朱　炎	省直机关
	许松圃	省直机关
	丁锡祥	洞口县县长，1955年12月补选，1956年12月辞
	孙明贤	洞口县县长，1956年12月补选
二	刘全德	洞口县县长，1960年12月辞
	徐秀姣	女，洞口县茶铺乡双福农业社副主任，湖南省乙等劳模
	刘群保	洞口县黄桥乡永发农业社党支部书记
	朱　炎	省直机关
	林　斌	省直机关
	刘观清	洞口县县长，1960年12月补选
	陈风英	女，模范炊事员、全国“三八红旗手”，1960年12月增选
	戴汉兴	县人民委员会委员，1960年12月增选
三	刘观清	洞口县县长
	刘群保	洞口县黄桥公社永发大队社党支部书记
	唐春姣	女，洞口县洞口公社积极分子
	谢洪鼎	洞口县人民委员会委员
	谢　璞	洞口县人，湖南省文联专业作家、中国作家协会会员
	鲁爱莲	女，省直机关
四	无记载	
五	肖茂林	中共洞口县委常委、洞口县革命委员会副主任
	肖小菊	女，洞口县花古公社社员
	张先玉	洞口县山门公社里仁大队党支部书记，县优秀党员
	简寿生	洞口县渣坪公社管理委员会副主任
	彭孟秋	洞口县印刷厂党支部委员、生产组组长

届次	代表姓名	概　　况
六	伍芬奎	洞口县人大常委会主任
	尹　曦	洞口县水利水电局水利股股长，助理工程师，省农业先进工作者
	阳灿玲	女，瑶族，菲溪瑶族公社菲溪大队团支部书记
	朱石川	洞口五中教师，史地教研组组长
	肖调燕	洞口县花古公社浊溪大队党支部书记
	袁春娥	女，洞口县高沙区供销社门市部负责人
	彭孟秋	洞口县印刷厂副厂长、党支部委员
	王　兴	湖南省商业厅副厅长、党组副书记
	王润民	湖南省政府副秘书长、省政府办公厅党组副书记
七	雷家寿	洞口县人大常委会副主任
	李光宝	瑶族，洞口县菲溪造纸厂厂长，党支部书记
	欧阳善成	洞口县农科所高级农艺师，省科技工作先进个人
	邓满秀	女，洞口县西中乡光冲村村委会主任
	唐前浩	洞口县竹市区人大工作联络员
	聂玉凤	女，洞口县高沙镇二校教师
	彭孟秋	洞口县印刷厂副厂长、党支部委员
八	邓隆禹	洞口县县长
	张　平	女，洞口县人民医院副护士长
	李光宝	瑶族，洞口县菲溪造纸厂厂长，党支部书记
	欧阳鸿初	洞口县轻纺工业局副局长、县罐头厂厂长、工程师
	林求彪	洞口县木瓜乡副乡长、渣林村党支部书记
	聂玉凤	女，洞口县高沙镇二校教师
九	周吉平	洞口县县长
	向书凡	洞口县养猪协会会长、原种猪扩繁场场长
	匡伯祥	洞口县农药厂厂长
	肖紫金	女，洞口县第一中学高级教师
	邹松林	瑶族，洞口县菲溪瑶族乡田坳村党支部书记
十	肖德生	洞口县人大常委会主任
	肖晋文	洞口县城关建筑公司经理
	尹香元	女，洞口县岩山乡南岳村科技示范户
	米冬菊	女，洞口县花古乡正龙村妇代会主任
十一	黎仁寅	洞口县县长
	谭金刚	洞口县石江镇和平煤矿董事长
	傅爱华	女，雪峰博雅职业学校董事长

届次	代表姓名	概　　况
十二	曾晓桃	女，洞口县人大常委会主任
	曾维柏	湖南省为百科技有限责任公司董事长
	傅爱华	女，雪峰博雅职业学校董事长
	匡庆平	湖南帝豪实业集团董事长
	许迪杰	雪峰贡米有限公司董事长
	刘红波	湖南三可食品公司总裁

第三节　全国人大代表

1954至2016年洞口县共有4人当选全国人大代表。

唐素平当选第四届全国人大代表；

张先玉当选第五届全国人大代表；

许耀先当选第六届全国人大代表；

段以美当选第八届全国人大代表。

四位代表材料见本志人物篇人物简介章

第四节　各级历届代表名额

1954年至2016年，洞口县乡（公社）镇人民代表大会共18届，计代表44960人次。

县人民代表大会共17届，计代表5725人次（不含第六届）。

邵阳市人大代表8届共377人次。

湖南省人大代表12届计66人次（含代表异动补选代表3人次）。

全国人大代表4人。

表2-4：洞口县1954—2016年各级历届人大代表名额登记表

单位：人

届次	乡镇代表		县代表		市代表		省代表		全国代表
	选举时间	名额	选举时间	名额	选举时间	名额	选举时间	名额	
一	1954.3	3865	1954.4	271			1954.6	5	
二	1956.11	1349	1956.12	339			1958.6 1960.12	5 2	
三	1958.4	1498	1958.6	345			1964.8	6	
四	1960.9	1300	1960.12	343			无记载		1
五	1963.6	5854	1964.8	370			1977.10	5	1

届次	乡镇代表		县代表		市代表		省代表		全国代表
	选举时间	名额	选举时间	名额	选举时间	名额	选举时间	名额	
六	1977.12	不详	1968.3	不详			1983.3	9	1
七	1980.3	6083	1978.1	765			1987.12	7	
八	1984.4	4984	1980.5	536			1993.1	6	1
九	1985.5	5053	1984.4	400	1986.4	34	1997.12	5	
十	1986.12	2275	1987.1	313	1987.12	45	2002.12	4	
十一	1989.12	2255	1989.12	318	1993.1	45	2007.12	3	
十二	1992.12	2259	1992.10	318	1997.12	50	2012.12	6	
十三	1995.10	1375	1997.10	273	2002.11	50			
十四	1998.10	1395	2002.10	273	2007.12	50			
十五	2001.9	1396	2007.10	287	2012.11	52			
十六	2007.10	1403	2012.10	287	2016.11	51			
十七	2012.10	1407	2016.10	287					
十八	2016.10	1209							
合计		44960		5725		377		63	4

第三篇
人民代表大会会议

1954年6月14日，中央人民政府委员会通过《中华人民共和国宪法草案》并交全民讨论。6月30日，洞口县第一届人民代表大会第一次会议在县城隆重举行，大会通过《继续广泛地宣传国家过渡时期的总路线和大力开展宪法草案的全民讨论的决议》。9月15日至28日，全国第一届人民代表大会第一次会议通过我国第一部社会主义类型的宪法——《中华人民共和国宪法》，为发扬社会主义民主和建立社会主义法制奠定了初步基础。1955年4月6日至8日，洞口县举行第一届人民代表大会第二次会议，传达贯彻第一届全国人民代表大会第一次会议精神，衷心拥护会议通过的宪法及其他法律，并坚决贯彻执行，人民代表大会制度日渐形成。“文化大革命”开始，人民代表大会制度中断。“文化大革命”结束后，洞口县于1978年1月2日至5日举行第七届人民代表大会，中断10年的人民代表大会得以恢复。1978年下半年，全国五届人大二次会议、中共十一届三中全会先后召开，洞口县于1980年5月16日至20日举行第八届人民代表大会第一次会议。此后，人民代表大会制度日趋完善，支持和保证人民通过人民代表大会行使国家权力。

第一章 第一届人民代表大会

第一节 第一次会议

洞口县第一届人民代表大会第一次会议，于1954年6月30日至7月2日在县城隆重举行。应到代表271名，实到代表271名；县委、县政府的相关领导24人应邀列席会议。

县委书记宋运良致开幕词，热烈祝贺洞口县首届人民代表大会胜利召开。他特别指出，召开人民代表大会，是开天辟地的大事，这是人民当家作主的具体体现，是发扬社会主义民主、建立社会主义法制的良好开端。

县长姜元腾作《半年来的施政工作和今后任务》的报告。代表们认为县人民政府正确地贯彻了上级人民政府的指示，执行了各界人民代表会议的决议，广泛深入地开展了国家在过渡时期的总路线的宣传教育，开展了以互助合作为中心环节的爱国增产运动，完成了粮食购销任务，各项工作都取得了好成绩；今后要进一步发动和组织群众，大力开展互助合作运动，战胜自然灾害，克服一切困难，保证完成1954年农业爱国增产任务，搞好各项经济工作，支援国家建设。

会议认真学习讨论中央人民政府委员会《关于公布〈中华人民共和国宪法草案〉的决议》和《中华人民共和国宪法草案》，代表们欢欣鼓舞，一致拥护，表示将以每个人的实际行动来保证宪法在正式制定后的实施。

大会选举出席湖南省第一届人民代表大会的5名代表。

大会期间收到代表提案224件，其中农业生产和互助合作的有124件、关于工商业改造的32件、关于文教卫的31件、关于宣传和全民讨论宪法草案的17件、关于供销和信用合作的15件、其他方面5件。提案经主席团处理，提交大会讨论后，写进相关决议初稿。大会共作出七项决议：（1）、继续广泛地宣传国家过渡时期的总线路和大力开展宪法草案的全民讨论的决议（继续深入地、普遍地开展以互助合作为中心的总路线再教育，吸引广大农民自觉地走社会主义道路，发展生产；成立宪法草案讨论委员会，动用一切宣传工具、通过各种会议，开展宣传和讨论，准备迎接中国人民的第一部宪法诞生）；（2）、坚决开展以互助合作为中心的爱国增产运动，搞好秋前生产，完成全年增产任务的决议；（3）、关于做好经济工作的决议（做好农副产品收购工作，加强供销和信用合作工作，搞好国家领导下的粮食市场，完成全年税收计划）；（4）、关于执行国家对资本主义工商业改造政策的决议；（5）、关于政法工作的决议（健全人民民主法制，健全和巩固人民代表大会制度，加强社会治安，进一步巩固人民民主专政）；（6）、关于文教卫生工作的决议（学校教育为总路线服务，继续开展爱国卫生运动，大力推广新法接生）；（7）、关于加强保护公共财产的决议（不准荒芜公田公地，爱护保护公共房屋，加强造林植林护林工作）。

大会通过《关于农业生产互助合作和对资本主义工商业社会主义改造的规划》。

第二节　第二次会议

第一届人民代表大会第二次会议于1955年4月6日至8日在县城举行，261名代表出席会议，有7人列席会议。

大会听取省人大代表许兰菊《关于湖南省第一届人民代表大会第二次会议精神和中华人民共和国第一届全国人民代表大会第一次会议精神的传达报告》，一致表示对全国第一届人民代表大会一次会议通过的宪法及其他法律衷心拥护，坚决贯彻执行省一届人民代表大会二次会议所作出的各项决议，脚踏实地地做好各项工作。

县长丁锡祥作《近半年来的施政工作和今后任务》的工作报告。会议对县政府宣传贯彻过渡时期总路线、开展以互助合作为中心环节的爱国增产运动、发展生产、改善人民生活，表示满意；特别指出，1955年是实现第一个五年经济建设计划有决定意义的一年，县政府要切实抓好各项经济工作和政治工作，为社会主义经济建设做出更大的贡献。

大会根据《中华人民共和国宪法》《中华人民共和国地方各级人民代表大会和地方各级人民委员会组织法》的规定，改洞口县人民政府为洞口县人民委员会。

县委书记于敏作《选举洞口县人民委员会的报告》；县人民法院副院长邓光雄作《关于人民法院组织法的报告》。代表们严肃认真地讨论县长、副县长、县人民委员会委员、县人民法院院长候选人名单，选举产生由19人组成的洞口县人民委员会：县长丁锡祥，副县长孙明贤、禹光卿、委员于敏、王复升、向本槐、向实、米久松、吴贵、周后长、姜元腾、胡湘文、夏震球、阳彰豹（瑶族）、陈端正、张海涵、刘观清、刘尧卿（瑶族）、肖体明（女）；选举县人民法院院长向本槐（本届县人民委员会组成人员包括县委书记和法院院长）。

大会期间共收到代表提案523件，经提案审查委员会梳理：财政经济类268件，占51.05%；农业生产、互助合作类160件，占30.59%；这两类事关大局，是全县人民所关心、迫切要求解决的重大问题，由主席团提交大会讨论后写进相关决议初稿。本次会议共作出七项决议：（1）、关于贯彻中华人民共和国第一届全国人民代表大会第一次会议精神的决议；（2）、大力地、全面地、迅速地开展以互助合作为中心环节的春耕生产运动，完成和超额完成1955年农业增产任务的决议；（3）、反对美国侵略集团干涉我国内政，坚决拥护兵役法修正草案的决议；（4）、关于粮食与经济工作的决议（贯彻执行粮食“定产、定购、定销”三大政策，反对浪费粮食，打击投机倒把、囤积居奇和黑市成交，对资本主义工商业采取“利用、限制、改造”政策，私营工商业者必须接收国家行政机关管理、国营经济领导和工人群众监督）；（5）、关于政治工作的决议（宣传宪法和五个组织法，健全基层人民代表大会制度，加强治安保卫，严防不法分子、暗藏的反革命分子、特务分子的破坏）；（6）、关于扩大森林资源，积极造林护林的决议；（7）、关于完成1955年国家经济建设公债推销工作的决议。

会议向中国共产党中央委员会毛泽东主席、中国人民志愿军、中国人民解放军、湖南省人民委员会分别发出致敬电。

第三节　第三次会议

第一届人民代表大会第三次会议，于1955年12月11日报到，当晚举行预备会议；12日举行大会，191名代表出席；当天闭幕。

大会听取和审查县人民委员会禹光卿副县长的工作报告。会议认为县人民委员会执行二次会议的决议很得力，全县的合作化高潮已经形成，下阶段必须紧跟党中央，紧跟毛泽东主席，初级农业社要尽快转高级农业社，对资本主义工商业改造要加快步伐，依靠工商界积极分子，促使全县工商业者认清前途，掌握命运，走上合作化道路。大会突出合作化运动这个中心，作出《关于大力开展合作化运动，坚决完成全县合作化发展规划的决议》。大会审查全县1956年生产计划，作出《关于完成1956年工农业生产计划的决议》。大会结合农村农业工作，作出《关于冬季生产、冬修水利、护林防火、大力发动群众养猪的决议》。

大会通过姜元腾因工作变动辞去湖南省人民代表大会代表职务的申请，补选丁锡祥为省人大代表。大会委托县人民委员会将选举结果连同姜元腾的辞职申请一并呈报省人民委员会审查备案。

第二章 第二届人民代表大会

第一节 第一次会议

第二届人民代表大会第一次会议，于1956年12月7日至10日在县城举行。应到代表339名，实到代表338名。

县委书记丁锡祥致开幕词，充分肯定全县人民实施过渡时期的总路线，建设社会主义工业化，对农业、手工业、资本主义工商业的改造，取得了决定性胜利，基本实现了合作化，总体形势很好；面临的主要任务是节约度荒，勤俭办社，克服暂时的困难，坚定不移地走社会主义康庄大道；希望代表群策群力，选出新班子，作出新决策，夺取新胜利。

上届县人民委员会副县长孙明贤作《关于一年来施政工作情况和今后工作任务》的报告。代表们认为该报告符合实际，一年的工作很有成效，初级社很快转为高级社，集体力量大，掀起了前所未有的特大抗旱运动，缩小了一定程度的旱灾面，有些地区实现了大灾之年仍保产。会议特别指出：1956年的夏秋连旱，全县粮食作物减产四成多，给群众生产生活造成很大困难，下一步必须广泛深入地开展生产救灾运动，切实加强越冬作物的培育管理，争取有个好收成；要因地制宜，广开门路，开展多种经营，完成“小秋收”副业计划；发放救济粮救济款要准确，要及时，要得当，已经发下去的要进行一次检查，如发现不当的要予以纠正；要继续贯彻“勤俭办社”的方针，整顿巩固高级农业社，搞好年终决算，解决好转高级社的那些遗留问题，防止“退社成风”；要发扬“民主办社”的精神，依靠贫农、下中农，团结中农，加强政治思想教育，搞好“和平整社”，教育社员“爱社如家，以社为家”，带动社外的单干户搞好生产自救；在“又快又好又省又安全”的原则下，于旧历年前完成绝大部分冬修水利工程，转入春季积肥运动；切实保护耕牛安全过冬，严禁乱宰滥杀，还要有计划有步骤地开展耕牛保险工作；各农业社要准许并鼓励社员家庭养猪，增加家庭收入，保证完成国家的生猪派购任务，派购以外的生猪继续贯彻“自宰自食、自宰分食、自宰出售”的“三自”政策，以调动群众养猪的积极性，争取实现“家家户户都养猪”，要推广、交流先进的养猪经验，奖励养猪模范；要备足、储藏好来年生产用种，争取使用良种，广辟肥源，多积肥料，夺取1957年大丰收。经过讨论、补充，大会通过县人民委员会的工作报告。

县人民法院院长向本槐作《关于两年

来法院工作情况》的报告，县人民委员会财政科科长蒋仁华作《1956年财政收支情况的汇报》，县委农村政治部副部长、农业局局长肖光中讲《当前农村工作的意见》，县委委员邓光雄作《关于政法工作的报告》，县委财经战线党组副书记张贤作《关于财经、工业、交通工作情况的通报》，县委文教卫战线党组书记邓镇中作《关于文教工作情况的汇报》等。

县委副书记刘全德作换届选举的报告。根据《中华人民共和国地方各级人民代表大会和地方各级人民委员会组织法》第三章第二十六条之规定，洞口县第一届人民委员会任期已满，依法换届选举。丁锡祥因工作异动，向大会提出辞去县长职务和湖南省人大代表职务的申请，禹光卿提出辞去副县长职务的书面申请，大会通过两人的辞职申请。

大会于10日上午举行选举，选举产生洞口县第二届人民委员会，县长孙明贤、副县长唐光璋、丰明臣（瑶族），委员丁锡祥、王复升、张海涵、唐自光、肖体明（女）、曾周斌、刘尧卿（瑶族）、刘常清、吴贵、胡湘文、龙石晚、徐秀姣（女）、谭书林、林卫华、刘乐轩、米楚楠。选举向本槐为洞口县人民法院院长；选举邓光雄为洞口县人民检察院检察长；补选孙明贤为洞口县出席湖南省第一届人民代表大会代表；主席团于10日中午发出公告。

提案审查委员会梳理代表提案，提案集中于生产救灾、巩固高级社、粮油购销和道路交通建设。主席团根据全县政治经济形势和代表提案，向各代表团提交决议草案讨论稿：围绕全县中心工作，作出《坚决走合作化道路，大力开展生产救灾的决议》；就紧缩开支，扩大财源，集蓄财力，争取1957年预算收支平衡，作出《关于财政经济工作的决议》；就全面开展城乡粮食节约运动，加强粮油市场管理，完成菜油统购任务，贯彻“多生产油菜多吃油，少生产油菜少吃油”方针，作出《关于粮油工作的决议》；就贯彻农业发展纲要草案第四、五条精神，继续加强对地、富、反三种分子的教育改造工作，并认真审查三种分子的现实表现，划分类别，严肃处理，作出《关于政法工作的决议》；就贯彻“利用地方人力物力，就地取材，民工建勤，民办公助”的公路建设方针，发展简易公路，整修民道桥梁，方便人民生产生活，作出《关于交通工作的决议》；还就发展工业、手工业，加强企业管理，开展先进生产运动，办好文化、教育、卫生事业，作出《关于工业生产的决议》和《关于文教卫生工作的决议》。经各代表团讨论，大会于10日下午通过这些决议。全体代表向党中央、国务院、中共湖南省委、省人委发出致敬电。

第二节 第二次会议

第二届人民代表大会第二次会议，于1957年6月24日至27日在县城举行，实到代表259名（54名代表参加农业生产大检查，因公请假）。

县长孙明贤作题为《大力巩固农业社，全面发展生产，深入开展增产节约运动，正确处理人民内部矛盾，为夺取1957年大丰收而奋斗》的工作报告。会议认为：该报告很实际，全县总的形势很好，社会主义制度已经建立起来，98%的农户加入了高级农业生产合作社，广大农村出现了新面貌；98%以上的个体手工业者参加了各种形式的生产合作组织，97%的私营工商业者实行了各种不同的改造形式，纳入了国家计划轨道；社会主义生产关系的根本变化促进了各项工作进入了新的历史时期，文教卫生和交通邮政等社会事业都有了很大的发展。会议指出：国家对洞口的生产救灾给予极大的支持，共发放救济款467000元、生产贷款608962元、生活贷款220015元，农村统销粮1436万斤、市镇统销粮1200万斤、农村补销粮1044万斤、城镇补销粮14万斤、饲料粮107万斤，还从湖北调来大豆6万多斤，这是社会主义制度的无比优越，洞口人民要铭记于心，感谢共产党，感谢毛泽东主席。会议强调，巩固农业社的任务仍很艰巨：以富裕中农为代表的资本主义自发势力抬头，已有900多户退社；还大约有16%左右的农户动摇，要求退社；有20%左右的社干挨社员的骂而撂担子，不愿干下去；约有15%的社管理不善，生产上不去，排在三类社的位置；要高度重视以上问题，及时采取措施坚决予以纠正。

副县长唐光璋作《关于1956年财政决算和1957年财政预算草案的报告》，强调“勤俭节约办一切事业”。

县委文教卫战线党组书记邓镇中作《关于中小学毕业生升学情况》的发言：全县中小学教育事业发展很快，在校小学生是1950年的2倍多，在校中学生是1950年的4倍多；面临的矛盾是毕业学生不能全部逐级升学，将有85%的高小毕业生不能升初中，中专停止招生，将有75%的初中毕业生不能升高中，还有一些高中毕业生不能升大学，他们将留在农村做社会主义的第一代新型农民，挑起建设社会主义新农村的重担。经过讨论，会议作出《关于中小学毕业生升学就业问题的决议》，要求学校加强思想政治工作，切实做好前途教育，正确对待劳动就业；各农业社要热情欢迎，积极支持未能升学的中小学毕业生参加生产劳动和社会工作，发挥他们的积极作用；同时发挥群众办校的积极性，走集体办校之路，发展民办农业初中，让年龄小的高小毕业生入校学农。

会议依据毛泽东主席在最高国务会议上《关于正确处理人民内部矛盾问题》的讲话所提出的“团结—批评—团结”的方针，检查讨论上半年的工作中存在的问题，动员人大代表大鸣大放。代表们秉着当家做主、认真负责的精神，倾肺腑，吐真情，知无不言，言无不尽，向领导机关、领导干部提出了很多宝贵的建议和善意的批评，经小组归纳、代表团综合、主席团整理，主要有（油印分发各部门、各机关）：民兵工作抓得不正常，时紧时松，对空瞭望监视处于空对空；公检法不重视人民来信来访，对人民控告处理不及时，工作比较粗，社会治安不如前几年，农村偷窃现象回升；农民送粮谷太远，特别是山区、半山区，一天送一担谷两头黑，建议合理布局国家粮仓；供销社收购山货、农副产品压级压价，山区代销店煤油脱销，农民意见大，两年多冒开理事会，社员当老板是空话；食品站收猪扣潲太多，每头扣10公斤，很不合理，典型的官商呷蛮钱；医院、诊所收挂号费过高，建议减一半，医师的态度也要改一改，脸色要好看一点，不能那么凶、那么蠢；山区乡文化教育落后，请政府照顾照顾；农村发放救济款救济粮不合理、不公开，群众不晓得，过多的照顾了懒汉，助长了少数人“睡到日头晒屁股，冒得饭吃靠政府”；农业社的干部开会多，上县里开会，到乡里开会，社里自己开会，会议工分一堆，社员的生产工分不值钱；市镇公私合营后公私代表不团结，公方不民主，私方不卖力，不利于方便群众，更不利于发展经济；森工部门管砍树，砍近山，不砍远山，不管造林，吃了祖宗的，不管后代的；林业部门和乡人委以及农业社对民间风景林、水土保持林管理不严，造成盗伐、滥伐现象严重，很危险；农业部门推广农业技术不试点，不培训，官僚主义乱来，双轮双铧犁一头牛背不动，两头牛斗角打架，怎么推得开，造成废铁一堆，化学肥料硫酸亚，农民喊成“牛打架”，不敢用，双季稻不如一季稻产量高，干部强行压，农民冒得积极性，“喊破嗓子不如作出样子”，当领导的、当技术干部的种几丘双季稻高产田试一试，让农民看一看；机关实行“三八制”，中午关门休息，人民群众不习惯，希望改一改；少数干部恶霸作风，骂贫雇农，好像保甲长那样，穿袜子套皮鞋下乡，怎么参加生产劳动，哪里能和群众打成一片；一些乡的文教干事没文化，甚至冒进过学堂门，外行管内行不太好，建议调整更换；一些青年干部和地主的女儿结婚，把地主分子的岳父岳母接进城里街上住，看戏看电影坐前排，工人农民平民坐后头，回到了解放前，真不是味道；翻身农民当干部后，特别是当了领导干部后，竟然喜新厌旧，不要前妻，简直成了当代陈世美，上级要拿出“把握”来，让那些陈世美回去扛锄头；提拔重用干部光凭领导印象还不行，要考试，要听听地方贫农、下中农的反映；等等。县人大代表的以上批评、意见、建议，绝大多数被县委整风领导小组采纳，先后予以整改。

第三章　第三届人民代表大会

第一节　第一次会议

第三届人民代表大会第一次会议，于1958年6月6日至9日在县城举行。应到代表345名，实到266名（54名代表参加“大跃进”检查团，因公集体请假）；县属部门负责人15人应邀列席会议。

县委书记（1958年2月至1963年3月，县委成立书记处，由第一书记、书记3人、副书记2人组成）刘全德致开幕词，祝贺第三届人民代表大会第一次会议在建设社会主义总路线的照耀下，在“大跃进”的序幕中胜利召开。希望各位代表当家作主，审查报告，选好新一届县人民委员会和省人大代表，完成各项议程，把大会开成鼓劲的会、“大跃进”的誓师会、掀起更大跃进高潮的动员会。

县长孙明贤作《关于两年来的施政工作情况和今后任务》的工作报告（以下简称《报告》）。两年来，社会主义革命取得决定性胜利，完成对农业、手工业和资本主义工商业的社会主义改造，经过全民整风、反右派斗争、社会主义大辩论、农村整社和批资斗争，提高了人民群众的觉悟；机关团体学校厂矿企业开展一次广泛的肃反运动，纯洁了革命队伍，巩固了人民民主专政，社会主义建设取得很大的成就，完成了第一个五年计划。工业生产出现新气象，原有的五个工厂1957年年产值超过78万元，1958年上半年新办大小工厂上千个；农业生产与自然灾害做斗争，兴修一批水利工程，增强了抗旱能力，农村开展多种经营，发展了养殖业，农民增加了副业收入；两年发行公债20.5317万元；乡乡建立了信用社，入社农户占总户数的91%，活跃了城乡金融，搞活了财政贸易，扩大了商品流通；贯彻《全国农业发展纲要〈草案〉》，乡社对地主分子、富农分子、历史反革命分子的劳动改造和现行表现做了评类，有1800多人可以作为农业社的社员；监察工作、兵役工作、民兵工作、优抚工作等，进一步加强；文教卫生科技事业有了大发展。《报告》提出今后任务的总体要求，“以鼓足干劲，力争上游，多快好省地建设社会主义总路线的精神，以农业发展纲要的劲头，以发展地方工业的眼光，求得共产主义思想大解放，敢想敢说敢做，全面规划，全面跃进”。《报告》提出1958年几项主要指标：生铁1万吨、粮食亩产争取1千斤、养猪21万头、造林4.3万亩、种植工业原料油作物13.2万亩。《报告》称，这是符合“大跃进”精神的，通过积极努力，是可以争取实现的。

县财政局局长蒋仁华作《关于1957年财政决算和1958年财政预算（草案）的报告》，县计划委员会副主任刘杰作《关于我县国民经济第一个五年计划执行情况与第二个五年计划发展轮廓意见的报告》，法院院长向本槐作《两年来法院工作情况的报告》，县委副书记张海涵就整社和农业生产“大跃进”作专题发言，县委文教卫战线党组书记邓镇中就文教卫生工作“大跃进”作专题发言，孙喜义就民兵工作、向锦堂就青年工作、石鸾喜就妇女工作、刘玉奇就监察工作、唐世炳就市镇工作、阳祥美就民族工作、唐纯慧就宗教工作、贺苑楚就粮食生产先后发言；杨桂山、刘永干、曾桂干、周玉光、刘训成、聂玉保、肖炳雄、陈长皋、林卫华、杨联珍、赵家善、杨秀姣、傅平山等代表分别对总路线、“大跃进”作表态发言，表示坚决拥护、积极带头执行、保证在各自的岗位上努力工作。

提案审查委员主任委员王复升作提案审查报告：截至6月8日11时，收到提案307件，其中工业交通方面的64件，财政经济方面的61件、农业方面的60件、文教卫生科技方面的46件、干部工作作风和生活作风方面的30件、党的方针政策方面的20件、民政民族方面的16件、组织人事方面的7件、其他3件。属全县性的、中心工作的115件，提交主席团讨论，写进相关决议草案，提请大会通过；提案内容属于乡镇的81件，转交乡镇人民委员会处理；属于部门、局部的41件，交县人委办复；需要调查研究的28件，交监察机关处理；超出县人委职权的23件，呈省、地核示；还有19件，散会前由县人民委员会向大会答复。

9日上午，孙明贤辞去县长职务，唐光璋辞去副县长职务。县委第一书记李先明作选举工作报告，各代表团酝酿讨论候选人后投票选举，大会主席团于中午公告选举结果：洞口县第三届人民委员会县长刘全德，副县长王复升、丰明臣（瑶族），委员尹大佐、王国华（女）、石鸾喜（女）、刘常清、向锦堂、米楚楠、李先明、林卫华、胡湘文、孙喜义、袁茂生、徐秀姣（女）、张海涵、张光荣、曾友德、阳祥美、谢宏炎、龙石晚。选举湖南省第二届人民代表大会代表5名。选举县人民法院院长丰明臣。以上一并报省人民委员会备案（丰明臣辞去法院院长职务，未到位）。

大会通过《关于县人民委员会工作报告的决议》。全体代表向中共中央、国务院、毛泽东主席，中共湖南省委、省人委发出致敬电。

第二节　第二次会议

第三届人民代表大会第二次会议，提前于1958年8月31日至9月1日在县城举行。

县长刘全德传达贯彻湖南省第二届人民代表大会第一次会议精神：“根据社会主义建设总路线，湖南省提出新任务，在继续完成经济战线、政治战线、思想战线上的社会主义革命的同时，努力实现技术革命和文化革命，争取提前五年实现农业发展纲要，迅速发展湖南的农业生产、工业生产和交通、商业、科学、教育、文化、卫生等事业。”结合洞口县的实际情况，当前的主要任务是：“深入发动群众，继续鼓足干劲，战胜一切困难，努力争取全年大跃进计划的实现。”农业方面，一要坚决执行“以粮食生产为中心，全面发展经济作物、林业、渔业、畜牧业、副业等多种经营”的方针，秋粮生产“五级大会战，保证实现千斤县”；二要积极扩大耕地面积，大力开垦荒地，争取全县开垦荒地40万亩以上；三要实现技术革命，大搞工具改良，逐步用新技术装备农业，苦战一年，实现水利化、水土保持梯级化、绿化、良种化；四要采取整社办法，通过鸣放辩论的民主方式，改善农业社经营管理，改善社干和社员的关系，使农业社全面巩固，为并社办大社做好准备。工业方面，要贯彻执行“全党全民办工业”的方针和“全面动员，全民动手，全面规划，分期完成；从远处着眼，从近处着手，由近及远，近远结合；从大处着眼，从小处着手，由小到大，大小结合；从洋处着眼，从土处着手，土洋结合”的原则，积极发展地方工业，基本上要依靠自己的积累发展地方工业，以城镇为中心带动农村，以小型为主，以大型为骨干，大中小相结合，优先发展重工业，保钢铁元帅升帐，建炉超千座，生产煤炭30万吨，保证全年产生铁1.5万吨。各行各业都要大跃进，“十年规划，一年完成！”

会议用一天的时间研究农具改良，五位代表就解放思想反右倾、大办机械厂、狠抓滚珠轴承生产、试制打谷机、引进压土机和起重机发表意见建议，大会作出《关于大搞工具改良的决议》。

县委副书记张海涵向大会通报办“万户社”的喜讯，将花古、木瓜、平溪、洞口4个乡镇的9078户，并入一个“一大二公”的人民公社，借以丰富经验，尽快全面铺开。大会作出《关于迎接和办好人民公社的决议》。

大会还作出《关于抓好粮食征购入库的决议》。

第四章　第四届人民代表大会

第一节　第一次会议

第四届人民代表大会第一次会议，于1960年12月5日至7日在县城举行。

代表资格审查委员会主任委员刘观清报告：根据《中华人民共和国人民代表大会和地方各级人民代表大会选举法》第十三条的规定及上届人民代表大会的情况，本届人民代表大会的代表名额为343名，于1960年10月下旬至11月上旬经各公社社员代表大会分别选举，农村人民公社选出304名，市镇人民公社选出39名，莃溪瑶族人民公社选出8名。经审查，343名代表资格有效。今天，30名代表因公、16名代表因病、4名代表因事请假，实到代表293名，占应到代表的85.45%，符合法定人数。

副县长丰明臣作工作报告。会议审查认为，两年的施政工作情况总体良好，高举总路线、“大跃进”、人民公社三面红旗，“反右倾”，鼓干劲，贯彻农业增产“八字宪法”，大搞技术革新，与自然灾害做斗争，组织山区公社共产主义大协作，支援山外社队生产救灾，成绩是主要的。会议同时指出，自然灾害和“五风”（共产风、浮夸风、强迫命令风、瞎指挥风、干部特殊风）错误造成很大损失，带来了空前的困难。会议强调，今后一段时间，要把大办农业、大办粮食的全民性运动推向新高潮，充分发挥人民公社的巨大威力，克服暂时的困难。

法院院长李迪尧作《县人民法院工作报告》。财政局作《关于1959年度财政决算和1960年度财政预算执行情况的报告》（以下简称《报告》），《报告》称：1959年收支平衡，年终略有节余；1960年可节余 8.5万元，留作1961年关键时刻使用。

主席团安排一天的时间作大会发言。农村工作部副部长曾毓金作《组织好冬季生产，为明年丰收打下基础》的发言，县委工业交通工作部副部长王道钦作《高举三面红旗，加速全县工交事业快速发展》的发言，公安局局长王荣春作《加强社会治安工作，保卫工农业生产大跃进》的发言，县委财贸部副部长张耀华作《总结经验，乘胜前进，把财贸部门为工农业生产服务提高到更新阶段》的发言，县人民武装部党委副书记张春林作《高举毛泽东思想伟大红旗，全党全民大办民兵师》的发言，商业局局长田凯作《加强三大观点，作好购销业务，积极为工农业生产服务》的发言，曾焕甫代表作《“三面红旗”齐飞舞，“八字宪法”显奇功》的发言，陈本忠代表作《欢呼我县林业生产的伟大胜利》的发言，卿启文代表作《市镇公社力无穷，蔬菜生产满堂红》的发言；谢洪鼎、胡湘文、傅平山、林卫华、刘细乐、张林生、曾国干、杨联珍、粟群贤、左三玉、陈凤英、张林、姜君理等代表就各行各业大跃进作表态发言。

经过大会发言、代表团审查、分组讨论，大会通过《关于洞口县人民委员会工作报告的决议》《关于1959年财政决算和1960年财政预算执行情况的报告的决议》《关于洞口县人民法院工作报告的决议》。

大会通过刘全德辞去县长职务、王复升辞去副县长职务的申请报告。县委第一书记初增科作选举工作报告。主席团通报候选人的简历，经代表团酝酿后投票选举：洞口县第四届人民委员会县长刘观清，副县长张光荣、丰明臣（瑶族），委员刘明德、刘群保、龙运发、初增科、成文葆、向喜祥、肖信常、何明阶、林卫华、胡湘文、袁耀斌、袁茂生、陈凤英（女）、张春林、傅满山、杨姣秀（女）、阳文芳（瑶族）、谢洪鼎；县人民法院院长李迪尧。增（补）选湖南省第二届人大代表3名。

提案审查委员会主任委员张光荣作提案审查报告：共收到提案208件，经梳理并报主席团审核，其中80件符合中央指示精神，符合省委大办粮食十大政策，主席团交县人委贯彻执行；反映大队、生产队干部作风问题的14件，转相关公社调查处理；属于思想认识问题或与现行政策不符、需要大会解释的有13件；符合政策规定、可能办理、但需调查研究、创造条件才能办妥的共101件，由县人委交相关部门、单位办复。

大会通过全体代表向省委、省人委发出致敬电。

第二节　第二次会议

县人委于1962年7月10日发出通知，决定在7月20日左右召开四届人民代表大会第二次会议。后因诸多原因，推迟至9月5日，县四届人大二次会议和县四届人民委员会第五次（扩大）会议“两会合一”，指名通知54名县人大代表赴会，会期4天。

县长刘观清作题为《千方百计，尽力完成今年农业生产计划，为争取国民经济状况好转而奋斗》的工作报告。该报告简要地传达了周恩来总理在第二届全国人大三次会议上所作《政府工作报告》的主要精神，总结了“大跃进”以来连续遭受天灾，加上工作中失误和“五风”危害及苏联逼债，造成粮食紧张，物资匮乏，成年人水肿病、妇女干经病、小儿干瘦病“三病”肆虐，总人口下降。经过一段时间的生产自救、医治“三病”、解散公共食堂、调整公社体制、实行以生产队为基本核算单位，这些措施见了成效。目前，严重的困难虽未过去，但总体形势有了明显好转，人民战胜困难的积极性空前高涨，有利条件急剧增长，深入贯彻《农村人民公社工作条例》，执行“调整、巩固、充实、提高”八字方针，形势会越来越好。当前，要特别抓好五大工作：（1）、大鼓干劲，千方百计，尽力完成1962年农业生产计划，并为1963年的农业生产打好基础；（2）、继续搞好精兵简政工作，深入开展增产节约运动；（3）、贯彻党的政策，加强群众观点，增强国家观念，努力完成各项经济任务；（4）、继续积极加强战备；（5）、各行各业大力支援农业，突出大办粮食。

会议听取县人民武装部部长张春林《关于全民备战，努力生产、支援前线，肃清敌特，严防阶级敌人破坏，巩固后方，粉碎蒋匪帮窜犯阴谋》的发言；听取县委财贸工交政治部副部长张耀华《关于精兵简政，对工交企业压缩合并转产，精简下放干部职工，压缩非农业人口的情况汇报》；听取副县长张光荣《关于从政治出发，按政策办事，进一步加强民政工作的情况通报》；听取农业局局长邓克恭《关于1962年农业生产情况和秋冬农业生产的安排意见》。

经过认真、深入的讨论，会议作出《关于坚决完成全年生产计划，争取国民经济状况好转的决议》，号召全县农民、工人、商业职工、交通运输员工、文教卫生工作人员，人民武装人员、各级人大代表，全体干部和党团员，千方百计，完成政治、经济、国防各项任务，争取国民经济状况好转。

第五章 第五届人民代表大会

第一节 第一次会议

第五届人民代表大会第一次会议，于1964年8月29日至9月1日在县城举行。应到代表370名，实到264名，占代表总数的71.4%。

县委副书记王秉范致开幕词。祝贺第五届人民代表大会第一次会议在国际国内的大好形势下胜利开幕。要求全体代表继续高举三面红旗，坚决贯彻党的阶级路线，总结恢复和发展农业生产的经验，研究三大革命运动的新举措，按照党的意图选举产生第五届县人委，为完成和超额完成1964年国民经济计划、争取1965年国民经济计划更大发展而努力奋斗。

县长刘观清代表上届县人民委员会作工作报告。会议认为，县人委在党和毛泽东主席的正确领导下，三年的工作取得巨大成绩，并积累了一定的经验，特别是农业生产得到迅速的恢复和发展，人民公社走向更加健康、巩固和发展的道路，广大人民群众和各级干部经过社会主义教育和实际锻炼，政治觉悟和阶级觉悟有了很大的提高，建设社会主义的积极性不断高涨。大会指出，必须把握大好形势，加速建设社会主义新洞口。大会强调，今后总的任务是以阶级斗争为纲，阶级斗争要年年讲、月月讲、天天讲，继续高举三面红旗，坚持阶级斗争、生产斗争、科学实验三大革命运动一齐上，铲除修正主义的社会基础，反对形形色色的资本主义，防止资本主义和封建残余势力的复辟。会议要求，要抓住当前的有利时机，以农业生产为中心，轰轰烈烈、扎扎实实地开展“比、学、赶、帮、超”的爱国主义增产节约运动，突出抓好秋收秋种和粮食征购、农副产品派购收购、财经入库等工作，以革命的精神安排冬种冬修；要深入广泛地、有领导有计划地，按照高标准的要求，集中力量，集中思想，将城乡社会主义教育运动进行到底；要搞好人民武装建设，认真地积极地搞好民兵工作“三落实”，执行民兵“三大任务”和“十项要求”，切实搞好拥军优属和复员退伍军人的安置工作，树立常备不懈的战备观点；严肃认真地做好计划生育工作；要进一步加强思想政治工作，加强对毛泽东著作的学习，读毛主席的书，听毛主席的话，按照毛主席的指示办事，改进领导方法，坚持群众路线，发扬民主作风。

大会听取和审查财政局副局长李克家《1960—1963年财政决算和1964年财政预算的报告》；听取和审查县人民法院院长

李迪尧《人民法院工作报告》。

主席团安排一天时间的大会发言。县武装部部长张春林作“加强民兵建设，巩固国防”的专题发言；农村部副部长肖光中、公安局局长王荣春、供销社主任田凯、工交科科长陈伯仪、文教科科长杨方元，分别汇报农村中心工作、政法工作、支农工作、工业交通工作、文化教育工作；总工会副主席何金尧、团县委副书记袁耀斌、县妇联副主任杨姣秀，分别报告了工、青、妇工作；黄寿生代表作《忆苦思甜，绷紧阶级斗争的弦》的发言，刘序才代表介绍“木山大队连年增产”的经验，刘群保代表畅谈“集体才是幸福的靠山”的体会，张颂堂代表介绍“月溪公社粮林间作双丰收”的经验，孙龙学代表介绍“高家大队棉花连年丰产”的经验，肖子雨代表介绍“青龙公社护养耕牛促发展”的经验，罗邦林代表报告“县机械厂服务农业大发展”的情况，欧阳善成代表汇报“围绕农业高产开展良种试验”的情况，曾纪斌代表介绍“西中公社发展水轮泵抗旱夺丰收”的经验，尹显柏代表介绍“黄江大队苏江生产队亩产稻谷1229斤”的丰产经验，海逢珍代表作“计划生育好处多”的专题发言，曾安生代表介绍“洞口公社太平大队龙山生产队改善经营管理、民主理财”的做法，唐文财代表介绍“学习毛主席著作，促进思想革命化，作无产阶级革命事业接班人”的经验，张克武代表介绍“山门区大种绿肥促水稻高产”的经验，罗宽生代表介绍“管竹公社作好优抚工作固我长城”的经验。

大会选举产生第五届县人民委员会县长刘观清，副县长张光荣、丰明臣（瑶族），委员尹文安、刘群保、刘洪运、傅昌良、阳维昌（瑶族）、向喜群、肖信常、何明阶、初增科、林卫华、胡湘文、张春林、袁耀斌、袁茂生、袁再清、唐春姣（女）、杨姣秀（女）、蒋爱青（女）、谢洪鼎、罗邦林；选举李迪尧为县人民法院院长；选举省三届人大代表6名。

会议期间收到代表提案136件，其中财粮贸方面的41件，农林水方面的40件、文教卫方面的22件、政法方面的19件、工交方面的14件。主席团批给县人民委员会办理。县人民委员会将136件落实到相关单位，印制“提案办理方案（草案）”，规定在下一次会议上向全体代表报送办理结果。散会前，“方案”送到与会代表手中，代表表示满意。

会议通过《关于“洞口县人民委员会工作报告”的决议》《关于“洞口县1960年至1963年财政决算和1964年财政预算报告”的决议》《关于“洞口县人民法院工作报告”的决议》。全体代表向中共湖南省委、省人委发出致敬电。

第二节　第二次会议

第五届人民代表大会第二次会议，于1967年1月13日至16日在县城举行。应到代表315名，实到264名。一些群众组织和造反派的代表参加会议。

副县长何明阶作《关于1965年、1966两年的施政工作情况和今后主要任务的报告》。会议认为，两年来，特别是1965年8月邵阳地委在洞口县开展系统社会主义教育运动以来，清政治，清经济，清组织，清思想，掀起了学习毛主席著作和跨“纲要”的高潮；开展了史无前例的无产阶级文化大革命。干部群众政治觉悟越来越高，劳动热情越来越大，城乡一片大好形势。会议指出：在前进的道路上还存在一些缺点和问题，主要是活学活用毛主席著作不够平衡；加之上年遭受了秋旱，棉花和其他一些经济作物未能完成原定计划；经济建设与先进地区相比还有一定差距。会议强调，今后必须更高地举起毛泽东思想伟大红旗，坚决执行毛主席和党中央提出的“抓革命，促生产”的伟大指示，狠抓无产阶级文化大革命，促进人的思想革命化，推动农业生产的发展。会议特别强调：一要把活学活用毛主席著作的群众运动推向更新的阶段，用毛泽东思想武装全县人民的头脑，坚持在一切工作中用毛泽东思想挂帅，坚持以阶级斗争和两条道路斗争为纲，以“老三篇”为武器，抓革命，促生产。二要积极响应毛主席的号召，关心国家大事，把无产阶级“文化大革命”进行到底，坚定地依靠贫下中农，保证正常生产，保证有好收成，逐年增产增收。三要执行“以粮为纲，粮棉并举，多种经营，全面发展”的生产方针，1967年要实现粮食总产4亿斤，全县亩产达到800斤，棉花8万亩，造林8万亩，养猪30万头，积极推广新技术，全面实现良种化，抓紧水利冬修，打好水轮泵和工程配套两个歼灭战，促使全县水利基本过关，为农业跨“纲要”打好物质基础。四是各行各业各部门要突出无产阶级政治，加强无产阶级专政，大力支援农业。会议批准何明阶作的《关于两年的施政工作情况和今后主要任务的报告》，并作出《关于更高地举起毛泽东思想伟大红旗，狠抓无产阶级文化大革命，促进人的思想革命化，推动工农业生产发展的决议》，号召全县人民在毛泽东思想的光辉照耀下，团结一致，抓革命，促生产，加速全县社会主义革命和社会主义建设！

会议期间，学习贯彻中共中央1966年9月发出的《关于县以下农村文化大革命的规定》（以下简称《规定》），《关于抓革命促生产的通知》（以下简称《通知》），受到“造反派”冲击，《规定》和《通知》的精神未能落实。

第六章　第六届人民代表大会

正值“文化大革命”高潮的1968年2月22日，洞口县革命委员会筹备工作领导小组向邵阳地区革命委员会筹备工作领导小组、湖南省革命委员会筹备小组呈报《关于建立洞口县革命委员会的请示报告》（以下简称《报告》）。《报告》称：一年多来，洞口县和全国各地一样，无产阶级文化大革命形势大好，无产阶级革命派和广大革命群众高举毛泽东思想伟大红旗，经过冲锋陷阵，取得了两个阶级、两条路线和两条道路斗争的决定性胜利，革命的三结合，巩固了革命的大联合，建立革命委员会的条件已基本上成熟，望速批示。

湖南省革命委员会筹备小组于1968年3月2日发出《关于成立洞口县革命委员会的批复》，同意洞口县成立革命委员会，革命委员会由49名委员组成，其中常务委员13名，由吴振东任主任、刘观清、张学禄、刘群保等4人（暂缺1人）任副主任。祝贺洞口县革命委员会成立。希望洞口县革命委员会高举毛泽东思想伟大红旗，紧跟伟大领袖毛主席的战略部署，认真贯彻、全面落实毛主席的最新指示，更加广泛深入地开展活学活用毛泽东思想伟大群众运动，牢牢掌握斗争的大方向，夺取无产阶级“文化大革命”的全面胜利，把洞口县办成红彤彤的毛泽东思想大学校。

3月7日，洞口县革命委员会成立庆祝大会在县城大体育场举行，上万人参加，热闹非凡，气氛空前，大会向毛主席发出致敬电。

7日下午，在县城举行洞口县第六届人民代表大会。会议期间，县人民武装部政委吴振东、革命领导干部代表刘观清、县人民武装部部长张学禄先后发表讲话，赞扬文化大革命好，革命委员会好。在协商产生县革命委员会委员阶段，各派群众组织之间观点不一致，其中工代会产生9名委员有3名未定，农代会产生16名委员有4名未定，红代会产生7名委员有2名未定。各派群众组织对革命领导干部的评价有很大分歧，在革命领导干部中产生13名委员有3名定不下来。在协商产生11名常务委员阶段，亦有2名定不下来。

与会人员对于贯彻执行中共中央《关于县以下农村文化大革命的规定》，观点对立，斗争激烈，造反派认为这是“保守”，竭力主张“踢开党委闹革命”。会议通过《关于把无产阶级文化大革命进行到底的决议》后，于11日散会。

于此，人民代表大会制度中断。

第七章　第七届人民代表大会

洞口县第七届人民代表大会，于1978年1月2日至5日在县城举行。应到代表765名，实到758名。中断10年的人民代表大会得以恢复。

县委副书记唐光荣致开幕词。祝贺洞口县第七届人民代表大会胜利开幕。“文化大革命”结束后，我国社会主义革命和社会主义建设进入新的发展时期。洞口县委、县革委组织揭批江清反革命集团的斗争，批判他们篡党夺权的罪行，被他们搞乱了的路线是非正在澄清，毛主席的无产阶级革命路线和政策得到全面正确的贯彻实施，党心军心民心大快，生动活泼的政治局面开始展现。揭批江清反革命集团的罪行以后，极大地调动了人民群众的积极性，全县“工业学大庆”“农业学大寨”的群众运动掀起高潮，社会主义劳动竞赛热火朝天，经济战线出现了具有重大意义的转折，1977年，全县提前一个月超额3.2%完成全年计划。这届人民代表大会要恢复和发扬党的实事求是、群众路线、批评和自我批评、民主集中制、艰苦奋斗等优良传统和作风，选举产生新的革命委员会，加强领导班子思想革命化，开展波澜壮阔的“工业学大庆”“农业学大寨”的群众运动，为提前把洞口县建成大寨县而努力。

会议根据县委的决定，由县委书记、县革命委员会主任李荣中向大会作《工作报告》。《工作报告》对县革命委员会成立九年多来的两条路线斗争进行了回顾和总结，在中共洞口县革命委员会核心领导小组、中共洞口县核心领导小组，第三届县委的领导下，洞口县的各级干部、职工群众、贫下中农、知识分子和革命分子，与江清反革命集团及其伸到湖南、邵阳、洞口的黑手进行了不屈不挠的斗争，在一定程度上减轻了江清反革命集团在洞口的危害；特别是揭批江清反革命集团以来，生产紧紧抓，1977年比1976年的经济总量增长84.2%，民兵、教育、科技、文化、卫生、体育、广播、知青、计划生育等工作都取得新成绩。《工作报告》确定了1978年的总体任务：高举毛泽东主席的伟大旗帜，紧跟华国峰主席为首的党中央，执行中共十一大路线，抓纲治国，抓纲治县，加强领导班子思想革命化，调动一切积极因素，普及大庆式企业，开展财贸学大庆、学大寨活动，尽快把洞口县建成大寨县。

选举李荣中为县革命委员会主任，唐光荣、王道钦、肖茂林、向本槐、赵学理为副主任，选举委员41名。

会议通过《关于“县革命委员会工作

报告”的决议》。会议作出《农业学大寨》《工业学大庆》《加强领导班子思想革命化》等决议。

王道钦致闭幕词。

县革命委员会以洞革发[1978]1号文件将大会开幕词、《县革命委员会工作报告》、县七届人民代表大会第一次会议《关于“县革命委员会工作报告”的决议》、闭幕词四个文件材料印发给各区革命领导小组、城关镇和各公社（镇）革委会、县属各机关、厂矿、场所、企事业单位，要求组织各级领导和广大干部群众认真学习，贯彻落实。

第八章 第八届人民代表大会

第一节 第一次会议

县八届人民代表大会第一次会议，于1980年5月16日至20日在县城隆重举行，应到代表536名，实到531名，4名代表因公、1名代表因病请假；各委、办、局的负责人共16人列席会议。

代表资格审查委员会主任向本槐向大会作《关于代表资格的审查报告》：本届代表大会代表的选举工作，按照全国五届人大二次会议通过的《中华人民共和国全国人民代表大会和地方各级人民代表大会选举法》《中华人民共和国地方各级人民代表大会和地方各级人民政府组织法》的规定和中共中央[1980]7号文件精神，在省委、地委的亲切关怀下，在地委工作组的具体指导帮助下，由县委领导，县选举委员会负责组织，经过宣传发动、学习“两法”、划分选区、分配代表名额和比例，选区采用充分民主的办法，自下而上地提出代表候选人名单，几上几下的酝酿讨论后确定差额候选人名单；选民在选举日采用无记名方式投票直接选举。全县213个选区直接选出县八届人大代表536名，代表以工农兵为主体；为了调动各方面的积极因素，注意了其他方面的比例，进一步落实了知识分子政策、民族政策、侨务政策、原工商业者和原国民党起义投诚人员的政策，有利于实现全党工作着重点的转移。代表资格审查委员会经过认真审查，536名代表的资格有效。

县委书记、县革委会主任李荣中致开幕词，宣布大会开幕。开幕词李荣中在介绍了国内外大好形势，传达了五届全国人大二次会议主要精神，提出了本次会议的主要任务，希望全体代表高举马克思列宁主义、毛泽东思想伟大红旗，坚持“解放思想，开动机器，实事求是，团结一致向前看”的方针，充分行使民主权利，广开言路，畅所欲言，集思广益，共商四化建设大计，把洞口县的社会主义现代化建设事业推向前进。

播音员宣读邵阳行政公署向大会发来的贺信。

邵阳地委副书记霍旭魁出席开幕式并发表讲话：祝贺洞口县八届人大一次会议胜利召开。这次大会是在传达贯彻五届全国人大二次会议精神、加强民主法制建设的大好形势下召开的。根据《地方各级人民代表大会和地方各级人民政府组织法》和《全国人民代表大会和地方各级人民代表大会选举法》的规定，县以上地方各级人民代表大会设立常务委员会，地方各级革命委员会改为人民政府。这次会议将要选举产生洞口县人民代表大会常务委员会，选举产生洞口人民政府正副县长及县人民法院院长、县人民检察院检察长。希望全体代表认清形势，明确任务，共同努力，把这次大会开成发扬民主、解放思想的大会，开成向四个现代化进军的誓师大会，开成一个团结的大会、胜利的大会。预祝大会圆满成功。

县革命委员会副主任王道钦向大会报告工作。从七届人大一次会议到现在的两年零五个月，特别是党的十一届三中全会和全国五届人大二次会议以来，随着全党工作着重点的转移，社会主义现代化建设事业走上健康发展的轨道，工农业生产持续发展，社会事业发生深刻变化，各项工作取得可喜的成效。前进的道路上还有许多困难，必须坚定不移、专心致志干四化，五年工农业总产值要翻一番。首先要打好四个现代化的第一个战役，完成六项战斗任务：（1）集中精力把农业搞上去。1980年全县粮食总产力争实现5.32亿斤，平均亩产1039斤，1981年平均亩产达1100斤；积极办好社队企业，大办种植业、养殖业、农副产品加工业、采矿业、建筑业、农机业、运输业和其他工业，还可以开设加工作坊、旅馆、餐饮、理发店，1980年总收入2200万元，1981年达2600万元；狠抓林业生产，在办好百里林带和各级样板林的基础上，1980年造林4.8万亩，1981年再造4万亩，力争三年消灭宜林荒山；在发展集体养猪的同时，鼓励社员私人养猪、养牛，发展渔业生产。（2）进一步办好地方工业。1980年的工业总产值要实现4980万元，比上年增长9%；1981年要达5400万元，增长8.4%，所有工矿企业都盈利，并建成一批大庆式企业；重点办好小化肥、化学农药、小柴油机、打稻机；轻工业、建材业、燃料动力工业、交通运输和邮电业都要保证9%~10%的增长幅度。（3）积极发展科学、教育、文化、卫生、体育、广播事业。认真实施原来制订的《洞口县1978—1985年科学技术发展规划纲要（草案）》，加强农科网和其他科研、技术革新组织的建设；教育事业以普及小学教育为重点，以教学为中心，调整提高中学，1980年基本实现无壮年文盲；在把卫生工作重点放到农村的同时，着力建设县级医疗卫生机构，办好县、区、公社、大队四级医疗网，同时办好合作医疗。（4）做好财贸工作。突出为生产建设和人民生活服务这个主题，农副产品收购额1980年完成3400万元，1981年要达到3600万元；社会商品零售额1980年要实现7102万元；财政预算收入1089万元，争取超额完成。（5）在发展生产的基础上，逐步提高人民的生活水平。要放宽一些农村政策，让农民增加收入；1980年，全县人均总收入达到149元，人均纯收入达到91元；1981年，人均总收入达到180元，人均纯收入105元。（6）继续做好计划生育工作，进一步控制人口增长，努力实现一胎化。全县人口增长率1980年要降低到5.5‰以下；1981年要降到4‰以下。

大会听取郭连生作的《关于1979年财政决算和1980年财政预算草案的报告》、邓光雄作的《洞口县人民法院工作报告》、李迪尧作的《洞口县人民检察院工作报告》。

经过会议审议，决定批准以上4个报告，并通过决议。

会议宣布撤销洞口县革命委员会，恢复洞口县人民政府。

按照新选举法和组织法的规定，实行差额选举。大会主席团印发《选举程序和办法草稿》，并以“秘密件”印发“候选人简历”（限投票后收回）。经过“两上两下”酝酿讨论，大会通过《选举程序和办法》后投票，当场公布选举结果。选出县人大常委会主任唐光荣，副主任向本槐、张光荣、田凯、欧阳喜成和10名委员，王道钦当选为县人民政府县长，肖茂林、丰明臣（瑶族）、杨姣秀（女）、胡济泉当选为副县长；邓光雄当选为县人民法院院长；李迪尧当选为县人民检察院检察长（报省人民检察院提请省人大常委会批准任命）。

新当选的县人大常委会主任唐光荣致闭幕词。

第二节　第二次会议

县八届人民代表大会第二次会议，于1981年12月13日至16日在县城举行。到会代表463名。

县人大常委会主任唐光荣致开幕词。这次会议是在中共十一届六中全会和五届全国人大四次会议精神指引下举行的，要着重讨论研究四个问题：关于农业生产责任制和工交财贸企业经济责任制；进一步贯彻落实“决不放松粮食生产，积极开展多种经营”的方针，使农村尽快富起来；休养生息，把林业生产搞上去；整顿社会治安，争取稳定好转。会议将听取和讨论县委书记的重要讲话，听取和审议县人民政府工作报告，听取和批准财政工作报告，听取和审议县人大常委会、县人民法院和县人民检察院的工作报告，补选县人大常委会主任、县人民政府县长、县人民检察院检察长。

县委书记李荣中介绍了国内政治经济形势，通报了洞口县深入贯彻学习《关于建国以来党的若干历史问题的决议》、平反纠正冤假错案、处理历史遗留问题、落实党中央关于发展农业的两个文件精神、建立各种形式的生产责任制和经济责任制的情况。要求各位代表集中思想，集中精力，振奋精神，畅所欲言，努力完成大会的各项任务。

副县长肖茂林作《政府工作报告》，总结了恢复县人民政府以后特别是1981年的工作，围绕经济建设这个中心，组织全县人民艰苦奋斗，取得了较好的成绩：1981年，工农业总产值比上年增长10.6%；农业生产全面丰收，粮食亩产达1057斤，棉花、柑橘、茶叶、油菜籽、生猪饲养量等，都创造了历史最好水平，巩固了集体经济，增加了农民收入，社员储蓄比上年增长一倍；交通事业大发展，所有公社通客车，人流促物流，内外贸易都有新的扩大，社会商品零售总额比上年增长9.1%，外贸总额增长42.6%；财政收入增长17.1%。但由于“左”倾错误思想影响，在农业生产的指导上存在很大的片面性和主观主义倾向，把绝大部分的注意力集中在有限的耕地上，忽视了林业生产，有不少地方曾经是青山密林，现在是穷山秃岭，给农业生产带来严重后果，给群众的生产生活造成很大困难，这是应该记取的深刻教训。1982年的工作着力点是：总结、完善各种形式的农业生产责任制，调动农民积极性，调整农业内部结构，积极发展多种经营，恢复发展林业生产；工业要整顿工矿企业，改善经营管理，扭亏增盈，提高经济效益；财贸要讲究生财、聚财、用财之道，财政收支平衡，实现略有节余；政法部门要从重从快惩处危害严重的刑事犯罪分子，切实整顿好社会治安；各行各业都要围绕经济建设这个中心，做好各自的工作，为“四化”做贡献。经过审议，批准这个报告并通过决议。

会议听取并批准郭连生《关于1980年财政决算和1981年财政收支情况的报告》，听取和审议《县人民法院工作报告》《县人民检察院工作报告》后，通过相应的决议。

县人大常委会副主任田凯，向大会报告本届一次会议选举产生县人大常委会以后一年多的工作。县人大常委会在县委的领导下，根据《中华人民共和国地方各级人民代表大会和地方各级人民政府组织法》规定的职权、任务和工作范围，结合本县实际情况，边学习，边实践，不断提高县级建立人大常委会的认识，了解县级人大常委会的性质、任务和作用，开好人大常委会的例会，听取“一府两院”的工作汇报，讨论、决议、决定本县有关重大事项，依法任免国家机关工作人员，督促办理提案，积极联系代表并开展调查视察，组织法制宣传教育，指导公社、镇开好人民代表大会。1982年，县人大常委会的工作重点是：进一步提高对县级建立人大常委会的认识，注重自身建设，发挥人大常委会的职能作用；继续加强同代表的联系，认真开展代表小组的活动，同时加强同上一级人民代表大会的代表和公社、镇人民代表大会代表的联系；深入开展法制宣传教育，加强社会主义法治建设；充分发挥公社、镇人民代表的作用，开好公社、镇人民代表大会，依法行使代表大会的职权；着手建立代表联系选民的制度，代表向选民报告工作，接受选民监督。会议对县人大常委会开局之年的工作表示满意，决定批准这个报告，并通过决议。

本次会议收到代表提案231件。经提案审查委员会审查，全部立案。属于农业方面的48件，包括进一步落实农村经济政策、健全完善农业生产责任制、保护森林资源、加强水电资源管理、培育壮大农业科技队伍、积极开展多种经营等内容。属于工业、交通方面的33件，包括继续搞好调整、加强经营管理、建立完善工矿企业经济责任制、增加轻工产品、发展交通运输事业，治理“三废”等内容。属于财贸方面的34件，包括严格财政纪律、加强财政监督、改善服务态度、杜绝商品走后门、及时供应化肥农药和小农具等内容。属于教科文卫方面的31件，包括提高教育质量、加强少数民族地区和边远地区的文化教育工作、搞好广播维修、改善医疗服务态度、继续抓紧计划生育等内容。属于城建、计划方面的27件，包括制订城建规划、整顿市容、搞好蔬菜供应、稳定物价、安排待业青年、增加农村建房的木材指标等内容。属于政法方面的29件，包括整顿社会秩序、制止封建迷信活动、加强法制宣传教育、严肃法纪等内容。属于精简机构、减少会议、培养和选拔少数民族干部、加强民兵建设、做好军转干部和复退军人的安置及优抚救济工作等内容。以上提案分别由县人大常委会、县政府及其工作部门、法院、检察院研究办理，办理情况及时报县人大常委会，由县人大常委会办公室答复提案人。此外，代表们还提出了有关日常工作方面的意见、建议和要求139件，由县人大常委会转有关部门研究处理。

会议对保护森林、发展林业问题进行认真讨论，严肃指出，长期以来，由于“左”的指导思想影响，洞口县的森林资源几经破坏，已面临枯竭的危险，现在的森林蓄积量比1955年减少72%，森林覆盖率比1955年减少34%，由于森林遭受严重破坏，造成生态失调，水土流失，泥沙淤积，河床升高，小气候变异，水旱灾害频繁，珍贵野生动植物大量减少，给农业生产带来严重影响，给群众的生产生活造成极大困难。会议根据《中华人民共和国森林法（试行）》、中共中央和国务院《关于保护森林发展林业若干问题的决定》和《湖南省保护森林发展林业暂行条例》的精神，结合洞口县的实际情况，作出《关于保护森林发展林业的决议》：切实保护好现有森林资源，坚决制止乱砍滥伐，关闭木材自由市场，建立健全各级护林机构，搞好封山育林，严防山火发生；严格控制采伐量，一律履行砍伐批准手续，凭证采伐，实行“先造后砍、砍一造三”的制度；以营林为基础，造林育林，积极营造国有林，大力发展集体林，鼓励社员个人植树造林，坚决贯彻落实五届全国人大四次会议《关于开展全民义务植树运动的决议》；抓紧抓好林业定权发证，完善林业生产责任制；大力普及林业科学知识，积极推广科研成果；依法治林，从严惩治破坏森林的犯罪分子。

因为人事有较大变动，唐光荣辞去县人大常委会主任职务，王道钦辞去县人民政府县长职务，李迪尧辞去县人民检察院检察长职务，大会补选伍芬奎为县人大常委会主任、唐运祥为县人民政府县长、肖迎祥为县人民检察院检察长（报省人大常委会审批任命）。

第三节　第三次会议

县八届人民代表大会第三次会议，于1983年3月26日至30日在县城举行，与会代表482名。

县委书记王道钦致开幕词。

县长唐运祥作《政府工作报告》（以下简称《报告》），总结八届人大二次会议以来的政府工作，较好地完成了1982年发展国民经济的任务，全县工农业总产值达21519万元，比上年增长8.9%；工业总产值达5838万元，比上年增长8%，其中轻工业产值增长8.8%，城镇街道工业有新的发展；农业总产值15681万元，比上年增长9.2%，传统产品粮食生产增长8.1%，特色产品柑橘增长77.5%，茶叶增长25.3%，烤烟增长3倍；贯彻执行八届人大二次会议《关于保护森林发展林业的决议》，造林、育苗、四旁绿化、全民植树、木材生产，都完成原定年度计划，并迎来了较好的发展势头；整顿了社会治安，各种刑事案件的发案率下降58.7%；科技工作有突破，10项科研成果获省、地奖励，465名科技人员评定和晋升技术职称；财政总收入达到1201万元，比上年增长3%，实现收支平衡，略有节余。《报告》提出了1983年全县经济建设和精神文明建设任务及三大工作要点：一是进一步解放思想，适应经济发展，继续放宽政策。农村改革，包产到户，并不动摇农村集体经济，责任制用了“包”字，这就不是“单干”，土地是基本的生产资料，坚持土地公有制，只是“包”给农民，绝不是“分”，我国坚持土地公有制是长期不变的，集体经济要建立生产责任制也是长期不变的；对大包干责任制要进一步放宽政策，对农村出现的专业户、重点户，要大胆扶持，大力支持，不要怕他们发了财、偏了向，而要保证年内发展到1万户，让一部分人先富起来；把联产承包为中心内容的经济责任制推广到各行各业中去，要有各种不同内容和不同形式的“包”，把责、权、利有机地结合起来；工商企业整顿工作全面铺开，从建立健全经济责任制入手，改革国营商业体制，积极发展集体商业和个体商业及城镇小型零售商业，广泛推行经营承包，国营工业企业由经委负责包干；切实搞好经济体制改革，抓好科技教育改革，加快改革步伐。二是振奋革命精神，努力做好经济工作。稳定粮食作物播种面积，着力提高单产；搞好农田基本建设，提高抗灾能力；重视旱粮生产，发展经济作物；积极发展特色产业，努力实现“十万亩柑橘七万亩茶”；“咬住青山不放松”，发展林业不动摇。三是加大精神文明建设力度，继续深入开展“五讲四美三热爱”活动、“全民文明礼貌月”活动，突出解决环境卫生、公共秩序、服务方面的脏、乱、差问题。经过会议审议，通过《关于〈政府工作报告〉的决议》，号召全县各级干部和各族人民振奋精神，鼓足干劲，扎实工作，为建设“两个文明”，实现工农业总产值增长“保五争六”的目标。

县人大常委会副主任田凯作《人大常委会工作报告》。1982年，人大常委会按照县八届人大二次会议的有关决议和全省各州、市、县人大常委会工作经验交流会议精神，围绕社会主义物质文明和精神文明建设，在发挥地方国家权力机关作用方面做了以下工作：（1）、听取和审议“一府两院”的工作汇报，讨论决定本县的重大事项。常委会举行8次全体会议，听取和审议农业生产责任制、春耕生产、爱国卫生运动、社会治安、贯彻实施《中华人民共和国婚姻法》、打击拐卖妇女儿童犯罪、民政民族等12项工作汇报，先后作出《关于加强医疗卫生工作的决议》《关于提高工业经济的决议》《关于坚决制止乱占滥用耕地修建房屋的决议》《关于进一步加强社会治安的决议》等8个决议、决定；根据县长的提请，任命政府组成人员6名，免去3名；根据法院院长的提请，任命副院长、庭长、副庭长、审判委员会委员、审判员15名，免去3名；根据检察长的提请，任命副检察长、检察委员会委员、检察员9名，免去3名。（2）、联系代表，反映群众意见和要求，推动有关部门解决群众生产生活方面的问题。一年来共走访代表310人次，召开小型调查会28次，接待代表和群众来访148人次，处理代表和群众来信169件，通过上述途径听取群众意见，就支援春耕生产、安排扶贫专项贷款和专项化肥、增拨农用木材指标、增加竹木制农具生产向县政府提出交办意见，县政府采取有效措施，解决了生产责任制以后的许多新问题；对落实起义投诚人员、台属、侨属政策，也提出了一些意见和建议。（3）、督促办理代表提案。八届人大二次会议代表提案共231件，到1982年8月底，全部办理完毕，经人大常委会调查，代表比较满意，密切了党和政府同人民群众的联系，在解决干旱死角的问题上下了很大功夫，从水利事业费中划出3.05万元，帮助15个大队修建电灌站，扩大灌溉面积8000多亩。不尽人意的是，得到解决的提案不足提案总数的一半。（4）、开展法制宣传教育，严格依法办事。全国人大常委会《关于严惩严重破坏经济的罪犯的决定》发布后，县人大常委会作出《关于坚决打击经济领域中违法犯罪活动的决定》，并召开广播大会，举办广播讲座，出动巡回宣传车，通过法治宣传，有7人投案自首，交出赃物赃款万余元；伍芬奎主任带公、检、法、司和人大机关干部在花古公社办法制宣传教育工作试点，增强了社员群众的法制观念，全社的社会治安案件和民事纠纷比1981年下降48%，粮食增产286万斤，“花古经验”在全县推开。（5）、组织全县人民讨论宪法修改草案。《中华人民共和国宪法修改草案》公布后，全县发行单行本近万册，印发宣讲资料1500份，培训宣讲骨干8200人，社、镇和县属机关都组织学习和讨论，共提出修改意见24条上报；五届全国人大五次会议通过的《中华人民共和国宪法》公布后，人大常委会作出《关于组织全县人民学习、贯彻、执行新宪法的决议》，全县迅速兴起学习新宪法的热潮。（6）、指导和帮助社镇开展人大工作。人大常委会采取走出去的办法，与公社管委会和镇政府的负责同志总结发扬民主的经验；还采取请进来的办法，邀请社镇的负责人列席常委会会议，熟悉人大工作，开好人民代表大会，1982年下半年的社镇七届代表大会四次会议补选了公社管委会主任、副主任和镇政府镇长、副镇长共76名，健全和充实了社、镇领导班子。1982年的人大常委会工作还存在一些不足，主要表现在：行使监督不够，对决议的执行情况缺乏严格的检查，工作机构和工作制度还不健全。1983年，人大常委会将努力开创人大工作的新局面。会议审议后认为，人大常委会在1982年做了大量工作，对于发展社会主义民主，健全社会主义法制，促进两个文明建设，发挥了重要作用。会议指出，全国五届人大五次会议通过的《中华人民共和国宪法》，是我国新的历史时期治国安邦的总章程，人大常委会要认真学习、宣传、贯彻、履行，充分发挥地方国家权力机关的作用。大会通过《关于〈县人大常委会工作报告〉的决议》。

会议还听取、审议并通过《洞口县1982年财政决算和1983年财政预算的报告》《洞口县人民法院工作报告》《洞口县人民检察院工作报告》。

八届人大三次会议收到代表提案478件，经提案审查委员会审查，421件立案。属于农业方面的113件，包括进一步贯彻落实“决不放松粮食生产，积极开展多种经营”农业方针、不断完善农（林）业生产责任制、大力发展和支持重点户专业户、搞好植树造林和封山育林、严禁乱砍滥伐、重视发展山区经济、加强农田水利基本建设、维修农村机耕路、严禁用良田建房，全面清理社队经济、精简基层干部、紧缩开支、减轻农民负担等内容。属于工业、交通方面的53件，包括企业整顿、挖掘内部潜力、开展技术革新、增产化肥农药和煤炭、重视安全生产、改善公路路况、发展农村公路等内容。属于财贸方面的71件，包括财贸体制改革、供销社股金分红、管好管活市场、疏理流通渠道、严禁掺杂使假和扣称压两、增加支农资金、积极组织化肥农药和小农具的供应等内容。属于教科文卫体方面的73件，包括教育体制改革、医疗卫生体制改革、发展广播电视事业、重视群众体育、保护文物古迹、进一步落实党的知识分子政策等内容。属于城建、计划、物价方面的44件，包括城镇辐射力、打开城门迎农民、整治市容市貌、加强国家计划经济对市场经济的领导、“平价物资走后门”、“平价物资紧、高价物资有”等内容。属于政法方面的16件，包括认真贯彻实施新宪法，发扬社会主义民主、加强执法队伍管理、制止赌博等内容。属于政权建设、民政、民族工作方面的51件，包括机构改革、改进工作作风、纠正新的不正之风、关心照顾年老体弱多病的农村基层干部、重视优抚安置和救灾救济工作、重视少数民族地区的发展，切实做好五保户的供养工作等内容。以上提案分别交县人大常委会、县政府及其工作部门、法院、检察院研究办理，办理情况报县人大常委会，由县人大常委会办公室统一答复提案人。提案审查委员会根据提案的含义、内容，有57件未予立案，改作代表意见，交县人大常委会转有关单位研究办理。

会议安排一天的时间，学习五届全国人大五次会议通过新修改的《中华人民共和国宪法》，县委常委、县人民政府副县长肖茂林作中心发言。各代表团进行认真的学习、讨论。

大会选举出席湖南省第六届人民代表大会的9名代表。

第九章　第九届人民代表大会

第一节　第一次会议

第九届人民代表大会第一次会议，于1984年4月16日至21日在县城隆重举行，应到代表400名，实到382名，县政府委、办、局的主要负责人列席会议。

县委书记王道钦致开幕词。祝贺大会在坚持四项基本原则、坚持改革开放、发展社会主义民主、健全社会主义法制的大好形势下隆重举行。要求全体代表解放思想，发扬民主，充分反映和集中全县人民的意见和要求，选举新的领导班子，对县人大常委会和“一府两院”的工作提出批评和建议，对大会的各项议案认真详细审议并做出相应的决议，把这次会议开成学习、运用民主与法制的大会，开成巩固、发展改革成果的大会，开成锐意进取、开创四化建设新局面的大会。

副县长胡济泉代表县人民政府作《政府工作汇报》。建立县人民政府四年来，县政府把工作重点放在经济建设上。1983年，全县工农业总产值达23890万元，比1979年增长74.1%，平均每年递增11.8%。农业生产全面发展，连续四年获丰收，1983年农业总产值达17780万元，比1979年增长97.7%，平均每年递增14.6%；粮食总产达6.5亿斤，创历史最高水平，比1979年增长30.1%，平均每年递增5.5%；1983年为国家提供商品粮1.5亿斤，比1979年增长96.6%，平均每年递增14.5%；特色产业橘、茶、猪迅速发展；国营林场越来越兴旺；社队企业在调整中稳步发展；八届人大二次会议《关于保护森林、发展林业的决议》得以贯彻实施，在国有山、集体山、自留山定权发证后，建立采伐限额、木材流通、林地权限三大管理体系，又建立和健全防火、防病虫害、防乱砍滥伐和乱捕滥猎珍稀野生动物的森林三防体系，森林资源管理和林政管理逐步进入规范化、制度化、科学化和法治化的轨道。1983年，工业总产值6110万元，比1979年增长29.3%，平均每年递增5.3%；轻工业迅速发展，重工业稳步发展，城镇街道工业有新的发展。基本建设大大压缩，经济效益不断提高；交通运输和邮政事业有新成就。财政总收入实际完成1208.6万元，比1979年增长43.5%，平均每年递增7.5%。随着经济的发展，城乡商品供应日益充裕，1983年社会商品零售额达10376万元，比1979年增长61.7%，平均每年递增10.1%；农副产品采购额达6771万元，比1979年增长1倍多，平均每年递增15.8%。1983年，全县有25个科研项目获地区高产竞赛奖。

社会主义民主和社会主义法治不断发展完善，公安、司法、民兵、民政、民族、复员退伍、拥军优属、扶贫救灾等列入政府工作议事日程，计划生育引起社会关注。文化、教育、卫生、广播、体育、档案等社会事业有较大的发展。存在的最大问题是经济不活，捆得太死，人民群众有饭吃，没钱用。1984年，政府的重点工作有四大项：一是坚决贯彻中共中央1984年1号文件，迎接农村经济的历史转折。完善以家庭经营为主的田土联产承包责任制，延长承包期15年，放宽山林、水域和社队企业的承包责任期，荒山残林的承包期可以延长到30年；进一步调整农业内部结构，发展以橘、茶为主的经济作物，建设一批商品生产基地，调整粮食生产的内部结构，提倡多种一些玉米、小麦、高粱、糯谷，为食品工业和饲料工业的发展创造条件；改革农村经济结构，大力发展农村工业、农村商业、农村服务业，允许农民自带口粮到集镇经商服务办企业。二是继续贯彻调整方针，把整个经济工作转移到以提高经济效益的轨道上来。抓好现有企业改造，完善“利改税”；调整商业体制，加强工商管理；建立审计机关，实行审计监督；抓好整顿，整顿领导班子，整顿政风，整顿劳动工作纪律，整顿财务管理。三是从长远出发，发展教育，重视人才利用，积极普及科学技术。四是改善人民生活，控制人口增长，提高人口素质。

经过审议，决定批准《政府工作汇报》，并作出《关于“政府工作汇报”的决议》。

会议听取、审议并批准县政府财政工作汇报。

县八届人大常委会副主任向本槐向大会汇报八届人大常委会的工作。四年来，按照《中华人民共和国地方各级人民代表大会和地方各级人民政府组织法》的规定，行使地方国家权力机关的职权，在不断提高对县级建立人大常委会的认识的同时，确保宪法和法律的贯彻实施。五届全国人大五次会议通过的《中华人民共和国宪法》公布后，县人大常委会进行了认真的学习和讨论，作出《关于组织全县人民认真学习宣传贯彻落实宪法的决议》，召开公社（镇）以上党政负责人会议，并在县城召开了干部职工动员大会，发行新宪法2.1万册，印发宣讲材料2.3万份；在八届人大二次会议上，县委常委、县人民政府副县长肖茂林作学习新宪法的辅导报告，组织到会代表认真学习讨论，培训了一批骨干，在全县掀起学习宣传新宪法的热潮，相继组织专题视察和督查，从而进一步提高了全县人民学习宪法、遵守宪法的自觉性。六届全国人大常委会第二次会议通过的《关于严惩严重危害社会治安的犯罪分子的决定》公布后，县人大常委会第22次会议、24次会议进行部署和督办，全县出动宣传车94台次，印发宣传资料2.7万份，召开群众会153场，其中万人以上的12场，群众检举揭发，亲人规劝投案自首，全县判处各类刑事犯罪分子393名，其中处决5名，维护了法律的尊严，发挥了法律的威力，保护了人民群众。还组织开展打击拐卖妇女儿童的专项斗争。同时，纠正一些违法行为，刹住有法不依的歪风。四年来，举行例会26次，作出决议、决定16个，督促办理提案1088件，探索性地做了联系代表和调查研究两项基础工作，开始发挥代表作用。本届人大常委会在依法行使人事任免权、指导公社、镇开展人大工作方面有较好的开端，在人大换届、九届人大一次会议筹备的时候，做了一些应该做的工作。常委会清醒地认识到，在县级建立人大常委会，尚属首届，是在实践中边学边干，在摸索中不断前进，虽然取得了一些成绩，还只是刚刚起步，用《宪法》和人民的要求来衡量，确有很大差距，主要是行使监督权不够，一些工作还没有全面开展，对于一些建议、决定的执行情况缺乏严格的检查，代表小组的活动不太正常，工作机构和工作制度也还不健全，人事任免也不太规范等等。会议经过认真审议，对八届人大常委会四年来的工作比较满意，决定批准这个汇报，并通过决议。

会议听取、审议、通过县人民法院工作汇报、县人民检察院工作汇报。

九届人大一次会议收到代表提案575件，经提案审查委员会审查，其中491件立案。属于农业方面的111件，包括落实政策、解放思想、放开手脚，发展农村商品生产，减轻农民负担等内容。属于工业交通方面的54件，包括扩大企业自主权、改善职工生产生活条件、为满足人民生产生活需要增加轻工产品、进一步发展交通运输事业、切实治理“三废”等内容。属于财贸方面的92件，包括扩大城乡商品流通、端正服务态度、进一步支援农业等内容。属于教文卫体方面的102件，包括增加教育投入、改善医疗作风、控制人口增长，开展群众性业余文体活动、充分发挥知识分子和科技人员的作用等内容。属于政法方面的19件，主要是严厉打击犯罪、依法办案等内容。属于政权建设、民政、民族工作方面的26件，包括变动社队规模、精简机构、解决“文山会海”问题、加强宗教和侨务工作、重视培养农民和少数民族干部、开办敬老院等内容。属于城建、计划、物价方面的87件，包括加快城建步伐、妥善解决居民吃菜饮水居住问题、有计划有步骤地安排待业青年、采取有力措施稳定物价等内容。以上提案分别交县人大常委会、县政府、法院、检察院安排专人办理，办理情况报告县人大常委会。提案审查委员会根据提案的含义、内容，对84件提案未予立案，作为代表意见由大会转交县人大常委会有关单位研究处理。

大会选举县九届人大常委会主任王道钦，副主任肖茂林、杨姣秀（女）、周振寰、欧阳善成、匡保之和11名委员；选举县人民政府县长曾广权，副县长胡济泉、胡伟章、尹文安、黄长勇、杨期林；选举县人民法院院长王道芦，县人民检察院检察长肖迎祥（报省人民检察院检察长提请省人大常委会批准任命）。

第二节 第二次会议

第九届人民代表大会第二次会议，于1985年4月25日至29日在县城举行，356名代表出席会议。

县长曾广权作《政府工作报告》，回顾了1984年的政府工作：战胜了各种自然灾害，经济工作出现了一些新的局面，工农业总产值达25560万元，比1983年增长6.9%；50种主要工业产品产量都有增加，其中23种提前两个月完成全年生产计划；全民所有制企业实现“两位数”“三同步”，摘掉亏损帽子；工业总产值比上年增长10%；经济政策有很多新的突破，农村开始出现向商品化发展的好势头，初步改变过去那种“喂猪为过年，养牛为耕田、养鸡鸭换油盐”的传统观念；文化、教育、科技、卫生、广播、体育等事业都取得了一些新的成绩，民政、民族、司法、侨务等工作得到加强，有一些新气象；全县人口自然增长率由1983年的11.7‰，下降到1984年的9.8‰。政府工作特别是经济工作还存在一些问题，最主要的有：农业经济还属单一的粮、猪为主的种养型经济，自然资源没有得到开发利用，大批农村剩余劳力找不到出路，信息不灵，流通不畅，买难卖难的问题依然存在；工业、商业两个“大锅饭”还没有彻底打破，企业素质差，经济效益低，普遍缺乏活力；对外开放起步太迟，搞活经济的门路不多。1985年，政府要特别抓紧抓好四件大事：（1）切实抓好以承包为主的各种形式的经济责任制，完善家庭承包责任制。提倡办家庭林场、家庭园艺场、家庭加工厂、家庭商店（商场）；粮食生产的重点是主攻单产，稳住总产，稳中求增，优质高产；农业生产不搞指令性计划，可以拿出1万公顷左右的耕地发展多种经营，让农民增加收入。（2）推进以城市为重点的经济体制改革。工业商业体制改革的重点是增强企业活力，扩大企业自主权，积极推行厂长（经理）负责制，企业内部由厂长（经理）组阁，努力提高企业经济效益；工业生产的着力点是食品、造纸、建材和能源交通，食品工业要改粗放加工为精细加工；财贸工作重点是积极梳理城乡流通渠道，改革农产品派购制度，粮棉油等农产品由统购派购改为合同制收购，调整部分农产品价格，以便更好地运用价值规律发展商品生产；大胆放开，外引内联，发展横向联系，通过侨联组织和侨胞侨属牵线架桥，把国外的资金技术引进来，开发洞口，建设家乡；还要打开城门，欢迎农民进城办厂开店，小型多样，形成多种经济成分、多种经营模式、多条流通渠道的城乡结合、农工结合、农商结合的经济网络，把城乡经济搞活。（3）制订“七五”计划纲要。（4）调整各级领导班子，改进作风，开创政府工作新局面。经过审议，会议决定批准这个报告，并通过决议。

会议听取、审议并批准县财政局《关

于1984年财政决算和1985年财政预算的报告》、县计划委员会《洞口县1984年国民经济和社会发展计划执行情况及1985年国民经济和社会发展计划的报告》。

县人大常委会副主任杨姣秀报告九届人大一次会议以来的常委会工作：（1）、认真贯彻中央8号、9号文件，进一步提高对人大常委会性质、地位和作用的认识。在县委的统一领导下，先后召开公司以上单位负责人和县代表小组长、联络员会议，进行传达贯彻，在“一府两院”组织了集体学习，还召开代表和各界人士座谈会。通过学习、贯彻，思想认识上有新提高，法制观念随之增强，人民代表大会制度进一步健全，人大常委会增设3个工作委员会，8区和城关镇明确了兼职的人大工作联络员，全县60个县代表小组开展活动。（2）、开好常务委员会会议，讨论、决定重大事项。已召开6次例会，听取、审议县政府关于普及小学教育、民政、民族、社会治安、市场物价、林业、普及农业科学技术、体育工作、财政预决算等专题汇报；对普及小学教育、杂散居少数民族组织了专题调研，作出《关于普及小学教育工作的决议》《关于加强民族工作的决议》，并组织跟踪督办，取得了很好成效。（3）、依法搞好人事任免。年内，根据“一府两院”提请，任命105名，免8名；对提请任命的人员，主要靠组织部门考察，人大常委会也作必要的了解，对代表、群众反映的情况审慎从事，凡有问题且尚未查清的拟任人员不予通过任命。（4）、督办九届人大一次会议提案。九届一次会议的代表提案共491件，已于1984年10月办理结案，其中基本得到解决的有247件，占总提案的50.4%；积极创造条件逐步解决的有132件，占总提案的26.9%；与现行政策不符或条件有限而不能解决、做了说明解释的共112件，占提案总数的22.7%；常委会组织力量，对其中94件重点提案予以分期分批督办，保证了办理质量。（5）、开展法制宣传教育。组织公、检、法、司和妇联，对刑法、婚姻法开展了重点宣传，印发资料9800份、图片130张，广播讲座8次，边远乡镇宣传5次，墟场接待解答咨询11场，直接受教育的约11万人。（6）、密切联系代表，做好调查研究。年内走访县代表218人，组织专题调研6次、小型调查55次；对部分青少年女性外流山东非法结婚的情况开展调查，时有27名女性，最小的只有13岁，受骗上当外流，县委对此非常重视，组织公安、法院、妇联解救，对拐卖妇女的人员予以惩处，刹住了此歪风；对落实五保户供养政策、延长土地承包期政策等，组织了调查、视察，发出调研报告，得到县委重视，批转报告，召开电话会议，保证政策落实。（7）、搞好乡镇人大换届选举。本届人大常委会产生后，着手公社改乡，乡镇换届选举，先在江口试点，摸索经验，再全面铺开，于1984年5月底改变了“政社合一”的人民公社制，建立乡人民政府，加强了基层政权建设。会议审议人大常委会的工作报告，认为一年来的工作有成效，特别是调查研究卓有成效。要求常委会在1985年突出做好以下工作：对重大事项做出实质性的决议、决定，支持和监督“一府两院”的工作；围绕两大文明建设，组织好视察活动；帮助和指导代表小组经常开展活动，充分发挥代表作用；开展法制宣传，切实抓好普法工作；以改革的精神抓好自身建设，开创人大工作新局面。通过《关于〈人大常委会工作报告〉的决议》。

会议听取、审议并通过县人民法院院长王道芦的《洞口县人民法院工作汇报》、县人民检察院检察长肖迎祥的《洞口县人民检察院工作汇报》。

九届人大二次会议共收到代表提案313件，本次办理提案的方式和处理办法作了相应的改变。提案审查委员会依据提案范围、内容的要求，进行审查，并经大会主席团审议：确定提案中属于对各方面工作提出的批评、建议和意见的243件，由大会交常务委员会转有关部门研究处理，并直接答复代表；对不属于本级国家机关职责范围的26件、其他4件，均未予立案。通过审查，正式立为提案的40件。其中：属于工业交通方面的2件，开展工矿企业的防尘普查，尽快恢复洞高公路的直达客班车。属于农林水电方面的16件，包括改革牲畜防疫制度、加强对植物种苗的检疫、抢修水利危险工程、妥善安排企业生产用电、减轻农民负担等内容。属于财贸方面的5件，包括山区退耕后的林农口粮供应、供销社体制改革不落实、市场要扩容、去冬签订柑橘苗合同不兑现要赔偿损失等内容。属于城乡建设和环境保护方面的7件，包括修迴龙洲保护堤、解决县城、高沙、石江等镇的工业废水排放问题。属于教育、体育广播方面的4件，包括减轻学生学习负担、县城体育设施配套、解决农村广播经费等内容。属于民政民族工作方面的4件，包括积极扶持困难户发展生产、帮助少数民族发展商品生产、划好城镇公墓用地。属于劳动人事方面的2件，稳定现有人才队伍、办好街道企业安排城镇待业人员等。以上提案，由县政府负责办理，在县九届人大三次会议前向县人大常委会作出专题汇报。

会议接受尹文安、胡伟章辞去县人民政府副县长职务的请求，补选刘千荀、史雪华为县人民政府副县长。会议接受县九届人大常委会3名副主任、1名委员的辞职请求，补选县九届人大常委会副主任雷家寿和3名委员。

第三节　第三次会议

第九届人民代表大会第三次会议，于1986年4月10日至14日在县城举行，358名代表出席会议。

县委书记孙在田在开幕式上就学习《宪法》、严格依法办事、健全社会主义法制发表讲话，要求代表依法开好大会。

县长曾广权作《政府工作报告》，重点回顾了1985年的经济工作：一是按照九届人大二次会议《关于“政府工作报告”

的决议》精神抓了四件大事，成效比较明显；二是抗灾救灾。1985年春遭大冰雹袭击，打烂房屋19079间，一些地方春收作物颗粒无收，紧接着是长达六个月的春夏秋三季连旱，81条流经5公里以上的溪河有69条断流。在特大自然灾害面前，县政府的负责人带领县属机关147名干部住基层抗灾救灾，942名区、镇、乡干部有785名投入抗灾救灾，水利、农机、农业等部门的干部职工基本上是全力以赴；电力部门在水源紧缺的情况下多发火电贴价供应农村抗旱；全县发放“三农”资金4000万元，比上年增加27%，筹集“双扶”资金191万元，比前四年的总和还多96万元；抗灾物资优惠供应，能基本满足需要，且尽量送到基层；灾区人民竭尽全力，连续抗灾，团结救灾，尽量减少灾害损失。三是突出改革。1985年，是全面进行经济体制改革的一年，认真地开展了农村第二步改革，在调整农业内部结构、农村产业结构、劳力结构方面迈出了一大步，经济作物的种植面积扩大到13万亩，比上年增加17.6%，养殖专业户发展到3000多家，比上年增加20%，农村富余劳动力开始向第二、第三产业转移，从事第二产业的劳力比上年增加1800多人，从事第三产业的劳力比上年增加1200多人，使联户企业和家庭工业得以迅速发展。城镇经济体制发生变化，先后扩大5个老镇，新建3个新镇，全县基本形成分布均衡的城镇网络，这些城镇紧紧吸引周围农村，也密切联系省内外大中城市，由过去的商业、手工业、服务业为主体的经济结构转化为工、商、运、建、服、农、林、牧、渔、副各业综合发展的经济体系，由过去封闭保守的自给、半自给的经济状态转化为开放开发型的走向商品生产道路的新型的经济体制。在搞活企业方面，普遍实行了第二步的利改税和企业内部经济责任制，普遍实行简政放权，政企分开，完善各种形式的经济承包责任制，划小核算单位，实行目标管理。大灾之年，国民经济计划执行情况良好，工农业总产值达到26474万元，比上年增长3.57%，社会事业取得新发展，人民安居乐业，收入有所增加。“七五”计划纲要已基本制定，提请审议。政府工作在改革中有两个问题，人民群众不满意：一是粮食合同定购搞得粗糙，订合同走了过场，任务到户不很合理更不切实，大旱之年粮食减产，合同失去执行的实际意义，只得采取政府行为按老办法完成上级确定的定购任务，既增加了基层干部的工作困难，又惹起农民群众发牢骚。二是木材收购改为议购议销，新老政策交替，木材价格上涨，一些地方出现乱砍滥伐，人大代表批评县政府执行八届人大二次会议《关于保护森林、发展林业的决议》不力、不作为，这一批评、监督是非常正确的。关于1986年的政府工作：一是坚持把改革放在一切工作的首位。对已经采取的改革措施进行巩固消化、补充完善，解决突出问题，存利除弊，使改革发挥出更好的效益；同时进行调查研究和试点，为1986年改革迈出新步伐做好准备。农村改革，省委、省政府布置十项任务，必须认真贯彻执行，特别要以完善合同为重点，坚定不移地搞好农副产品统购派购制度的改革，着力搞好粮油合同定购和生猪换购，切实搞好各项服务。城市改革，包括工业、财贸和其他方面的改革，主要是全面落实国务院和省政府规定的企业的权力真正下放给企业，政企分开，松绑放权，完善企业内部的经济责任制，搞好经济承包；国营商业主要是增强经营能力，掌握必要的资源；供销社的体制改革关键是由“官办”改“民办”。二是把农业摆在基础位置上。要摆正农业位置，理顺发展关系，达到搞活农村经济的目的，从洞口的实际出发，发挥现有优势，努力建设商品粮、雪峰蜜柑、良种茶叶、速生杉木林、瘦肉型出口猪“五大生产基地”。要不折不扣地执行八届人大二次会议的“决议”，搞好群众性的封山育林，统一护林，严格控制木材采伐量，全县每年不得超过4万立方米，对乱砍滥伐者依法从严惩处，打一儆百，敬请全体代表继续加强监督。还要继续完善扶贫责任制，巩固第一阶段的成果，加大对3个瑶族乡、5个瑶汉聚居乡的扶持力度。三是把精神文明建设放在重要地位，创建一批文明村镇、文明单位和双文明户。四是把政府工作的重点放到经济建设上，集中精力发展洞口经济，不搞花架子。经过审议，对一年来的政府工作表示满意，认为1986年的打算切合洞口实际且积极可行的，建设“五大生产基地”的思路是正确的。会议决定批准这个报告，号召全县人民统一思想、统一步调、坚持改革、大胆创新，全面完成和超额完成1986年的各项任务。

县人大常委会主任王道钦作《人大常委会工作报告》（以下简称《报告》），总结常务委员会1985年的工作：（1）、围绕经济这个中心，讨论重大事项。九届人大二次会议以来，召开6次常务委员会议，听取和审议县政府关于林业、卫生、体育、科普、普法、供销体制改革、工业企业经济体制改革、社会治安、电力调度等工作汇报；听取和审议法院关于民事审判、检察院关于法纪检察的汇报；先后作出《关于认真贯彻执行〈食品卫生法〉的决议》《关于向全县公民普及法律常识的决议》；决定任免县政府组成人员18名；任命法院、检察院工作人员26名；任命人大常委会办、委正副主任9名，免去2名。县政府执行人大常委会的决议积极认真，很有成效：邵阳地区食品卫生检查组对洞口县的食品卫生工作评价好，评分高，被评为全地区第一；普法工作特别是普及《森林法》，下了真功夫，基本实现“山上管严、山下搞活”。（2）、加强调查研究，监督和支持“一府两院”的工作。共组织专题调研29次，深入147个基层单位，写出调研报告18份，引起县委、“一府两院”高度重视，并采取积极的整改措施。在党政机关工作作风调查中发现10起违宪违法的问题，在农业生产调查中发现杂交水稻种子质量低劣的问题，在供销体制改革调查中发现一些常用生产资料脱销的问题，在社会调查中发现五保户供养政策不落实的问题，在监管场所视察中发现与中央方针政策不符的问题等等，都提出交办意见，得到较好解决。（3）、加强同代表的联系，认真办理代表的提案和意见。年内走访联系代表287人，占代表总数的70%；收集代表意见131条，对代表意见转“一府两院”办复，涉及几个部门的召开联席会议协商、归口办理，属人大常委会职权范围的由主任会议或提请常务委员会会议决定，大部分意见得到处理落实。九届人大二次会议代表提案40件，代表建议、批评和意见243件，均已办理完毕，对扶助困难户的提案，县政府采取积极措施，筹集扶贫资金223万元，免费培训种养技术人员上千名，发放扶贫化肥折款5.5万元，提供良种母猪300头、良种鸡种5000羽，2500户贫困户得实惠。（4）、加强了人大常委会的自身建设。机关干部编制增加到25名，各区和城关镇配备了人大工作联络员，为人大常委会开展工作创造了必要的条件；机关健全工作制度，制定岗位责任制，特别是加强了思想作风建设，机关工作有新的起色。《报告》在肯定成绩的同时，查找了存在的问题：法律赋予的职权行使不够，对法治建设、普法工作抓得不紧，审议工作汇报处于“会议议论多、会后检查督促少”的阶段，督办代表提案、建议、意见的力度不大，得到落实的提案、建议还是不多，挫伤了代表的积极性。《报告》对本届常委会最后一年的工作做了大体安排：听取并审议关于农村产业结构调整、商业企业改革、农产品收购制度改革、支农扶贫、农村文化建设等工作汇报，根据情况作出适当的决议或决定；加强法律监督，检查对宪法、法律和经济法规的贯彻实施，督促有关部门查处严重违宪违法案件；就改革、经济建设中的突出问题组织两次专题调研，向县委报送两份调研报告；指导代表小组坚持一季度活动一次，常务委员会组成人员走访联系代表、听取代表意见，达到经常化、制度化的要求；在县委领导下，搞好换届选举。经过会议审议，决定批准这个报告并通过决议。

会议听取、审议并批准《关于洞口县国民经济和社会发展第七个五年计划设想的报告》《关于1985年财政决算和1986年财政预算的报告》《法院工作报告》《检察院工作报告》。

会议根据上级关于县人民法院院长和县人民检察院检察长高配副处级干部的要求，改选伍玉龙为县人民法院院长，肖迎祥继任县人民检察院检察长。

因为行政管理体制变更，邵阳市与邵阳地区合并，实行市领导县的体制，洞口县属邵阳市管辖，邵阳市即将举行第九届人民代表大会，本次会议选举邵阳市九届人大代表34名。

第十章 第十届人民代表大会

第一节 第一次会议

第十届人民代表大会第一次会议，于1987年3月3日至9日在县城举行。313名代表如数出席会议。在预备会议上，县人大常委会副主任雷家寿报告大会的筹备工作，副主任杨姣秀作代表资格审查报告。

县委书记孙在田致开幕词，提出大会指导思想：认真贯彻中共十二届六中全会精神，坚持四项基本原则，反对资产阶级自由化，发扬社会主义民主，健全和完善社会主义法制，紧紧围绕经济建设这个中心，着力改革开放，大力加强社会主义精神文明建设，为振兴洞口经济迈开新的步伐。要求全体代表以主人翁的姿态，把这次会议开成学习和运用民主与法制的大会，开成坚持四项基本原则、促进安定团结的大会，开成坚持改革、开拓前进、振兴洞口的大会。

县长曾广权作《政府工作报告》（以下简称《报告》）。《报告》简要回顾和总结县政府1986年的工作：认真开展了经济体制改革，花了很大的精力搞经济工作，使全县经济有所发展；把教育、科技、卫生、文化、广播和体育等工作摆上了重要议事日程，尽力促其发展，并取得了一定的成绩；对社会治安引起重视，刑事案件比上年下降23.9%，普法工作上了新台阶，干部群众增强了法制观念，学法守法的风气开始形成；从九届人大一次会议以来，全县坚持了两个文明建设一起搞，两种生产一起抓，全县人口净增率控制在9‰以下，1986年，开了一个“小口子”，允许农村独女户有计划地生第二胎，人口净增率有所上升，超过上级分配指标1.2‰。在总结成绩的同时，也总结了存在的问题：在整个经济工作中，虽然注意了搞活，但忽视了搞好，人们急需的生产、生活资料，特别是化肥、柴油不能及时保证供应；全县经济实力很不雄厚，农业投入少，抗御自然灾害能力弱，粮食、油菜没有达到1983年的最高水平；工业后劲差，经济效益低；财政开支大，收入少；整个经济体制改革起步迟，进展慢，很多人民急需的事情尚未办好。《报告》提出了县政府1987年的基本任务：工农业总产值增长7.4%，商品销售总额增长9%以上，人口自然增长率控制在9‰以下。具体要求是在四个方面用力气、花工夫：（1）、从国家长治久安、各业兴旺发达的高度，突出农业，狠抓粮食，确保粮食稳定增产。要把中央已经确定的发展粮食生产的优惠政策和鼓励措施不折不扣地落实到种粮农民身上；要稳定粮食种植面积，主攻单产，扩大杂交稻种植面积；要大力改造低产田，努力建设吨粮田；要坚决把旱粮生产搞上去，大种杂交玉米，恢复和发展小麦、大麦生产。（2）、用艰苦奋斗、奋发图强的精神，抓紧抓好经济工作的基础建设，增强经济发展的后劲，重点是“五大基地”建设、水利和电力建设、公路和城镇建设，这“三个建设”在本届政府力争办25件实事。（3）、以增强农村经济活力和企业活力为中心，进一步稳定和完善生产责任制，大力开展增产节约、增收节支运动，支出要坚决控制在预算之内。（4）、以马克思列宁主义为指导，深入开展精神文明建设活动，加速培养社会主义建设人才。积极发展成人教育，切实抓好基础教育，广泛深入开展理想、道德和法制教育，不断提高全县人民的身体素质和思想素质。《报告》强调，切实加强政府工作人员的责任心和事业心。深入开展坚持四项基本原则、反对资产阶级自由化的教育；对领导干部实行任期目标管理责任制，在全体政府工作人员中建立严格的岗位责任制。会议经过认真审议，决定批准《政府工作报告》，并通过决议。

县计划委员会主任黄贤成作《关于第七个五年计划的报告》（以下简称《报告》）。《报告》五大部分：1986年“七五”计划的试行情况，“七五”计划的指导思想，战略步骤和总的目标，主要指标，实现“七五”计划的主要措施。会议经过认真审议，决定批准这个报告，并作出决议。决议还指出，由于客观条件的变化，“七五”计划在执行中会发生某些考虑不周或难以预料的新情况，会议授权：县人民政府在制定年度计划时可根据实际情况进行必要的调整和补充。

县财政局局长谭正南作《关于1986年财政决算和1987年财政预算（草案）的报告》。会议认为，1986年的财政工作取得较好成绩，超额完成了财政收入任务，做到了年终收支平衡，但也存在依法理财制度不够健全，追加预算未经人大常委会审议，非生产性开支比例过大，财政管理检查监督不够等问题，必须认真整改。会议根据秘书处财政组的审查报告，批准1986年财政决算。会议原则同意预算草案，责成县人民政府根据上级下达正式预算指标予以修正，授权县人大常委会对预算修改部分予以审议、批复。

县九届人大常委会主任王道钦向大会作《人大常委会工作报告》。三年来，九届人大常委会认真贯彻执行中共中央关于人大工作的几个文件精神，围绕经济建设这个中心，依法行使常委会的职权，做了以下六个方面的工作：（1）、认真开好常务委员会会议，讨论决定重大事项。九届共举行例会18次，听取、审议“一府两院”的工作汇报28次，作出事关大局的决议、决定12个，依法任免政府组成人员、人大常委会机关工作人员、法院和检察院的工作人员181名。（2）、加强法律监督，确保宪法和法律的贯彻实施。监督普法工作，全县培训普法骨干0.8万人，副局以上干部的普法率达73%；对乡规民约的制订和执行情况做了检查，凡与宪法和法律相抵触的条款，督促予以修改；对药品管理法的执行情况进行了检查，对干部的执法情况进行了调查，将发现的问题交“一府两院”依法处理。（3）、围绕经济建设开展调研和视察，解决了一些实质性问题。共组织专题调研18次，组织视察活动8次，写出专题报告16份，为人大常委会履职提供了依据，为推动政府工作发挥了监督作用，解决了杂交水稻种子的供应问题，解决了“五保户”供养政策难落实的问题，还严肃处理了数件违宪违法的案件。（4）、加强同人民代表的联系，认真办理代表和群众反映的重大问题。群众反映拐卖妇女的情况比较严重，县人大常委会及时上报县委，县委采取了果断措施，公、检、法、司严格执法，迅速刹住了这股歪风；县城装路灯的问题，洞口粮站销售大米质量低劣的问题，煤油、柴油、化肥供应问题等，经主管部门努力，都得到比较妥善的处理。（5）、不断健全工作制度，逐渐加强自身建设。建立和健全人大常委会工作条例和岗位责任制，与“一府两院”建立联系制度；县人大常委会增设了3个工作委员会，各区和城关镇配备了人大工作联络员，为人大常委会行使职权创造了必要的条件。（6）、全力抓好县乡两级人大换届选举工作，并为本次大会的召开做了一些必要的准备。会议经过认真审议，决定批准九届人大常委会的工作报告，并通过决议。

县人民法院院长伍玉龙作《洞口县人民法院工作报告》、县人民检察院检察长肖迎祥作《洞口县人民检察院工作报告》。会议对“两院”的工作比较满意，分别通过决议，希望“两院”秉公办案，严格依法办事，为保障各项改革和经济建设的顺利进行做出新的贡献。

会议秘书处议案组收到代表团提出的、10人以上代表联名提出的、县人民政府提出的议案共29件。经大会主席团审议，对县人民政府提出的《认真执行〈土地管理法〉，切实加强土地管理的议案》、王道钦等11名代表联名提出的《关于实行代表持证检查工作的议案》决定立案，并提请大会作出相应的决议；其他27件不予立案，作为工作建议交人大常委会组织相关单位研究处理。会议分别通过《关于认真执行〈土地管理法〉，切实加强土地管理的决议》《关于颁发十届人大代表证并实行代表持证检查工作的决议》。

大会通过《选举办法和程序》，主席团组织选举。充分发扬民主，实行差额选举。选举县十届人大常委会主任王道钦，副主任雷家寿、胡定龙、刘雍和15名委员；曾广权当选县人民政府县长，胡济泉、黄长勇、吴聚怀、段以美、刘千苟当选副县长；伍玉龙当选县人民法院院长，肖迎祥当选县人民检察院检察长（报省人民检察院检察长提请省人大常委会批准任命）。

第二节　第二次会议

县十届人民代表大会第二次会议，于1987年12月26日至27日在县城举行，257名代表出席会议，会议选举邵阳市第十届人民代表大会代表45名。

第三节　第三次会议

第十届人民代表大会第三次会议，于1988年4月10日至14日在县城举行。应到代表309名，实到289名。

县长曾广权作《政府工作报告》。首先，汇报1987年政府工作的完成情况：着力抓了经济工作，较好地完成了经济工作任务，社会总产值和国民收入均比上年增长14.7%，工农业总产值比上年增长8.4%，财政收入超计划13.3%，在中央集资去了102万元的情况下实现财政收支平衡，略有节余；科教文卫工作按计划进行，按计划完成；花了较多的人力、物力和财力普及法律知识，刹歪风，促安定，对两大文明建设起了促进作用；关于25件实事的办理情况，基本办成或接近办成的已有5件，正在办的有15件，1988年着手办的有5件，预计换届时可以兑现，请代表监督本届政府“不放空炮”。存在的问题是：改革措施不配套，改革步伐不快，物价上涨过快，土地占用过多，木材砍伐过量；资金、能源、原材料、化肥、农药、柴油供应紧张，工人、农民、干部都有意见。接着，汇报1988年县政府工作的大体安排：一是继续突出农业，狠抓工业，加快发展乡镇企业，全县工农业总产值要增长10.6%；要把农业搞上去，重点是夯实粮食这个“基础”，生好多种经营、乡镇企业这两个“翅膀”，使农、林、牧、副、渔“老五业”和工、商、运、建、服“新五业”都有较大发展；狠抓工业，就是瞄准食品工业、建筑建材业、造纸工业和饲料工业，坚持国营、集体、乡镇、街道一起上，村办、联办、户办一起上，财贸部门、交通部门和农口工业一起上，各显身手。二是抓紧抓好电、水、路、城“四大项”的建设和管理，坚决执行《中华人民共和国土地管理法》《中华人民共和国森林法》和环境保护法规，对这三项基本国策丝毫不能含糊；计划生育的形势不容乐观，1987年的人口净增率超过计划0.85‰。三是认真办好科技教育事业，努力培养建设人才。四是进一步加强社会治安工作，确保两大文明建设顺利进行。最后，汇报县政府1988年的主要措施：（1）、深化改革是第一位的。农村改革，是着力稳定和完善家庭联产承包责任制，发展庭院经济，发展以服务业为主的村办经济；工业改革，主要是配套、完善、深化、发展承包经营责任制，实行两权分离，搞活企业，县政府审批了的发包合同一定三年不变，坚决兑现；还要按照中共十三大精神，遵照上级部署，开展和深化科技、教育、卫生、劳动、人事、住房制度等各个方面的改革，努力搞好各项配套改革。（2）、加强服务和管理。1988年国家采取收紧信贷、收紧财政、收紧投资、抑制社会总需求的“三紧一抑制”政策，县、区、镇、乡和各职能部门，首先要努力搞好资金的服务和管理，做到紧中求活；其次是努力搞好物资的服务和管理，解决工农业生产的急需问题；再次是努力搞好科技、信息的服务和管理，把科技、信息传遍千家万户。（3）、严明政纪政令。对代表强烈反映的、群众极不满意的、政府机关和政府工作人员中当前存在的几个问题，要动真的，来硬的，抓紧解决。要严格考核，把任务完成情况和年终奖金挂钩，更要把政绩作为考察和提拔干部的主要依据；政府各组成机构、工作机构联系乡镇制度要进一步完善，年终评比先进要与联系乡镇各项工作任务的完成情况挂钩；凡属县委、县人大、县政府决定了的事情，下级要坚决照办，有令必行。对于那些办事推诿拖沓、遇到问题绕道走、什么问题不解决、不择手段捞官当的人，必须果断及时处理，直至撤职。会议经过审议，决定批准《政府工作报告》，并通过决议。

会议听取、审议并批准《关于洞口县1988年国民经济、社会发展计划的报告》《关于1987年财政预算执行情况和1988年财政预算的报告》。

县人大常委会副主任雷家寿作《人大常委会工作报告》。会议审议后，对人大常委会一年来的工作表示满意；要求人大常委会认真贯彻执行党在社会主义初级阶段的基本路线，全面有效地行使宪法和法律赋予的各项职权，加强自身建设，加强同各乡镇人大主席团的联系，为发展社会主义民主、健全社会主义法制做出新贡献。会议决定批准这个报告并通过决议。

会议听取并审议《县人民法院工作报告》《县人民检察院工作报告》。会议认为：县人民法院认真实施宪法、法律，落实全国人大及其常委会的决议、决定。继续贯彻执行“严打”方针，保持严打声威，坚持审判工作为社会主义现代化建设服务，加强自身建设，各项工作都取得好的成绩；县人民检察院自十届人大一次会议以来，认真贯彻全国人大常委会《关于严惩严重破坏经济犯罪的决定》和《关于严惩严重危害社会治安的犯罪分子的决定》，全面开展各项检察工作，取得好的成绩。会议要求：县人民法院全面发挥人民法院的职能作用，充分运用法律武器，保障社会主义建设和改革的顺利进行；县人民检察院要突出抓好“两打”，把打击刑事犯罪和经济犯罪作为主要任务，努力提高执法水平，强化法律监督职能。会议决定批准这两个报告并通过决议。

本次会议收到县人民政府的议案1件，10名以上代表联名提出的议案23件，经议案审查委员会审查并经主席团审议决定，将县人民政府提出的《关于征收农村教育事业附加的议案》，蒲孝汤等11名代表提出的《尽快完善潮黄公路，造福黄桥乃至全县人民》、谢正湘等16名代表提出的《工业废水废气对石江镇造成污染，请予治理》、刘图松等10名代表提出的《关于保护学校合法权益、维护学校正常教学秩序的议案》共4件，由大会主席团交县人民政府办理，将办理结果书面答复代表并报县人大常委会；其他20件改做代表建议、批评和意见，由县人大常委会交有关部门办理并书面答复代表。

会议增选县人大常委会副主任龙际红。

县委书记孙在田发表题为《高举党的十三大旗帜，努力当好人民代表》的讲话，要求人民代表带头学习、宣传、贯彻落实中共十三大精神，重点掌握加快和深化改革这个基调，突出经济建设这个中心，增强改革意识，激发改革热情，投身改革洪流；要求人民代表为发展商品经济做贡献，树立商品、价值、流通、经营、交换、分配、竞争等新观念，靠种养业打底，靠加工业起飞，走“种养、加工、销售”一条龙的路子，一人带一片，振兴洞口经济；要求人民代表在精神文明建设和维护社会安定团结上做表率，带头遵纪守法，带头发扬民主，带头移风易俗，带头同各种不正之风和违法犯罪的行为做斗争；要求人民代表模范实行计划生育，积极抓好计划生育工作，教育好自己的子女、亲戚落实计育措施，帮助群众提高思想认识，增强计划生育的自觉性。

第四节　第四次会议

第十届人民代表大会第四次会议，于1989年6月2日至7日在县城举行，应到代表309人，实到代表275人。

县长曾广权作《政府工作报告》（以下简称《报告》）。《报告》指出：一是1988年县政府工作取得较好成绩。三次会议批准的发展国民经济的几项指标基本实现，全县全年社会总产值完成计划的103.6%，比上年增长14%；国民收入完成计划的99.9%，比上年增长9.7%；工农业总产值完成计划的100.9%，比上年增长7.6%；“五大基地”建设和“四项基础”建设都完成或超额完成原定计划；财贸各业超额完成任务，科技工作取得一些新成绩。就治理经济环境、整顿经济秩序而言，压缩了固定资产投资规模，开展了税务、财务、物价三大检查，清理整顿了公司，特别是清理了一些“官倒”“私倒”，查处了倒卖化肥、农药的人，同时开展了信贷、现金大检查，压缩了投放不合理、效益不高和非生产性贷款。精神文明建设有新的成绩。40.1万人参加“十法一条例”学习，23万人符合发证标准；“五保户”供养金实现了由乡（镇）统筹；中小学招生和中小学危房改造计划全面完成，医疗卫生进一步健全了三级保护网；广播电视事业在稳定中发展，电影事业在竞争中发展，群众体育活动蓬勃发展，加速了体育社会化进程；《洞口县志》下半年可完成总纂；人口出生率比上年下降0.25‰。二是1989年县政府要完成艰巨的工作任务。治理整顿要有新的进展，经济体制改革要有新的深入，各项经济工作要力争上新的台阶，社会总产值要增长8%，国民收入要增长8%，工农业总产值要增长6%，社会商品零售总额要增长12%，固定资产投资要减少36%，人口净增率要坚决控制在11‰以下。县政府必须组织乡、镇人民政府带领全县人民在三大方面付出巨大的努力。（1）突出治理整顿，全面深化改革。压缩过热的经济空气，抑制通货膨胀，基建项目一定按计划安排进行，消费基金的增长一定要严格控制；搞活市场，管好市场，整治“官倒”“私倒”，继续清理整顿公司；切实加强对土地、水利、电力、森林、矿产、环境、交通和城镇的管理，整治“土霸”“地霸”，严禁“敲竹杠”；继续坚持“严打”方针，进一步整顿社会治安秩序；企业改革要紧紧抓住完善和发展责任制，内部改革配套，发展和探索兼并、股份制等产权制度的改革“三大条”；农村经济体制改革要坚持“大稳定、小调整”的原则，不乱来；其他方面的改革，坚决按上级的布置进行，不冒失。（2）大力发展农业，稳步发展经济。摆正农业的位置，优先发展粮食生产，加速开发“吨粮田”；引导农民发展庭院经济，增加农民收入；加强农业科技服务，努力建设农业科技推广中心。在大力发展农业的同时，稳步发展工业，在治理中求发展，在整顿中求搞活，在挖潜中求增产，在节约中求增收；要宣传贯彻《中华人民共和国企业法》《中华人民共和国破产法》，寻找新门路。财贸部门要上新水平，财贸收入、农资供应、农副产品收购、商业利润、集市贸易成交额、商品纯购销等，要在上年的基础上有新的突破；内贸服从外贸，要大力增加外贸出口的货源；面临严峻的金融形势，必须稳定金融，努力收回到逾期贷款，积极组织存款，增加储种，广泛吸收社会闲散资金，集中资金保重点。（3）厉行计划生育，抓紧培养人才。人口出生率要坚决控制在17.5‰以下，计划生育率要达到75%以上，这是底线，是红线；培养人才，注重“三个提高”，提高思想素质，提高文化、技术、业务素质，提高身体素质，以适应“四化”建设的需要。三是全体政府工作人员要廉洁奉公，尽职尽责。根据县委六届三次全体（扩大）会议精神和2月分的县委、政府工作会议精神，强调政府工作人员必须做到不谋私利、秉公办事、积极工作、关心群众。县委、县政府已经出台的工作岗位责任制、干部转换回避制、公开述职制、县直机关干部下派制，必须坚决执行。会议经过认真审议，决定批准《政府工作报告》并通过决议。

会议听取并审议《关于洞口县1988年计划执行情况和1989年国民经济、社会发展计划的报告》，认为1988年的执行情况是好的，1989年的各项指标符合实际，经过全县人民的努力是能够实现的，会议决定批准这个报告。

会议听取并审议《关于1988年财政预算执行情况和1989年财政预算（草案）的报告》。会议认为，1988年的财政收入任务完成很好，是财政超收最多的一年，也是超支数额最大的一年，把上年结转使用以后，财政赤字为335.2万元。发生财政赤字既有客观原因，也有主观原因。客观上，一是政策性增加支出的项目较多，上面开口子，下面拿票子；二是物价上涨，相应增加支出。这两个方面是造成赤字的主要原因。但预算管理偏松、多支笔批钱、检查监督不严、财政周转金发放欠妥，也是造成赤字的重要原因。会议要求，1989年必须落实增收节支措施，加强支出管理，健全财政制度，严肃财政纪律，依法理财，严格按预算办事。会议根据财政预算审查委员会的审查报告，决定批准这个报告并通过决议。

会议听取并审议《洞口县人大常委会工作报告》。会议认为，一年来，县人大常委会紧紧围绕经济建设这个中心，依法行使职权，发挥人大常委会的职能作用，加强联络工作，加强对乡镇人大的联系、指导，为发展社会主义民主、健全社会主义法制，付出了很大的努力。会议要求，县人大常委会要认真贯彻落实中共十三届三中全会精神和全国人大七届二次会议精神，围绕治理经济环境、整顿经济秩序，全面深化改革，加强对“一府两院”的监督和自身建设。会议决定批准这个报告并通过决议。

会议听取并审议《洞口县人民法院工作报告》，认为县人民法院一年来的工作有成效，坚持了“严打”方针，依法从重从快打击严重刑事犯罪和严重经济犯罪分子；加强了经济审判工作，为治理经济环境、整顿经济秩序服务；搬起“衙门”下乡，送法上门，开展巡回定点办案，方便群众诉讼；处理民事案件，着重进行调解，调解结案率高达97%。会议要求，严格执行宪法和法律，充分发挥审判机关的职能作用，创廉政机关，做清正法官，为保障经济建设和治理、整顿工作的顺利进行做出应有的贡献。会议决定批准这个报告并通过决议。

会议听取并审议《县人民检察院工作报告》，认为检察院一年来做了大量工作，依法严厉打击严重刑事犯罪分子，依法严惩严重经济犯罪分子，加强了同侵犯公民人身权利、民主权利和渎职等犯罪分子的斗争，保卫了国家和人民的利益。会议要求，检察工作必须围绕党和国家的中心任务，充分发挥监督职能，继续依法从重从快打击严重刑事犯罪活动，维护社会安定和党政机关的廉洁，加强基础建设，全面开展检察业务，促进生产力的发展和改革的不断深入。会议决定批准这个报告并通过决议。

本次会议收到10名以上代表联名提出的议案25件，经议案审查委员会审查并经主席团审议决定，将胡求俭等10名代表提出的《关于要求县政府严肃查处党政干部营建私房的问题》、唐光明等10名代表提出的《修建石江农贸市场》、张赐政等10名代表提出的《要求修建山门镇黄泥江两岸河堤的议案》共3件，作为议案，由县人大常委会转交县人民政府办理。其他22件改作建议、批评和意见，由县人大常委会交有关单位办复。

大会主席团讨论中共邵阳市纪委[1988]19号文件和中共洞口县委提出的《关于罢免王道钦洞口县人大常委会主任职务的建议》后，将这两份文件提交代表审议。6日，代表听取、审议邵阳市纪委调查组关于王道钦营建私房问题的调查介绍和王道钦本人的申辩陈述。7日，大会对罢免案进行表决。发出表决票275张，收回273张，同意罢免的25票，不同意罢免的238票，弃权的10票。

第十一章 十一届人民代表大会

第一节 第一次会议

十一届人民代表大会第一次会议，于1990年2月26日至3月4日在县城举行。应到代表318名，实到代表318名。有关方面的负责人共108人列席会议。

县人大常委会副主任龙际红作会议筹备工作报告；副主任胡定龙作代表资格审查报告。

县长曾广权作《政府工作报告》：（1）、在艰难中稳步前进的1989年。县政府依靠和团结全县各族人民，克服各种困难，保证了政治、经济形势稳定，十届人大四次会议批准的各项经济指标基本完成或超额完成，科技、社会发展计划执行情况良好，人民生活得到改善。（2）、坚持治理整顿的1990年，要坚持“五个坚定不移”。第一，坚定不移地把发展农业摆在发展国民经济的首位。落实党在农村的经济政策，执行“七个不变”，稳定民心，确保农业升温；坚持科技兴农，建立、健全、用好农业方面的几支科技队伍，通过他们把发展大农业的科学技术传遍千家万户，结出丰硕成果；动员和组织各行各业支援农业，大办农业，有钱出钱，有力出力，有物出物，有主意出主意，有技术出技术，大家齐心协力把农业搞上去；坚决执行基本国策，正视并努力解决“人口猛增、耕地猛减、森林过伐、生态失衡、生物受灾”等严重问题。第二，坚定不移地把工业生产转到以提高经济效益为中心的轨道上来。调整工业结构要作一篇大文章，产销不对路、产品严重积压的要坚决转产，暂时转不了的则要以销定产；已经积压的产品要抓紧组织销售，尽快卖出去，争取减少损失；适销对路的要增加产量，提高质量，占领市场；深化企业改革，关键要解决改革不配套、制度不完善、“三出头”（书记、厂长、工会主席）不团结和企业内部管理混乱等问题。第三，坚定不移地整顿经济秩序，继续深化改革。要清理整顿公司，特别是流通领域的公司，凡不符合条件办的和不允许办的，要坚决整掉；要坚决整顿市场秩序，包括运输、建筑、医药、木材、煤炭、电力和猪肉等市场；各种各样的物资市场，都要按上级要求进行整顿，克服混乱现象，取缔投机倒把，搞好物价管理，保护消费者利益；要坚决制止和纠正乱收费、乱摊派、乱罚款“三乱”现象；要治理农村经济秩序，加强农村审计监督，定期对合作经济进行审计。第四，坚定不移地服从中央财政信贷“双紧”方针，控制社会需求。要继续压缩基建投资规模，要切实控制消费需求的过快增长，地方要广为生财、积极聚财、认真理财，深入开展“双增双节”运动，增加财政收入，压缩财政支出。第五，坚定不移地抓好事关大局的工作。要抓好综合治理，坚决扫“六害”，确保社会安定团结，推进精神文明建设；要办好教育，始终把培养人才作为发展国民经济的重点来抓；要按照这次会议批准的计划，发展社会、科技事业。（3）、必须为稳定发展全县经济艰苦奋斗。县政府及各职能部门、各乡镇人民政府，对坚持治理整顿、继续深化改革、稳定发展经济，要有强烈的紧迫感、坚定的信心和十足的勇气，完成必须完成的任务；廉政建设要继续加强，把不正之风坚决纠正，将腐败现象坚决扫除，政府工作人员要重新学习毛泽东主席的“老三篇”，全心全意为党工作，为人民服务，一身正气，两袖清风。大会对连任两届六年、即将离任的曾广权县长表示敬意，热烈鼓掌。会议认真审议《政府工作报告》，决定批准这个报告并通过决议。

会议听取、审议并批准县计划委员会主任黄贤成作的《关于洞口县1989年国民经济和社会发展执行情况及1990年国民经济和社会发展计划（草案）的报告》。听取、审议并批准县政府委托财政局局长谭正南作的《关于1989年财政决算和1990年财政预算（草案）的报告》。

县十届人大常委会代主任雷家寿作《洞口县人大常委会工作报告》。从1987年3月选举产生县十届人大常委会以来，在县委的领导和上级人大的指导下，认真贯彻执行中共中央关于人大工作的指示精神，以经济建设为中心，坚持四项基本原则，坚持改革开放，行使宪法和法律赋予的各项职权，监督和支持“一府两院”的工作，较好地发挥了地方国家权力机关的职能作用。一是依法行使了决定权。进行专题调查80次，43次听取、审议“一府两院”的工作汇报，作出决议决定16项；对决议决定的落实情况进行了6次视察。二是依法行使了监督权。进行了法律监督，监督普及法律常识，推进了普法教育；开展了执法大检查，共查出违法问题196起，分别进行了处理；为贯彻“两院”通告，抓好反贪污、反受贿的斗争，两次召开主任会议进行专题研究部署，并派专人到“两反”办公室工作，常委会听取和审议了专题汇报，促进了“两反”工作的健康进行，84名贪污受贿等经济犯罪人员坦白自首；认真办理了人民群众对国家机关及工作人员的控告和申诉，共接待群众来信来访2750件（次），对其中的重大问题，直接与司法部门一起调查处理，纠正错案，维护了公民的合法权益。进行了工作监督，共联系走访代表1014人次，收集代表意见1430条，接待代表来访131人次，收到代表来信118件，受理代表批评、意见和建议596件，两次组织部分县代表与政府组成人员直接对话，对“一府两院”的工作予以推动和监督。三是依法行使了人事任免权。第十届人大常委会共任免国家机关工作人员187名，其中任命的145名，举行公开的任命书颁发仪式；对任命的干部两次进行政绩考核，听取本人述职，组织民主测评；另外还接受了3名人大常委会组成人员的辞职。四是指导乡镇人大开展工作。制定了《乡镇人大主席团工作条例》，举办了乡镇人大主席业务培训班，召开了人大工作经验交流会，组织了换届选举工作。五是加强了人大常委会自身建设。在工作人员中加强了思想建设，与党中央保持高度一致，使人大常委会的工作在党的十三届四中、五中全会精神指引下继续前进；内设机构增加了选举任免联络工作委员会和农业工作委员会，并即将在各区成立人大工作联络委员会，办事机构基本适应工作需要；加强了制度建设，本届相继制定了议事、监督等14个规定、规则和制度，使人大工作逐步做到规范化、制度化。经过会议审议，决定批准这个报告并通过决议。

县人民法院院长伍玉龙作《法院工作报告》。自十届人大一次会议以来，县人民法院认真贯彻第14次全国法院工作会议精神，坚持“严打”，狠抓民事、经济审判，积极开展其他各项审判工作。三年共审结各类案件5503件，为保护人民、惩治犯罪、促进改革、服务四化，发挥了积极作用。三年共审理各类刑事案件518件、782人，审结496件、734人，打击了犯罪气焰，促进了社会治安的稳定好转；三年共审理经济犯罪案件33件、92人，特别是1989年，在“两高院通告”精神指引下，共判处经济犯罪分子42人，为国家和集体挽回经济损失12万余元。认真实施《中华人民共和国民法通则》和《中华人民共和国经济合同法》，坚持着重调解的原则，大力开展巡回办案和专项服务，三年共审结民经案件4994件，防止了矛盾激化，促进了社会安定和经济发展。会议经过审议，对法院三年的工作比较满意，决定批准这个报告并通过决议。

县人民检察院检察长肖迎祥作《检察院工作报告》。自十届人大一次会议以来，认真执行《中华人民共和国刑法》、《中华人民共和国刑事诉讼法》等法律，与公安、法院密切配合，依法打击各种犯罪活动。三年来，受理公安机关提请逮捕的人犯922人，批准逮捕793人，不捕105人，公安撤回24人；受理公安机关移送审查起诉751人，审查后决定向法院提起公诉718人，免予起诉28人，公安撤诉5人；受理经济案件228件，其中立案侦查142件、158人，决定提起公诉47件、56人，免予起诉53件、54人，不予起诉18件、23人，正在办理24件、25人，共为国家和集体挽回经济损失184.7万元；受理法纪案件106件，其中立案侦查30件、35人，决定提起公诉21件、25人，免予起诉9件、10人；受理人民群众来信、来访和举报939件，分别进行调查处理和转有关部门处理；同时发挥了监所检查的作用，促进了罪犯的改造。在发挥检察机关职能、开展法纪检察、控告申诉、调研和法制宣传等方面，也取得一定成效。会议经过审议，认为检察院这三年取得了较好的成绩，但也存在“两反”斗争发展不平衡，法律监督职能尚未充分发挥等问题，要求把打击贪污、贿赂等严重经济犯罪摆在重要位置上。会议决定批准这个报告并通过决议。

本次会议共收到议案68件，其中县政府提出2件，代表10人以上联名提出66件。经大会议案审查委员会审查，并经主席团审议决定：县人民政府《关于保护水利、电力设施安全的议案》《关于切实搞好地方公路、农村机耕路的维护和管理的议案》、丁根成等11名代表《石江镇农田存在严重干旱死角，建议县政府拨款解决》、肖谋桂等13名代表《关于请求解决黄桥镇水利建设的议案》、黎贵南等13名代表《关于对石江增拨水利投资的议案》、尹友生等16名代表《请求将秀丰、管竹、竹市3个乡镇列入全县水利建设的重点》、阳玉凤等12名代表《要求解决管竹乡的水利设施》等7件议案立案，授权县人大常委会，在调查研究的基础上分别作出相应的决议；其他61件改作建议、批评和意见，交有关单位研究办复。此外，还收到代表提出的建议、批评和意见305件，分别交有关单位认真研究办复。

大会选举县十一届人大常委会主任雷家寿，副主任吴聚怀、尹邦治、龙际红（女）、陈可夫和13名委员；选举李本泳为洞口县人民政府县长，梁恩龙、刘千苟、林大鸣、段以美（女）、曾祥永为副县长；选举伍玉龙为县人民法院院长，肖迎祥为县人民检察院检察长（上报省检察院，提请省人大常委会批准任命）。

县委书记孙在田在闭幕式发表讲话。（1）洞口县第十一届人民代表大会第一次会议是一次民主的大会，是稳定人心、稳定社会、稳定发展经济的大会，也是组织动员全县人民向九十年代胜利进军的大会，谨代表县委向大会的圆满成功表示热烈祝贺。（2）各位代表要进一步提高对人民代表大会及其常务委员会性质、地位和作用的认识，认真履行代表职责，充分发挥代表作用，正确处理好代表大会职权与代表个人职权的关系，一方面大胆行使自己的职权，一方面做到不越权，不弃权，不失权，不辜负人民的殷切期望。（3）各级党组织要切实加强和改善对人大工作的领导。各级党委要把人大工作纳入重要议事日程，及时听取人大工作汇报；区人大联工委主任、乡镇人大主席团常务主席要参加同级党委会，安排他们大部分时间做人大工作，切实把人大工作进一步做好；凡担任人大代表的党政负责人，要以代表身份参加代表活动，不要当“特殊代表”；凡属法律规定必须经人大审议、决定的重大事项，都必须提交人大审议、决定；代表大会及其常委会或主席团做出的决议、决定，事前必须经同级党委原则批准，人大通过后，党组织和党员必须严格遵守，坚决执行。

第二节　第二次会议

十一届人民代表大会第二次会议，于1991年3月18日至22日在县城举行，应到代表314名，实到313名。

县长李本泳作《政府工作报告》。一、回顾1990年的政府工作。1990年，全县人民艰苦奋斗，战胜特大干旱等多种自然灾害，较好地完成了本届一次会议批准的国民经济和社会发展计划。农村形势稳定，农业生产在大灾之年仍获得较好收成，农村产业结构得到调整，庭院经济得到发展，多种经营生产取得较好成绩，农民收入稳中有增；科技兴农有新路子，三熟制栽培已被越来越多的农民所接受，夏粮夏油获得好收成，再次获国务院嘉奖。工业克服重重困难，超额完成生产任务。工业总产值超计划3.1%，食品工业呈现好的发展势头，电力工业、森工工业、商办工业、交通工业、农药工业、粮油工业、乡镇工业，都超额完成年计划；小煤窑和煤炭市场得到整顿，煤炭产量比上年减少4.3%，销售量增长68.5%；交通、邮电、石油、盐业、药材都超额完成年度任务。财贸各业突出治理整顿，改善服务态度，支农支工，服务人民生产生活，较好地完成和超额完成了上级下达的各项任务，其中定购粮完成年任务的103%，定购油完成年任务的147%；化肥、农药、农膜、农机具等，都保证了供应；个体私营经济持续、稳定、健康发展。全县各行各业各部门都突出经济建设这个中心，为两个文明建设做出了新贡献，各项社会事业都得到了发展。二是1991年的目标任务和工作举措。1991年的目标是，完成社会总产值增长6%、国民生产总值增长8%、国民收入增长7%、工农生产总值增长4.7%、社会商品零售总额增长6%、人口自然增长率控制在12.5‰以内，科技、教育、文化、卫生、体育、广播和城镇建设都要有相应发展，坚决打好“八五”计划的第一仗。主要措施是：（1）、农业要调整产业结构，搞好综合开发。在稳定发展粮食生产的同时大力发展经济作物和畜牧水产，重点发展优质稻、良种猪、优质水果，提高名、特、优、新、稀产品的比重；成建制开发吨粮田和稻田养鱼，大力推广“双两大”栽培技术，集中连片实施“1331”增产增收“三熟制”工程；水利建设工程要上万处，消灭宜林荒山要落到实处，实行山水田路综合治理。（2）、工业要从企业内部改革上做文章，认真开展“质量、品种、效益”年活动，提高经济效益。内部改革的着力点在于狠抓结构调整，狠抓技术进步，狠抓内部挖潜，狠抓市场启动。（3）、财贸金融要服务生产，搞活流通，搞活财政。财政收入要完成2738.3万元，新增存款1700万元，实现保险收入223万元，回笼货币3000万元；各行各业要服从和服务于经济建设这个中心，形成经济建设的合力。（4）、抓紧经济秩序的治理整顿，抓好社会治安的综合治理。（5）、要注重廉政勤政，抓好作风建设。会议经过审议，对县人民政府一年来的工作比较满意，决定批准这个报告并通过决议。

会议听取并审议计委主任黄贤成作的《关于洞口县国民经济、社会发展十年规划和“八五”计划及1991年计划安排的报告》。会议认为，县政府组织和带领全县人民，在中共十一届三中全会精神指引下，经过十年艰辛努力，特别是通过“七五”计划的执行，经济实力有较大增长，社会总产值、国民生产总值和国民收入，与1980年比较，翻了一番以上，各项计划执行情况良好。会议要求，县政府要组织各乡镇人民政府带领全县人民，振奋精神，奋发图强，圆满完成1991年计划，为实现“八五”计划和十年规划而努力奋斗。会议决定批准这个报告并通过决议。

会议听取并审议财政局局长谭正南作的《关于1990年财政决算和1991年财政预算（草案）的报告》。会议决定批准1990年的财政决算和1991年的财政预算安排。

县人民政府向大会提交《洞口县九年义务教育实施规划草案》（以下简称《规划草案》），请求审议，并委托教委主任唐前睦就《规划》（草案）向大会作了三点说明：《规划草案》的产生过程，修订《规划》的重要意义，实施《规划》的可行性。会议审议认为，普及九年义务教育是贯彻《中华人民共和国义务教育法》、发展洞口基础教育的需要，是培养人才、振兴洞口经济的需要，是提高民族素质、促进两个文明建设的需要；洞口县实施九年义务教育有较好的基础，有足够的师资，有强烈的愿望，有可靠的保证。会议决定批准《洞口县九年义务教育实施规划》，到2000年，全县全面实现九年义务教育。

县人大常委会主任雷家寿向大会报告县人大常委会一年来的工作：（1）、围绕经济建设和民主法制建设，听取和审议：“一府两院”的18项工作汇报，作出《关于解决干旱死角地区水利问题的决议》《关于保护水利电力设施的决议》，并督促实施。（2）、加强了对司法机关和行政执法单位的执法检查，认真受理了人民群众的申诉和控告，4起“久拖不决”的案件有了公正的结论。（3）、加强了廉政监督，对乱收费、滥发、私分、贪污、受贿等案例，组织力量调查了解，督促执法单位依法依规依纪及时严肃处理，既支持执法机关开展工作，又严肃了法纪，还挽救了干部。（4）、依法搞好人事任免，完善任免程序，改进任免办法，共免7名，任65名，充实了“一府两院”的工作力量。为落实中共十三届六中全会《关于加强党和人民群众联系的决定》，县人大常委会发出《关于加强国家机关同县人大代表联系的通知》，促进了国家机关工作人员与人大代表和人民群众的联系。（5）、努力做好代表工作。省、市、县、乡（镇）四级代表共划分482个代表小组，代表活动比较正常；县人大常委会一年走访代表500多人次，收集各类意见650多条，接待代表和群众来信836件次；县人大常委组织视察2次，驻县省、市人大代表开展视察活动3次，邀请25名县、市人大代表先后参加县人大常委会例会；代表在十一届人大一次会议期间的建议、批评和意见，已全部办理完毕，基本得到解决的占62%，办理单位积极创造条件、可逐步解决的占25.3%，由于条件有限和现行政策不能解决而作了解释说明的占12.7%。同时加强了对乡镇人大工作的指导和联系，指导和帮助乡镇严格按照法律程序举行代表会议，提高会议质量。（6）总结10年人大工作和建设经验，组织系列活动，先后召开了人大工作总结座谈会，人大常委会和“一府两院”负责人联席会，人大常委会设立十周年报告会，十年人大工作建设经验交流会、表彰会，开展了征文活动，举办了广播讲座、电视讲座、图片展，广泛深入地宣传人大的地位、性质和作用，促进了人大常委会的自身建设，推动人大工作上新水平。会议经过审议，决定批准县人大常委会的工作报告并通过决议。

会议听取并审议《洞口县人民法院工作报告》。会议认为，县人民法院贯彻了第十五次全国法院工作会议精神，执行“严打”方针。全面开展各项审判工作，为促进社会稳定和经济稳定服务，取得了一定的成绩。会议指出，法院工作还有薄弱环节，在审判工作与队伍的思想教育上存在“一手硬一手软”，导致违纪案件发生，有的积案时间拖得很长，有的案件“官了民不了”，有的案件审理了但没有执行落实，甚至有少数案件是用当事人的钱办案，以上均有待认真予以解决。会议决定批准这个报告并通过决议。

会议听取并审议《洞口县人民检察院工作报告》。会议认为，检察院树立了“稳定压倒一切”的战略思想，较好地发挥了检察职能作用，取得了一定的成绩。会议要求，切实加强自身建设，抓紧勤政廉政教育，提高队伍素质，继续坚持“一要坚决、二要慎重、务必搞准”的方针，稳、准、狠地打击各种刑事犯罪和经济犯罪。会议决定批准这个报告并通过决议。

本次会议共收到10名以上代表提出的议案34件，反映了各地存在的一些迫切需要解决的问题。经议案审查委员会审议并提请主席团研究，立案6件。刘家鼎等10名代表提出的《关于在县人大代表中开展争先创优活动的议案》，提请大会作出相应的决议；张稳芳等11名代表提出的《关于增加对桥头区低产田改造投资的议案》、刘金鹏等10名代表提出的《解决洋湾排水渠的议案》、肖和毫等13名代表提出的《关于整顿县城交通、市场秩序的议案》、王云桂等14名代表提出的《关于解决黄桥镇农贸市场的议案》、杨小青等15名代表提出的《关于尽快解决高沙镇农贸市场的议案》共5件，提请大会授权县人大常委会在调查的基础上进行研究，分别作出相应的决议；其他28件改作代表建议、批评和意见，由县人大常委会选举任免联络工作委员会交有关部门研究处理。大会秘书处还收到代表的建议、批评和意见148件，由县人大常委会选举任免联络工作委员会会同县政府办公室，召开有关单位负责人会议研究处理并负责答复代表。

大会作出《关于在县人大代表中开展创先争优活动的决议》（以下简称《决议》）。《决议》包括评比内容、先进代表小组评比条件、先进代表评比条件、评比和奖励办法、奖励经费来源；《决议》授权县人大常委会负责实施。肖和毫、王云桂、杨小青等42名代表分别提出的三件议案内容相近，决定合并为《关于加强集贸市场管理和建设的议案》，大会通过《关于授权县人大常委会作出〈关于加强集贸市场管理和建设的决议〉》。

第三节　第三次会议

十一届人民代表大会第三次会议，于

1992年3月16日至20日在县城举行，应到代表310名，实到278名。

代县长邓隆禹向大会作《政府工作报告》。一是1991年经济和社会发展形势。经济建设持续、稳定、协调发展，社会总产值、国民生产总值、国民收入三项指标超额完成了任务，工农业生产总值按1980年的不变价计算，完成年计划的111.2%。农业和农村工作取得突破性进展。水稻、小麦、油菜总产超历史，水利建设被评为全国先进县，森林覆盖率达52.8%；农村改革进一步推进，564个村建立了承包合同管理小组，农科网体系初步形成，农业综合开发势头较好。工交企业经济效益开始回升，财贸各业圆满完成任务，社会治安综合治理成效明显。二是1992年经济工作安排。（1）、突出主体，做好“建设高效农业”这篇文章，以开发吨粮田为重点，以强化服务为手段，以科技兴农为动力，抓好农业综合开发；深层次开发土地潜力，发展粮食生产；开发山水庭院，发展多种经营；开发地方资源，发展村级经济；瞄准国内外市场，开发乡镇工业；以增产粮、油、果为中心，农林牧渔全面发展，实行山水田林路综合治理。（2）、狠抓县办工业和乡镇工业“两翼”，努力攻破“亏损”和“积压”两个堡垒，下狠劲把工业搞上去；狠抓结构调整和技术进步，狠抓深化改革，狠抓交通、能源、邮电等经济后劲工程的发展。（3）、搞活流通，着力扩大内外贸易，努力建设集市贸易和出口基地，加强财源建设，强化税收征管。实现全年工作任务的保证措施是：改革和发展科教事业，实施科教兴县战略；综合治理，为经济建设提供安全稳定的社会环境；改进工作作风，加强和改善经济工作的领导，厉行增产节约，量力而行，量入为出，过几年“紧日子”。经过会议审议，决定批准《政府工作报告》并通过决议。

会议听取并审议《洞口县1991年国民经济和社会发展计划执行情况及1992年计划安排（草案）的报告》《洞口县1991年财政预算执行情况和1992年预算（草案）的报告》，决定批准这两个报告并分别通过决议。

会议听取并审议《洞口县人大常委会工作报告》。会议认为，十一届人大二次会议以来，县人大常委会认真行使法律赋予的职权，以经济建设为中心，搞好宏观监督，抓住群众反映的“热点”问题，搞好微观监督，建立反馈制度，提高了监督实效；加强代表工作，发挥代表的参政议政作用，维护了代表合法权益，代表在二次会议期间提出的建议、批评和意见，已于预期内全部办理完毕，政府部门开始登门征求意见，实行开门办理；在不断加强自身建设的同时，加强了对乡镇人大工作的指导与联系，保证年初的乡（镇）人民代表大会圆满成功，为推进社会主义民主法制建设，促进政治和社会稳定及经济发展发挥了重要作用。会议要求，县人大常委会在新的一年里，要加强调查研究，提高工作实效，注重发挥代表的整体功能，搞好对司法机关的评议，认真做好换届选举工作，为两个文明建设做出应有的贡献。会议决定批准这个报告并通过决议。

会议听取并审议《洞口县人民法院工作报告》。会议认为，法院在积极开展“百日严打”的同时，抓紧民、经审判，全面开展其他各项审判工作，能主动服务上门，而且及时查处干警中的违法违纪事件，增强了干警的执法观念和组织纪律观念。会议要求，在中共十三届八中全会精神指引下，增强反和平演变的意识，突出打击，加强执行，参与治理，狠抓积案清扫，抓住代表评议司法部门工作的机遇，加强廉政勤政建设和业务建设，为实现社会治安根本好转和保障经济工作的顺利进行发挥审判机关应有的职能作用。会议决定批准这个报告并通过决议。

会议听取并审议《洞口县人民检察院工作报告》。会议认为，检察院一年来深入开展反贪污、贿赂斗争，严厉打击严重刑事犯罪活动，认真查处各类法纪案件和控告申诉案件，均有较好成效。会议指出，干警的积极性还没有充分调动起来，少数干警缺乏艰苦创业的精神，怕苦怕累，在一定程度上削弱了检察队伍的战斗力，这应引起重视。会议要求，继续把打击经济犯罪转为经常性的斗争，坚持为经济建设服务；结合人大代表对司法部门的评议，从严治检，努力提高办案质量和办案效率，充分发挥检察机关的职能作用。会议决定批准这个报告并通过决议。

本次会议收到县人民政府提出的议案1件、代表联名提出的议案30件。经议案审查委员会审查并提请主席团研究决定：县人民政府提出的《关于依法治县的议案》予以立案；傅文保等19名代表提出的《关于紧缩财政开支、确保干部工资的议案》、卿启文等14名代表提出的《关于压缩机关小车经费的议案》，内容相近似，合为一案，予以立案，并提请大会审议。其他28件改做建议、批评和意见。此外，会议前一个月收集代表建议、批评和意见167件，加上会议期间收集的共216件。在本次会议期间已办理答复81件，代表比较满意，其余135件，由县人大常委会选举任免联络工作委员会、县政府办公室分别交有关部门（单位）研究办理并答复代表。

经大会审议，通过《关于依法治县的决议》《关于对全县行政机关、事业单位小车实行严格控制、加强管理、限额开支的决议》。

县人大常委会向大会报告，常委会第11次会议已决定接受李本泳辞去洞口县人民政府县长职务的请求。大会选举邓隆禹为洞口县人民政府县长。

会议首次表彰11个先进代表小组和50名优秀县人大代表。

第十二章 十二届人民代表大会

第一节 第一次会议

十二届人民代表大会第一次会议，于1992年12月31日至1993年1月6日在县城举行。应到代表318名，实到318名。县委和“一府两院”有关单位负责人共107名应邀列席会议。

县委书记李本泳在开幕式上要求各位代表肩负人民重托，充分发扬社会主义民主，严格依法办事，将会议开成民主、团结、奋进的大会，选出一个团结奋进、开拓创新的新一届领导班子，确定今后三年经济建设和社会发展的任务与措施；要求进一步完善人民代表大会制度，努力开创洞口县人大工作新局面。

县人大常委会副主任龙际红作大会筹备工作报告；副主任尹帮治作代表资格审查报告。

县长邓隆禹作《政府工作报告》。（1）、对十一届县人民政府三年工作的基本估价：每年社会总产值、国民生产总值、国民收入三项指标均超额完成了任务，全县安定团结的政治局面不断巩固，各项社会事业都有新的发展；农业连年丰收，综合开发初见成效；工交企业在困境中前进，经济效益逐渐回升；财贸各业奋发图强，较好地完成了各项任务；乡镇企业异军突起，取得很大发展；计划生育工作登上了新台阶，1991年跨入全省一类县的行列；城建、环保、国土“三项工作”基本上走上了法治化、规范化的轨道；科技教育发展迅速，医疗卫生工作有新进展，广播、体育等事业获得较大发展；农村改革逐步深化，巩固、完善了统分结合的双层经营体制，集体经济有所发展；企业承包经营责任制进一步完善，企业劳动人事、工资分配和社会保障“三项制度改革”拉开了序幕；商业、供销、粮食、外贸、物资、税务、金融、物价、住房及社会保障等项改革均有不同程度的突破；对外开放形成态势，内联外引初露生机；人事制度改革有新的起色，组织4043名干部参加公务员行为规范考试，合格率达97%；按照“两手抓”的指导思想，在抓经济建设的同时，深入开展了“两打”“两整顿”“七害”“反盗窃”和“两反”等专项斗争，社会治安形势进一步好转。（2）、今后三年政府工作的总体思路。经济发展的总体思路是：依托小城镇，发挥资源优势，狠抓工业和乡镇企业，大力发展高效农业，着力培植骨干企业，加速发展第三产业，切实抓好科技、教育，严格控制人口增长，实现强农、兴工、重教、活商、富民的战略目标。（3）、今后三年要切实抓好带全局性的八项工作：转换企业经营机制，增强企业活力；发展高产优质高效农业，努力振兴农村经济；积极搞活流通，加快发展第三产业；突破市场建设弱势，积极培育市场体系；加快科技进步，大力发展教育事业；增强人口忧患意识，严格控制人口增长；积极推进机构改革，加快政府职能转换；加强精神文明和法治建设，推动社会进步。

会议审议认为，县十一届人民政府紧紧抓经济建设这个中心，两种生产一起抓，“两个文明”一起建，较好地完成了国民经济和社会发展计划，对县政府三年来的工作比较满意。会议指出：县政府的思想认识与新形势还有一些不相适应的地方，改革开放力度不大，抓经济建设合力不足，少数部门和单位缺乏全局观念，扯皮现象时有发生；经济结构矛盾突出，第三产业发育太慢，农村传统的“粮猪型”低效结构没有根本转变，工业产品缺乏市场竞争能力，电力不足，制约着经济的发展；财政形势严峻，赤字越滚越大；以上问题应引起高度重视，并采取有效措施加以解决。会议要求：县政府要进一步解放思想，加快改革开放的步伐，狠抓工业，注重发展民营企业，大力发展高效农业，积极发展第三产业，加速社会主义市场经济体制的建立；政府和各部门要坚持不懈地改进工作作风，努力实施《政府工作报告》中提出的带全局性的“八项工作”。会议决定批准这个报告，大会通过《关于〈洞口县人民政府工作报告〉的决议》。

会议听取和审议《洞口县1992年国民经济、社会发展计划执行情况和1993年计划安排及“八五”计划修改的报告》。会议认为：1992年国民经济和社会发展执行情况总体是比较好的；1993年国民经济和社会发展计划的安排、所提出的各项任务、措施，是符合实际的，经过全县人民的努力是能够实现的。对“八五”计划的部分指标进行修改，符合中共十四大报告精神，符合洞口县的实际情况，决定批准这个报告，大会通过《决议》。

会议听取了县政府委托县财政局局长范积元作的《关于十一届政府财政收支情况和十二届政府收支预算的报告》，根据本次会议财政预算审查委员会的“审查报告”，授权县十二届人大常委会审查、批准《洞口县1992年财政决算及1993年财政预算》。

县十一届人大常委会主任雷家寿作《洞口县人大常委会工作报告》（以下简称《报告》），回顾了自1990年3月选举产生县十一届人大常委会以来的工作。一是以经济建设为中心，讨论决定全县的重大事项。先后举行19次常委会、70次主任会议，分别听取和审议了“一府两院”关于贯彻实施土地管理法、义务教育法、行政诉讼法等9个法律、6个条例的汇报，分别作出《关于解决干旱死角地区水利问题的决议》《关于保护水利电力设施的决议》《关于加强集贸市场建设和管理的决议》

等7个决议、决定和1个实施办法，相继组织了视察和督办，都取得较好成效，加强了经济基础设施建设。二是依法进行监督，支持和推动“一府两院”的工作。先后听取和审议关于农业、工业、科技、司法、教育、环保、医药、财税、廉政等19个方面的工作汇报83次，批准8个建制镇的城建规划及其修编；特别是组织了首次司法评议，62份评议材料“评之有据，议之有理，言之有法，实事求是”，评议以后抓整改，督落实，制定整改标准，至1992年12月20日，县人大常委会交办、转办的案件除公安局尚有6件未办完以外，法院、检察院、司法局已全部办理完毕，整改到位，请十二届人大代表及常委会继续督办公安局尚未办完的6件。三是加强代表工作，认真办理和督促办理代表的建议、批评和意见。本届一、二、三次会议共收到代表的建议、批评和意见共794件，其中得到解决的459件，列入规划、待逐步解决的202件，因财力、物力制约或现行政策不允许、给予解释和说明的有133件，代表的满意率和基本满意率接近90%；办理办法也有一些改进，改“会中征集、会后办理”为“会前征集交办”，有利于代表有充裕的时间进行调查研究，有利于提高公开答复率，有利于承办单位登门办理；三年来，县人大常委会组成人员和机关工作人员共走访县人大代表1977人次，征集各类意见1178条，接待代表和人民群众来信来访3724件次，对其中比较重要的意见和信访件进行转办，大多数有回复。四是依法搞好人事任免。既坚持党管干部的原则，又严格依法办事，坚持“先免后任，先任命后到职，未经人大常委会任命不能对外公布”的原则；被提名人须向人大常委会会议报告自己的德、能、勤、绩情况及拟赴任单位的工作打算，委员们再提出意见和建议，最后用无记名投票的方式表决；十一届人大常委会共任命国家机关工作人员101名，免职41名，撤销1名审判员的职务。五是加强了对乡镇人大工作的指导和联系。县人大常委会和区人大联络工作委员会指导并帮助了乡镇人大主席团建立、健全“三项职责”“四项程序”“五项制度”，加强代表培训，不断提高代表的参政议政能力，代表评议政府及其所属部门的工作已逐渐展开。六是注重了人大常委会的自身建设。通过学习中共十四大文件和邓小平“视察南方重要讲话”，加深了对中国特色社会主义的理解；在制度建设方面，进行了修改、补充与完善，逐渐制度化、规范化、法律化；在作风建设方面，注意加强高效、廉洁、务实作风的培养，努力为“三会”和代表做好服务；县委交办的“工业总体战”、社教、办点等中心工作都较好地完成了任务，尽到了应尽的责任。七是圆满完成了15年一遇的五级人大换届，至1992年年底，选举产生乡（镇）人大代表2259名，39个乡、镇全部开完十二届人民代表大会第一次会议，人民代表大会制度进一步完善；选举产生十二届县人大代表318名，为本次会议的召开做了必要的准备。《报告》概括十一届人大常委会的工作体会：不断深化对人大工作的认识，是做好人大工作的重要前提；坚持党的领导，是搞好人大工作的根本保证；坚持依法办事，是做好人大工作的关键；深入调查研究，是人大工作最基本的工作方法；发挥代表的参政议政作用，是做好人大工作的基础。会议经过认真审议，决定批准十一届人大常委会的工作报告并通过决议。

法院院长伍玉龙作《洞口县人民法院工作报告》。三年来，县人民法院紧紧围绕经济建设这个中心，发挥审判职能作用，共审结刑、民、经三类案件5805件。突出了刑事审判，贯彻执行“严打”方针，严厉打击刑事犯罪和经济犯罪分子，共受理各类刑事案件498件745人，审结490件737人，判处五年以上徒刑的246人，占案犯总数的33.3%；协助市中级人民法院审结严重刑事犯罪案件27件46人，执行死刑16人；有力地打击了犯罪分子的嚣张气焰，促进了社会治安持续稳定和经济发展。强化了服务机制，努力向经济审判倾斜，改“坐堂审案”为主动上门服务，全面清理“三角债”，为企业排忧解难。近两年围绕贯彻新的《中华人民共和国民事诉讼法》，抓好民事审判，促进安定团结。起步较晚的行政审判开始走上正常化，1992年审结行政案件51件，向有关行政机关提出司法建议18件，被市院称之为“佼佼者”，省院在洞口县召开座谈会，既鼓励又鞭策，要求不断摸索行政审判的实践经验，促进行政机关依法行政。接受人大监督，接受代表评议，吸取教训，整顿队伍，不断提高执法水平，“执行难”的局面有所缓解，法庭基础工作有新的加强，评优创模活动正在深入开展。会议经过认真审议，决定批准这个报告并通过决议。

检察长肖迎祥作《洞口县人民检察院工作报告》。三年来，县人民检察院在总结“两反”斗争经验的基础上，进一步把这项工作引向深入，继续把惩治贪污贿赂犯罪斗争作为检察工作的首要任务，共受理各类经济犯罪案件264件，决定立案侦查131件146人，其中贪污案48件52人，贿赂案23件26人，挪用公款案14件14人，偷税抗税案52件58人，其他经济案件6件9人，为国家和集体挽回经济损失210多万元；斗争的重点更加突出，三年共查处万元以上的经济大案23件，涉及党政机关和企、事业单位的工作人员17人，大要案件立案数和人数分别占立案总数的22%和13%。共受理公安机关提请批准逮捕人犯810人，全部审理完毕，其中依法批准逮捕672人；受理公安机关移送起诉人犯717人，通过审理，决定向法院提起诉讼641人；对本院自行侦察的贪污、贿赂、侵权、渎职等犯罪分子批准逮捕8人，提起公诉11人，免予起诉39人；打击了破坏社会治安的刑事犯罪分子和其他经济犯罪分子，遏制了犯罪，维护了社会安定，促进了国家经济建设的顺利进行。法纪检察工作在不断总结经验的基础上得到加强，三年共受理法纪案件97件101人，决定立案39件41人，维护了公民的民主权利和人身权利，保证了正常的生产、经营活动，更重要的是使改革者得到了支持、开拓者受到了保护、失误者得到了纠正、违法者受到了惩处。会议经过认真审议，决定批准这个报告并通过决议。

秘书处议案组收到议案68件，经议案审查委员会审查并经主席团研究决定，黎贵南等17名代表提出的《要求增加农业投入，减轻农民负担》、郑大才等13名代表提出的《要求制止“三乱”，减轻农民负担》、罗煌石等10名代表提出的《要求减轻农民负担》、许名干等10名代表提出的《减轻农民负担，势在必行》等4件应于立案。其余64件改作建议、批评和意见；收到建议、批评和意见158件；共222件，由县人大常委会和县政府召开专门会议交有关单位研究处理，并答复代表。收到代表提出的质询案6件，议案审查委员会建议并提请主席团研究决定，5件改作询问件，由被询问单位负责人到有关代表团直接答复；1件作质询案，由受质询单位的负责人先在主席团会议上口头答复，再书面答复。代表对答复比较满意，大会主席团对黎贵南等50名代表提出的“制止三乱，减轻农民负担”的4件议案同意合并为1件立案，鉴于制止“三乱”及减轻农民负担情况复杂，涉及面广，建议大会授权县人大常委会对关于制止“三乱”、切实减轻农民负担的问题作深入调查研究，并做出相应的决议，督促县人民政府采取有效的措施，使制止“三乱”和切实减轻农民负担的工作取得好的成效。1993年1月6日，大会通过《关于制止“三乱”、切实减轻农民负担的决议》。

大会选举产生县十二届人大常委会主任袁仁祝，副主任吴聚怀、龙际红（女）、陈可夫、伍玉龙、谢先羽和13名委员；选举县人民政府县长邓隆禹，副县长梁恩龙、刘千苟、段以美（女）、曾祥永、欧迪增；选举县人民法院院长杨大康；选举县人民检察院检察长唐章水（须报市检察院检察长提请市人大常委会批准任命）；选举邵阳市十一届人大代表45名。

第二节　第二次会议

十二届人民代表大会第二次会议，于1994年3月20日至24日在县城举行，应到代表320名，实到316名。

县长邓隆禹作《政府工作报告》。一是回顾1993年政府工作。1993年全县克服了各种困难，较好地完成了十二届人大一次会议批准的各项计划，按1990年不变价计算，国民生产总值完成计划的109%，比上年增长15.7%；工农业总产值完成计划的106%，比上年增长14.4%；人口自然增长率为6.48‰，比控制目标降低2.02个千分点。农业有个好收成，粮食生产连续两年成建制过吨粮，高效农业总产值比上年增长10.2%，农产品商品率达49%，比上年提高两个百分点。代表们关注的制止“三乱”，已清出“三乱”资金295万元，退还农民108万元，县财政收缴32万元；还清理了有关农民负担的文件，裁减了不合理负担项目，农民负担控制在上年纯收入的5%以下。工业在困境中有新变化，出现了“产值、销售收入、销售税金（三增加），三项资金占用降低”的局面。城乡市场日趋活跃，社会商品零售总额比上年增长26.6%，合同粮入库按计划完成，个体工商户和私营企业发展逾万户，从业人员达1.5万人，分别比上年增长70.5%和80%。各项社会事业均有新的进步，民主法治建设得到新的加强。二是1994年的主要工作目标和工作措施。主要工作目标是：国民生产总值增长10%，农业总产值增长5%，工业总产值增长12%，第三产业增加值增长20%，人口自然增长率控制在8‰以下，其他各项事业都要有一个大发展。完成上述目标，必须认真抓好三个方面的工作：（1）整体协调，配套联动，积极稳妥地推进七项改革。推进企业改革，理顺产权关系，工商企业采取“折股拍卖、负债经营、抵押入股”的办法，小型企业加快国有民营、股份合作和租、转、卖、破步伐，部分企业推行一厂多制、分块搞活的办法；推进农村改革，完善双层经营体制，土地承包期再延长30年不变，承包期内土地使用权可依法有偿转让，努力兴办农村股份合作企业；推进财税改革，合理划分事权财权，合理确定县与乡镇的财政体制，搞好县财政与企业、企业新税制与旧税制的衔接，搞好与上级财政的衔接，争取省、市的理解和支持；推进金融改革，培育金融市场，建立统一、开放、有序、竞争、严格管理的金融市场体系；推进社会保障制度改革，建立健全社会保障体系，全面推行城镇职工养老保险和失业保险，积极开展“两女户”、村干部、乡镇企业职工为重点的农村养老保险，解决社会保险机构各自为政、多头管理的问题；推进住房制度改革，搞好公房出售；推进机构改革，转变政府职能，抓紧实施公务员制度。（2）抓住机遇，放胆放手，快速高效地发展经济。突出抓好高效农业、抓好工商企业、抓好城镇建设、抓好基础设施建设“四大重点工作”；努力突破企业经济效益低下、财政状况紧张、生产资金短缺、科技教育与经济融合不够“四个难点”；加速培植经济发展中的“四个新的增长点”，竭尽全力抓乡镇企业，放胆放手发展个体私营经济，又快又好发展第三产业，不断拓宽招商引资渠道。（3）面向经济，强化服务，努力改进政府工作，加强机关作风建设，加强治安工程建设，加强民主法制建设，加强精神文明建设。会议经过审议，决定批准这个报告并通过决议。

会议听取并审议县政府《关于1993年国民经济和社会发展情况与1994年计划草案的报告》，决定批准这个报告并通过《决议》。

会议听取并审议《关于1993年财政预算执行情况和1994年财政预算（草案）的报告》，授权县人常委会在正式确定县财政体制后予以调整财政收支预算计划。大会通过相应的决议。

县人大常委会主任袁仁祝作《县人大常委会工作报告》。（1）本届一次会议以后，人大常委会认真贯彻执行党的十四大精神和全国八届人大一次会议精神，把加强社会主义民主和法制建设作为根本任务，为全县的改革开放、经济发展和政治稳定发挥了重要作用。一是参与、审议决定全县重大事项，促进全县社会主义市场经济的发展。共举行6次常委会会议和22次主任会议，分别听取和审议“一府两院”贯彻实施《企业法》《城市规划法》和《全民所有制工业企业转换经营机制条例》情况的汇报，听取和审议贯彻执行“解决干旱死角地区水利问题”“加强集贸市场建设与管理”两个决议的情况汇报，认为县政府已经付出了很大的努力。据人大常委会的跟踪调查，干旱死角地区的水利问题还只解决一半左右，国、省道上的农村墟场、城镇中心市场和批发市场的建设步伐需要加快，管理尤其需要加强，必须采取有力措施克服这些薄弱环节。分别视察了工业股份制试点情况、工业企业转换经营机制的落实情况、高效农业开发和农业资源综合开发十二大项目的进行情况，向政府和相关部门提出了意见和建议。就制止（三乱）和“减负”问题，派出4个调查组进行为时半个月的调查，调查认为，“三乱”现象特别是乱收费现象十分严重，尤以中小学和司法机关表现突出，造成了比较严重的社会后果和政治影响，县委、县政府对此很重视，进行为期三个月的清查，县长已经向大会报告了清查和处理结果，但从全县人民的反映和要求来衡量，这绝不是一阵子的功夫。二是依法监督“一府两院”的工作，不断提高监督效果。督促县政府加强文化市场管理，禁止和取缔内容反动、淫秽和宣传色情、凶杀暴力、封建迷信出版物；监督政府有关职能部门开展了医药卫生大检查、食品生产大检查，整顿了医药医疗市场和食品生产、经营、批发市场秩序。在法律监督方面，十一届人大常委会移交的6件交办、转办案件，本届已办结4件；《欧阳元秀是自杀还是他杀》一案，第一次质疑，第二次交办，第三次督办，第四次由一名副主任带队介入，最后交由县人民检察院办理，得省市人大常委会支持，终于真相大白，逍遥法外达一年零四个月之久的杀人凶手落入法网；煤炭局的财产侵犯案，督促法院恢复审理；花古乡苗竹村谭某的强奸幼女案，案犯被依法逮捕；本届一次会议交办的10名县代表联名提出的肖珍秀、王常青与城关派出所联防队员纠纷质询案，已派员认真调查，在明辨是非的基础上，督促有关部门依法进行处理。三是加强代表工作，认真办理代表的建议、批评和意见。一次会议后的一年时间，共走访县人大代表1025人次，收集代表意见736条，大多数作了回复，有的进行了交办、转办，大屋乡李迪享等代表提出调整竹制品价格的建议，人大常委会派员与有关部门实地调查研究后，发文做了调整，农民一年可增收2万元；一次会议共收到代表建议、批评和意见158件，议案转为建议的64件，共222件，县政府领导在大会答复22件，其余200件由县人大常委会和县政府交给40个单位承办答复，至1993年10月20日全部办理完毕。问题得到解决或正在解决的139件，占62%；因不符合政策规定和客观条件不具备暂不能解决的62件，占27%；留作今后参考的21件，占10%。四是依法搞好人事任免。依法任免国家工作人员93人，其中任命68人、免职25人，撤销1名审判员职务，接受县人民政府段以美副县长的辞职，接受肖和友辞去十二届县人大常委会委员的请求。五是加强自身建设，指导和联系乡镇人大工作。把学宪法不断引向深入，以此推动思想建设，干部队伍建设、机关制度建设都在不断加强；得县委关心，通过干部双向交流，人大干部的年龄结构和文化结构逐步有所改善；机关按照县委、县政府的安排，在江潭乡办500亩小麦连片试点，基本成功，市政府于1993年11月组织各县县长和农口单位的负责人到现场参观。上年人大换届后，乡镇人大主席团主席变动很大，区人大联工委主任也有很大变动，县人大常委会于1993年4月在县委党校举办一期有65人参加的人大干部培训班，重点讲授宪法、地方组织法、代表法、湖南省乡镇人大主席团工作若干规定、人民代表大会制度是我国的根本政治制度、人大工作与中心工作等6课，收到了较好的效果；区、镇、乡相继举办了县、乡（镇）代表培训班，参训代表占代表总数的94%。培训代表后，代表评议政府及其所属部门工作的活动正在逐渐展开。（2）人大工作存在的差距：对“一府两院”的监督缺乏深度和力度，人大工作促进经济发展的方式方法有待探索创新，人大常委会的人事任免方法有待改进。（3）新年新的工作。人大常委会在新的一年里，将动员和凝聚各方面的力量，围绕“财政增收、农民增收”这一主题，抓住本行政区域主要矛盾的主要方面，认真行使职权，加强民主政治和法制建设，努力实现县委工作会议提出的各项任务。会议经过审议，决定批准这个报告并通过决议。

法院院长杨大康作《法院工作报告》。1993年，共受理刑、民、经等各类案件3698件，结审率为98.9%，为维护社会稳定、促进经济发展做出了应有的贡献。主要工作情况是：坚持“严打”方针，全年受理各类刑事案件102件150人，结案率100%。加强民事、经济审判工作。全年受理各类民事案件1327件，结案率为98%；受理经济纠纷案件2185件，解决诉讼争执标的总金额1439万元，结案率为99%。全年受理各类行政案件47件，结案率为100%。全年受理和审结申诉案件7件，民事申诉案件4件；办理减刑、假释案件8件；林业审判工作贯彻全省“江华会议”精神，打击毁林犯罪分子，稳定林区的林业生产；执行庭收案191件，执行率达95%。在新的一年，继续严厉打击刑事犯罪活动，进一步抓好大案要案特别是经济犯罪大案要案的审判，大力调节经济关系，切实维护公民、法人的合法权益，为维护社会稳定，促进廉政建设和加快建立社会主义市场经济体制服务。会议审议后，决定批准这个报告并通过决议。

检察院检察长唐章水作《检察院工作报告》。1993年，打击经济犯罪作为检察工作的首要任务，打击的重点对准党政机关、执法部门和经济管理部门中利用职权收受贿赂、贪污、挪用公款等经济犯罪分子，共受理各类经济犯罪案件线索77件，决定立案侦查16件23人，为国家和集体挽回经济损失120万元。全年共审理公安机关和本院自侦部门提请逮捕人犯338人，批准逮捕289人；审理公安机关和本院自侦部门移送起诉人犯189人，向法院提起公诉148人；促进了社会治安好转。全年受理各类法纪案件线索31件，转有关部门处理6件，本院调查处理25件；受理申诉案件16件，转其他机关处理11件，本院控申股立案复查5件。履行法律监督职能，加强了对侦查和审判活动的监督，依法直接查处人大常委会交办且群众反映强烈的重大刑事案件《欧阳元秀是自杀还是他杀》，本院接受任务后，检察委员会统一思想认识，成立专案组，经过20多天的紧张工作，重点询问与全面访问相结合，内外调查与侦查相结合，科学鉴定与客观取证相结合，终于真相大白，依法决定将故意杀人犯逮捕归案，维护了法律的尊严，受到人民群众的赞扬。会议经过审议，决定批准这个报告并通过决议。

本次会议共收到议案55件，经议案审查委员会审查并经主席团研究决定，应于立案的1件，其他54件改作建议、批评和意见，由县人大常委会交有关部门研究办理并负责答复代表。大会议案组还收到代表提出的建议、批评和意见121件，县人大常委会选举任免联络工作委员会和县政府办公室将召开交办会议，交有关单位认真办理并答复代表。应于立案的议案是，曾照跃等12名代表提出的《关于严格管理电费及收费的问题》，主席团建议大会授权县人大常委会在深入调查研究的基础上作出相应的决议，大会表决通过。

第三节 第三次会议

十二届人民代表大会第三次会议，于1995年3月14日至18日在县城举行，应到代表320名，实到310名。

县长邓隆禹作《政府工作报告》（以下简称《报告》）。《报告》回顾1994年的工作：国民生产总值完成本届人大二次会议批准计划的100%，比上年增长12.7%；工农业总产值完成计划的117%，比上年增长19.6%；财政收入完成计划的132%，比上年增长40%；人口自然增长率8‰，达到了控制目标。农业连续三年双季稻成建制过吨粮，冬季农业开发再刷新纪录，全县冬播面积比上年增长9.5%，全县各类种养专业大户发展到1128户，农产品商品率达49.7%；在人大代表的监督下，“减负”工作取得很好效果，农民人均负担16.2元，低于省定标准。工业在困境中前进，完成工业总产值比上年增长44%，销售收入比上年增长58%，销售税金比上年增长29%，全县工业减亏2100万元，三项资金占用比上年减少800万元。个体工商户及私营企业发展到1.52万户，从业人员达3.48万人，分别比上年增长51%和132%；个体私营企业上缴国家税金比上年增长78%。各项改革平稳推进。印刷厂和玻璃厂的产权制度改革试点圆满成功，食品一厂实行破产；农村改革逐步深入，股份合作经济和农村合作基金会有了新的发展；认真组织税务机构的分设和人员分流，建立国家和地方税收体系；机构改革顺利进行，实现平稳过渡；人事、住房、社会保障等项改革推出新举措；招商引资有新发展，引进外资项目8个；完成小城镇经济开发项目16个。基础设施不断改善，民主法治建设进一步加强，各项社会事业全面进步。县政府在本届人大二次会议上提出办20件实事，经过全县上下一年的努力，已全面办成13件，基本完成3件，正在落实之中的有4件。《报告》提出1995年的工作目标和措施：国民生产总值增长10%，工业总产值增长14%，农业总产值增长6%，第三产业增加值增长15%，财政收支平衡，人口自然增长率控制在8.5‰以下。主要措施是：紧紧围绕“群众增收、财政增收”这个主题，发挥四大优势，挖掘四大潜力，抓好四大工程：发挥农业商品基地优势，变农业大县为农业强县；发挥乡镇企业机制灵活的优势，实现速度和效益的同步增长；发挥个体私营经济自主性强的优势，不断提高发展档次；发挥小城镇布局合理的优势，加速城乡一体化进程。以改革改组改造为动力，挖掘工业生产潜力；以市场建设为龙头，挖掘第三产业潜力；以提高科技含量为目标，挖掘智力资源潜力；以改善软硬环境为基础，挖掘招商引资潜力。改进作风，抓好勤政廉政工程；群防群治，抓好社会治安工程；依法行政，抓好民主法治工程；正风育人，抓好精神文明工程。会议经过认真审议，决定批准《政府工作报告》并通过决议。

县政府委托计划物价局局长陈正明作《关于1994年国民经济和社会发展计划执行情况与1995年计划（草案）的报告》，委托财政局局长尹光荣作《关于1994年财政预算执行情况和1995年财政预算（草案）的报告》。会议经过审议，决定批准这两个报告并分别通过决议。

县人大常委会主任袁仁祝向大会作《县人大常委会工作报告》。本届人大二次会议以来，常委会围绕经济建设这个中心开展人大工作，促进全县改革开放和经济建设的稳步发展，举行6次常委会议、15次主任会议，其中审议经济建设和改革开放的内容占60%以上；把发展高效农业、工业企业产权制度改革、发展新的经济增长点列为人大工作重点，加大监督力度，先后听取和审议县政府关于高效农业规模开发、建立农村社会化服务体系、丘岗山地开发和种子种苗准备的汇报以及“两院”为企业保驾护航、维护企业法人合法权益的汇报，而且派人参与冬季农业开发示范片的组织动员，安排一名副主任参加企业产权制度改革试点；支持县政府大力培植新的经济增长点，督促“一府两院”和行政机关依法保护乡镇企业和个体私营法人的权益；加强财政监督和财税征管，先后两次听取、审议县政府关于财政预算执行情况的汇报，一次主任会议听取审计工作的汇报，重视预算外资金的管理，派员会同政府有关部门对全县116个单位的行政事业性收费和预算外资金进行全面清理，基本摸清全县预算外资金的底子，为实施综合财政奠定了基础，特别是常委会的正副主任分赴征管第一线督战，促进财政增收；组织了重点工程茶路电站、县饲料厂、县罐头厂和恢复水毁工程的实地视察，提出了建设性意见，实施了有效监督；对本届人大二次会议提出的“乱收电费、增加科技投入”两大问题，根据大会授权，先后做了深入的调查研究，分别作出《关于加强电力管理、制止乱收电费的决议》和《关于加强科技网络建设和科技投入的决议》，并对两个决议的贯彻实施进行了跟踪检查，督促落实。1994年，县人大常委会从三个方面加强法律监督，推进社会主义民主法制建设：一是配合省、市人大常委会和有关部门，重点对农业法、农业技术推广法、环境保护法、统计法等法律的贯彻实施情况进行了检查，总的情况比较好，但也有个别单位宣传不够，执法不严，“检查起来一阵风，检查过后就放松”，对此进行了严肃的批评；二是加强了对司法机关的执法监督并开展司法评议，听取、审议了“一府两院”关于纠正以罚代法、以罚代刑和打击经济犯罪情况的汇报，组织部分代表对公安局看守所进行视察和评议，就监管制度不健全、牢头狱霸猖獗提出了批评意见和整改措施。三是高度重视对控告申诉案件的处理与督办，久拖未了的杨某被伤害案，经人大常委会交办、督办，县公安局作出处理。继续加强和改进代表工作，不断提高代表的参政议政能力，县人大常委会举办了为期一周的各级人大干部培训班，各区人大联工委和乡镇人大主席团组织代表系统地学习代表法和湖南省实施办法，全县各级代表有90%参加培训；县人大常委会规定10月为走访联系代表活动月，组成人员和区、镇、乡人大干部共走访联系代表6200余人次，收集代表意见780余条，逐条做了回复；本届人大二次会议上的议案转建议和代表提出的批评、意见和建议，已按时办理完毕，代表们基本满意，乡镇代表的690件建议也在规定时间基本办理完毕；在代表中开展“人民选我当代表，我当代表为人民”的创先争优活动，80%的代表参加“万元万户”竞赛活动，县人大代表、省科技示范户刘家如养猪1140头，出栏超千头，为国家提供各种税费1.7万多元，带出了一个以养猪为致富途径的长塘林家村。依法做好人事任免工作，二次会议以后，依法任免国家工作人员101人，其中任命85人、免职16人。加强对乡镇人大工作的指导，县人大常委会组织各区人大联工委，指导乡镇制订全年人大工作要点和岗位责任制，人大工作要点均以党委红头文件发出；指导乡镇依法举行人民代表大会，开展代表视察、评议活动，据统计，区、镇、乡组织代表视察、评议活动共47次。《报告》提出1995年人大工作的重点：突出经济建设这个中心，着重抓住丘岗山地综合规模开发、高效农业、工业企业体制改革、实施综合财政、培育新的经济增长点、发展第三产业和个体私营经济、“科技决议”的贯彻实施等重大事项进行审议和决策，促进全县经济发展；突出法律监督，有计划、有重点地开展赔偿法、劳动法、公司法等法律法规的执法检查，加强对司法机关的执法监督，加强“二五”普法的宣传和学习，抓好依法治村工作，搞好社会治安综合治理；突出基础工作，加强代表培训，提高代表素质，组织代表围绕党的中心工作、群众反映的热点问题开展调研、视察和评议活动，继续在代表中深入开展“万元万户”竞赛活动，推进基层人大工作的开展。在人事任免考核方面，年内将组织“一府两院”组成机构的部分组成人员向人大常委会述职，以促进“一府两院”组成人员的勤政廉政建设。会议经过审议，决定批准这个报告并通过决议。

法院院长杨大康作《人民法院工作报告》。1994年共受理各类一审案件3023件，审结2885件，结案率达95.4%。一是严厉打击严重危害社会治安和破坏经济秩序的犯罪分子。共受理一审刑事案件120件207人，审结率为100%；审结经济犯罪案件6件6人，对贪污、受贿的犯罪分子公开宣判，受到了良好的社会效果；全年召开集中宣判和执行死刑大会5场次，协助市中院执行死刑11人。二是运用司法手段调节经济关系，共受理经济纠纷案1074件，审结1037件，结案率为96.5%，共解决诉讼标的1239.06万元，为国家、集体、个人挽回经济损失1137.10万元。三是做好民事、行政、林业审判和告诉申诉、执行工作。共审结各类民事案件1558件，结案率达94.5%；共受理行政案件54件，结案率达98%，共受理涉林案件120件，审结111件；共处理来信891件（次），接待来访2125人次，说服息诉91人次，调处简易纠纷87件（次）；共受理申诉案件11件，审结10件；依法办理减刑假释案10件，对在服刑中确有悔改和有立功表现的8名罪犯予以减刑，2名罪犯予以假释，感化和教育了服刑罪犯；充实了执行力量，强化了执行措施，全年执结率97%。关于1995年的重点工作：一是强化严打斗争，继续严惩严重危害社会治安和经济犯罪分子，全力维护国家安全和社会稳定；二是发挥审判职能作用，调节经济关系，促进改革开放和经济发展；三是坚持严肃执法，维护国家法律尊严；四是狠抓队伍建设，提高整体素质。会议经过审议，决定批准这个报告并通过决议。

检察院检察长唐章水作《人民检察院工作报告》。1994年，遵循“严格执法，狠抓办案”的工作方针，加大打击经济犯罪力度，共受理各类经济犯罪线索127件，初查104件，决定立案侦查29件37人，其中贪污贿赂案20件，占立案总数的70%；在立案侦查的案件中大要案件19件，占立案总数的65.5%，查处科级干部4人，为国家和集体挽回经济损失267万余元。检察部门始终把严厉打击刑事犯罪作为工作重点，全年共受理公安机关和本院自侦部门提请逮捕人犯266人，批准逮捕225人；受理公安机关和本院自侦部门移送起诉人犯273人，向法院提起公诉193人，起诉到法院的案件均作出了有罪判决。依法受理各类法纪案件线索21件，本院调查处理12件，通过初查，决定立案侦查6件6人，已结案5件6人，3人被法院处以刑罚。强化了对侦查和审判活动的监督，全年对侦查和审判活动中存在的问题提出书面建议15份，发出纠正违法通知书2份，提出口头建议30余次，逮捕公安机关漏报罪犯2名，对11名不构成犯罪或情节显著轻微的作出不捕决定，对犯罪情节轻微的作出免诉决定18人；强化了对监管改造场所的法律监督，全年发现监管改造机关各类违法17起，已纠正17起，发现监外罪犯交付执行中违法40起，提出纠正建议40起，帮助纠正32起；运用科学技术手段复核、检验、鉴定各类案件805件，纠正有关部门定性不准、结论错误的鉴定20起，排除伪证、虚证340份。关于1995年的主要任务，深入贯彻全国政法工作会议和全国检察长工作会议精神，突出抓好查办贪污贿赂等大案要案工作，依法从重从快打击严重刑事犯罪活动，继续认真查处侵犯公民民主权利、人身权利和渎职犯罪案件，进一步加强执法监督。会议经过审议，决定批准这个报告并通过决议。

本次会议收到议案22件，经议案审查委员会审查，建议将尹青山等27名代表提出的“修建县城的公共厕所”、张志农等12名代表提出的“解决环卫所垃圾车”、张志农等13名代表提出的“增拨环卫经费”等3件因内容相近并为1件，题为《加强城镇环卫设施建设与管理的议案》，予以立案，其余19件改作建议、批评和意见，由县人大常委会交有关部门研究办理并答复代表，其中尹青山等30名代表提出的“县人大、县政府务必重视城关镇教育”和尹青山等29名代表提出的“修建青山防洪堤二期工程”，是县城人民普遍关注的重大事情，建议县人民政府及有关部门作为代表的重要建议召开专门会议进行研究并落实。还收到代表建议、批评和意见95件，会后由县人大常委会选举任免联络工作委员会会同县政府召开交办会议，交有关部门、单位研究办理并答复代表。大会通过《关于〈加强城镇环卫设施与管理的议案〉立案的决议》，授权县人大常委会在深入调查研究的基础上作出相应的决议，督促县人民政府采取有力措施予以落实。

第四节　第四次会议

十二届人民代表大会第四次会议，于

1996年3月25日至29日在县城举行，应到代表317名，实到310名。

县长邓隆禹作《关于洞口县国民经济和社会发展“九五”计划和2010年远景目标纲要的报告》。一是“八五”时期的简要回顾。1991年至1995年，国民经济持续稳定发展，1995年与1990年相比（按1990年不变价、下同），国内生产总值平均每年增长12%，农业总产值平均每年增长9.7%，工业总产值平均每年增长17.5%，财政收入平均每年增长24%，第一、二、三产业结构比例由62∶15∶23调整到57∶17∶26，主要工农业产品产量和生产能力都有较大幅度的增长，粮食产量增长37%，油料产量增长1.3倍，水果产量增长1.5倍，生猪饲养量增长1倍多，水产品产量增长35.1%，林业生产获“全国绿化百佳县”和“全国绿化工作先进县”称号，水泥产量增长1.7倍，化肥产量增长5.2%，年发电量增长14.6%，五年累计完成固定资产投资相当“七五”期间的2.24倍；改革开放取得新的进展，各项社会事业全面进步，人民生活水平明显提高。存在的困难和问题主要表现在四个方面：（1）经济结构不尽合理，支柱产业还不突出，特别是相当部分工业企业生产经营困难；（2）是交通、电力等“瓶颈”制约严重；（3）历年滚存财政赤字尚未消除，财政运行仍然艰难；（4）治安形势比较严峻，不稳定因素仍然存在。二是“九五”主要目标和2010年远景目标。“九五”期间的主要目标是：全面完成现代化建设的第二步战略目标，到2000年，力争实现人均国民生产总值比1980年翻两番，人民生活接近小康水平，初步建立起社会主义市场经济体制。2010年远景目标是：建立起符合社会主义市场经济体制要求的比较完善的经济、社会运行体系，在不断提高经济素质和效益的前提下，力争国内生产总值在2000年的基础上再翻一番。三是认真做好1996年的工作。1996年是“九五”计划的第一年，重点抓好八项工作：（1）搞好一批已经开工和准备动工的交通、水利电力、邮电通信等基础设施建设项目；（2）切实抓好以丘岗山地开发为重点的基地建设，搞好农业综合开发；（3）继续深化企业改革，抓好扭亏增盈工作，竭尽全力搞好工业生产；（4）个体私营经济上规模、上档次、上水平，年内个体工商户要达到2万户，从业人数要达到5万人，私营企业要达到150家，上缴国家税款要新增300万元；（5）抓好市场建设，完成县城桥南市场的主体工程和高沙乳猪市场的扩建改造，建好文昌市场；（6）继续抓好高效农业、工商企业、乡镇企业、个体私营经济等生产性支柱财源建设和“综合财政、土地财政”两大新型财源建设，进一步扩大综合管理面，增收节支，确保全年财政收支平衡；（7）加大小城镇建设力度；（8）进一步做好招商引资工作。会议认真审议“纲要”和“报告”，认为“九五”计划和2010年远景目标纲要符合上级精神和洞口实际，反映了全县人民的共同愿望和根本利益，积极可行，决定批准《洞口县国民经济和社会发展“九五”计划和2010年远景目标纲要》。大会通过《关于〈洞口县国民经济和社会发展“九五”计划和2010年远景目标纲要〉及报告的决议》。

会议听取县政府委托计划物价局局长陈正明作的《关于洞口县1995年国民经济和社会发展计划执行情况与1996年计划（草案）的报告》、财政局局长尹光荣作的《关于1995年财政预算执行情况和1996年财政预算（草案）的报告》，会议审议后决定批准这两个报告并分别通过决议。

县人大常委会主任袁仁祝作《人大常委会工作报告》。本届人大三次会议以后，为促进全县经济稳步发展，已经听取和审议了财政预算执行及追加、实施综合财政、丘岗山地规模综合开发、高效农业开发、工业企业体制改革、审计工作等事关经济建设的17项工作情况汇报；根据大会授权，经深入调研后作出《关于加强城镇环卫设施建设与环卫管理的决议》，县政府正在分年度实施；对《关于加强科技科网络建设和科技投入的决议》，跟踪进行再度审议；对计划生育经费、民政经费、文化市场管理、打假、扫黄等工作进行了监督；派员参加了花园万亩笋竹林的开发、振兴工业企业、财税“三大检查”，都取得较好成效。以社会主义民主法制建设为根本任务，加强法律监督，先后听取和审议关于《中华人民共和国劳动法》、《中华人民共和国赔偿法》、《中华人民共和国预算法》、《中华人民共和国审计法》和政府组成人员“二五”普法和“依法治村”情况的汇报；配合上级人大常委会执法检查组对教师法、九年义务教育法、农业法和环保法等贯彻实施情况进行了检查；对评议县政法机关交办的7件反映强烈的案件进行了跟踪监督；受权组织部分市代表参加评议市政法机关的工作，对上级人大常委会交办的8件案件和群众反映强烈的案件进行了督办。对乡镇人大换届选举加强了指导，认真办理了代表大会的议案、建议、批评和意见。1995年撤区并乡建镇以后的乡镇人大换届选举，历时45天，县人大常委会精心指导，严格依法办事，圆满成功，市人大常委会对此予以表彰；换届后抓紧培训，新班子进入角色，开展工作，对群众反映强烈的中学收费进行了清退；三次会议的议案转建议、批评和意见，由28个单位按时办理完毕，办得比较好。依法做好人事任免工作。全年共任免29人，其中接受1名人大常委会委员、1名副县长、法院院长、检察院检察长的辞职，任命了5名副县长和法院代理院长、检察院代理检察长，提请大会补选法院院长、检察院检察长。人大常委会分别听取和审议了监察、审计、反贪污贿赂局的工作汇报，认为反腐倡廉工作有待继续深入，1995年的违纪金额有较大幅度上升，挤占挪用专项资金数额大，有的截流收入，虚列支出，私设小金库，少数单位采取向下属单位和企业借、摊的形式购买桑塔纳、大哥大，而且越来越高档，要求县政府进一步加强这方面的管理，强化领导干部的廉政自律、量入为出。关于1996年的工作，重点放在三个方面：抓好经济体制和经济增长方式的根本转变，促进经济持续稳步发展；突出监督重点，加大监督力度，不断推进社会主义民主政治建设，促进全县各项事业向前发展；加强对乡镇人大工作的指导，密切联系代表，不断完善自身建设。会议认真审议后，决定批准这个报告并通过决议。

法院代院长邓祥红作《法院工作报告》。十二届人大三次会议以后，法院认真贯彻全国政法工作和法院工作会议精神，全面开展审判工作，1995年共受理各类案件2415件，审结2273件，其中受理各类刑事案件152件，审结152件，判处罪犯130名，处五年以上重刑的56人，占44.2%；审结的60件刑事自诉案件有47%是经调解结案的，防止了矛盾激化。全年共受理各类民事案件1259件，审结1116件，绥宁县关峡乡高坪村刘某、杨某销售假稻种给洞口县竹市镇20多户农民，造成205亩稻田失收的严重后果，法院依法受案审理，判处被告方赔偿原告方损失46332元。全年受理经济纠纷案429件，全部审结，解决诉讼标的613.5万元。法医工作有了新进展，成立技术鉴定室，全年共作出伤情鉴定450例，为审判提供了有力可靠的证据。整顿了内部执法秩序，规范了诉讼费的收取，配备专职收费员，严格收费规定和纪律，实行统一收取和管理；制定《关于立审分离的规定》，实行立审分离制度；增强司法监督力度，自觉主动接受人大监督，三次会议期间代表向法院提出两件议案，认真研究后及时答复，代表比较满意。关于1996年的工作，着重抓四项：严厉打击各种犯罪，确保平安；充分发挥调节职能作用，为经济发展提供切实有效的司法保障；依法保护公民、法人的合法权益，推动两个文明建设；坚持“两手抓，两手都要硬”，保障审判任务的完成。会议决定批准这个报告并通过决议。

检察院代检察长李连喜作《检察院工作报告》。十二届人大三次会议以后，县检察院继续深入开展反腐败斗争，集中力量查办大案要案，共受理贪污贿赂等经济犯罪案件线索82件，初查66件，通过初查，决定立案20件24人，结案率100%；还初查偷税骗税线索12件，决定立案8件9人，追回税款80万元。积极参加社会治安综合治理，从重从快严厉打击严重刑事犯罪活动，共受理公安机关和本院自侦部门报捕案件132件246人，经审查批准和决定逮捕123件230人，追捕11人；受理公安机关和本院自侦部门移送起（免）诉案件136件226人，经审查向法院提起公诉92件126人，移送市检察院审查起诉15件36人；突出打击重点，对杀人、抢劫、强奸、爆炸、流氓、重大盗窃和带黑社会性质的团伙犯罪，依法从重从快惩处，批捕以上“七类”案犯占批捕总人数的50%。加快检察环节的诉讼进程，所有案件均在法定时间内办结。1995年，本院侦查了1件重大刑事案件：横溪乡妇检员尹某为其弟媳向某实施人流手术后造成向某死亡，县医疗事故鉴定委员会结论为一级医疗技术事故，死者家属不服，县政法委员会决定将此案交由检察院查处，检察院派法医赴现场解剖尸体，进行鉴定，专案组根据法医鉴定，充分运用政策、法律，通过内查外调，审讯被告，被告交代了为泄私愤而伤害弟媳的犯罪动机和过程，案件告破。会议对检察院一年的工作比较满意，决定批准这个报告并通过决议。

本次会议共收到议案25件，经议案审查委员会审查向大会主席团建议，陈可夫等13名代表《关于加强对“大哥大”及电话费管理的议案》、卿启文等10名代表《关于控制购买“大哥大”和桑塔纳小汽车的议案》，因为内容相近，并做一件予以立案，题为《关于加强对公费购买小车和移动电话及其使用管理的议案》；贺湘华等11名代表《高沙邮电分局在高沙各村设邮电站完全是增加农民负担》，内容涉及邮政储蓄和邮政管理问题，且全县不少乡村也有如此反映，予以立案，题为《关于加强邮政储蓄和邮政管理的议案》；其余22件改作建议、批评和意见，由县人大常委会交有关部门研究办理并答复代表。改作建议的议案，对于改进“一府两院”的工作很有参考价值，有关部门的领导要高度重视，尽最大的努力，采取有效措施，认真办理，尤其是杨晚云等17名代表提出的《不要把教育经费下放乡镇管理的议案》、丁香花等24名代表提出的《全县教师的工资应由县教育局统管的议案》、肖承嗣等10名代表提出的《对行政事业单位干部职工的公费医疗办法进行修改的议案》、刘光甫等19名代表提出的《关于发展山区林业、振兴山区经济的议案》、黎贵南等12名代表提出的《要求增加财政对农业的投入的议案》，这五件议案是全县中小学教师、行政事业单位干部职工、全县广大农民和农业技术人员普遍关注的重大事情，建议县政府及相关部门作为代表的重要建议，召开专门会议认真研究并逐项落实。还收到代表对各方面工作提出的建议、批评和意见70件。会后，县人大常委会选举任免联络工作委员会将会同县政府召开交办会议，交有关机关单位认真研究办理并答复代表。会议通过《关于加强对公费购买小车、移动电话及其使用管理的议案立案的决议》和《关于加强对乡镇邮政储蓄和邮政工作管理的议案立案的决议》，授权县人大常委会在深入调查研究的基础上作出相应的决议，督促县人民政府采取有力措施予以贯彻落实。

会议选举邓祥红为洞口县人民法院院长；选举李连喜为洞口县人民检察院检察长（报邵阳市人民检察院检察长提请邵阳市人大常委会批准）。

第五节　第五次会议

第十二届人民代表大会第五次会议，于1997年3月15日至18日在县城举行。应到代表316名，实到310名。

县长邓隆禹作《政府工作报告》。一是1996年，全县经受了特大洪灾的严峻考验，保持了经济的持续快速健康发展，十二届人大四次会议批准的国内生产总值增长12%的计划圆满完成，略有超过，实现了“九五”计划的良好开局。农业在大灾之年获得丰收，粮食总产比上年增长1.08%，双季稻田连续五年成建制过吨粮，生猪饲养量和出栏量分别比上年增长16.7%和13.7%；冬季农业生产实现新的突破，冬播覆盖率达到93.5%；丘岗山地开发卓有成效，连片开发的规模点48处，面积超万亩，茅铺、水东两个综合开发项目获全省一等奖。工业在困境中获得发展，全县工业总产值比上年增长6%。民营经济迅速发展，个体私营经济上交国家税收约占财税入库数的1/4，比上年增长30.5%。财政收入为批准预算任务的114.1%，比上年增长19.4%。二是1997年，要特别突出调整经济结构，提高县域经济的总体效益。农业方面，以市场为导向，以效益为中心，以资源为基础，围绕区域性主导产品与支柱产业，实行区域化布局、专业化生产、社会化服务、企业化管理和一体化经营，加速农业产业化进程。工业方面，紧紧抓住提高效益这个中心，放管结合，活稳兼顾，搞活县属工业，发展民营工业。财贸金融方面，牢固树立经济建设以财源建设为中心的思想，着力作好“开源、勤征、节流、融资、活商”十字文章，确保财政收支平衡并略有节余。基础设施建设方面，按照“保重点、保投产、保收尾”的原则，继续加强水利、交通、电力、通信、城镇五个重点，为实现经济可持续发展奠定坚实基础。县政府要努力创造良好的经济和社会环境，要进一步规范和整顿经济秩序，要进一步加强社会主义精神文明建设，要切实改进工作作风。会议经过认真审议，决定批准这个报告并通过决议。

会议听取、审议并批准县政府委托计划物价局局长陈正明作的《关于洞口县1996年国民经济和社会发展计划执行情况及1997年计划（草案）的报告》。

会议听取并审议了县政府委托财政局局长尹光荣作的《关于1996年财政预算执行情况和1997年全县及县级财政预算（草案）的报告》。认为1996年的财政预算执行情况比较好，但还存在一些不足，预算变更过多，财政支出坚持一支笔审批也不是很好，乡镇财政体制还需进一步完善。财政预算审查委员会审查后向大会主席团建议，将1997年度县本级财政预算安排的具体项目的审批授权给县人大常委会。大会通过决议。

县人大常委会主任袁仁祝作《人大常委会工作报告》。一年来，围绕经济建设，加强决策和监督，先后听取和审议县政府关于种养规模开发、民营经济发展、乡镇财政的实施、工业企业改革改造与改制、财政预算的执行及变更等21项工作汇报，主任会议先后听取和审议县政府关于“7·17”洪灾后开展生产自救特别是灾民安置情况的汇报、分管工交的副县长和经委主任的述职报告；人大常委会工作委员会深入调查，写出调研报告12篇，视察养猪业规模开发，向县政府提出积极有益的建议和意见；重点考察江口镇外地籍个体户纷纷外迁的原因，向县政府交办，要求切实为民营经济营造宽松的政策环境和优越的社会环境。以社会主义民主法制建设为根本任务，加强法律监督，先后听取和审议“一府两院”关于《土地管理法》《刑法》《刑事诉讼法》《城市规划法》《义务教育法》《职业教育法》和《食品卫生法》的贯彻实施情况及总结“二五”普法、启动“三五”普法情况的汇报，通过《关于在全县公民中认真开展“三五”普法教育的决议》；派员会同县委政法委员会组成执法检查组，对刑法、刑事诉讼法的贯彻实施情况进行了为期15天的执法检查，对少数案件存在的以罚代法、以罚代刑、人情案、刑讯逼供、越权办案及超期羁押等问题，在政法队伍集中整训会上提出了严肃的批评，要求立即整改，并将整改情况书面报人大常委会；对上级人大常委会交办的案件和群众反映强烈的个别案件、明显执法不严的个别案件进行了交办和督办，较好地维护了法律的尊严；对土地管理法进行了执法检查，共查出各类土地违法案件171件，非法占用耕地778.2亩，至本次会议召开前，已依法处理137件，其中依法拆除了影响较大的违法建房3座，增强了人民群众的国土意识。加强了代表工作，分别组织代表开展调查、视察、评议等活动和参加创先争优活动。洞口镇组织代表对学校、粮站进行视察，高沙镇对城建、教育、综合治理和市场经营秩序进行视察，花园乡对两所中学的乱收费予以清理，都有较好的影响。“7·17”大洪灾后，各级人大代表积极响应人大常委会倡议，投身抗洪救灾，石江镇的县代表金富莲组织居委会的干部为受灾的五保户清理淤泥、洗刷衣被、收拾房屋三天两夜，还将子女为其过生日的270元钱捐给五保户买米买菜买油盐；一些代表带领群众抢修水利设施，恢复生产；一些代表带领群众为倒房户抢修房屋，安排生活；一些代表积极解决倒房户子女无钱入学读书的困难，保证受灾学生全部按时入校。本届四次会议授权交办的两件议案，在调查研究的基础上听取县政府和邮电局的情况汇报，分别作出《关于加强乡镇邮政储蓄和邮政管理工作的决议》《关于加强对公费购置小车、移动电话及其使用管理的决议》，乡镇邮政储蓄和邮政管理工作中存在的投递邮件收取手续费、强行将汇兑款转储蓄及强行扣缴报纸杂志费等问题都得到较好的解决，县人民政府出台了加强公费购置小车、移动电话及其使用管理的具体规定，已有一定成效。县委年初批转的《人大工作要点》已全面完成，救灾工作取得较好成绩。关于1997年的工作设想，这是本届人大及其常委会任期的最后一年，务必善始善终，着力做好各项工作，特别要按照县委提出的“稳中快进”总要求，加强决策和工作监督力度，促进全县经济稳中快进；加强法律监督，推进依法治县；全面了解政府组成人员的“德、能、勤、绩”，为换届做好有关准备工作；精心组织换届选举，为本届工作画上圆满句号，以优异成绩迎接香港回归祖国和中共十五大胜利召开。会议经过审议，决定批准人大常委会的工作报告。

会议听取并审议法院工作报告。1996年，法院共受理各类案件2448件，上年结转积案228件，共审结2553件，执结案件1276件。以严打为重心，全年共受理各类刑事案件190件254人，均在规定的时间内审结，审结率为100%，公诉案件无抗诉、无改判、无发回重审、无超期；审结自诉案件77件87人，审结率为100%；还协助市中院审结重特大案件15件，组织召开公判执行大会3场次，对5名罪大恶极的犯罪分子执行死刑。加强民经审判，共受理民事案件1425件，旧存175件，审结1514件；受理经济案件652件，旧存53件，审结661件，解决诉讼标的820.66万元；民经案件质量合格率为95%。共受理行政案件51件，加上年积案共审结62件，对于事实清楚、适用法律正确、程序合法的具体行政行为坚决予以维持，反之则依法撤销或变更；共受理林业案件130件，审结126件，共执结案件1276件，执行标的976万元；告申、法警、技术鉴定等工作有新的起色，从严治警继续深入。会议决定批准这个报告并通过决议。

会议听取并审议检察院工作报告。1996年，集中力量查办了一批贪污贿赂等经济犯罪案件，立案10件10人，年底结案9件，共追缴赃款70余万元，为国家和集体挽回经济损失126万余元；初查偷、骗税案线索51件，决定立案8件11人，年底已全部结案；处理非诉讼案件43件45人，追回赃款67万元，为国家挽回经济损失58万余元。继续严厉打击严重刑事犯罪，批准逮捕120件170人，向法院提起公诉104件151人，所有案件均在法定时间办结。在打击经济犯罪和刑事犯罪的同时，加强了对“侵权”渎职犯罪等法纪案件的查处工作，全年共受理法纪案件线索24件，初查24件，决定立案8件10人，其中大案1件1人、要案1件1人。强化了法律监督，针对侦查活动和审判活动中存在的问题，发出书面检察建议22份，发出纠正违法通知书3份，提出口头检察建议270余次，都得到了采纳；在监管改造中发现各类违法34起，已纠正31起；运用科学技术手段复核、检验、鉴定各类案件852件，为办案提供证据738份；受理民事、行政申诉案件18件，决定立案12件，年底结案10件。存在的问题主要表现在：反腐败查办大要案、查办“三机关、一部门”的案件较少；查办徇私舞弊案成效不大；自侦案的查处和法律监督的力度也还不够。会议决定批准这个报告并通过决议。

本次会议共收到议案15件，议案审查委员会对曾广化等16名代表提出的《关于放开木材经营权的议案》进行了重点审查，认为议案反映了林区干部群众的迫切要求，人大代表也多次提过类似的建议，县委1997年经济工作会议已明确指出“林木管理实行山上管死，山下搞活，放开经营”，为此，将该议案改作建议，交县政府专题研究办理。孙建楚等11名代表提出

《关于立即制止部分地区在生猪出栏中乱收费的议案》，审查认为部分乡镇出现了在生猪出栏时收取手续费、生产培植费等乱收费的苗头，加重了农民负担，挫伤了养猪积极性，建议县政府高度重视这一问题，尽快制止。杨香莲等10名代表提出《尽快解决花园乡巷子村与毓兰镇凤溪村燕屋组山林权属纠纷问题的议案》，已在县人代会上多次提过，有关单位也多次办理，但未结案落实，建议由人大常委会内务司法工作委员会督办落实。其他改作建议、批评和意见的议案，对改进“一府两院”的工作很有参考价值，有关部门要认真办理落实，尤其是林彰斌等14名代表提出的《关于加大扶贫投入的议案》、戴有余等10名代表提出的《关于不能以罚代法的议案》，事关贫困地区脱贫和社会稳定大局，建议“一府两院”作为代表的重要建议认真办理落实。还收到代表对各方面的建议、批评和意见65件，建议会后由县人大常委会会同县人民政府召开交办会议，交有关机关单位认真办理并答复代表。主席团通过以上处理意见。

第十三章　十三届人民代表大会

第一节　第一次会议

十三届人民代表大会第一次会议，于1997年12月8日至13日在县城举行。应到代表273人，实到273人。5名特邀人员、有关单位负责人、各乡（镇）人大副主席和专职秘书，共155人列席会议。

县人大常委会副主任吴聚怀作会议筹备工作报告；副主任龙际红作代表资格审查报告。

县委书记王若波就如何开好这次会议提出要求：从贯彻落实中共十五大精神、抢抓机遇、加快发展的战略高度，充分认识开好这次会议的重要意义；要统一思想，努力实现党的主张；要坚持依法按章办事，充分发扬民主，集中精力开好大会。

代县长周吉平作《政府工作报告》。一是五年政府工作的基本估价。五年来，县政府认真贯彻邓小平南方谈话和党的十四大精神，紧紧围绕经济建设这个中心，带领全县人民艰苦奋斗，开拓进取，战胜了频繁严重的自然灾害，经受了社会主义市场经济的洗礼，全面完成了国民经济和社会发展计划。1997年，全县国内生产总值完成年计划的101.4%，比1992年增长86.4%，年均递增13.3%；工农业总产值完成年计划的105.1%，比1992年增长128.1%，其中农业总产值比1992年增长68.7%；财政收入比1992年增长204.1%；农民人均纯收入比1992年增长178.0%；人口自然增长率达到了控制目标。农村经济快速发展，农业产业化体系逐步建立，粮油生产连年丰收，养殖业规模日益壮大，综合开发稳步推进；工商企业在困境中发展，适应市场的能力有所增强；民营经济异军突起，规模、效益逐渐提高；金融形势相对稳定，基础设施不断改善，经济发展后劲增强，水利建设卓有成效，电力事业迈上了新台阶，城乡交通通信面貌一新，市场网点建设速度较快，城镇基础建设进一步加强。按照中央、省、市的统一部署，先后组织实施财税、金融、流通、计划、外贸、社会保障、住房制度、机构、企业产权制度等一系列重大改革，对外开放、招商引资也取得明显成效。民主法制建设大为加强，民主政治日趋完善；普法工作更加深入，稳定意识不断增强，综合治理力度加大。各项社会事业全面进步。计划生育、国土、环保三大国策得到了较好的落实；科教文卫事业跨出新的步伐；民政、双拥等各项工作取得了可喜成绩。存在的不足和差距主要表现在：改革开放意识还不是很强，计划经济体制下形成的思维定式还没有彻底扭转过来；经济发展速度不是很快，特别是经济素质不高，企业尚未走出困境，农产品深加工相对滞后，财政运行依然艰难；社会治安形势不容乐观，不稳定因素仍然存在。二是今后五年政府工作设想。（1）解放思想，适应市场经济的新形势。处理好发展农业与发展工商业的关系；处理好经济发展速度与经济结构调整、素质提高的关系；处理好经济发展与社会稳定的关系。（2）抓住机遇，加快县域经济发展。加速农业产业化进程，推进企业产权制度改革，加快民营经济发展步伐，加强地方财源建设，营造经济发展的优良环境，包括加强水、电、路、城基础设施建设和整顿规范经济秩序。（3）统筹兼顾，协调发展各项社会事业。要抓好科学技术应用，提高经济发展的科技含量；发展教育事业，提高公民素质；重视文化、卫生、广播电视、体育工作，提高人民群众的生活质量；狠抓基本国策落实，确保经济社会可持续发展。（4）依法治县，努力加强民主法制建设。重点是强化民主法制意识，各级政府及政府职能部门要自觉接受人大及其常委会的监督；加大社会治安综合治理力度，坚持打防并举、标本兼治、治本为主的方针，夯实基层基础工作，抓好以“三五”普法为主的法制教育。（5）改进作风，努力塑造政府良好形象。努力转变政府职能，正确运用经济政策、经济法规等手段来管理经济，形使县域经济真正按市场经济规律运行和发展，进而使产业结构趋于合理，资源配置趋向优化；牢固树立“民本”思想，实行政务公开，推行承诺服务；切实加强廉政勤政建设。会议经过认真审议，决定批准《政府工作报告》并通过决议。

县十二届人大常委会主任袁仁祝作《人大常委会工作报告》，报告人大常委会五年来的主要工作：一是加强工作监督、促进全县改革开放、经济发展和社会稳定。五年来，人大常委会召开32次常委会会议和63次主任会议，分别听取县人民政府关于农业、工业、民营经济、财政、城建、环保、民政、打假、扫黄、劳动人事、农村合作基金会等64项工作情况的汇报；抓住“规模、投入、管理、服务、效益”十个字，先后5次听取和审议丘岗山地开发、养殖业发展情况汇报，并4次组织视察，提出“制定配套优惠政策、加大科技和资金投入、加强项目区管理、扩大社会服务、加快农业规模化、产业化、商品化步伐”等建议和要求，而且注意加强跟踪监督，督促认真落实；就民营经济的发展，5次听取工作汇报，重点剖析了面临的困难和问题，提出了“优政策、兴市场、建体系”等工作建议，2次组织调查组，对面上、点上作了调研，发出调研报告，指出了问题，提出了解决办法，都得到政府重视，而且落实得比较好。五年来，先后就制止“三乱”和减轻农民负担、加强电力管理和制止乱收电费、加强科技网络建设和增加科技投入、加强城镇环卫设施与环卫管理、加强公费购置小车和移动电话使用管理，加强乡镇邮政储蓄和邮政管理等代表和群众关注的“热点”“难点”问题，作出相关决议，交县政府贯彻落实，县政府高度重视，采取一系列措施，卓有成效。五年来，在不断强化监督力度的同时，十分注重参与，坚持在参与中支持，在参与中监督。按照县委的统一安排，正副主任分别在县工业领导小组、重点工程建设领导小组、财贸工作领导小组、社会治安综合治理领导小组、科教文卫计生领导小组、农业领导小组担任领导成员，直接参与全县两个文明建设；正副主任和各办委负责人参与或组织领导了茶路电站工程建设、高沙经济开发区建设、花园禾梨坳万亩笋竹林开发、渣坪万头牛基地建设、县印刷厂股份制改革试点、洞口工业小区建设、城关镇等10个乡镇农民负担的清查等工作，推动了人大常委会各项决议、决定及重要建议的落实。二是加强法律监督，保证国家法律在本行政区域的实施。五年来，先后开展《农业法》、《农业技术推广法》、《环境保护法》、《土地管理法》、《城市规划法》、《刑法》、《刑事诉讼法》、《行政诉讼法》、《义务教育法》、《老年人权益保障法》、《劳动法》等29部法律的执法检查，还听取了这些法律法规实施情况汇报；会同县委政法委、县政府法制办，对政法机关实施刑法、刑事诉讼法的情况进行全面检查，总的实施情况是好的，但还存在一些群众反响较大的取保候审、免予起诉和缓刑等方面的问题，在全县政法队伍整训会上逐个进行通报，并进行逐个检查和跟踪监督；对于反映强烈的司法案件进行了个案监督，交办、督办欧阳元秀之死等类案件共22件，催办、督办肖某故意杀害罗某案、谢某毒死继子曾某等类案件14件；还作出《关于依法治县的决议》，并根据县长的提请，作出《关于在全县公民中认真开展“三五”普法教育的决议》，根据省、市要求和县长提请，作出《关于洞口县1998年提前普及九年义务教育的决定》。三、加强代表工作和对乡镇人大工作的指导，努力提高代表素质和乡镇人大工作水平。五年来，通过密切联系代表、组织代表学习和向选民述职、开展创先争优活动、认真办理代表建议等四个方面，发挥人大代表的主体作用，在人大代表中涌现出一批人民群众的好代言人、经济建设的能干人、勤劳致富的带头人、遵纪守法的模范人，县人大代表文保祥在1996年“7·17”特大洪灾中不顾个人安危，带领干部群众转移被洪水围困的群众600余人。代表共提出建议、批评和意见675件，已经得到解决的有432件。五年来，通过制订乡镇人大工作岗位责任制、培训乡镇人大干部、派员直接指导乡镇人大开展工作，及时总结推广有特色有成效的工作经验等四个方面。加强对乡镇人大工作的指导，推动乡镇人大工作走上规范化、制度化、法律化的轨道。毓兰镇、花园乡组织的“代表向选民述职、接受选民监督”活动，已成为一项重要内容列入乡镇人大主席团目标管理责任制，全县22个乡镇都先后开展了这一活动，并收到了良好的效果。四是认真搞好换届选举、依法进行人事任免，不断加强自身建设。在县委的领导下，精心组织县人大换届选举，选举产生十三届县人大代表273名，广大选民和群众受到一次具体生动的民主法制教育，加深了对人民代表大会这一根本政治制度的认识。这次换届选举既充分发扬了民主，又做到了严格依法办事。从十二届人大一次会议以来，十二届人大常委会共任免国家机关工作人员314名，其中任命240名、免职74名。始终做到“四个坚持”：坚持党管干部和人大依法任免的一致性，坚持德才兼备的原则，坚持按照法定程序进行任免，坚持人事任免权和监督权的统一。从1995年开始，对县人民政府组成人员、县人民法院审判员、县人民检察院检察员以上职务的拟任人员进行了法律法规基本常识考试，促进了国家机关工作人员依法行政和秉公执法。十二届人大常委会重视自身建设，在思想建设、组织建设、作风建设三个方面不断下功夫，增强国家权力机关整体功能。同时狠抓了宣传报道和信息调研，为完善人民代表大会制度做了大量的工作。回顾五年的人大工作，十二届人大常委会清醒地认识到不足和问题，主要是对人民代表大会制度的宣传不够全面深入，造成一些单位和个人对这一根本的政治制度认识不够，对人大及其常委会的尊重和支持不是言行如一，对交办事项的办理和落实也不是尽心尽力；其次是对“一府两院”的监督力度不够，还没有很好解决敢于监督和善于监督的问题，以致监督对象、监督内容尚有疏漏，监督措施尚不太得力，监督效果也不太明显；再其次是人事任免和自身建设也有待进一步加强；这些问题应引起高度重视并在今后工作中切实加以解决。回顾五年的人大工作，有五点主要体会：必须增强党的观念，坚持和依靠党的领导；必须严格按照法律程序，坚持依法办事；必须深入调查研究，讲究工作方法；必须做好代表工作，充分发挥人大代表的主体作用；必须适应新形势，不断加强自身建设。《人大常委会工作报告》提出今后五年工作的建议：强化“中心”意识，突出经济建设主题；强化“法治”意识，确保法律法规实施；强化“主体”意识，充分发挥代表作用；强化“三权”意识，全面有效行使职权。会议经过审议，决定批准这个报告并通过决议。

法院院长邓祥红作《法院工作报告》。五年来，县法院共受理各类案件13047件，审结12915件，为维护全县政治安定、社会稳定、经济发展发挥了积极作用。坚决贯彻执行党中央关于开展“严打”斗争的决策，共受理一审刑事案件687件，审结687件，坚持依法从重从快的方针，加大打击力度，在法定期内审结的达100%，判处罪犯895名，处五年以上徒刑的占判处人犯总数的28.6%；协同市中院审理了68件重特大案件，组织召开公判执行大会15场次，对29名罪大恶极的犯罪分子执行死刑。发挥调节职能作用，抓好经济审判、民事审判、行政审判和其他审判工作。共受理各类经济纠纷案件5008件，审结4975件，解决诉讼标的额9780万元；审结农村承包合同纠纷案895件、标的额927万元，从法律上保障经济发展。共受理企业破产案件11件，审结9件，清理破产财产3220多万元，破产债务6530多万元，协同政府采取多种形式安排破产企业职工2247人，基本上达到债权人无意见、党委政府满意、破产企业职工满意的目的。共受理民事案件7112件，审结7031件，坚持巡回办案，努力加快办案进度；在审结的民事案件纠纷中，离婚案件占37%，注重加强对离婚当事人的说服教育，不轻易下判，且十分注重保护妇女、儿童、老人的合法权益。共受理行政案件240件，审结240件；共受理林业案件570件，审结570件，为保护林业生产发挥重要作用。不断加大执行力度，努力解决“执行难”，共执结案件6624件，执行标的3140万元，维护了法律裁判的严肃性，保护了当事人的合法权益。强化了目标管理，实行了错案追究制度，1997年人平结案50件，及时结案率为96%，案件合格率为95%，实现了办案质量、效率、效益“三提高”，多项工作跻入全市法院先进行列，财务、装备管理两项工作被评为全省法院系统先进单位。存在的问题是，有少数干警执法水平不高，执法不严，执法不当，在执行工作中也还存在地方保护主义。会议经过审议，决定批准这个报告并通过决议。

检察院检察长李连喜作《检察院工作报告》。五年来，集中力量查办大案要案，深入开展反腐败斗争，共受理贪污贿赂等经济案件线索409件，初查336件，通过初查，决定立案84件102人，为国家和集体挽回经济损失893万余元；以办案为“龙头”，深挖“串案”“窝案”，查办一批大案和有影响的案件，共查处大案56件，特大案件2件，占立案总数的69%；积极协税护税，加大查处涉税案件力度，共初查涉税案件139件，其中立案查处35件54人，追缴税款486.3万元，挽回经济损失317万元；打防结合，积极开展预防犯罪工作，在5家企业建立保驾护航联系点，对管理松懈的单位帮助其整章建制，针对办案中发现的问题及时提出检察建议并督促落实，共提出口头检察建议257条，发出书面检察建议72份，收到较好效果。五年来，坚持“严打”方针不动摇，共受理公安机关和本院自侦部门报捕案件668件1201人，经审查，批准和决定逮捕591件1076人；受理公安机关和本院自侦部门移送起（免、不）诉案件562件904人，经审查，向人民法院提起公诉398件594人。移送市检察院起诉46件144人。所有案件均在法定时间办结。坚持惩治与教育相结合的原则，对不捕的123人进行了帮教，对免诉的108人为其建立了帮教小组，经回访考察，90%以上的能痛改前非，遵纪守法。五年来，共受理侵权、渎职和控告申诉案件，线索126件，初查111件。决定立案43件63人；受理申诉案29件，转其他机关处理11件，移送市检察院控申部门复查5件，本院控申股立案复查14件；通过查处以上法纪案件和控告申诉案件，保护了国家的利益，维护了公民的合法权益。五年来，从五个方面履行法律监督职能：（1）加强对侦查活动和审判活动的监督，使一些问题及时得到纠正；（2）强化了对监管改造场所的法律监督，开展打击“牢头狱霸”、打击重新犯罪、稳定监管改造秩序的专项斗争；（3）运用法医科学技术手段复核、检验、鉴定各类案件3193件，纠正有关部门定性不准、结论错误的鉴定76起，排除虚伪证768份；（4）积极开展民事行政检察工作，共受理117件，决定立案审查59件，已结案59件；（5）加强立案监督，依法直接查处2起人大常委会交办的重大刑事案件，杨某故意杀人案和尹某故意伤害致人死亡案成功告破。存在的问题是：反腐败斗争不够深入，对群众反映强烈的某些部门、热点行业的腐败问题还没有较大的突破，查办“侵权”、渎职、徇私舞弊案件力度不够；在执行修改后的《中华人民共和国刑事诉讼法》中，出现了许多新矛盾、新问题，一时难以达成共识；少数干警业务水平低，责任感不强，办案质量还存在一些问题。会议经过审议，决定批准这个报告并通过决议。

会议通过“选举办法”，经过充分酝酿、投票选举。选举十三届人大常委会主任肖德生、副主任杨升、龙际红、谢先羽、郑纪湖、刘兴亮、旷筱炎和14名委员；周吉平当选为县人民政府县长，蒋绍情、王建华、刘建平、曾祥忠、曾祥永、曾晓桃为副县长；邓祥红当选为县人民法院院长；李连喜当选为县人民检察院检察长（须报市检察院检察长提请市人大常委会批准任命）。选举邵阳市十二届人大代表50名。

第二节　第二次会议

十三届人民代表大会第二次会议，于1998年3月23日至25日在县城举行。应到代表273名，实到271名。

县长周吉平作《政府工作报告》。一是1997年的政府工作：圆满完成各项任务，国内生产总值比上年增长13%，农业总产值比上年增长13.4%，工业总产值比上年增长80.6%，财政收入突破亿元大关，比上年增长8.4%，人口自然增长率达到了控制目标。全县农业综合开发向纵深发展，参与全省百万亩水稻丰收工程圆满实施，生猪饲养量位居全省第一，生猪出栏量位居全省第二，楠竹低改完成5万亩，农业产业化步伐加快；工商企业在困境中前进，因厂制宜，因企施策，对部分企业进行了改制，并取得了初步成效；民营经济迅速崛起，经济效益日渐提高，工商个体户和私营企业发展到21105户，从业人员达47937人，提供税收2364万元，乡镇企业上缴税金1103万元，比上年增长35%；金融保险业稳步前进，金融形势相对稳定。各项改革顺利实施：在实行国有民营、一厂多制以及租赁、拍卖、兼并、股份合作制等方面进行了有益的探索；农村改革在完善联产承包和社会化服务体系的同时，通过入股、租赁、转让等形式开始土地流转；小城镇综合改革迈出可喜步伐，洞口镇、高沙镇成为“全省百强镇”；住房制度改革向深层次推进，2万平方米的安居工程已着手施工；社会保障体系逐步完善，养老保险全面推广，退休费用实现省级统筹。各项社会事业全面发展，民主法治建设不断加强，三大国策得到较好的落实。二是关于1998年的政府工作。重点是：（1）因地制宜，大力调整经济结构。调整农业内部结构，发展以农副产品深加工为主的加工工业，建立和完善农产品流通的社会化服务体系，推动以服务业为主的第三产业快速发展；调整粮食生产结构，压缩早籼稻，扩种优质早晚稻，扩种杂交玉米，实现粮食生产的多样化、商品化、专业化；调整经济作物结构，突出优质水果、药材、茶叶的生产，加快笋竹两用林开发步伐。（2）乘势而上，加速农业产业化进程。继续巩固和发展粮食、畜牧、柑橘三大传统支柱产业，积极扶持和发展以食品、饲料、生猪为重点的农副产品加工工业，力争有30%的农产品在县内加工增值；发展社会化服务中介组织，大力培养长途运销户和农产品销售的经纪人，努力形成“依托市场导向，舞活加工龙头，带动基地建设，引导千家万户”的现代农业生产格局。（3）、正视困难，全面推进企业产权制度改革。县委、县政府确定1998年为“企业改革年”，按照“产权明晰、权责明确、政企分开、管理科学”的要求，对企业进行产权制度改革，逐步实现县属企业民营化目标。（4）统筹兼顾，推进各项社会事业全面进步。会议认真审议后，决定批准这个报告并通过决议。

会议听取并审议县政府委托计划物价局局长尹小东作的《关于洞口县1997年国民经济和社会发展计划执行情况与1998年计划（草案）的报告》，决定批准这个报告并通过决议。

会议听取并审议了县政府委托财政局局长尹光荣作的《关于1997年财政预算执行结果和1998年财政预算（草案）的报告》，原则同意1998年的预算安排，授权人大常委会审批具体项目，调整预算。

县人大常委会主任肖德生作《人大常委会工作报告》。本届常委会第1次会议听取和审议县人民政府关于1997年财政预算执行情况和1998年财政预算草案的汇报，提出审议意见，提交十三届人大二次会议审议。县人大常委会的工作委员会先后召开与政府对口单位的联席会议，各单位的主要负责人汇报了1997年的工作情况和1998年的工作打算，加强了联系和沟通，为工作监督创造了良好条件。根据县长、法院院长、检察院检察长的提名，审查通过任免了“一府两院”国家机关工作人员26名，其中免职4名，对所有拟任人员进行任前法律知识考试，改开卷为闭卷，严把法律知识关，所有拟任人员都在审议任命前进行了述职，于3月10日组织召开颁发任命书大会，进一步提高了“一府两院”工作人员对人民代表大会制度的认识，提高了接受人大监督的自觉性。组织人大常委会人员认真学习法律，学习业务，对几项规章制度予以完善，并狠抓制度落实，切实改进工作作风。县人大常委会委托乡镇人大主席团对县人大代表进行两次集中培训，学习宪法、代表法、地方组织法、预算法等法律法规和人大工作业务知识，以提高代表履行职责的能力；对全县1997年乡镇人大工作岗位责任制进行检查，组织总结评比，对乡镇人大正副主席进行专题业务培训，部署安排乡镇人民代表大会的召开，并派员予以指导，22个乡镇圆满成功地召开一年一度的人民代表大会。本届人大常委会历时才三个月，各项工作刚刚起步，1998年将是全面落实十三届人大一次会议提出的各项奋斗目标的开局之年，县人大常委会将认真做好以下主要工作：（1）围绕建设小康县的总体目标，加大工作监督力度，重点是农业产业化、农民增收、农村基础设施建设、“企业改革年”、“普九”、计划生育工作在全省保类进位。（2）围绕依法治国的基本方略，进一步强化法律监督职能。要把十二届人大常委会作出的《关于建立执法责任制的决议》很好落实，进一步完善冤案、错案责任追究制；对修改后的刑法、刑事诉讼法的贯彻实施情况进行一次执法大检查；对《湖南省散居少数民族工作条例》的贯彻实施情况进行一次全面检查；对行政执法部门的乱收费、乱罚款问题开展专题调查；对1991年以来县人大常委会制订的各项议事规则进行修改、完善，使人大工作的程序和方法更加科学、严谨、规范。（3）加强代表工作，加强对乡镇人大工作的指导，特别是下半年，乡镇人大要进行换届选举，事关全县基层民主政治建设和基层政权建设大局，必须认真部署，精心指导，依法办事。（4）依法做好人事任免工作，重点是任命后的监督，年内要对三名政府组成人员进行述职评议。（5）努力加强自身建设，内强素质，外树形象，进一步修改、完善、落实好机关各项规章制度，同时，加强人大信息调研和宣传报道工作，进一步加强人民代表大会制度的宣传。会议审议后，决定批准这个报告并通过决议。

共收到议案26件，根据本次会议《关于议案的提出和处理办法》的规定，拟将肖和豪等12名代表提出的《县城规划区内收费于民应做到服务于民的议案》予以立案，其他25件改做建议、批评和意见，交有关部门研究办理并负责答复。这些改做建议、批评和意见的议案，对改进“一府两院”的工作很有参考价值，有关部门必须认真办理，建议将胡华全等11名代表提出的《保护林农利益，放开木材市场的议案》，作为重点建议由县政府认真办理落实，让林农得实惠；代表对交通建设很关心，修公路的议案多，决心大，积极性高，县政府要高度重视，继续打好公路建设总体战。议案组还收到代表对各方面的建议、批评和意见40件，加上一次会议收到的53件，共93件，建议会后由县人大常委会召开专门会议，组织认真研究办理，尽快答复代表。会议通过《关于〈县城规划区内收费于民应做到服务于民〉的议案立案的决议》，授权县人大常委会在深入调查的基础上做出相应的决议，督促县人民政府采取有力措施予以贯彻落实。

第三节　第三次会议

十三届人代表大会第三次会议，于1999年3月19日至22日在县城举行。应到代表273名，实到268名。

县长周吉平作《政府工作报告》。一是1998年的政府工作，十三届人大二次会议确定的各项目标基本实现，国内生产总值完成年计划的93%，比上年增长9.6%，其中第一产业增长4.0%，第二产业增长18.5%，第三产业增长15.6%。全社会固定资产投资总额达4.8亿元，比上年增长28.6%；县政府确定的十大重点工程的投资上亿元，进展比较顺利，茶路电站一期工程实现经流发电；同时启动建筑、建材、运输和房地产市场。“企业改革年”采取拍卖、破产、租赁、承包、股份制等多种形式，50余家县属工商企业进行改制，68家乡镇企业进行不同形式的改革，粮食企业的政策性业务和经营性业务彻底分开。民营经济发展迅速，登记注册的个体工商户比上年增长16.2%，从业人员比上年增长14.2%；注册登记的私营企业已发展到120家，从业人员达2567人；个体工商户和私营企业注册资金达1.67亿元，比上年增长32.9%；一些私营企业和个体工商户逐步向规模经营发展，产品也具有较高的档次。市场物价平稳，财政金融形势看好。财政收支平衡，收入结构有所优化，财政支出没有突破人大常委会批准的预算；民主法制建设得到加强，各项社会事业全面发展。圆满完成了乡镇人大、政府和村委会换届选举，加强了基层政权建设，社会安定，政局稳定；教育事业稳步发展，提前两年实现“两基”目标，“普九”、“普实”（实验室）验收达标；科技工作获“全国科技先进县”称号。二是1999年政府工作的六个重点：（1）稳定农业基础，推进农业产业化进程，主攻粮食结构优化，主攻生猪品种改良，主攻优质水果，主攻楠竹低改，主攻高效经济作物，主攻农林产品加工。（2）继续实施县委1998年9号文件，致力改革改造，搞活工商企业。（3）启动城乡市场，增加社会有效需求，重点是启动建筑建材市场，开拓农产品销售市场，拓展农村消费市场。（4）加速财源建设，缓解财政困难。（5）抓好精神文明建设，实施科教兴县战略，加快科学技术的推广应用和教育事业的全面发展，加强民主法制建设，促进社会各项事业全面发展。（6）加强公务员队伍建设，搞好承诺服务。重塑公务员队伍新形象。会议认真审议后，决定批准这个报告并通过决议。

会议听取并审议了县政府委托县计划物价局局长尹小东作的《关于洞口县1998年国民经济和社会发展计划执行情况与1999年计划（草案）的报告》，认为

1998年国民经济和社会发展计划执行情况比较好，存在的问题和矛盾主要是：农产品基地建设和农产品加工仍处于初级阶段，农民增收困难；工业生产缺乏主导产品，亏损额高达202万元；主要农产品销售不畅，价跌卖难，挫伤农民积极性；下岗职工增多，潜藏着不安定因素。关于1999年的计划安排，各项主要指标适合本县实际，会议决定批准这个报告并通过决议。

会议听取并审议县政府委托财政局局长尹光荣作的《关于1998年财政预算执行情况和1999年财政预算安排（草案）的报告》。认为1998年度财政预算执行情况比较好，存在的主要问题是，财源建设乏力，财政收入后劲不足，收入结构不合理，非税收入含量过高，财政支出缺乏约束力，非正常性支出含量过大。审议后批准1998年度财政决算；授权人大常委会审查1999年支出预算安排的28个项目，作必要的调整。

县人大常委会主任肖德生作《人大常委会工作报告》（以下简称《报告》）。一是围绕经济建设这个中心，加大了工作监督力度。1998年，县政府把楠竹低改作为加强农产品基地建设的工作重点，人大常委会对此予以关注，作了广泛深入的调查，调查发现，一些乡镇仅在面积上做文章，思想认识不到位，工作措施不得力，低改质量不高，加工、销售的环境不宽松，常委会第3次会议审议这项工作，向县政府提出“进一步提高认识，加大督查力度，狠抓低改质量，制订优惠政策，宽松环境，搞好深加工，开发楠竹市场”等建议和要求。会后三次组织督查，县政府采取了系列措施，对楠竹收费做了适度调减，调动了农民积极性，全县全年完成楠竹低改面积2.7万亩。高度关注工商企业改革，派员负责县酒厂的企改，掌握第一手资料，常委会第5次会议对“企业改革年”的情况进行了专题审议，将面上调查情况和点上的具体情况综合成建议意见向县政府交办，特别提出了扶大扶强扶优的建议，尔后的主任会议进行了督办，还组织了代表视察。对财源建设进行了比较全面的调查摸底，特别是1998年下半年，组织财政、审计、监察、经管等部门对全县22个乡镇的财政收支情况进行了全面清查，收到了较好的效果；对城镇建设、交通建设，先后听取并审议了专题汇报并组织了视察；对计划生育工作进行了调查，主任会议进行了专题审议，针对计划生育经费管理比较混乱的问题，提请常委会第4次会议作出《关于加强计划生育经费管理的决议》交县政府贯彻执行；对“普九”、旅游开发、文化市场管理等工作，先后听取了汇报并进行了审议。二是围绕依法治国基本方略，强化了法律监督职能。本届人大常委会督促县政府落实十二届人大常委会作出的《关于建立执法责任制的建议》，县政府采取了一系列积极措施后，县人大常委会紧接着组织了跟踪调查，将发现的一些问题向县政府交办，促使全县行政执法水平有较大提高。对修改后的刑法、刑事诉讼法的贯彻执行情况进行了执法检查，对《湖南省散居少数民族工作条例》的落实情况进行检查，还配合市人大常委会对农业法、种子管理条例、基本农田保护条例、交通规费征稽条例、绿化条例、房地产条例等法律法规开展了执法检查，对计划物价局、劳动服务公司等单位的收费及其开支情况进行调查，并听取和审议县政府《关于清费、治乱、减负、优化经济环境的汇报》，促进了全县经济环境的优化。对山门、水东等地群众反映强烈的法律工作者杨某伤害潘秋莲案，法医鉴定潘秋莲为农药中毒死亡，公安局认定潘是自杀不予立案，潘父拉着拐棍上下告状不断，主任会议接待潘父后决定对此案进行监督，并报请市人大常委会组织市公检法三家法医开棺验尸，经检验，潘虽属服毒自杀，但死前多处受伤，且构成轻伤，县人大常委会向县公安局交办，县公安局对杨某以涉嫌故意伤害立案侦查，侦查终结后移送起诉，法院依法追究了杨某的刑事责任，潘父逢人便说“人大是为人民做主的”。三是注重代表工作，加强对乡镇人大的指导。十三届人大一次会议、二次会议的议案、建议、批评和意见已经如期办完，人大常委会挑选8件建议，回访了19名代表，他们表示满意；唐池菊代表提出的“解决县城垃圾堆放场地”建议列为重要建议，县人大常委会派员参加了县政府的现场办公会议予以办理；二次会议立案的《关于城建规划区收费于民应做到服务于民》的议案，人大常委会组织专门班子深入调查后听取并审议县政府有关这方面的情况汇报，向县政府提出了整改意见。在乡镇换届选举期间，特别是几个重要阶段，人大常委会实行“力量一边倒”，予以精心集中指导，保证依法进行，终于达到了人民放心，代表信任、党委满意的目的，市人大常委会对此予以肯定，在洞口县召开现场会，总结洞口县的工作经验。四是依法行使了人事任免权，进一步加强人大机关的自身建设。按照地方组织法、法官法、检察官法规定，年内共任免国家工作人员58人；加强了任后监督，年底对卫生局局长、人事局局长、劳动局局长、审计局局长进行了任后政绩调查，常委会第6次会议听取和审议他们的述职；人大常委会的正副主任和各工作机构的负责人先后参加省、市培训，按照讲学习、讲政治、讲正气的要求，树立权力机关的良好形象，努力做到“人大为人民做主”。《报告》还提出1999年的主要工作任务：进一步加大监督力度，强化监督实效；进一步做好代表工作，充分发挥代表作用；加强自身建设，改进工作作风，增强服务意识，努力开创人大工作新局面。会议审议后认为，县人大常委会在1998年创造性地开展工作，取得一定成效，对此表示满意。会议要求，县人大常委会要深入贯彻落实中共十五大和十五届三中全会、九届全国人大二次会议精神，切实做好《报告》提出的1999年的三大工作。会议决定批准这个报告并通过决议。

法院院长邓祥红作《法院工作报告》。一是认真贯彻“两法”，严厉打击刑事犯罪。1998年共受理刑事案件169件244人，全部在规定的时间内审结；突出打击了贪污、贿赂等经济犯罪，共受理经济犯罪案件35件45人，其中判处有期徒刑的27人，占60%。二是正确运用法律手段调整经济关系，促进经济发展。全年共受理一审经济纠纷案件715件，审结694件，审结率为97%，解决争诉标的1589万元；在全县开展防范金融风险，维护农村稳定的专项审判活动；还注重为乡镇企业、个体私营企业服务，认真审理农村承包合同纠纷等涉农案件，促进农村经济的健康发展。三是加强民事、行政、林业审判和执行工作。共受理民事案件1255件，结案1166件，结案率为92.9%，加强了对房地产、劳动争议、消费者权益等新类型纠纷案的审理；加大了行政审判工作力度，使“民告官”逐步冲出“禁区”，全年共受理一审行政案件105件、受理非诉行政执行案件107件，行政审判突破“双百件”；林业审判全年共受理147件，审结143件。四是改革审判方式，确保司法公正。规范了审判管理工作，实行立审分离，实行审监分离；实施质量兴院工程，开展“办案质量年”和“严肃执法、文明办案年”活动，洞口法院的案件质量优秀率、合格率在全市检查评比中均名列前茅。五是搞好服务保障，改善了审判条件，健全了财务、枪支、车辆、卫生管理制度，实行经费管理“四统一”，山门、石江、竹市、桥头4个法庭进行了规范化建设，经市中院验收，全部列入全市示范法庭建设先进单位行列。1999年，要着力抓好四项工作：进一步端正办案的指导思想，整体推进审判工作，全力维护大局稳定；狠抓法官整体素质的提高，树立人民法院的良好形象；努力提高办案质量，确保司法公正；加强基层基础工作，加快物质装备建设步伐。会议决定批准这个报告并通过决议。

检察院检察长李连喜作《检察院工作报告》。一是查办贪污贿赂案件取得新的成绩。1998年共受理侦查贪污贿赂等职务犯罪案件20件21人，在所立案件中，副科级以上干部5人，大案4件4人，政法干警2人，已侦查终结并移送起诉18件19人，法院均做出有罪判决；把反贪的工作重点放在查办“三机关、一部门”的贪贿案件上，其中有乡党委书记、公司经理、政法干警，在社会上引起强烈反响；在工作方法上，改监居、搜查、突审“三板斧”为“三重视”：重视初查，重视侦查谋略，重视侦查技术；在办案中实现了无错误报捕、无错误起诉、无无罪判决、无潜逃现象发生；成立预防经济犯罪工作领导小组，确立6个单位为联络点，聘请联络员18名，采取“抓重点、重点抓”的办法，发出书面检察建议18份、口头检察建议54次，收到较好效果。二是刑检工作按修改后的“两法”要求，不断规范和加强。全年共受理报捕案件133件204人；做出批捕决定118件117人，批捕率达97%；受理移送起诉案件122件184人，经审查，起诉

103件158人，至年底，尚有6件19人未收到判决书，其余97件139人均作出有罪判决。三是执法监督工作突出重点，取得较好的效果。开展2次大规模的举报宣传，建立、完善检察长接待日，共受理来信来访424人次，受理举报线索184件，初查各类经济案件41件，经初查，移送反贪局立案12件，为国家和集体挽回损失210余万元，追缴赃款上缴财政52万元，并及时办理2起告急和领导交办的信访案件。1999年，要着重作好以下工作：深入持久地开展“严打”斗争，确保社会稳定；积极查办大案要案，深入开展反腐败斗争；把渎侦检察工作与反贪污贿赂工作一并纳入反腐败的总体格局，坚决遏制侵权、渎职犯罪的增长势头；加强执法监督，全面开展检察业务，维护法律尊严；实行“检务公开”，认真开展自身反腐工作。会议审议后决定批准这个报告并通过决议。

本次会议共收到议案33件，议案审查委员会审查后报告主席团，将这些议案改作建议、批评和意见，分别交县政府和有关部门处理，并负责答复。肖磊等12名代表提出的《关于尽快制止蓼水河捞砂船采砂的议案》，龙海金等10名代表提出的《要求减免60周岁以上老人教育附加费等费用的议案》，是带普遍性的问题，群众反映强烈，建议交县人民政府研究办理。代表们对公路交通十分关注，此次会议提出议案多达13件，约占议案总数的40%，建议县政府加大“大办交通、办大交通”的力度，抓紧公路建设。贺昌茂等10名代表提出的《要求对贫困地区交通基础建设占用林地免收有关费用的议案》、尹高贵等15名代表提出的《要求免收边贫山区兴修水利、修筑公路、架设高压线路的林业税费的议案》，是事关边远贫困山区的基础设施建设进程和经济发展的大事，建议县政府及有关部门高度重视，认真研究办理。本次会议还收到代表对各方面的工作提出的建议、批评和意见28件，连同议案转作建议处理的33件，合计61件，建议会议后由县人大常委会会同县人民政府召开交办会议，交有关单位认真研究办理、答复代表。主席团通过了议案审查委员会的以上报告。

第四节　第四次会议

十三届人民代表大会第四次会议，于2000年3月13日至16日在县城举行，应到代表273名，实到268名。

县长周吉平作《政府工作报告》。一是1999年政府工作的简要回顾：（1）经济指标保持平稳增长。国内生产总值比上年增长7.1%；农业总产值增长6.7%；工业总产值增长10.2%；乡镇企业总产值同比增长18.2%；财政收支基本平衡。（2）经济结构得到改善。农业内部结构趋向合理；工业逐步复苏；经济发展的硬环境不断改善。（3）改革开放步伐加快。在1998年对120家企业进行改革、改制的基础上，又对12家企业进行了改革；国有商业企业通过内部改革等措施，队伍相对稳定；粮食流通体制改革的成果得到巩固；第三轮乡镇财政管理体制运转基本正常；住房制度改革步伐加快，县城安居小区竣工投入使用；工商和技术监督部门收编工作进展顺利，交接稳定。（4）农村合作基金会的清理整顿取得成效，同时抓紧了供销社股金服务部股金的清兑工作。（5）各项社会事业全面发展。（6）精神文明和民主法制建设进一步加强。全县政局稳定，社会比较安定。二是2000年的政府经济工作要点：（1）稳定农业基础。一方面要认真解决农民普遍关注的“三大问题”：土地承包期的延长问题，做适度调整后，延长30年不变；农民负担问题，严禁乱开口子；粮食收购问题，敞开收购农民手中的余粮，不压级压价，不打白条。另一方面，要努力构筑农业产业升级的“四大体系”：构筑农产品加工体系，进一步完善科技推广体系，构筑农村市场体系，加快建设农产品质量标准体系。（2）搞活工商企业。布局上以集镇为主，小区为主；经济成分上，坚持国有、集体、私营、部门齐头并进，多种所有制并存；在发展方向上，以农林矿产品加工为主，走资源加工型的工业之路；在融资渠道上，坚持招商引资、股本募集与银行信贷相结合的方式；在人才使用上，坚持走本地启用与外地引进相结合的道路；进一步加大改革力度，对于已经停产、产品没有市场，而且无法启动生产的企业，依法进行破产式拍卖，用所得价款一次性安置职工。（3）加速城镇扩展。实施县委、县政府的优惠政策，逐步增加投入，着力启动本地市场。（4）致力开源节流。压缩各项支出，继续开展对临聘人员的清退工作，严格控制机构增加和升级，努力摆脱财政困境。（5）坚持可持续发展战略，促进各项社会事业全面进步，抓紧制定全县国民经济社会发展第十个五年计划。第六，深入开展廉政建设和反腐败斗争，继续加强公务员队伍建设。会议认真审议后，决定批准这个报告并通过决议。

县人民政府委托计划物价局局长尹小东作《关于洞口县1999年国民经济和社会发展计划执行情况与2000年计划（草案）的报告》、财政局局长尹光荣作《关于1999年财政预算执行情况和2000年财政预算安排（草案）的报告》。会议审议后决定批准这两个报告并分别通过决议。

县人大常委会主任肖德生作《人大常委会工作报告》。一是强化法律监督，促进全县民主法制建设。人大常委会于1999年4月，会同有关职能部门深入石柱、竹市、花园、毓兰等8个乡镇，进行了一次较大规模的土地管理的执法检查，发现有些乡镇“借地生财，违法批地”，部分村民法律意识淡薄，违法占耕地建房，国家税费严重流失，耕地得不到有效保护，常委会第8次会议听取和审议县政府近年土地管理工作的情况汇报，严肃地向县政府提出“提高认识、加强领导、深入宣传新的国土法、严格审批手续、严肃查处违法案件，依法收缴规费、切实维护法律严肃性”等意见，通过《关于加强土地管理，切实保护耕地的决议》，向“一府两院”交办。对《体育法》的贯彻实施情况，与县委、县政府有关单位对4个县属单位和9所中小学进行执法检查，5月的主任会议听取并审议了县政府“关于贯彻实施体育法的情况汇报”，将检查中发现的县体育馆管理不善、脏乱不堪、严重失修，影响业余训练和全民健身，学校体育场地严重不足、不利学生的身体健康和整体素质的提高，社会体育管理体制极不完善等问题向县政府提出，并就巩固全国先进体育县成果、促进群众体育事业健康发展，向县政府交办7项意见，县政府制定落实方案，及时解决了这一群众关心、反映强烈、受法律保护的民生问题。常委会组成人员对公安机关的维稳执法工作情况进行了视察，主任会议听取检察院关于采取取保候审措施的情况汇报，常委会12次会议听取、审议县政府关于维护社会稳定工作情况的汇报，严肃提出了“因为利益驱动造成一些案件处理不到位、维稳执法力度不够”等建议，向“一府两院”提交整改意见，督促采取有效措施抓稳定；人大常委会组织力量，深入7个基层法庭、法院各审判庭、检察院各工作股室查阅案卷197件，召开座谈会8场次，对法院开展“审判质量年”“执行年”“争创人民满意法院、争当人民满意好法官”三项活动和检察院开展“执法效果年”等活动情况进行专题调查和视察，常委会第10次会议、13次会议分别听取并审议法院、检察院的专题汇报，向“两院”指出“依然存在打击不力、重罪轻判、实施取保候审不严肃、越权办案、以罚代刑、对于复杂的法律关系把握不准、重实体法轻程序法、法律文书制作不规范、有的案件久拖不决或决而不果，特别是少数执法人员违法乱纪，造成恶劣影响”等问题，督促逐项整改，并要求将整改情况书面报人大常委会；配合上级国家机关对行政复议法、税收征管法、建筑法、商业银行法、矿产管理法、城市规划法的贯彻实施进行了调查和视察；各工作委员会就《森林法》、《统计法》、《公路法》、《预算法》、《环保法》、《审计法》的实施情况进行了检查监督；主任会议加强了个案监督，重点跟踪监督了4个案件，花园乡高坪村向某的滥伐林木案定性不准，责令林业公安释放拘留20多天的向某。4件错案已纠正3件，正在纠错的1件。二是强化工作监督，促进洞口经济健康发展。年内，共召开常委会会议7次、主任会议13次，听取和审议政府关于计划、财政、审计、农业、科技、城建、国土、教育等24项工作汇报，组织开展对财源建设、重点工程建设、农业科技推广、巩固“普九”成果、企业改革改制等13项工作进行专题视察和调查。根据人大代表和群众反映的“320国道过境路西段存在着严重的质量问题”，常委会组成人员进行重点视察，发现2号涵洞拱圈和砌墙多处开裂，责令工程指挥部立即采取措施，组织返工重建，县委主要领导对此高度重视，督促增加了监理力量。常委会组织力量深入黄桥、山门、花古、毓兰、花园、竹市

6个乡镇，对农业综合开发、丘岗开发、农业科技扶贫进行专题调研；主任会议听取县政府关于农业开发的专题汇报后反馈了调研中发现的问题，政府采取了积极措施逐项解决，尽管在经济运行中存在各种制约因素，全县“三农”服务依然抓得很好，农业获得较好收成。常委会就城市维护费的安排和使用情况进行调研，并听取县政府关于1998年度城市维护费使用和1999年度城市维护费安排情况的汇报，反馈调研中发现的问题，县政府采取相应措施整改后向主任会议作了专题汇报，有效地推进了城镇建设。人大常委会正副主任和主管科教工作的县政府领导对巩固“普九”成果、农业科技推广工作进行了视察、检查、督促。1999年第四季度，人大常委会派出3名同志直接参与协税，加大征收力度，全县财税收入任务稳中有增。三是做好人事任免工作，强化人事监督职能。对任命的国家机关工作人员严格履行了考试、考核、述职、调查了解的程序，年内共任免国家机关工作人员22人；接受1名人大常委会委员的辞职请求，对建设委员会、交通局、农业局的主要负责人进行了述职评议，较好地行使了人事任免和人事监督职权。四是加强对乡镇人大工作的指导，充分发挥代表作用。举办乡镇人大主席、副主席、专职秘书培训班，以提高思想政治素质和业务水平；召开2次乡镇人大主席座谈会，总结交流人大工作经验；对各乡镇进行一次普遍走访、调查、指导，促进乡镇人大工作平衡开展；十三届人大三次会议收到代表的建议、批评和意见已于1999年10月底办理完毕，人大常委会派员回访了部分代表，代表对办理情况和落实情况比较满意；根据上级人大的委托和安排，组织省、市人大代表先后视察推广杂交玉米、农业开发、水利建设、茶路电站建设、广播电视局、电信局和部分行政执法单位，并将代表的视察活动情况上报上级人大常委会，将代表视察意见和建议分别反馈给相关单位。五是进一步加强常委会及机关的自身建设。常委会主要领导按照“三讲”的要求，振奋精神，除干好本职工作外，按照县委的统一安排，分别联系醪田、杨林、水东、古楼、石柱、石江等乡镇，并直接参与高沙过境路、洞高路县城段改造等重点工程建设及农村合作基金会清理、社会治安综合治理、扶贫、财税征收入库等系列中心工作的组织领导，密切联系群众，完成县委交办的工作任务；人大常委会机关按照县委的要求，抽调1名干部下乡参加建整扶贫，2名干部帮助工业企业解困，5名干部协助农村合作基金会清理工作，都较好地完成了任务。关于2000年的人大工作，重点摆在：审议决定重大事项，监督、支持“一府两院”的工作；进一步做好代表工作，切实加强对乡镇人大工作的指导；努力加强自身建设，不断提高人大工作水平。会议认真审议后，决定批准《人大常委会工作报告》并通过决议。

法院院长邓祥红作《法院工作报告》。一是1999年受理刑事、民事、经济、行政等一审案件2216件，审结率为99%；受理执行案件618件，执结507件，执结率为82%，执行标的额246万元。继续坚持“严打”方针，共受理各类刑事案件125件182人，审结率为100%；被告人不服一审判决上诉的3件9人，经二审审结全部维持原判。继续严惩贪污、挪用、贿赂等各类经济犯罪，全年共受理经济犯罪案件25件26人，审结率达100%。石江镇农村基金会王某利用工作上的便利，挪用资金13万余元、侵占公款2万余元，用以修建私房，本院受案后迅速审结，判处被告人有期徒刑5年，并追回全部经济损失。全年受理经济案件925件，审结853件，同时利用督促程序办案1252件，解决争诉标的1618万元。先后派出60多人，两次分赴各乡镇，为时两个多月，开展农村基金会清欠工作，直接或帮助收回欠款千余万元。全年共受理民事性纠纷案件989件，审结980件，审结率为99%。二是积极推进审判方式改革。1999年组织干警进行集中审判观摩12场次，邀请人大代表、政协委员、法官形象监督员参加庭审观摩，当场评析案件；公开开庭率、当庭宣判率都明显提高。三是加强队伍建设，努力提高法官整体素质。以开展“审判质量年”“案件执行年”“争创人民满意的好法院、争当人民满意的好法官”三项活动为契机，狠抓集中教育整顿成果的巩固。1999年全院有13人受嘉奖、3人荣记三等功；进一步完善领导岗位责任基金制度和法官廉政建设基金制度，严格实行《错案追究制》，落实了案件质量的责任奖罚制度。关于2000年的工作，总体思路是，以司法公正为核心，以改革发展为动力，以育好人、办好案、执好法、服好务为目标，围绕党和国家的工作大局，全面推进各项工作。会议经过认真审议，决定批准这个报告并通过决议。

检察院检察长李连喜作《检察院工作报告》。1999年的检察工作。一是反贪工作向纵深发展，全年共受理各类职务犯罪案件线索55件、初查55件，立案查处18件21人，已侦察终结移送审查起诉15件18人，判决14件15人，为国家和集体挽回直接经济损失300余万元。检察院做到“一案一总结一教育”，举办法制宣传教育大会7场次，在取得良好执法效果的同时取得良好的社会效果。二是刑检工作取得新成绩，全年共受理报捕案件145件280人，其中重特大案件15件19人；经审查，作出批捕决定127件247人；受理公安机关移送审查起诉案件102件176人，审查后提起公诉93件150人，报送市院8件12人；有罪判决率为100%；本院全年无一积案。三是执法监督工作齐头并进。全年开展两次举报宣传活动，发放宣传资料3000余份；受理举报线索143件，初查贪贿等职务犯罪案件线索92件，协助党政部门处理信访12件，挽回经济损失120万元；处理群体性事件63件，办理告急信访案件19件，办理申诉赔偿案件2件；实现“渎职”“侵权”案件立案零的突破，已立案2件2人，侦查终结并移送审查起诉；监所检察打破多年来立案监督零的突破，立案监督3件5人，其中两名牢头狱霸致人重伤被分别判处有期徒刑五年、三年。四是开展“执法效果年”和“双创”活动，队伍建设常抓不懈，综合性、服务性工作得到进一步加强。关于2000年的工作，坚持检察工作服从和服务于经济建设的指导思想，坚持“公正执法、加强监督、依法办案、从严治检、服务大局”的工作方针，全面履行法律监督职能。会议经过认真审议，决定批准这个报告并通过决议。

会议对9个乡镇的县人大代表联名提出的《关于整饬林业公安的议案》决定立案，授权人大常委会在调查研究的基础上作出相应的决议。收到代表建议、批评和意见63件，县政府大会答复10件，其余交县政府有关单位办理。人大常委会重点督办部分代表提出的“公安局某某陷害现役军人案”。

第五节　第五次会议

十三届人民代表大会第五次会议，于2001年3月12日至16日在县城举行，应到代表273名，实到270名。

代县长赵清云作《关于洞口县国民经济和社会发展“十五”计划纲要的报告》。一是“九五”计划执行情况。（1）国民经济稳定发展。全县国内生产总值由1995年16.92亿元增加到2000年的28.5亿元，按1990年不变价计算，年均增长9.9%；财政收入年均增长7.3%；在经济实力增强的同时，经济结构也有所改善，三次产业结构由1995年52.30：17.58：30.12调整为47.1：16.6：36.3。（2）各项改革不断深化。以产权制度改革为重点的企业改革取得较大成绩，全县130余家国有、集体企业进行不同形式的改革，出现了新的生机；财政、金融、教育、科技、粮食、信访等方面的改革也取得较大进展；统一开放、竞争有序的商品流通和生产要素市场体系初步形成；以养老、失业、医疗为主的社会保障制度正在加速建立；外贸外经保持一定发展，五年累计出口总额2.56亿元，实际可利用外资3700万元人民币，引进境内县外资金2000多万元人民币。（3）基础设施建设成绩斐然。通过土地开发、招商引资等方式筹措资金，五年累计完成社会固定资产投资20.16亿元，交通、通信、电源电网、农林水利、城镇基础设施等方面得到显著改善。（4）社会事业全面进步。获取“全国科技先进县”称号，科技进步对经济增长的贡献率逐步提高；教育事业蓬勃发展，“双基”目标顺利实现；人口自然增长率控制在8‰以内，人民健康水平明显提高；生态环境建设得以加强，森林覆盖率提高到56.1%；民主与法制建设进一步加强；人民生活水平不断提高。困难和问题突出表现在：经济结构、产业结构不太合理，经济运行质量不高；工业总量不大，发展后劲乏力；财政收支矛盾突出，保工资、保运转日益艰难；“两个确保”不能到位，社会就业压力大；高度重视并采取有效措施解决这些矛盾和问题，是“十五”期间政府工作紧迫而又艰巨的任务。二是“十五”国民经济和社会发展的总体要求：以邓小平理论和中共十五大精神为指导，以经济建设为中心，以“群众增收、企业增效、财政增长”为目的，以体制改革、科技进步为动力，大力推进经济结构的战略性调整，加强民主法治和精神文明建设，完善社会保障制度，把洞口建设成为工农业相对发达、科教文化先进、生态环境优美、人民生活富裕、社会文明开放的经济强县。三是2001年政府工作重点：（1）稳定发展农业和农村经济；（2）工业走出低谷；（3）城镇基础设施建设；（4）财源建设和财政管理；（5）协调发展社会事业；（6）社会稳定关键在于真抓实干，为实现“十五”宏伟目标奠好基，开好局。会议经过审议，决定批准《洞口县国民经济和社会发展第十个五年计划纲要》，通过《关于洞口县国民经济和社会发展“十五”计划纲要及报告的决议》。

会议审议并批准县政府委托县计划物价局局长尹小东作的《关于洞口县2000年国民经济和社会发展计划执行情况与2001年计划（草案）的报告》。

县政府委托财政局局长刘志荣作《关于2000年财政预算执行情况和2001年财政预算安排（草案）的报告》，鉴于2000年财政决算未经上级批复、2001年的预算收入支出数过于笼统、财税改革准备实施和不确定因素较多等情况，授权人大常委会加强对预算细化过程中的跟踪和监督并作出相应的决议。

县人大常委会主任肖德生作《人大常委会工作报告》，向大会报告十三届人大四次会议以后的工作。一是加大了工作监督力度。（1）监督计划和财政预算的执行。常委会第15次会议、第16次会议、第18次会议、第20次会议，分别听取和审议县人民政府2000年预算安排情况、上半年预算执行情况、县本级财政预算和决算情况、调整财政收支预算情况等汇报，先后向县政府提出“加强和完善乡镇财政体制，发挥乡镇抓经济、促发展、增收入的积极性，强化乡镇消赤减债力度”“抓好行政事业单位的经费管理，建立工资发放中心和事关大局的重点支出保障机制”“加大审核监督力度，严格执行财政纪律，严肃查处财政管理中的违纪行为”“改进方法，提高实效，改变被动局面”等建议，政府逐条研究落实，人大常委会的主要成员参与落实，参与财源建设和协税工作，促进国民经济和社会发展计划基本实现，财政预算任务基本完成。（2）监督科技成果引进、推广和应用工作。组织人员对教育局、农业局、畜牧水产局、洞口镇、高沙镇、渣坪乡等单位的科技推广应用进行了调查，听取和审议县政府《关于1998年以来科技工作的汇报》，根据调查获取的第一手资料。向政府提出“加强领导，搞好网络建设；结合粮橘猪发展特点，突出抓好良种良法的引进、推广和应用；逐渐加大科技投入；改善科技工作发展环境，加大科普宣传力度”四项建议，县政府及有关部门认真办理，营造了比较浓厚的科教兴县、科技示范氛围。（3）监督城镇建设和管理。人大常委会支持县政府加强城镇基础设施建设和管理的举措，听取县政府《关于财政重大支出事项的报告》后，批准动用财政预算外资金400万元用于县城基础设施建设，并于年底组织部分省、市代表视察了建设工程的进展情况和综合整治攻坚战的开展情况，对视察中发现的问题向政府作了反馈，相关单位采取了积极有效的整改措施。（4）监督各项社保工作，由常委会主任带调查组到县劳动保险站、失业保险站、机关事业保险站、农村社会养老保险站、财政局和部分乡镇作为期12天的专题调查，主任会议听取审议县政府关于各保险单位、养老保险工作和基金管理情况的汇报，向县政府提出了“加强领导和管理，理顺体制，完善制度，加大基金收支情况的监督力度，增强保障功能”的建议，经过职能部门的积极努力，社保事业健康快速发展；主任会议还专题听取、审议县政府关于乡镇计划生育经费管理和使用情况的汇报，督促县政府强化监督审计，切实管好用好，向人民负责。通过以上监督，保证了党的方针政策能够正确贯彻执行，促进了政府部门有关重点工作的顺利开展。二是加大了法律监督力度。根据十三届人大四次会议的授权，常委会认真办理《关于整饬林业公安的议案》，委托两名副主任牵头，从县委督察室、县政府法制办、公检法、林业局、人大内司委和农工委抽调干部组成专门调查组赴9个乡镇，对林业公安分局1998年以来的执法情况进行深入调查，为时一个多月，主任会议、县委政府联席会议、常委会第19次会议先后听取和审议调查汇报，听取公检法业务部门负责人的意见，并向市有关部门进行专案请示，于常委会第20次会议作出《关于对林业公安队伍进行整顿、确保公正执法的决议》（以下简称《决议》），开展对林业公安工作的执法检查；县委以对人大代表高度负责的精神，组织召开专题会议，就落实人大常委会的《决议》发出《会议纪要》，把责任落实到单位，落实到人；县政府及其有关部门正在落实。开展对人民法院执行工作的执法检查，先后听取法院执行庭、法警大队、行政庭的工作汇报，查阅有关案卷，走访并听取有关单位的意见，常委会第16次会议向法院交办，法院认真落实人大常委会的要求，2000年的执行工作取得较大进展，执行实效有较大提高。开展对《中华人民共和国环境保护法》实施情况的执法检查，听取和审议县政府《关于全县环境保护情况的汇报》，人大常委会向政府提出开展“三湘环保世纪行”活动、在县城组织开展以“保护生态环境、弘扬环保法制”为主题的“2000年洞口环保世纪行”宣传活动、采取有力措施整治环保问题等建议，县政府逐条落实，使多年未解决的平溪江上游饮用水卫生、迴龙洲风景区乱搭乱建饮食店的问题得到有效遏制。开展了对《中华人民共和国土地管理法》实施情况的执法检查，落实十三届人大常委会第8次会议所作出的《关于加强土地管理、切实保护耕地的决议》，主任会议听取县政府关于实施人大决议以来全县国土执法情况的汇报，针对执法中发现的一些人违法手段隐蔽、宗教群体违法用地严重等新问题，提出加大宣传力度、增强人民的国土管理法制意识，加大对土地违法行为的打击力度等建议，并通过《土地违法犯罪案件移送查处暂行规定》，向“一府两院”交办，从而有效地推动了《中华人民共和国土地管理法》的贯彻实施。人大常委会有关工作委员会还协助上级人大机关开展民族宗教、企业法、农业法等法律法规贯彻实施情况的调查和执法检查工作。进一步加强对重点执法部门的监督，先后听取和审议了公检法司的工作汇报，并组织省、市人大代表对公检法司机关进行了执法工作视察，在肯定成绩的同时，要求公安机关强化队伍建设，严厉打击黄、赌、毒等社会丑恶现象和社会黑势力团伙；要求检察机关加大执法监督和反腐败工作力度，严厉查办一批贪贿、渎职等职务犯罪案件和严重的经济犯罪案件；要求审判机关努力提高审判质量，加大执行力度，维护法律的严肃性；要求司法局充实基层，加强普法工作，加强人民调解工作。人大常委会加强个案监督，对十三届人大四次会议期间部分代表提出的“县公安局将现役军人向某某押解回县一案必须彻底查清”的意见十分重视，决定交由检察院办理，主任会议先后两次听取办案汇报后仍有阻力，洞口县25名市人大代表就此在市十二届人大四次会议期间向市公安局提出质询，排除了阻力，此案得以彻底纠正。三是加大人事监督力度。十三届人大四次会议以来，常委会共任命国家机关工作人员49人次，对拟任人员全部严格履行了考试、考核、述职和调查了解的程序；强化了任后监督，在县委党校举办了法院审判员、检察院检察员集中整训，并首次对审判员、检察员进行了综合法律知识闭卷考试。四是努力做好代表工作。全年组织走访省、市、县人大代表340余人次，召开代表座谈会24次，指导省、市代表小组开展活动5次，收集整理代表建议和意见144条，为代表发送学习资料和会议公报3600余份；年末，组织省、市人大代表和部分县人大代表集中听取县政府关于2000年国民经济和社会发展计划执行情况、财政预算执行情况、廉政建设和政务公开情况的汇报，将代表们的建议综合整理后交县政府办理；十三届人大四次会议收到代表的建议、批评和意见已经办理完毕，可以说，办理质量比上年有了新的提高，代表们是比较满意的。五是进一步加强常委会自身建设。人大常委会党组按照市委的指示和县委的部署，在处级干部中开展“三讲”教育“回头看”，针对存在的问题狠抓了整改落实，增强了做好新形势下人大工作的使命感和责任感；常委会组织学习“三个代表”重要思想，开展警示教育，加强了廉政建设；常委会各工作委室深入实际进行调查研究，写出了一批有情况、有分析、有建议的调查报告，为常委会决策提供了依据；机关抽调1名干部下乡参加建整扶贫，8名同志参加县城综合治理整顿，9名干部参加农村“三个代表”重要思想学教活动，都较好地完成了工作任务。关于2001年的人大工作，重点是：以经济建设为中心，审议决定重大事项；加大监督力度，解决勇于监督和善于监督的问题；继续做好人事任免工作，加强跟踪监督；加强同代表和人民群众的联系，指导乡镇人大换届选举；加强自身建设，努力建设一支高素质的人大干部队伍。会议经过认真审议，决定批准《人大常委会工作报告》并通过决议。

法院院长邓祥红作《法院工作报告》，报告2000年的法院工作。一是围绕大局，各项审判工作稳步开展。全年共受理各类刑事案件99件134人，所审结的案件中，被告人不服上诉的案件16人，经市中院二审，无重大改判和发回重审的案件。受理经济犯罪案件13件17人，结案率100%，大屋乡信用社原出纳员许某利用职务之便，侵占挪用信用资金近20万元用于非法经营，此后又携款潜逃，法院受理后，依法从重判处其有期徒刑15年，并判赔全部损失。全年共受理民事案件928件，审结837件，审结率为90%。共受理经济案件115件，审结102件；运用督促程序办案346件；共解决争诉标的1900多万元。全年受理执行案件738件，执结518件，执结率为70.2%，执行标的439万元。二是公正司法、严肃执法的力度继续加大。推行办案责任制，认真执行《案件质量评查制度》《错案责任追究制度》《进一步规范办案规定》等制度，制定《案件质量评查的若干规定》，全年评查1999年以来各类案件235件，发现有问题的案件12件，依法做了纠正，并查处了2名审判人员；严格诉讼费管理，严禁乱收费、超标准收费、拉赞助费，诉讼费收取实行票款分离，法院开具收费收据，由财政局委托农业银行代收，进入财政专户。三是从严治警，整体素质有所提高。关于2001年的工作。（1）继续加大审判工作力度，为改革、发展、稳定提供强有力的司法保障和服务；（2）推进法院改革，建立公正、高效、文明的审判运行机制，促进公正司法；（3）加强基层基础工作，加快法院建设步伐，保障审判工作顺利完成。会议经过认真审议，决定批准这个报告并通过决议。

检察院代检察长廖勤俭作《检察院工作报告》，报告2000年的检察工作。一是突出工作重点，查办职务犯罪取得了新成效。全年共受理各类职务犯罪案件线索45件，初查45件，立案查处11件13人，均在一个月内侦查终结并移送审查起诉，法院有罪判决率为100%。二是强化监督职能，审查批捕起诉工作为维护社会稳定做出了新贡献。全年共受理公安机关提请批准逮捕的案件116件163人，批准逮捕101件141人，追捕8人；受理移送审查起诉案件97件138人，全部审结，提起公诉76件105人，有罪判决率为100%；坚持提前介入，坚持快捕快诉，突出打击重点，在全县影响较大的不满18岁的少年王某强奸杀人案，月溪女青年肖某投毒杀人案等，均在一天时间内作出批捕决定；对在全县造成恶劣影响、经常横行乡里聚众斗殴、长期欺行霸市、带黑社会性质的犯罪团伙蒋某、肖某等，及时批捕起诉；集中力量办案，重点打击了一批拐卖妇女儿童以及涉黄、涉毒、制贩假币的犯罪分子。加大监督力度，强化刑事立案、侦查、审判监督，纠正了一批执法不严、执法不公的案件，一起犯罪嫌疑人被关押达两年之久的悬案终于得到了落实处理。三是诉讼监督全面加强，在维护司法公正中发挥了职能作用。刑罚执行监督以解决超期羁押、违法减刑、假释、监外执行等问题为重点，全年共纠正超期羁押16人次，监督保外就医18人，监督考察监外执行罪犯50人次。控告申诉检察部门全年共受理群众来信来访467人次，处理案件信访11件、告急信访9件，处理突发性事件5件，被评为全省“文明接待室”。四是队伍建设不断加强，综合性、服务性工作有新的起色。认真开展“三讲”教育和学习“三个代表”重要思想，在干警中开展“刹三风”和警示教育活动；聘请20名执法监督员，向人大代表、政协委员发出百余份征求意见函，征集批评、意见和建议300多条；对自侦案件实行回访考察制度，建立重大事项报告制度和家访制度。五是积极推进检察改革，检察工作出现新的动力。实行“竞争上岗、双向选择”的人事制度改革，对现有职位全部实行公开竞争，有31人走上中层领导岗位；试行了主诉检察官、主办侦查员制度，提高了工作效率。关于2001年的工作:握紧两个拳头，一方面深入开展反腐败斗争，积极查办职务犯罪大要案，另一方面要强化渎侦工作，努力打开渎侦工作新局面；进一步深化检务公开和“一岗双责”，认真开展自身反腐败工作。会议经过认真审议，决定批准这个报告并通过决议。

本次会议共收到议案34件，根据有关法律及本次会议《关于议案的提出和处理办法》的规定，这些议案全部改作建议、批评和意见，分别交县政府及有关单位研究处理并负责答复。议案审查委员会提出，尹高见等11名代表的《要求就县氮肥厂集资、茶路电站集资还款作出答复的议案》、舒炉宝等10名代表的《关于宽松税收环境、增强服务意识、促进县域经济发展的议案》，反映了人民群众普遍关心的问题，改作建议后，交县政府重点办理。还收到代表建议、批评和意见38件，连同议案转作建议34件共72件，会后由人大常委会会同县人民政府召开交办会议，交有关单位认真研究办理并答复代表。

人大常委会向大会报告，第17次常委会会议已接受周吉平辞去县长职务的请求，第19次常委会会议已接受李连喜辞去检察长职务的请求。会议补选赵清云为县人民政府县长、罗美光为十三届人大常委会副主任、廖勤俭为县人民检察院检察长。

第六节 第六次会议

十三届人民代表大会第六次会议，于2002年3月26日至28日在县城举行，应到代表273名，实到260名。

赵清云县长作《政府工作报告》。一是2001年政府工作回顾。在战胜"6·10"、"6·19"两次特大洪灾后，基本实现了十三届人大五次会议确定的各项目标：工业总产值同比增长12.8%，其中规模工业同比增长20.3%；民营企业蓬勃发展，年产值500万元以上的民营企业有19家，其中上千万元的有12家，工业总量中民营经济所占比重为86%，比上年提高了26个百分点。农业总产值比上年增长4.2%。种养结构进一步优化，养殖业的比重进一步提高，畜禽、水产、特种养殖有突出发展；果、瓜、菜、药种植面积增幅较大，品种结构进一步优化；狠抓了稻、橘、猪品种改良，提高了大宗农产品的优质品率；农产品加工业初具规模，围绕粮食、竹木、柑橘、药材、生猪的加工链条延长，规模不断扩大。全年固定资产投资增长21%，房地产开发开始起步。外贸出口创汇比预期的好；交通、电力、通信、城镇四大建设取得良好实效。财政预算任务完成较好，金融形势平稳，精神文明和民主法制建设得到加强，各项社会事业全面发展。二是2002年的九项工作任务。（1）加快发展县域工业，努力构筑以民营为主的所有制结构和以农林矿产品加工为主的产业结构相结合的新型工业体系。（2）加快农业结构调整，推进农业产业升级。建好优质稻、优质柑橘、良种猪、高产楠竹、黄姜五大农产品基地；突出抓好糖果、糖浆、优质米、罐头、植物油为主的食品加工业，以乳猪、大猪、中猪加工为重点的肉食加工业，以竹胶板、竹地板、竹筷为重点的竹木加工业，以黄姜、茶叶为重点的药茶加工业。（3）加速城镇扩展，推进城镇扩容提质工程。县城按15万人口的规模目标进一步完善城市总体规划修编，建制镇都要完成总体规划修编，乡政府所在地和交通要道的重要集镇要做好集镇规划，强化规划管理；鼓励乡镇企业向城镇小区集中，落实户籍制度改革政策，欢迎农民和县外人口进城镇经商办厂、置业定居，争取全年新增1万城镇人口。（4）咬住项目，进一步加强基础设施建设。以邵怀高速公路洞口段及其子项目顺利开工、茶路电站大坝加高、新建3万平方米的市政广场、新建110千伏的变电站等十大建设项目为龙头，分层次、分领域办好一批基础设施建设项目。（5）加强财政管理，确保财政平稳运行。（6）加大招商引资和发展个体私营经济的力度。（7）加强社会各项事业建设，推动社会全面进步。（8）加强精神文明建设和民主法制建设。（9）千方百计增加城乡居民收入，努力提高人民生活水平。三是不遗余力地治理和优化经济发展环境。2002年，要着力于优化市场环境，优化社会环境，优化行政环境。会议认真审议后，通过《关于

〈政府工作报告〉的决议》。

县政府委托发展计划局局长尹小东作《关于洞口县2001年国民经济和社会发展计划执行情况与2002年计划（草案）的报告》。会议经过审议，决定批准这个报告并通过决议。

县政府委托财政局局长刘志荣作《关于2001年度财政预算执行情况和2002年财政预算（草案）的报告》。根据本次会议财政预算审查委员会的审查结果报告，予以通过。

县人大常委会主任肖德生向大会作《人大常委会工作报告》。五次会议以来，常委会按照“三个代表”重要思想的要求，全面落实县委《关于进一步加强人大工作的意见》，认真履职。一是围绕经济建设和社会发展大局，加大监督力度。（1）监督基本国策的落实。组织力量调查了计划生育综合整治情况，发现少数地方“放水养鱼、罚款保胎”的现象依然存在，且有泛滥之势，部分乡镇计划生育乱收费、乱罚款、经费乱开支，常委会第24次会议听取并审议全县计划生育情况的汇报，指出了存在的严重问题，特别要求切实加强队伍建设和经费管理，严肃查处违法乱纪的人和事。政府及计生部门认真落实了人大常委会以上建议，促进了全县计划生育工作的进类进位。常委会组织力量对环境污染比较严重的迴龙洲、洞口塘、平溪江县城段两岸、人民医院、中医院、县城菜市场等重点地段和单位进行实地检查，并将检查结果予以电视曝光，还书面建议县政府“提高环保意识，加大环保监理力度和污染排放治理力度，控制源头污染和反弹行为，规范建设项目管理，合理利用环境资源”。县政府积极组织有关部门进行研究规划，开展“三湘环保世纪行”活动，对一些污染重点和死角区域进行专项整治。对于国土管理，注重经常的督促检查，促进土地资源的合理利用。（2）重视社会事业进步。对5所高中和一职中进行专项视察，主任会议听取和审议县政府关于发展普高教育和职业教育的汇报，向县政府及教育主管部门提出了“加大依法治校治教力度，加强师资队伍建设，净化校园环境”等建议。常委会就广播电视建设、管理和发展组织社会调查，主任会议听取专题汇报，提出“加大有关法律法规宣传力度、依法做好做强广电事业、努力加强自身建设、提高队伍素质”等建议。常委会还通过不同方式，对文化、卫生、体育等各项社会事业进行督查，适时提出建议和意见，较好地促进了各项社会事业的全面进步。（3）关注“减负”。组织调查组对11个乡镇33个村217个农户负担做了调查，召开各种形式的座谈会17场次，查阅了“乡统筹村提留”的收缴使用资料；主任会议听取了调查汇报，听取并审议了县政府关于“减负”工作的汇报，在肯定成绩的同时，指出“少数乡镇的乡统筹村提留资金使用存在不合法不合理的现象，个别部门、村仍存在‘三乱’现象，‘减负’的有关政策尚未落实到位”，要求县政府认真贯彻落实中央、省、市“减负”政策，切实加强乡统筹村统留的管理和监督，确保专款专用，而且要引导、扶持帮助农民增加收入，从根本意义上减轻农民负担；县政府进行了认真研究，即将出台增加农民收入的若干措施。（4）监督本级财政预算的编制和执行，并大力支持财政工作，促进财政预算任务基本完成。二是围绕依法治国方略，切实加强法律监督。一年来，常委会先后组织对《中华人民共和国预算法》、《中华人民共和国森林法》、《中华人民共和国档案法》、《中华人民共和国环保法》等法律法规进行执法检查和调查，还配合上级人大常委会开展城市规划法、动物检疫法、残疾人保护法等法律法规的执行情况检查，促使这些法律法规在本县的全面贯彻实施；2001年8月，组织力量深入林区、半林区对贯彻实施新《中华人民共和国森林法》进行执法检查，走访了42户林农和22名县乡人大代表，在10个单位分别召开了座谈会，发现“宣传闹形式、普法有死角、执法重罚款、林业税费高、林农增收落空、造林抚林积极性不高”等问题，常委会第25次会议听取县政府关于新森林法贯彻实施情况汇报后，一一指出存在的问题，要求县政府加大宣传力度，加大林业投入，加强林业执法队伍建设，合理调整林木税费基价，提高林产品市场销售率，增加林农收入。常委会先后听取和审议了县政府及公安局、检察院、法院的工作汇报，要求县政府切实加强公安队伍建设，并提出4条整改建议，要求检察院以实施新修改的检察官法为契机，加大在职检察官的教育和管理力度，并自始至终参与监督检察院内部竞争上岗工作的全过程，要求法院组织全体法官认真学习法官法，着力提高法官素质，树立人民法官的良好形象。努力加强个案监督，常委会第24次会议审议通过《洞口县人大常委会实施个案监督办法》，对个案监督的对象、范围、内容、方式、程序及责任都作出具体规定，此后多次听取和审议有关个案办理情况的汇报，已经重点纠正和处理了36起疑难案件，维护了人民群众的合法权益。三是按照法定任免程序，依法任免国家机关工作人员49人次，其中接受1名副县长辞职，任命副县长2名。四是努力做好代表工作。十三届人大五次会议期间收到的代表建议、批评和意见及议案转建议，已在限期内办理完毕，办理效率和办理质量都有一定程度的提高，对于代表提出的青龙中学旁边的土桥寺问题，常委会与县政府办公室提案组一道到国土局、统战部、法院和石江镇政府调查核实有关情况，最终予以强制拆除，多年未解决的群众反映强烈的问题得以解决。认真处理代表和群众的来信来访，向“一府两院”和相关部门及乡镇交办转办63件信访件，已办结57件，解决了一些经济和社会生活中的矛盾和问题。五是指导、督促乡镇人大依法开展工作，特别是乡镇人大换届选举工作圆满成功，省、市人大常委会分别转发了洞口县乡镇人大换届工作的经验材料，邵阳市乡镇人大换届选举工作总结会在洞口县召开。六是实践“三个代表”重要思想，加强常委会自身建设。常委会组成人员和机关工作人员在做好常委会会议议题有关调研工作的同时，按照“三个代表”重要思想的要求，深入基层，深入群众，开展民情调查，促进了常委会的各项工作。结合机构改革，加大了干部交流力度，加强了干部队伍建设；特别是积极参与和支持全县中心工作，在参与中支持，在支持的同时监督，常委会正副主任每人负责联系一个乡或镇、一个企业、一个扶贫村的工作，并分别参与全县农业、工业、综治、重点工程建设领导小组的工作，尽职尽责做工作；人大常委会机关工作人员在主要领导的联系点，参与“三个代表”重要思想学教活动、农业结构调整、计划生育等工作，经受锻炼，增长才干。关于2002年的人大工作，一是强化法律监督，切实加强对审判、检察、公安侦破工作的监督，继续搞好个案监督；二是强化工作监督，认真实施好《湖南省县级以上人民代表大会常务委员会监督条例》，强化监督职能，完善监督机制，提高监督实效；三是进一步做好代表工作，努力为代表履职服务，发挥代表作用，特别注意发挥代表在闭会期间的作用，注重发挥代表小组的作用；四是做好县级人大换届选举工作；五要加强常委会的自身建设，切实做好本届任期最后一年的工作，以优异成绩迎接党的十六大胜利召开。会议认真审议后，决定批准这个报告并通过决议。

法院院长邓祥红作《法院工作报告》。一是全面加强审判工作。2001年共受理各类一审案件1283件，审结1191件，审结率为93%；受理执行案件402件（含旧存97件），执结338件，执结率为78%，执行标的额450余万元。（1）依法打击危害社会治安、破坏社会稳定、妨碍经济发展的刑事犯罪和经济犯罪。全年共受理各类刑事案件178件233人，全部审结；先后3次召开万人参加的宣判执行大会，对30余名刑事犯罪分子进行公开宣判，协助市中院执行死刑3次7人，形成“严打”高压态势。（2）以维护大局稳定为前提，以“息事宁人”为基本要求，注重依法妥善处理群体性纠纷案件，及时化解人民内部矛盾。全年受理民事案件922件，审结803件，审结率为90%；全年受理经济案件132件，审结122件，解决争诉标的1500余万元；组织专门力量深入企业，帮助企业收回债款600余万元。（3）落实“法治”与“德治”相结合的治国方略，大胆稳妥地开展行政审判工作。全年受理诉讼案件22件，全部审结；受理非诉执行案件52件，全部执结。（4）林业审判坚持保护林业资源、促进林区经济发展为原则，共审结各类案件84件。二是把握“公正司法，国脉所系，罚不在重，而在于公，法律面前人人平等”的司法原则，对所审结的各类案件抽查480件，发出两次质量评查通报，对6件存在质量问题的案件承办人追究了责任；严格法官八小时外管理，制定干警八小时外行为规范“十不准”，辅以相应的跟踪监督制度、举报有奖制度、违章处罚制度，确保其落到实处，此作法被市中院、《人民法院报》推广。三是从严治警，队伍建设进一步加强。在本院内部开展“一教育三整顿”活动，加强制度建设，进一步完善民主议事制度，建立健全领导岗位责任基金制度和法官廉政建设基金制度，严格落实财务管理会审制度。关于2002年的工作：以“严打”整治斗争为重点，突出“打黑除恶”，把打击“保护伞”作为重中之重；围绕经济大局开展专项审判服务，积极稳妥地处理企业改制和破产案件、经济合同纠纷案件，依法及时审理加重农民负担和坑农害农案件；围绕“公正与效率”主题，加强法院改革，全面改进司法作风。会议经过审议，决定批准这个报告并通过决议。

检察长廖勤俭作《检察院工作报告》。一是突出重点，依法查办职务犯罪。2001年共受理贪污贿赂、渎职侵权等职务犯罪案件线索44件，立案侦查11件13人，为国家和集体挽回经济损失480余万元；先后与市石下江煤矿、县教育局等6个单位建立预防职务犯罪工作联系点，发出检察建议11份。二是立足法律监督本职，履行检察职能。2001年受理报捕案件210件412人，审查后批准逮捕183件336人；受理各类审查起诉案件175件243人，审查后起诉149件195人，刑事检察全年无积案；有罪判决率为100%；提前介入侦查疑难案件和重特大案件75件154人，追捕25人，追诉8人；考察监外执行罪犯45人次，立案监督的牢头狱霸蒋某被判处有期徒刑三年；控申举报部门以收集、管理、消化举报线索和案件复查为重点，受理来信来访279件次，受理举报案件线索48件，初查45件，移送立案4件，为国家和集体挽回经济损失160余万元。三是队伍建设不断加强。2001年在干警中开展“三个代表”重要思想学教活动、争创“五好检察院”活动和行风评议活动；对检察队伍进行集中教育整改，向人大代表、政协委员、检风检纪监督员发出征求意见函215份，切实改进和加强检察工作；批捕、民行、控申等跨入全省先进行列。工作条件有所改善，获省、市“五好检察院”称号。关于2002年的检察工作：职务犯罪侦查工作要突出品牌效应和社会效应；严打整治斗争要深挖黑恶势力犯罪，深挖犯罪保护伞；诉讼监督要突出执法效果，立案监督要抓重点、抓难点、抓结果，审判监督要提高抗诉的质量，刑罚执行监督要实现事前事后监督并重，尤其要注重对违法减刑、假释、暂予监外执行的监督。会议经过审议，决定批准这个报告并通过决议。

会议共收到10名以上代表联名提出的议案45件。议案审查委员会审查后向主席团报告，建议将尹显治等15名代表提出的《关于洞口镇城区内禁炮禁狗的议案》、周解玉等10名代表提出的《关于在县城范围内全面禁爆禁狗的议案》，内容相近，并为一件予以立案，题为《关于在洞口镇城区规定区域内禁止燃放烟花爆竹和养狗的议案》，其余43件改作建议。还收到代表对人大常委会、“一府两院”提出的建议、批评和意见共23件，加上议案转为建议，共计66件，建议大会闭幕后，由人大常委会和县政府召开交办会议，把这些建议、批评和意见交有关机关认真研究办理并答复代表。主席团根据议案审查委员会的报告，将《关于在洞口镇城区规定区域内燃放烟花爆竹和养狗的议案》提交大会表决。大会通过立案决议。

第十四章 十四届人民代表大会

第一节 第一次会议

十四届人民代表大会第一次会议，于2002年11月17日至22日在县城举行。应到代表273名，实到273名。9名特邀人员和有关单位的负责人364人，列席会议。

县人大常委会副主任杨升作《十四届人民代表大会第一次会议筹备工作报告》；副主任刘兴亮作代表资格审查报告。

县委书记周吉平就如何开好这次会议提出四点要求：站在加速洞口发展的高度，充分认识开好本次大会的重要意义；紧扣发展主题，把县委的主张“民营为主，工业强县”变成全县人民的共同行动；要有浓厚的民主氛围，推进民主法治建设；从洞口长期稳定的根本利益出发，搞好选举。

县长赵清云作《政府工作报告》。一是五年来政府工作总体评估。五年来，全面落实县十三届人大一次会议确定的目标任务，全县国内生产总值年均增长7.3%，全社会固定资产投资年均增长9.8%，财政收入在消化“空转”、挤干水分的情况下，仍保持了5%的增长率；城乡居民储蓄存款年均增长23.7%。工业逐步走出低谷，形成了食品、建材、机械、采矿、电力五个方面的县域工业支柱产业雏形。农村经济持续发展，2002年农业增加值为14.6亿元，比1997年增长21.7%，年均增长4.0%；农村税费改革顺利进行，农民负担得到减轻和规范。预计2002年全县第三产业增加值将突破13亿元，为1997年的177.8%。累计完成社会固定资产投入24.3亿元，是上五年的1.75倍。城镇建设力度加大，城镇居住人口由1997年11.6万人增加到2002年16.8万人，城区面积由1997年的12.4平方公里扩展到现在的17.6平方公里。圆满完成农村合作基金会的清理整顿工作，供销合作社的股金风险也得到了大部分化解。精神文明建设和民主法制建设不断加强。县政府推行办事公开制度和首问责任制度以及信访公开承诺制度，坚持依法行政，自觉接受人大及其常委会的法律监督和工作监督，充分尊重政协的民主监督与政治协商，五年共办理人大代表建议意见391件、政协委员提案690件。坚持不懈地开展严打整治斗争和社会治安综合治理，保持了社会大局的稳定。人民生活水平不断提高，各项社会事业全面进步。经济和社会发展中存在的问题和不足，主要是：经济总量小，工业化和城镇化水平低，社会化服务和社会保障体系不完善，农民收入增长缓慢，城乡就业压力大，低收入者的生活比较困难；财政收支矛盾较大，经济发展环境和社会治安状况还不令人满意。二是今后五年的政府工作。总的要求是：国民经济持续快速健康发展，经济结构战略性调整取得显著成效，经济增长质量和效益显著上升，精神文明建设和民主法治建设稳步推进，全民思想道德素质和科学文化素质有新的提高，社会就业矛盾有所缓解，社会保障体系逐步健全，人民生活明显改善。主要措施是：（1）调整经济结构，促进农业大县向经济强县的转变。把工业化与信息化、农业产业化、城镇化结合起来，努力构建以民营为主的所有制结构和以农林矿产品加工为主的产品结构相结合的新的工业体系；把食品、建材、电力、采矿业培育成县域经济的支柱产业；突出抓好食品加工业，肉食加工业，竹木加工业、茶药加工业等四大农产品加工体系建设；认真落实发展小城镇的优惠政策，改革现行户籍制度，实行按居地和职业确定身份的户籍登记制度，逐步实行城乡通开就业制度，引导城乡劳动力双向合理流通。（2）加强交通、通信、电力、水利、城市五大基础设施建设。集中抓紧抓好邵怀高速、茶路电站大坝续建、黄泥江和平溪江上游的综合治理、病险水库加固等一批关系经济全局和长远发展的大工程、大项目。（3）全面深化改革，推进体制创新。深化企业改革，深化财税体制改革，加大投融资体制改革，推进农业和农村改革，积极探索土地流转机制，推进农业适度规模经营。（4）实施科技兴县战略，协调发展各项社会事业。着力实施以种苗工程、农业信息工程、农业科教工程为重点的农业科技工程；大力发展生态农业和高效农业，生产优质、无公害农产品，形成一批科技带动型的新的工业经济增长点。（5）加强社会主义精神文明建设和民主法治建设。（6）大力整顿和规范市场经济秩序，不断优化经济发展环境。（7）千方百计增加农民收入，努力改善城镇居民生活。（8）不断提高公务员队伍素质，努力转变政府职能，认真改进政府工作。会议经过认真审议，通过《关于〈政府工作报告〉的决议》。

县十三届人大常委会主任肖德生作《人大常委会工作报告》，报告五年来的主要工作：一是加大了工作监督力度，促进全县改革开放、经济发展和社会稳定。人大常委会高度重视农业和农村工作，督促和支持政府加速农业产业化进程，先后对楠竹低改、农业综合开发、丘岗开发、农业科技扶贫、林区林业工作进行专题调研，听取并审议县政府的专题汇报，还参与具体工作，对减轻农民负担、乡统筹村提留、乡镇和部门的“三乱”现象加大了监督力度；参与和大力支持工业企业的改革与发展，落实县委“民营为主、工业强县”的发展战略，督促和支持县政府对国有、集体企业实行大刀阔斧的改革，建立以民营为主的所有制结构和以农林矿产品加工为主的产品结构相结合的新型工业体系；大力支持城镇扩容提质，每年安排一次活动，听取汇报，组织视察，保证重点工程的质量，保证了城市维护费的合理使用，还批准动用400万元预算外资金用于县城基础设施建设；监督支持财政工作，监督本级财政预算的编制和执行，支持县政府以财源建设为中心总揽财政工作大局，支持县政府深化财税体制改革、强化税收征管、调整和优化财政支出结构，逐步走出财政困境。人大常委会着力优化经济发展环境，特别是2002年5月，抽调力量，组成司法组、财政经济组、建设环保组、农村组深入基层，对全县行政审批项目和政务公开情况，有关职能部门向企事业单位、个体经营者或农民乱收费、乱摊派、乱集资、乱罚款的情况，政法机关在处理涉及经济环境、经济秩序案件中的司法公正情况，分别进行了比较全面深入的调查摸底，将制约县域经济快速发展的突出问题列出清单，责成“一府两院”处理，“一府两院”及时严肃地查处了一批典型案件，对于转变政府职能，规范行政行为，遏制“四乱”现象、进一步营造司法公正良好氛围，稳定社会大局、优化洞口经济环境，起到了一定的作用。关注计育、国土、环保基本国策落实。针对少数地方的“放水养鱼、罚款保胎”，督促县政府严肃处理了一批计划生育工作中的违法行为；针对违法用地较为突出、违法建房时有发生、国家税费严重流失的问题，县人大常委会作出《关于加强土地管理、切实保护耕地的决议》，督促“一府两院”认真贯彻落实，对环境污染比较严重的几个地方进行实地检查，并将检查结果进行电视曝光，县政府采取有效措施控制源头污染，对重点地段进行了专项整治。贯彻“经济建设必须依靠科学技术，科学技术必须面向经济建设”的方针，全面落实“科教兴县”战略，促进各项社会事业协调发展，从1998年4月以来，先后听取并审议县政府关于科技、教育、文化、卫生、体育、广播电视、交通、旅游、养老保险等工作汇报，组织“科教兴县”的专题调研活动，对5所普高和职业中学进行专项视察，向政府提出了建议和要求，政府尽最大努力予以落实。二是围绕依法治国方略，切实加强了法律监督。认真、经常组织力量对全县执法机关进行多种形式的执法检查，促进执法机关依法行政和公正司法，先后组织对《刑法》、《刑事诉讼法》、《预算法》、《土地管理法》、《环境保护法》、《森林法》、《档案法》、《义务教育法》、《科学技术进步法》、《科学技术成果推广法》、《法官》、《人民警察法》、散居少数民族工作条例等法律法规开展了执法检查，并配合省市人大常委会对农业法、企业法、税收征管法、城市规划法、动物防疫法、基本农田保护条例、房地产条例、乡镇财政管理条例、爱国卫生条例、少数民族地区普及九年义务教育若干规定等法律法规执行情况进行检查或调查；推行执法责任制，认真落实上级人大常委会作出的《关于建立执法责任制的决定》，督促“一府两院”贯彻执行，为国家法律在洞口县的正确贯彻实施打下了坚实的基础；努力加强个案监督，抓住群众反映强烈的热点、难点和焦点问题实施监督，重点纠正和处理了一些疑难案件，维护广大人民群众的合法权益和法律的尊严，十三届人大常委会第24次会议通过《洞口县人大常委会实施个案监督办法》，将进一步加强此项工作。三是严格程序，依法任免国家机关工作人员。认真行使宪法和法律赋予的人事任免权，严格按照法定程序办事，坚持人事任免前会同县委组织部考察，重点了解拟任人员的德、能、勤、绩、廉等方面的情况，坚持任前法律知识考试和拟任人员任职前发言并当场接受询问制度，并加强了任后监督，增强了人事监督的实际效果。四是加强对乡镇人大工作的指导，充分发挥代表作用。坚持分期分批邀请乡镇人大主席列席县人大常委会会议制度，常委会派员深入乡镇指导人代会的召开和闭会期间视察、评议活动，组织了乡镇人大正副主席和专职秘书的业务培训，强化了乡镇人大工作目标量化管理，增强了县乡两级人大工作之间的联系和衔接；组织代表开展视察、调查、评议、座谈等多种形式的活动，认真开展“人民选我当代表，我当代表为人民”的争先创优活动，且不断丰富活动形式，拓宽活动渠道，调动代表参与经济建设和履行职务的积极性；五年共收到代表议案、建议、批评和意见427件，常委会及时交办和督办，其中由县人民政府直接办理和书面答复、大会答复的有119件，其余308件按“分级负责、归口办理”的原则，交由相关单位办理，实现了答复率100%、满意率90%，解决问题率50%以上的目标；五年共受理人大代表和人民群众来信来访6439人（件）次，向“一府两院”及有关部门和乡镇转办、交办653件，至本次大会前已办结421件，其他均由县人大常委会解释、答复，件件有着落，为维护社会稳定发挥了积极作用。五是精心组织，依法做好换届选举工作。1998年和2001年两次乡镇人大换届选举工作都取得圆满成功。六是实践“三个代表”重要思想，加强了县人大常委会自身建设。十三届人大常委会深入开展“三讲”教育和“三个代表”重要思想学习教育活动，在此基础上，不断完善和落实机关各项规章制度，基本形成“团结、严谨、务实、高效”的工作作风。存在的问题和不足主要是：监督工作重点不够突出，监督机制不够完善，监督效果不太理想；常委会及其机关的自身建设也有不尽如人意的地方。关于今后五年的工作，提出五点建议：（1）突出中心，切实抓好发展这个第一要务；（2）讲求实效，确保法律监督工作到位；（3）履行职责，强化工作监督力度；（4）加强联系，切实做好代表工作；（5）练好“内功”，不断加强自身建设。会议经过认真审议，通过《关于〈人大常委会工作报告〉的决议》。

法院院长邓祥红作《法院工作报告》，报告十三届人大一次会议以来的法院工作。一是围绕大局、各项审判工作稳步开展。五年共受理各类刑事案件702件989人，审结695件975人，依法从重从快惩处犯罪分子，“严打”整治斗争取得阶段性成果；受理合同纠纷案案件1848件，审结1831件，利用督促程序办案385件，解决争讼标的8600万元，依法调节了经济关系；受理民事案件4679件，审结4569件，其中调解结案3198件，占全部审查结案件的70.5%，化解了社会矛盾；受理行政诉讼案件366件，审结364件，受理非诉执行案件245件，执结233件；受理审判监督案件322件，审结319件，提高了办案质量；审结林业案件429件，促进了林业生产的发展；共办技术鉴定1707件，为有关案件的处理提供了有力的依据。二是强化审判管理，确保司法公正。全面推行审判流程管理制度，立审分离、审执分离、审监分离，案件及时开庭率达96%，法定期限结案率达95.5%，案件的当庭宣判率达65%以上，办案质量逐步提高；全面推行案件质量评查制度和案件质量追究制度，共评查各类案件1800余件，对21件存在质量问题的案件，分别给予承办人以通报批评、扣罚法官津贴、警告等处罚；在市中院和县委的领导下，按照“大立案、精审判、强执行”的改革思路，调整内设机构，撤销洞口、城关、竹市、桥头4个法庭，只设高沙、黄桥、石江、山门、江口5个中心法庭，建立了符合现代审判规律和审判特点的机制。三是坚持从严治院，加强法官队伍建设。坚持以制度管人、管事、管案，共查处违法违纪人员5人次，清调出法院2人，遏制了歪风邪气；选送65人次参加最高法院、省市法院和有关单位组织的法律培训，法官队伍的业务素质、政治素质明显提高；执行工作经验由《人民法院报》推荐向全国推广，法警大队副大队长王周烨获最高人民法院授予的“人民满意的司法警察”光荣称号。关于今后一段时期的法院工作，重点抓好：（1）以“严打”整治斗争为重点，全面开展各项审判和执行工作。（2）坚持从维护社会稳定大局出发，妥善审理好破产案件和企业改制出现的各种案件。（3）以创新精神积极推进法院改革。（4）切实加快法官队伍职业化建设步伐。会议审议后，决定批准《法院工作报告》并通过决议。

检察院检察长廖勤俭作《检察院工作报告》，报告十三届人大一次会议以来的主要工作：一是加大了职务犯罪侦查工作力度，深入开展反腐败斗争。五年来，共受理此类案件线索296件，初查266件，通过初查，决定立案91件105人，重点放在查办“三机关一部门”的贪贿案件及群众反映强烈的案件上，共查处大案22件22人，副科职以上要案14件16人，为国家和集体挽回经济损失1590余万元。二是积极开展“严打”整治斗争，全力维护社会稳定。五年共批捕重特大刑事案件167件275人，均在法定期限内办结，无一超期羁押，所提起公诉案件有罪判决率达100%；强化侦查、审判两个环节的监督，共向公安机关发出《要求说明不立案理由通知书》47份，发出《通知立案书》46份，公安立案37件，均被判处有期徒刑；对公安机关漏捕的36人、漏诉19人进行了追捕追诉，确保打击准确有力；狠抓机制创新，试行提前介入和引导侦查取证制度，开展不起诉公开听证制度的试点，与法院一道试行普通程序简易审，确保办案优质高效。三是统筹兼顾，促进其他各项工作平衡开展。加强了监管场所监督，发出检察建议169份，考察监外执行罪犯312人次，监督、配合公安机关查处监内人犯又犯罪案件4件6人，判决4件6人；有效开展民事行政诉讼监督，共受理各类不服生效民事、经济、行政判决裁定的申诉案件115件，立案78件，通过审查依法提请抗诉63件，法院裁定再审42件；共受理来信来访1974件次，受理举报案件线索467件，初查247件，移送立案53件，处理群体性事件和告急信访102件，维护了大局稳定。四是狠抓队伍建设，提高整体素质和执法水平。开展“三讲”学习教育、“三个代表”重要思想学习教育、行风评议、集中教育整顿、执法检查等专项教育活动，确保队伍政治合格，2001年被评为省级“五好检察院”；积极稳妥地推行了“竞争上岗、双向选择”的人事制度改革，激发了队伍活力。关于今后五年的工作，将重点抓好以下几个方面：（1）职务犯罪侦查工作要突出法律效果和社会效果，以查办和预防的实际成果推进党风廉政建设。（2）刑事检察工作要维护好稳定大局，以卓有成效的工作业绩为经济发展创造良好的外部法治环境。（3）突出“强化监督、公正执法”主题，推动各项法律监督工作与时俱进。（4）深化检察改革、创新管理机制，提高法律水平和工作效率。（5）进一步深化检务公开，认真开展自身的反腐败工作。会议审议后，决定批准《检察院工作报告》并通过决议。

大会选举十四届人大常委会主任肖德生,副主任龙际红、曾祥永、黄明和、旷筱炎、谢先桂、张治胜和14名委员；赵清云当选县人民政府县长，袁再雄、王建华、罗美光、廖碧波、肖国强、杨芳德、许安生、傅丽华为副县长；邓祥红为县人民法院院长；廖勤俭为县人民检察院检察长（以市人大常委会的批准为准）。选举邵阳市十三届人大代表50名。

第二节　第二次会议

十四届人民代表大会第二次会议，于2003年3月26日至28日在县城举行，应到代表273名，实到268名。

县长赵清云作《政府工作报告》。一是2002年工作回顾。基本实现和完成了十三届人大六次会议确定的各项目标任务：工业持续增长，民营企业实现重大突破，全年工业增加值为3.4亿元，比上年增长9.7%；农业和农村经济形势平稳，全年农林牧渔业总产值为23.6亿元，比上年增长3.3%；第三产业增长迅速，比上年增长10.6%；社会事业全面进步，人民生活水平不断提高；民主法制建设进一步加强，在克服多种自然灾害的同时，化解了许多风险，社会大局保持稳定。二是2003年政府工作的基本思路。经过县委、县政府等几大家领导的探索，基本理出了“一个战略、两大目标、三个重点、四大措施”的工作思路：一个战略，就是民营为主，工业强县；两个目标，就是群众增收、财政增长；三个重点就是推进水稻、生猪、柑橘品改、楠竹低改和以农产品加工为重点的农业产业化进程，构筑以民营为主的所有制结构和以农林矿产品加工为主的产品结构相结合的新的工业体系，实施政策引导、市场运作、多元投入、产业兴镇的扩容提质工程；四大措施，就是深化企业改革，优化发展环境，抓好招商引资，发展个体私营经济。三是围绕发展主题，落实开创洞口新局面的战略措施。（1）加快企业改制步伐，大力发展个体私营经济。（2）全民参与，进一步加大招商引资力度。（3）千方百计扩大就业，提高人民生活水平。（4）加强民主法制建设，保持社会稳定。（5）改进政府工作，优化经济发展环境。会议认真审议后，通过决议。

县政府委托发展计划局局长谢雄向大会报告2002年国民经济和社会发展计划执行情况及2003年计划草案。会议经过审议，同意这个报告，批准县政府提出的2003年国民经济和社会发展计划。

县政府委托财政局局长刘志荣向大会报告2002年度财政预算执行情况和2003年财政预算草案。会议原则同意这个报告，授权人大常委会作必要的调整后，正式批复。

主任肖德生作《人大常委会报告工作》。一是修改、完善、通过《洞口县人民代表大会常务委员会人事任免办法》，对县政府23个组成机构的主任、局长进行换届任命，所有拟任人员都向常委会递交书面述职报告，新进政府机构的拟任人员都参加法律知识考试，并在常委会会议上作了任前发言，回答常委会组成人员多角度的询问，于2003年2月10日召开了颁发任命书大会。二是尽快进入工作角色，加强工作监督。年前，常委会的主要领导带队参加协税，督促政府强化财税征管，保证完成全年财税任务；1月份，常委会农业民族华侨外事工作委员会对全县农机管理工作进行专题调研，撰写调查报告，常委会第1次会议听取和审议全县农机管理工作情况汇报，提出“清理编制、分流人员、增加投入、强化服务”的建议，在一定程度上推动了农机事业的发展；内务司法工作委员会围绕公正司法和依法办案，就稳定城乡社会秩序深入基层做了大量的调查研究；教科文卫工作委员会抓住新学期开学，加强了收费监督和学校安全指导。三是对乡镇人大2002年工作岗位责任制进行检查考核，下发乡镇人大主席团2003年工作目标文件，委托乡镇人大主席团对换届后的县人大代表进行集中培训，以提高人大代表的法律素养和执行代表职务的能力。四是适应形势需要，加强常委会自身建设，组织新一届组成人员学习中共十六大精神，学习宪法、代表法、地方组织法和县人大常委会议事规则，提高政治业务素质，增强贯彻执行党的基本路线的自觉性和坚定性；根据县委下发的《洞口县人大常委会机构改革方案》，完成机关机构改革，充实和加强了常委会机关的机构设置，理顺了职能关系，并修改完善了有关工作制度，且狠抓了制度的落实。2003年，人大常委会的主要工作是：（1）充分反映民意，依法决策重大事项，将把回龙洲、平溪江的环境保护作为重大事项进行调研并作出决定，督促“一府两院”依法严肃处理掠夺性开发资源和以牺牲环境为代价换取眼前经济利益的行为。（2）立足民主法制建设，强化法律监督工作，听取和审议县政府关于贯彻实施食品卫生法、人口与计划生育法的情况汇报，组织县人大常委会组成人员和部分人大代表对公、检、法的取保候审情况进行执法检查，对法院的行政审判工作进行专题调研，并组织部分人大代表旁听一次行政审判；主任会议将听取和审议近几年的普法工作汇报；常委会会议将对执法检查情况进行集中审议，认真交办，督促整改，注重实效；认真落实《洞口县人大常委会个案监督实施办法》，切实加强个案监督，解决一批群众反映强烈、久拖未决的案件。（3）致力经济建设，加大工作监督力度，支持民营经济发展；积极参与招商引资，在参与中监督，提高监督成效；督促政府加快工业化、农业产业化和城镇化进程；审查批准国民经济和社会发展计划，实施有效的财政预算监督；（4）进一步做好人事任免工作。（5）继续改进和深化代表联络工作。（6）切实加强自身建设，努力开创人大工作新局面。会议通过《关于〈县人大常委会工作报告〉的决议》。

大会接受赵清云辞去县长职务的请求，选举黎仁寅为洞口县人民政府县长。

本次会议共收到10名以上代表联名提出的议案58件，经议案审查委员会审查后建议，将尹显治等15名代表提出的《关于拆除回龙洲非法建筑、切实保护好回龙洲的议案》列入本次会议议程，其余的57件改作建议、批评和意见，其中邓光明等10名代表提出的《关于依法整顿县城营业性网吧、电游厅的议案》，反映了社会、学校和广大家长的共同心声，建议县政府重点办理；代表对交通工作的议案提得比较多，主要是通乡公路“砂改油”，建议县政府高度重视，争取尽早安排计划，认真组织施工。会议期间，代表对“一府两院”的工作提出建议、批评和意见28件，加上议案改作建议的57件，共85件，建议会后由人大常委会和县政府及时召开交办会议，交有关部门认真研究办理并答复代表。主席团通过以上建议，大会通过《关于拆除回龙洲非法建筑、切实保护回龙洲的议案》立案，授权人大常委会在调查研究的基础上作出决议。

第三节　第三次会议

十四届人民代表大会第三次会议，于2004年3月16日至18日在县城举行，应到代表273人，实到268人。

县长黎仁寅作《政府工作报告》。一是2003年政府工作回顾。一手抓防治“非典”不放松，一手抓经济建设不动摇，实现了十四届人大二次会议确定的各项目标任务。实现生产总值35.9亿元，增长9.6%；完成全社会固定资产投资8.41亿元，增长35.0%；财政收入完成1.269亿元，增长15.0%。改革开放稳步推进，社会事业全面进步，计划生育水平整体提高，在抗击“非典”斗争中沉着应付、处变不惊，实现了“拒‘非典’于县门之外、御‘非典’于未传散之时”的战略目标。民主法制建设和精神文明建设不断加强，“四五”普法全面开展，廉政建设和反腐败斗争力度加大，查处各类违法违纪案件86件，79名干部受到党纪政纪处分，挽回经济损失800多万元；社会治安形势好转，公安工作跃居全省前五强。二是关于2004年的政府工作。（1）围绕工业强县，大力推进工业化进程。抓住湘西地区开发的机遇，争取一批企业列入全省产业发展扶持项目。（2）围绕农民增收，加快推进农业产业化。围绕优质稻、生猪、柑橘、竹木、果蔬五大产业建基地，大力推行生产标准化、市场标识化、销售品牌化，扩大无公害食品、绿色食品和有机食品的生产，提高农产品市场竞争能力。（3）围绕扩容提质，大力推进城镇化进程。抓住邵怀高速公路在县境建设“四个互通”的契机，加快扩城步伐；整合县域旅游资源，逐步将洞口融入湘西旅游开发大循环。（4）围绕项目抓投入，加快基础设施建设步伐。2004年计划新开工、续建项目120个，重点是公路交通、电力、水利三大块和教育、卫生两系列；积极争取更多的项目列入国债、中央和省、市投资计划。（5）围绕招商兴县，大力发展开放型经济。（6）围绕增收节支，大力做好财政工作。（7）围绕完善社会主义市场经济体制，加大改革力度。完成87家县属国有集体工商企业及47家乡镇企业的改制；积极推进事业单位改革。（8）高度关注改善民生，提高人民生活水平。完善社会保障体系建设，做好“三条保障线”的衔接；加大扶贫项目实施力度，关心社会弱势群体。（9）统筹发展社会事业，推进政治文明和精神文明建设。加强民主法制建设，维护社会稳定。会议经过审议，决定批准这个报告并通过决议。

县政府委托发展计划局局长谢雄作《关于2003年国民经济和社会发展计划执行情况与2004年计划（草案）的报告》，批准《洞口县2004年国民经济和社会发展计划》。

县政府委托财政局局长刘志荣作《关于2003年财政预算执行情况和2004年财政预算（草案）的报告》，会议根据财经预算审查委员会的审查报告，授权县人大常委会审查收支项目并作必要的调整。

县人大常委会主任肖德生作《人大常委会工作报告》。一是强化工作监督，促进全县经济、社会发展。高度重视“三农”问题，先后就全县农机管理、农网改造进行了专题调研，提出了监督意见；就全县的农村财务管理进行了全面的调查，发现存在一些比较严重的问题，于第8次常委会会议听取、审议全县农村财务管理工作情况汇报，向县政府提出：“农村村级财务管理关系农村大局和农村稳定，务必引起高度重视：切实加强领导，加强制度建设，坚持民主理财，强化审计监督；对75个没有建账的村，督促乡镇采取有效措施尽快建账，实行财务公开；相当一部分村建了糊涂账，必须接受群众监督，建立明白账。”县政府认真落实这些建议，农村村级财务管理上了一个新台阶；组织在县的省、市人大代表视察全县沼气开发、退耕还林、农业产业结构调整等工作，就发展洞口农业向县政府提出一些好的建议；还配合市人大常委会进行《中华人民共和国农村土地承包法》的执法检查。围绕“民营为主、工业强县”开展工作监督，就工业企业改制、招商引资、民营经济等问题开展调研，组织视察，主任会议听取并审议了全县工业发展情况的汇报，要求县政府不断优化经济环境，实现项目建设新突破；县人大常委会组织机关工作人员深入厂矿、车间，健全生产制度，积极参与招商引资，全年引进外资项目2个，到位资金1700万元。实施积极有效的财政监督，监督本级财政预算的编制和执行，监督财政体制改革各项措施的落实，常委会分别于3月、8月、12月三次听取汇报，并及时提出工作建议，促使财政收支科学合理和公开透明；对雪峰广场的建设情况和财务情况予以关注，常委会第5次会议听取和审议了指挥部的专题汇报，11月又组织部分省、市、县代表听取“洞口城镇建设工作情况汇报”，视察佳园小区等城建项目，对存在的问题向县政府提出建议，支持城镇化建设；大力关注环保问题，常委会第5次会议根据十四届人大二次会议的授权作出《关于拆除回龙洲非法建筑，保护生态环境的决定》，要求县人民政府尽快组织实施；与此同时组织实施《洞口环保世纪行》活动，增强人们的生态环保意识，回龙洲内47处非法建筑全部拆除，自然生态环境资源得以合理利用。二是切实加强法律监督，确保洞口社会稳定。组织力量对公检法的取保候审情况进行了检查，常委会第6次会议听取情况汇报，就取保候审中存在的利益驱动、保而不审、保而不侦、保而不结、不了了之等问题提出意见和建议，要求认真整改，将整改情况向主任会议汇报。按照省人大常委会的部署，省市县三级联动开展义务教育执法检查。县人大常委会组织8个综合检查组和3个专项检查组，深入14个乡镇28所中小学和县直有关单位作了调查，常委会第6次会议听取和审议8县政府的专题汇报，主任会议根据常委会议的审议意见，综合为“加大义务教育法规宣传力度，尊师重教、健全激励机制、形成办教育的合力，加大改革力度、引入竞争机制、全员竞聘上岗、提高教育质量，加大投入、调整布局、合理配置资源，优化教育环境、规范学校收费、切实抓好基础教育”等具体意见，向县政府交办，政府逐项落实，并将落实情况向县人大常委会主任会议作汇报。2003年9月，省人大常委会副主任吴向东、副省长许云昭带队赴洞口，对义务教育进行执法检查，对洞口县教育事业的发展和义务教育执法检查给予充分的肯定。县人大常委会对食品卫生法的贯彻执行情况特别是学校食品卫生安全管理进行了检查，还配合省、市人大常委会对《科技进步法》、《大气污染法》、《固体废物污染环境防治法》、《人民防空法》、《农村土地承包法》等法律法规在洞口县的贯彻落实情况进行了执法检查或调查。重视个案监督，落实《洞口县人大常委会个案监督实施办法》，纠正错案冤案，杨守华对法院二审判决不服，向县人大常委内务司法工作委员会反映，经内务司法工作委员会调查，发现该案判决有误，即向市人大内司委请示汇报，经监督，市中院对该案依法重新改判。三是坚持依法任免，强化任后监督。本届人大常委会第5次会议修正和通过《洞口县人大常委会人事任免办法》，一年来，已任命副县长1名，接受1名副县长辞职，任命政府工作机构主任、局长23名，任免“两院”工作人员10名，举行了颁发任命书大会；加强了任后监督，对政府23个工作机构的主任（局长）和“两院”副职共30人进行了任后调查，常委会第8次会议听取他们述职后进行了公开评议和民主测评，当场公布测评结果，其中得优秀票60%以上的有3人，得称职票60%以上的有25人，得不称职票超过50%的有2人，此举受到全县干部群众的一致好评，对被任命人员也有很大震动。四是加强对乡镇人大工作的指导，充分发挥代表作用。年内在竹市镇召开人大工作现场会，学习先进，交流经验；组织乡镇人大主席和常委会部分组成人员赴沿海地区考察学习，开阔视野，借鉴外地经验；十四届人大二次会议的代表建议、批评、意见共86件，县政府在大会直接当面答复了12件，其余由21个县属副科以上单位办理，实现了答复率、与代表见面率、代表满意和基本满意率三个100%；年内组织代表开展了视察、调查、评议和向选民述职等活动，涌现出一批优秀人大代表。五是树立新形象，努力加强自身建设。年初提出了“树立新形象、创文明型机关”的奋斗目标，经过努力，在思想作风建设、宣传根本政治制度、建整扶贫、招商引资等方面都颇有成效，被评为市级“双文明单位”。2004年的人大工作重点是，依法行使监督权，加大监督力度。在监督理念上要从“支持性”监督向“制约性”监督转变；在监督职权的行使上，要从偏用几项监督职权向全面运用各种监督职权转变；在监督内容上，要从重点监督“一府两院”的具体行政行为向监督具体行政行为和抽象行政行为并举转变；进一步加强对行政、司法机关的监督，强化对经济工作的监督；要形成“审议—督查—落实”机制，使存在的问题真正整改到位。要努力提高工作水平，把人民拥护不拥护、赞成不赞成、高兴不高兴、答应不答应作为衡量工作水平的根本标准。会议经过审议，决定批准这个报告并通过决议。

法院院长邓祥红作2003年《法院工作

报告》。一是严厉打击刑事犯罪，全年共受理各类刑事案185件260人，审结率100%，审结经济犯罪案15件21人，获全市严打整治斗争先进集体奖。二是努力促进经济与社会协调发展，共受理民商事纠纷案件951件，审结率为92%，调解结案256件，调解标的达860万元，法律效果和社会效果达到了有机的统一；在“维护金融债权、打造诚信邵阳”专项整治活动中，直接受理涉金融一审案件28件，标的达162.3万元，审结25件，结案标的145.6万元，协助和配合金融机构收回金融债权600余万元；全年受理破产案4件，破产财产为7000余万元，协助安置职工3000余人。三是深化改革，强化管理。按照“大立案、精审判、强执行”的审判格局，结合本院实际，实行了庭审方式、案件繁简分流、裁判文书、证据展示规则等方面的改革；进一步完善审判流程管理制度，全院案件及时开庭率达99%，法定期限内结案率达96.5%；强化案件质量管理与监督，从2001年以来的各类案件中抽查200件进行评查，刑事案件优良率为100%，民经案件优良率为86%，执行案件优良率为78%，行政案件优良率为100%，对4件确实存在质量问题的案件，分别给予承办人以通报批评、警告、扣罚审判津贴等处罚；在执行“六个严禁”中查处违法违纪人员3人次，遏制了邪气。关于2004年的主要目标和措施：以“三个代表”重要思想为先导，努力培育现代司法理念；以公正效率为主题，充分发挥审判职能作用；以建设现代文明法院为目标，切实加强法院队伍建设和基础建设。会议审查后，决定批准这个报告并通过决议。

检察院检察长廖勤俭作2003年《检察院工作报告》。一是查办和预防职务犯罪工作实现新的突破。共立案侦查贪贿、渎职等职务犯罪案件10件15人，其中大要案犯有6人，为国家挽回经济损失260余万元。二是全面开展刑事检察工作。全年共受理各类审查逮捕案件222件412人，审查后，批准和决定逮捕192件341人；全年受理移送审查起诉案件188件267人，审查后，提起公诉167件237人，法院全部作了有罪判决。三是进一步强化诉讼监督职能。强化立案监督，依法向侦查机关发出要求说明不立案理由通知书4份，侦查机关从中立案4件10人；强化侦查监督，注重察微析疑，从侦查机关报捕和移送起诉的案件中追捕漏犯6人，追诉漏犯12人，其中追诉的尹某轮奸案被判刑13年；强化刑罚执行监督，共发出《纠正超期羁押通知书》19份、《纠正违法通知书》2份、《检察建议书》6份、使19名超期羁押人犯得到及时处理，同时对辖区内的64名假释罪犯和9名保外就医罪犯进行逐个考察，防止发生脱管现象；强化民事行政诉讼监督，全年受理不服生效民事、经济、行政判决和裁定的申诉案21件，立案19件，提请和建议提请市院、省院抗诉19件，被上级采纳13件。关于2004年的工作重点：一是保持对职务犯罪的高压态势；二是坚持不懈地贯彻“严打”方针；三是增强诉讼监督实效；四是完善管理机制，继续抓好队伍建设。会议审查后，决定批准这个报告并通过决议。

本次会议共收到十名以上代表联名提出的议案25件，经议案审查委员会审查，建议将欧阳坚等11名代表提出的《关于依法治理河道，保证河道引洪功能，确保人民生命财产安全的议案》列入本次大会议程，其余的24件改作建议、批评和意见交有关部门认真研究办理，其中肖恒山等11名代表提出的《关于高标准高质量修建石江杨林通乡油路的议案》，龙小元等10名代表提出的《关于强烈要求促进全县社会治安根本好转的议案》，建议县人民政府重点办理。还收到代表建议、批评和意见45件，建议按照“分级负责、归口办理”的原则组织交办督办。主席团通过以上建议。大会通过《关于将〈依法治理河道的议案〉立案的决议》，授权县人大常委会在调查研究的基础上做出相应的决议。

大会补选黎仁寅为邵阳市十三届人大代表。

第四节　第四次会议

十四届人民代表大会第四次会议，于2005年3月21日至24日在县城举行，270名代表出席会议。

县长黎仁寅向大会作《政府工作报告》。一是2004年政府工作回顾。全面实现了十四届人大三次会议确定的各项目标任务。全年生产总值完成41.8亿元，增长10.7%。实现全部工业增加值4.1亿元，增长13.6%；相继克服“禽流感”“五号病”带来的不良影响，畜牧生产稳中有升；粮食总产增长22.3%；新扩橘园1万亩，新增农产品加工企业22家。完成财政收入13282万元，同比增长22%。共有175家企业启动改制，其中45家县属国有集体企业改制基本到位，乡镇企业改制基本完成。年内引进项目128个，实际到位县外资金2.2亿元，增长196%；到位境外资金256万美元，增长了2倍；外贸出口总额达到865万美元，增长461.2%。全年完成固定资产投资12.9亿元，增长61.8%。企业养老保险、失业保险、医疗保险覆盖面进一步扩大，工伤保险、生育保险全面启动，城镇“低保”实现应保尽保；人口自然增长率控制在6.5‰以内；国防教育、“双拥”工作成效显著，再度被评为全国双拥模范县。省委、省政府2004年提出为民办好办成八件实事，涉及洞口县的25个子项目，已全部完成，其中超额完成18项；县政府承诺的办好八件大事，除需跨年实施的项目外，也已全部办成。二是2005年政府工作重点。（1）更加突出抓好产业发展。努力培育形成一批符合产业结构调整方向、市场前景好、财政贡献能力强的标志性企业；认真贯彻中央1号文件精神，不折不扣落实优惠政策，包括全面取消农业税、继续实行粮食直补、良种补贴和农机具购置补贴等各项政策；建好无公害柑橘示范基地、生猪养殖基地、优质品牌茶叶生产基地、辣椒和藠头生产基地、蓼水河流域水产品生产基地，抓好高寒山区延季蔬菜等特色农产品发展。（2）完善基础设施建设。重点是完善城镇功能，完善交通运输基础设施建设，改善农村基础设施条件，完善通信传输网络，完善电力保障体系。（3）推进改革开放。基本完成县属国有集体企业改革，推进乡镇“七站八所”改革，推进农村信用社改革，继续深化财政体制改革；扩大对外开放；大力优化经济发展环境。（4）构建和谐社会，统筹发展社会事业，加强民主法治建设，致力维护社会稳定。（5）在上年抓好八件大事的基础上，继续组织办好以下实事：完成通乡公路54公里，其中国防公路22.5公里；扩大城乡就业、再就业和农村富余劳动力转移就业，城镇新增就业3600人，下岗失业人员再就业2800人；确保5000贫困人口解决温饱问题，完成2所敬老院建设；改造农村中小学校危房1.2万平方米，建成12所寄宿制学校；建成农村沼气池800口，解决2个干旱死角村人畜饮水问题；推行农村计划生育家庭奖励扶助制度，奖励扶助800个计生对象；建好人民医院住院病房大楼，完成2个乡镇卫生院改造；新建经济适用房8000平方米、廉价住房3000平方米。

县政府委托财政局局长甘建华作《关于2004年财政预算执行情况和2005年财政预算草案的报告》、发展计划局局长谢雄作《关于洞口县2004年国民经济和社会发展计划执行情况与2005年计划草案的报告》。

县人大常委会主任肖德生作《人大常委会工作报告》。一是加强了执法检查，保障法律法规的有效实施。围绕贯彻落实中央2004年1号文件，用半年时间在全县范围内深入开展对农业法及相关法规实施情况的执法检查，重点对农业投入、保护农民合法权益、农民减负增收、农产品质量安全、粮食直补款等优惠政策到位情况进行检查，听取和审查县政府及有关部门的工作汇报，将执法检查中发现的问题归纳成五条整改意见向县政府交办，督促县乡（镇）两级政府及13个相关部门认真开展自查自纠，落实整改意见，取得了明显成效。省人大常委会副主任庞道沐率省人大农业法检查组在洞口县检查后评价：“洞口县的执法检查工作，领导特别重视，工作特别扎实，整改特别认真，监督特别有力；洞口的农业增效、农民增收、负担减轻，看得到，感受深；洞口农村的农民富、民风好、环境优，小康示范村不断涌现。”常委会还组织对《中华人民共和国土地管理法》、《中华民共和国人口与计划生育法》、《中华人民共和国基本农田保护条例》等法律法规的实施情况进行执法检查，在检查中发现基本农田保护范围内的洞口镇万塘村、石江镇岩泉村建有大砖厂，毁田烧砖，督促依法予以取缔并恢复良田。二是加强了工作监督，促进依法行政和公正司法。听取和审议“一府两院”工作报告20项，其中有县级财政预算安排、财政预算调整、财政决算、打击经济犯罪、普法、社会救济与低保、生态环境保护、县城规划修编、义务教育、食品药品监督、乡村公路建设、县城综合整治等专项工作汇报，分别提出了工作意见和整改建议。根据十四届人大三次会议授权，成立了专题调查组，历时两个月，从多个角度了解全县河道管理的现状及存在的问题，常委会第13次会议做出《关于切实加强全县河道管理的决议》向“一府两院”交办，“一府两院”和水利水政部门以及沿河乡镇逐项限期落实，常委会紧接着听取了整改落实情况汇报，表示满意。三是加强了人事任免和述职评议工作。年初，常委会第10次会议修改、完善了“人事任免办法”；年内，任命副县长2名，任命政府工作机构局长2名，任免“两院”工作人员12人次，任免人大常委会工作人员4人次；对上次评议不称职票超过50%的2名局长再次进行了述职评议，再次评议结果是：1名称职，1名为基本称职；还对县人民法院审判委员会委员、法庭庭长、检察院检察委员会委员共19人开展述职评议，评议结果均为称职；以上活动促进了“一府两院”队伍建设。四是加强了代表工作，密切了同人民群众的联系。先后组织了县代表向选区选民述职活动，县代表小组视察、调查、评议政府和政府部门的活动，省、市人大代表集中视察活动；代表们在三次会议期间提出的议案、建议、批评和意见，县政府直接答复3件，常委会办理议案1件，其余均在9月24日前办理完毕，答复率100%，与代表见面率100%，代表们对办理结果表示满意或基本满意；共受理群众来信460件，接待代表和群众来访1080人次，按相关程序，督促“一府两院”和乡镇认真办理，化解了社会矛盾。五是在人民代表大会制度建立50周年和县人大常委会设立25周年之时，组织庄严而简朴的庆祝活动，在洞口电视台、《洞口报》开辟“人民代表大会制度”宣传专题专栏，开展户外宣传活动，举办人大知识抢答赛，召开常委会与“一府两院”负责人座谈会，常委会组成人员集中学习会，学习胡锦涛总书记在首都各界纪念全国人民代表大会设立50周年大会上的讲话和吴邦国委员长在民主法治建设座谈会上的讲话。通过这些活动，回顾了半个世纪以来人民代表大会走过的光辉历程，宣传了人民代表大会制度的优越性，加深了广大群众对人民代表大会性质、地位、作用的认识，增强了全社会的民主意识和法治观念，同时促进了人大常委会的自身建设。关于2005年的主要工作：（1）增强党的观念，紧紧围绕县委的中心工作开展人大工作。（2）依法行使监督权，进一步提高工作质量。（3）依法行使决定权，促进民主科学决策。（4）依法行使任免权，加强任后监督。（5）加强代表工作，发挥县乡人大整体功能。（6）加强自身建设，提高工作水平。

法院院长邓祥红作《法院工作报告》。一是发挥审判职能，维护社会稳定。全年共受理各类刑事案件200件276人，审结率为100%，所审结的案件中，被告人不服一审判决上诉的6件，经市中院二审全部维持原判。全年受理民事案件827

件，审结729件，对调整婚姻家庭关系、调整财产关系、调整劳动关系、化解社会矛盾、构建和谐社会，起到了积极推动作用。继续开展“维护金融债权、打造诚信洞口”的专项审判活动，受理涉金融案40件，审结30件，协助银信部门收回金融债权3600余万元。受理企业改制案件30件，协助安置破产企业职工1200余人。共受理合同纠纷案30件，审结23件，解决诉争标的186万元。受理涉林案件10件，审结8件。受理行政案件12件，审结11件；受理非诉行政执行案75件，执结75件。发挥审判监督职能，受理审判监督案件12件，审结10件；受理技术鉴定案件270件，作出鉴定结论270件。二是加大执行力度，维护法律权威。国土局申请的拆除非法建筑系列案4起，涉及8000多村民利益的非法制砖厂顺利拆除，并由投资者和受益者恢复良田60余亩。三是深化改革，强化管理。案件及时开放率达99%，决定期限内结案率98%，应公开审理的案件公开开庭率达100%，案件合格率达98%。关于2005年工作:（1）贯彻落实中共十六届四中全会精神，尽力加强司法能力建设；（2）健全制度，规范管理，充分发挥制度在审判管理中的作用；（3）突出抓好勤政廉政建设；（4）坚持党的领导、人民当家作主和依法治国有机统一的政治原则，调动和利用一切积极因素，推进法院建设，争取再上新台阶。

检察长廖勤俭作《检察院工作报告》。一是加大查办和预防职务犯罪的力度。共立案侦查贪贿、渎职等职务犯罪案件11件16人，其中贪贿5万元以上、挪用公款10万元以上的大案4件4人，科级干部犯罪要案4人，所立案件均在当年侦查终结，为国家和集体挽回经济损失230余万元。预防职务犯罪走上良性发展轨道，拓宽工作渠道，完善社会网络，开辟“廉政课堂”。二是认真履行刑事检察职能。受理审查批捕案件195件359人，经审查批准逮捕156件321人；受理移送审查起诉案件202件307人，经审查提起公诉176件266人，报送市院6件17人；审查批捕与审查起诉准确率均为100%。继续加强对严重危害社会治安的暴力犯罪的打击力度，加快办案节奏，批捕案件平均4天内办结，起诉案件平均15天内办结。三是依法开展诉讼监督。依法加强刑事立案监督，共办理立案监督案件2件7人，2人被无罪释放；加强对刑事侦查监督和审判监督，决定追捕8人，追诉漏犯、漏罪6件6人，追捕的潘某盗窃案被法院判处有期徒刑10年；加强刑罚执行监督，重点开展“减刑、假释、保外就医”专项检查，复查2002年以来法院、看守所办理的减刑、假释、保外就医案件，同时协助看守所清监、整治牢头狱霸；不断加强民事行政诉讼监督，受理民事行政申诉案件10件，立案10件，提请市院抗诉7件，针对县招待所的部分房屋及土地不依法评估而出卖，造成国有资产流失达36万元的案件果断进行查处，避免国家财产遭受重大损失；不断提高文明接待质量，控申举报部门被最高人民检察院评为全国文明接待室。四是加强队伍建设，接受内外监督，正确行使检察权，完善保障措施。关于2005年的工作重点：牢固树立大局意识，全面加强法律监督能力建设；深化改革和管理，为提高法律监督能力提供新的动力；抓住班子建设这个关键，不断提高队伍的素质和能力；坚持党的领导，接受人大监督，保证法律监督职责正确履行。

会议决定批准以上六个报告，分别作出决议。

本次会议共收到10名以上代表联名提出的议案27件。议案审查委员会根据本次会议关于代表议案的提出和处理办法的有关规定，建议将卢诚等11名代表提出的《关于加强我县矿产资源保护、开发、利用及管理的议案》列入大会议程，提请大会表决。其余的26件改作建议、批评和意见交有关部门认真研究办理，其中谢羽芳等15名代表提出的《要求从严管理网吧市场，保护青少年健康成长的议案》，反映了社会、学校和广大家长的呼声，建议县人民政府重点办理；代表对公路交通方面的议案多、呼声高，建议县政府积极争取，认真组织实施。还收到代表建议、批评和意见36件，加上议案转作建议的，共62件，建议会后由人大常委会和县人民政府及时交有关单位办理答复代表。经大会表决，决定将《关于加强我县矿产资源保护开发利用及管理的议案》立案，授权县人大常委会在调查研究的基础上做出相应的决议。

第五节　第五次会议

十四届人民代表大会第五次会议，于2006年3月27日至30日在县城举行，266名代表出席会议。

县长黎仁寅向大会作《关于洞口县国民经济和社会发展第十一个五年规划纲要的报告》。一是“十五”期间经济社会发展情况的简要回顾：（1）经济综合实力明显增强，2005年生产总值达39.94亿元，年均增长9.5%；产业结构日趋优化，三次产业结构由2000年的59.1：12.3：28.6调整为48.8：18.5：32.7。（2）改革开放进一步深化，农村税费改革成绩显著，五年全县农民因减免特产税和农业税、加上国家各项补贴，共得实惠8932万元。（3）人民群众生活水平提高，城镇居民人均可支配收入年均增长7%；农民人均纯收入年均增长5.5%；城镇居民人均住房面积达到39平方米，农村居民人均住房面积49平方米；五年累计发放救灾帮困资金3300万元，投入扶贫开发资金1000万元。（4）各项社会事业长足发展，五年共组织实施各类科技计划项目142项，引进推广新品种新技术87个；“普九”目标基本实现，“两免一补”等政策得到落实；人口自然增长率稳定在6.5‰以内。（5）精神文明和民主法治建设不断加强。欠发达地区的洞口在前进中还存在一些问题：经济总量小，特别是结构层次低，第二产业低于全市10.8个百分点，低于全省20.4个百分点，工业

"短腿"问题突出；城镇化水平比全国平均水平低21个百分点，比全省平均水平低17个百分点；全县经济实力偏弱，自我发展能力不足，就业矛盾仍然突出，低收入群体生活比较困难。二是用科学发展统领"十一五"经济社会发展。围绕构建"实力洞口、活力洞口、魅力洞口、和谐洞口、文明洞口"目标，实现经济社会更快更好发展。主要目标是：经济实力快速增长。全县生产总值年均增长11%，财政总收入年均增长13%，全社会固定资产投资年均增长20%。社会事业全面协调发展，人口自然增长率控制在6‰以内，城镇化水平达到33%。基本公共服务明显增强，人民生活持续快速改善，城镇登记失业率控制在4.6%以内，人居环境日趋改善。三是扎实做好2006年工作。（1）大办工业、办大工业，围绕培育五大优势主导产业，支持十大重点企业实施技改、扩改工程，力争年内入园企业达10家。（2）加速推进社会主义新农村建设，着力组织实施国家大型优质稻基地、粮食产业工程、现代农机装备推进工程、农业综合开发、土地整理、农村能源建设、"阳光培训工程"等项目，改善农村生产生活条件。（3）进一步完善城乡基础设施建设，在重点抓好"十大城建工程"的同时，完成洞口一大桥扩建改造和山门二大桥的新建，启动城网改造和三期农网改造。（4）继续深化各项改革，强力推进招商引资。（5）进一步抓好财源建设，深化财税改革，严格支出管理。（6）努力办好事关人民群众切身利益的八件实事。会议经过审查，决定批准这个报告，批准《洞口县国民经济和社会发展第十一个五年规划纲要》。

县政府委托财政局局长甘建华作《关于2005年财政预算执行情况和2006年财政预算草案的报告》，会议授权人大常委会批准2005年财政决算，调整2006年财政预算。

县政府委托发展和改革局局长谢雄作《关于洞口县2005年国民经济和社会发展计划执行情况与2006年计划草案的报告》。会议决定批准这个报告。

县人大常委会主任肖德生作《人大常委会工作报告》。一是加强了执法检查。抓住法律实施中的突出问题和人民群众反映强烈的热点、难点问题，先后组织《中华人民共和国劳动法》、《中华人民共和国行政许可法》、《中华人民共和国行政处罚法》、《中华人民共和国刑法》、《中华人民共和国刑事诉讼法》、《中华人民共和国办教育促进法》、《中华人民共和国科技进步法》、《中华人民共和国文物保护法》、《中华人民共和国体育法》、《中华人民共和国人口与计划生育法》、《中华人民共和国税收征管法》、《中华人民共和国统计法》、《中华人民共和国水法》等法律法规的实施情况检查。执法检查有三个特点：（1）精心组织，在与上级人大常委会上下联动的基础上，由专题主任会议部署安排，制定方案，掌握进度，不断引向深入。（2）突出重点，紧紧围绕"一府两院"依法行政、公正司法及人民群众最关注的热点问题展开。（3）注重效果，在深入细致调查研究的基础上，综合整理突出问题予以交办，督促自查自纠，限期整改落实，取得较好的法律效果和社会效果。二是加强对“一府两院”的工作监督。听取和审查“一府两院”工作报告（汇报）20项（次），作出决议决定3项；围绕加强宏观调控，听取和审议县财政预算安排、调整、执行和财政收支审计情况报告，审查和批准2004年财政决算、县城总体规划修编、洞口县国家级生态示范区建设总体规划；围绕维护法律权威和促进依法行政、公正司法，分别听取和审议检察院贯彻执行《中华人民共和国刑法》、《中华人民共和国刑事诉讼法》工作情况汇报、公安局和交警大队的工作情况汇报；围绕人民群众关心的环境污染、农产品质量安全等热点难点问题，先后配合省、市人大常委会开展以“碧水蓝天生命的呼唤”为主题的“环保世纪行”活动和“三湘农产品质量安全行”活动，开展动物重大防疫调查。主任会议还先后听取了社会抚养费的征收及使用情况、城市建设和管理情况、审计工作、教育工作、文化体育工作情况汇报，提出重要意见和建议向“一府两院”交办，监督并支持“一府两院”对相关问题进行整改。三是依法行使决定权，加强对人民群众反映强烈的问题的监督落实。十四届人大四次会议决定《关于加强我县矿产资源保护、开发、利用和管理的议案》立案，常委会根据大会授权，在县内做了比较深入的调查、考察，比较广泛地听取群众和专业技术人员的意见，查阅和获取较多的资料，还和县政府组成联合考察组赴武冈、花垣等地学习考察，经过百余天的紧张工作，于常委会第21次会议通过《关于加强我县矿产资源保护开发利用和管理的决定》向“一府两院”交办；年底的常委会第24次会议再次向县政府督办，限期落实到位。四是积极支持县域经济发展，着力开展招商引资工作。人大常委会及机关工作人员招商引资作为加快洞口发展的唯一选择，经过一段时间的努力，已成功引进裕吉塑胶包装材料公司和华兴锰业有限公司，香港老板在古楼乡实施的水电站梯次开发，投入的资金已超过4000万元。县委对此表示满意。五是加强了对国家机关工作人员的任后监督。对政府工作机构的25名主任（局长）、法院50名审判员、检察院38名检察员、共113人进行了法律知识闭卷考试；按照《湖南省县级以上人民代表大会常务委员会述职评议工作条例》的规定，对3名副县长进行了会议述职评议，对政府工作机构的25名主任（局长）、法院4名副院长、检察院3名副检察长进行书面述职评议；同时在“一府两院”领导人员中首次开展评选“人民满意公仆”活动。六是加强了代表联络工作，特别是认真开展闭会期间的代表活动。年内，走访省、市、县代表300多名，组织部分在县的省、市代表就经济社会发展中的一些重大问题开展专题调研和视察，整理后反馈给县委、县政府及有关部门；集中组织省、市代表分别视察辣妹子食品厂污水处理工程、华兴锰业公司、工业园、杨林乡农业综合开发项目、岩山乡土地整理项目，听取县政府“八件实事”落实情况汇报、招商引资工作情况汇报。认真办理十四届人大四次会议的代表议案、建议、批评和意见，常委会主任、副主任分别重点督办了32件，保证了答复率、与代表见面率、满意及基本满意率“三个100%”。七是加强了人大常委会及机关的自身建设。机关认真开展了以实践“三个代表”重要思想为主要内容的保持共产党员先进性教育活动，开展“先进不先进，十问见分明”活动，开展了为特困群众送温暖的“春风行动”，开展了以完善各项制度、建立长效机制为重点的整改活动；人大常委会党组按照县委的统一部署，先后派出两批督导员、巡视员帮助基层党组织开展先进性教育活动；努力做好新形势下的人大信访工作，修改完善《信访工作若干规定》，设立主任信访接待日，全年处理来信来访1600余件（人）次，就信访个案听取汇报26次，召开协调会11次，向有关部门交办个案16件，重点督办7件，处理并回复了中共中央政治局常委、全国人大常委会委员长吴邦国批示件一件，全国人大常委会副委员长盛华仁、顾秀莲批示各一件，省、市领导批示件数十件，对人民群众十分关注的征地拆迁、企业改制、社会保障等方面的突出问题，通过交办、督办，多数得到了较好的处理；人大常委会机关的“双联”工作、建整扶贫、企业改制等工作，都完成了县委布置的工作任务，连续被评为“邵阳市文明单位”；由于县委重视、政府支持，且得到上级资助，常委会会议室得以改造，办公设施也得到改善，保证了日常工作需要。关于2006年人大工作，重点是：（1）坚持党的领导，确保人大工作正确的政治方向；（2）落实科学发展观，严格依法行使职权；（3）进一步拓展代表工作，充分发挥代表作用；（4）继续推进制度建设，努力提高常委会依法履职水平。会议经过审议，对人大常委会一年的工作表示满意，决定批准这个报告。

法院院长邓祥红作2005年《法院工作报告》。一是充分发挥审判职能，全年受理各类刑事案件201件269人，审结率为100%，所审结的案件中被告人不服一审判决上诉的8件，经市中院二审全部维持原判。认真执行“能调则调、当判则判、调判结合、案结事了”的原则，共受理民事案件953件，审结825件，其中调解356件；受理涉金融案件20件，已审结15件，涉标的1200余万元，协助银信部门收回金融债权812万元；全力支持企业改制，受理企业改制案件23件，审结18件，盘活资产1.15亿元，协助安置职工9796人；受理合同纠纷案57件，审结44件，解决讼争标的1.12亿元；受理行政案件8件，审结8件，受理非诉执行案89件，执结68件。发挥审判监督职能，受理审判监督案件12件，审结10件；受理涉林案件10件，审结8件，其中刑事案件3件。二是处理涉诉信访，以稳定为第一职责。共接待来访人员260人人次，处理来信46件，全年无群体性涉诉越权上访案件。三是强化管理，从严治院。对审结、执结案件进行评查，全年共评查各类案件951件，其中优秀275件、良好630件、合格24件、不合格1件，扣罚案件质量责任金1350元。关于2006年的工作，重点是：（1）切实加强法院队伍建设；（2）充分发挥审判职能作用，维护社会稳定；（3）完善机制，强化管理，合理配置司法资源；（4）强化教育，更新观念，真正树立法院的公正形象；（5）、突出抓好廉政建设。经过审议，会议决定批准这个报告。

检察长廖勤俭作2005年《检察院工作报告》。一是以业务工作为中心，认真履行检察职能。（1）依法查办和预防职务犯罪，立案侦查职务犯罪案件10件12人，其中大要案件3件3人，为国家和集体挽回经济损失350万元。（2）开展刑事检察工作，共受理报捕案件220件389人，其中批捕194件325人，纠正漏捕3件10人，立案监督5件7人；受理各类审查起诉案件213件298人，审查后起诉189件259人，法院有罪判决率达100%。（3）强化诉讼监督。共办理立案监督案件5件7人，通过立案监督，5人无罪释放；加强对刑事诉讼和刑罚执行活动的监督，决定追捕8人，追诉漏犯、漏罪16人；复查2002年以来法院、看守所办理的减刑、假释、保外就医案件，共纠正监外执行不当和减刑、假释不当案件4件；监所检查共追诉监外罪犯重新犯罪案件6件13人；受理民事行政申诉案件9件，立案9件，提请市院抗诉5件，建议提请抗诉2件，法院开放审理7件，已调解改判5件；二是以“保先”教育活动和规范执法行为专项整治活动为契机，着力加强队伍建设。邀请人民监督员进机关座谈，各股室查摆、整改了诸如利益驱动、重实体轻程序、重打击轻保护、重数量轻质量等问题，纠正了接案不及时、调取有关证据资料未及时等问题。三是以提高执法质量和办案效率为手段，完善管理机制。建立了案件质量保障机制和以目标管理考核为主要内容的管理机制，对检察官办案权进行监督制约；制定《人民监督员监督程序流程表》，推进人民监督员制度试点，促进检务公开；按照省院的部署，开展“质量考评年”活动，组织自查自纠。关于2006年的工作，着力点在于：（1）全面落实科学发展观，促进检察工作持续健康发展；（2）充分发挥法律监督职能，为维护社会稳定和构建社会主义和谐社会服务；（3）继续深入开展“规范执法行为、促进执法公正”专项活动，提高人民的满意率；（4）积极推进检察改革。会议经过审议，决定批准这个报告。

会议补选肖晓明为十四届人大常委会委员。

本次会议共收到代表提出的议案53件，其中属于内务司法工作方面的3件，财政经济工作方面的8件，教科文卫工作方面的5件，农业与农村工作方面的14件，城乡建设、环境与资源保护工作方面的6件，交通通信方面的17件。根据法律法规和本次大会关于代表议案的提出和处理办法的有关规定，经议案审查委员会审查、主席团第三次会议通过，将53件议案全部改成建议、批评和意见交有关部门研究办理，其中代表们对加强网吧整顿、规范网吧市场监管、第三批农村电网改造、动物检疫防疫、乡村通畅通达公路建设、社会主义新农村建设、城乡居民户籍改革中存在的问题等，关系人民群众切身利益，建议县人民政府重点办理。会议期间，代表们对“一府两院”的工作提出建议、批评和意见共42件，加上议案转建议、批评和意见的，合计为95件，会后由人大常委会和县政府及时交有关部门办理并答复代表。县政府连夜召开有关部门主要负责人会议，组织材料，委托常务副县长袁再雄在大会上答复代表们提出的通乡油路和通村公路建设问题、农网改造问题、网吧整顿问题、动物检疫防疫问题、电信部门强制收取来电显示费问题、关于公民户籍纠错问题和办理身份证不方便等问题。代表们报之以热烈的掌声。

县人大常委会副主任谢先桂宣读《洞口县人大常委会关于授予“人民满意公仆”荣誉称号的决定》，人大常委会副主任旷筱炎宣读“表彰2005年人大工作先进单位和先进个人、优秀人大代表文件”，主席团常务主席颁奖。

第六节　第六次会议

十四届人民代表大会第六次会议，于2007年3月13日至16日在县城举行，263名代表出席会议。

县长黎仁寅向大会作《政府工作报告》。一是2006年政府工作回顾。十四届人大五次会议确定的主要目标任务全面完成或超额完成。全县实现生产总值45.14亿元，增长11.0%；实现工业增加值7.03亿元，增长21.8%；实现农业增加值21.09亿元，同比增长5.1%；实现社会消费品零售总额11.87亿元，同比增长16.3%；全社会固定资产投资完成24.19亿元，同比增长46.9%，一批工业骨干企业通过技改或扩建，增强了市场竞争力，一批基础设施重点工程的成功实施，夯实了经济发展后劲；新增农产品加工企业45家，新增市级农产品加工龙头企业3家，获省政府颁发的“全省农业产业化建设先进县”奖牌。成功组建洞口县农村信用合作银行，金融创安工作成效显著，成为邵阳市第一信用达标县。认真实施并完成“八件实事”，集中解决了一批与人民群众利益息息相关的热点难点问题。全县新增城镇就业人员3812人，安排下岗失业人员再就业2601人，新增农村富余劳动力转移就业2100人；企业基本养老保险、工伤保险、基本医疗保险新增参保人数6600余人，解决城镇5750户10777人的“低保”问题，实施各类扶贫项目38个，帮助3800名相对贫困人口脱离贫困线。精神文明和民主法制建设得到加强，社会大局基本稳定。代表在本届五次会议上提出“加强矿产资源管理的议案”，县政府承办没有完全到位，在此表示歉意。二是2007年政府重点工作。

（1）奋力推进工业新崛起，实现“五个新突破”，新办工业企业要有新突破，壮大六大优势主导产业上要有新突破，品牌兴企要有新突破，工业园区建设要有新突破，膨化工业发展动力要有新突破。（2）扎实推进社会主义新农村建设，着力办点示范。（3）努力完善城乡基础设施建设，加速建成邵阳西部交通中心，完善电网建设。（4）加大改革，切实提高招商引资实效。（5）维护社会安定和谐，更加注重人与自然的和谐。（6）全面发展社会事业。三是加强政府自身建设，深入开展“干部作风建设年”活动。会议经过认真审查，决定批准这个报告并通过决议。

县政府委托发展和改革局局长谢雄作《关于洞口县2006年国民经济和社会发展计划执行情况与2007年计划草案的报告》。会议经过认真审查，决定批准这个报告并通过决议。

县政府委托财政局局长甘建华作《关于2006年财政预算执行情况和2007年财政预算草案的报告》。根据财政预算审查委员会的审查报告，决定批准这个报告，授权县人大常委会批准2006年财政决算，调整2007年预算。

主任肖德生作《人大常委会工作报告》。一是加强审议决定工作，促进全县经济社会健康协调发展。常委会第25次会议在认真听取和审议县政府提出的《洞口县国民经济和社会发展第十一个五年规划纲要（草案）》和《关于制定规划纲要草案的说明》的基础上，提出补充、修正意见；又召开专家座谈会，做了进一步的完善；经十四届人大五次会议全体代表审议后，予以批准。针对非税收入管理中存在的票据监管失控，乱收、滥罚、滥支，监缴不力而造成财政收入流失比较严重等问题，经主任会议研究后，从5月开始，在全县组织开展《湖南省非税收入管理条例》执法检查，提出“要严格依法行政，加强非税收入票据管理，明确管理权限，认真整改使用废止票据、使用税务票证收取却不按规定解款、财务收入不按财政制度进行规范管理等问题”的交办意见，交由县政府及相关部门落实；县政府就“交办意见”作出了相关决定，责成各有关单位整改落实；年底，常委会第29次会议专题听取和审议了落实“交办意见”的情况汇报，满意率和基本满意率达95%。二是加强监督工作，督促和支持“一府两院”依法行政、公正司法。常委会会议、主任会议听取和审议“一府两院”工作报告（汇报）20项（次），作出决议、决定6项。立足于促进全县经济社会又好又快发展，听取和审议全县工业发展、农业综合开发项目实施及资金的管理使用、高速公路和通村公路建设、新农村建设等工作汇报。立足于维护法律权威和促进依法行政，听取和审议全县环境保护、传染病防治、审计、监察、教育等工作情况的汇报。立足于维护司法公正和社会大局稳定，听取和审议法院关于民商事审判工作情况的汇报和检察院关于贯彻落实刑法、刑事诉讼法及反贪污、反贿赂工作情况的汇报。常委会在调查中发现小学特别是农村小学，教师队伍年龄老化、知识老化、待遇偏低、教师缺编，导致严重影响农村教育质量，主任会议作出《关于加强我县小学师资队伍建设的交办意见》，交由县政府认真落实。组织《环境保护法》实施情况的执法检查，提出《关于加强我县环境保护工作的交办意见》；县政府及时召开常务会议出台5项措施，已见成效。三是加强人事任免和述职评议工作。年内任命副县长1人，免去副县长1人，接受2名副县长辞职，任免人大常委会工作人员4人次，任免法院工作人员20人次，任免检察院工作人员4人次；常委会第27次会议通过《2006年述职评议工作方案》，对5名副县长进行了会议述职评议，增强了国家机关工作人员的公仆意识、以人为本意识和民主法治观念。四是加强代表工作。督办代表议案、建议、批评和意见，常委会主任、副主任督办32件，占总数的1/3，肖尊中等12位代表提出《关于兑现茶路电站筹款借券》，经督办后，引起县政府及水利局、电力公司、茶路电站的高度重视，截至2006年年底，借券兑现完毕，五次会议收到代表的代表议案、建议、批评和意见也全部办理完毕，解决问题率达70.6%，代表满意率达100%。常委会组织在县省、市人大代表实地考察工业发展、新农村建设、交通建设三大内容，分别向县政府反馈考察建议；黄桥镇组织代表向选民述职、镇长向代表述职；山门镇组织代表开展行风政风问卷调查活动；竹市、石柱、杨林、古楼等乡镇组织代表监督、支持、参与通村公路建设，进度快，标准高，质量好，群众满意。五是改进常委会及其机关工作。制订《关于扎实开展干部作风集中整顿方案》，建立和完善了干部作风整顿的长效机制，加强了党风党纪和勤政廉政建设；按照县委的统一部署，大力开展招商引资工作，联系“农村基层组织建设”工作，参加“双联”帮扶工作，主要领导参与、指导、监督“八件实事”以及农业产业化、城建、财税金融、新农村建设等领导小组的工作；常委会机关已连续4年被评为“邵阳市文明单位”。关于2007年的人大工作，重点是：认真学习贯彻《中华人民共和国监督法》，进一步加强和改进人大监督工作；努力增强监督实效；围绕发展稳定，努力做好各项工作；继续加强常委会及其机关自身建设，努力提高依法履职水平。会议经过认真审议，决定批准这个报告并通过决议。

法院院长邓祥红作《法院工作报告》。一是充分发挥审判职能。2006共受理各类刑事案件234件，审结234件，其中审结公诉案件217件。受理民商案件883件，审结848件，立足化解和疏导，采用诉讼调解的方法解决纠纷，调解、撤诉率为51%；及时审结了一批集团性案件和新类型案件、涉高速公路案件，确保国家重点工程建设顺利进行。受理企业改制案件3件，审结2件，盘活资产1620万元，协助安置职工845人。受理合同纠纷案66件，审结56件，解决讼争标的842万元；受理行政案件9件，审结8件，受理非诉执行案84件，执结52件，受理审判监督案12件，已审结9件；受理涉林案件20件，审结18件。二是妥善处理涉诉信访案。共接访358件次，处理来信275件，没有发生涉诉越级上访和群体性上访案件。三是强化管理。共评查各类案件1024件，其中优秀819件、良好105件，合格率100%；严格执行公开审判规则，应公开审理的案件，公开开放率达100%；年内没有发生违法违纪的人和事。2007年，必须着力抓好领导班子和队伍建设，突出抓好廉政建设，全面提升法院的管理水平。会议经过认真审查，决定批准这个报告并通过决议。

检察院代理检察长宋志刚作《检察院工作报告》。一是依法打击各类刑事犯罪。2006年受理移送审查批捕案件156件268人，经审查，批准逮捕150件245人；受理移送审查起诉案件163件297人，经审查提起公诉140件202人。二是着力查处和预防职务犯罪，全年立案查办各类职务犯罪案件9件11人，其中贪污贿赂案件7件9人，大要案件5件6人，全部侦查终结，提起公诉8件10人，法院均作出有罪判决；在办案过程中做到一案一预防，帮助有关单位整章建制、堵塞漏洞，防止职务犯罪行为发生。三是强化诉讼监督。全年监督立案7件7人，纠正不该立案而立案5件5人，立案监督后提起公诉的案件2件2人，全部作有罪判决；全年追捕犯罪嫌疑人3人，追诉漏犯8人、漏罪8起，监督纠正侦查活动中的行为26人次。加强民事行政检察监督，全年受理不服法院民事行政裁判申诉17件，立案审查14件，提请抗诉12件，建议市院提请抗诉2件。认真开展监内深挖余罪工作，经查证属实后，批捕3件19人，办理监外执行罪犯又犯罪案件10件18人，提起公诉后，法院均做了有罪判决。2007年，要全面履行法律监督职能，着重查处党政领导干部和国家工作人员利用职权实施的经济犯罪和渎职犯罪案件，依法惩治商业贿赂犯罪和以权谋私、侵犯群众利益的职务犯罪。会议经过认真审查，决定批准这个报告并通过决议。

本次会议共收到议案43件，根据法律规定和本次大会关于代表议案的提出和处理办法的有关规定，经议案审查委员会审查并报主席团会议通过，43件议案全部改作建议、批评和意见交有关部门认真研究办理。代表们对通乡通村公路建设、地下“六合彩”、县城禁炮禁狗等问题反映强烈，议案较多，要求县人民政府重点办理。会议期间，代表们对“一府两院”还提出建议、批评和意见55件，加上议案转作建议的43件，共计98件，待会后由人大常委会和县政府及时交有关部门办理并答复代表。

大会闭幕前，县政府委托常务副县长袁再雄就农村公路建设、打击“地下六合彩”、县城禁炮禁狗、竹山小学烟窗扰民、从种粮直补资金中扣缴水费、城镇低保、网吧整治等问题公开答复代表，代表们表示满意。

第十五章　十五届人民代表大会

第一节　第一次会议

十五届人民代表大会第一次会议，于2007年12月3日至7日在县城举行。287名代表全部出席会议。县属有关单位负责、乡镇人大副主席和秘书共183人列席会议。

县人大常委会副主任龙际红作筹备工作报告；张治胜作代表资格审查报告。

县委书记赵清云就如何开好这次会议提出要求：认清形势，振奋精神，增强历史使命感和责任感，描绘好洞口未来五年的蓝图，并带领全县81万人民把宏伟蓝图一步一步地变成现实；要以对党和人民高度负责的态度，以对洞口经济社会发展和全面建设小康洞口高度负责的态度，严肃认真地搞好选举；服从领导，遵守纪律，确保大会圆满成功。

县长黎仁寅作《政府工作报告》。一是过去五年的工作。（1）经济工作成效显著。生产总值、工业增加值、财政收入、城乡居民储蓄存款余额四个指标在前四年的基础上翻一番；全社会固定资产投资、规模工业两个指标实现了翻两番；外贸出口翻了三番多。完成了县城总体规划修编，县城城区面积五年内拓展了近一倍。（2）改革开放取得重大突破。五年完成国有集体企业改制122家，改制面达92%；农业税、特产税全面取消，支农、惠农政策全面落实，全县农民五年共得实惠8932万元；财政体制改革进展顺利，行政审批制度改革不断深入，清理减少了行政审批项目105项，取消收费项目62个，降低26个项目的收费标准；民营经济快速壮大，五年新批外资企业5家，新增自营进出口企业5家。（3）人民生活继续改善。2006年，城镇职工基本养老、医疗及失业、工伤、生育保险全面实施；城市“低保”做到了应保尽保，农村“低保”制度开始启动；五年发放救灾帮困资金3300万元，投入扶贫开发资金2000万元，帮助2.1万困难群众解决了温饱问题或越过了贫困线。（4）精神文明和民主法制建设得到加强，社会建设全面推进。前进中面临的困难和问题是：经济总量小，产业结构层次低，可用财力少，财政支出压力大。二是未来五年政府工作的主要目标：到2012年，全县生产总值达78亿元，年均增长10%以上，人均接近1万元；财政收入3.6亿元，年均增长15%；全社会固定资产投资累计超过130亿元，年均增长20%。人民生活持续改善，社会事业全面协调发展，生态文明建设得到加强。三是实现上述目标，必须突出抓好六项重点工作：（1）坚持实施新型工业化核心战略，全力提升经济发展水平。不断完善园区功能，促进园区产业升级，增强园区产业的辐射带动能力；逐年壮大品牌方阵，围绕已形成的六大支柱产业，做大做强龙头企业，引进关键项目，延伸产业链条，壮大产业集群，形成产业核心群体和有区域特色的块状经济。（2）突出强农富民，加速推进新农村建设。重点抓好优质稻、柑橘、优质茶叶、良种猪、反季节蔬菜和林竹基地，全面发展农产品加工业；加强农村水、电、路基础设施建设，加强农村环境卫生设施建设，全面提升农村的文明程度。（3）完善县城功能，打造山水园林洲城。（4）加强基础设施建设，完善电力保障体系，建立信息网络体系，夯实发展基础。（5）加大改革开放力度，注入新的发展动力。（6）加强社会建设，完善社会管理，促进社会和谐。会议经过认真审查，决定批准这个报告并通过决议。

主任肖德生作《县人大常委会人大常委会工作报告》。十四届人大常委会自2002年11月选举产生以来，共召开常委会会议38次、主任会议65次，听取和审议“一府两院”工作报告147个（次），作出决定决议12项，依法任免国家机关工作人员99人次，有效地发挥了地方国家权力机关的作用。一是依法开展监督工作，不断增强监督实效。（1）加强法律监督，对《中华人民共和国劳动法》、《中华人民共和国行政处罚法》等31部法律法规进行了执法检查，每次检查都坚持做到：统一部署，上下联动，自查、调查相结合；围绕中心，突出重点，在调查的基础上找准问题，增强针对性；抓住典型，集中审议，发挥集体智慧，提出整改意见；认真交办，督促整改。2003年组织开展《义务教育法》的执法检查，先是全面深入的调查，再是针对存在的问题和薄弱环节，提出“逐年加大投入、合理调整布局、加大危房改造力度、严格保学控流、提高教育质量、严禁乱收费”的整改意见，县政府和教育主管部门认真组织实施，人大常委跟踪督办，通过执法检查，巩固了“两基”成果，提高了义务教育水平，城关一校荣获“全国青少年科技教育示范学校”荣誉称号。省、市人大常委会对洞口县的《中华人民共和国义务教育法》执法检查表示满意，省人大常委会副主任吴向东和副省长许云昭给予很高评价。（2）加强工作监督，督促县政府加快工业发展、推进农业产业化进程，重视小城镇建设和管理，密切关注并积极参与了“十一五规划纲要”的编制和审议，对农村财务管理这一广大农民反映强烈的问题予以重点审议和交办督办，已初见成效。（3）强化干部监督，抓紧抓好任后评议，五年来，常委会会议评议46人次，接受书面述职80人次，丰富了人事任免的内涵。（4）注重和加强了个案监督的力度，减少了错案和执法过错，促进了公正司法。二是依法行使审议决定权，推进民主科学决策。届期中根据代表大会的授权、委托，共办理4项议案立案，分别在深入调研的基础上，先后作出《关于拆除回龙洲非法建筑、保护生态环境的决定》《关于切实加强全县河道管理的决议》《关于洞口城镇规划区内限制燃放烟花爆竹的决定》《关于加强我县矿产资源开发、保护、利用和管理的决议》，均达到预期的效果；在加强审议决定实效方面，探索出审议意见实行“交办制”、审议决定重大事项实行“票决制”，落实决定实行“督办制”系列新举措，且取得显著成效，《人民之友》2007年第一期以《让审议充满刚性》为题，向全国推介了洞口县人大常委会的工作经验。三是充分发挥代表作用，密切联系人民群众。（1）注重改进代表工作，特别是闭会期间，组织代表开展学习、视察、调查、评议活动，2005年11月，集中在县的省、市代表和部分县代表，听取关于发展工业、建设社会主义新农村、高速公路和乡村公路建设情况、当年财政收支情况的专题汇报后，分工业、农村、交通三个组去实地考察，征集意见，整理成书面材料送县委、县政府，发挥了很好的作用，县委高度评价这次视察活动。（2）重视办理代表建议，及时交办督办，严格实行主任会议督办制度，主任、副主任每年都要亲自督办一批群众反映强烈的建议、批评和意见，保证实现答复率、与代表见面率、满意和基本满意率“三个100%”。（3）重视人民群众的来信来访，坚持主任接待日制度，满足人民“有事找人大”的要求，五年共受理人民群众信访件和上级人大常委会批转的信访件共1382件，接待来访群众3500余人次，对所有的批办件和来信来访，都按照相关程序督促“一府两院”及相关部门或乡镇认真办复，保证“有信必复”“有事找人大，人大必须答”，维护了人民群众的合法权益。四是不断加强自身建设，努力提高工作水平。围绕人大工作任务，认真开展“保持共产党员先进性”教育活动，把为人民群众服务作为工作的出发点和落脚点；围绕人民代表大会制度建立50周年，开展了系列纪念活动，增强了人大意识，使更多的人了解人大，支持人大工作；围绕依法履职，加强了制度建设，健全和完善了“议事规则”“人事任免办法”等21项制度，使人大工作更加规范；围绕县委中心工作，在招商引资、重点工作、建整扶贫、“双联”等方面都付出了努力，取得较好成绩。十四届人大常委会的工作成绩，是县委的正确领导，代表的积极努力，“一府两院”支持配合的结果，但与宪法、法律赋予的职权和全县人民的要求相比，还有一定差距，主要表现在对人大制度的宣传力度不够，对重大事项的决定研究不够，监督手段尚需创新，监督范围有待拓宽，代表作用还有待于进一步发挥等。今后五年人大工作的基本思路：（1）强化党的观念，更好地发挥地方国家权力机关的作用；（2）全面履行监督职能，确保法律法规的正确实施；（3）充分发挥代表作用，密切同人大代表和人民群众的联系；（4）加强自身建设，不断提高议事能力和履职水平。代表们对连任两届、十年的人大常委会主任肖德生表示敬意，报之以热烈的掌声。会议经过认真审查，决定批准这个报告并通过决议。

法院代院长蔡明清作《法院工作报告》。一是围绕工作大局，充分发挥职能作用。五年来，共受理各类一审案件6278件，审结6017件（含旧存）；受理执行案件1028件，执结963件（含旧存），执行标的款1428万元。共受理各类刑事案件1025件1282人，审结1025件1282人；判处五年以上有期徒刑的占32%。共审结贪污贿赂等职务犯罪案件52件55人，促进了党风廉政建设。慎重审理刑事附带民事案件，附带民事部分的和解、调解率达95%以上。共受理各类民商案件4774件，审结4553件，解决争议标的1.02亿元。着重开展了维护金融债权专项审判工作，审结涉金融债权案125件、标的1002.3万元；受理破产案件65件，审结59件，做到了无震荡破产；受理行政诉讼案件60件，审结57件，受、结案数均呈下降趋势，受理非诉行政执行案件421件，执结402件，支持了行政机关的依法行政。二是围绕公正司法，稳步推进法院改革。完善审判组织机制，实现审判职责科学划分；完善程序适用机制，实现审判活动科学有序；加强案件质量监督管理，2004年以来的合格率为99.9%，其中优秀案件达42%；认真落实司法救助制度，五年批准缓、减免诉讼费161万元。三是围绕提高质量，大力加强队伍建设。全院干警100%达到大专以上学历，其中90%以上具有本科学历；两庭建设和办公设施有一定改善。存在的问题和困难是：队伍的整体素质还不能完全适应审判工作和自身改革的需要，审判工作离公正与效率的要求仍有一定差距，个别案件的处理还不能达到法律效果和社会效果的统一，“执行难”问题尚未根本解决。本院要着力做到：坚持“司法为民”工作宗旨，紧扣“公正与效率”工作主题，突出“审判执行”工作重心，把住“司法管理”这一关键，抓牢“队伍建设”这个根本。会议经过认真审查，决定批准这个报告并通过决议。

检察院代理检察长宋志刚作《检察院工作报告》。一是积极开展“严打”整治斗争。五年共受理报捕案件1008件1892人，批准逮捕882件1648人，受理审查起诉案件1008件1568人，起诉862件1282人，移送市院51件90人。始终将黑社会性质组织犯罪、流氓恶势力犯罪和爆炸、杀人、抢劫、绑架、强奸等严重暴力犯罪，盗窃、抢夺、盗林毁林等严重影响群众安全的多发性犯罪和破坏人民群众生产经营的案件作为打击重点；配合有关部门开展重大安全事故和打击“两抢一盗”、地下“六合彩”、邪教组织等专项治理。二是加大职务犯罪侦查工作力度。五年共立案侦查贪污贿赂、渎职等职务犯罪案件83件110人，其中5万元以上的大案13件16人，副科级以上要案件16人，处级干部犯罪案件2件2人，通过办案为国家和集体挽回经济损失2500余万元。三是强化法律监督。五年来，通过监督促使侦查机关立案29件，撤案46件，既重视追究遗罪漏罪，又注意防止冤及无辜，决定纠正漏捕34人，纠正漏诉47人，不批准逮捕169人，不予起诉45人；立案审查民事行政案件申诉案件64件，其中对法院判决、裁定确有错误的，提出抗诉49件，提出再审检察建议15件，法院已改变原判决47件，对8起损害国家利益和社会公共利益的民事行政案件支持起诉或提起了刑事附带民事诉讼。四是加强队伍建设。开展“保先”教育活动和“规范执法行为，促进执法公正”专题整改活动，同时还开展文明股室、文明干警评比活动。五是抓紧检察改革。积极地、循序渐进地推行了竞争上岗、双向选择和岗位轮换机制；开展人民监督员制度试点；检察业务、队伍、信息化“三位一体”机制建设初见成效；受到县委、人大、政府的重视和支持，基本实现办公办案自动化。回顾五年的检察工作，喜中有忧，一些方面的法律监督工作还比较薄弱，检察人员整体素质和执法水平还不能完全适应法律监督工作的需要，有的执法观念陈旧，执法方式简单，影响了执法效果；这些问题有待于逐步解决。关于今后五年的检察工作，（1）依法打击刑事犯罪活动；（2）严肃查办和积极预防职务犯罪；（3）加强对诉讼活动的监督；（4）高度重视执法办案效果；（5）努力畅通人民群众法律诉求渠道；（6）深入推进检察体制和工作机制改革；（7）全面加强队伍建设；（8）进一步增强接受人大监督的自觉性。会议通过认真审查，决定批准这个报告并通过决议。

大会选举产生十五届人大常委会主任黄先球，副主任谢先桂、张治胜、王建华、曾泽群、吴华玉（女）和17名委员；选举县人民政府县长黎仁寅，副县长袁再雄、陈建平、杨芳德、许安生、傅丽华（女）、张建云（回族）；选举县人民法院院长蔡明清（苗族），选举县人民检察院检察长宋志刚（须报经上一级检察院提请该级人大常委会批准）；选举产生邵阳市第十四届人民代表大会代表50名。

第二节　第二次会议

十五届人民代表大会第二次会议，于2008年6月2日至6日在县城举行，285名代表出席会议。

代县长肖拥军作《政府工作报告》，一是2007年政府工作的简要回顾。紧紧围绕“民营为主、工业强县”发展战略，推进社会主义新农村建设，在抗击特大冰雪灾害和旱灾以后，生产总值增长11.2%，财政总收入增长18.09%，其他综合指标也都增长较快。全年实现工业增加值9.01亿元，增长25.9%；全年完成农林牧渔业总产值45.24亿元，增长5.2%。民生问题得到有效改善，社会各项事业协调发展，“八件实事”高质量完成，拥军优属工作连续三届被评为“全国双拥模范县”；计划生育进入全省“一类”行列。二是2008年的政府工作。全年的奋斗目标是：国内生产总值增长11.5%，财政收入增长12%，固定资产投资、利用县外资金、进出口三项都要增长30%，人口自然增长率控制在5.2‰以内。根据十五届人大一次会议批准的《政府工作报告》，2008年政府工作的主要任务是“七个着力，七个确保”。（1）着力推进新型工业化，确保工业发展有新的进步。（2）着力推进新农村建设，确保农村风貌有新的起色。（3）着力推进城镇扩容提质，确保城镇面貌有新的亮点。（4）着力推进改革开放，确保经济发展有新的活力。（5）着力推进社会事业，确保经济社会协调发展有新的成效。（6）着力推进社会保障体系建设，确保民生状况有新的改善。（7）着力推进社会管理，确保人民群众的幸福指数有新的提高。三是以求真务实的精神做好政府工作。把解放思想作为推进政府工作的新动力；把改进作风作为推进政府工作的硬措施；把依法行政作为推进政府工作的严纪律；把勤政廉政作为推进政府工作的铁要求。会议通过认真审查，决定批准这个报告并通过决议。

县人大常委会主任黄先球作《人大常委会工作报告》。一是本届一次会议以来的工作回顾。从2007年12月选举产生十五届人大常委会以来，很快进入角色，紧紧围绕经济建设和社会发展大局，适时听取专项工作报告，先后听取和审议2007年财政预算调整议案、2008年财政预算草案等汇报，主任会议听取和审议县国土局关于洞口县土地利用总体规划修编情况的汇报，向县政府提出“要认真考虑洞口在今后的大发展中计划与需求的矛盾”的建议；对广播电视工作情况开展了专题调查，并听取了汇报，提出了“下大力气，努力提高节目质量；增加投入，为电视节目上水平上档次提供保障；不断提高工作人员素质，组建洞口大电视台”的建议；对《中华人民共和国律师法》的贯彻执行情况进行执法检查，听取并审议县政府关于律师法的贯彻执行情况和法律工作者管理情况的汇报，督促规范法律工作者的管理，规范法律服务市场的管理。常委会依法任命1名副县长，决定为代理县长，依法对县政府25个工作机构的主任、局长进行任命。任命前举办培训班，对拟任人员进行任前法律知识辅导，组织严格的法律知识考试；常委会发出公告，对拟任人员进行任前了解，并向社会发出征求意见表，设立征求意见箱，广泛征集各界意见；常委会分5个组走出机关，采取小会座谈、个别走访等方式，对拟任人员的德、能、勤、绩进行调查了解，并在主任会议上通报汇总；拟任人员在常委会会议上作了任职前发言，回答了委员们的提问；在充分发扬民主、严格依法按程序办事的基础上，组织了颁发任命书大会，强化了被任命对象的法治观念和人大意识。本届人大常委会注重从基层人大抓起，夯实人大工作基础，根据《中华人民共和国地方组织法》和上级人大常委会文件精神，统一规范乡镇人大名称，乡（镇）人大主席团更名为乡（镇）人民代表大会，检查考核2007年度目标管理落实情况，下发2008年目标管理责任制文件，坚持邀请乡镇人大主席列席人大常委会会议，通畅县乡两级人大工作联系渠道；针对部分新任人大代表不太熟悉代表职务、不很熟悉法律的新情况，委托乡镇人大组织代表集中培训，提高代表业务水平；按照上级人大常委会的安排，在全县组织开展人大代表旁听、评议庭审专项活动，提高审判质量。本届常委会保持历届抓政治学习、促自身建设的优良传统，进一步完善了议事规则、任免办法、联系机制、学习制度、廉政制度等系列规章，机关工作有章可循，机关作风继续改进，在冰灾过后立即深入基层，帮助群众尽快恢复生产，得到领导好评和群众赞扬。二是2008年人大工作的主要任务。（1）强化观念，更好地发挥地方国家权力机关的作用；（2）全面履行监督职能，促进依法行政和公正司法；（3）依法人事任免，强化任后监督；（4）充分发挥人大代表作用，密切同代表和群众的联系；（5）继续加强自身建设，不断提高议事能力和履职水平。会议通过认真审查，决定批准这个报告并通过决议。

法院院长蔡明清向大会作《法院工作报告》。一是2007年度的工作回顾。全年共受理各类一审案件1425件，审结1310件，结案率为91.9%。全年共受理各类刑事案件215件304人，结案率为100%；审结“两抢一盗”案件73件120人，其中判处三年以上有期徒刑的58件92人。依法惩治贪污贿赂等职务犯罪，共审结此类案件6件7人。慎重审理刑事附带民事案件，附带民事诉讼的和解率达95%以上。全年受理各类民商事案件974件，审结924件，全年民商事案件经调解而结案的计430件，调解率达46.8%，化解了一批群体性矛盾和上访、缠访事件。认真落实全国人大常委会《关于完善人民陪审员制度的决定》，人民陪审员参审各类案件403件，公开审判的制度得到进一步落实。二是关于2008的工作，要着重抓好以下六项：突出“审判、执行”工作重心，全力维护社会公平正义；以司法为民为价值取向，全面推进法院工作；加强案件质量监督管理，抓紧抓好“案件质量管理年”活动；从严治院，狠抓队伍建设；抓住机遇，全面推进基层基础建设；强化接受监督，确保接受监督的实效。会议经过认真审查，决定批准这个报告并通过决议。

检察院检察长宋志刚向大会作《检察院工作报告》。一是坚持打击刑事犯罪与化解矛盾纠纷相结合。2007年共受理报捕案件191件367人，批准逮捕149件304人；受理审查起诉案件204件294人，起诉168件253人。全年受理群众来信35件，处理好30件，受理来访55人次，答复处理好53人次。二是坚持查办和预防职务犯罪相结合。全年共查办职务犯罪案件12件17人，其中大要案件9件14人，通过办案为国家和集体挽回直接经济损失600余万元；办案上注重力度、质量、效果的有机统一，执法上注重严格、公正、公平、文明的有机统一，预防上注重教育、制度、监督的有机统一。三是坚持强化诉讼监督与维护司法权威相结合。加大刑事立案监督力度，共立案监督11件11人；同时加强侦查监督，共追捕漏犯6人，追诉漏犯漏罪6起；强化审判活动监督，在刑事审判监督中，提出书面和口头纠正意见24次；受理各类申诉案件6件，立案6件，提请抗诉5件，经再审程序，法院调解和改判4件；办理监外执行罪犯又犯罪案件8件21人，均移送法院作出有罪判决，其中有3件3人缓刑罪犯被撤销缓刑，数罪并罚，判处十年以上有期徒刑。2008年检察工作重点是：以构建和谐社会的要求统一执法思想，更新执法理念；以服务构建和谐社会为目标，加强和改进法律监督工作；以夯实检察基础工作为手段，推进检察事业发展。会议经过认真审查，决定批准这个报告并通过决议。

会议审查财政局《关于2007年财政预算执行情况和2008年财政预算草案的报告》及附表，主席团审议并通过财政预算审查委员会的审查报告，大会通过决议。

会议审查发展和改革局《关于洞口县2007年国民经济和社会发展计划执行情况与2008年计划草案的报告》，决定批准这个报告并通过决议。

大会议案组共收到十名以上代表联名提出的议案95件，议案审查委员会根据法律法规和本次大会关于代表议案的提出和处理办法的有关规定，并报主席团审议通过，决定将许志华等27名代表提出的《关于坚决拆除回龙洲内非法建筑、取缔其非法经营、搬迁洲内所有居民并尽快启动回龙洲生态公园建设的议案》立案，提交大会表决，其他94件转做建议、批评和意见交有关部门认真研究办理，其中对农村合作医疗、水利、交通、城乡建设等方面的议案较多，呼声较大，县政府要切实加大工作力度，做好工作。此外，代表们对“一府两院”的工作提出建议、批评和意见41件，加上议案转作建议、批评和意见的94件，共135件，会后由人大常委会和县政府及时交有关部门认真研究办理并答复代表。经大会表决，通过《关于“坚决拆除回龙洲内非法建筑、取缔其非法经营、搬迁洲内所有居民并尽快启动回龙洲生态公园建设的议案”立案的决议》，授权人大常委会在广泛深入调查研究的基础上作出相应决议，督促县政府采取有力措施，综合整治回龙洲生态环境。县政府召开紧急会议，重点研究张治凡等13位代表提出的《关于强烈要求批准乡镇参与农村合作医疗资金监管的议案》、肖功正等10位代表提出的《关于请求在乡镇设立农村合作医疗办事处的议案》、林涛等10位代表提出的《力促民办教育发展、整合我县教育资源的议案》、肖兴业等13位代表提出的《关于要求尽快完成农网改造的议案》、肖调高等11位代表提出的《关于延长通村公路立项的议案》、申群和等4位代表提出的《关于坚决维护县党政机关办公秩序的建议》、王铁石等45位代表提出的《强烈呼吁竹市收费站停止对县内车辆收费的议案》、彭俊彪等10位代表提出的《关于改变中小企业贷款难、融资难的议案》，委托常务副县长袁再雄在大会上作了答复。代表们十分满意。

会议上黎仁寅辞去县长职务；肖拥军当选为县政府县长。

第三节 第三次会议

十五届人民代表大会第三次会议，于2009年3月16日至20日在县城举行。285名代表出席会议。

县长肖拥军作《政府工作报告》。一是2008年工作回顾。战胜了年初历史罕见的冰冻灾害，克服了上半年国家紧缩银根造成的困难，较好地完成了十五届人大二次会议确定的各项目标任务。全年实现生产总值59.77亿元，增长11.6%；完成财政总收入2.35亿元，增长12%；实现工业增加值11.89亿元，增长20.7%；粮食生产评为全省先进县，畜牧业综合实力进入全省五强、全国六强；完成全社会固定资产投资45.75亿元，增长41.9%；启动重点建设项目55个，农田水利基本建设工作被省推荐为全国先进典型。洞口被确认为“比照省级扶贫开发工作重点县”和“革命老区县”，在争取上级政策扶持上取得重大突破。社会事业全面发展，科技工作被推荐为全国先进，文化体育被评为“全国健身球之乡”，投入落实义务教育经费保障机制配套资金3628万元，争取化解“普九”债务资金4406万元。全面落实各项强农惠农政策，发放粮食直补、良种补贴、退耕还林补助等资金7500余万元。做好规范性文件清理、制定和审核工作，废止政府规范性文件29件，宣布失效政府规范性文件48件，重新公布政府规定规范性文件31件，从源头上确保依法行政。二是2009年要着力抓好六个方面的工作：（1）狠抓项目建设，做好项目开发储备工作；2009年确定的61个县级重点项目要切实加大建设力度。（2）加速推进新型工业化进程，实施龙头拉动，强化园区带动，落实政策推动。（3）落实强农惠农政策，稳定粮食种植面积，壮大优势产业，推进农业机械化，发展专业合作社，稳妥推进农村综合改革，不断推进新农村建设。（4）强力推进新型城镇化，继续深入开展“省市级卫生县城”创建工作，统筹推进建制镇建设。（5）进一步推进县属国有集体企业改革改制，深入推进财税体制改革，加快推进农村金融改革。（6）着力开发旅游资源和发展商贸物流业。会议经过认真审查，决定批准这个报告并通过决议。

县人大常委会主任黄先球作《人大常委会工作报告》。十五届人大二次会议以来，广泛地开展“解放思想大讨论”，深入地开展“尽职责、正风气、建绩效”主题教育活动，切实履行职责，圆满完成十五届人大二次会议确定的各项任务。一是强化监督职能，督促和支持“一府两院”依法行政、公正司法。年内共召开常委会会议5次、主任会议14次，听取和审议“一府两院”专项工作报告26项，听取和审议预（决）算、审计和计划执行情况报告4项，组织执法检查5次，受理群众来信214件次，接待群众来访105人次。确定监督重点，选择经过努力可以解决的突出问题作为突破口：加强对宏观经济管理和重大经济决策的监督；围绕社会和谐、关注民生和群众普遍关注的问题加强监督；围绕公正司法，加强对检察院关于渎侦工作情况、法院关于执行工作情况的监督。不断完善监督方式，增强了监督工作的针对性。有意识地把听取审议专项工作报告与执法检查结合起来，对《中华人民共和国体育法》、《中华人民共和国律师法》、《中华人民共和国农产品质量安全法》、《中华人民共和国民族区域自治法》、《中华人民共和国中小企业促进法》等8部法律的贯彻实施情况进行执法检查；召开人大常委会与“一府两院”工作联席会议，学习《监督法》，制定“规范性文件备案审查办法”“工作评议办法”，加强对“一府两院”行政、司法行为的监督，增强监督实效。常委会第8次会议对公安局、国土局、水利局、人口和计生局的工作进行评议，提出中肯而切实可行的意见和建议，向被评单位交办；常委会在走访人大代表、深入调研的基础上，就带有普遍性、倾向性的问题，分别向国土局、发改局、林业局、公路局、电信公司、江口镇政府6个单位发出“交办意见”；向“一府两院”提出7项“交办意见”；经过“一府两院”、被评单位和相关单位的共同努力，取得了实实在在的效果，经常委会会议审议，表示满意。二是严格行政审议权，依法人事任免。根据十五届人大二次会议授权，办理《关于坚决拆除迴龙洲内非法建筑、取缔非法经营、搬迁洲内所有居民、尽快启动迴龙洲生态森林公园建设的议案》，会同有关单位查阅了历史资料，多次召开各方代表座谈会，分别走访各界人士百余人次，对洲内洲外有关问题做了全面深入的调查研究，在常委会第6次会议上依法作出《关于建设迴龙洲森林公园的决议》。按照法律程序，年内依法任免“一府两院”工作人员43人，任免常委会机关工作人员7人；注重和加强了对被任命人员经常性的任后监督管理。三、密切联系代表，不断改进代表工作。认真交办、督办代表建议、批评和意见，对承办方法、责任、时限提出了具体要求，10月深入各承办单位逐件检查督促落实，实现了“三个100%”；健全规范了常委会主任接访制度，提高了信访办理的质量和力度；参加常委会执法检查、视察、评议等活动的代表人数比上年有较大幅度增加；邀请列席常委会会议的乡镇人大主席，由原来的每次2・3名改为全部列席，拓展了知情知政渠道。四是不断加强自身建设，努力提高工作水平。坚持常委会会议学法律、学政治、学业务的制度，以理论指导实践，推动工作；健全工作机制，完善了常委会和机关规章制度；理论研究和人大宣传工作取得新成绩，在市以上新闻媒体发表理论文章和信息29篇（条），其中1篇在省人大理论研讨会上获奖；按照县委统一安排，挂点岩山乡金兴村建整扶贫，组织了灾后重建，恢复了电力供应、农田水利建设和交通设施，拉通了长大公路，开发了特色药材生产；办公室在全市人大办公室“优质服务竞赛活动”中荣获先进单位奖。2009年人大工作重点是：（1）坚持党的领导，用中共十七大精神统揽全局，推动各项工作的创新发展；（2）围绕“想发展、谋发展、议发展”，把促进发展作为第一要务，依法审议决定重大事项；（3）围绕依法治县，强化监督；（4）严格依法办事，严格任免工作程序，严格任后监督管理，积极创新对“一府两院”及省、市垂直管理部门的监督方式，努力把评议工作提高到一个新的水平；（5）进一步加强代表工作，充分发挥代表作用，积极探索新机制，督促指导乡镇人大健全和完善各项工作制度，为各级人大代表在闭会期间提供一个活动平台；（6）不断加强自身建设，适应履职需要，求真务实，创新工作机制，特别要坚持走群众路线，勤政廉政，讲政治，讲党性，重品行，作表率。会议经过认真审查，决定批准这个报告并通过决议。

法院院长蔡明清作《法院工作报告》。一是发挥审判职能作用。2008年共受理各类案件2228件，结案2001件，结案率89.81%。依法严惩刑事犯罪，共受理各类刑事案件274件，审结257件，结案率93.79%。依法惩治贪污贿赂等职务犯罪，审结此类案件5件5人。注重对刑事附带民事案件的和解解决，附带民事部分的和解率达95%。受理各类民商事案件1371件，审结1286件，结案率为93.8%，解决诉讼标的款2400万元，调解结案率为50.62%。受理各类行政诉讼案件15件，审结15件，结案率100%，其中经协调后撤诉结案的9件；共审查受理行政非诉执行案件80件，执结58件，支持和监督行政机关依法行政。用活用足执行措施，努力缓解“执行难”，全年共执结各类案件440件，较2007年增加292件。二是强化审判管理。开展“维稳定、促和谐”等系列办案竞赛活动，比案件质量，比调解率，比当庭裁判率，比结案周期；全年当庭裁判案件443件，当庭裁判率为34.44%，较2007年度提高19个百分点；全年民商案件平均办案周期为35天，较上年缩短16天。三是落实司法为民举措。推行诉讼指南、诉讼风险告知、举证须知等便民利民制度；接办全国人大常委会、中央政法委、最高法院交办的信访案件10件，已全部息访；强化司法救助，维护弱势群体合法权益，共对201件民商事案件缓交诉讼费24万余元，减免诉讼费3万余元。2009年，重点抓好以下工作：围绕中心、服务大局，力争审判、执行有新突破；高度关注民生，在维护人民权益上有新举措；狠抓队伍建设，树立法院、法官新形象；自觉接受监督，形成审判工作的新动力。会议经过认真审查，决定批准这个报告并通过决议。

县检察院检察长宋志刚作《检察院工作报告》。一是围绕人民群众的新期待新要求，打击刑事犯罪活动，受理公安机关提请批准逮捕的各类刑事犯罪案件213件406人。批准逮捕170件330人，受理移送审查起诉案件305件428人，提起公诉268件371人；认真贯彻刑事和解机制，全年运用刑事和解办理轻微刑事案件39件45人。二是围绕服务经济发展大局，积极查办和预防职务犯罪。立案查办贪污贿赂、渎职侵权犯罪案件16件17人，其中大要案件4件4人，通过办案为国家和集体挽回直接经济损失160余万元；加大预防职务犯罪宣传和法制宣传教育力度，在林业、公路、税务等部门举办廉政建设和法制宣传讲座6次，受教育者达900人次，举办法制宣传展览3次，发放宣传材料2万份。三是围绕“强化监督、公正执法”主题，严格履行监督职能。共办理刑事立案监督案件4件4人，向侦查机关发出纠正违法通知书12份，向发案单位提出检察建议6次；对刑事判决、裁定进行常规检查105次，发现各类问题5件，发出纠正违法通知书12份；强化对民事审判和行政诉讼的监督，共受理民事行政申诉案件15件，立案审查10件，向市院提请抗诉10件，县法院开庭审理10件。四是加强队伍建设。开展“创建学习型检察院、争当学习型检察官”等活动，内设部门全部设定工作职责，业务部门全部制定业务规范和流程图，63名干警全部设立岗位职责，检察工作取得一定成绩。2009年，要着力做好以下工作：深入学习实践科学发展观，把进一步转变执法观念作为加强和改进检察工作的切入点；切实加强法律监督工作，把保障民生作为加强和改进检察工作的着力点；加大检察改革和机制创新力度，把破解难题作为加强和改进检察工作的突破口；加强队伍技能训练和作风建设，把严格公正文明执法作为加强和改进检察工作的努力目标；进一步增强党的领导和人大监督意识，把确保检察权的正确运用作为加强和改进检察工作的正确方向。会议经过认真审查，决定批准这个报告并通过决议。

会议审查《关于2008年财政预算执行情况和2009年财政预算草案报告》，认为2008年财政运行工作较好，2009年的预算安排基本可行，决定批准这个报告。会议还审查、批准《关于洞口县2008年国民经济和社会发展计划执行情况与2009年计划草案的报告》。

会议补选谢苏、雷小晶为十五届人大常委会委员。

大会议案组共收到10名以上代表联名提出的议案91件，议案审查委员会根据法律法规和本次会议议案处理办法，审查后报主席团会议通过，91件议案全部改作建议、批评和意见交有关部门办理。代表们对农村农业产业发展、水利、交通、城乡建设、教育等方面的议案比较多，建议县政府切实加强领导，加大工作力度，尽快做好相关工作；建议县政府在大会上答复代表和人民群众普遍关心的7件议案。此外，还收到代表对“一府两院”的工作提出建议、批评和意见46件，加上议案转作建议、批评和意见的91件，共计137件，会后由人大常委会和县政府及时交有关单位认真研究办理，并按时答复代表。县政府按照主席团会议的意见，召集相关部门认真、慎重地研究欧阳征寨等12位代表提出的《关于进一步加强对我县饮用水源保护的议案》、简金仁等12位代表提出的《关于严厉打击黑恶势力，构建和谐社会的议案》、谢辉等10位代表提出的《关于强烈要求高沙马安经青龙至石江公路路面硬化的议案》、肖调明等15位代表提出的《关于强烈呼吁对山门区尚未“农改”的村进行农网改造的议案》、廖代国等12位代表提出的《关于将茶铺茶场电网改造纳入高沙镇农网改造范围的议案》、姚建华代表提出的《关于增加零就业家庭经济补助和“4050”人员安置补助政策透明度的建议》、谢立新等11位代表提出的《关于城建配套费返还的议案》、袁立德等10位代表提出的《关于要求将城建配套费返还给乡镇的议案》、彭俊彪等11位代表提出的《关于规划县城出租车收费行为的议案》9件议案的处理意见，委托常务副县长袁再雄在大会上作了答复，代表们表示满意和基本满意。

第四节　第四次会议

十五届人民代表大会第四次会议，于2010年3月21日至24日在县城举行。282名代表出席会议。

县长肖拥军作《政府工作报告》。一是2009年工作总体回顾。基本完成十五届人大三次会议确定的各项工作任务，主要经济指标平稳较快增长。实现生产总值65.29亿元，同比增长12.7%；实现财政总收入2.66亿元，同比增长13.2%；完成内联引资16.62亿元，同比增长22.0%。成功创建“省级金融安全区达标单位”，全县金融机构对经济发展的支撑力进一步增强，各项存款余额达到73.65亿元，同比增长12.3%，贷款余款达到19.16亿元，同比增长13.77%。完成全社会固定资产投资58.6亿元，同比增长31.1%；165个项目获得上级新增投资支持，争取到位中央和省级投资资金1.36亿元；组织实施重点项目61个，完成总投资15.5亿元。实现工业总产值53.1亿元，同比增长29.4%。农业农村经济继续稳步发展，被评为“全国粮食生产先进县”“全省油菜高产创建示范县”。二是2010年的政府工作。（1）坚持不懈地狠抓项目建设。认真研究国家产业政策和投资导向，超前做好项目的储备和对接；认真做好“十二五”规划编制工作和“十二五”规划项目的申报工作。（2）千方百计推进兴工强县。大力推进一批扩改企业施工进度；全力支持一批中小企业做大做强；多方设法引进一批企业落户洞口。（3）坚定不移地加强“三农”工作。围绕粮食、生猪、柑橘、茶叶、竹木、延季蔬菜等传统优势产业和中药材、双孢菇等新型产业，建设一批高标准生产基地；高标准建好17个新农村建设示范村，重点打造好“五个示范片”；推进农村综合改革，促进土地适度规模经营。（4）毫不动摇地搞活商贸流通。深入推进“万村千乡市场”工程；组织实施《洞口县旅游发展总体规划》。（5）齐心协力加快城建步伐。进一步提高县城城市品位，统筹推进小城镇建设。（6）全面发展各项社会事业。完善就业保障体系，切实维护社会稳定；加强民主法制建设，开展“干部作风建设年”活动，注重为民兴办实事。会议经过认真审查，决定批准这个报告并通过决议。

县人大常委会主任黄先球作《人大常委会工作报告》。十五届人大三次会议以来，共召开常委会会议6次、主任会议13次，听取和审议“一府两院”专项工作报告22项，审议财政预决算、审计工作和计划执行情况报告4项，组织执法检查5次，受理群众来信94件。一是认真执行《中华人民共和国监督法》，切实加强和改进监督工作。围绕经济发展，围绕社会和谐，围绕促进公正司法，对计划、预算执行、重点项目、物价管理、安全生产等工作加强了监督力度，对城建规划、环境资源保护、药品监督管理、农村义务教育等工作进行了调研、视察，听取专项工作报告。监督重点比较突出，监督方式也不断完善，在监督中发现的问题，既有工作层面的，也有法律层面的，还有一些是长期积累的问题，重点对《中华人民共和国安全生产法》《中华人民共和国森林法》《中华人民共和国农业法》《中华人民共和国台湾同胞投资权益保护法》等8部法律法规的贯彻实施情况进行了执法检查；完善与“一府两院”的工作联系机制，继续组织开展工作评议和“人大代表评议庭审”活动，对交通局、林业局等6个单位进行了工作评议；在借鉴外地先进经验的基础上，形成了“关于审议决定政府财政投入重大建设项目的调研报告”，常委会第12次会议通过了《关于审议决定县财政投入重大建设项目办法》，加强了对政府财力使用的监督，规范了政府科学理财。人大常委会坚持依法办事程序，坚持集体行使职权，着力推动解决带有普遍性、倾向性的问题，全年向“一府两院”交办意见7项，2009年5月，常委会对全县柑橘生产情况进行了全面检查，并听取了县政府专题工作汇报，提出了“进一步改良品种，大力推进标准化生产；加大品牌注册力度；加强加工龙头企业和专业经济组织建设，增强深加工能力”等三条交办意见，并继续跟踪关注，努力打造洞口特色产业。“一府两院”高度重视人大常委会的意见和建议，做了大量的工作，一些重点难点问题通过人大监督取得实实在在的效果。县政府提出建设污水处理厂的报告后，人大常委会及时组织了实地调查，听取各方面的意见，邀请有关专家列席主任会议予以论证，常委会第11次会议在认真审议的基础上，依法作出《关于批准建设洞口县污水处理厂的决定》；为督促该项目的建设，主任会议相继听取和审议了县政府《关于污水处理厂建设情况的汇报》，既行使了审议决定权，又依法行使了监督权，污水处理厂已投入运行，这是县城人民的一件大事。二是严格行使审议决定权，依法人事任免。依法任免“一府两院”工作人员61人，任免常委会机关工人员10人。着重抓了任前调查、审计和法律知识考试，有4名拟任人员因法律知识考试不合格而暂缓任命。三是密切联系代表，不断改进代表工作。根据中共湖南省委批转的《关于进一步加强和改进省人大代表工作的意见》，县人大常委会认真贯彻落实文件精神，健全代表联系机制，制定常委会组成人员联系县人大代表、县人大代表联系选民和人民群众的制度，建立健全代表激励和监督机制，制定代表履职登记、代表履职情况报告制度，建立健全代表活动机制，制定代表小组活动制度，增强了代表履职热情，也提高了代表履职水平。四是不断强化自身建设，努力提高工作水平。举办了专题讲座，加强履职能力建设；组织开展了纪念地方人大设立常委会30周年系列活动，回顾光辉历程，总结工作经验，加强和改进人大工作；进一步健全规范了主任接访制度，做到了“事事有落实、件件有回音”，常委会督办的“关于胡艳青一伙持刀伤人案”被评为全市人大系统“最佳信访办理案件”；理论研究和人大宣传取得新的突破，上稿29篇，其中1篇收录《中国人大年鉴》并评为优秀作品。关于2010年的人大工作：（1）围绕科学发展、富民强县目标，依法审议决定重大事项。紧扣中心，积极履职，使人大工作与中心工作合节合拍、同音同调，服从和服务于全县工作大局；在经济发展的“大合唱”中找准位置，明确责任，发挥优势，做出贡献。（2）继续加强和改进监督工作。建立健全人大常委会监督司法工作制度，调研出台《洞口县人大常委会监督重要案件实施办法》；围绕县委提出的经济发展战略，采取多种方式开展工作监督，进一步加强对保障民生工作开展情况的监督。（3）坚持党管干部原则，依法进行人事任免，增强人事任免工作的民主性和规范性，继续扎实开展评议。（4）突出代表主体地位，充分发挥代表作用，形成强大活力，同时做好代表资源摸底工作，着手建立代表资源库。（5）加强对乡镇人大的指导，指导乡镇人大开好人民代表大会和乡镇人大代表培训、考察和视察活动，强化基层民主法制建设。（6）切实抓紧抓好常委会及机关的自身建设，不断增强人大工作的生机和活力。会议经过认真审查，决定批准这个报告并通过决议。

法院院长蔡明清作《法院工作报告》。一是坚持能动司法，服务科学发展。2009年共受理各类案件2132件，审（执）结1895件，解决涉案标的额4000余万元。受理各类刑事案件264件，审结246件，结案率93.18%。审结贪污贿赂等职务犯罪案件10件13人。受理各类民商事案件 1572件， 审结 1447件， 结案率为92.05%，解决诉讼标的额3400万元，调解结案642件，调解率44.37%；审结各类金融借贷案件200件，清收不良债权300万元。受理行政诉讼案件28件，审结28件，结案率100%。扎实开展集中清理执行积案活动，先后组织开展春节期间集中执行活动和“夏日执行大会战”活动，共执结案件264件，执结率98.88%，执结标的478万元。二是强化民生意识，坚持为民司法。启动“亲民爱民大走访”活动，走访中执结十余件多年积案；认真贯彻执行国务院颁布的《诉讼费用缴纳办法》，杜绝违规收费，同时对社会弱势群体及时给予司法援助。推出《巡回办案、送法下乡》活动，共巡回审结各类案件100余件，案件调解结案率达80%；处理群众来信130件次、群众来访700人次。三是注重司法民主，认真落实人民陪审员制度。提请人大常委会增选任命16名人民陪审员，人民陪审员参审各类案件307件，占适用普通程序审理案件的30%。四是自觉接受监督，从严治院。及时向人大常委会报送《民事诉讼法》执行情况汇报材料，在常委会第14次会议上汇报了本院近两年的工作情况，认真落实交办意见；2010年的工作重点：以化解矛盾为"硬目标"，在推动审判、执行工作上有新突破；以公正廉洁司法为"硬根本"，在深入推进队伍建设上有新突破；以人民满意为"硬标准"，在树立人民法院公正司法形象上有新突破。会议经过认真审查，决定批准这个报告并通过决议。

检察院检察长宋志刚作《检察院工作报告》。一是业务工作健康发展。2009年，全力维护中华人民共和国60周年的社会稳定大局，共受理公安机关提请批准逮捕的各类刑事犯罪案件224件378人，批准逮捕183件297人，受理移送审查起诉案件226件338人，提起公诉193件285人。积极查办和预防职务犯罪，共立案查办贪污贿赂案件7件13人，其中大案4件9人，立案查办渎职侵权案件3件3人，为国家挽回经济损失180余万元。开展警示教育4次，上法治教育课11场，春节期间发送预防职务犯罪警示明信片1万份。强化对诉讼活动的法律监督，监督立案11件18人，纠正不该立案而立案4件10人，立案监督后提起公诉的案件7件18人，全部作出有罪判决。全年追捕犯罪嫌疑人28人、追诉漏犯28人、漏罪28起，监督纠正侦查活动中的违法行为26人次；加强刑罚执行和监管活动监督，开展了核查纠正监外执行罪犯脱管、漏管专项行动，共纠正监外执行罪犯脱管、漏管56人。二是规范化建设不断加强。深入开展"检务公开年"活动，每周一由检察长带领主要业务部门工作人员在检务中心集中办公办案，全年集中办公办案48次，接待来访人员196人次。建立检务公开评议机制，邀请人大代表、政协委员、人民监督员、特邀检察员、民主监督员参与执法活动，对社会关注和有重大影响的拟不起诉、不捕、重大申诉案件进行公开评议、审查和听证；完成一系列信息工程建设。逐步实行网上办公办案。2010年着力点是：努力维护正常生产经营秩序，切实维护社会和谐稳定，促进经济平稳较快发展。会议经过认真审查，决定批准这个报告并通过决议。

会议审查财政局《关于2009年财政预算执行情况和2010年财政预算草案的报告》、发展改革局《关于洞口县2009年国民经济和社会发展计划执行情况与2010年计划草案的报告》，决定批准这两个报告。

本次大会议案组共收到10名以上代表联名提出的议案58件，议案审查委员会根据法律法规和本次会议关于代表议案提出和处理办法，审查后报主席团会议通过，58件议案全部改做建议、批评和意见交有关单位认真研究办理。代表们对农业与农村发展、水利、交通、城乡建设、财政经济等方面的议案提得比较多，建议县人民政府尽快做好这些方面的工作，让代表满意，让人民群众满意。县政府按照主席团会议的意见，重点研究文立斌等10位代表提出的《关于整合县城旅游资源的议案》（转建议）、林目秋等11位代表提出的《关于规范农村建房用地的议案》（转建议）、文建如等10位代表提出的《关于将804基地真正建成电子工业园的议案》（转建议）、尹翠兰等10位代表提出的《关于解决“落户难”问题的议案》（转建议）、杨恢龙代表提出的《关于加强农村村级公路管理的建议》、雷小晶代表提出的《关于规范县城出租车文明载客行为和按规定打表收费的建议》6件议案，委托常务副县长袁再雄在大会上作答复。代表们表示满意和基本满意。

第五节　第五次会议

十五届人民代表大会第五次会议，于2011年3月28日至4月1日在县城举行，279名代表出席会议。

县长肖拥军作《政府工作报告》，请各位代表连同《洞口县国民经济和社会发展“十二五”规划纲要（草案）》一并审查。一是“十一五”期间经济社会发展回顾。全县生产总值由2005年的36.03亿元增加到2010年70.76亿元，是“十五”期末的1.96倍，按现价计算，年均增长14.45%；人均生产总值由2005年的4838元增加到2010年9500元，是“十五”期末的1.96倍，年均增长14.45%；财政总收入由2005年的1.51亿元增加到2010年3.37亿元，是“十五”期末的2.23倍，年均增长17.39%；全社会固定资产投资由2005年的20.2亿元增加到2010年67.14亿元，是“十五”期末的3.3倍，年均增长27.15%；先后被评为全国高标准农田建设示范县、全国小型农田水利建设试点县、全国粮食生产先进县，成功列入国家新增1000亿斤粮食产能工程重点县，获得“中国绿色名县”“中国雪峰蜜橘之乡”称号。县城建成区面积由6.2平方公里增加到10平方公里，人口由4.12万人增加到9.6万人，全县城镇化率由10.9%提高到32.4%。改革开放深入推进：国企改制面达80%；集体林权制度主体改革任务全面完成；完成电力体制改革，成功启动医药卫生体制改革，基本药物制度全面实施。各项事业协调发展，生态环境不断改善，森林覆盖率达57.03%。人民生活日益殷实，城乡居民储蓄存款由32.43亿元增加到67.47亿元，年均增长15.3%；五年新增城镇就业岗位2.6万个，城镇登记失业率控制在4%以下；社会大局和谐稳定。存在的问题和不足，主要表现为：（1）后发赶超压力很大，尽管“十一五”时期各项主要经济指标均呈现前所未有的增速，但与全省经济发达县（市、区）比较还存在较大差距，不仅“赶”的难度很大，尤其“超”的负荷更重；（2）三次产业结构不合理，农业比重偏高，工业化、城镇化水平偏低以及经济外向度的问题没有根本改变，特别是在工业结构中传统产业升级改造的任务极其繁重；（3）财政收支矛盾突出，财政收入虽然五年翻了一番多，但各种政策性支出迅速增长，保吃饭、保运转、保稳定和保发展所需支出不断增长，赤字扩大；（4）发展环境仍然不佳，社会稳定压力不可小视，政府职能转变和机关作风建设有待加强。二是“十二五”期间经济社会发展的主要目标：生产总值年均增长12%以上，财政总收入年均增长15%以上，社会固定资产投资年均增长20%以上，社会消费品零售总额年均增长18%以上，规模工业增加值年均增长25%以上；建设重点项目340个，预计投资总额在400亿元以上；基本养老、失业、医疗、工伤和生育保险全面覆盖，新型农村养老保险逐步铺开；万元生产总值综合能耗年均下降5%；城镇化率提高到36%以上，城镇人口增加到32万以上。三是全力开创“十二五”开局之年经济社会发展新局面，抓好2011年的工作：（1）抓扩大投入，着力加快项目建设。年内组织实施63个重点项目，确保在建项目早建成、早投产、早受益。（2）抓工业发展，着力壮大工业经济。大力改造提升传统产业，壮大工业园区规模，强力优化工业发展环境。（3）抓现代农业，着力帮助农民增收。切实做好强基础、兴产业、促增收三篇文章，确保见成效。（4）抓城镇建设，着力城镇扩容提质，年内重点推进十大城建项目，继续统筹推进小城镇建设，做好土地经营文章，引导银信部门信贷资金投入城建开发项目，努力创建省级文明县城。（5）抓激发活力，着力搞活商贸物流。大力推进体制机制改革，大力推进商贸基础设施建设，加快农贸市场升级改造，加快做大旅游产业。（6）抓社会事业，着力改善民生民利。（7）抓自身建设，着力建设群众满意的政府。会议经过认真审查，决定批准这个报告，并通过《关于〈洞口县国民经济和社会发展第十二个五年规划纲要〉的决议》。

县人大常委会主任黄先球作《人大常委会工作报告》。十五届人大四次会议以后，常委会按照县委“抓项目、夯基础、兴产业、培财源、惠民生、强作风”18字方针，履行法定职责，召开常委会会议7次、主任会议23次，听取和审议“一府两院”专项工作报告28项，组织执法检查10次，圆满完成十五届人大四次会议确定的各项工作任务。一是围绕全县改革发展大局，依法履行监督职能。为科学谋划“十二五”工作，常委会就编制“十二五”规划纲要做了深入的调查研究，先后三次听取县政府及发展改革局的编制工作情况汇报，并组织部分代表参加了座谈讨论，为“十二五”规划的编制和修订提出了大量科学、合理的建议和意见；常委会听取了县城市建设投资有限公司工作情况汇报，审议了该公司就“县城城乡接合部路网及防洪堤建设开发项目”向省农业发展银行贷款的有关事项；同时，为提高金融服务水平，深入驻县各金融机构进行调研，考察了解有关情况，督促金融机构支持地方经济发展，特别是加大对民营企业和中小企业的金融支持力度；常委会听取和审议了县政府重点项目建设工作情况的专题汇报，就组织领导、资金投入、完善机制等方面提出了审议意见，要求有关部门更好地发挥项目建设的重要作用。对《水土保持法》、《环境保护法》、《科技法》、《建筑法》、《湖南省盐业管理条例》等10项法律法规实施情况进行了执法检查，常委会第18次会议听取和审议了县政府关于环保工作的汇报，针对存在的问题，提出了交办意见和工作建议，要求切实强化责任意识和服务意识，保护人民群众的身体健康和生命安全，狠抓审议意见的落实，至本次会议召开前夕，华兴锰业月溪洪程渣场矿渣违规堆放问题、黄桥粮站内电解锌遗留废渣液问题、杨林与武冈交界处的非法采锰问题，已得到较好处理。常委会加强了对审判、检察和公安工作的监督。对法院落实2009年工作评议交办意见的整改情况进行了跟踪监督；对检察院进行了工作评议，提出了加强查办和预防渎职侵权犯罪工作的建议，对其工作中存在的问题进行了交办督办；听取和审议了公安局关于打黑除恶专项工作汇报，加强了对社会治安管理工作的监督；常委会第17次会议审议通过了《洞口县人大常委会监督重要案件实施办法》，规范了司法机关主动接受人大监督的行为；至本次会议召开前夕，除少数几个问题确因客观原因不能在短时间内解决落实外，绝大多数交办意见已整改到位。二是依法进行人事任免，认真做好重大事项决定。按照地方组织法、监督法的规定，年内任免国家机关工作人员12人次；针对财政预（决）算、县财政投入重大建设项目等经济性工作，依法作出决议决定10项；为进一步加强对土地市场及建设项目规范运行的监督，依法作出了《关于成立用地性质变更和建设规划调整相关规费追缴专题调查委员会的决定》；为督促县政府依法行政、科学预算，进一步维护预算的严肃性，作出了《关于加强对县人民政府预算调整监督的决定》。三是充分发挥代表作用，创新依法履职方式。8月，组织部分省、市代表对全县中小学危房情况进行了专题调研，省人大代表根据调研第一手资料，联名向省人大常委会提交了专题调研报告，提出了解决问题的若干建议；11月，组织在县的省、市人大代表视察了洞口县重点项目建设、工业园区建设、扶贫开发、房地产市场开发，分别提出了工作建议；十五届人大四次会议收到的代表议案、建议、批评和意见共115件，常委会主任、副主任督办7件，其他的都得到了答复。但有一部分落实得不太好，代表不满意，常委会采取了果断措施，凡代表不满意的，责成县政府和承办单位重办，最后实现了答复率、代表满意率“两个100%”，解决问题率达到58%。四是适应形势发展需要，不断加强自身建设。深入开展学习实践科学发展观活动，以科学发展的理念，对《洞口县人大常委会规章制度汇编》进行了重新修订，整理规范了常委会工作制度13项，使之更加规范化、制度化、程序化和科学化；在完成宪法和法律赋予职权的同时，积极认真地完成了县委交办的“创卫”、重点工程、群众工作站、新农村建设、联系乡镇、扶贫帮困、维稳等工作任务，为全县的改革发展和稳定付出了努力。成绩代表过去，未来更需努力。2011年，常委会要切实做好以下工作：强化观念，更好地发挥地方国家权力机关的作用，更好地履行宪法与法律赋予的权力与职责；以经济发展、保障民生为目标，依法审议决定重大事项，推动政府工作；全面履行监督职能，年内将对水法的贯彻落实情况进行执法检查，对“一府两院”实施人大常委会的《规范化文件备案审查办法》《监督重要案件实施办法》进行督促，对县政府落实人大常委会关于加强高中阶段教育工作、农村医疗卫生工作和工作评议等交办意见的跟踪监督，积极组织开展“三湘农民健康行”“三湘农产品质量安全行”“三湘环保世纪行”“民族团结进步行”等活动；依法人事任免，强化任后监督，年内将对人大常委会任命的国家机关工作人员进行届中履职考核，对考核结果不称职的人员，将依法对其提出质询案、免职案或撤职案；充分发挥代表作用，安排10月为“常委会组成人员集中走访代表活动月”，对办理代表议案、建议、批评和意见，抓住答复和落实两个环节加大监督力度，杜绝只答复不落实或重答复轻落实的表面文章；继续加强自身建设，不断提高议事能力和履职水平。会议经过认真审查，决定批准这个报告并通过决议。

法院院长蔡明清作2010年《法院工作报告》。一是努力加强审判和执行工作。全年共受理各类刑事案件320件557人，审结288件503人，其中判处五年以上有期徒刑的73人；着重开展了“打黑除恶”专项审判工作，审结“涉恶”团伙犯罪案件5件，依法对60名“涉恶”犯罪团伙成员给予刑事处罚，判除五年以上有期徒刑的有24人。适时开展打击各类经济犯罪的专项审判活动，共审结影响县域经济发展的非法吸取公众存款、非法经营、合同诈骗、生产销售伪劣产品等犯罪案件22件29人，涉案金额1672万元。全年共受理各类民商事案件1452件，审结1322件，解决诉讼标的款4000余万元。开展了金融维权专项审判活动，稳妥地审结金融借款合同案件99件，为县内金融机构清收不良债权683万元。受理行政案件13件，审结11件；审查非诉行政执行案件16件，执结15件。全年受理各类执行案件187件，执结183件，执行标的416万余元。二是努力化解社会矛盾。全年刑事附带民事案件和刑事自诉案件调解45件，赔偿兑付率为96%；民商事案件调解撤诉率为52.93%；通过协调、和解执结的案件为140件，和解执结率达76.5%；3件3人赴省进京上访老案得到有效化解。三是努力提升办案效果。创建了以导诉咨询、立案审查、立案调解、信访接待、材料收转为核心的诉讼服务中心，实行一站式、全方位诉讼服务；定期召开公检法联席会议，讨论重大、疑难和意见分歧较大的刑事案件，确保案件得到稳妥、恰当处理；积极试行量刑规范化改革，共适用量刑规范化审理案件75件174人。四是努力夯实队伍基础。实现了队伍违纪违法零反映；成功实现省、市级文明卫生单位联创。通过“大调解、大结案”办案竞赛活动、创建学习型法院等系列活动，本院获县级以上集体荣誉8项。五是努力促进公正廉洁执法。认真落实人大常委会2009年工作评议交办意见，全部整改到位；全面落实最高法院《关于司法公开的六项原则》，做到立案公开、庭审公开、执行公开、听证公开和文书公开；重视人民陪审员工作，人民陪审员全年参审各类案件384件，普通程序案件参审率达47.1%。2011年，本院要着重抓好以下工作：审判执行工作要有新作为，能动司法要有新举措，队伍素质要有新提高。会议经过认真审查，决定批准这个报告，并通过决议。

检察院检察长宋志刚作2010年《检察院工作报告》。一是查办和预防职务犯罪。共受理贪污贿赂类案件线索16件，初查13件，立案侦查11件13人；受理渎职侵权类案件线索6件8人，立案2件2人；均已侦查终结移送起诉，通过办案，为国家和集体挽回经济损失300余万元。同时，对侦结案件全部开展了个案预防。二是推进社会矛盾化解。全年共受理审查批捕案件254件442人，经审查批准逮捕233件387人；受理审查起诉案件326件587人，经审查依法向法院提起公诉252件421人；依法严厉打击严重刑事犯罪，共批准逮捕黑恶势力犯罪案件6件65人，提起公诉5件60人。积极有效推进轻案刑事和解，办理刑事和解案件25件27人。三是加强诉讼法律监督。全年共纠正漏捕犯罪嫌疑人12人，向侦查机关发出《纠正违法通知书》20次，追诉漏犯2人、漏罪6人。强化刑罚执行监督，重点办理社区矫正罪犯再犯罪案件，共办理罪犯再犯罪案件3件7人，均作出有罪判决；对刑罚执行和监管活动中的违法情况提出口头建议和发出《检察建议》，纠正违法65起。全年受理民事行政申诉20件，办理息诉案件11件。四是强化外部监督。主动接受民主监督和社会监督，着力推进人民监督员、特约检察员、检务公开评议员对查办职务犯罪和各项检察业务工作的监督，全年共评议各类案件8件24人次。2011年的主要任务是：（1）在执法办案中更加注重促进经济平稳较快发展，更加注重保护生态环境，更加注重保护民生；（2）持续加大反腐倡廉力度，推进惩防一体化建设；（3）创新开展乡镇检察联络室建设，密切检民关系。会议经过认真审查，决定批准这个报告并通过决议。

会议审查财政局局长甘建华《关于

2010年财政预算执行情况和2011年财政预算草案的报告》、发展和改革局局长谢雄《关于洞口县2010年国民经济和社会发展计划执行情况及2011年计划草案的报告》，决定批准这两个报告。

会议补选许志华为县人大常委会副主任。

第六节　第六次会议

十五届人民代表大会第六次会议，于2012年3月21日至24日在县城举行，274名代表出席会议。

县长肖拥军向大会作《政府工作报告》。一是2011年工作汇报。在实施“十二五”规划的开局之年，较好地完成了十五届人大五次会议确定的目标任务：地区生产总值增长26.9%；新办工业企业76家，启动工业技改项目56个；全省粮食生产标兵县、全省蔬菜产业重点县荣誉称号；工业园二期工程全面启动，新增入园规模工业企业6家；连续四届荣获全国双拥模范县殊荣，连续三年被评为全省安全生产工作先进县，消防、禁毒工作被评为全省先进，政务公开工作继续评为全省先进，被省委命名的群众工作“洞口经验”在省内外全面推广；评选出科技创新项目一、二、三等奖17个，完成专利申报70件；“雪峰虫草”研发利用积极推进；县城首家3D影院建成开业；成功承办湖南省中老人柔力球比赛，老年人健身交谊舞蹈队代表湖南省参加全国第八届健身交谊舞蹈锦标赛获得金奖，“棕包脑”舞列入第三批省级非遗保护名录并成功赴台湾巡演；人口计生工作迈入全省先进行列。二是2012年主要任务。（1）以更大的力度加速推进项目建设。（2）以更高水平加快推进新型工业化。（3）以更新的举措加快推进现代农业。（4）以更快的速度加快推进新型城镇化。（5）以更好的思路加快推进商贸旅游业发展。（6）以更多的投入加快推进全县人民共同富裕。（7）以求真务实的作风努力建设人民满意政府。会议经过认真审查，决定批准这个报告并通过决议。

县人大常委会主任黄先球作《人大常委会工作报告》。十五届人大五次会议以来，共召开常委会会议8次、主任会议22次，听取和审议“一府两院”专项工作报告31项，作出决议9项，发挥了地方国家权力机关的职能作用。一是围绕经济社会发展大局，认真履行监督职责。紧扣县委的决策部署，着力解决事关发展大局的重要问题和人民群众普遍关注的热点难点问题，围绕预算的编制、执行、决算三个关键环节开展监督，从程序上把握预算的审查，从实质上监督预算的执行，对预算执行进度、惠民资金落实情况进行监督，对20万元以上的大额预算资金追加进行备案审查，对财政决算进行严格审查，要求政府“正确把握财政导向，加大税收征管力度，优化财政支出结构，全力保障改善民生”。加强城建监督，“人大常委会用地性质变更和建设规划调整相关规费追缴专题调查委员会”成立后，进行半年的集中调查，在25次常委会会议上听了专题汇报，经会议认真审议，向县政府指出六个方面的问题：职能部门对变更用地性质的建设项目把关不严；规费追缴不及时；国土规划变更调整存在随意性；条件未成熟就进行招标，导致工作被动造成巨大经济损失；对公共配套设施督建不力，建设项目应建而未建，验收制度形同虚设；违规建设现象严重，执法部门以罚代管。县政府对此予以重视，采取有效措施整改，重点治理了建筑市场秩序，净化了建筑市场环境，达到了预期目的。针对河道环境污染、部分水坝年久失修、河道内无序采砂等问题，对《中华人民共和国水法》及《湖南省实施〈中华人民共和国水法〉办法》在洞口县的贯彻实施情况开展执法检查，听取和审议相关工作汇报，提出“进一步增强全民水法意识，加大执法力度，规范河道采砂管理”的交办意见，经跟踪监督，整改落实情况较好。常委会就农业综合开发、农机购置补贴、学前教育、矿产品资源开发和保护等问题，开展视察、调研，听取和审议专题汇报，提出交办意见，政府和相关部门的整改落实也比较好。把群众信访反映集中的问题作为监督工作的重要内容，全年收、接来信来访307件次，涉及法院65件次、检察院20件次、公安61件次、政府职能部门51件次、乡镇村105件次，常委会通过不同形式的转办、交办和督办，促其落实，尤其是涉法涉诉信访件，召集了相关部门共同研究处理，维护了群众的合法权益和合理诉求，促进了社会大局和谐稳定。二是依法人事任免，认真审议决定重大事项。全年依法任免国家机关工作人员13人次，着重加强了对任命人员任后监督，制定了《洞口县人大常委会关于对所任命人员进行届中履职考核暨开展“人民满意公仆”评选活动实施方案》；坚持抓大事议大事的原则，依法作出决议9项。三是尊重代表主体地位，充分发挥代表作用。十五届人大五次会议的代表议案、建议、批评和意见，全部在规定时间内办结，初步实现“答复满意”向“结果满意”的转变，解决问题率达51.6%；县人大常委会和在县的省、市人大代表为解决多年未果的县茶路电站与中国东方资产管理公司的1.7亿元债务纠纷付出了极大努力，最终达成县茶路电站还款0.3亿元的协议。2012年的人大工作重点：加强组织领导，切实做好县、乡（镇）两级换届选举工作；围绕县委决策部署，适时作出决议、决定，将县委的决策转化为全县人民的共同意志；加大法律监督力度和工作监督力度，促进依法行政和公正司法；创新工作思路，提升代表履职水平。会议经过认真审查，决定批准这个报告并通过决议。

法院院长蔡明清作《法院工作报告》。一是抓好执法办案第一要务。2011年共受理各类案件2250件，审（执）理2147件，结案率达95.42%。受理刑事案件290件，审结296件（含积案），判处罪犯393人，其中判处五年以上有期徒刑的68人。依法惩治贪污贿赂等职务犯罪，审结该类案件13件13人，其中有副科级以上干部10人。共受理民商事案件1741件，审结1656件，结案标的4600余万元。开展涉金融案件专项审判活动，审结该类案件323件，清收到位不良债权960万元。受理行政诉讼案件21件，审结20件，促使15件行政纠纷通过协调得到处理。全年受理各类执行案件194件，执结193件，执结标的1770余万元，标的到位率98.13%；成功执结积案32件。二是落实司法为民举措。立案大厅全年接待群众立案、提供法律咨询、判后答疑共960人次，解决群众告状难的问题，确保当事人会打官司；全年开展巡回审判50次，带案回访群众70余人次，方便群众参与诉讼；全年共妥善处理群众来信85件次，接待来访群众95人次。三是加强自身建设。率先使用审判流程管理软件系统，实现了审判规范化、信息化，推动了审判质效的整体提升，市中院在本院召开了全市法院审判管理工作现场会。四是自觉接受监督。落实人大常委会的重大案件报送备案制度，共报送重大案件15件；邀请人大代表旁听案件庭审21次，参与听证2次；完善人民陪审员陪审机制，人民陪审员共参审各类案件423件。2012年，要努力做好以下工作：强化执法办案第一要务，深入开展“执行规范年”活动；扎实推进社会矛盾化解，抓好矛盾的源头预防和排查化解；积极参与综合治理，深入推进社会管理创新；狠抓队伍建设，深入推进公正廉洁执法；更加自觉接受监督，增强司法公信。会议经过认真审查，决定批准这个报告并通过决议。

检察院检察长宋志刚作《检察院工作报告》。一是打击刑事犯罪工作取得新业绩。2011年共受理公安机关提请批准逮捕案件186件310人，经审查批准逮捕144件231人；受理公安机关移送审查起诉案件324件500人，经审查向法院提起公诉255件376人，报送市院审查起诉15件25人。刑事案件批捕准确率达100%，起诉案件有罪判决率100%。二是查办和预防职务犯罪工作取得新进展。2011年共立案侦查职务犯罪案件20件23人，其中大要案件13件14人，查处科级以上国家工作人员9件10人，为国家和集体挽回经济损失150余万元；先后到林业局、民政局等单位开展职务犯罪预防讲座10次，发出检察建议6份，派员参与监督重大工程招投标活动32次。三是诉讼监督取得新成效。深入贯彻落实省人大常委会《关于加强检察机关法律监督工作的决定》，加强刑事立案和侦查监督，贯彻少捕慎捕原则，因事实不清、证据不足，不捕18件47人；加强与法院的联系沟通，联合推进量刑规范化建设，向县法院提出量刑建议206份，法院采纳率达100%。四是队伍建设取得新突破。组织《检察机关执法工作基本规范》全员考试，加强了“高压线”教育；通过乡镇检察联络室将法律监督的触角延伸到基层，开展法制宣传25场次，接待群众来访573人次，为群众解决困难31件，协助化解各类矛盾纠纷35件149人； 2012年，本院要着力抓好以下四项工作：（1）以执法办案为中心，深层次服务县域经济发展大局；（2）以创新社会管理为抓手，进一步维护社会和谐稳定；（3）以维护司法公正为目标，进一步强化诉讼活动监督；（4）以筑牢发展根基为目的，进一步推进检察队伍自身建设。会议经过认真审查，决定批准这个报告并通过决议。

会议审查财政局局长甘建华《关于2011年财政预算执行情况和2012年财政预算草案的报告》、发展和改革局局长尹耀龙《关于洞口县2011年国民经济和社会发展计划执行情况及2012年计划草案的报告》。决定批准这两个报告。

人大常委会主任黄先球在闭幕式上着重指出，2012年是建县六十周年，也是十五届人大及其常委会履职的最后一年，全体代表要以更加奋发有为的精神状态依法履职，为加强和推动全县的民主法制建设进程做出积极的贡献。

第十六章 十六届人民代表大会

第一节 第一次会议

十六届人民代表大会第一次会议，于2012年11月25日至30日在县城举行。应到代表287名，实到287名，有关单位的负责人共295人列席会议。

县人大常委会副主任谢先桂在预备会议上作会议筹备工作报告；代表资格审查委员会副主任委员雷小晶作代表资格审查报告。

县委书记艾方毅在预备会议上讲话：（1）十五届大常委会为实施县委决策付出了艰辛努力，县委表示感谢；（2）十六届人大代表要不负重托，明确任务和要求，为加快洞口发展描好图、献好策、履好职；（3）统一思想，强化纪律，确保本次会议圆满成功。

县长肖拥军作《政府工作报告》，回顾过去五年的工作：一是县域经济综合实力全面提升。三次产业结构由2007年42.6：24.8：32.6调整到2011年的39.8：32.5：27.7，生产总值由2007年的43.6亿元增加到2011年的90.12亿元，按可比价计算年均增长12.7%；规模工业增加值由2007年9.01亿元增加到2011年25.38亿元，按可比价计算年均增长29.3%

财政总收入由2007年的2.1亿元增加到2011年的4.15亿元，年均增长17.68%。二是项目建设取得可喜业绩。五年间共引进投资1000万元以上项目94个、投资亿元以上项目19个，实现重点项目132个，完成投资107.35亿元。三是产业发展呈现转型升级。以食品加工、矿产品加工、机械制造、建筑建材、竹木加工、电子加工、制鞋为主的七大主导产业发展迅速；工业园区建成面积3.5平方公里，提供工业用地2.41平方公里、落户企业34家；五年完成企业改制26家，改制面达92%。农业产业化规模加工企业发展到32家，有机、绿色、无公害品牌达到13个；农村土地流转加快，建成特色农业生产基地17.4万亩，新增各类农业机械25873台（套）；先后获全国高标准农田建设示范县、全国小型农田水利建设试点县、全国粮食生产先进县、国家新增1000亿斤粮食产能工程重点县、“中国雪峰蜜桔之乡”、“中国绿色名县”、全国森林资源管理先进县等称号。四是城乡基础设施日益完善。县城建成区面积由2007年的7.2平方公里扩大到12平方公里，人口由7.1万人增加到12万人，全县城镇化率由25.9%提高到32%。五是民生民利改善成效显著。五年新增就业岗位2.1万个，对1180户“零就业”家庭实施有效援助，城镇登记失业率控制在4.3%以下；新增农村劳动力转移就业13万人，社会养老保险和基本医疗保险全面覆盖；养老保险、失业保险、城镇居民医疗保险参保人数分别达50.6万人、2.6万人和11万人；新型农村合作医疗参合率达96.2%，受益面达54%；困难群众基本生活得到有效保障，库区和安置区移民生产生活得到有效改善。六是各项社会事业全面进步。七是民主法制进程加快。《报告》提到了存在的困难和问题。经济总量特别是工业经济总量偏小，产业结构有待进一步优化；农业抵御风险能力较弱，农民增收空间不大；财政收支矛盾依然突出，县域财政缺少骨干财源项目支撑；人民对公务员的勤政廉政建设也不十分满意。《报告》对今后五年政府工作提出建议。深入贯彻落实中共十八大精神，强力推进“项目推动、产业升级、可持续发展”战略，全力加快“新型工业大县、现代农业强县、生态旅游新县、城镇扩容快县、山区发展富县”建设。要突出抓好“五个加快推进”和“五个打造”：加快推进新型工业化，打造新型工业大县；加快推进农业现代化，打造现代农业强县；加快推进新型城镇化，打造城镇扩容快县；加快推进现代服务业，打造区域性交通旅游商贸物流中心；加快推进社会事业和生态文明建设，打造全县人民幸福指数不断提高的美好家园。《报告》还提出不断加强政府自身建设。努力建设施政科学的服务政府，努力建设公正严明的法治政府，努力建设忠诚履职的责任政府，努力建设勤政爱民的廉洁政府。

县人大常委主任黄先球作《洞口县第十五届人大常委会工作报告》（以下简称《报告》）。《报告》称：五年来，人大常委会在县委的领导下，深入贯彻落实科学发展观，紧紧依靠全县人民和在县各级人大代表，保持昂扬向上、奋发有为的精神状态，依照宪法和法律赋予的职责，围绕全县工作大局行使职权、开展工作，共召开代表大会6次、常委会议37次，主任会议113次，听取和审议工作报告116个，开展执法检查26次，组织代表视察调研活动40次，圆满地完成了各项工作任务。（1）坚持围绕中心，突出重点，在推动县委重大决策部署贯彻落实上取得积极成效。县人大常委会从三个方面着力加强对经济工作的监督：一是密切关注经济增长的质量和效益，推动县域经济结构调整和优化升级。组织2009年的全县柑橘产业发展现状的全面调研，听取县政府专题汇报，督促县政府“建立柑橘产业发展基金，实施高标准发展规划，加大品牌注册保护力度，打造洞口名片”，柑橘产业发展有了后劲。组织代表调研座谈、审议“十二五”规划的编制和修订；视察经济开发园区的建设，支持政府出台优惠政策，吸引优势企业入园，加快工业发展；“诊断”七大主导产业之一的矿产品加工业，提出了“规范资源管理，合理开发利用，打击非法盗采”的建议，督促政府采取有力措施，组织集中整治，确保矿业生产有序进行；组织在县的省、市人大代表和县人大常委会成员认真审议《洞口县旅游发展总体规划》，督促政府加大投入力度，组织旅游资源推介包装，加快菲溪森林公园、蔡锷公馆、高沙文史博物馆等一批景区景点的建设步伐，洞口旅游产业开始起步。另一方面密切关注重点项目的谋划与建设，夯实县域经济发展基础和产业基础。审议、决定了一批重点项目，支持政府工作；积极投身重点项目建设，敢于担当，人大常委会的九名领导成员都担任了县重点项目建设的组织领导工作，为政府分忧，在参与中监督。二是密切关注财政预算的执行与调整，发挥财政投入的保障作用和调节功能，听取和审议县政府专题汇报，听取和审议财政预算执行情况，批准年度决算；督促政府强化税收征管，督促政府实施精细化管理，保障重点支出。还着力加强对解决民生问题的监督，五年来听取审议“一府两院”25个专项工作报告，其中有16个直接涉及人民群众的民生问题；安排26项执法检查，全部与民生问题息息相关。作出《关于建设迴龙洲森林公园的决定》，山水园林洲城的核心区初步形成；强力支持政府建成了污水处理厂，控制了水质污染；督促政府出台《洞口县河道整治方案》，有效规范了河道采砂；全程督办了华兴锰业矿渣违规堆放、黄桥电解锌废渣废液以及杨林境内非法采锰等破坏环境问题，维护了民生利益；责成农机、物价、工商、公安部门对全县农机销售网点进行全面的清查整顿，严厉打击了损害群众利益的行为；开展食品安全执法检查，完善食品安全执法监管机制；听取、审议乡镇医疗卫生工作情况汇报，尤其是医疗保障政策、基本药物制度，医疗体制改革的执行情况，结合开展“三湘农民健康行”活动，解决群众“看病难”、“看病贵”的问题；开展教育工作的专题调研，针对学前教育师资严重不足、日常管理不规范，义务教育阶段教师年龄严重老化、学校布局不合理、收费不规范，高中教育阶段负债过多、职教短腿、部分资源闲置等问题，及时向县政府提出了“优化教育环境，提高教育质量，合理布局教育资源，做大做强职业高中”的建议，县政府制定整改方案，推进了教育的均衡发展；还持续关注交通、文化、“三农”及社会保障等事关民生的热点问题。（2）坚持依法履职理性监督，在彰显人大的责任和担当、提升监督理念上做了积极工作。人大常委会依照宪法和法律的规定，把关系改革、发展、稳定大局和群众切身利益、社会普遍关注的问题作为监督重点。五年来先后对《律师法》《森林法》《气象法》《民族区域自治法》《食品安全法》《安全生产法》《科普法》等26部法律在洞口县的贯彻实施情况进行了执法检查。五年来，组织人大代表参加县人民法院庭审评议41次，召开专题会议听取法院关于审判工作的汇报，要求法院“进一步完善审判制度和工作机制，不断提高案件审判质量和效率，严惩犯罪，维护稳定”；听取检察院关于“渎侦”工作的专题汇报，提出关于加强查办和预防渎职侵权工作的建议；听取和审议公安局关于打黑除恶专项工作的汇报，加强了对社会治安管理工作的监督。通过以上执法检查，保障了法律的正确实施；同时，通过专题询问回应百姓关切，通过跟踪监督追问监督实效。人大常委会在监督制度和程序上做了一些有益的探索，进一步完善了“议事规则”，出台《规范性文件备案审查办法》和《监督重要案件实施办法》，实施《关于审议决定县财政投入大型建设项目办法》。履职考核强化了任免监督，在行使任命权时，除严格执行任前调查、经济责任审计、法律知识考试、任前承诺、会议提问、颁发任命书等程序外，从2011年起，将任免程序和任后监督有机结合，维护了依法任免国家机关工作人员的严肃性和权威性。五年内共依法任免125人次，评选表彰6名“人民满意公仆”。（3）坚持尊重代表主体地位，在进一步发挥代表作用、激发代表活力上进行积极探索。十五届人大一次会议以来，共收到代表议案、建议、批评和意见625件，归类后分别交由政府机关研究办理，并选择社会普遍关注的热点和难点问题作为重点交办件，由人大常委会组织全程督办，促使办理成效明显提高，交办率、答复率都达100%，满意率和基本满意率达95%，初步实现了由“答复满意”向“结果满意”的转变。人大常委会进行工作视察和工作评议时，坚持邀请基层的代表和乡镇人大主席列席，五年来共组织省、市、县代表400多人次进行视察、调研、既提高了人大常委会的工作质量，也进一步彰显了人大代表的群体活力。五年内，共组织代表培训31期、近600人次，其中28人参加全国人大举办的人大代表培训；同时，推荐人大代表参加人民陪审、检察监督、纪检监督、政风行风评议等各方面的工作和活动，为代表履职提供了有力的工作保障。2011年，县人大常委会就县茶路电站和中国东方资产管理公司的1.7亿元债务纠纷，组织省、市代表向省人大常委会、省高院、市人大常委会请示、汇报，经过人大常委会和代表的积极努力，最终达成还款0.3亿元的协议，发挥了人大代表依法维权的积极作用。（4）坚持正确的政治方向，在切实加强自身建设、不断提高履职能力上做了积极努力。与县委保持高度一致，把人大工作的着重点放在推动县委重大决策部署和重点工作的落实上，把促进全县经济发展放在首位，力求在服务中心、促进发展中有所作为；坚持关心和维护人民群众利益，牢固树立以民为本理念，多渠道听取民声，多层面体察民情，知民所想，思民所虑，解民所忧，为民建言，使人大常委会作出的决议决定和提出的意见建议更加贴近民生，更能反映民意，更加顺应民心，促进政府多解百姓之难，多做惠民实事，多想利民之策；尊重代表的主体地位，拓展与代表的联系渠道，完善代表工作制度，创新代表活动方式，各级代表为促进全县经济社会发展贡献了智慧和力量。《报告》对今后五年的工作提出四点建议：（1）坚持民主法制制度，构筑依法履职新图景。按照中共十八大提出的“支持和保证人民通过人民代表大会行使国家权力”的要求，认真实施监督法，努力在加大监督力度、提高监督水平、增强监督实效上下功夫，确保宪法和法律的正确实施，确保行政权、审判权、检察权的正确行使。（2）坚持科学发展理念，开创后发赶超新局面。紧紧围绕县委确定的“调结构、促转变、惠民生”和“十二五”规划，加大对全县经济和社会各项事业发展战略实施情况的监督力度，认真做好综合性、前瞻性调查研究，依法有效行使重大事项决议、决定权，强化对相关决议、决定的跟踪督办，尤其要综合运用多种手段，为经济社会发展做出新的业绩。（3）坚持创新代表工作，谱写代表履职新篇章。进一步突出代表主体地位，畅通人大代表的议政议事渠道，保障人大代表的知情权、参与权、表达权和监督权，充分发挥人大代表管理国家事务的作用；进一步完善代表联络制度，丰富代表活动内容，努力使新一届代表真正成为代表民意、为民办事、受民称赞的人民代表。（4）坚持加强自身建设，开启依法履职新征程。加强思想建设，切实增强坚持和完善人民代表大会制度的自觉性和坚定性；加强组织建设，优化知识结构，增强依法履职能力；加强制度建设，创新工作机制，不断促进人大工作制度化、规范化、科学化；加强作风建设，始终保持与时俱进的工作作风和奋发有为的精神状态，密切同人大代表和人民群众的联系，努力推动人大工作新发展。

法院院长蔡明清作《法院工作报告》（以下简称《报告》），回顾过去五年的工作。（1）审判执行工作进一步加强。突出打击重点，坚持宽严相济，依法严惩“两抢一盗”、聚众斗殴、寻衅滋事、贩毒吸毒等严重危害社会治安及严重影响人民群众生命财产安全的犯罪分子，共受理刑事案件1318件，审结1306件，对2048名被告人给予刑事处罚；深化“打黑除恶”专项斗争，共审结“涉恶”团伙犯罪案件18件，依法打击了174名涉恶犯罪团伙成员，判处五年以上有期徒刑的66人；依法惩治贪污、受贿等职务犯罪案件，共审结该类案件51件60人，其中副科级以上干部29人，并在上级法院的指导下审结了一批大案要案；从严打击各类经济犯罪，重拳治理地下“六合彩”犯罪活动，共审结此类案件75件、89人；审结影响县域经济发展的非法吸收公众存款、非法经营、合同诈骗、生产销售假冒伪劣产品等犯罪案件105件147人，涉案金额3160万余元；对于未成年人犯罪、过失犯罪及一些因民间纠纷、生活琐事所引发的轻微刑事案件，以宽缓为主，共对260名犯罪分子判处拘役、管制、罚金等其他刑罚，敦促罪犯改过自新；高度重视刑事和解工作，共调解刑事附带民事案件和刑事自诉案件143件，调解率86.14%，赔偿兑付率为98.12%。坚持以矛盾化解为导向，积极修复社会关系，共受理民商事案件7143件，审结6914件，解决诉讼标的额10644万元；对那些适用判决也难以平息矛盾以及社会关注的群体性纠纷，更是加大了调解力度，共调解结案2897件，促成当事人撤诉836件，调解撤诉率达54%。着眼于保障民生，共审结婚姻家庭、相邻关系、生命权、健康权、人身权等案件3954件，审结劳动争议、医疗、道路交通事故等纠纷案件763件。依法审结民间借贷、买卖合同、股权等各类商事案件1780件，维护诚实守信的市场交易秩序。开展“维护农村金融、打造诚信洞口”的专项审判活动，审结各类金融借贷案件1122件，收回不良贷款4702万元；成功审结柴油机总厂等6家企业破产改制案件，盘活资产6000余万元；受理各类行政诉讼案件97件，审结91件，其中经协调后撤诉结案的43件，共受理非诉行政执行案件149件，执结143件，稳妥化解25起房屋拆迁非诉执行案件，确保重点工程项目顺利进行。共受理各类执行案件1449件，执结1365件，执结率达94.2%，执结标的4488万余元。（2）司法为民措施进一步落实。立案大厅共接待立案、提供法律咨询、判后答疑1.1万人次；开展巡回审判80场次，带案回访群众350余人次；共为947名符合条件的当事人减免诉讼费49万元，缓交诉讼费103万元；共处理群众来信429件次，接待群众来访千余人次，审理申诉再审案件13件，化解缠访、闹访老案56件。（3）不断强化接受监督的主动性。及时地向人民代表大会及其常委会报告工作，落实重大案件报送备案制度，一丝不苟地执行人大及其常委会的决议；积极开展“人大代表旁听评议庭审活动”“人大代表参与案件调解”“人大代表进法庭”等活动，共邀请代表旁听案件106人次，监督执行21次，参与调解170余人次；提请县人大常委会任命人民陪审员35人，人民陪审员参审各类案件2900余件。《报告》检查工作中的不足：对当前经济社会发展形势的分析研判不深，审判职能作用有待进一步发挥；审判管理还存在薄弱环节，审判质量效率有待进一步提高；执行工作中需综合治理的力度有待进一步加大，一些当事人以赴省进京上访相威逼，说情打招呼的也不少，办案风险比较大；法院将采取有力措施解决以上问题。《报告》提出了今后五年的工作思路：以能力建设为重点，强化队伍教育管理；以促进和谐为重点，认真履行审判职能；以完善机制为重点，强化发展和服务意识。

县检察院检察长宋志刚作《检察院工作报告》（以下简称《报告》），《报告》回顾前五年的工作：（1）依法严厉打击刑事犯罪。共受理提请批准逮捕1205件2125人，经审查依法批准逮捕977件1699人；受理移送审查起诉1644件2720人，依法提起公诉1197件1910人。突出打击严重暴力犯罪、涉枪涉爆犯罪、“黄赌毒”等犯罪，共批准逮捕该类犯罪案件694件1277人，提起公诉870件1428人；突出打击“两抢一盗”、诈骗等多发性侵财犯罪，批准逮捕此类刑事犯罪案件312件567人，提起公诉444件762人。认真贯彻宽严相济的刑事政策，对主观恶性较小、犯罪情节轻微的未成年犯、老年人犯、初犯、偶犯、过失犯以及家庭、邻里纠纷等引发的轻微刑事犯罪，依法从宽处理，努力减少社会对立面，对涉嫌犯罪但无逮捕必要的，决定不批捕149人，对犯罪轻微决定不起诉98人，适用刑事和解办案63件77人。（2）着力查办和预防职务犯罪。共立案侦查职务犯罪案件72件86人，其中贪污、贿赂犯罪案件61件72人，渎职侵权犯罪案件11件14人，侦查终结74件91人，经审查提起公诉64件80人，为国家和集体挽回直接经济损失900余万元；共立案查办职务犯罪大要案件44件54人，占立案总数的61.1%；建议预防调查、预防查询开展职务犯罪预防工作，共向有关单位发出检察建议30份，开展预防调查10项，撰写犯罪分析报告12份，共受理查询服务235次，举办党风廉政建设和法制宣传讲座10次，受教育者达3000余人，发放宣传材料5000余份。（三）切实加强诉讼法律监督。（四）坚持强化队伍建设。《报告》检查了工作中的不足：检察人员法律监督的能力与新形势下肩负的职责还不完全适应；惩治和预防职务犯罪的力度需进一步加大，执法质量需进一步提升；案多人少的矛盾还比较突出。《报告》提出了今后五年的工作思路：更加注重维护司法公正廉洁，自觉接受党的领导和人大监督；更加注重维护社会和谐稳定，深入推进社会矛盾化解、社会管理创新、公正廉洁执法三项重点工作；更加注重诉讼法律监督，进一步提升监督质量和实效；更加注重检察队伍建设，进一步提高公正执法水平。

会议经过认真审查，决定批准以上四个工作报告，并分别通过决议。

大会选举第十六届人大常务委员会主任曾晓桃，副主任曾泽群、吴华玉、许志华、罗崇雄、甘建华和19名委员；选举县人民政府县长肖拥军，副县长孙立志、杨芳德、张建云、吴中华、刘定湘、周彦、杨俐；选举县人民法院院长蔡明清、县人民检察院检察长宋志刚（须报经上一级检察院检察长提请该级人民代表大会常务委员会批准）。选举邵阳市十五届人大代表52名。

第二节　第二次会议

十六届人民代表大会第二次会议，于2013年4月19日至23日在县城举行，283名代表出席会议。

代县长周乐彬作《政府工作报告》。一是2012年较好地完成了十五届人大六次会议确定的各项目标任务：地区生产总值增长11.8%，财政总收入增长28.1%。15个省市重点项目超额完成目标任务，66个县本级重点项目完成年度计划的98.6%，全年共争取各类项目资金6亿元。完成县城总规修编，县城城镇规划控制区扩大到30平方公里，基础设施建设完成投资5.5亿元，全县城镇化率达到33%；完成新一轮农网改造升级工程87个村；将洞口镇、竹市镇的13个连片行政村作为全省环境片整治示范区进行综合整治。城乡居民养老保险工作全面铺开，各项社会保险参保68万人次。新农合参合率达95.34%，发放补偿金1.86亿元；计生工作继续保持全省先进；开展建县以来最严厉的集中整治非法开采煤矸石专项行动；社会治安形势总体良好，社会管理综合治理工作评为全省先进；乡镇机构改革圆满完成，政务服务体系全面建立；全面完成“五五”普法，积极开展“六五”普法；人大代表建议办复率达100%，满意率达99%。二是2013年的重点工作：（1）强力推进项目建设，拉动经济增长。围绕实施《洞口县武陵山片区区域发展与扶贫攻坚实施规划》，年内争取各类项目资金10亿元以上，实施重点建设项目57个。（2）奋力壮大工业经济，加速新型工业发展。以园区为主战场，年内完成总投入5亿元以上，新增入园企业10家以上；大力促进传统工业改造升级，实施技改项目30个以上；坚决打好企业改革攻坚战，年内全面完成企改任务。（3）扎实做好“三农”工作，促进农村经济发展。（4）加快城镇建设，确保城镇扩容提质闪现新亮点。（5）努力提升服务业水平，力争第三产业新起色。（6）深化改革开放，激发县域经济发展新动力。（7）继续改善民生民利，顺应人民群众幸福愿望。（8）着力提升公共服务水平，加快各项社会事业发展。（9）锐意创新社会管理，推动和谐社会建设。会议经过认真审查，决定批准这个报告并通过决议。

县人大常委会主任曾晓桃作《人大常委会工作报告》。一是十六届人大一次会议以来的主要工作：（1）确定今后五年工作的指导思想。必须继续坚持围绕中心，突出重点，在全县经济社会发展大局中定位和谋划人大工作；必须继续坚持依法履职理性监督，在提升监督理念、彰显人大责任和担当上探索和拓展人大工作；必须继续坚持尊重代表主体地位，在进一步激发代表活力、发挥代表作用上夯实和创新人大工作；必须继续坚持正确的政治方向，在切实加强自身建设、不断提高履职能力上提升和推动人大工作。（2）修订人大常委会规章。本届人大常委会认真总结过去人大工作制度从文本到实践的生动经历，建立和完善“解决问题”的长效机制，经两次主任会议研究，提交常委会第2次会议审议通过修订后的《洞口县人大常委会议事规则》，从原先的11章51条修订为10章54条，减少了重复条款，扩充、规范、完善了操作细节，同时结合工作实践，新增《洞口县人大常委会组成人员守则》和《洞口县人大常委会信访工作规则》，保证制度供给与时俱进。（3）健全了人大代表活动的组织保障机制。已经做了三项工作：高度重视省、市人大代表的提名、推荐和选举工作，维护了洞口人民在省、市人民人大代表大会上的话语权，把“洞口声音”带进省、市代表大会，先后提出贴近现实、影响长远、切实可行的议案和建议28个、专项报告8个，有6个专项报告获省、市领导批复，其中落实扶助项目4个，资金800万元；制订人大代表培训计划，从2013年4月开始实施；安排了省、市、县人大代表闭会期间的活动。（4）审议了县政府提出的2012年度财政预算调整议案，加强了对2013年财政预算的监督。县政府在编制2013年财政预算时，吸纳十六届人大常委会第1次会议的审议意见，按照“钱随事权”的原则，确保了重点支出、民生支出和发展支出，严格了预算约束，从源头上控制了预算执行与预算的差距，使2013年度的财政预算更加全面、透明、合理。二是2013年常委会的工作安排。重点做好以下工作：（1）关注县域经济社会发展大局，开展专题调研。围绕如何推进新型工业大县建设，调研全县工业发展现状、面临的困难及破解途径；围绕如何统筹城乡发展，调研村镇建设发展规划问题，探讨推进新型城镇化进程、建设秀美洞口的途径；跟踪调研《洞口县人大常委会关于审议决定县财政投入重大项目建设办法》颁布后的实施情况，维护落实人大常委会决议、决定的严肃性；专题调研中小学校舍安全问题，回应社会和群众关切。（2）提升代表和常委会组成人员的履职能力，组织系统培训。分批集训三级人大代表；指导各乡镇（管理区）组织本级人大代表培训，采取“走出去、请进来”等多种方式，加强对人大常委会组成人员及“一府两院”相关人员的培训，提升监督理念，坚持依法履职理性监督。（3）推动经济发展和民生改善，加强工作监督。重点听取和审议2013年国民经济和社会发展计划贯彻执行的报告，并提出审议意见；听取和审议审计局对财政资金审计情况的报告，重点关注审计所发现问题的整改情况；精心组织、全力保障，配合省、市人大及其常委会搞好各项执法检查和法律法规调研；督促“一府两院”积极落实《洞口县人大常委会监督重要案件实施办法》，确保其公正司法；继续组织各级代表对法庭审判工作的评议活动。（4）严格依法依程序做好换届后政府组成机构主要负责人的任命工作。（5）强化自身建设，应对人大工作新挑战。会议经过认真审查，决定批准这个报告并通过决议。

法院院长蔡明清作《法院工作报告》。一是抓好执法办案第一要务。2012年共受理各类案件2303件，审（执）结2034件，解决涉案标的额6000余万元，为当事人挽回经济损失1500余万元。（1）发挥刑事审判职能，维护社会稳定。全年受理各类刑事案件278件，审结259件，结案率93.17%。给予刑事处罚381人；审理涉恶团伙案件8件94人；审结贪污贿赂、渎职等职务犯罪案件11件11人，为国家和集体挽回经济损失130余万元。调解刑事附带民事案件和刑事自诉案件143件，调解率86.14%，赔偿兑付率为98.12%。（2）加强民商事审判工作，服务社会和谐发展。全年共受理各类民商事案件1764件，审结1532件，结案率为86.85%，解决诉讼标的额2400万元。其中调解结案715件，调解率达46.7%。（3）积极化解行政争议。受理各类行政诉讼案件26件，审结22件，其中通过协调处理18件；加大行政非诉执行案件的审查力度，全年立案审查17件，执结17件。（4）加大执行工作力度，全年共受理执行案件218件，执结204件，执结标的790万元。二是落实司法为民举措。全年共妥善处理群众来信214件次，接待来访群众266人次，解决群众反映的问题145个，赢得了群众的信任与支持。共巡回审理案件75件，带案回访当事人360余人次，接受群众法律咨询300余人次，指导基层调解组织调解案件118件。三是继续加强自身建设，全年共有23名干警获市级以上表彰。2013年，将着重从以下几个方面取得突破：（1）进一步加强审执工作，促进全县治安大局进一步好转。（2）围绕队伍建设这个根本，进一步提升队伍形象。（3）创新审判管理，进一步提升案件质效。（4）夯实基层基础，提高司法警务保障能力，确保零安全事故。（5）完善接受监督机制，进一步促进司法公正。会议经过认真审查，决定批准这个报告并通过决议。

县检察院检察长宋志刚作《检察院工作报告》。一是依法查办职务犯罪案件，推进反腐倡廉建设。2012年共立案查处贪污贿赂、渎职侵权等职务犯罪案件15件15人，其中大要案13件13人，移送审查起诉（含积案）19件19人，为国家和集体挽回直接经济损失200余万元，实现了自侦案件起诉率和有罪判决率两个100%。深入剖析发案特点、原因和规律，向有关部门发出检察建议6份，举办法制宣传讲座6次，均有较好的社会效果。二、认真履行批捕、起诉职能，维护社会和谐稳定。全年共受理提请批准逮捕案件324件579人，批准逮捕275件474人，存疑不捕30件67人；受理移送审查起诉348件654人，已提起公诉253件456人，报送市院审查起诉19件42人。三、强化诉讼法律监督，促进司法公正。向侦查机关和侦查部门提出口头和书面纠正违法建议31次，向发案单位提出检察建议3次，依法追捕漏犯13人，追诉漏罪漏犯15人次；成功对210名监外执行罪犯移交社区管理。2013年，本院将坚持强化法律监督，规范开展诉讼监督工作，加大监督力度，提升监督实效，依法纠正执法不严、司法不公等突出问题，同时强化自身监督，共同维护司法公正和法制权威。会议经过认真审查，决定批准这个报告并通过决议。

会议审查财政局《关于洞口县2012年财政预算执行情况和2013年财政预算草案的报告》、发展改革局《关于2012年全县国民经济和社会发展计划执行情况及2013年计划草案的报告》。会议经过审查，决定批准这两个报告。

肖拥军已辞去县长职务，大会选举周乐彬为县人民政府县长。

本次会议收到代表建议、批评和意见共101件，由人大常委会和县政府交有关单位认真办复。

第三节　第三次会议

十六届人民代表大会第三次会议，于2014年3月16日至18日在县城举行。

县长周乐彬作《政府工作报告》（以下简称《报告》）。一是总结2013年，有五条经验：（1）坚持发展速度与发展质量并重。实现地区生产总值113.3亿元，同比增长10.3%；实现财政总收入6.5亿元，增长22.3%。（2）坚持招商引资与项目建设互动。成功引进苏宝顶风电场等6个投资上亿元的招商项目；全年完成固定资产投资120.5亿元，同比增长38.5%；洞新高速公路完工通车，怀邵衡铁路开工建设。（3）坚持保障民生与改善民利至上。全县财政投入民生领域资金占县公共财政预算支出的74.98%，上级下达的为民办实事任务圆满完成；全县五大保险参保总人数达67.38万人；十二大类基本公共卫生服务全面实施，新型农村合作医疗参合率达95.33%。（4）坚持基层工作与基础工作并举。扎实开展安全生产百日行动，被评为“全省安全生产工作先进单位”；群众工作“洞口经验”在全省经验交流会上再次推介；十大环保工程稳步推进，被评为全国生态文明先进县、全国绿化模范县、全国绿色生态蜜橘示范县，被列为国务院首批木材战略储备基地示范项目县。（5）坚持教育监督与制度制约相结合。聚焦“四风”问题，狠抓干部作风教育与整肃，立案查处违纪违法案件40件，结案33件，查出违纪金额1500多万元，挽回经济损失1020万元，收缴财政680余万元，给予党纪政纪处分33人，移送司法机关13人；对35名违反作风建设的工作人员进行了严肃处理，其中免职9人，待岗处理11人。二是2014年要重点抓好以下工作：（1）强化要素供给，着力促进项目建设，年内实施县级重点项目56个、市级重点项目16个，纳入重大项目前期计划28个。（2）强化园区平台，开展“工业园区建设年”活动。（3）强化基础设施，促进新农村建设。（4）壮大旅游产业，推进商贸物流发展。（5）加强县城基础建设，支持小城镇建设，强力整治城乡环境卫生。（6）深化财税金融改革，加快推进农村综合改革，着力激发发展活力。（7）强化民生保障，繁荣社会事业。（8）着力构筑发展屏障。三是开展群众路线教育实践活动，继续建设人民满意政府。政府将按照“照镜子、正衣冠、洗洗澡、治治病”的要求，集中整肃形式主义、官僚主义、享乐主义和奢靡之风。会议经过认真审查，同意《报告》提出的2014年的总体部署，决定批准这个报，并通过决议。

县人大常委会主任曾晓桃作《人大常委会工作报告》。一是十六届人大二次会议以来的主要工作：共召开常委会会议6次，主任会议17次，听取和审议“一府两院”专项工作报告12个，组织视察、调研活动11次，对7部法律在洞口县的落实情况开展了执法检查，就重大事项作出决议决定6项，依法任免国家机关工作人员41人次，任命人民陪审员28名，完成十六届人大二次会议确定的各项工作任务。（1）坚定不移地贯彻落实县委决策部署，依法履行了人大职责。分别就重点项目建设、民办教育、部分乡镇发展等问题，依法作出决议决定，从法制层面保障了县域经济和社会事业的发展；听取和审议2013年上半年国民经济和社会发展计划执行情况的报告，支持县政府切实解决经济运行中面临的困难和问题；把专项调研作为推动人大监督工作新突破的重要抓手，围绕推进“新型工业大县”建设，专题调研了工业发展现状，发现发展中存在“质量效益低、特色产量少、骨干企业弱、名牌建设滞后、园区发展缓慢”五个方面的问题，主任会议提出“要大力发展特色经济、积极拓展融资平台、以项目带动产业升级、吸纳和集聚专业人才、激励全民参与创业”的发展建议；围绕“城乡统筹发展”问题，组织开展对村镇规划、基本农田保护、农业产业布局和农村劳动力现状的综合调研，并形成专题调研报告，提出了“要在坚守耕地红线的前提下，充分利用国家惠农政策，有针对性地加强村镇规划管理，进一步放大农业产业资源优势，不断优化农村劳动力结构，让广大农民参与和推进新农村建设”的调查建议；围绕社会关注的“校舍安全”问题，组织了专门力量开展调研，对12个乡镇的49所学校做了深入细致的调查研究，并在主任会议上听取了县政府专项工作报告，就影响校舍安全的“危房面积大、安全隐患多、专业技术力量弱、工程监管不到位”四大突出问题，要求县政府“采取有效措施、优化现有资金调配、重点加快消除D级危房安全隐患、严把工程质量验收关”；跟踪调查了《洞口县人大常委会关于审议决定县财政投入重大项目建设办法》颁布实施后的贯彻执行情况，明确指出部分项目的实施存在“超标准、超预算”，要求政府切实加以约束和调整。（2）积极主动地关注民生，努力推动群众利益问题的有效解决。继续深入开展“三湘农民健康行”“三湘农产品质量安全行”“环保世纪行”“民族团结进步行”活动，支持农村公共卫生和基本医疗服务体系建设，着力解决乡村卫生条件差、看病难等问题；督促县政府建立健全农产品质量标准、检验检测和认证认可体系，确保群众吃上“放心肉”和绿色无公害食品；督查涉重金属行业和农村环境综合整治工作，并督促有关部门整改落实，守好洞口一方碧水蓝天；积极主动配合支持省市人大实施的“启聪扶贫计划”，成功为3名少数民族失聪人实施了人工耳蜗植入手术。（3）严肃认真地开展司法监督，共同构建公平正义的法制环境。听取和审议公检法三家落实《洞口县人大常委会监督重要案件实施办法》的专题汇报，并配合市人大开展了对公检法及看守所的执法检查，推动了司法机关文明执法；认真审查处理报送备案的55件规范性文件，规范了政府行政行为；坚持并完善了常委会领导公开接待来信来访制度，年内共接待群众来信352件、来访382人次，督办重要信访件15件，推动了一批信访问题的妥善解决。（4）认真仔细地审查了财政预算决算，支持县政府依法理财、科学理财。依法提出了加强对政府全口径预算决策审查监督的要求，建议推动实施全面规范、公开透明的预算制度；加强预算决算的审查监督，对政府预算超收及部分财政专项资金使用情况实行全口径监督，确保财政资金合理安排和有效使用；听取和审议县政府关于2012年度财政预算执行情况的审计报告，加大了对审计报告中提出问题的督促整改力度，支持审计部门发挥“免疫系统”功能，维护财政经济秩序，提高资金使用效益。（5）依法做好人事任免工作，保障了县委重要人事安排的圆满实现，重点做好县政府换届后工作机构27名主任、局长的任免工作，通过新闻媒体将他们的任职承诺向社会公开，敬请社会各界予以监督。（6）充分尊重人大代表的主体地位，发挥了人大代表的作用。人大常委会在县委党校举办了为期3天的省、市、县三级人大代表、县人大常委会组成人员、乡镇人大主席集中培训班，同时指导各乡镇对本级人大代表开展履职培训，全县人大系统形成了良好的学习氛围；将省、市、县三级人大代表划分为38个代表活动小组，分别建设代表活动之家，为代表在闭会期间的履职活动提供了组织保障和场地保障，指导各代表小组围绕国土资源保护、房地产市场规范管理、工业经济发展、安全水源保护、优化经济发展环境等课题开展视察、调研活动；组织省、市代表及部分常委会组成人员赴湘西学习连任四届全国人大代表的田儒斌同志的履职经验和优秀事迹，激发了代表们的履职热情；组织省、市人大代表对洞口县的新农村合作医疗、招商引资、国土管理、畜牧水产工作等进行了集中视察，代表们提出了切实中肯的意见和建议，达到了促进发展和推动工作的目的；十六届人大二次会议期间收到的101件代表议案、建议、批评和意见，在及时交办的基础上，专题听取了办理情况的汇报，先后两次组织督办，突出抓了一批重点单位和重点建议的办理，办理实效有了新的提高。（7）自觉主动地加强自身建设，提高了常委会依法履职的能力。在加强学习的同时，深入开展了“下基层、解民忧、办实事、促发展”活动，在总结实践经验的基础上，制定完善19项工作制度和12项机关管理制度；坚持重大活动向社会公开，坚持调研成果向上级报告，坚持优秀事迹向大众宣传，向社会公开常委会监督计划和监督内容的落实情况，扩大社会影响，主动接受人民群众和社会各界对人大工作的监督。人大常委会在扎实履行法定职责、做好自身工作的同时，按照县委统一部署，积极投身各项中心工作，10名处级干部承担了13项县本级重点项目建设任务，较好地完成了县委的工作任务；人大常委会机关按照县委的要求，参与新农村建设、群众工作站、建设扶贫、综合治理、信访稳定、冬种冬修等工作；全年为基层组织和群众解决各项帮扶资金100余万元，其中组织省、市人大代表为大屋瑶族乡马洞村捐款25万元修建村道，对口帮扶、支持发展村级经济。二是2014年人大工作重点：一是服务大局，在进一步推动改革发展上要有新作为。牢固树立抓重点、议大事的工作理念，及时梳理在改革发展中遇到的问题，积极开展调研，使人大调研与“一府两院”改革工作形成良好互动；支持和保障各级人大代表参与所在地区、所在行业和所在领域的改革创新活动，积极提出有利于改革创新的意见和建议，进一步释放全县人民投身改革的创造活力。二是依法履职，在进一步提升监督实效上要有新突破。围绕县委工作大局开展监督；围绕生态文明建设和可持续发展开展监督；深化财政决算的审查监督；持续加强对社会及民生改善的监督力度；加大对司法工作及法律法规实施情况的监督力度。三是深化保障，在进一步激发代表履职上要有新举措。创新开展“双联”工作，进一步夯实人大工作基础；扎实做好议案审议、建议办理和督办工作，切实提高办理工作实效；努力为代表履职搞好服务和保障。四是提升工作水平，在进一步强化自身建设上要有新成效。常委会要按照中共十八届三中全会的精神，谋划和推进人大工作向前发展；深入开展党的群众路线教育实践活动，把“服务人民群众”作为一切工作的出发点和归属点；健全工作机制，改进工作方法，增强工作透明度。会议经过认真审查，充分肯定人大常委会过去一年的工作，同意报告提出的2014年重点，决定批准这个报告。

县法院院长蔡明清作《法院工作报告》。2013年，法院共受理各类案件2482件，审（执）结2427件，结案率97.78%。一是依法惩处刑事犯罪。全年共受理各类刑事案件358件，审结340件，结案率94.97%，刑事处罚502人。二是妥善处理民事纠纷。坚持“调解优先、调判结合”的原则，共受理各类民商事案件1831件，审结1794件，结案率97.98%，其中调解率达49.36%，审结案件未出现涉诉缠访情况。三是有效化解行政争议。全年受理各类行政诉讼案件68件，审结67件；受理行政机关申请执行的案件44件，执结41件，执行回罚没款122万余元。四是着力破解执行难题。全年受理执行案件188件，执结168件，其中采取强制措施后和解结案142件，占84.52%。五是积极创新机制建设。完善审管机制，完善便民机制，完善信访机制，完善安保机制。六是加强队伍建设。认真贯彻中央“八项规定”，开展党风廉政教育、警示教育，实行了廉政告知书制度，确保队伍守住底线。关于2014年的工作，要在创新上下功夫：（1）创新审判执行机制，提升服务大局能力；（2）创新群众工作方法，提升司法为民水平；（3）创新司法管理机制，提升队伍整体素质。会议经过认真审查，决定批准这个报告并通过决议。

县检察院检察长宋志刚作《检察院工作报告》。一是2013年工作回顾。（1）着力维护和谐稳定。共审查批捕各类刑事犯罪案件279件410人，审查起诉358件582人，所有案件均在法定期限内审结，无错捕错诉案件。依法对符合条件的39件刑事案件适用了刑事和解，减少了社会对立面。加强控告申诉检察工作，共接待来信来访83件次，息诉息访67件次。（2）查办和预防职务犯罪。全年共立案查处贪污贿赂、渎职侵权犯罪案件13件18人，其中大要案10件14人，已提起公诉10件14人。注重惩防并举，开展跟进预防、一般预防和个案预防，在有关部门举办党风廉政建设和法治宣传讲座10次，听课受教育者670余人。（3）大力加强内外监督。依法追捕漏犯6人，追诉漏犯9人、漏罪25次，提请抗诉2件2人；全年共受理各类民事申诉案件18件，其中建议法院再审3件，督促履职1件，提起抗诉1件，执行和解8件，改判1件，不支持申诉主张4件。（4）不断强化队伍建设。开展“队伍素质提升年”系列活动，检察队伍作风建设得到有效改进，理性平和文明规范的执法理念有所加强；全部实行网上办案。二是关于2014年的重点工作：（1）坚持党的领导和接受人大监督，推动检察工作健康深入发展；（2）积极参与加强和创新社会管理，全力维护社会稳定；（3）保持惩治腐败高压态势，加强查办和预防职务犯罪工作；（4）强化对诉讼活动的法律监督，努力维护司法公正；（5）继续加强检察队伍建设，确保公正廉洁执法。会议经过认真审查，决定批准这个报告并通过决议。

会议审查财政局局长肖磊呈送的《关于2013年财政预算执行情况和2014年财政

预算草案的报告》，同意财政预算审查委员会的审查报告，决定批准这个报告。

会议审查发展和改革局局长尹耀龙呈送的《关于2013年国民经济和社会发展计划执行情况与2014年计划草案的报告》，决定批准这个报告。

第四节　第四次会议

十六届人民代表大会第四次会议，于2015年3月22日至26日在县城举行。282名代表出席会议。

县长周乐彬作《政府工作报告》。一是2014年工作回顾。（1）经济稳步持续增长。遭遇三次严重水灾的情况下，实现地区生产总值125.7亿元，同比增长11%；完成财政总收入7.66亿元，增长17.65%；成功跻身“全省全面小康经济快进县”。（2）产业发展提速增效。农业产业化成果颇丰，被评为“全省粮食生产标兵县”“全省农业综合开发工作先进县”；荣获“中国绿色生态蜜橘示范县”“全国林业信息化示范县”和“全省农产品质量安全监管示范县”称号。工业经济企稳向好，完成工业总产值177.9亿元，增长17.5%；完成规模工业总产值151.7亿元，增长17.7%；服务业快速发展，菲溪国家级森林公园成功创建为国AAA级景区，半江旅游度假村获省农委“五星级生态农庄”授牌，全县旅游总收入达2.27亿元。金融机构存款余额170.7亿元，增长16.3%，贷款余额62亿元，增长17.1%。3、项目建设快速推进。57个县级重点项目完成投资30.35亿元，16个市级重点项目完成投资27.亿元；通过发改系统争取到位中央和省级各类资金达2.1亿元，创历史新高；完成用地审批并取回批文项目23个、总面积2332亩。（4）改革创新稳健实施。强力推进行政审批制度改革，依法取消收费项目62项；5家国企改制进展顺利，县城环卫体制改革基本完成；基层医改、县级公立医院改革稳步推进。（5）城乡面貌明显改观。城镇化率达到37.8%；完成了一批路、街道、绿岛、广场、人行道、供水管网的改造和新建；“三边三年”绿色行动完成市定任务，“平溪江国家湿地公园”申报成功；生态县创建迈出实质性步伐，全县森林覆盖率达60.1%，空气质量优良率达97.2%，饮用水源达标率100%，21个乡镇、11个村分别被命名为“省级生态乡镇”和“省级生态村”；建设社会主义新农村示范村69个，落实帮扶资金862万元，新建村级活动中心7个；完成水东、岩山撤乡建镇工作；高沙被列为“全国历史文化名镇”，并与山门镇被列为“全国重点镇”。（6）民生事业全面进步。五大保险参保总人数达67.24万人，社保基金规范运作率和安全完整率为100%；新农合参合率达到95%以上；防震工作荣获全国先进；教育工作全年完成建设投入8520万元，高考成绩继续保持全市领先水平；完成县中医院整体搬迁；人口自然增长率控制在7.8‰以内，计划生育工作升类进位。（7）社会大局和谐稳定。科学应对三次洪灾，实现“不死一人，不垮一堤一坝”目标；信访形势总体平稳可控，全年无重大刑事案件、无重大群体性事件、无重大治安案件、无重大森林火灾；未发生重大安全生产事故。（8）自身建设成效显著。“三公”经费下降45%，清理“吃空饷”人员276人，清退48人，收缴单位和个人“吃空饷”金额210万元；开展城乡低保“阳光行动”，取消2012人的城乡低保资格；“12345”政府服务热线受理群众咨询投诉建议6300余件，处理有效投诉1025次，群众满意率达97%；建立县政府领导领衔办理代表建议和委员提案制度，186件建议提案均在法定时间内办结，实现了见面走访率、办复办结率、代表满意或基本满意率均达100%的工作目标。二是2015年工作任务：（1）推进工业转型升级，壮大工业经济总量。支持传统优势产业做大做强，引导促进电子信息、生物医药等高新产业健康发展；做大做强园区经济，推进“一区两园”建设，加快“园政合一”改革步伐，扩大园区自主权；围绕湘商产业园抓招商，优化发展环境，提高项目的履约率、落地率和开工率。（2）夯实农业发展基础，促进“三农”全面进步。遵照全省特色县域经济农副产品加工重点县发展要求，大力发展柑橘、粮食、生猪、茶叶、蔬菜、紫薯、楠竹等主导产业，促进产业基地和农产品加工企业发展壮大；突出抓好新农村建设，重点建设18个新农村建设示范点；大力实施精准扶贫，争取产业扶贫覆盖所有乡镇。（3）大力发展第三产业，培育新的经济增长点。着力发展旅游产业，打造彰显地方特色的旅游文化精品；奋力做强文化产业，推动蔡锷名人文化、雪峰抗战文化、瑶族民俗文化、宗祠文化、少数民族特色村寨文化、生态文化发展。（4）加强城乡建设管理，加速新型城镇化管理。科学编制城乡规划，抓紧实施县城控规修编工作，尽快完成乡镇的控规编制，稳步推进村庄规划；加强城镇基础设施建设，不断提升城乡管理水平。（5）稳步提高承载能力，抓紧实施交通、水利、能源信息等项目工程，持续创优发展条件。（6）推进生态文明建设。高标准落实治污减排，美化宜居宜业环境，推进“省级生态县”创建，力争10个乡镇获得“国家生态乡镇”命名。（7）深化行政体制改革、经济体制改革、农村体制改革、社会体制改革、资源要素方式改革，着力增强发展动力。（8）认真实施民生工程，大力发展社会事业，不断加强社会管理，全力维护社会稳定。会议经过审议，决定批准这个报告并通过决议。

县人大常委会主任曾晓桃作《人大常委会工作报告》。一是过去一年的工作。2014年，共召开常委会会议5次，主任会议18次，涉及经济发展、民生改善、依法行政三大类共22项审议议题，组织视察、调研24次，对10部法律法规的贯彻落实情况进行了执法检查，就重大事项作出决议决定5项。（1）围绕全县工作大局，着力推动县委重大决策部署的贯彻落实。为推动“山区发展富县”建设，调研了全县“武陵山片区扶贫攻坚工作”开展情况，听取和审议了政府专项工作汇报，督促政府做好扶持范围项目衔接和落地工作；为助推“生态旅游新县”建设，寻找县域经济发展新的动力源，调研了旅游产业现状，就“总体规划滞后、部分景点管理体制不顺”等问题，建议县政府“形成发展合力，提升产业水准，打造产业精品，推动旅游产业发展”；为推动“城镇扩容快县”建设，结合县城规划修改审议进行了广泛深入的调研，制作了“但存方寸地，留与子孙耕”专题调查实录，提出了“根据实际因地制宜，确保山水园林洲城的理念贯彻于全过程，不搞重复建设，不挖山修楼房”；在听取国土、规划部门专题汇报后，支持政府开展打非治违行动，加大执法力度，强化耕地保护措施；围绕全县发展的重大问题，诸如法治建设、重点项目建设、财政收支预算调整、民生工程等，组织深入调研，充分论证，依法审议，及时作出相关决议决定。面对新常态下的经济发展规律，紧扣改革发展总目标，牢牢把握做大总量、做优质量“两大要务”，听取和审议了县政府关于“十二五”规划实施情况中期评估的报告，针对存在的不足和问题，要求县政府“推动项目建设、紧跟产业政策、提前谋划‘十三五’规划”；对政府预算及部分财政专项资金使用情况实行全口径监督，全程监督宏观经济运行和目标完成情况，推动经济社会由速度优先向质量优先转变，聚力转型发展。在首个宪法日前夕，县委隆重举行了庆祝人民代表大会制度设立60周年纪念大会，全面回顾了人民代表大会制度在洞口县的生动实践，提出了坚持和完善人民代表大会制度、发展社会主义政治文明的要求，人大常委会以此为契机，组织理论研讨、实践经验总结，启动《洞口县人大志》编纂、《人大代表风采录》组稿等系列活动。（2）维护宪法和法律权威，围绕法律法规在县的实施，推动依法治县进程。配合省、市人大常委会开展了对《中华人民共和国安全生产法》《中华人民共和国专利法》《中华人民共和国档案法》《中华人民共和国电力法》等10部法律法规的实施情况开展了执法检察，重点解决了少数单位有法不依、执法不严的问题；收到政府报备的规范文件74件，坚持做到有件必备、有备必审，为提高政府服务与管理水平提供了法制保障；持续加大对公检法执法、司法监督力度，开展了代表评议庭审活动，组织常委会组成人员到法院进行庭审观摩；听取并审议了检察院、公安局关于公正司法的专项工作汇报。（3）践行为民宗旨，围绕关系人民群众切身利益的热点难点问题，推动民生持续改善。对于社会关注的城乡环境卫生整治、生态文明建设、全民体育健身、学校体育等问题，开展了实地调研，征求了社会各界的意见，向县政府提出工作建议，并作出相关决议，加强工作监督，支持政府促进民生改善；扎实开展各类保民生活动，突出推动了村卫生室建设，解决少数民族群众生产生活上的困难；认真、热情接待群众来信来访，全年接待来访群众523人次，处理群众来信244件，化解矛盾纠纷近百件，对上级转办的4个信访件，派员专程赴湘西、怀化有关乡镇调查核实，依据事实真相依法回复，消除了疑虑。（4）自觉坚持民主集中制，围绕保障风清气正的政治环境，依法做好人事任免工作。坚持党管干部和依法任免相统一的原则，把监督人与监督事有机结合起来，严格程序，把好“五个关口”，依法任免国家机关工作人员42人次。（5）自觉坚持代表主体地位，围绕发展更加广泛的人民民主，切实保障代表依法行使职权。常委会组成人员结合自身工作职责和阶段工作走访代表110余人次，收集了在县各级代表关于洞口发展大局的意见、建议244条，做到了有倾听、有回应；各级代表积极拓宽与人民群众的联系，洞口镇、高沙镇、石柱乡率先建立了“人大代表联系人民群众工作室”，及时收集反映社情民意，发挥了联系群众的桥梁纽带作用；办理议案建议更具成效，十六届人大三次会议期间收到的议案、建议、批评和意见共101件，其中9件由常委会主任、副主任重点督办，其他的全程跟踪督办，对代表不满意的答复督促重办，实现了答复率100%，与代表见面走访率100%，收回了全部的反馈意见，代表满意率和基本满意率为98.9%，解决问题率和计划能解决的达60.6%；代表履职卓有成效，省、市代表小组的正副组长开展了“带课题、下基层、访民情”的调研活动，撰写调研报告19件，为民代言；在县省、市代表和常委会组成人员对柑橘生产、重点工程建设、工业园区建设进行了集中视察，汇集了代表建议17条向政府反馈；在2013年年底召开的省、市人民代表大会上，洞口的省、市代表围绕洞溆高速公路立项、扶贫项目、财政扶持资金、特色县域经济等重大事项提出争政策、争项目、争资金的议案、建议61件，保障了87万洞口人民在省、市人民代表大会的话语权。（6）坚持增强依法履职能力，围绕进一步激发人大工作的生机与活力，着力加强自身建设。围绕宗旨意识，深入开展群众路线教育实践活动，查摆问题，收集意见65条，确立27项整改任务，建立健全制度14项，扎实开展了“三联三创二访一帮”活动，共为群众解决实际困难82件；围绕尽职尽责，突出抓作风建设，切实反对“四风”，直面改革建设新情况，应对履职尽责新问题，进一步密切与人民群众的联系；围绕服务保障，促进能力提升，扎实开展“工作进步年”活动，治庸提能，治懒增效，治散聚力，治虚务实，坚持主动联系，上门服务，保证代表履职成果亮点纷呈；人大常委会的县级干部按照县委统一的安排，分别在县重点项目工程建设指挥部任负责人。倾注了心血，做出了贡献。二是2015年工作要点：（1）适应新常态。把深入学习贯彻习总书记系列讲话精神作为当前和今后一个时期的首要任务，站在洞口改革创新发展的全局高度，充分发挥地方人大权力机关的作用，坚定不移地做改革的参与者、推动者和实践者。（2）把握新常态。加强对法律法规贯彻落实的监督，严格执行政府规范性文件备案审查、司法机关重要文件报送备案和重大事项报告制度，进一步完善工作机制，规范工作流程，切实抓好人大及其常委会决定决议的落实，确保行政权、审判权和检察权得到正确实施。（3）应对新常态。切实提高监督实效，推动经济发展和民生改善等重点难点问题的解决；继续深化对计划和预决算审查监督，加强对审计整改情况的监督，加强对政府投资项目的审查和监督；对2014年向县政府交办的工作审议意见进行跟踪督办，对部分单位（部门）开展工作评议、询问。（4）紧扣新常态。健全代表工作格局和“双联”建设，特别要全面铺开“人大代表联系群众工作室”的建设，探索建立以工作委员会为依托的代表专业小组，发挥代表履职的专业优势；加强代表议案建议办理工作，不断加大督办力度，切实提高实效，同时完善督办机制，对办理和落实情况进行审议评价；组织和指导省、市、县三级代表开展调研和集中视察，坚持邀请代表列席人大常委会会议，拓宽代表知情知政渠道。（5）落实新要求。巩固群众路线教育实践活动成果，扎实开展“三严三实”活动；在传承历届人大工作好经验、好做法的同时，按照新常态的新要求，推进实践创新和制度创新，不断提升工作科学化水平。会议经过认真审议，决定批准这个报告并通过决议。

法院院长蔡明清作《法院工作报告》。2014年，共受理各类案件2828件，审（执）结2313件，解决涉案标的额1.6亿余元。一是忠实履行职责，维护社会和谐稳定。全年审结各类刑事案件313件，给予刑事处罚476人；对168名被告人适用缓刑或管制等非监禁刑；审结职务犯罪案件7件14人；调解、和解附带民事赔偿案件76件，赔偿到位360余万元。共受理各类民商事案件2152件，审结1697件，解决诉讼标的额1.04亿元。全年审结涉劳动争议、社会保障、医疗、人身损害赔偿和“三农”等民生案件178件，审结金融借款合同案件146件，审结民间借贷案件177件。共受理各类行政诉讼案件89件，审结85件；审查非诉行政执行案件35件。全年执结各类案件218件，执结标的2200万元，实现了执行行为零差错；执结追索劳动报酬、工伤补偿等重点案件16件，执行到位70余万元。二是坚持司法为民，提高服务水平。完善导诉、立案、收费、诉前调解等“一站式”服务，全年接待群众2000余人次，解答法律咨询2000余次，化解信访案件15件；拓展司法服务领域，积极参与扶贫工作和新农村建设等中心工作，为扶贫联系村解决帮扶资金10.5万元。三是强化队伍建设，努力提高自身综合素质。扎实开展党的群众路线教育实践活动，先后召开民情恳谈会、座谈会5场次，走访居民394名，收集意见、建议115条，修改、完善制度45项；出台《干警作风建设巡查及问责》等制度，专项整治门难进、脸难看、事难办、立案难、诉讼难、执行难和关系案、人情案、金钱案“六难三案”；加强司法技能锻炼，组织120人次参加业务培训，开展庭审观摩10次，坚持“周五学习讲堂”制度，组织了办案能手评比、裁判文书评比和办案竞赛等活动，提高了法官驾驭、适用法律和化解矛盾的能力。2015年，是贯彻落实《中共中央关于全面推进依法治国若干重大问题的决定》的开局之年，本院将重点抓好“四个进一步”的工作：进一步推进法治建设，进一步服务经济发展新常态，进一步落实司法为民，进一步加强队伍建设。会议经过认真审议，决定批准这个报告并通过决议。

检察院检察长宋志刚作《检察院工作报告》。2014年，本院紧紧围绕全县工作大局，依法履行法律监督职能。一是依法查办和预防职务犯罪。立案查处职务犯罪案件11件19人，其中大要案10件16人，科级干部7人；结合查办职务犯罪开展预防工作，向发案单位和相关部门提出检察建议6件，深入开展预防调查2次，举办廉政建设和法制宣传讲座7次，听课受教育者500余人。二是着力促进社会和谐稳定。全年共依法批准逮捕各类刑事犯罪案件239件327人，提起公诉316件465人，移送市检察院提起公诉13件14人，所有案件均在法定期限内办结，无错捕错诉案件；运用宽严相济的刑事政策，对涉嫌犯罪但无逮捕必要的39人不批准逮捕，对犯罪情节轻微、依法不需要判处刑罚的43人决定不起诉；落实关于未成年人司法保护的法律规定，共对16名犯罪嫌疑人提供了法律援助。三是强化诉讼活动的法律监督。依法加强刑事立案监督，共办理立案监督案件10件10人；全年共对侦查活动、审判活动、监管活动和刑罚执行中的违法情形提出纠正意见131人次。四是着力提升群众满意度。扎实开展党的群众路线教育实践活动，聚焦“四风”，加强纪律作风建设；积极开展“四走进”、“大走访、大恳谈”“三联三创两访一帮”等活动，帮助群众解决实际困难和问题，为扶贫联系点花园镇再兴村、群众工作站洞口镇金武村争取资金110余万元，修水泥路，建高标准水渠，铺设自来水主管网。五是自觉接受监督制约，确保检察权的正确行使。不断增强人大意识，自觉把检察工作置于人大及其常委会的监督之下，进一步完善了全面工作定期报告、主要工作专题报告、重要工作及时报告的制度，本院向市、县人大常委会专题报告了两年查办职务犯罪工作和职务犯罪预防工作，得到市县人大常委会鼓励和鞭策，进入全市先进行列；全年邀请人大代表视察工作11次，听取意见、召开座谈会7次。2015年，本院将重点做好以下工作：深入学习贯彻中共十八届三中、四中全会精神，更加注重遵循法治、服务大局；主动适应经济建设新常态，为维护社会稳定、促进经济平稳健康发展提供法治保障；着力加强和改进司法办案工作，顺应人民群众新期待；狠抓队伍教育管理，提升检察干警整体素质，努力形成在被监督环境下开展工作的高度自觉。会议经过认真审议，决定批准这个报告并通过决议。

会议审查财政局局长肖磊呈送的《关于洞口县2014年预算执行情况和2015年预算草案的报告》、发展和改革局局长尹耀龙呈送的《关于2014年国民经济和社会发展计划执行情况及2015年计划（草案）的报告》，决定批准这两个报告。

会议期间，代表提出议案、建议、批评和意见共95件，对公路及桥梁的建设和改造、蓼水河采砂洗砂造成严重后果、大圳灌区的购水费等，呼声很高，反映强烈，交由县政府重点办理。

大会补选舒小云（女）为十六届人大

常委会委员。

第五节　第五次会议

十六届人民代表大会第五次会议，于2016年3月11日至15日在县城举行，278名代表出席会议。

县长周乐彬作《政府工作报告》，请各位代表连同《洞口县国民经济和社会发展“十三五”规划纲要（草案）》一并审查。一是2015年暨“十二五”工作回顾。2015年，县政府较好地完成了十六届人大四次会议确定的各项目标任务：实现地区生产总值137.4亿元，增长9.7%；财政总收入达8.59亿元，增长12.18%。五年来，政府坚持以经济建设为中心，狠抓有效投入；坚持以推进改革开放为动力，狠抓项目建设；坚持以统筹城乡发展为导向，狠抓功能完善，全县综合实力大幅提升，主要经济指标保持两位数增长，地区生产总值年均增长11.1%，财政收入年均增长20.5%，五年累计完成固定资产投资553亿元，是“十一五”的3.1倍。三次产业比由39.5：30.8：29.7调整为33.8：33.6：32.6。二是“十三五”目标任务：地区生产总值年均增长10%，财政总收入年均增长12%，固定资产投资年均增长18%，规模工业增加值年均增长12%。三、认真做好2016年工作；（1）突出项目带动这一龙头，持续提升稳健发展引擎力。（2）突出产业培育这一新动能，持续提升经济发展竞争力。（3）突出文化旅游这一新业态，持续提升对外发展影响力。（4）突出发展基础这一关键，持续提升加快发展支撑力。（5）突出改革创新这一最大亮点，持续提升长远发展驱动力。（6）突出民生保障这一根本。（7）突出以人民为中心这一发展思想，持续提升人民政府公信力。

县人大常委会主任曾晓桃作《人大常委会工作报告》。一是围绕大局，积极推动县委重大决策部署贯彻落实。依法行使重大事项决定权，2015年共作出决定决议17项，常委会18次会议作出《撤销洞口镇、花古乡，设立文昌、雪峰、花古三个街道的决议》，19次会议作出《关于〈洞口县生态县建设规划（2014—2020年）〉的决议》，还作出《关于县城供水设施扩容提质、桔城路改造升级及贷款有关问题的决议》；年内任命副县长2人次，代理检察长、副检察长各1人次，法院审判员1人次。二是立足发展，努力推进县域经济平稳发展和转型升级。听取了“十二五”规划审议意见的落实情况，并提出了交办意见，确保“十二五”圆满收官；审议了政府关于火车站站前广场建设项目等11个贷款议案，累计通过贷款资金22.4亿元，为经济发展注入活力；就旅游产业发展、工业园区建设组织了专题调研，听取和审议了专题汇报，提出了交办意见；而且参与了重点工程项目的建设。三是回应社会关切，切实维护人民群众切身利益。对全县公立高中负债、落实保障性住房政策、食品药品安全、农村环境卫生整治等群众关心关注的热点难点问题，组织了视察，听取、审议了专项汇报，提出了交办督办意见；按照党中央精准扶贫攻坚战略部署，全年筹集扶贫资金140余万元，其中为人大机关扶贫联系点大屋瑶族乡马洞村募集扶贫资金63万元，启动了农网改造和村级亮化工程，扩大了茶叶产业规模，达到300亩；按照省市统一安排，继续开展“三湘农民健康行”“环保世纪行”“民族团结进步行”等活动，推动了农村卫生条件的改善，对活动中发现的问题，向省市人大常委会报送调研报告5件；为1名少数民族失聪人成功实施了人工耳蜗手术。四是着眼全局，维护社会稳定。配合省市人大对本县贯彻执行保护未成年人合法权益的“两法两办法”、公务员法、水污染防治法等10部法律法规进行了执法检查；对《职业教育法》、《民办教育法》、《劳动法》、《宗教事务条例》进行了执法调查；积极参与了涉及湘浙两省十多个市州县3062人的洞口宾馆债务化解处置工作，维护了大局稳定；年内受理信访238件次、429人次，对重点信访件进行了交办督办，保障了人民群众的合法权益。五是夯实基础，支持和保障代表依法履职。十六届人大四次会议收到代表提出的议案、建议、批评和意见共95件，均在法定时间内办结，全部收回反馈信息，满意率和基本满意率达100%；大批重点建议得以解决，大圳灌区的购水费纳入财政预算，蓼水河采砂洗砂现象有效控制，洞醪公路列入增补计划，高沙大桥、古楼淘金桥、山水公路纳入改造计划，毓兰镇双季稻、柑橘、蔬菜产业纳入武陵山片区区域发展与扶贫攻坚及产业发展重点建设范围，争取全省农村环境综合整治推进项目资金4200万元等等；所有乡镇管理区的代表联系群众工作室全部建成，实现工作平台全覆盖，代表联系群众形成常态。六是从严从实，切实加强自身建设。着力强化理论武装，认真开展“三严三实”教育；抓紧抓好中央[2015]18号文件精神的贯彻落实，提升议事质量和效率，更好地发挥基层国家权力机关的作用。加强思想作风建设，在转变人大机关作风的同时，加大了对在县各级人大代表的工作力度，对个别履职能力欠缺、涉嫌违法违纪的代表劝其辞职，维护了人大代表队伍的纯洁性。回顾全年的工作，与宪法法律的规定、人民群众的期望、人大代表的要求相比，还存在较大的差距。主要是：人大及其常委会的法定职权行使不充分，国家权力机关职能作用发挥还有待加强；法定监督手段的运用依然不够，监督实效需要进一步增强；为代表履职服务保障需要进一步加强，依法履职能力也需要进一步提升。2016年，人大常委会将重点做好以下工作：进一步树立大局意识，推进“十三五”规划开局三年的发展战略；进一步提升监督实效，促进“一府两院”依法行政、公正司法；进一步增强使命感，圆满完成换届选举任务，筹备召开十七届一次会议；进一步夯实工作基础，扎实做好代表工作；进一步强化自身建设，努力提高履职能力水平。

县法院院长蔡明清作《法院工作报告》。一是2015年共审判刑事案件203件，给予刑事处罚327人；审结恶势力犯罪案件10件，给予刑事处罚60人；审结涉黄、赌、毒犯罪案件32件36人；审结“两抢一盗”案件61件104人；审结贪污贿赂等职务犯罪案件5件7人。全年受理民商事案件2835件，审结2244件，涉案标的额10亿元，其中调解结案445件；审结金融案件254件，帮助金融机构挽回损失1900万元；妥善处理了铰链厂、民族五金厂、氮肥厂3起破产案件，盘活资产5000余万元。全年受理执行案件719件，执结489件，执行到位标的额1.2亿元。全年共登记立案民事、行政案件2905件，保障了当事人诉权；年内稳控上访老户10名，化解疑难复杂信访案件5件，答复落实省委巡视组交办案件40件，全年未新发生赴省进京上访案件。全年适用规范化量刑案件180件，无一上诉、抗诉；扩大陪审员选任范围，陪审员总数达63人；陪审员参审案件236件，占适用普通程序案件的98.6%。二是2016年的工作重点：坚持能动司法，服务工作大局；逐项落实改革，提升司法公信；强化为民举措，便民利民惠民；严守纪律规矩，打造过硬队伍。

县检察院代检察长吴青山作《检察院工作报告》。2015年，共审查批捕各类刑事犯罪案件130件199人，审查起诉197件338人，报送市院审查起诉11件19人，连续5年无错捕错诉案件；对涉嫌犯罪、但无逮捕必要的68人不批准逮捕，对犯罪情节轻微、依法不需要判处刑罚的17人决定不起诉，对13名未成年犯罪嫌疑人提供了法律援助，依法对符合条件的66件刑事案件适用了刑事和解，最大限度地减少了社会对立面，增加了和谐因素。举办党风廉政建设和法治宣传讲座6次，听课受教育者达500余人。全年共办理立案监督案件21件21人，监督撤案案件15件15人，建议行政机关移送案件2件4人；依法加强侦查监督，对应当提请逮捕而未提请逮捕的21名犯罪嫌疑人予以追捕，对已构成犯罪而侦查机关未移送起诉的2名犯罪嫌疑人予以追诉；依法加强刑罚执行监督，参与监管场所安全检查13次，进行羁押必要性审查共14件14人，办理罪犯又犯罪案件4件12人，依法监督审查特赦人员29人，对辖区内496名社区矫正人员中清理出6名脱管人员并成功裁定收监。2016年，要更加主动地服务洞口经济社会发展大局，更加有效地履行法律监督职能，更加注重加强和改进司法办案工作，更加注重检察队伍建设。

大会审议通过政府工作报告、人大常委会工作报告、法院工作报告、检察院工作报告；审查、批准《洞口县国民经济和社会发展第十三个五年规划纲要》；审查、批准《洞口县2015年国民经济和社会发展计划执行情况与2016年国民经济和社会发展计划》和《洞口县2015年财政预算执行情况与2016年财政预算安排》。

大会补选谢雄为十六届人大常委会副主任，补选吴青山为县人民检察院检察长。

大会议案组共收到议案43件，其中农业与农村工作方面的15件，城乡和交通建设方面的13件，环境与资源保护方面的4件，文化旅游方面的4件，社会保障方面的3件，科教文卫方面的3件，财政经济工作方面的1件。经议案审查委员会审查，报主席团第三次会议审议，全部改做建议、批评和意见。还收到代表对“一府两院”工作的建议、批评和意见24件。以上合计67件，交有关单位认真办复。

县政府常务副县长孙立志，就第六代表团张桂溪等10位代表提出的《关于农村土地流转作为融资抵物急需政策支持的议案》、匡庆平等12位代表提出的《关于发挥政府主导作用救助房地产脱困的议案》、第一代表团向书富等11位代表和第七代表团肖喜清等10位代表提出的《关于落实失地农民养老保险政策的议案》、第一代表团薛开柏等11位代表提出的《关于落实草菲公路扩改工程的议案》、第一代表团向乾河等10位代表提出的《关于政府主管部门对违章建筑进行严厉打击的议案》、第一代表团林峰等11位代表提出的《关于对高顶山普照寺进行抢救性修复的议案》、第六代表团刘桂芳等10位代表和第一代表团杨小鹏等10位代表提出的《关于进一步搞好农村环境卫生和加强县城市容市貌管理的议案》等，在大会作了公开答复，代表们表示满意。

专记 第十七届人民代表大会第一次会议

十七届人民代表大会第一次会议，于2016年11月27日至30日在县城举行。应到代表287人，实到282人。有关单位的负责人共243人列席会议。市委向大会派驻现场督导组；县委向各代表团派出人大换届风气现场督导组。

十六届人大常委会副主任吴华玉在预备会议上作《洞口县十七届人民代表大会第一次会议筹备工作报告》。

县委书记艾方毅在预备会议上强调三点意见：（1）紧扣会议主题，为加快洞口发展描图献策。（2）紧扣党委意图，为加快洞口发展选好班子。（3）紧扣代表职责，为加快发展抓好自身建设。

大会学习中央“九个严禁”“九个一律”换届纪律要求，并进行了警示教育。

县长周乐彬向大会作《政府工作报告》。本届政府较好地完成了县十六届人大一次会议确定的各项目标任务：一是发展实力明显增强。三次产业结构由2012年39：33.3：27.7调整到2015年33.8：33.6：32.6，预计2016年末将达到32.9：33.5：33.6；生产总值由2012年的101.9亿元增加到2015年137.4亿元，年均增长10.1%；财政总收入由2012年的5.32亿元增加到2015年的8.59亿元，年均增长17.3%；全社会固定资产投资由2012年87.03亿元增加到2015年的156.2亿元，年均增长21.5%；规模工业增加值由2012年29.3亿元增加到2015年39.2亿元，年均增长9.8%；农业产值和粮食总产实现“四连增”，至2015年年底，农产品加工转化率达55%，主要农产品深加工比例达34%。二是发展后劲不断夯实。先后实施了293个重点项目，其中，投资上千万元以上的项目153个，投资亿元以上的项目35个，共完成投资220亿元，2016年上半年已完成投资43.37亿元；成功争取武陵山片区区域发展与扶贫攻坚重点县、石漠化综合治理工程、衡邵干旱走廊综合治理等重大政策项目的实施；三是发展成果广泛共享。民生支出由2012年的12.06亿元增加到2015年的31.46亿元，民生支出占总支出的比例由2012年的54.6%增加到2015年的74.5%；累计完成农村危房改造9106户，新建保障性住房4805套，实施棚户区改造13726户。四是脱贫攻坚成效显著。争取中央财政扶贫资金1.35亿元，争取武陵山片区项目资金20亿元，投入各类帮扶资金3亿元，成功帮助7.5万贫困人口脱贫致富，贫困发生率从2012年的19.71%下降为目前的11.48%，29个贫困村脱贫摘帽。五是社会事业持续繁荣，社会局面和谐稳定。四年的成绩令人振奋，但也清醒地看到，洞口仍处在脱贫攻坚和全面建设小康社会的爬坡阶段，现阶段存在的困难和问题主要表现在：县域经济总量偏小，产业结构仍然不优；骨干财源仍然不多，财政质量仍然不高，财政基础仍然薄弱，财政收支矛盾依然突出；农民增收渠道不宽，特色农产品开发和深加工能力仍需加强。未来五年，新一届政府要突出八个方面的工作：（1）把脱贫攻坚作为完成政治任务的硬性要求，努力攻坚克难，实现全民共享发展；（2）把调优农业作为夯实基础的基本要求，全力建设农产品加工强县，实现集约高效发展；（3）把做强工业作为转型升级的现实要求，全力建设园区发展大县，实现工业提质发展；（4）把做大服务业作为缩小差距的迫切要求，全力建设实体市场活县，实现服务业跨越发展；（5）把培育文化旅游作为彰显特色的必然要求，实现文化旅游加速发展；（6）把建美城乡作为提升品质的切实要求，全力建设民俗风情靓县，实现城乡统筹发展；（7）把深化改革作为体制创新的客观要求，全力增强经济社会发展动力，实现环境优化发展；（8）把做实民生作为执政为民的内在要求，全力提高人民幸福指数，实现社会和谐发展。

县人大常委会主任曾晓桃作《人大常委会工作报告》。四年来，十六届人大常委会围绕“为民人大、敢为人大、创新人大”的要求，依法履行宪法和法律赋予的神圣职责，共召开代表大会5次、常委会会议30次、主任会议86次，听取和审议工作报告66个，开展执法检查24次，组织代表视察调研活动45次，完成了本届人大各次会议确定的目标任务。一是牢固树立大局意识，推动全县经济平稳较快发展。（1）积极推进“六县建设”，加快发展方式的转型升级。2012年，县委十一届四次全会部署了“六县建设”（新型工业大县、现代农业强县、生态旅游新县、地方文化名县、城镇扩容快县、山区发展富县）战略，县人大常委会主动对接，精准发力：为加快“新型工业大县”建设，促进支柱产业转型升级，常委会会议、主任会议分别听取和审议县政府、工业园区的专题汇报并组织视察，先后指出了工业发展中存在的“质量效益低，特色产品少，骨干企业弱，名牌建设滞后”等方面的问题，提交了“出台优惠政策，吸引优势企业入园，强化技术创新，提升企业竞争力”等工作建议。为实现“新型农业强县”建设，人大常委会连续组织开展了全县林业资源、柑橘产业发展、水利建设的专题调研，重点就柑橘产业的发展壮大要求县政府“抓好基地建设，抓实品牌战略，切实提高产业效益，打造雪峰蜜橘之乡”。为推进“城镇扩容快县”建设，常委会听取了专题汇报，组织力量对违法违章建设进行了清查，要求“加强规划编制和规划管理，创新国土管理工作机制，搞好土地利用总体规划调整完善工作”。为助推“生态旅游新县”建设，寻找县域经济发展新的动力源，人大常委会连续三年对旅游开发组织了深入调研，并听取和审议了专项汇报，督促政府“提升产业水准，打造产业精品”，建成了一批景点景区。为推动“山区发展富县”建设，人大常委会把精准扶贫纳入监察重点，调研了全县武陵山片区扶贫攻坚工作开展情况，听取和审议了县政府专项工作汇报，督促县政府进一步加强项目资金的整合力度，做好扶贫项目衔接和落地工作。（2）全力推动重点项目实施，增强经济发展后劲。人大常委会通过审议决定重大事项，四年共表决通过了28个政府性重大项目建设议案，从法制层面保障了县域经济和社会事业的发展；人大常委会班子成员按照县委统一部署，共承担了16项县本级重点项目建设任务，并都取得良好成绩。三是全面深化财政监督，提高经济运行质量。严格执行新《中华人民共和国预算法》的要求，对财政预算的编制、执行、调整、决算等实行全过程监督，督促政府完善预算体系，实施精细管理，增强财政资金使用效益，保障重点支出；2013年，人大常委会专题调研了财政性资金重大项目的使用情况，对2009年至2012年财政投资的15个大型建设项目合计90054.6万元进行了全面梳理，并在主任会议上进行了询问，指出“个别项目建设规模擅自扩大、个别工程预算偏离实际、财务监督滞后”等问题，督促政府及时整改。二是坚持维护法律权威，推动民主法治建设不断进步。（1）依法进行人事任免。严格把握任前调查、任前承诺、表决任命、颁发任命书、提出履职要求“六个关口”，四年共依法任免国家机关工作人员113人次，其中县政府副县长7人次，检察院副检察长、代理检察长5人次，法院副院长、代理院长1人次；认真执行了《湖南省实施宪法宣誓制度办法》，被任命人员全部向宪法宣誓就职。（2）认真开展执法检查。四年来县人大常委会配合省、市人大常委会开展了对未成年人合法权益的“两法两办法”和《中华人民共和国档案法》等24部法律法规实施情况的执法检查；在对《湖南省实施〈中华人民共和国村民委员会组织法〉办法》进行修订的立法调研中，提出了系列意见，得到省人大常委会高度赞同。（3）扎实开展规范性文件备案审查工作，四年共审查处理报送备案的规范性文件235件，审查退回2件，坚持做到有件必备，有备必审，有错必纠。（4）认真处理来信来访，四年来，共接待人民群众来信来访864件、952人次，其中督办重要信访件15件。三是积极回应群众关切，推动社会民生问题持续改善。（1）针对食品安全面临的严重问题，听取专项汇报，组织视察，督促健全食品安全责任体系，强化源头治理。着力清除食品安全监管环节的“真空”“盲点”“死角”；牵头开展了“农产品质量安全行”活动，督促政府建立健全农产品质量标准、检验检测标准和认证认可体系；开展了基本农田保护、农业产业布局等综合调研，要求县政府坚守耕地红线，保障粮食安全。（2）深入12个乡镇、49所学校开展调研，3次听取专项汇报，要求县政府及教育主管部门“正确处理需求与供给、数量与质量、公平与效率等矛盾，夯实硬件软件基础，精细化搞好基础教育，重视开拓民办教育和职业教育，不断优化配置教育资源。”（3）通过实地调研、听取社会各界意见后，支持县政府开展环卫体制改革、环境卫生大整治、县城禁炮禁狗；就落实保障性住房政策，要求县政府“统筹规划，科学制定方案，健全管理机制，搭建管理信息平台，多方筹措资金，切实解决城镇低收入家庭住房困难”。（4）结合“三湘农民健康行”活动开展卫生医疗工作调研，督促政府改善村级卫生室条件，切实解决“看病贵”“看病难”问题，经过几年的努力，全县已建设标准化村卫生室145个。（5）把精准扶贫纳入监督重点，调研了全县武陵山片区扶贫攻坚工作开展情况，听取和审议了专项汇报，督促县政府加强项目资金整合力度，做好项目衔接和落地工作；四年来，人大常委会共筹集扶贫资金400余万元，其中为扶贫联系点大屋瑶族乡马洞村募集扶贫资金200余万元，建设生态茶园，开发特色产业猕猴桃；扎实开展“三联三创二访一帮”活动，共为马洞村困难群众解决“低保”3个，改造危房8座，解决实际困难82件；四年筹集70多万元，成功为7名少数民族聋儿实施了人工耳蜗手术。四是尊重代表主体地位，支持和保障代表依法履职。（1）切实提高代表履职能力。四年来组织省、市、县、乡镇人大代表培训20多期、500多人次；组织常委会委员和部分代表赴长沙、贵州等地学习企业优化发展模式和农村土地流转等先进经验；坚持每年邀请代表参加调研、视察、执法检查、工作评议等活动；及时向代表发送《人民之友》《人大常委会公报》，保障人大代表知情权。（2）认真办理代表议案建议。本届共收到代表议案、建议、批评和意见339件，归类整理后及时交办，都在规定时间办理完毕，交办率、答复率均达100%；选择社会普遍关注的热点、难点问题作为重点交办件，由县人大常委会组织全程督办，保证代表满意率和基本满意率达90%。（3）加强代表履职保障。将省、市、县三级人大代表划分为38个活动小组，建立38个“代表活动之家”，为代表在闭会期间的履职活动提供了平台和保障。2015年，出台《加强代表联系群众工作室的指导意见》，代表联系群众形成新常态。（4）积极发挥代表作用。洞口县代表在省、市人民代表大会上积极为民代言请命，为洞口发展提议案和建议，争政策，争项目，争资金，保障了89万洞口人民在大舞台上的话语权；县人大常委会组织省、市代表对洞口县的新农村合作医疗、国土开发利用、招商引资、畜牧水产、柑橘产业、园区建设、重点工程等进行了集中视察，提出了切实可行的意见和建议，达到了促进发展的目的。五是强化自身建设，激发人大工作内在活力。（1）知行合一，自觉抓好作风转变。按照县委的部署，扎实开展了群众路线教育实践活动、“三严三实”专题教育，狠抓“四风”问题的整改落实，切实转变作风。（2）立破并举，切实加强制度建设。先后起草和修订了九项议事规则、修改补充完善了十二项机关工作规则、制度、管理办法，新增了《洞口县人民代表大会常务委员会组成人员守则》和《洞口县人民代表大会常务委员会信访工作规则》。（3）联系互动，不断增强整体合力。本届承接和配合省、市人大调研、检查、视察共38批次，2013年11月承办了全市教科文卫工作联席会议；完善了常委会县级干部联系指导乡镇人大工作制度，坚持邀请乡镇人大主席列席常委会会议；举办了纪念人民代表大会制度设立60周年系列庆祝活动，启动了《洞口县人大志》的编纂工作，编辑出版了《人大代表风采录》。新一届人大常委会，要重点抓好六个方面的工作：（1）坚持党的领导，在贯彻县委全力推进扶贫攻坚、推进新型“六县建设”、增强人大工作责任感和使命感三大决策上主动作为。（2）树立大局意识，努力处理好党性与人民性、第一要务与根本任务、改革与发展、稳定与创新、监督与支持等五个方面的关系。（3）强化监督工作，在全面深化改革中依法履职。（4）聚焦民生工程，在改善社会事业上全力以赴。（5）密切联系代表，在保障代表权力上凝心聚力。（6）继续加强自身建设，在增强履职能力上激发热情。

法院代理院长李林作《法院工作报告》。四年来，着力促进全县经济社会建设，各项工作取得新进展。一是立足审判职能，服务全县改革发展稳定大局。共审结刑事案件1099件，给予刑事处罚1640人。持续开展打黑除恶斗争，审结恶势力犯罪案件37件，给予刑事处罚134人；参与“扫黄打非”专项行动，审结涉黄、赌、毒犯罪案件215件263人；全力打击“两抢一盗”犯罪活动，审结此类案件292件361人；积极应对反腐倡廉新常态，审结贪污贿赂等职务犯罪案件22件29人；认真贯彻宽严相济的刑事政策，对54名未成年罪犯依法从轻、减轻或免除处罚。调解因交通肇事、邻里纠纷等引发的刑事附带民事案件81件，赔偿兑付率达100%。共审结各类商事案件2578件；全力防范化解金融风险，共办结此类案件856件，帮助金融机构挽回损失1.2亿元；护航民间资金融通，审结民间借贷等案件1376件；支持产业结构调整，依法处理了铰链厂和氮肥厂等破产案件，盘活资产近亿元；保障开放型经济发展，审结涉港澳台民商事案件5件；先后抽调6人负责处置华侨置业和方圆地产等公司资金断裂引发的系列案件。妥善审结各类行政诉讼案件1106件，办结非诉执行案件1165件。向政府部门提出司法建议10余次，参与河道整治、征地拆迁补偿、农资打假等预防和化解行政争议协调会30余次。二是践行司法为民，积极回应人民群众对司法的新期待。（1）优先保障民生权益，共审结各类民事案件6723件，同比增长37%。其中审结婚姻家庭、教育医疗、遗产继承、相邻关系、农村土地承包、拖欠民工工资等涉民生案件5445件；审结经济补偿、雇佣劳动关系、交通事故人身损害赔偿等案件1197件；审结制售假冒伪劣产品、危害食品药品安全等案件74件；审结涉军纠纷5件；审结破坏资源、污染环境犯罪案件2件。坚持“调判结合”原则，加大民事案件调解力度，共调结案件1951件，经调解后撤诉案件978件，占一审案件的43.6%。（2）努力破解执行难题，共执结各类执行案件1914件，累计执行到位标的总额2.2亿元。共对287名困难的当事人实行缓减免交诉讼费70.6万元；为82名被告人依法指定辩护人；对40名刑事被害人、申请执行人、特困涉诉信访人等实施司法救助58.1万元。三是致力开拓创新，稳妥推进司法改革和信息化建设。深化涉诉信访体制改革，改进接访形式，开展“深化诉讼服务年”活动，累计接群众来访来电1.8万余人次，处理群众来信500余件，解决群众反映的问题200多个。稳控上访老户17人。通过互联网、电视媒体等直播庭审24场，在中国裁判文书网和各级法院网公布法律文书8327件，裁判文书上网率达100%；发布有关法院工作动态的微博微信780余条。60%以上的民事案件以简易程序快速结案；80%以上的普通程序案件由陪审员参审；依法支持仲裁机构仲裁，完善仲裁司法审查机制。关于未来五年的工作：（1）始终坚持党的领导和自觉接受人大监督，确保法院工作持续健康发展；（2）始终坚持严格公正司法，为实现“五大发展”提供有力司法服务和保障；（3）始终坚持践行司法为民，切实保障人民群众合法权益；（4）始终坚持深化司法改革，不断提高司法公信力；（5）始终坚持加强队伍建设，打造一支让党放心人民满意的法院队伍。

检察院代理检察长唐智友作《检察院工作报告》。四年来，全院围绕洞口经济社会发展，着力服务大局。依法严厉打击严重刑事犯罪，共审查批捕各类刑事犯罪嫌疑人1010人，提起公诉1671人，所有案件均在法定期限内审结，无错捕错诉案件。依法对408名犯罪嫌疑人作出不批准逮捕的决定，对207名犯罪嫌疑人作出不起诉处理，对符合条件的102件刑事案件适用了刑事和解，最大限度地减少社会对立面，增加和谐因素。共接待各类信访461件，受理属本院管辖的案件104件。共立案查处职务犯罪案件52件69人，含大要案37件51人，其中科级以上干部25人。在重点部门单位举办党风廉政建设和法制教育讲座36次，向30个单位发出预防职务犯罪检察建议书，帮助13个单位建章立制。共办理立案监督125件135人，依法纠正漏捕121人，追诉漏犯漏罪30人。办理民事行政裁判监督案件35件、执行监督案件12件，督促履职25件，并对裁判正确的26起申诉案件做好服判息诉工作。共参与监管场所安全检查113次，进行羁押必要性审查114件114人。开展违法行为立案调查12件，开展指定监视居住检察活动23次，特赦社区矫正人员29人，向看守所、司法行政部门发出检察建议142份、纠正违法通知书131份。广泛接受监督，正确处理坚持党的领导和依法独立公正行使检察权的关系，完善向人大及其常委会全面工作定期报告、主要工作专题报告、重大工作及时报告制度。进一步深化检务公开，依托检察信息公开网公开程序性案件信息1601件，向社会公开终结性法律文书303件、重要案件信息24件，依托检察门户网站和微信微博发布相关信息400余条。关于未来五年的工作：（1）主动服务洞口经济发展大局；（2）认真履行法律监督职能；（3）加强和改进司法办案工作；（4）进一步抓好检察队伍建设；（5）更加自觉地接受党的领导和人大监督。

大会经过审议，通过以上四个工作报告的决议。

大会选举第十七届人大常委会主任曾晓桃，副主任吴华玉、张建云、吴中华、甘建华、谢雄和29名委员；选举县人民政府县长周乐彬，副县长刘文龙、杨俐、罗崇雄、胡俊敏、刘德雄、肖磊、文立斌；选举法院院长李林，检察院检察长唐智友（需经邵阳市检察院检察长提请邵阳市人大常委会批准）。选举邵阳市十六届人大代表51名。

大会通过《关于设立洞口县第十七届人民代表大会法制委员会、财政经济委员会的决定》；并通过两个委员会主任委员、副主任委员、委员名单。

新当选的领导班子成员向宪法宣誓就职。

县人大常委会主任曾晓桃致闭幕词。

第四篇 人民代表大会常务委员会

1979年6月18日至7月1日召开的全国五届人大二次会议，审议通过修改的《地方各级人民代表大会和地方各级人民政府组织法》《全国人民代表大会和地方各级人民代表大会选举法》，规定县级以上地方各级人民代表大会设立常务委员会。1979年7月19日，中共洞口县委向所属各级党组织发出《关于认真学习全国五届人大二次会议文件的通知》，要求把学习全国五届人大二次会议文件同学习贯彻中共十一届三中全会和中央工作会议精神结合起来，与落实党的各项政策，进行“四项基本原则”教育，尤其是深入开展实践是检验真理的唯一标准的讨论有机地结合起来。这为洞口县第八届人民代表大会的召开和设立县人民代表大会常务委员会（以下简称人大常委会）做了积极的思想准备和组织准备，保证了八届人大一次会议的圆满成功，顺利地设立了洞口县人大常委会。从此，洞口县的政权建设和民主法治建设揭开了新的一页。八届至十一届届期各为三年；十二届至十五届届期各为五年；十六届提前一年换届，至2016年11月举行第十七届人民代表大会第一次会议。历届人大常委会努力加强自身建设，如期举行重要会议，积极开展重大活动。

第一章 人员机构

第一节 历届人大常委会组成人员

第八届（1980年5月至1984年4月）

主任：唐光荣；副主任：向本槐、张光荣、田凯、欧阳善成；委员：刘扬中、刘大器、汪维芬（侗族，女）、杨秀贞（女）、杨美秀（女）、张映槐、赵学理、唐文星、曾毓成、蔡财援。

1980年8月，张光荣辞去副主任职务。1981年12月，唐光荣辞去主任职务；伍芬奎当选主任。

第九届（1984年4月至1987年3月）

主任：王道钦；副主任：肖茂林、周振寰、杨姣秀（女）、欧阳善成、匡保之；委员：邓光雄、刘大江、阳灿虎（瑶族）、杨美秀（女）、杨志炳、杨相平、张克武、吴聚怀、唐文星、徐杰（女）、彭绍来。

1985年4月，肖茂林、周振寰、欧阳善成辞去副主任职务，吴聚怀辞去委员职务；补选雷家寿为副主任，肖承嗣、莫然德、曾令柏为委员。1985年9月，匡保之辞去副主任职务。1986年4月，补选杨乐生为委员。

第十届（1987年3月至1990年3月）

主任：王道钦；副主任：雷家寿、胡定龙、刘雍；委员：许小艳（女）、杜修录、杨乐生、杨相华、杨美秀（女）、杨德光、肖承嗣、肖健录、张克武、张秋红（女）、陈显楚（瑶族）、贺苑华、袁汉清、莫然德、彭绍来。

1988年4月，增选龙际红（女）为副主任。1989年11月，十届人大常委会举行第20次会议，王道钦辞去主任职务；会议推选雷家寿副主任代理主任职务。

十一届（1990年3月至1993年1月）

主任：雷家寿；副主任：吴聚怀、尹邦治、龙际红（女）、陈可夫；委员：王宏山、刘家鼎、傅久梅（女）、杨中田（瑶族）、杨相华、杨美秀（女）、张宏义、肖承嗣、姚学容（女）、姜照明、袁汉清、卿启文、郭翠英（女）。

1991年1月，傅久梅辞去委员职务。

十二届（1993年1月至1997年12月）

主任：袁仁祝；副主任：吴聚怀、龙际红（女）、陈可夫、伍玉龙、谢先羽；委员：丁香花（瑶族，女）、王宏山、尹华正、尹晓聪（女）、杨相林、肖和友、肖香生、肖调武、肖霞青（女）、张宏义、姜照明、谢冬梅（女）、黎贵南。

1993年2月，肖和友辞去委员职务。1995年9月，王宏山辞去委员职务。

十三届（1997年12月至2002年11月）

主任：肖德生；副主任：杨升（瑶族）、龙际红（女）、谢先羽、郑纪湖、刘兴亮、旷筱炎；委员：尹显光、龙际权、向南朝、许美春（女）、杨耀忠、肖调武、肖晚珍（女）、罗友花（女）、姜照明、袁安宝、唐行家、唐斌龙、黄小青（女）、黄生伟。

1999年3月，唐斌龙辞去委员职务。2000年10月，郑纪湖副主任病故；黄生伟辞去委员职务。2001年3月，补选罗美光为副主任。

十四届（2002年11月至2007年12月）

主任：肖德生；副主任：龙际红（女）、曾祥永、黄明和、旷筱炎、谢先桂、张治胜；委员：尹显光、尹显治、尹素华（女）、申群和、刘长军、刘兴茂、杨大高、杨碧莲（女）、林爱萍（女）、欧阳坚、唐尾香（女，瑶族）、舒善根、曾泽群、谢羽芳（女）。

2006年3月，杨大高辞去委员职务；补选肖晓明为委员。

十五届（2007年12月至2012年11月）

主任：黄先球；副主任：谢先桂、张治胜、王建华、曾泽群、吴华玉（女）；委员：王铁石、尹香元（女）、尹显治、尹燎原、申群和、刘兴茂、阳湘民（瑶族）、杨守华、杨清荣、杨碧莲（女）、肖晓明、林荣芳（女）、林爱萍（女）、欧阳征寨、蒋太友、曾龙生、雷国华。

2009年3月，刘兴茂、杨碧莲辞去委员职务；补选谢苏、雷小晶（女）为委员。2011年3月补选许志华为副主任。

十六届 （2012年11月至2016年11月）

主任：曾晓桃（女）；副主任：曾泽群、吴华玉（女）、许志华、罗崇雄、甘建华；委员：王友火、王建华、尹显云、尹健生、伍玉潮、刘东兵、旷筱炎、肖晓明、张华金（瑶族）、杨杰、杨相爱、周国清、贺又勇（女）、贺兴吾、唐伟峰、彭小红（女）、曾广鹗、谢雄、雷小晶（女）

2013年1月，张华金辞去委员职务；12月，唐伟峰辞去委员职务。2014年2月，肖晓明委员病故。2014年10月，曾泽群辞去副主任职务。2015年3月，补选舒小云（女）为委员。2016年3月，补选谢雄为副主任。

十七届 （2016年11月至今）

主任：曾晓桃（女）；副主任：吴华玉（女）、吴中华、张建云（回族）、甘建华、谢雄；委员：王友火、王立东（瑶族）、王道安、尹显云、尹健生、刘大勇、刘东兵、许志华、苏开怀、李柏林、杨杰、肖莉（女）、肖萍（女）、肖调金、肖智群、肖舞霞（女）、肖黎明、旷筱炎、周国清、胡平、贺兴吾、袁国基、袁建文、徐善平、黄孝为、舒春明（瑶族）、曾友成、雷小晶（女）、潘洲洋。

第二节 内设机构

1980年5月21日，八届人大常委会第1次会议决定内设办公室。

1981年1月，办公室内设秘书组、法制组、联络组。

1984年12月31日，九届人大常委会主任（扩大）会议研究决定充实工作机构，内设一室三委：办公室为综合办事机构，下设人事秘书、代表联络两个组；新设法制工作委员会、教育科技文化卫生工作委员会、财政经济工作委员会。

1988年5月28日，十届人大常委会第9次会议研究决定，代表联络组从办公室析出，增设选举任免联络工作委员会。

1989年1月17日，十届人大常委会第13次会议决定，增设农业工作委员会。

1996年1月28日，十二届人大常委会第20次会议研究决定，法制工作委员会更名为内务司法工作委员会，以便于上下级内部机构加强工作联系。

2002年，先后建机关纪检组、机关工会，均为副科级，归口办公室。

2003年1月15日，经县委审查同意，县编制委员会办公室印发《洞口县人大常委会机关机构改革方案》，确定人大常委会机关设置科级工作机构六个：办公室、选举任免联络工作委员会、内务司法工作委员会、财政经济城乡建设工作委员会、教育科学文化卫生工作委员会、农业民族华侨外事工作委员会，并规定各室委的主要职责：

县人大常委会办公室主要职责是：（1）负责县人民代表大会会议、县人大常委会会议、县人大常委会主任会议和以县人大常委会名义召开的其他会议准备工作及会议期间的有关服务工作，会同选举任免联络工作委员会做好参加省、市人大会议的洞口代表及代表团的有关服务工作；（2）起草和修改县人大常委会的工作报告、常委会领导同志的重要讲话等有关文稿，围绕常委会工作部署，组织对拟提交县人民代表大会及常委会会议审议的议题和涉及全县人大工作的重大问题开展调查研究，提供调查报告及有关资料；（3）负责县人大常委会组成人员、县人大常委会主任会议组成人员进行有关执法检查、视察的具体组织工作；（4）负责协调县人大常委会机关各部门的有关工作，对意见不一致的问题提出处理意见，报县人大常委会领导同志决定；（5）负责归口处理县人大常委会机关的信访工作；（6）负责县人大常委会机关办公自动化系统建设工作；（7）负责县人大常委会机关值班、通信、文秘、档案、保密、人事劳资、机构编制、老干管理、纪检监察、党群工作及房产基建、后勤保障、治安保卫等工作；（8）负责全县人大系统干部培训管理工作；（9）负责人大法制宣传、收集、整理、传递、发布人大工作及政务信息、编发人代会、常委会、主任会会议公报、纪要、简报；负责机关图书资料的管理；（10）会同有关部门负责全国和省、市人大常委会及所属部门领导同志来洞口检查工作及对外省、市、县人大常委会领导来洞口考察工作期间的接待工作；（11）承办县人大常委会及主任会议交办的其它事项。办公室设主任1名、副主任2名。

选举任免联络工作委员会主要职责是：（1）归口办理联系全国人大代表和省、市、县人大代表的具体工作，联系全县乡镇人大主席团的具体工作；（2）办理县人民代表大会常务委员会对“一府两院”工作人员进行述职评议的有关具体工作，指导乡镇人大主席团开展代表评议工作，办理和督促办理县人大代表提出的建议、批评和意见，接待人大代表的来信来访；（3）办理县人大常委会人事任免的具体工作，对主任会议提请常委会会议任命的“一府两院”工作人员进行调查；（4）办理县人民代表大会代表资格审查的具体工作；（5）办理在县的省、市人大代表的罢免、补选和县人大代表的补选以及县人大常委会和各工作委员会组成人员辞职的具体工作；（6）办理县人民代表大会换届选举以及常委会指导乡镇人大换届选举等有关工作；（7）协同县人大常委会办公室做好参加全国人大会议、省、市人大会议的在县代表及洞口代表团的有关服务工作；（8）承办县人大常委会和主任会议交办的其他事项。设主任1名、副主任1名。

内务司法工作委员会主要职责是：（1）受县人大常委会委托，负责依法行使对法院、检察院、公安、司法、监察、劳动、人事、安全、法制及群团组织的法律监督和工作监督；（2）列席本级司法工作的重大案件（个案）、重大问题的研究，并进行专题调查、提出处理意见；（3）对本级司法机关应受理而不受理、互相推诿、认定事实错误、适用法律不当、违反法定程序或在执法中收取贿赂，循私舞弊、枉法裁判的案件及工作中的重要经验和重大失误及时向县人大常委会和主任会议汇报，并提出处理意见；（4）负责控、申案件的调查及县人大常委会、主任会议研究的重大案件的交办工作；（5）负责处理对口联系单位在执行法律、法规中的代表和群众的来信来访；（6）承办上级人大常委会或专门委员会交办的事项；（7）承办县人大常委会及主任会议交办的其他事项。设主任1名、副主任1名。

财政经济城乡建设工作委员会主要职责是：（1）受县人大常委会委托，负责依法行使对财政、经济、商贸、工交、计划物价、统计、建设、环保、医药和技术监督部门的法律监督和工作监督；（2）负责对县人民政府提交县人民代表大会和县人大常委会审议的国民经济和社会发展计划进行调查和初审并提出建议和意见；（3）负责县人民代表大会、人大常委会及主任会议对本级预算草案主要内容初步审查、预算调整方案的审查、决算草案审查和预算执行具体工作；（4）负责城市规划的编制调查初审、规划实施的监督、城市建设重大项目的监督工作，搞好专题调查，向人大常委会和主任会议写出调查报告，提出处理意见；（5）负责县人大常委会会议和主任会议听取和审议的有关财政、经济、商贸、工交、计划物价、城建环保等议题调查研究并写出调查报告，提出建议和处理意见；（6）负责处理对口单位在执行法律法规中的代表和人民群众的来信来访；（7）承办上级人大常委会或专门委员会交办的事项；（8）承办县人大常委会和主任会议交办的其他事项。设主任1名、副主任1名。

教育科学文化卫生工作委员会主要职责是：（1）受县人大常委会委托负责依法行使对教育、科学、文化体育、卫生、计划生育、广播电视、新闻出版发行、档案、药监、保密等部门的法律监督和工作监督；（2）负责县人大常委会和主任会议听取和审议教育、科技、文化体育、卫生、广播电视、计划生育、新闻出版发行、档案、药监、保密等有关法律、法规贯彻实施情况进行调查研究，写出调查报告并提出处理意见；（3）负责处理对口单位在执行法律、法规中的代表和群众来信来访工作；（4）承办上级人大常委会或专门委员会交办的事项；（5）承办县人大常委会和主任会议交办的其他事项。设主任1名、副主任1名。

农业民族华侨外事工作委员会主要职责是：（1）受县人大常委会委托，负责依法行使对农业、林业、水利水电、农业综合开发、国土资源、农机、畜牧水产、气象、农村经管、民族、外事、侨务、农村经济调查等部门的法律监督和工作监督；（2）负责为县人大常委会和主任会议对农业、民族、华侨和外事工作的审议议题做好调查研究，写出调查报告并提出处理意见；（3）负责处理对口联系单位在执行法律、法规中的代表和群众来信来访工作；（4）承办上级人大常委会或专门委员会交办的事项；（5）承办县人大常委会和主任会议交办的其他事项。设主任1名、副主任1名。

2009年2月26日，十五届人大常委会第10次会议研究决定，财政经济城乡建设工作委员会分设为财政经济工作委员会、城乡建设环境资源保护工作委员会，并审议、通过“两委”的工作职责。同年，在内务司法工作委员会内设规范性文件备案审查室（副科级）。

财政经济工作委员会的职责是：（1）负责与财税、金融、保险、计划物价、工业、交通、工商、技监、经济贸易、统计、审计、粮食、供销、邮政、通信等单位的工作联系；（2）认真办理全国、省、市人大及其财政经济委员会下发的有关财政金融保险、计划经贸、工业交通等方面的法律、法规、条例和地方性法规草案的征求意见工作，及时综合整理上报；（3）对县人民政府提交县人民代表大会和人大常委会审议的国民经济和社会发展计划、财政预算决算的调整变更进行调查和初审，提出建议和意见；（4）对上级和县人大常委会关于财政金融保险、计划经贸工业交通等方面的决议、决定贯彻落实情况进行调查，写出专题报告，督促实施；对有关财政金融保险、计划经贸、工业交通等方面的法律、法规、条例和政策的贯彻实施情况进行调查，提出意见和建议；（5）承办或督办县人民代表大会主席团交付人大常委会审议的有关财政金融保险、计划经贸、工业交通等方面的议案、质询案、建议和批评意见，听取被质询机关的质询答复；（6）为县人大常委会听取县政府汇报、讨论和决定本行政区域的财政经济体制改革、对外开放的重大决策以及国民经济、社会发展规划和审议财政预算执行情况进行调查研究，提供情况，提出建议和意见；（7）对人民群众普遍关心、反映强烈的有关财政金融保险、计划经贸、工业交通方面的重大问题进行调查，向人大常委会报告，提出意见和建议，并及时整理人大常委会审议意见，通报政府及相关部门；（8）密切联系县人大代表，认真听取他们对财政金融保险、计划经贸、工业交通等工作方面的意见，反映他们的要求，并督促政府有关部门认真办理；（9）加强同县政府和所属财税、金融、保险、计划物价、经济贸易、工业交通等职能部门的工作联系，完善对口联系会议制度，通过召开对口联席会议，围绕经济建设这个中心。深入调查研究，及时了解和掌握有关情况；（10）负责督促人大常委会有关财政方面审议意见或交办意见的办理情况；（11）协助上级或本级人大常委会开展财政、计划、经济等法律法规执法检查，收集整理执法检查情况，跟踪检查有关检查报告和审议意见的办理情况；（12）承办县人大代表和常委会组成人员提出的与本委工作有关的建议、批评、意见，会同常委会信访部门办理本委职责范围内的信访案件；（13）承办上级人大常委会或专门委员会交办的事项；（14）完成县人大常委会和主任会议交办的其他事项。设主任1名、副主任1名。

城乡建设环境资源保护工作委员会的职责是：（1）认真办理全国、省、市人大及其常委会人大城环委城建城管、环境资源保护等方面的法律法规草案的征求意见工作，及时综合、整理上报；（2）对县人民政府提交县人民代表大会和人大常委会的城建规划、环保规划、土地利用总体规划、重大建设项目、城市管理的意见和规定等进行调查和初审，提出建议和意见；（3）对上级和县人大常委会关于城建城管、环境资源保护等方面的决议、决定贯彻落实情况进行检查或调查，负责县城总体规划编制修改和县城详细规划变动修改的调查初审、负责规划实施和重大建设项目的监督工作，参与县城规划实施结果的检查验收、国有土地招拍挂和重大项目的招投标工作；（4）对有关城建城管环境资源保护等方面的法律、法规、条例和政策的贯彻实施情况进行检查，协助上级或本级人大常委会开展相关法律法规执法检查，收集执法检查情况，跟踪检查报告和审议意见的办理情况；（5）加强同建设、国土资源、环保、房产、人民防空、规划、城管部门的联系，参加这些部门的重要会议和重大活动，并适时召开对口联系单位的联席会议，了解掌握这些部门的有关情况；（6）办理或督促办理县人民代表大会及其常委会交办的对城乡建设环境资源保护方面的批评、建议、议案、质询案；（7）对反映城建城管、环境保护等方面的重大问题和事项进行调研并负责向县人大常委会汇报，做好群众来信来访工作；（8）对县人民政府、乡镇人民代表大会作出的有关城乡建设、环境资源保护方面的决议决定进行检查，发现问题及时向县人大常委会报告；（9）承办上级人大常委会或专门委员会交办的事项；（10）完成县人大常委会和主任会议交办的其他事项。设主任1名、副主任1名。

2012年，增设信访室（正科级，挂靠人大常委会办公室）。随即制订、通过了《人大常委会信访工作规则》（以下简称《规则》）。《规则》第四条规定，处理信访事项必须遵循以下原则：坚持统一领导、归口办理、部门协调、齐抓共管的原则；坚持属地管理、分级负责，谁主管、谁负责，依法、及时、就地解决问题与疏导教育相结合的原则；坚持处访与纠正相结合、监督与支持相结合的原则；要通过信访工作，维护信访人的合法权利，监督“一府两院”依法行使行政权、审判权、检察权，收集、整理信访信息，促进依法治县，为人大代表和人民群众服务，为县人大常委会依法履职提供参考依据。《规则》第五条规定受理信访事项的范围：（1）对县人民代表大会及其常务委员会和乡镇人民代表大会及其主席团通过的决议、决定的建议和意见；（2）对“一府两院”制定的规范性文件的建议和意见；（3）对县人大代表、县人民代表大会及其常务委员会选举或任命的国家机关工作人员、县人大常委会组成人员和人大机关工作人员的批评、意见，以及对上述人员违法、失职行为的申诉、控告或检举揭发；（4）对县人民政府及其所属部门、法院、检察院遵守、执行宪法、法律、法规情况的建议、意见和申诉；（5）属于本级人大及其常委会职权范围的其他事项；（6）上级人大批转交办的信访事项。对不属于人大受理的信访事项，应当收集资料，进行登记，并告信访人依法向有关部门、机关提出。《规则》还规定了办理程序、信访工作人员的工作纪律等。设主任1名、副主任1名。

第三节　派出机构

一、区人大联络工作委员会

从1980年至1985年，8个区各确定1名干部兼管人大联络工作。1985年秋，各区委确定1名委员做人大联络工作。1990年1月18日，县十一届人大常委会第3次会议决定，在8个区正式设立人大联络工作委员会，作为县人大常委会的派出机构，接受区委领导，以加强对乡镇人大工作的指导。9月4日，县委任命了8个区人大联络工作委员会主任，各区委相继配备了人大联络工作委员会办公室兼职秘书。肖目成、王友祥、刘逊熬，先后任洞口区人大联络工作委员会主任；于昌凰、卿理霖，先后任高沙区人大联络工作委员会主任；陈长顺、谢杨林，先后任石江区人大联络工作委员会主任；曾传跃、朱坤玉、杨期务，先后任黄桥区人大联络工作委员会主任；胡求龙、刘孙遨、宁顺常，先后任桥头区人大联络工作委员会主任；唐璞、王有富，先后任山门区人大联络工作委员会主任；陈端书、谢恩黔，先后任江口区人大联络工作委员会主任；张先玉任竹市区人大联络工作委员会主任。

区人大联络工作委员会委员由县人大常委会任命，1994年4月22日，十二届人大常委会第9次会议审议通过8个区人大联络工作委员会委员任命名单。

刘逊熬、刘书杰、孟调保、向章煜、林彰斌、刘逊奇、尹祝和（兼秘书）为洞口区人大联工委委员；

卿理霖、曾宪灯、肖柏山、周支援、赵金良、刘序尧、贺昌茂（兼秘书）为高沙区人大联工委委员；

谢扬林、林江立、覃显正、唐前申、卿上栋、曾广卓（兼秘书）为石江区人大联工委委员；

杨期务、邱清泉、尹邦干、张治书、李少国、王卫贞（兼秘书）为黄桥区人大联工委委员；

宁顺常、李迪渊、龙运虎、刘谋清、杨碧莲、肖谋燕（兼秘书）为桥头区人大联工委委员；

王有富、宁光杰、雷运发、李迪享、张映龙、张贤、袁联斌、尹显忠、刘海清（兼秘书）为山门区人大联工委委员；

谢恩黔、谢商岩、刘光甫、肖和柏、尹大刚（兼秘书）为江口区人大联工委委员；

张先玉、梁开春、杨期兴、曾维隆、吴方钦、欧阳玉凤、尹华保（兼秘书）为竹市区人大联工委委员。

各区人大联络工作委员会在上传下达、联系区内各级人大代表、培训各级人大代表，发挥各级人大代表作用，推动人大代表和代表小组的创先争优活动，在人民群众中开展“万户万元”活动，指导乡镇人大工作、制订和落实乡镇人大主席团岗位责任制等方面，做了大量工作。桥头区人大联络工作委员会创造性地开展“代表接受选民监督、定期向选民述职”的活动，加强了人大代表责任感，产生良好效果，县人大常委会予以推广。高沙区人大联络工作委员会在人大代表中广泛深入开展“人民选我当代表，我当代表为人民”的教育活动，各级人大代表为减轻农民负担建言献策，得到人民群众好评。山门区人大联络工作委员会联络、组织代表开展视察活动，制止乱收费、乱摊派、乱罚款，获社会各界称赞。

1995年4月，全县调整行政区划，撤区并乡扩镇，撤销各区人大联络工作委员会。

二、管理区、街道人大联络工作委员会

2009年11月，邵阳市茶铺茶场改属洞口县管辖，更名为洞口县茶铺茶场管理区，设人大联络工作委员会，为县人大常委会派出机构。

2015年，撤销洞口镇、花古乡，设文昌、雪峰、花古三个街道，分别设立人大联络工作委员会，为县人大常委会派出机构。

管理区、街道人大联络工作委员会主任、副主任由县人大常委会任免。

2010年4月14日，县十五届人大常委会第17次会议通过：任命廖国华为茶铺茶场管理区联络工作委员会主任，刘品燕为副主任。2012年11月16日，县十五届人大常委会第37次会议通过：免云廖国华主任职务、刘品燕副主任职务；任命肖萍为茶铺茶场管理区联络工作委员会主任，钟子文为副主任。

2016年3月2日，县十六届人大常委会第24次会议通过：任命肖舞霞为文昌街道办事处联络工作委员会主任，尹族建为雪峰街道办事处联络工作委员会主任，尹军峰为花古街道办事处联络工作委员会主任。

第四节　专门委员会

2016年11月30日，县十七届人民代表大会第一次会议通过《关于设立洞口县第十七届人民代表大会法制委员会、财政经济委员会的决定》，并通过两个专门委员会主任委员、副主任委员、委员名单：法制委员会主任委员李柏林，副主任委员尹玮玮，委员傅舒干、旷武军、周林生；财政经济委员会主任委员尹健生，副主任委员周晓华，委员肖莉、黄孝为、彭俊彪。

专门委员会对人民代表大会负责，向人民代表大会报告工作，提出议案；人民代表大会闭会期间，受人大常委会领导。

第二章 自身建设

第一节 党组织建设

建立县人大常委会后，中共洞口县委发出[1981]22号文件《关于建立县人大常委会党组的通知》（以下简称《通知》），《通知》称：经县委常委会研究决定，建立中国共产党洞口县人大常委会党组。党组的主要任务是认真贯彻落实党的路线、方针、政策，团结党员、干部、代表完成党和国家交给的任务。党组成员由县委任免。具体党务工作由机关党组织负责。遵照《通知》精神，机关成立党支部，隶属县直机关党委，民主选举产生支部委员会，开展支部活动。

1997年，建立县人大常委会退休干部党支部。

人大常委会党组织严格组织管理，加强党员教育，特别是经过1985年整党、1987年的反对资产阶级自由化教育、1989年秋“防止动乱、稳定局势”的教育、2001年的“三个代表”重要思想学习教育活动、2002年的讲学习、讲政治、讲正气“三讲”集中教育、2005年“保持共产党员先进性”教育、2010年的“创先争优”活动、2015年的“三严三实”教育活动、2016年的“两学一做”专题教育活动、学习中共十八届六中全会审议通过的《关于新形势下党内政治生活的若干准则》和《中国共产党党内监督条例》，不断增强党的观念，发挥党组织的战斗堡垒作用，正确处理加强党的领导与发挥人大作用的关系，自觉接受党的领导，在依法履行职责的过程中，全面贯彻党的路线、方针、政策，把坚持党的领导、人民当家做主和依法治国有机统一起来。

第二节 队伍建设

1980年，人大常委会机关干部共7人；1982年增至9人。机关干部来自部、办、委、区委和区公所的主要负责人，资格老、文化低、年龄偏大，被称之为“大牌子、老头子”。

从1983年开始，陆续调进有学历、年轻的干部，至1985年，机关干部增至20人。此后，不断争取县委支持、关心，推动人大干部队伍建设，通过干部双向交流，加强青年干部的教育与使用，逐步改善年龄结构和文化结构。

至十六届末，人大常委会机关共配37人（含主任、党组书记、副主任），其中公务员30人，工勤人员7人；公务员中，正处4人，副处4人，正科7人，副科14人；

干部职工中具有大专以上学历的共31人，其中本科学历17人、研究生学历2人；1960年以后出生的共30人，其中1970年以后出生的7人，1980年以后出生的4人。

第三节　思想作风建设

中共洞口县人大常委会党组坚持不断地组织干部职工学政治，学法律，学人大工作业务，而且着力开展人大制度的理论研究，牢固树立政治观念、大局观念、群众观念和法治观念，积极推进理论和实践创新，提高整体业务素质，确保体现时代性、把握规律性，富有创造性。

在县委的统一组织领导下，先后开展了否定“文化大革命”和纠正“左”的错误教育活动、“廉政勤政，向我看齐”竞赛活动、“三心三为”（心系基层，为民兴办实事；心贴群众，为民排忧解难；心想发展，为民脱贫致富）活动、“三个代表”重要思想学习教育活动、“双联”（机关联系困难企业，机关干部联系困难职工）活动、“八个坚持、八个反对”的教育活动、“四民”（访民情、解民难、帮民富、保民安）活动、“保持共产党员先进性”教育活动、“尽职责、正风气、建绩效”主题教育活动、“作风建设年”活动、“作风提升年”活动、党的群众路线教育实践活动、纠“四风”教育，从不间断、持之以恒地加强思想作风建设，向全县人民发出《县人大常委会机关干部作风公开承诺书》，敬请监督。

按照县委的部署安排，抽调机关干部下基层，进村入组完善农业生产责任制、宣讲新宪法、建设“五大基地”（商品粮基地、蜜柑基地、良种基地、速生丰产林基地、瘦肉型出口猪基地）、“工业总体战”、社会主义思想教育、发展个体私营经济、开发冬季农业、消灭宜林荒山、开发山丘岗地、抗灾、维稳、建村级群众工作站、建设社会主义新农村示范村、驻点扶贫，在中心工作中经受锻炼，增长才干，强化思想作风建设。

第四节　制度建设

八届人大常委会第3次会议讨论通过《关于加强同县人民代表联系的几项规定》，此为制度建设的开端。

九届人大常委会第12次会议提出搞个“工作条例”的设想，把人大常委会的地位和性质、工作任务和方法、内设机构和区人大工作联络员的职责规范化、具体化；1986年年底，《洞口县人大常委会工作条例（试行）》出炉。

十届人大常委会第4次会议、第9次会议、第14次会议，分别通过《洞口县人大常委会议事规则（试行）》《洞口县人民代表大会代表工作若干规定（试行）》《洞口县人大常委会人事任免办法（试行）》《洞口县人大常委会关于监督本县司法机关执行法律的规定（试行）》《洞口县人大常委会关于监督国民经济和社会发展计划、财政预算执行情况的规定（试行）》《洞口县人大常委会、人民政府、人民法院、人民检察院工作联系制度（试行）》《洞口县人大常委会主任会议议事规则（试行）》。1989年一季度，人大常委会内设的一办五委都制订了试行的规章制度。以上试行稿，于1989年7月12日汇编成册。

经过两年的实践，十一届人大常委会在总结实践经验的基础上，根据宪法和地方组织法的有关规定，结合新形势、新情况，充分征集代表的意见，经过酝酿讨论，对原试行的工作规则、制度进行修改、补充和完善，形成正稿，并增加了《洞口县人大常委会关于审议、决定本行政区域内重大事项的规定》、《洞口县人大常委会关于建立贯彻执行县人民代表大会及其常委会决议决定和落实会议纪要等反馈制度的决议》。以上于1991年12月汇编成册，分别从通过之日实施。

十二届、十三届、十四届人大常委会根据新形势、新情况，在总结经验的基础上对以上规则、制度进行了修正、补充和完善，于2007年7月编印成《洞口县人大常委会规章制度汇编》，原“汇编”同时废止。

十五届人大常委会注重加强了机关的制度建设，于2008年5月发布《洞口县人大常委会机关规章制度汇编》，包括廉政建设制度、学习制度、信访工作制度、卫生制度、考勤制度、财务管理制度、机关事务管理制度、车辆管理使用制度、外事接待制度、安全保卫保密制度、老干部工作制度和关于加强人大宣传报道工作的规定。同年8月29日，第6次会议通过《洞口县人大常委会规范性文件备案审查办法》和《洞口县人大常委会工作评议办法》。2009年6月16日，第12次会议通过《洞口县人大常委会关于审议决定县财政投入大型建设项目的办法》。2010年4月14日，第17次会议通过《洞口县人大常委会监督重要案件实施办法》《洞口县人大代表工作制度》。人大常委会办公室于2010年7月编印《洞口县人民代表大会常务委员会规章制度汇编》，原于2007年7月发出的“汇编”予以废止。

十六届人大常委会在总结多年实践经验的基础上，继续完善民主议事、科学决策、严格管理的规章制度，制定了《洞口县人大常委会组成人员工作守则》和《洞口县人大常委会信访工作规则》；修订完善了原有的人大常委会“工作总则”、“议事规则”等19项工作制度和12项机关管理制度，保障了制度供给与时俱进，把人大各个层面、各个环节的工作纳入制度化、规范化轨道。

第五节　人大宣传和理论研究

建立人大常委会后，注重人大宣传工作，宣传人民代表大会制度，宣传人大代表优秀事迹，宣传人大常委会建设。在人大常委会设立10周年之时，举行了报告会、人大工作经验交流会、人大知识抢答赛，突出宣传人大的性质、地位和作用；

同时推动了理论研究，通过征文，编印出《洞口县1980—1990年人大工作和建设材料汇编》，收集理论研究材料27篇，其中有县委书记孙在田写的《加强党的领导，发挥人大作用》”，人大常委会副主任吴聚怀写的《浅谈进一步发挥人大常委会的作用》，县人大常委会委员、县人武部政委杨德光写的《领导干部中的人大代表如何正确处理好四个关系》，县人大常委会委员、人大常委会办公室主任姜照明写的《抓住三个环节，提高例会实效》，县人大常委会办公室原主任彭绍来写的《浅谈提高人大常委会会议的实效》，选举任免联络工作委员会写的《浅谈发挥人大代表的参政议政作用》和《试探乡（镇）人大主席团如何指导、支持村民委员会开展工作》等质量颇高的理论研究文章。

人大常委会办公室聘请了数名人大工作特邀通讯员、宣传员、理论研究员，加强人大制度宣传和理论研究，为他们提供工作方便，并建立激励机制。2001年，县内各级代表、人大工作者在各级报刊上稿52篇，创历史新高，加强了人大代表上下纵横的联系和沟通，推进了理论研究，跻身全省先进行列，获省人大常委会办公厅表彰。

2003年，省人大常委会举办人大制度研讨会，洞口县人大常委会主任肖德生的论文《正确处理县人大常委会工作中的几个关系》获一等奖。

相继有《构筑代表工作新机制》《关于县、乡人大关系的几点思考》等理论文章出炉。《构筑代表工作新机制》提出代表工作“三三制”新观点：夯实提高素质、明确宗旨，正视职务“三项措施”，提高代表履职水平；发挥参与决策、监督协助、桥梁纽带“三个作用”，引导代表自觉尽职；完善代表联系、履职保障、实行奖惩“三项机机”，保障代表为民做主。《关于县、乡人大关系的几点思考》从理论和实践的结合上，从法律的角度上，提出“应当消除领导关系，应当完善法律监督关系，应当理顺业务指导关系，应当肯定工作联系”。

2009年9月，纪念人大常委会设立30周年，举办了座谈会等系列活动，组编了《洞口县人大常委会30周年大事记》，集中宣传人大常委会的建设。

2014年12月，隆重庆祝人民代表大会制度建立60周年，通过系列活动回顾60年的光辉历程，展望社会主义民主政治的发展前景。

十六届人大常委会制作了《但留方寸地，留与子孙耕》的专题纪录片，出版了《人大代表风采录（2012—2016）》，启动了《洞口县人大志（1949—2016）》的编纂工作。

第三章 重要会议

设立县人民代表大会常务委员会以后，定期召开常务委员会会议（以下简称人大常委会会议，又称例会），由主任或副主任主持，“一府两院”的主要负责人和与会议内容有关的办、委、局主要负责人列席会议；从第十届起，还邀请区（镇）人大工作联络员（十一届称联工委主任）、部分乡镇人大主席团常务主席、数名省、市、县代表列席会议；至十五届，邀请各乡镇人大主席和数名代表列席会议。因工作需要，不定期召开主任会议或主任扩大会议，由主任或主任委托副主任主持。还召开工作会议、经验交流会议、纪念性会议等。1989年以后，人大常委会不定期召开与“一府两院”联席会议。

第一节 第八届人大常委会重要会议

1980年5月20日晚上，新当选的人大常委会正副主任在县政府小会议室碰头，唐光荣主持会议，就举行八届人大常委会第1次全体会议作了研究。

第八届人大常委会第1次全体会议，于1980年5月21日至23日在县招待所举行。集中学习《中华人民共和国地方各级人民代表大会和地方各级人民政府组织法》及彭真等领导人的重要讲话，重点学习有关县级人民代表大会常务委员会职权范围的有关规定，明确县人大常委会的工作任务，委员逐个作了表态发言，决心刻苦学习，努力提高思想水平和业务能力，以适应新形势。“一府两院”的主要负责人列席了第三天的会议，提请任免相关人员，并作了说明。会议首次依法通过了部分任免名单。

1980年5月25日，八届人大常委会在办公室召开主任（扩大）会议。唐光荣主持会议，作中心发言：一是主任们要提高县级建立人大常委会的认识，这是国家政权建设的一项重大改革，是前所未有的新事情，是全新的工作，要在学习和实践中摸索提高，完善和发展人民代表大会这一根本制度。二是关于开局之年的工作：（1）开好例会，这是地方国家权力机关行使职权的重要形式，作出决议和决定，体现集体领导和民主集中制；（2）依法任免国家机关工作人员，务必稳妥、慎重，充分讨论，严格把关，审慎从事；（3）督促办理代表提案；（4）组织视察；（5）联系代表，坚决改变过去那种“代表代表，散会就了”的状况，要把代表作为人大常委会工作的基础和依托，摆正主仆关系，切实尊重代表的权利，要搞几条规定，要形成制度。三是主任们要分工合作。要形成合力，希望有活力。人大工作不好做，不好做也要做，万事开头难，开了头，就不难了。用老百姓的话说，“搬拢桌椅搭起台，敲起锣鼓唱大戏”。经过讨论，清晰了工作思路，形成了《洞口县人大常委会1980年工作要点》。

第八届人大常委会第2次会议，于1980年7月22日至24日在招待所召开。会议听取和审议了“一府两院”上半年工作汇报；讨论通过了部分人事任免名单；讨论了联系代表的方式、措施，委托办公室拿出初稿交下次例会研究完善；审议、通过了石江镇城建规划。

第八届人大常委会第3次会议，于1980年9月26日至28日在县招待所召开。会议先后听取、审议了县政府关于文教、卫生、民政、环境保护的工作汇报；讨论、通过了《关于加强同县人民代表联系的几项规定》。

第八届人大常委会第4次会议，于1981年1月2日至3日在县招待所召开。县委常委、省五届人大代表肖茂林传达湖南省五届人大四次会议精神。会议围绕解放思想、大胆探索、创造和建立各种形式的生产责任制，开展了讨论。

1981年1月16日，在人大常委会办公室召开主任（扩大）会议，唐光荣主持会议，讨论《关于县人大常委会的职权、任务、工作范围的规定（讨论稿）》，基本通过，委托办公室印发给代表们征求意见。

第八届人大常委会第5次会议，于1981年3月11日至14日在招待所召开，唐光荣主持会议。田凯传达省人大常委会召开的市县人大工作座谈会精神。会议就建立代表小组、发挥代表职能作用、召开公社和镇人民代表大会进行讨论，决定集中力量先在竹市公社试点，深入发动，要求竹市区所辖的5个公社在4月20日前开完第七届人民代表大会第二次会议。会议听取了常委会办公室《关于县八届人大一次会议代表提案办理情况的汇报》。审议并通过县人民政府《关于开放粮食市场，加强粮食市场管理的布告》。根据县长的提议，讨论通过了一批任命名单。

第八届人大常委会第6次会议，于1981年5月25日至27日在县招待所召开。五届全国人大代表张先玉，省五届人大代表彭孟秋、简寿生、肖小菊应邀列席会议。会议认真学习了中共中央[1981]16号文件，进一步提高了县级设立人大常委会的认识，讨论了县人大常委会下半年的主要工作。人大常委会办公室主任刘杨中汇报了走访、联系县人大代表的情况。讨论、通过了一批人事任免名单。

八届人大常委会第7次会议，于1981年9月3日至5日在县招待所召开。学习中共十一届六中全会通过的《决议》和胡耀邦、邓小平的重要讲话。听取和审议了公安局《关于整顿社会治安情况的汇报》、建委关于执行《中华人民共和国环境保护法》的情况汇报，作出了《关于进一步整顿社会治安的决议》《关于加强环境保护的决议》。会议决定本月中下旬集中走访人大代表，听取和收集各地贯彻党的方针政策、执行各项法律法令等方面的情况、对国家行政机关及其工作人员的意见；拟在10月召开全县各人大代表小组组长会议，交流代表小组活动经验。讨论、通过了部分人事任免名单。

八届人大常委会第8次会议，于1981年11月26日至28日在县招待所召开。学习《关于建国以来党的若干历史问题的决议》；听取办公室《关于人大五个视察组视察建立林业生产责任制和社会治安情况的汇报》《关于金田公社法制教育试点情况的汇报》。通过了一批干部任免名单。会议决定12月12日召开八届人大二次会议，并讨论研究了筹备工作。

八届人大常委会第9次会议，于1981年12月12日在县招待所召开，出席八届人大二次会议的各代表团召集人列席会议。会议讨论了八届人大二次会议和要着重解决的几个问题，提出了议程草案。八届人大二次会议结束后，常委会会议继续，由唐光荣主持会议，新当选的伍芬奎主任和各位委员见面，新老交替，并就1982年的人大工作提出了框架。18日，伍芬奎主持会议，县委书记和新当选的县长、检察院检察长应邀出席会议，会议讨论了相关事项，决定任命雷家端、尹文安、肖坤熊为县人民政府副县长。

八届人大常委会第10次会议，于1982年2月10日至11日在县招待所召开。会议学习了中共邵阳地委关于加强人大常委会工作的文件，讨论通过了《洞口县人大常委会1982年工作要点》；研究了公社、镇召开七届人大三次会议的有关问题。曾毓成委员就落实民族政策、搞好民族工作、加强民族团结作了专题发言，会议结合本县民族工作实际开展了讨论，决定由田凯副主任牵头，组织第一次视察。通过了部分人事任免名单。

八届人大常委会第11次会议，于1982年4月10日至12日在县招待所召开。学习五届全国人大常委会第22次会议通过的《关于严惩严重破坏经济的罪犯的决定》，并联系本县实际进行了认真的讨论，作出《关于坚决打击经济领域中违法犯罪活动的决定》，交“一府两院”执行。听取了田凯副主任关于视察江口、黄桥、石江、山门四区春耕生产、造林、农资市场情况的汇报，听取了县政府关于支农和市场管理情况的汇报，会议要求县政府组织各有关部门切实支援春耕生产，管好农资市场。还讨论研究了群众性的法制宣传教育等重大工作。

八届人大常委会第12次（扩大）会议，于1982年6月3日至5日在县招待所召开，“一府两院”和部分单位的负责人共76人列席第一天的会议。向本槐主持会议，伍芬奎就讨论宪法修改草案作中心发言，要求各单位认真组织讨论。常委会组成人员用两天时间讨论宪法修改草案，并研究部署在全县范围内组织全民学习讨论宪法修改草案的措施。会议通过了《关于在全县开展讨论〈中华人民共和国宪法草案〉的决议》，印发给“一府两院”和县直副科级以上单位，要求把讨论宪法修改草案列入重要议事日程，集中一段时间进行宣讲和讨论，普遍组织群众阅读宪法修改草案和有关文件，将群众讨论的修改意见综合整理报县人大常委会。

八届人大常委会第13次（扩大）会议，于1982年6月12日在县招待所召开。县直有关单位的主要负责人共48人列席上午的会议，伍芬奎就群众关心的社会治安问题、开展打击刑事犯罪运动作中心发言。会议决定任命周振寰为县人民政府副县长。通过部分人事任免。

八届人大常委会第14次会议，于1982年7月17日至19日在县招待所召开，县委书记王道钦出席会议。会议听取田凯《关于全县开展讨论宪法修改草案情况的汇报》，王道钦就继续深入开展讨论宪法修改草案作了部署。会议听取和审议了县政府《关于上半年工业生产情况的汇报》；通过了《关于进一步贯彻调整方针，提高经济效益，发展工业生产的决议》。听取和审议了县政府办公室《关于代表提案办理情况的汇报》，会议对县政府重视办理代表提案表示基本满意。

八届人大常委会第15次会议，于1982年8月27日在县招待所召开，讨论人事任免。

八届人大常委会第16次会议，于1982年9月26日至28日在县招待所召开，学习胡耀邦在中共十二次全国代表大会上的报告。听取和审议县政府《关于全县农业生产责任制情况的汇报》，要求县政府解放思想，从实际出发，不要拘泥于一个模式，要尊重农民群众的意愿，调动农民群众的积极性。听取和审议基本建设委员会《关于村镇建设用地情况的汇报》，通过《关于坚决制止乱占滥用耕地修建房屋的决议》。听取和审议县人民法院《关于民事案件征收诉讼费的汇报》，作出《民事案件征收诉讼费用暂行规定》。

八届人大常委会第17次会议，于1982年12月19日在县招待所召开，讨论人事任免。

八届人大常委会第18次会议，于1982年12月29日在县招待所召开，学习五届全国人大五次会议通过的新宪法。会议要求各位委员认真学，深入学，带头做好新宪法的宣传工作，并认真组织群众学习，掀起学习新宪法的热潮，促使每个公民养成遵守宪法、维护宪法的观念和习惯。

八届人大常委会第19次会议，于1983年1月20日至21日在县招待所召开。会议讨论人大常委会在八届人大三次会议上的工作报告，讨论人大常委会1983年工作要点，审核县人民政府授予劳模称号、表彰先进集体名单。

八届人大常委会第20次会议，于1983年3月24日在县招待所召开，为八届人大三次会议做准备，通过了会议议程（草案）；还商议了湖南省第六届人大代表候选人。

八届人大常委会第21次会议，于

1983年5月26日至28日在县招待所召开。省六届人大代表彭孟秋简要地传达了省六届人民代表大会第一次会议精神。会议听取和审议了公安局《关于公安队伍整风情况的汇报》，检察院《关于打击经济犯罪的汇报》、法院《关于打击拐卖人口和重婚犯罪情况的汇报》、司法局《关于监所管理情况的汇报》和人大常委会视察组视察监所情况的汇报；通过了《关于进一步搞好综合治理，争取社会治安根本好转的决议》《关于保护妇女儿童合法权益的决议》。

八届人大常委会第22次会议，于1983年8月26日至29日在县招待所召开，学习中央政法工作会议精神，并结合本县情况进行了讨论。会议听取和审议了民政局《关于农村五保户普查情况的汇报》，做出了《关于切实做好五保户供养工作的决议》，交县人民政府贯彻执行。还听取了人大常委会办公室《关于少数民族地区情况的调查汇报》，决定对本县民族工作组织专题视察，邀请县政府和县委统战部派员参加。

八届人大常委会第23次会议，于1983年10月28日在县招待所召开，学习彭真委员长在六届全国人大一次会议上的讲话和《中共中央关于认真学习<邓小平文选>的通知》。通过部分人事任免名单。

八届人大常委会第24次会议，于1983年12月7日至9日在县招待所召开，听取和审议公安局8月以来贯彻全国人大常委会《关于严惩危害社会治安犯罪分子的决定》的情况汇报；对群众反映的马安公社少数几个干部违法违纪、非法关押群众的问题进行了讨论，决定进一步调查，整理文字材料上报。听取和审议了曾毓成委员关于少数民族工作情况视察汇报，决定组织工作组赴6个少数民族聚居乡作重点考察。

八届人大常委会第25次会议，于1984年1月19日至20日在县招待所召开。县委常委肖茂林传达省人大常委会关于县乡两级人大换届选举工作会议精神，经过学习和讨论，决定由办公室抓紧准备会议材料，于2月底或3月初传达到公社、镇，先培训骨干力量，3月中旬全面铺开。

八届人大常委会第26次会议，于1984年3月27日至28日在县招待所召开，县委书记王道钦和县委常委肖茂林应邀参加会议。会议总结了本届人大常委会的工作，重点总结了一年来的工作，通过了人大常委会在九届人大一次会议上的工作报告；综合了对《政府工作报告》的修改意见；检查了九届人大一次会议的筹备工作，就会议程序做了预安排，讨论了代表资格审查委员会、财政预算委员会组成人员名单（草案），提出了主席团人员建议名单。

第二节 第九届人大常委会重要会议

九届人大常委会第1次会议，于1984年4月23日在县招待所召开，肖茂林副主任受王道钦主任委托，主持会议。一府两院的主要负责人向人大常委会提交了提请任免人员名单，并作了说明。会议讨论、审议后，决定分批次任免，当天任免了第一批人员。

1984年6月15日，王道钦委托肖茂林主持召开主任（扩大）会议。会议对县乡两级换届选举工作进行了总结；学习了邵阳地区人大工作会议文件，深入讨论了县人大常委会的工作任务和工作范围；鉴于王道钦的主要精力仍在县委，决定由肖茂林主持全盘工作，4位副主任和专职委员做了大体分工，强调分工合作。会议对本年度的工作做了安排。

九届人大常委会第2次会议，于1984年7月6日至7日在县招待所召开，六届全国人大代表许耀先传达六届全国人大二次会议的主要精神：对外开放，对内搞活，包字进城乡；要减轻农民负担；要尊重知识，起用人才，发展科技教育事业。听取和审议了教育局《关于普及小学教育的汇报》，提出“尊重教师的社会地位，解决教师的实际困难，提高民办教育质量，建立教师岗位责任制，科学合理地安排山区小学布局”等意见，交县政府研究、贯彻。审议通过黄桥镇建设总体规划。审议并原则通过人大常委会《关于依法审议、决定重大事项的范围、程序和方法的规定（草案）》。

九届人大常委会第3次会议，于1984年9月12日至14日在县招待所召开，学习《民族区域自治法》《兵役法》。听取和审议县政府民政工作、民族工作的汇报，会议就基层政权建设、村民委员会建设、扶贫、供养五保户、新兵役法的宣传贯彻和群众优待工作等提出了建议。会议对“扩老镇、建新镇”进行了认真的讨论，表示同意和支持。会议听取了考察工作组《关于考察少数民族聚居乡的情况汇报》，作出《关于加强民族工作的决议》交县政府贯彻执行。会议决定近期邀请部分县人大代表来县招待所座谈，由肖茂林、杨姣秀负责组织。

1984年11月6日晚，王道钦主持召开主任碰头会议，研究召开九届人大常委会第4次会议的有关事宜。

九届人大常委会第4次会议，于1984年11月10日至12日在县招待所召开。王道钦主持了第一天的会议，学习中央《关于印发彭真同志两个讲话的通知》和《关于任免国家机关领导人员必须严格依照法律程序办理的通知》（以下简称中央1984年8号、9号文件）。肖茂林传达了毛致用在省人大工作会议上的讲话，重点是解决思想认识、人大地位和性质问题，其次是工作任务和工作方法问题；委员们逐个作了发言，谈认识，谈体会；会议决定，年内召开公司以上单位负责人会议，由肖茂林主持，由王道钦（县委书记、县人大常委会主任）作报告，传达中央1984年8号、9号文件精神，切实尊重人大代表的主体地位，保证人大代表正确行使权力。第二天听取和审议财政局、公、检、法一年的工作汇报，肯定了成绩，指出了存在的问题。第三天讨论人大常委会的自身建设，总结八届、九届常委会尊重代表意见、认真办理提案，广泛联系代表，按人民意愿办事的经验，委托办公室整理成经验介绍材料上报地区人大经验交流会议筹备组。会议听取了关于九届14名县代表座谈会的情况通报，决定将代表提出的九个方面的问题综合整理，以县人大常委会的红头文件发至各有关单位研究、办理，并将办理结果书面报人大常委会审查。会议还部署了“两节”前的物价检查。会议决定在8个区和城关镇设人大联络员。

1984年12月31日，肖茂林受王道钦委托，主持召开主任（扩大）会议。会议讨论了“1985年人大工作要点”；讨论了人大常委会内设机构，设“一室三委”，办公室为综合性办事机构，分人事秘书、代表联络两个组；新设法制工作委员会、财政经济工作委员会、教育科技文化卫生工作委员会。

九届人大常委会第5次会议，于1985年1月16日至17日在县招待所召开，传达地区人大工作经验交流会议精神。听取和审议县人民政府《关于办理代表提案情况的汇报》；讨论通过《县人大常委会1985年工作要点和办、委职责范围》；审议通过“一府两院”提请的任免名单。

九届人大常委会第6次会议，于1985年3月22日至24日在县招待所召开，听取和审议县人民政府关于贯彻《中华人民共和国森林法》、发展林业生产，普及农村科学技术，发展体育事业等情况汇报；听取各位委员收集代表意见和群众呼声的情况介绍。会议讨论了九届人大二次会议的筹备工作，讨论并基本通过人大常委会在九届人大二次会议上的工作报告。

九届人大常委会第7次会议，于1985年5月25日至26日在县招待所召开，听取和审议县政府《关于供销社体制改革情况的汇报》、《关于〈食品卫生法〉（试行）贯彻实施情况的汇报》和科教文卫工作委员会的调查报告、《关于普及小学教育情况的调查报告》。

九届人大常委会第8次会议，于1985年7月13日至14日在县招待所召开，听取和审议县政府关于工矿企业经济体制改革情况的汇报、1985年上半年经济计划执行情况的汇报、全县电力调度情况的汇报；听取了视察组关于全县工业经济体制改革情况的调查报告。会议认为，工业经济体制改革任务艰巨，情况复杂，牵涉面广，决定以人大常委会的名义将视察组的调查报告呈送县委。会议强调，全县面临严重旱灾，县政府已全力组织抗大旱，水力水电部门务必科学调度，并增加火力发电量，保证农村抗旱用电。

九届人大常委会第9次会议，于1985年10月3日至5日在县招待所召开。会议通报了省代表视察组在洞口县的6天视察情况综合：洞口县经济体制改革已初见成效，企业领导班子得到充实和加强，职工队伍素质有较大提高，整顿了企业，推行了承包责任制，提高了经济效益；农村很有活力，全力抗大旱，减少损失，水利水电、农机、石油等部门发挥了很大作用；供销社“官办”改“民办”的步伐不大，民主管理没有真正体现，农药化肥供应有一定难处，支援抗旱付出了努力，支援农村发展商品生产不如以前做得好。会议听取和审议了县政府关于全县乡镇企业发展情况的汇报、电力事业发展情况的汇报、审计工作开展情况的汇报。会议讨论安排了开展物价大检查、调查教育方针落实情况、视察桥头劳改场和公安局看守所、召开人大工作经验交流会等重要工作。

九届人大常委会第10次会议，于1985年12月14日至16日在县招待所召开，听取审议公、检、法、司一年来的工作汇报。会议作出《关于向全县人民普及法律常识的决议》。会议讨论了人事任免；还讨论并通过了上报地区人大工作经验交流会的经验材料《加强调查研究，推动政府工作》。

九届人大常委会第11次会议，于1985年12月25日在人大常委会会议室召开，王道钦主持会议。会议同意杨期林辞去副县长职务；决定任命段以美为县人民政府副县长，任命欧阳清晏为县人民政府副县长兼县教育委员会主任。

九届人大常委会第12次会议，于1986年2月26日至28日在人大常委会会议室召开，听取并审议县政府《关于九届人大二次会议提案办理情况的汇报》；讨论了《县人大常委会1986年工作要点》、《县人大常委会工作条例（试行）》和县人大常委会在九届人大三次会议上的工作报告（初稿）；会议决定于1986年4月10日举行九届人大第三次会议。还讨论了人事任免事项。

九届人大常委会第13次会议，于1986年5月14日至16日在人大常委会会议室召开。六届全国人大代表许耀先传达了六届全国人大四次会议盛况及主要精神：把改革放在首位，两个文明一起抓；加强地方各级人大常委会的建设；民主与法制建设是各级人大工作的出发点，地方的乡规民约不能与法律相抵触，不能搞以罚代法。会议听取和审议了农委关于农村产业调整的汇报、财委关于财贸系统支农情况的汇报、民政局关于扶贫工作的汇报。会议讨论了区镇人大工作联络员的工作职责，决定起草讨论稿。

九届人大常委会第14次会议，于1986年7月11日至13日在人大常委会会议室召开，听取审议县政府《关于上半年经济运行情况的汇报》、财政局《关于上半年财政收支情况的汇报》、商业局《关于商业体制改革的汇报》。会议学习了毛致用在省六届人大四次会议上的讲话。会议决定，8月10日召开区镇人大工作联络员会议，明确工作职责。

九届人大常委会第15次会议，于1986年9月1日至3日在人大常委会会议室召开，听取和审议工商、物价、卫生、统计4个局的工作汇报。讨论了人事任免。

九届人大常委会第16次会议，于1986年11月20日至22日在人大常委会会议室召开，听取和审议文化局、广播局的工作汇报，听取教科文卫工作委员会的调查报告，讨论文化、广播部门怎样为精神文明建设服务的问题。听取了县政府《关于粮食入库情况的汇报》，要求县、乡人大代表切实做好工作，加快粮食入库扫尾。县委书记孙在田出席了第三天的会议，会议传达市人大常委会关于县乡人大换届选举工作会议精神，成立县选举委员会，决定当天下午召开选举委员会第一次会议，23日召开全县县乡两级人大换届选举工作动员会。会议还讨论了人事任免。

九届人大常委会第17次会议，于1987年1月5日至6日在人大常委会会议室召开，听取和审议县政府《关于九届人大三次会议提案办理情况的汇报》、司法局《关于普法工作的汇报》和建委《关于城关镇文昌街修建情况的汇报》。听取了人大常委会调查组关于竹市"乡改镇"后发展商品生产的调查报告。还讨论了人事任免事项。

九届人大常委会第18次会议，于1987年2月20日至21日在人大常委会会议室召开。会议综合了《政府工作报告》修改意见；讨论了县人大常委会在十届人大一次会议上的工作报告，予以通过；审议、通过了《代表资格审查报告》；讨论了十届人大一次会议的有关事项，提出了建议。

第三节 第十届人大常委会重要会议

十届人大常委会第1次会议，于1987年3月10日至11日在人大常委会会议室召开，重点讨论本届常委会本年度的工作要点，通过"人大常委会1987年工作安排（初稿）"。会议就电力视察、普法视察、教育视察作了大体安排。"一府两院"的主要负责人就主动接受人大监督作了表态发言。

十届人大常委会第2次会议，于1987年5月20日至22日在人大常委会会议室召开。会议听取并审议审计局《关于审计工作的汇报》、财政局《关于1987年财政预算安排的汇报》。会议根据主任会议的提议，对雷家寿副主任、彭绍来、张克武、肖承嗣、肖健录等委员提出的《关于改进人大常委会人事任免工作的议案》进行了审议，通过了《关于改进人事任免工作的决议》（以下简称《决议》）；并按照《决议》精神对县长提请任命的政府组成人员和法院院长、检察院检察长提请任免的有关人员，逐个予以审议后通过了任免。

十届人大常委会第3次会议，于1987年7月16日至18日在人大常委会会议室召开。会议听取和审议财政局《关于上半年财政预算执行情况和下半年财政工作安排的汇报》、检察院《关于法纪检察工作的汇报》、公安局《关于公安干警执法情况的汇报》，听取了人大财政经济工作委员会《关于上半年财政预算执行情况的调查报告》、人大常委会办公室《关于全县政法干警执法情况的调查报告》，对以上重大问题提出交办意见。还通过了人事任免事项。

1987年8月7日上午，王道钦在人大常

委会会议室主持召开主任（扩大）会议，听取建委《关于城关镇总体规划实施情况的汇报》，对违规在水淹区建房、堵塞排水、阻碍行洪这一亟待解决的严重问题向县政府、城关镇政府提交了整改督办意见，责成限期向主任会议报告执行落实情况。

1987年9月2日，县人大常委会在县总工会大会议室隆重举行首次向县政府组成人员颁发任命书大会。县委、人大常委会、政府、政协、法院、检察院的主要负责人出席会议，政府组成机构和工作部门的负责同志共81人参加会议。雷家寿主持会议；王道钦向县政府组成人员颁发任命书，要求被任命人员讲理想，讲学习，讲纪律，讲团结，不负重托，不辱使命。财委主任、轻工局局长代表受任人员作表态发言。县委书记孙在田就人大的性质、地位和作用，权力机关与执行机关的关系发表重要讲话，要求人民公仆尽职尽责、加强学习、努力工作、改进作风、清正廉洁，特别强调千万不要以权谋私。

十届人大常委会第4次会议，于1987年9月17日至19日在人大常委会会议室召开。会议听取和审议县政府《关于我县电力建设和商品粮、柑橘、茶叶、速生丰产林、瘦肉型猪等“五大基地”建设情况的汇报》，对“五大基地”建设提出了“普及科学技术、落实责任制和经济政策、健全基地办事机构、各地办样板、发展饲料加工业”等工作建议。对银坪电站新建工程、石江电厂扩建工程提出了督办意见。审议并通过了《关于监督我县司法机关执行法律的决议》。

十届人大常委会第5次会议，于1987年11月17日至19日在人大常委会会议室召开。会议听取县政府办公室《关于十届人大一次会议代表建议、批评和意见处理落实情况的汇报》，表示比较满意。听取法院《关于民事审判工作的汇报》、人大常委会法制工作委员会《关于〈民事诉讼法〉实施情况的调查汇报》，对民事审判工中的处理难、调查取证难、执行难，讨论了逐步解决办法。人大常委会办公室汇报了关于市人大换届的工作情况。

十届人大常委会第6次会议，于1987年12月14日在人大常委会会议室召开，审议并通过邵阳市第十届人民代表大会代表候选人名单。决定于12月26日至27日举行十届人大二次会议，选举邵阳市第十届人民代表大会代表。

十届人大常委会第7次会议，于1988年1月26日至28日在招待所召开，听取并审议县教委《关于〈义务教育法〉执行情况的汇报》，会议要求县政府切实组织乡镇人民政府，动员全县人民，解决办学中的问题和困难，力争2000年前实现普及九年制义务教育的目标。会议听取和审议了人大常委会办公室《人大常委会1988年工作要点（草案）的说明》，经补充完善，原则通过《十届人大常委会1988年工作要点》。会议还通过了有关人事任免。

十届人大常委会第8次会议，于1988年3月26日至28日在招待所召开。听取和审议农业银行《关于支农信贷资金安排情况的汇报》、供销联社《关于支农工作情况的汇报》、工商局《关于工商行政管理工作的汇报》、县政府《关于在全县农村开征教育事业费附加的建议》。会议还通过了有关人事任免事项。会议决定十届人大三次会议于4月10日举行，并通过了人大常委会的工作报告。

十届人大常委会第9次会议，于1988年5月26日至28日在招待所召开。听取和审议国土局《关于〈土地管理法〉贯彻落实情况的汇报》、卫生局《关于近三年执行〈食品卫生法〉的情况汇报》、人大常委会财政经济工作委员会《关于调查高沙、山门、西中等乡镇贯彻实施土地管理法情况的汇报》、人大常委会教科文卫工作委员会《关于食品卫生法（试行）贯彻实施情况的调查汇报》，作出《关于认真贯彻执行〈中华人民共和国土地管理法〉的决议》、《关于深入贯彻实施〈中华人民共和国食品卫生法（试行）〉的决议》。会议听取了胡定龙副主任关于市人大常委会联络工作会议精神的汇报，决定人大常委会增设选举任免联络工作委员会。会议审议通过了《洞口县人大常委会会议议事规则》和部分人事任免事项。

1988年6月1日，王道钦在人大常委会会议室主持召开主任会议，曾广权县长应邀出席。县人大常委会根据人大代表对县图书馆在大会场左侧5米处新建三层楼图书库、高沙食品站在原址修建肉类联合加工厂的反对意见，委托肖健录、龙际红分别组织有关人员做了调查，肖健录、龙际红向主任会议作调查汇报，主任会议进行了讨论，提出如下处理意见：图书库的选址是县委常委会决定的，县委、县政府领导参加了放样，这是县委、县政府考虑不周，缺乏规划观念和环保意识，应深刻吸取教训；进入三层施工时，县政府领导和部分人大代表虑及图书库会严重影响大会场的光照和通风，多次口头制止且发出书面停工通知，而图书馆的主要负责人不听制止，这是十分错误的；鉴于现有书库容量不足，图书馆主要负责人已作了深刻检讨，为避免造成重大经济损失，同意由县政府转告建委，批准复工。高沙食品站在原址修建肉类联合加工厂的问题，责成建委、环保局组织力量调查论证，向人大常委会和县政府常务会议汇报后再定，务必持慎重态度。会议强调，今后各部门各单位的基建项目，必须按城建规划和环境保护法运作，严格审批手续，绝对不准“有法不依、以权代法”再发生。

十届人大常委会第10次会议，于1988年7月13日至15日在招待所召开。听取和审议经委《关于1988年上半年工业生产情况的汇报》、财政局《关于1988年上半年财政预算执行情况的汇报》。会议指出，有些工业企业改革步子不快，经济效益差，财政监督不力，纪律松弛，下半年财政收入任务艰巨。要求县政府进一步深化改革，继续深入开展“双增双节”活动，努力提高经济效益，千方百计完成全年工业生产计划和财政收入任务。会议听取和审议了县政府关于山门、毓兰、竹市、江口四镇的城建规划并做出决定。会议批准县政府关于追加财政支出预算的报告，还通过了人事任免事项。

十届人大常委会第11次会议，于1988年9月20日至24日在招待所召开，县委书记孙在田出席了后阶段的会议。会议听取和审议了民政局、卫生局的工作汇报，听取了人大常委会教科文卫工作委员会《关于十届人大常委会9次会议作出〈关于贯彻食品卫生法（试行）的决议〉后的执行情况的调查报告》。会议严肃指出，民政部门的扶贫工作抓得不够，一些地方的五保户供养没有完全落实，对《中华人民共和国婚姻法》的宣传也不广泛深入；人大常委会关于贯彻执行食品卫生法的决议公布后，一些单位不宣传不贯彻不执行。会议要求县政府采取有效措施，切实解决存在的不可忽视的扶贫、五保户供养和食品卫生问题。会议听取了曾广权县长《关于撤销胡济泉副县长职务的提议》和邵阳市纪委调查组《关于胡济泉同志在营建私房中所犯错误的调查情况介绍》，会议充分发扬民主，认真进行审议，根据多数委员的意见，决定本次会议暂不作表决。

十届人大常委会第12次会议，于1988年11月17日至20日在人大常委会会议室召开。县委书记孙在田、县长曾广权列席了第一天的会议，对“撤销胡济泉副县长职务的提议”进行了表决，表决结果：免去胡济泉副县长职务；决定任命梁恩龙为县人民政府副县长。会议听取和审议公安局《关于公安派出所工作情况的汇报》、法院《关于法庭工作情况的汇报》、检察院《关于执法监督情况的汇报》、法制工作委员会《关于人大常委会监督本县司法机关执行法律的决议》执行情况的汇报、人大常委会4个视察组视察人民法庭和公安派出所的汇报，指出了公检法在执法过程中存在的一些问题，并提出了解决问题的办法。会议听取了县政府办公室《关于办理十届人大三次会议代表建议、批评和意见的情况汇报》。审议了山门代表团在十届人大三次会议上提出的《关于保护学校合法权益，维护学校正常秩序的议案》，通过了《关于维护学校合法权益的决议》。会议审议、批准了县政府关于追加预算支出的报告，还通过了人事任免事项。

1989年1月7日至10日，县人大常委会在县招待所召开人大工作经验交流会。各区人大工作联络员，乡镇人大主席团常务主席，部分乡镇党委、政府负责人，部分县人大代表出席会议。县委书记孙在田、县长曾广权出席会议并先后发表讲话。高沙、蒋溪、竹市、山门、石背5个乡镇人大主席团，江潭、花古2个乡党委，城关镇人民政府介绍了做好人大工作的经验；罗恢来、肖凤莲、张中琪、舒和田、胡纯尧等13位县代表报告了工作情况。胡定龙副主任作总结讲话，要求把会议精神传达到代表小组，各代表小组要学习先进经验，创新工作方法，推动全县人大工作上新台阶，上新水平。

十届人大常委会第13次会议，于1989年1月14日至16日在人大常委会会议室召开。会议听取和审议县政府副县长、“三大检查”领导小组组长吴聚怀《关于开展税收、财务、物价三大检查的情况汇报》、国土局《关于土地管理情况的汇报》。会议要求，县政府要把“三大检查”作为重要工作抓紧抓好，下大力气继续清理“官倒”“私倒”，切实抓好农药、化肥的管理和经营，向广大农民群众交一份满意的答卷。会议讨论、修改并通过了《洞口县人大常委会1989年工作要点》，作出《关于设立洞口县人大常委会农业工作委员会的决定》。还通过了人事任免事项。

1989年3月25日上午，人大常委会首次召开与“一府两院”联席会议，讨论、通过《洞口县人大常委会、人民政府、人民法院、人民检察院工作联系制度（试行）》。

十届人大常委会第14次会议，于1989年3月25日至26日在人大常委会会议室召开。会议听取和审议财委《关于支农工作的汇报》、教委《关于教育经费及学校收费情况的汇报》、人大常委会财政经济工作委员会《关于支农工作的调查报告》、教科文卫工作委员会《关于教育收费情况的调查报告》。会议审议并原则通过人大常委会《关于审议、决定本行政区域内重大事项的规定（试行）》《关于监督国民经济和社会发展计划、财政预算执行情况的规定（试行）》《人事任免办法（试行）》、《代表工作若干规定（试行）》《主任会议议事规则（试行）》。会议讨论研究了十届人大四次会议的筹备工作，并通过了人大常委会在十届人大四次会议上的工作报告。还通过了有关人事任免。

十届人大常委会第15次会议，于1989年4月7日在人大常委会会议室召开。根据中共邵阳市委的建议，委员们进行了认真的讨论，决定延期召开十届人大四次会议，具体日期授权主任会议确定。

十届人大常委会第16次会议，于1989年5月15日至17日在招待所召开。会议听取和审议卫生局《关于贯彻实施〈药品管理法〉的汇报》、建委《关于城建规划实施情况的汇报》、环保局《关于环保工作情况的汇报》、审计局《关于审计工作的情况汇报》，听取人大常委会教科文卫工作委员会《关于城关、高沙两镇医药市场管理情况的调查汇报》、财经工作委员会《关于城建规划实施情况的调查报告》。会议向县政府提出了《依法整顿医药市场的督办意见》。雷家寿副主任传达省七届人大二次会议的主要精神，会议讨论和决定了召开县十届人大四次会议的相关事项。

十届人大常委会第17次会议，于1989年7月15日至17日在人大常委会会议室召开。会议学习邓小平接见戒严部队军以上干部的讲话、李鹏和江泽民的讲话，认清形势，贯彻落实中共十三届四中全会精神，要特别注意抓好四件大事，稳定洞口大局。会议听取和审议了经委《关于贯彻执行〈企业法〉的汇报》、林业局《关于林政工作的汇报》。曾广权县长就十届人大四次会议期间代表提出的“关于高沙城镇规划的质询案”作了回答，决定动真的，统一国土、城建规划和高沙区、镇的思想，统一行动，依法办事，坚决拆除违章建筑。会议决定按法律程序支持政府工作，维护政府权威。会议讨论了人大常委会下半年的工作安排；还通过了人事任免事项。

十届人大常委会第18次会议，于1989年9月29日、30日在人大常委会会议室召开。听取和审议民政局《关于〈婚姻法〉执行情况和婚姻管理的汇报》，与会人员对结婚收费、未婚先孕、丢失女婴、性病死灰复燃等社会现象表示强烈不满，会议要求：“一府两院”、县委政法委、妇联采取综合措施，刹住歪风，决不能任其蔓延。县长曾广权表态：委托常务副县长梁恩龙从明天起，全权负责，集中精力抓这项工作，保证向人民交一份满意的答卷。会议决定任命林大鸣为科技副县长；通过了法院院长提请的任免名单。会议还讨论了继续开展“三大检查”和计生手术医院搬迁的问题。

十届人大常委会第19次会议，于1989年11月1日下午在县人大常委会会议室召开。胡定龙传达邵阳市县乡人大换届选举工作会议精神。检察院报告了2名县代表的经济问题。人大常委会原任命的两名干部工作变动，去区乡任职，提出辞职请求，会议予以通过。

十届人大常委会第20次会议，于1989年11月14日至16日在人大常委会会议室召开。会议听取、审议了公检法的工作汇报，并提交了整改建议。县政府委托财政局提请追加财政预算，会议授权主任会议审定。县政府办公室汇报了办理十届人大四次会议代表批评、意见和建议的情况，梁恩龙副县长就十届人大四次会议代表提出的“城建违章建房质询案”作了答复。会议根据王道钦本人的请求，同意他辞去常委会主任职务，推选副主任雷家寿代理主任职务。会议讨论了换届选举的有关问题，决定成立县选举委员会，并任命了乡镇选举委员会组成人员。会议通过了部分干部任免名单。

十届人大常委会第21次会议，于1989年12月21日、26日晚分两阶段在人大常委会会议室举行。第一阶段听取和审议了“反贪污、反腐败”领导小组开展“两反”工作的汇报、县政府关于扫除“六害”（卖淫嫖娼、制作贩卖传播淫秽物品、拐卖妇女儿童、私种贩运吸食毒品、聚众赌博、利用封建迷信骗财害人）情况的汇报，会议认为，这两大工作已初见成效，但还不深入，要求“一府两院”继续抓紧抓好。第二阶段听取和审议洞口县中国银行建设用地选址的报告，会议提出了一些设想，鉴于当前的城建规划用地敏感而复杂，黄金地段用地还要上报市级审批，故委托广权、家寿向县委孙书记报告，待统一思想后再作定论。

十届人大常委会第22次会议，于1990年2月7日至8日在县人大常委会会议室召开。会议学习中央[1990]1号文件。会议检查、研究了十一届人大一次会议的筹备工作，通过了人大常委会的工作报告，通过了列席人员名单，通过了大会议程（草案）和主席团等建议名单。还通过了法院院长提请的任免名单。会议初审了财政工作报告。

第四节 十一届人大常委会重要会议

十一届人大常委会第1次会议，于1990年3月5日、3月21日至23日分两段举行。3月5日，学习中共中央[1990]2号文件和地方组织法的有关章节，会议要求组成人员不负人民重托，积极为代表和选民服务，认真履职，为监督和支持"一府两院"的工作、振兴洞口经济做出应有的贡献；讨论通过《洞口县十一届人民代表大会一次会议至二次会议期间常务委员会工作要点》。第二阶段，听取和审议文化局《关于贯彻实施〈湖南省文化市场管理条例〉的情况汇报》、公安局《关于深入开展除"六害"的情况汇报》、经委《关于三个预算内企业计划外亏损原因及对策的汇报》，表示基本满意。会议依法对换届后的33名政府组成机构主要负责人和法院、检察院的工作人员进行了任免。根据主任会议提请，补选李本泳、雷家寿为邵阳市第十届人民代表大会代表。

十一届人大常委会第2次会议，于1990年5月23日至26日在人大常委会会议室召开。（1）听取、审议刘千苟副县长《关于办理十一届人大一次会议议案〈解决干旱死角地区水利问题〉的汇报》，听取人大常委会农业工作委员会的调查报告，通过《关于解决干旱死角地区水利问题的决议》。（2）听取和审议供销社《关于支农工作的汇报》、农业银行《关于发放支农资金、支援春耕生产的汇报》，会议要求切实抓好农资专营工作，兴办"庄稼医院"。（3）听取并审议教委《关于农村教育事业附加费征收情况和学校预算外经费管理情况的汇报》，听取人大常委会教科文卫工作委员会对以上问题的调查报告，会议要求推广醪田乡的经验，完成教育附加费征收任务；强调指出，学校不能乱收费，教委要组织自查，自查自纠的可以从宽处理，问题严重的要从严处理；责成教委在下次例会前向主任会议报告自查自纠情况和下学期的收费标准及收费办法。（4）会议还听取和审议了计生委《关于贯彻实施〈湖南省计划生育条例〉的情况汇报》、老龄委《关于老龄工作的汇报》，并分别提出了交办意见。（5）审议通过人事任免事项。

十一届人大常委会第3次会议，于1990年7月15日至18日在人大常委会会议室召开。（1）听取和审议水利水电局《关于水利电力设施管理保护情况的汇报》，听取调查组的调查报告，根据十一届人大一次会议授权，通过《关于保护水利电力设施的决议》，向"一府两院"交办。（2）

听取和审议财政局《关于上半年财政预算执行情况的汇报》、税务局《关于上半年税收征管情况的汇报》，基本满意。（3）听取和审议检察院《关于开展“两反”斗争的汇报》、监察局《关于开展反腐败斗争、促进廉政建设的汇报》，分别提出了工作建议。（4）学习省七届人大二次会议通过的《湖南省禁止向农民乱收费乱摊派的规定》，决定对贯彻“规定”的情况进行一次全面检查。（5）审议、通过人事任免。

1990年8月9日，雷家寿主任在人大常委会会议室主持召开主任（扩大）会议，听取和审议教委《关于乱收费乱支出自查自纠情况的汇报》，会议认为各区、镇、乡和中学、中心小学都有所行动，但都不深入，表面工夫，鸡毛扫帚，没有比较过硬的措施。要求县政府和教委：（1）组织力量抽查几所重点学校，问题不太大的交乡镇人大主席团组织检查纠正，问题较多较大的由县政府处理；（2）下学期的收费必须统一，而且在校门口公开，教委要一抓到底，抓住正反两个方面的典型上报；（3）属教委本身的问题，由教科文卫工作委员会负责调查研究。会议强调，此举十分敏感，关系党群、政群关系，务必抓紧抓实，教委要拿出负责任的自查自纠文字材料，连同各区、镇、乡教育办和各中学的自查自纠总结材料一并上报县委、人大常委会、县政府。

1990年8月27日、29日，雷家寿主任两次在人大常委会会议室主持召开主任（扩大）会议，分别听取和审议检察长《关于开展反贪污、反贿赂和成立“两反局”的工作汇报》、农委《关于减轻农民负担的情况汇报》和县政府《关于成立“减轻农民负担办公室”和加强“减负”工作的情况汇报》。会议严肃指出：人大代表对“两反”和“减负”十分关注，但检察院的“两反”不深入，没有声势；县政府对“减负”不重视，还处于被动阶段，必须提高认识，并且要采取有效措施，真正减轻农民一些负担，不然的话，不好在十一届人大二次会议上交代。会议还研究了检查“少数民族条例”贯彻落实情况、教科文卫工作委员会开展执法检查等具体工作。

十一届人大常委会第4次会议，于1990年9月25日至26日在人大常委会会议室召开。听取和审议经委《关于1990年前三季度工业生产情况的汇报》、交通局《关于公路建设管理和运输市场秩序的汇报》，听取人大常委会财政经济工作委员会对上述两大工作的调查报告；会议对工业生产没有完成进度计划、农民在公路上开挖水沟、运输市场秩序混乱、占路为市等问题向政府提出交办意见。还进行了人事任免。

1990年10月9日下午至10日上午，雷家寿主任在人大常委会会议室主持召开主任（扩大）会议，8个区的人大联络工作委员会主任参加会议。会议重点学习江泽民关于人大工作的重要讲话，学习上海市和山东省运用总书记的讲话精神做好人大工作、稳定局势、发展大好形势的经验，并联系各区人大工作实际，交流情况，找差距，谈打算，明确职责，做好下阶段的工作。

十一届人大常委会第5次会议，于1990年11月20日至22日在人大常委会会议室召开。（1）听取和审议县政府办公室《关于办理十一届人大一次会议代表建议、批评和意见的情况汇报》、法院《关于经济审判工作的汇报》、建委《关于〈城市规划法〉贯彻实施情况的汇报》、环保局《关于〈环境保护法〉贯彻实施情况的汇报》、农委《关于减轻农民负担情况的汇报》、财政局《关于追加和调整1990年支出预算的报告》、水利水电局《关于建设我县农村初级电气化前期准备工作情况的汇报》；分别提出了审议意见和工作建议。（2）讨论修改城关镇和石江镇的总体规划。（3）人事任免。（4）雷家寿主任就十年地方人大工作总结活动作了安排，要求各区镇乡组织人大代表对十年人大工作进行座谈，并为即将召开的全县人大工作经验交流会做准备。

1990年12月1日　县人大常委会在人民会场举行洞口县人大常委会设立十周年报告会。雷家寿主任作题为《认真行使法律赋予的职权，促进我县政治、经济和社会稳定发展》的讲话；县长李本泳作题为《自觉接受人大监督，积极做好政府工作》的讲话；县委书记孙在田作题为《坚持和完善人民代表大会制度，支持人民代表大会及其常务委员会依法行使职权》的讲话，要求进一步提高各级领导对人大性质、地位和作用的认识，推进洞口县的人大工作，完善人民代表大会制度。

十一届人大常委会第6次会议，于1991年1月21日至23日在人大常委会会议室召开。（1）听取并审议县政府《关于1990年农业生产情况和1991年农村工作要点的汇报》，对于县政府1990年组织抗大旱，大旱之年夺丰收表示充分肯定，对于1991年的农村工作提出以下建议：一要增加投入；二要狠抓水利建设，进一步落实《关于解决干旱死角地区水利问题的决议》；三要稳定科技队伍，健全科技网络，推广“1331”工程；四要抓好多种经营，并积极疏通流通渠道；五要安排好贫困乡、重灾村的群众生活，特别要解决无粮户的口粮问题。（2）听取并审议计委《关于“八五”计划和十年规划设想草案》，与会人员提出一些修改补充意见，建议县政府进一步讨论完善，提请人民代表大会审定。（3）听取并审议县政府《关于1990年财政预算追加情况的汇报》，对追加项目进行了逐项审查，同意追加预算299.1万元。（4）审议县政府《关于收取预防保健基金的请示》，原则同意《洞口县保健基金管理细则》，但不能与上级有关文件精神相抵触。（5）接受傅久梅辞去十一届人大常委会委员的请求。（6）人事任免事项。（7）授权主任会议研究决定十一届人大二次会议的准备工作。

1991年1月30日至2月1日，县人大常委会在招待所召开洞口县十年人大工作和建设经验交流会，“一府两院”、县直各单位和区、镇、乡党委、人大、政府的主要负责人参加会议。人大常委会主任雷家寿作主旨发言；县政府办公室、石江区委、高沙镇党委等11个单位和个人分别介绍经验。县委书记孙在田就各级党委如何加强对人大工作的领导、尊重人大及其常委会法定地位，依法支持各级权力机关行使职权讲了六点意见：要进一步理顺党委和人大的关系；党委要协调好人大与“一府两院”的关系；各级党组织必须在宪法与法律的范围内开展活动；从制度上保证加强和改善党对人大工作的领导；积极支持县、乡镇两级人大依法行使职权；要十分重视和关心人大的建设。人大常委会办公室编印了《1980—1990年人大工作和建设经验材料汇编》。

十一届人大常委会第7次会议，于1991年3月11日至13日在人大常委会会议室召开。（1）听取并审议教委关于《洞口县九年义务教育实施规划》的汇报，认为规划切合实际，通过努力是可以实现的，要求分步落实，以适应财政和人民群众的承受能力，当前要抓紧宣传发动，特别要在乡镇形成“百年大计，教育为本”的氛围，调动广大人民的积极性，保证规划实施。（2）审议《洞口县初级卫生保健实施规划（1991—2000年）》，原则通过。（3）审议张宏义、肖承嗣、卿启文三名委员提出的《关于建立贯彻执行县人民代表大会及其常委会决议、决定和落实会议纪要等反馈制度的议案》，认为三名委员所提议案符合实际，决定立案，并作出《关于建立贯彻执行县人民代表大会及其常务委员会决议、决定和落实会议纪要等反馈制度的决议》。（4）讨论、通过人大常委会在十一届人大二次会议上的工作报告，初审财政工作报告，研究十一届人大二次会议的有关事项。（5）通过人事任免事项。

1991年4月5日，雷家寿主任在人大常委会会议室主持召开主任（扩大）会议。（1）听取水利水电局《关于执行人大常委会〈关于解决干旱死角地区水利问题的决议〉和〈关于保护水利电力设施的决议〉的工作情况汇报》，认为前段执行“两个决议”措施得力，效果明显，日后要对“三年规划和分步实施计划”狠抓落实，对重点干旱死角要适当倾斜，对小型水利工程要加强管理，提高效益，对遗留问题要抓紧处理，不留隐患。（2）听取科委《关于科技兴农工作的汇报》后。对实施“1331”科技工程予以充分肯定，要求县政府不断增加科技投入，建设示范点、示范区，促进新技术、新品种的推广，特别要重视边远贫困地区的科技兴农，重点考虑技术力量的安排。会议还审议了县财政对农业的投入，对1990年的投入表示满意，要求1991年继续提高比例，并着手筹集农业发展基金。

十一届人大常委会第8次会议，于1991年5月15日至17日在人大常委会会议室召开，县人武部的领导同志应邀列席会议。（1）听取和审议县政府关于贯彻执行

《中华人民共和国兵役法》《中华人民共和国民兵工作条例》、《中华人民共和国国防教育条例》的情况汇报，在肯定成绩的基础上，对征兵工作中的不正之风提出了批评，对日后工作提出建议：将“一法两条例”列入第二个五年普法教育的内容，继续加大宣传贯彻力度；国防教育要从领导抓起，重点在机关、厂矿、学校；民兵训练要重质量，训练经费要按规定筹足，保证专款专用；征兵要增强透明度，接受人民群众监督。（2）听取和审议计划生育工作汇报，对“审批制度不完善、生育二胎把关不严、经费管理不规范”提出了批评，要求严格把好二胎审批关，杜绝人为地错发证，特别提出，要对1990年以来的计划外生育费的管理使用进行一次全面清查，对发现的问题要严肃处理。（3）听取和审议司法局《关于普法工作的汇报》，对第一个五年普法工作比较满意，对“二五”普法规划提出了完善意见，要求普法形式多样化，讲求实效，作出《关于在全县公民中继续普及法律常识的决议》。（4）审议经委《关于国营企业第一轮承包结果和完善落实第二轮承包情况的汇报》，强调第二轮承包要注意调动和发挥两个方面的积极性，一是承包集团的积极性，二是职工群众的积极性，两者不可偏废，关键是贯彻执行《中华人民共和国企业法》，完善内部配套改革，公开分配制度和方案，充分发挥职代会的作用。（5）通过人事任免事项。

十一届人大常委会第9次会议，于1991年7月16日至19日在人大常委会会议室召开。（1）听取和审议上半年财政预算执行情况和税收征管情况的汇报，要求大力开展“双增双节”活动，认真组织和开展“三大检查”，对违背财政纪律、“先斩后奏”的部门要批评。会议从实际情况出发，同意追加预算支出47.8万元。（2）听取和审议县政府《关于“四年消灭宜林荒山、八年绿化洞口”规划实施情况的汇报》，通过《关于消灭宜林荒山、绿化洞口的决议》。（3）听取和审议公安局《关于社会治安综合治理情况的汇报》，认为治安形势相当严峻，治安案件成倍增加，重大恶性案件频繁发生，群众反映强烈；经过审议，做出《关于加强社会治安综合治理的决议》，向县政府、公检法司交办。（4）审议县政府《关于制止“三乱”、纠正行业不正之风和“减负”情况的汇报》，认为县政府在1991年贯彻执行中央文件不力，工作效率不高，导致“三乱”反弹，要求县政府从领导机关特别是一把手抓起，抓思想认识，抓自查自纠，建议县委、县政府组织督促检查，对群众反映强烈、问题严重的单位予以严肃处理。人大常委会教科文卫工作委员会介绍了卫生系统治理“三乱”的情况，建议县政府在全县推广他们的经验。

十一届人大常委会第10次会议，于1991年9月17日至20日在人大常委会会议室召开。（1）听取和审议县政府、法院关于《中华人民共和国行政诉讼法》贯彻实施情况的汇报，建议通过“二五”普法不断提高行政单位的依法行政水平，提高公民依法保护自己合法权益的能力，通过举办学习班、案例剖析、法院公开审理行政案件等多种形式，进一步提高各级行政人员的执法水平。（2）听取人大常委会财政经济工作委员会《关于集贸市场建设和管理的调查报告》，审议工商局《关于我县“八五”期间集贸市场建设和管理工作的汇报》，在肯定成绩的同时，指出了存在的“设施简陋、模式单一、管理松懈”等问题，做出《关于加强集贸市场建设和管理的决议》。（3）分别听取并审议人事局和劳动局招收录用国家干部、劳动就业情况的工作汇报，提出以下建议：继续实行“公开、平等、择优、监督”的原则，增加透明度；严明招工招干纪律，杜绝徇私舞弊现象；清理计划外用工；努力把工商企业搞上去；有计划地搞好劳务输出。（4）听取县政府《关于1991年全县开展多种经营的情况汇报》，就生猪生产滑坡、柑橘生产品种单一等问题，提出“从洞口的实际出发，推广先进的科学技术，搞出洞口特色，在抓好种养的同时，抓好加工、销售、协调发展”等建议，向县政府交办。（5）会议原则同意城关镇人民政府“在建好防洪堤的基础上开发城南局部水淹区”的请求。（6）人事任免。还通报了醪田乡人民代表大会罢免乡长职务的决定。

十一届人大常委会第11次会议，于1991年11月27日至30日在人大常委会会议室召开。（1）听取和审议经委《关于开展“质量、品种、效益年”活动的情况汇报》，表示比较满意；同时指出“产品积压、三角债多、资金周转困难、外部环境欠佳、工农纠纷频发”等存在的问题，建议县、区、镇、乡各级领导拿出抓农业的劲头办工业，将此纳入岗位责任制考核；建议企业走出去，与大中型企业和科研机构联营、挂钩，增强活力；将以上建议、意见向县政府交办。（2）听取和审议乡镇企业委员会《关于1991年乡镇企业工作的汇报》，提出“各级政府要切实加强对乡镇企业的领导，搞好宏观调控，调整产品结构，充分利用本地资源为大工业服务，积极上一些国家推广的‘星火’项目，像高沙镇那样，年年上新项目”等工作建议向县政府交办。（3）听取人大常委会选举任免联络工作委员会、县政府办公室、法院关于十一届人大二次会议代表议案、建议、批评和意见办理情况的汇报，会议同意将过去只在大会期间收集代表意见改为提前两个月收集，提前一个月交“一府两院”办理，并由县政府在大会上答复。（4）接受李本泳辞去县长职务、林大鸣辞去副县长职务的请求，报十一届人大三次会议备案；任命邓隆禹为副县长，决定为代理县长。（5）通过《人事任免办法（试行）》。

十一届人大常委会第12次会议，于1992年2月25日至27日在人大常委会会议室召开。（1）听取和审议县政府关于1991年财政预算执行情况的汇报、关于6个集镇规划修编情况的汇报、关于农业生产情况的汇报。会议认为财政形势严峻，累计赤字已达1480万元，相当于全年财政收入的一半，要求县政府拿出抓农业的劲头抓工业，突出抓重点企业和重点产品；在决不放松粮食生产的同时发展多种经营，发展优质米；县属机关要带头过紧日子，压缩小车经费，从严控制办公经费膨胀，并压缩非生产性基建开支。会议决定，除天灾人祸外，一般不追加预算支出。会议对山门、江口、黄桥、竹市、毓兰5个镇的规划修编予以通过；高沙镇城建规划修编暂不通过，建议县政府对过境路的宽度、农药厂是否摆在规划区内等问题再慎重讨论一次。会议对1992年的农业生产提出了“抓当前、想长远”、科技兴农、提高劳动力素质，落实十大开发项目等新的建议。（2）研究召开十一届人大三次会议的有关事项，审议、通过人大常委会在三次会议上的工作报告。（3）会议决定，十一届人大三次会议于3月17日至20日在县城举行。

十一届人大常委会第13次会议，于1992年4月14日至16日在人大常委会会议室召开。（1）听取和审议县政府《关于“二五”普法启动情况的汇报》和人大常委会法制工作委员会《关于启动“二五”普法的调查汇报》；会议要求提高对普法工作的认识，不留死角，从领导干部抓起，讲求实效，克服形式主义，防止走过场。审议、通过《关于开展依法治县的决议》向“一府两院”交办。（2）就组织人大代表评议司法机关的工作进行部署：一要做好代表的思想发动和司法机关内部的发动；二要加强领导和指导，把握关键；三要抓住重点；四要落实整改。（3）学习中共中央[1992]2号文件。（4）人事任免。

十一届人大常委会第14次会议，提前于1992年5月23日至24日在人大常委会会议室召开。根据人大常委会主任、县人民政府县长、法院院长的提请，审议、通过任免名单。要求新任人员以改革的精神大胆开展工作，尽快熟悉情况，抓住新单位的重点和难点，有所突破，有所创造，有所前进。

十一届人大常委会第15次会议，于1992年7月10日至11日在人大常委会会议室召开。听取和审议县教委关于实施《洞口县九年义务教育实施规划（草案）》的情况汇报、财政局关于1992年上半年财政预算执行情况的汇报、税务局关于1992年上半年税收征管情况的汇报，提出以下要求：各级政府领导班子提高认识，摆正位置，加强小学建设；切实落实“五个口子”保证经费；财政拨发工资要坚持“先教育、后机关”；各教学单位要根据中央2号文件的精神大胆搞活，抓好勤工俭学，办好校办企业，积极创收；教委实行的教师聘任制试点是成功的，在总结经验的基础上要尽快铺开。会议对财税“双过半”表示满意，要求进一步搞好财税宣传，提高全民的财税意识，发展生产，培植财源税源；强化税收征管，依法治税；坚持落实十一届人大三次会议通过的《关于对全县机关、事业单位小车实行严格控购、加强管理、限额开支的决议》。会议研究并通过了《关于评议司法机关工作整改验收的六条标准》；还审议、通过了人事任免事项。

十一届人大常委会第16次会议，于1992年8月13日至15日在人大常委会会议室召开。听取高沙、城关两镇经济开发、城建规划执行情况、市场建设和管理情况的汇报并赴实地考察；听取并审议建委关于贯彻实施《中华人民共和国城市规划法》情况的汇报、工商局关于市场建设和管理情况的汇报。会议对近年出现的一些干部群众规划观念淡薄、越权审批、违法违章建房、农村集市管理薄弱、以路为市、土地征用中的敲诈勒索等问题，提出了批评，并责成县政府及职能部门采取积极措施制止、消除。会议要求：认真落实人大常委会发布的《关于加强集贸市场建设和管理的决议》，建设资金主要来自国家、集体和个人，并大胆吸收外资，加快大市场的建设；进一步宣传城市规划法，严格依法办事，特别是领导干部不能长官意志乱批乱表态；国土和城建部门要加强队伍建设，提高队伍素质，适应形势；市场管理以工商部门为主，各界配合，突击抓和经常管相结合，重点解决以路为市的问题；市场整顿的重点是打击伪劣商品，维护消费者权益。会议根据县长提名，任命欧迪增为县人民政府副县长。

十一届人大常委会第17次会议，提前于1992年9月18日在人大常委会会议室召开，县委书记李本泳出席会议。会议传达邵阳市换届选举工作会议精神，决定成立洞口县选举委员会，共由15人组成，由县委副书记王德戎任主任。会议还通过人事任免事项。

十一届人大常委会第18次会议，于1992年10月22日至24日在人大常委会会议室召开。（1）听取和审议县政府办公室关于代表建议、批评和意见办理情况的汇报，认为今年的办结率和满意率均好于上年。（2）听取和审议国土局关于土地管理法贯彻实施情况的汇报，在肯定成绩的基础上指出了存在的问题：一些领导同志法制观念不强，越权审批，随意表态，以罚代法，一批违法占耕地建房案件未能及时查处，且土地“隐形”非法交易相当活跃，非法出租和买卖土地的现象时有发生，土地资产流失相当严重。要求进一步加大宣传力度，重点是各级领导干部要懂法，带头依法办事，层层层建立责任制，完善管理机制；要适应新形势，搞好土地管理使用制度的改革；尽快配好配强乡镇土地管理员，办好交接手续。（3）听取和审议公、检、法、司“四长”关于县人大代表评议司法机关工作落实整改情况的汇报后，认为整改落实工作不平衡，法院的领导重视，行动迅速，措施得力，办理较快较好；有些单位就不当作一回事，敷衍了事，办理情况很不理想，既没有查找问题症结，更没有查处落实的迹象；会议要求继续提高认识，这是公仆对主人的态度问题，既要加快办理进度，更要采取有力措施抓整改落实，保证办理质量，让代表满意。会议根据县长提请，免去黄长勇副县长职务。

十一届人大常委会第19次会议，于1992年12月22日至24日在人大常委会会议室召开。县委副书记、新任命的人大常委会党组副书记袁仁祝应邀出席会议，（1）会议再次听取并审议公检法司“四长”关于人大代表评议司法机关工作整改落实情况的汇报，严肃指出，整改落实情况还不能令人满意，交办的案件至今尚未办结办好，个别领导和少数干警不能以正确的态度对待代表评议意见；要求提高认识，端正态度，安排专门力量抓紧办理，对违法违纪干警要严肃处理。（2）听取并审议农委《关于农业资源综合开发工作情况的汇报》、林业局《关于“消荒”达标情况的汇报》，会议表示满意，并向政府建议：列出专项资金，大胆吸收外资，加快开发速度，扩大开发规模，利用山地资源，开辟一些市场需求量大、销路广、效益高的拳头产品。（3）研究召开十二届人大一次会议的有关筹备工作，初审财政工作报告，审议、通过人大常委会工作报告和代表资格审查报告。（4）会议决定，十二届人大一次会议于1993年1月1日在县城开幕。

第五节 十二届人大常委会重要会议

1993年1月8日，十二届人大常委会主任袁仁祝在人大常委会会议室主持召开主任会议，县委书记李本泳、十一届人大常委会主任雷家寿应邀出席会议。会议研究十二届人大常委会的工作重点，侧重研究了1993年的工作要点，并决定于2月23日召开本届常委会第1次会议。会议决定聘请雷家寿为人大常委会特邀顾问。

十二届人大常委会第1次会议，于1993年2月21日至23日在人大常委会会议室召开，听取并审议县政府《关于1992年财政决算情况的汇报》，批准1992年财政决算。讨论并通过《人大常委会1993年工作要点》。根据人大常委会主任、县长、法院院长、检察长的提名和人大常委会人事任免办法，听取拟任人员的简要述职后进行了表决，全部通过。会议决定接受肖和友辞去本届人大常委会委员职务的请求，并报十二届人大第二次会议备案。

1993年4月8日，吴聚怀副主任受袁仁祝主任委托，主持召开了居住县城的人大常委会组成人员会议。会议听取了法院关于县代表覃某某因拒不执行人民法院已经发生法律效力的判决，要求对其依法采取强制措施的请示汇报。会议认为覃某身为县十二届人大代表，不模范执行国家法律法规，拒不执行已经发生法律效力的判决，已触犯《中华人民共和国刑法》第157条；同意对其依法采取强制措施。

十二届人大常委会第2次会议，于1993年4月22日至24日在人大常委会会议室召开。（1）听取并审议县政府《关于制止“三乱”、减轻农民负担情况的汇报》；认为县政府虽然做了一些工作，但“三乱”现象仍然十分严重，农民负担有增无减，群众反映强烈。会议严肃指出：要把制止“三乱”当作县政府当前一项紧迫任务，组织力量清理涉农负担文件，凡不符合中办、国办文件精神的坚决予以废止；对已经发生的“三乱”问题，必须坚决彻底查处并绝对落实；要健全监督机制，迅速成立“减负”机构，充实力量，并授予实质性权力；要公开政策允许的收费项目和收费标准，接受社会监督；会议通过《关于制止“三乱”，切实减轻农民负担的决议》。（2）听取并审议建委《关于贯彻实施〈城市规划法〉的情况汇报》，肯定了成绩，提出了“缺乏远见、配套设施安排不太合理、职能部门不太配合、一些违法现象未能及时制止”等问题，要求采取整改措施，严格依法依规办事。（3）根据十二届人大一次会议的授权，听取并审议县政府《关于1993年财政预算草案的报告》，根据县财政的承受能力，对预算支出做了部分变更。（4）根据主任会议提议，撤销了法院一审判员职务。（5）会议审议、决定，公安局1993年罚没收入返回比例为80%。

十二届人大常委会第3次会议，于1993年6月28日至30日在人大常委会会议室召开。（1）与会人员分组视察四家全民所有制工业企业。（2）听取并审议县政府关于贯彻实施《全民所有制工业企业转换经营机制条例》的情况汇报和关于贯彻实施《中华人民共和国企业法》的工作汇报；听取了人大常委会财政经济工作委员会对以上工作的调查报告。会议指出：宣传不到位，许多企业的干部职工还不知道“一法一条例”的主要内容；贯彻措施更不到位；企业的外部环境仍然比较差等存在的问题。要求在宣传上加大力度，在学习上抓紧补课，在贯彻落实上要拿出切实可行的方案，特别是要加快改革进程，并要求司法工作面向企业，为企业排忧解难。（2）听取并审议法院《关于经济审判工作的汇报》、检察院《关于经济检察工作的汇报》，人大常委会法制工作委员会对以上两大工作的调查报告，在肯定成绩的基础上，要求“两院”进一步为经济建设服务，为企业服务，教育干警严格按法律程序办案，不越权办案，切实加强廉政建设，克服拜金主义思想，发动群众举报各类经济犯罪线索，广辟案源，主动出击。（3）建委就城关镇总体规划局部调整情况作了汇报，会议审议后同意局部小调整方案。（4）会议审议、通过“两院”部分人事任免事项。

十二届人大常委会第4次会议，于1993年8月20日至21日在人大常委会会议室召开。会前，人大常委会农业工作委员会就高效农业开发作了调查，人大常委会组成人员分成两组视察了6个区的22个高效农业开发示范点。会议听取并审议了县政府《关于高效农业开发工作的汇报》，在肯定成绩的同时，指出“技术资金短缺和产前、产中、产后服务跟不上”等存在的问题，提出“制定配套的优惠政策，组织领导协调力量，解决一些急需解决的问题；考虑规模，适度扩大，将丘岗开发一并纳入；增强市场观念，以市场为导向，把握信息，重视本地产品的深加工；整顿社会治安，扫除发展道路上障碍”等工作建议；人大常委会将在适当的时候就发展高效农业作出决议。会议听取并审议了财税工作情况的汇报，认为财税收入完成“双过半”，实属难能可贵，但面临着“收入软化、支出刚化、监督弱化”的严重局面，强调“集中一段时间清理预算外资金，清理欠税，清理临时工，严肃财政纪律。”会议通报了黄桥镇十二届人大二次会议罢免一名副镇长、部分乡镇补选正副乡镇长名单。

十二届人大常委会第5次会议，于1993年10月26日至28日在人大常委会会议室召开。（1）听取并审议县政府《关于洞口县经济开发区一年多来的工作情况汇报》，人大常委会财政经济工作委员会《关于经济开发区有关情况的调查汇报》，对所取得的成绩表示满意。会议指出：“全县到处搞开发，开而不发，经济效益差，有限的资金撒了‘胡椒面’，开发利用率不高”等问题；提出“保证重点，立足长远，尊重专家意见，集中力量搞城关、高沙两个重点开发区；县、镇和政法机关要坚决打击地霸势力，改善社会环境，为招商引资开绿灯；对已开支的开发资金组织联合审计鉴定，及时办理外借资金，未经集体研究的外借、开支款项必须妥善处理”等工作建议，向县政府交办。（2）听取人大常委会农业工作委员会关于“减负”的调查汇报，听取并审议了县政府关于1993年“减负”工作的汇报。会议对1993年的“减负”工作比较满意。要求：“把‘减负’和‘反腐’紧紧结合起来，防止‘三乱’反弹”；要认真贯彻中办、国办转发财政部《关于治理乱收费的规定》和《湖南省关于行政事业性收费管理条例》，不准搞“上有政策、下有对策”；组织力量对1993年的乡镇统筹款、教育附加费、计划生育经费“三大项”的收缴和使用情况进行一次全面清理，以严肃法纪。以上要求，由“一府两院”落实。（3）听取县政府办公室《关于十二届人大一次会议代表建议、批评和意见办理情况的汇报》，要求组织力量跟踪检查落实，不能满足答复了事，关键在于落实不落实。（4）进行人事任免事项，其中免去检察院一名副检察长职务的提议未获通过。

十二届人大常委会第6次会议，于1993年12月27日至29日在人大常委会会议室召开。（1）听取人大常委会财政经济工作委员会《关于1993年财政预算执行情况和税收征管情况的调查汇报》，听取并审议财政局《关于1993年财政预算（预计）执行情况的汇报》、税务局《关于1993年税收征管工作情况汇报》。会议认为，财税工作者已经付出了艰苦的劳动，因为大部分工业企业处于停产半停产状态，税源减少，费大于税，财政形势严峻，且乡镇编外、临时人员太多，加大了开支。会议实事求是地通过了县财政1993年度需要追加、追减的各项正常支出。（2）听取人大常委会财政经济工作委员会《关于集贸市场管理和建设的调查汇报》，听取并审议工商局《关于认真贯彻执行〈关于加强集贸市场建设与管理的决议〉的工作情况汇报》，认为集贸市场建设取得较好成绩，基本实现了“镇镇有集市，乡乡有墟场，城乡结合，布局合理”，存在的问题主要表现为“设施不配套、管理制度不健全、市管人员素质不高、管理水平偏低”。会议提出以下建议：认真落实国家工商局发布的《商品交易市场登记管理暂行办法》，确保工商行政管理部门统一监督管理的实施；积极落实省政府办公厅（1991）7号文件精神，有关部门的税费对市场建设项目实行优惠；工商、公安、城建等部门在政府领导下密切配合，参照邵东、武冈的经验，建好市场，管好市场。（3）接受段以美辞去副县长职务的请求，免去其副县长职务，并报十二届人大第二次会议备案。

十二届人大常委会第7次会议，于1994年2月22日至23日在人大常委会会议室召开。（1）听取和审议农业局《关于水稻种子生产、销售情况的汇报》、人大常委会农业工作委员会的调查报告，严肃指出：杂交水稻种子的纯度、发芽率在部分农户中有强烈的反映，认为不达标，种子公司的部分工作人员的服务态度和经营作风也有问题，销售杂交水稻种子强行搭售其他农药和微量元素肥料。要求县政府和农业部门严格执行《种子管理条例》，依法做好种子的生产、调运、销售、质量、监测等一系列工作，依法管好种子市场，商品种子由种子公司一家经营，切实把好种子质量关，努力改善服务态度，提高服务质量，对已经销售的杂交种子要派人下去做发芽试验，发芽率确实不高的要采取补救措施。（2）根据法院院长提请，通过9名法院工作人员的任免。（3）审议通过《洞口县人大常委会1994年工作要点》。（4）研究举行十二届人大二次会议的有关事宜。

1994年3月26日，袁仁祝主任在人大常委会会议室主持召开主任（扩大）会议，听取县政府关于乡镇企业情况汇报和人大常委会农业工作委员会《关于发展乡镇企业相关政策及其实施情况的调查报告》。会议提出如下建议：各级政府要认真落实《乡镇企业法》和企业自主权，稳定乡镇企业机构和领导班子，完善多种形式的经济责任制，大力推行股份合作制；对贫困地区的政策要优惠，在资金、人才、技术方面给予一些支持；乡镇企业本身要有改革开拓精神，企业负责人要特别注重勤和廉。

十二届人大常委会第8次会议，于1994年4月21日至22日在人大常委会会议室召开。（1）听取和审议县政府《关于我县科技队伍和科技网络建设的工作汇报》、县人大常委会教科文卫工作委员会的调查报告，审议后通过《关于加强科技网络建设和科技投入的决议》（以下简称《决议》）。《决议》的主要内容是：各级牢固树立“科学技术是第一生产力”的观点，真正抓好科技工作；健全科技机构，抓紧队伍建设；努力建立健全农村科技网络，发展科技示范户；建立农村科技培训基地，加强传播农村实用技术；多层次多渠道增加科技投入。（2）听取和审议农委《关于发展高效农业和农村社会化服务体系建设的汇报》、人大常委会农业工作委员会的调查报告，向县政府提出以下要求：尽快制订一套发展高效农业和社会化服务体系建设的规章，建立相应的信息技术服务网络，放宽有关高效农业规模开发的政策，各部门积极配合搞好产前产中产后服务。（3）人事任免。（4）审议、通过8个区人大联络工作委员会组成人员。

十二届人大常委会第9次会议，于1994年6月27日至28日在人大常委会会议室召开。（1）听取和审议水利水电局《关于电力管理和收费情况的汇报》，听取人大常委会、县政府、县政协和有关职能部门联合调查组《关于电力收费的综合调查报告》。认为电力部门在建设和管理上做了大量工作，但存在着“农村电价普遍偏高，电器安装劳务收费乱，部分地区供电质量差”的问题。根据十二届人大二次会议授权，作出《关于加强电力管理，制止乱收电费的决议》，要求县政府贯彻执行并督促电力部门切实整改。（2）听取和审议县政府《关于行政事业性收费、预算外资金管理情况的汇报》、人大常委会财政经济工作委员会的调查报告，指出“仍有一些单位私设小金库，不搞专户储存，不愿交政府调节基金，甚至逃避财政监督，坐支滥发，个别单位是无账可查”等严重问题，要求县政府坚决执行已经出台的条例和政策并逐步完善，要求财政、审计等主管部部门定期检查监督，通报批评搞得差的单位及其领导。（3）听取和审议公安局《关于纠正以罚代法、以罚代刑情况的汇报》、检察院《关于打击经济犯罪情况的汇报》、法院《关于刑事审判工作情况的汇报》、人大常委会法制工作委员会《关于纠正以罚代法、以罚代刑情况的调查汇报》；在肯定成绩的同时，指出“偏重创收、以情代法、以罚代法、以罚代刑、以刑代法、降格处理”等存在的问题，使少数经济犯罪分子没有受到应有的惩治和打击；会议提出了“开展执法检查，健全监督约束机制，整顿干警作风”等整改措施，向“一府两院”交办。（4）根据县政府提请，撤销原计划生育委员会主任职务，并任命了新的计划生育委员会主任。

十二届人大常委会第10次会议，于1994年8月23日至24日在人大常委会会议室召开。（1）听取和审议财政局、税务局上半年工作汇报、人大常委会财政经济工作委员会《关于上半年财政预算执行情况和税收征管工作情况的调查汇报》，认为完成全年财税任务难度大，主要原因是“相当部分企业经济效益差，收税困难；开始实行新税制和分税制财政体制，各项工作跟不上，增加了财税征管难度；财政缺乏有力监督，特别是缺乏对预算外资金的有力监督。”向县政府提出“努力提高企业效益，严格财税政策，加强预算外资金管理，严格控制社会集团购买力”等工作建议。（2）听取和审议县政府《关于企业产权制度改革情况的汇报》、人大常委会财政经济工作委员会《关于我县企业股份制试点情况的调查报告》，要求县政府进一步加强领导，进一步加强宣传发动，使试点工作顺利进行，使广大职工参与股份制试点，加快试点步伐，推进企业产权制度改革。（3）审议、通过检察院检察委员会2名委员的任命。

1994年9月21日，袁仁祝主任在人大常委会会议室主持召开主任（扩大）会议，听取和审议县政府关于审计工作的汇报、人大常委会财政经济工作委员会的调查报告，对1994年的审计工作开展情况表示满意。要求：（1）认真学习、宣传《中华人民共和国审计法》，为1995年1月1日开始实施《审计法》做好准备；（2）加强审计队伍建设；（3）依法审计、依法处理，凡带普遍性的问题要有专题材料，及时报县委、人大常委会、政府。还听取了县政府经济协作办公室《关于招商引资情况的汇报》，建议提高思想认识，改变“软”环境和“硬”环境，可以将招商引资纳入岗位责任制的考核内容，拿出切实可行的方案，加强管理。

十二届人大常委会第11次会议，于1994年10月16日至18日在人大常委会会议室召开。（1）根据县长提请和人大常委会人事任免办法，通过政府组成机构新的任免人员名单。（2）按照法律程序，罢免1名市代表职务。（3）听取和审议县政府《关于办理十二届人大二次会议代表建议、批评和意见的情况汇报》、《关于发展第三产业和个体私营经济情况的汇报》和人大常委会财政经济工作委员会《关于我县发展第三产业和个体私营经济的调查报告》。会议指出，“一府两院”办理代表建议存在着“花拳绣腿”的问题，回访率不高，落实率更不高；要求注重实效，不断提高落实率。会议认为，在“个体私营经济发展年”的活动中，效果比较明显，但存在着“引导力度不够、外部环境欠宽松、资金短缺、内部结构不太合理、地域发展不平衡”等问题。提出以下建议：进一步加强领导，深化改革，动员和依靠社会各方面力量，放手放胆，发展第三产业；抓紧搞一些发展第三产业的基础设施建设，特别是交易市场的建设；切实制止“三乱”，创造宽松环境；加强信息服务，正确引导；出台优惠政策，着力发展个体私营经济。（4）听取和审议县政府《关于1995年财政预算安排的报告》，原则通过。

十二届人大常委会第12次会议，于1994年12月26日至27日在人大常委会会议室召开。（1）听取并审议人大常委会财政经济工作委员会《关于国合商业承包、租赁、股份制、改革的调查报告》和商业总公司、供销联社的工作汇报；要求县政府加强对国合商业的领导，发挥其主渠道作用，特别在农业生产资料统一经营方面，要采取切实可行的措施，落实上级的指示精神；建议国合商业企业抓紧内部改革，拓宽经营思路，扩大购销，积极参与市场竞争，不断提高经济效益。（2）审议县政府提出的1994年部分预算支出追加请求，原则同意，待人大常委会财政经济工作委员会和县财政局商定具体项目后报下次例会审议通过。（3）根据主任会议提请，通过补选罗家铁为市十一届人大代表的议案。（4）人事任免事项，决定任命肖育斌为县政府副县长。

1994年12月28日，人大常委会主任袁仁祝在政协会议室主持召开评议政法机关工作会议，人大常委会组成人员和部分县代表参加会议，县委副书记王若波、政法委书记谭炎庭应邀出席会议。重点围绕公安局的解除收审、取保候审，检察院决定的不诉、撤诉、免诉案件，法院判处的缓刑案件，从随意抽查的48件案件中的6件案件进行评议。这6件中有：明显构成犯罪、应依法追究刑事责任的，却决定解除受审；有取保候审而事实上成了保而不审、不了了之；有该报捕的不报捕，该起诉的不起诉，收钱追赃后降格处理，事实上的以钱赎罪；有对重大案件中的嫌疑对象轻易决定取保候审，未能及时有力打击严重危害治安的犯罪分子。会议将此6件分别向公检法交办，要求进行复查复议，并将复查复议结果报人大常委会。

十二届人大常委会第13次会议，于1995年3月1日至2日在人大常委会会议室召开。会议重点研究十二届人大三次会议的有关事项，决定1995年3月15日在县城举行十二届人大三次会议。会议原则通过了人大常委会的工作报告和1995年度工作要点；初审了财政工作报告，通过了县政府《关于调整1994年财政收支预算的报告》。会议根据县政府提请，决定任命吴明达为县政府副县长。

1995年3月31日，袁仁祝主任委托伍玉龙副主任在人大常委会会议室主持召开主任（扩大）会议，听取“一府两院”关于贯彻实施《中华人民共和国国家赔偿法》准备工作情况的汇报，要求：提高认识，认真学法，提高执法水平，减少或杜绝错案的发生；尽快建立有关机构，把赔偿基金纳入财政预算；公检法必须抓紧办理积案；特别指出，实施《国家赔偿法》，要注意防止出现对各种犯罪打击不力的现象。

十二届人大常委会第14次会议，于1995年4月25日至26日在人大常委会会议室召开。（1）听取和审议县政府《关于洞口县撤区并乡扩镇调整行政区划方案》（以下简称《方案》）及说明，一致通过《方案》，并做出决定。（2）听取和审议计生局《关于计划生育经费征、管、用情况的汇报》和人大常委会教科文卫工作委员会的调查报告，认为计生经费统筹不到位，标准也不一致，管理不统一，滥发乱支现象严重，这是相当突出的问题。会议提出如下要求：一是必须建立专账专户，保证专款专用；二是统筹经费必须按时按标准到位和统一使用；三是对因计划生育引起的后遗症和“两女”户的问题应予足够的重视；四是切实加强财政监督，刹住滥发乱支风。（3）听取和审议司法局《关于“普法”工作汇报》、人大常委会法制工作委员会《关于依法治村的调查报告》，强调进一步加强对“普法”和依法治村工作的领导、检查督促，总结经验，强化措施。

十二届人大常委会第15次会议，于1995年6月28日至30日在人大常委会会议室召开。（1）听取和审议县政府《关于丘岗山地综合规模开发情况的汇报》，要求县政府加强领导，加强管理，增加投入，并着手筹建加工体系；建议县政府把扶贫和丘岗山地综合开发结合起来，在实施中正确处理开发与保护现有的山、水、田、林、路的关系。（2）听取和审议县政府《关于贯彻实施〈劳动法〉的情况汇报》、人大常委会法制工作委员会的调查报告，要求加大宣传力度，加强劳动监察工作，加强对城乡劳动力市场的归口管理，拓宽就业渠道，认真抓好安全生产，切实保护职工的生命安全和身体健康。（3）听取和审议县政府《关于实施综合财政的情况汇报》、人大常委会财政经济工作委员会的调查报告，要求县政府从制度上保证“综合财政”的顺利实施，特别要强化管理，取消单位的收入账号，使收入全部纳入财政统一运作管理。（4）根据《中华人民共和国代表法》第41条第三款之规定，对县一职中一名县代表、石柱乡一名县代表连续两次不请假，未出席十二届人大二、三次会议，决定终止其二人的县代表资格。

1995年7月26日，袁仁视主任在人大常委会会议室主持召开主任（扩大）会议。（1）听取和审议文化局、广电局、工商局、技术监督局等单位关于“扫黄”“打假”工作的汇报和人大常委会教科文卫工作委员会的调查报告，对前段工作比较满意，要求有关职能部门协同作战，加大“扫黄”力度，把音像市场的管理和稽查关系理顺，一手抓整顿，一手抓繁荣，为精神文明建设尽职尽责。建议县政府进一步加大“打假”力度，特别要重点整顿、打击假冒伪劣产品的生产和销售渠道。（2）听取并审议法院《关于尹立春诉尹立龙、付冬元损害赔偿一案执行中付冬元死亡情况的汇报》；会议认为，法院对此案的汇报态度不够端正，汇报情况不坚持实事求是，总结教训也不严肃认真；要求法院进一步端正态度，坚持实事求是地反映情况，严肃认真地总结教训，杜绝类似事件发生，在8月底前向人大常委会再次报送汇报材料和整改情况。

十二届人大常委会第16次会议，于1995年8月23日至25日在人大常委会会议室召开。（1）听取和审议县政府办理十二届人大三次会议《关于加强城镇环卫设施与管理的议案》的工作汇报，通过《关于加强城镇环卫设施建设与环卫管理的决议》。（2）听取和审议经委《关于工业企业体制改革和扭亏增盈有关情况汇报》、人大常委会财政经济工作委员会的调查报告，认为企业体制改革形势尚好，探索了股份制试点改造、脱壳经营、依法破产、抵押租赁承包、合作经营等改革形式，已见一些成效，但的确存在资金奇缺、电力供应不足、外部“敲竹杠”等问题，向县政府提出了工作建议，原则同意建立工业发展基金，破解工业发展难题。（3）听取和审议监察局《关于政府组成机构组成人员的廉政勤政情况的汇报》，建议县政府在年底前对政府组成人员的廉政勤政、工作实绩组织总结，并以会议形式进行一次全面的汇报、交流。（4）审议、通过法院两名工作人员的任命。

十二届人大常委会第17次会议，于1995年9月1日在人大常委会会议室召开，龙际红副主任受主任会议委托，就市委召开的乡镇人大换届选举工作会议精神及洞口县乡镇人大换届选举工作计划、代表名额分配等作传达、汇报，会议通过了工作计划和领导小组成员名单，授权主任会议任命各乡镇选举委员会成员。根据县长提请，决定任命郑纪湖为副县长。鉴于王宏山委员已调离本行政区域，其人大代表资格终止、委员职务随着终止。

十二届人大常委会第18次会议，于1995年10月25日至27日在人大常委会会议室召开。（1）听取和审议县政府《关于办理十二届人大三次会议代表建议、批评和意见的情况汇报》，表示比较满意。（2）听取和审议县政府《关于扶贫工作的汇报》，建议逐年增加扶贫资金，扶贫资金与项目开发相结合，大力发展种养业，向专业化、规模化发展，贫困乡的领导班子尽量配强配优，保持相对稳定，完善政绩考核机制。（3）听取和审议民政局的年度工作汇报，对一年来的民政工作，特别是遭受两次洪灾后的救助工作表示满意。要求县政府加强民政干部队伍建设，撤区并乡后没有配齐的要尽快配齐，并加强培训；在“五保户”供养方面要积极推介醪田、花古的经验。

1995年11月24日，袁仁祝主任在人大常委会会议室主持召开主任（扩大）会议，听取和审议县政府《关于廉政建设情况的汇报》，在肯定成绩的同时指出：1995年以来，行政、事业单位争相购买“桑塔纳”“大哥大”，耗资巨大，后果严重，不能不引起关注；公款吃喝玩乐风仍较严重；少数单位的经济管理十分混乱；部分卫生事业单位进药吃回扣等等。要求县政府关注以上问题，切实加强干部特别是领导干部的廉洁自律，抓住典型，严肃处理，以教育、挽救干部。

十二届人大常委会第19次会议，于1995年12月28日至29日在人大常委会会议室召开。（1）听取和审议县政府《关于贯彻实施洞口县十二届人大常委会第8次会议作出的〈关于加强科技网络建设和科技投入的决议〉的情况汇报》，严肃指出“机构改革和撤区并乡后，全县科技网络受损，投入微乎其微”等问题，要求县政府健全科技网络，增加科技投入，加强科技成果推广应用，合理布局科技示范点（户），表彰科技进步有功人员。（2）原则同意县政府《关于调整1995年度财政预算收支的报告》，但必须坚持收支平衡。

（3）接受欧迪增辞去副县长职务的请求，并决定任命蒋绍情、曾晓桃为县政府副县长，一并报十二届人大四次会议备案。

十二届人大常委会第20次会议，于1996年1月30日至31日在人大常委会会议室召开。听取和审议县政府《关于要求追加1995年度财政支出的报告》《关于全县“八五”计划执行情况和“九五”计划及2010年远景规划（草案）的汇报》《关于调整全县“普九”规划的情况汇报》，通过县政府要求追加1995年财政支出的报告，通过全县1998年普及九年制义务教育的规划，原则通过“九五”计划及远景规划，提请十二届人大四次会议审议。会议原则通过县人大常委会1996年工作要点。根据主任会议提出的议案，人大常委会内设的法制工作委员会更名为内务司法工作委员会。会议研究决定十二届人大四次会议于1996年3月25日报到，会期4天，讨论了会议有关事宜。会议还通过了县政府提请的人事任免名单，决定任命王建华为县政府副县长。

十二届人大常委会第21次会议，于1996年3月19日至20日在人大常委会会议室召开。会议听取并审议财政局《关于1995年财政预算执行情况和1996财政预算安排的总体设想的报告》、审计局《关于1995年财政预算执行的审计报告》，原则同意财政工作报告，提请十二届人大四次会议审议。根据主任会议和县长的提请，按有关法律程序进行人事任免：接受唐章水辞去检察院检察长职务、杨大康辞去法院院长职务的请求；决定任命李连喜为检察院副检察长、代理检察长，邓祥红为法院副院长、代理院长；决定任命李厚璋为公安局局长。会议审议通过县人大常委会在十二届人大四次会议上的工作报告，还通过了四次会议的议程日程草案和主席团成员、秘书长、执行主席的建议名单。

十二届人大常委会第22次会议，于1996年4月25日至26日在人大常委会会议室召开。会议听取和审议畜牧水产局《关于养殖业规模开发工作的汇报》、人大常委会农业工作委员会《关于洞口县规模开发养殖业的调查报告》，对该项工作给予充分肯定，并指出了“改良品种、防治疫病、服务体系建设、饲料药物市场管理”存在的薄弱环节，向县政府提出如下工作建议：（1）把养殖业产业化和“争强”活动列入各级政府的重要议事日程，为养殖业的发展创造宽松的政治环境和社会环境；（2）以养猪为主，努力发展牛、羊和水产品，推广良种良法；（3）加强检疫和防治，着力消灭烈性传染病，鼓励科技人员与养殖户实行防治承包；（4）建立市场连公司、公司连基地、基地连农户的服务体系；（5）有关职能部门相互配合，严厉打击生产、销售假冒伪劣饲料药物的行为，打击偷盗，制止“三乱”；（6）支持贫困山区乡发展养牛养羊，财力适度倾斜，争取形成规模。还审议、通过了人事任免事项。

1996年5月30日，人大常委会主任袁仁祝在人大常委会会议室主持召开主任会议，听取和审议国土局《关于我县建设用地管理工作的汇报》、人大常委会农业工作委员会的调查报告，在肯定《中华人民共和国土地管理法》颁布十年来县政府及国土部门所做的工作的同时，指出了“非农建设占用耕地太多，违法用地时有发生”，在“先上车，后买票”的影响下“突击占用耕地搞建设，越权审批现象比较严重，乱收乱罚乱开支的现象也仍然存在”等问题，要求建立领导干部任期内耕地保护责任制，坚持和完善建设用地“五统一”管理，通盘考虑建设用地，积极探索村民点的建设，切实加强国土执法队伍建设，特别是主要领导，必须以身作则，某乡乡长一年越权审批48处宅基地的案例要警钟长鸣，坚决杜绝乱批乱收乱罚乱支和罚款不开票的恶劣行为。

1996年8月9日，人大常委会主任袁仁祝在人大常委会会议室主持召开主任会议，听取和审议检察院检察长《关于开展法律监督情况的汇报》，在肯定成绩的同时指出薄弱环节和亟待解决的问题：监督难，难监督，怕得罪人；刑罚执行监督力度不够，保外就医和监外执行人犯存在有脱管现象。要求（1）检察院要进一步完善监督机制，严格履行司法监督职能，加强监督方面的制度建设；（2）要抓住有罪不究、执法不严、以罚代刑、违法办案等方面的典型，每年抓几个，一抓到底，确保司法公正；（3）切实加强刑罚执行监督，增加刑罚执行监督力量；（4）加强队伍素质建设，不断提高司法监督水平。

十二届人大常委会第23次会议，于1996年6月26日至27日在人大常委会会议室召开。会议听取和审议县政府《关于发展个体私营经济的工作汇报》、人大常委会财政经济工作委员会《关于我县扶植发展民营经济的调查汇报》、人大常委会办公室《关于江口镇个体户外迁情况的调查及对策》；会议严肃指出，发展民营经济存在“领导班子认识水平不太高、发展不平衡、外部环境不太好、‘三乱’现象未得到有效遏制”等问题；向县政府提出“进一步提高认识，充实健全发展民营经济领导小组的领导力量；要放水养鱼，少索取，多服务，坚决制止‘三乱’；对山区乡镇发展经济要给予更优惠的政策；对江口镇这个典型要认真分析原因，并采取补救措施”等4条工作建议。还听取和审议了财政局《关于上半年财政预算执行情况的汇报》，会议对“双过半”表示满意，要求继续巩固“综合财政”成果，摸清有关单位的预算外家底，严格规范其支出行为。

十二届人大常委会第24次会议，于1996年8月27日至29日在人大常委会会议室召开。（1）听取人大常委会财政经济工作委员会《关于工业企业体制改革和扭亏增盈情况的调查汇报》，听取并审议县经委《关于工业企业体制改革和扭亏增盈等情况的汇报》，会议指出：工业企业举步维艰，形势严峻，上半年已亏损225.6万元，比上年同期增亏94.7万元，要求县政府切实加强对工业的领导，进一步完善和加快企业体制改革，认真选拔厂长，建立厂长离任审计制度，强化企业内部管理，改善外部环境。（2）听取人大常委会内务司法工作委员会《关于检查<刑法>、<刑事诉讼法>实施情况的调查汇报》和公安局、检察院关于执行“两法”情况的汇报，会议指出，公检法在贯彻实施“两法”中存在创收思想而影响严肃执法、少数案件降格处理，刑讯逼供和越权办案的现象仍有发生，超期羁押情况比较突出等问题，要求公检法切实加强队伍思想建设和业务能力建设，创收要有度，决不能“以罚代法”“以罚代刑”，尽快解决监所消化问题，做好实施新《刑事诉讼法》的准备工作。（3）会议听取和审议了邮电局《关于邮电代办网点建设情况的汇报》，会议做出《关于加强乡镇邮政储蓄和邮电管理工作的决议》。（4）会议听取并审议财政局《关于加强小车、座机电话、移动电话的公费购置与使用管理的汇报》，要求县政府尽快出台清理措施和管理规定，人大常委会根据十二届人大四次会议的授权，将进一步调查研究，并提请县委讨论，将在下一次例会作出决议。

十二届人大常委会第25次会议，于1996年11月5日至6日在人大常委会会议室召开。（1）听取并审议县政府办公室《关于办理十二届人大四次会议代表议案、建议、批评和意见的情况汇报》，比较满意，要求提高“解决问题率”和“落实率”。（2）再次听取和审议县政府《关于政府有关单位购置小车、移动电话的情况汇报》和《关于加强小车、移动电话和座机电话的购置与使用管理暂行规定（讨论稿）》，会议作出《关于加强公费购置小车、移动电话及使用管理的决议》。（3）听取并审议司法局《关于“二五”普法和“三五”普法及依法治县情况的汇报》，县长提请人大常委会加强监督；会议通过《关于在全县公民中认真开展“三五”普法教育的决议》。（4）听取和审议县教育局《关于“普九”和发展职业技术教育的情况汇报》、财政局《关于乡镇财政管理体制运行情况的汇报》。（5）审议并通过县政府《关于县城城建规划部分变更的方案》。

1996年12月27日至28日，袁仁祝主持召开主任扩大会议，邀请部分省市代表列席，听取县政府《关于养殖业规模开发的情况汇报》后，视察养殖业“争强创优”活动的开展情况，要求县政府在稳定发展粮食生产的同时，发展独具特色的洞口“猪经济”。

十二届人大常委会第26次会议，于1996年12月30日至31日在人大常委会会议室召开。（1）听取人大常委会教科文卫工作委员会《关于〈食品卫生法〉贯彻实施情况的调查汇报》，听取并审议卫生局《关于〈食品卫生法〉贯彻实施一年来的情况汇报》，对一年来的工作表示满意；同时指出个体饮食摊担卫生条件差，学校食堂卫生必须高度关注；要求建立健全执法机构，认真开展执法检查，把住生产、流通和入口卫生关。（2）听取并审议县政府《关于1996年财政预算执行情况的汇报》，同意追加预算871.14万元。（3）听取和审议副县长肖育斌、经委主任胡祥林的述职报告，要求两人狠抓企业管理，实现两个根本转变，争取洞口工业逐步走出低谷。

十二届人大常委会第27次会议，于1997年3月3日至4日在人大常委会会议室召开。（1）听取和审议财政局《关于1996年财政决算和1997年财政预算的汇报》，会议对1996年的收支平衡略有结余比较满意，要求1997年不得做赤字预算，同时必须做出县本级详细预算提请十二届人大五次会议审议。（2）审议通过人大常委会在十二届人大五次会议上的工作报告和1997年工作要点。（3）讨论十二届人大五次会议的相关事宜，决定3月14日报到，会期4天。（4）人事任免。

十二届人大常委会28次会议，于1997年4月28日至30日在人大常委会会议室召开。（1）听取和审议人大常委会内务司法工作委员会《关于在全县推行执法责任制情况的汇报》，会议要求“一府两院”成立执法责任制领导小组，加强对此项工作的领导，明确执法责任，实行目标管理，严格考核制度，分步抓落实，会议作出《关于建立执法责任制的决议》。（2）与会人员视察了洞口镇的6所学校，听取了洞口镇政府、县教育局关于“普九”的工作汇报；要求增强“普九”的紧迫感，提高全民的“普九”意识，贯彻分级办学、分级负责的原则，切实加快学校危房改造，真正改善办学条件；建议县政府近期召开一次专题会议，拿出切实可行的“普九”措施。（3）听取和审议人大常委会农业工作委员会《关于恢复“7·17”水毁工程情况的调查汇报》和水利局《关于我县水利建设和修复水毁工程的工作汇报》，会议要求：建立健全水利工程分级管理责任制；水毁工程尚有18%的工作量，要定人限时到位，加强督促检查；对病险水库要加强监测，不能出问题，而且要拿出处理计划并积极争取上级支持；抓紧训练技术骨干，确保工程质量。（4）根据县长提请，决定任命刘建平为县政府副县长。

十二届人大常委会第29次会议，于1997年7月3日至4日在人大常委会会议室召开。（1）听取和审议财政局《关于上半年财政预算执行情况、乡镇财政1996年决算情况、执行〈预算法〉的情况汇报》、人大常委会财政经济工作委员会的调查汇报，对上半年的财政收入情况表示满意；同时指出乡镇之间不平衡，而且在完成收入上有水分，预算编制不具体，预算支出失控等问题；要求县政府进一步完善乡镇财政管理体制，切实增强法律意识，提高执法水平，制订好乡镇财政预算内外财力综合统筹管理办法，认真抓好下半年的财政工作。（2）接受邓隆禹辞去县长职务的请求，决定任命周吉平为副县长、代理县长，报十三届人大一次会议备案。（3）通过人事任名事项。

1997年7月29日，袁仁祝主任在人大常委会会议室主持召开主任（扩大）会议，听取和审议法院《关于1996年以来执行工作汇报》。会议要求法院坚持“法律至上”的原则，严肃执法，依法执行；在执行过程中要以宣传法制、疏导教育为主，减少矛盾，取得群众支持；要进一步加强队伍建设，努力解决“执行难”的问题。向县政府建议，动员政府工作人员支持法院工作，为法院的执行创造必要的条件和良好的环境。

十二届人大常委会第30次会议，于1997年8月27日至28日在人大常委会会议室召开。（1）听取和审议邮电局《关于洞口县农村邮电代办网点发展与管理情况的汇报》、监察局《关于公用小车、移动电话清理整顿情况的汇报》、人大常委会委员杨相林《关于“两个决议”贯彻实施情况的调查汇报》，会议认为，人大常委会24次会议和25次会议的“两个决议”贯彻实施情况比较好，同时指出：有些邮电代办员素质较差，报刊、邮件未及时投递到户，强行征订报刊和强行揽储的现象一度比较突出，要求邮电部门加强监督检查。对移动电话的清理整顿要继续深入，严防“死灰复燃”；要求认真处理小车违控、小车超标、小车失盗、公车私用、部分领导开车等问题，建议县政府在完善“暂行规定”的基础上出台“补充规定”。（2）听取和审议县政府《关于贯彻落实〈城市规划法〉、整顿县城市容市貌情况的汇报》、人大常委会财政经济工作委员会《关于我县贯彻〈城市规划法〉和洞口镇整顿市容市貌工作情况的调查汇报》、洞口镇政府《关于整顿县城市容市貌工作情况的汇报》，会议认为《中华人民共和国城市规划法》在洞口县得到了较好的贯彻实施，目前还存在“违章建筑禁而不止、城管部门执法难度大、整顿市容市貌的成果很难巩固”等问题，要求县城城镇管理委员会充分发挥管理作用，严格执行规划，加大“四大管理”力度，有效治理脏乱差。（3）审议并通过县政府《1997年度财政预算收支调整方案》。（4）人事任免。

十二届人大常委会第31次会议，于1997年10月23日在人大常委会会议室召开。会议听取和审议县政府办公室《关于十二届人大五次会议代表建议、批评和意见办理情况的汇报》，认为办理质量有所提高，进度有所提前，复文更加规范，但还存在“进度不均衡、落实率偏低”的问题，要求强化公仆意识，注意工作连续性，注重提高落实率。会议还听取了人大换届选举工作有关情况的汇报，作出《关于召开洞口县十三届人大一次会议的决定》。

十二届人大常委会第32次会议，于1997年11月10日至11日在人大常委会会议室召开。（4）听取和审议县政府《关于丘岗山地开发和发展养殖业的工作汇报》，会议表示满意，同时指出：丘岗山地开发存在“发展不平衡、投入机制不健全、重栽轻管，重数量轻质量”的问题；发展养殖业存在“销售渠道不畅、深加工能力不强，发展资金不足”的问题。要求县政府紧紧把握市场导向，不断扩大规模，形成产业优势；加强部门配合，形成合力，不要搞花架子；要注重实效，形成经济效益。（2）根据县政府提请，审议并原则通过《洞口县县城总体规划》。（3）人事任免。（4）研究十三届人大一次会议的有关事宜。

第六节 十三届人大常委会重要会议

1997年12月14日，肖德生主任在人大常委会会议室主持召开主任（扩大）会议，研究本届常委会第1次例会的内容和1998年度工作要点，并做了大体分工，强调分工合作。

十三届人大常委会第1次会议，于1998年2月24日至26日在人大常委会会议室召开。学习《中华人民共和国地方各级人民代表大会和地方各级人民政府组织法》，通过人大常委会1998年“工作要点”。分别根据县长、法院院长、检察院检察长提请，审议通过有关人事任免。听取和审议了财政工作报告，授权人大常委会财政工委再审后，由县政府提请十三届人大二次会议审议；会议作出《关于召开十三届人大二次会议的决定》。

十三届人大常委会第2次会议，于1998年4月29日至30日在人大常委会会议室召开。听取和审议县政府《关于全县民族工作情况的汇报》和人大常委会农业民族华侨外事工作委员会的调查报告，在肯定成绩的同时提出建议：（1）加大《湖南省散居少数民族工作条例》的宣传力度；（2）健全工作机构，尽快恢复民族事务委员会；（3）下大力气落实各项民族优惠政策，做好民族团结工作；（4）加强对少数民族干部的培养和使用。（5）通过人事任免事项。

十三届人大常委会第3次会议，于1998年7月2日至3日在人大常委会会议室召开。（1）听取和审议县政府《关于“普九”情况的汇报》和人大常委会教科文卫工作委员会的调查报告，为确保全县“普九”工作今年达标，会议向县、乡镇两级提出如下要求：一要提高认识，树立信心；二要落实经费，保证专款专用；三要迅速解决学校用地指标；四要切实降低中小学学生辍学率。（2）听取和审议县政府《关于楠竹低改工作情况汇报》和人大常委会农业工作委员会的调查汇报，要求尽快出台优惠政策，狠抓低改质量，实现科技兴竹，着力开发楠竹市场，搞好楠竹深加工，努力提高楠竹生产效益。（3）听取和审议县政府《关于1998年上半年财政预算执行结果的报告》和人大常委会财政经济工作委员会的审查报告，审议了县政府《关于要求调整1998年度财政预算的请示》，通过了“预算调整方案”。

十三届人大常委会第4次会议，于1998年8月27日至29日在人大常委会会议室召开。（1）与会人员先视察县乡公路在建项目，再听取交通局的汇报和人大常委会财经城乡建设工作委员会的调查汇报，对洪灾后全县公路正常运行表示满意，要求加强民工建勤费的收缴、管理和使用，确保工程资金到位，实行分级负责，做到建、改、管、养相结合，不断提高公路质量。（2）听取和审议公、检、法“三长”的工作汇报及人大常委会内务司法工作委员会的调查汇报，指出了在贯彻实施修订后的“两法”过程中遇到的困难和存在的问题，要求严格依法办案，公检法“三家”要相互配合支持，并争取党政领导支持，营造好的执法环境。（3）根据主任会议的提请，审议通过《关于加强计划生育经费管理的决议》交县政府贯彻执行，坚决制止滥收乱支。

1998年9月28日，肖德生主任在人大常委会会议室主持召开主任（扩大）会议，听取、审议县政府《关于旅游开发工作情况的汇报》，认为此项工作刚刚起步，有希望，有困难，向县政府提出以下建议：（1）转变观念，解放思想，把旅游开发作为新的经济增长点来抓；（2）设立专门机构，配备专业人才，拿出规划，突出重点项目；（3）制定若干优惠政策，营造宽松的开发环境；（4）筹措设立开发基金；（5）重视旅游产品的开发。会议听取、审议县政府《关于清理检查收费有关情况的汇报》、人大常委会财工委的调查汇报，严肃指出“行政执法单位自立收费项目、提高收费标准、扩大收费范围、不终止被取消的收费项目、不使用规定的收据收费、不服务而收费，收入不入账、滥支乱发”等问题，要求县政府进一步加大收费监察力度，整改存在的问题，给人民一个满意的答复。

十三届人大常委会第5次会议，于1998年10月18日至19日在人大常委会会议室召开。（1）研究部署乡镇人大换届选举工作，强调依法办事，充分发挥民主；分四个阶段进行，在11月下旬全面完成；核定乡镇代表名额1407名，其中妇女代表420名，非党代表514名，少数民族代表80名；通过各乡镇选举委员会任命名单。（2）听取、审议经委《关于目前整改中有关问题的汇报》和人大常委会财政经济工作委员会的调查汇报，要求县政府增加领导力量，特别是增加县级干部的力量，组织相关职能部门关心、支持企改攻坚。（3）听取和审议县政府《关于办理十三届人大一、二次会议代表建议、批评和意见的汇报》，比较满意，要求进一步提高与代表的见面率。

1998年11月30日，肖德生主任在人大常委会会议室主持召开主任（扩大）会议，听取和审议县政府关于“扫黄打非”、文化局关于文化市场经营管理、人大常委会教科文卫工作委员会关于文化市场的调查等汇报。对近两年的“扫黄打非”、净化文化市场表示满意。要求县政府加强对文化市场管理的领导，协调职能部门关系，明确职责，并设法解决文化市场的管理经费；要求文化主管部门坚持依法行政，培育发展好文化市场，在健康的轨道上发展繁荣，为精神文明建设服务。

十三届人大常委会第6次会议，于1998年12月23日在人大常委会会议室召开，听取并评议审计局局长谢扬帆、人事局局长谢先桂、劳动局局长欧阳典成、卫生局局长杨爱国的述职，表示满意。听取、审议县政府《关于行政执法责任制实施情况的汇报》和人大常委会内务司法工作委员会的调查汇报，提出如下要求：（1）要进一步加大宣传力度，特别要提高各级领导和执法人员的思想认识；（2）要进一步加大工作力度，公布法律法规的执掌主体和责任，并把错案追究制度建立起来；（3）要进一步加强执法培训，努力提高执法人员的法律素质和执法水平。

十三届人大常委会第7次会议，于1999年3月9日至10日在人大常委会会议室召开。（1）讨论通过人大常委会1999年工作要点；（2）研究十三届人大三次会议的准备工作；（3）初审财政工作报告，法院工作报告、检察院工作报告，将以上三个报告提请十三届人大三次会议审议；（4）人事任免；（5）接受唐斌龙辞去十三届人大常委会委员职务的请求。

十三届人大常委会第8次会议，于1999年4月22日至23日在人大常委会会议室召开。（1）与会人员视察了县城国道降坡工程和洞高路县城段改造工程、二大桥及其接线工程、青山防洪堤和回龙洲保护堤工程，会议对县城的路、桥、堤建设表示满意；建议县政府近期组织力量对全县重点工程项目进行一次质量检查，将检查结果报7月份的主任会议。（2）听取和审议县政府《关于1998年度城市维护费使用情况和1999年度城市维护费安排情况的汇报》、人大常委会财政经济工作委员会的调查汇报，要求严格按比例征收城市维护费，确保足额到位，坚持专款专用和“先维护、后建设”的原则，提高城市维护和管理水平。（3）听取和审议国土局《关于近年来国土管理情况的工作汇报》、人大常委会农业工作委员会《关于土地执法情况的调查汇报》，在肯定成绩的同时，指出了存在的问题：违法批地和以罚代批的现象依然存在，在少数乡镇还相当严重；部分乡镇随意改变土地性质，造成村民违法建房的问题十分突出；少数开发项目、重点工程先用后批，批少占多，占而不用，开而不发，浪费耕地；国土管理部门执法不严，漏税短费现象严重，甚至滥设收费项目，加重建房户负担，因人而异，认人不认法。会议通过《关于加强土地管理、切实保护耕地的决议》向“一府两院”交办。（4）接受刘建平辞去副县长职务的请求，免去其副县长职务。（5）人事任免。

1999年5月25日，肖德生主任在人大常委会会议室主持召开主任（扩大）会议，听取和审议县政府《关于全县贯彻实施〈体育法〉的情况汇报》、人大常委会教科文卫工作委员会的调查汇报。会议要求不断加大《中华人民共和国体育法》宣传力度，增加投入，努力改善全县体育设施；将体育场地建设纳入城镇建设规划，同时健全管理制度，提高使用效能；认真落实《中国成年人体质监测制度》，提高全县成年人体质。

十三届人大常委会第9次会议，于

1999年6月2日在人大常委会会议室召开。（1）审议检察院《关于黄桥镇十三届县代表谢某涉嫌贪污公款罪，提请人大常委会许可对其实施逮捕的请示》，经过认真讨论，决定暂停其代表职务，许可检察院对谢某实施逮捕。（2）听取和审议人大常委会专题调查组《对法院1998年已结民事、经济、行政、执行等案件抽样调查的情况汇报》，向法院提交了审议意见。

十三届人大常委会第10次会议，于1999年7月22日至23日在人大常委会会议室召开。（1）听取和审议县政府《关于1998年财政决算和1999年上半年财政预算执行情况的报告》，审议后通过。（2）听取和审议法院《关于提高办案质量、确保司法公正的工作汇报》、人大常委会内务司法工作委员会的调查汇报，在肯定成绩的同时指出：个别案件存在超越管辖权限受理；少数案件在证据认定上过于粗糙，铸成错案；对一些复杂的法律关系把握不准；滥用审判权、以罚代刑的问题仍然存在；个别审判人员素质差，办案水平不高。要求法院进一步提高审判人员的政治、业务素质，努力把审判质量提高到一个新的水平。

十三届人大常委会第11次会议，于1999年9月8日至9日在人大常委会会议室召开。（1）听取建委主任许安生、交通局局长米小碧、农业局局长杨相升的述职，并进行了评议。总体评价尚好，能胜任工作，称职；对他们工作中的缺点也一一指出，被评者表示感谢。（2）学习《湖南省计划生育条例》，计生委主任到会作辅导发言。

十三届人大常委会第12次会议，于1999年10月26日至27日在人大常委会会议室召开。（1）听取和审议县政府《关于我县初级卫生保健工作情况的汇报》，认为成绩是主流，已于1995年提前完成了省卫生厅下达的“2000年人人享有初级卫生保健”的规划目标，但也还存在一些问题，建议政府增加一些投入，解决乡镇卫生院的建设和医务人员的工资待遇。（2）听取和审议县政府《关于维护社会稳定工作的汇报》、人大常委会内务司法工作委员会的调查报告，要求“一府两院”进一步增强“稳定压倒一切”的思想观念，打防结合，加强基层基础工作，在提高队伍素质上下功夫。（3）听取和审议县政府《关于十三届人大三次会议代表建议、批评和意见办理情况的汇报》，会议评价：满意文字答复，但落实不太好，效果不明显；建议县政府，在大会上直接答复代表最好。

十三届人大常委会第13次会议，于1999年12月27日在检察院会议室召开，听取检察院1999年执法工作汇报，并视察了检察工作，提出以下要求：继续抓好班子和执法队伍建设，不断提高整体素质；坚持以民为本、以实为本、以法为本的工作思路，加强责任性，提高工作实效；加大工作力度，拓宽办案范围，着重查处人民群众反映强烈、严重危害社会稳定、影响经济发展的大要案件。会议集中学习了《中华人民共和国土地管理法》和国家监察部、国土资源部《关于违反土地管理规定行为行政处分暂行办法》。

十三届人大常委会第14次会议，于2000年2月28日在人大常委会会议室召开。会议审议通过人大常委会2000年工作要点。决定3月13日举行本届人大四次会议，会期3天。审议通过人大常委会工作报告；通过列席人员、特邀人员名单；通过议程、日程草案等。

十三届人大常委会第15次会议，于2000年4月27日至28日在人大常委会会议室召开。（1）听取审议县政府《关于全县环境保护情况的汇报》、人大常委会财经城乡建设工作委员会的调查汇报，认为目前存在的问题有：部分单位领导环保意识差，不宣传，不支持，不作为；部分单位和个人随意占地办企业，造成水土流失和污染；城镇规划和项目开发对环保基础设施建设不合理、不科学、不规范，往往放在次要地位；城镇综合治理难度大，排污费收缴困难。要求县政府结合全省开展的“三湘环保世纪行”活动，召开专题会议，提高领导和人民的环保意识，制定可行的制度和措施，抓紧解决平溪江上游水质污染、县城严重的白色污染、迴龙洲生态环境保护等社会反映强烈的一些问题；要求环保部门加大执法力度，提高执法水平，注重执法实效。（2）听取和审议县政府落实县人大常委会《关于加强土地管理，切实保护耕地的决议》的情况汇报、人大常委会农业工作委员会的调查汇报。认为全县土地管理有新的起色，但也出现了新情况，新的土地违法行为开始露头，违法手段更加隐蔽，借地生财、临时用地、宗族群体违法占地、农民未批先占、认罚不认法、管理部门搭车收费等等。要求县政府切实解决土地管理中存在的问题，建立健全土地管理责任制，把土地管理的各项工作落到实处；要求国土管理部门加强自身建设，廉政勤政，增强服务意识，提高执法水平。（3）会议通过人大常委会《关于开展治理经济发展环境综合执法检查的实施方案》。（4）会议决定成立办理十三届人大四次会议代表议案调查组，并部署了具体工作。（5）会议决定任命游标为县人民政府副县长。（6）人事任免。（7）根据代表资格审查委员会提请，鉴于县代表胡某某连续不出席十三届人大三次、四次会议，决定依法终止其十三届人大代表资格。

十三届人大常委会第16次会议，于2000年6月29日在人大常委会会议室召开。（1）听取和审议法院《关于1999年以来执行工作情况的汇报》，人大常委会内务司法工作委员会的调查汇报，要求法院认真解决“超期尚未执行案件中断增多、违法主持执行和解、非诉讼行政执行案件执行不够、执行工作中部门配合不力”等问题，要求努力提高执行工作实效。（2）学习《湖南省财政监督条例》。（3）审议《洞口县人大常委会关于加强县本级财政预算、决算审查及监督的暂行办法》。

十三届人大常委会第17次会议，于2000年7月20日上午在人大常委会会议室召开。会议接受周吉平辞去县长职务的请求，任命赵清云为县政府副县长、决定为代理县长，任命李桂楚为县政府副县长；以上，报十三届人大五次会议备案。

十三届人大常委会第18次会议，于2000年8月29日至30日在人大常委会会议室召开。（1）听取和审议县政府《关于县财政重大支出事项的报告》《1999年财政决算的报告》《2000年上半年财政预算执行情况的报告》，会议通过县政府的以上三个报告。（2）听取和审议县政府《关于1998年以来科技工作的情况汇报》、人大常委会教科文卫工作委员会的调查汇报，建议县政府加强组织领导，进一步加强科技宣传和科普力度，切实加强科技网络建设，依靠科技强农兴工，注重农业科技推广，注重科技与工业联姻，注重民营科技创新，注重开展青少年科普活动，保持全国科技示范先进县称号，并有所发展。（3）会议对部分代表在本届人大会四次会议上提出的《公安局将现役军人向某某押解回县，必须彻底查清的意见》，决定交由检察院成立专案组办理。

十三届人大常委会第19次会议，于2000年10月18日在人大常委会会议室召开，县委副书记刘仲声应邀出席会议。（1）听取林业公安分局《关于执法情况的汇报》。（2）接受蒋绍情和曾晓桃两同志辞去县政府副县长职务、李连喜辞去检察长职务、黄生伟辞去人大常委会委员职务的请求；决定任命廖勤俭为检察院副检察长、代理检察长；以上，报十三届人大五次会议备案。（3）其他人事任免。

十三届人大常委会第20次会议，于2000年12月29日在人大常委会会议室召开。（1）听取和审议县政府《关于2000年度财政预算调整情况的汇报》、《“三五”普法工作情况汇报和“四五”普法大体安排》，会议对依法治县领导小组的法制教育、法制宣传、依法治理等工作表示满意，要求在普法过程中全面铺开“地方、行业、基层”三大依法治理工程并取得实效。（2）学习法律，通过《关于加强对林业公安队伍进行整顿、确保公正执法的决议》。（3）人事任免。

十三届人大常委会第21次会议，于2001年2月16日在人大常委会会议室召开，县委副书记刘仲声应邀出席会议。（1）审议通过人大常委会2001年工作要点。（2）根据县长的提请，决定任命周卫臣、沈志定为县人民政府副县长，报十三届人大五次会议备案。（3）决定3月12日举行十三届人大五次会议，会期4天。

十三届人大常委会第22次会议，于2001年3月21日在人大常委会会议室召开。（1）学习“三个代表”重要思想：中国共产党始终代表中国先进社会生产力的发展要求，始终代表中国先进文化的前进方向，始终代表中国广大人民的根本利益。“三个代表”重要思想是立党之本，执政之基，力量之源。会议决定深入开展“三个代表”重要思想学习教育活动，进一步推进人大工作。（2）其他事项。

十三届人大常委会第23次会议，于

2001年4月25日至26日在人大常委会会议室召开。（1）人事任免。（2）对人大常委会原有的工作规则、工作制度进行修改、补充和完善，要求各工作委员会在今后的工作中，根据宪法和地方组织法的有关规定，结合工作实践，继续深入探讨、研究人大工作的新情况、新特点、新方法，为进一步科学合理地制订人大工作规则、制度提供更多更好更科学的理论依据，促进人大工作全面发展。

2001年5月15日，肖德生主任在人大常委会会议室主持召开主任会议，听取县政府《关于公安队伍建设情况的汇报》后，向县政府建议：（1）配好配强领导班子；（2）着力加强队伍的规范化建设和管理；（3）适当增加装备投入；（4）严肃处理各种违法行为，纯洁公安队伍。还听取法院《关于〈法官法〉实施情况的汇报》，向法院指出，当前确有少数法官素质不高、责任心不强、执法不严的问题；要求法院加强在职法官的教育培训，认真做好等级评审工作，努力提高审判工作实效，树立人民法官的良好形象。

十三届人大常委会第24次会议，于2001年6月27日至28日在人大常委会会议室召开。（1）听取和审议县政府《关于我县计划生育工作情况的汇报》，会议指出，少数地方计划外生育仍然居高不下，少数乡镇计育经费管理混乱，部分计生队伍建设情况确实不佳，造成全县计划生育工作滑坡；要求县政府深入开展计划生育秩序集中整治活动，严肃查处典型违法行为，力度要大、处理要严，真正把计划生育工作提高到一个新水平。（2）审议、通过《洞口县人大常委会实施个案监督办法》。（3）人事任免。

2001年7月23日，肖德生主任在人大常委会会议室主持召开主任会议，听取县政府《关于减轻农民负担工作情况的汇报》后指出："减负"工作的成绩是主流，但个别乡镇依然存在乡统筹村提留使用不合理的现象，乱开支现象比较严重；要求县政府出台相关文件，严肃纪律，加强对乡统筹村提留的使用和管理，确保专款专用；建议县政府加大农业投入和加大农业结构调整力度，引导、扶持和帮助农民增加收入，从根本意义上减轻农民负担。

十三届人大常委会第25次会议，于2001年9月3日至4日在人大常委会会议室召开。（1）听取和审议县政府《关于2000年度财政收支决算的报告》，会议决定批准这个报告。（2）听取和审议县政府贯彻实施新《中华人民共和国森林法》的情况汇报、人大常委会农业工作委员会的调查汇报，要求县政府及林业等相关部门经常、广泛、严肃地宣传新《森林法》，努力改善林业生态环境，提高森林覆盖率和蓄积量；要加强对丘陵地区用材林的栽培研究，合理布局林木栽培；要合理调整林木税费计算基价，提高林产品市场销售率，增加林农收入。（3）讨论、通过《乡镇人大换届选举工作方案》，成立领导小组及其办公室，确定了乡镇选举委员会组成人员。（4）决定接受一名县代表辞去代表职务、终止一名县代表的代表资格，报十三届人大五次会议备案。（5）人事任免。

十三届人大常委会第26次会议，于2001年10月25日在人大常委会会议室召开。听取和审议县政府《关于全县教育工作的情况汇报》，人大常委会教科文卫工作委员会就专项视察县一中、县二中、县三中、县九中和一职中的情况作了汇报。会议在肯定成绩的同时，向县政府和教育主管部门提出“加大依法治校治教力度，加大教育经费投入，加强师资队伍建设，强化学生素质教育、加强学校基础设施建设”等建议；要求“两院”关注学校周边环境，并考虑加强学校师生的法制教育。

2001年11月16日，肖德生主任在人大常委会会议室主持召开主任会议，听取县政府《关于广播电视发展情况汇报》，向县政府反馈人大常委会调查组《关于洞口县广电事业建设、管理和发展情况的调查报告》，指出当前存在的问题是竞争激烈、投入量大、专业技术人才少、发展难度大、群众反映不太好。建议县政府进一步加强领导，提高依法管理广电事业的能力，提高广电人员的素质。

十三届人大常委会第27次会议，于2001年12月26日在人大常委会会议室召开。听取和审议检察院《关于“两反”、渎侦和批捕工作情况的汇报》，要求检察院以实施新修改的《中华人民共和国检察官法》为契机，全面提高检察官的专业素质，继续加大“两反”、渎侦及批捕工作力度，拓宽查案范围。会议接受周卫臣辞去副县长职务的请求，决定免去其副县长职务，报十三届人大六次会议备案。

十三届人大常委会第28次会议，于2002年1月25日在人大常委会会议室召开，县委副书记王铭祥应邀出席会议。根据人大常委会主任提名、县政府县长提名，审议人事任免，分别听取拟任人员的情况汇报和任前述职，人大常委会组成人员有针对性地提出一些问题，拟任人员作了回答。任命人大常委会办公室主任，任命12名局长，3名局长免职。

十三届人大常委会第29次会议，于2002年3月8日在人大常委会会议室召开。（1）审议、通过人大常委会2002年工作要点。（2）、听取和初审县政府《2001年财政预算执行情况与2002年财政预算安排情况的报告》，提请十三届人大六次会议审批。（3）讨论、通过人大常委会在十三届人大六次会议上的工作报告。（4）研究决定召开十三届人大六次会议的时间及有关事宜。（5）审议人事任免。

十三届人大常委会第30次会议，于2002年4月29日在人大常委会会议室召开。听取和审议县政府《贯彻实施〈湖南省爱国卫生条例〉工作情况汇报》，视察县城卫生状况和环境保护情况。会议接受曾祥忠、游标二人辞去副县长职务的请求，决定任命廖碧波为县人民政府副县长。

2002年5月28日，肖德生主任在人大常委会会议室主持召开主任（扩大）会议。（1）听取农村水费收缴情况的汇报、人大常委会农业工作委员会的调查汇报，认为水利建设卓有成效，水费收缴确有难度，关键在于服务是否到位，水费使用是否透明，建议县政府从农村改革的全局通盘谋划。（2）听取城市规划与建设工作的汇报、人大常委会财政经济工作委员会的调查汇报；认为有成绩，也有问题，表现在起点不高、规划意识不强、行政干预依然存在；会议强调，规划一张图，审批一支笔，不能以县级干部会的名义压制规划、随意改变规划，人大常委会将在这方面加强监督、敢于监督。

十三届人大常委会第31次会议，于2002年6月27日在人大常委会会议室召开，县委常委、政法委书记周卫臣应邀出席会议。1、听取和审议法院刑事审判工作、检察院刑事起诉工作、公安局经济侦查工作的情况汇报、人大常委会内务司法工作委员会的调查报告，分别提出审议意见。（2）听取和审议县政府、财政局贯彻实施《湖南省县级以上预算审查监督条例》的工作情况汇报、人大常委会财政经济工作委员会的调查报告，提出工作建议。（3）根据县长提请，决定任命肖国强为县人民政府副县长。（4）人事任免。

2002年7月31日，肖德生主任在人大常委会会议室主持召开主任（扩大）会议。（1）听取档案局关于贯彻实施《档案法》和湖南省“实施条例”的工作汇报、人大常委会教科文卫工作委员会的调查报告，建议县委、人大常委会、政府联合听一次汇报，为档案局解决几个具体问题，同时要加强“一法一条例”的宣传，提高全社会的档案法律意识。（2）听取公、检、法、司四家贯彻实施《县人大常委会个案监督实施办法》的情况汇报和人大常委会内务司法工作委员会的调查报告，认为一年来的实施情况比较好，但还要继续努力，一要提高思想认识，宣传到位，执行到位；二要提高质量，争取拿出一个总结经验的小册子；三是司法机关和行政机关都要加强责任心、事业心；四是要不断地改进人大及其常委会的监督。

十三届人大常委会第32次会议，于2002年8月28日至29日在人大常委会会议室召开。（1）听取和审议县政府《关于2001年度财政决算和2002年上半年财政预算执行情况的汇报》、审计局《关于县政府2001年财政决算审计情况的汇报》、人大常委会财政经济工作委员会的审查报告；批准2001年财政决算。（2）根据主任会议提名，通过人事任免。（3）审议通过《关于洞口镇城镇规定区域内禁止燃放烟花爆竹和养狗的决议》。

十三届人大常委会第33次会议，于2002年9月30日在人大常委会会议室召开。通过《洞口县人大换届选举工作安排意见》；决定成立县选举委员会及其办公室，确定了人员名单；决定各乡镇成立选举领导小组，任命了正副组长。

2002年10月22日，肖德生主任在人大常委会会议室主持召开主任（扩大）会议，研究十四届人大一次会议的材料准备、代表团组成、代表团正副团长和支部书记人选，提请34次常委会会议审议。

十三届人大常委会第34次会议，于2002年10月25日在人大常委会会议室召开。听取和审议县政府《关于工业企业发展情况的汇报》《关于十三届人大五次会议代表所提建议、批评、意见办理情况的汇报》。听取和审议十四届人大一次会议有关筹备工作、换届选举工作的情况汇报。通过人事任免。

十三届人大常委会第35次会议，于2002年11月11日在人大常委会会议室召开。听取和审议代表资格审查委员会《关于十四届人民代表大会代表资格审查报告》；审议、通过十三届人大常委会工作报告；审议十四届人大一次会议议程草案、日程草案、大会主席团和秘书长名单草案、大会执行主席分组名单草案、大会选举办法草案等。

第七节 十四届人大常委会重要会议

2002年11月25日，肖德生主任在人大常委会会议室主持召开主任（扩大）会议，安排12月的工作，商讨副主任的分工，研究2003年工作要点，着手修改、完善人事任免办法，讨论召开本届1次会议的有关事项。

十四届人大常委会第1次会议，于2003年1月23日在人大常委会会议室召开。（1）学习法律，审议并通过人大常委会2003年工作要点。（2）修改、完善、通过《洞口县人大常委会人事任免办法》，会议通过人事任免事项，决定近期召开颁发任命书大会。（3）听取和审议全县农机工作情况汇报，指出农机系统人员超编、混编、混岗现象严重，违规搭车收费现象依然存在，农机执法不太严肃等问题；县政府报告了整改措施。

2003年2月18日，十四届人大常委会在县委大会议室举行颁发任命书大会，“一府两院”的有关人员和县直各单位主要负责人参加会议。肖德生主任发表讲话，对被任命人员提出了要求和希望；“一府两院”主要负责人和公安局局长作了承诺发言。大会宣读了新修订的《洞口县人大常委会人事任免办法》。县委书记周吉平出席会议并发表重要讲话，盛赞大会成功，要求与会人员和全县各级干部强化公仆意识，加强接受人民监督的自觉性。

十四届人大常委会第2次会议，于2003年3月4日至5日在人大常委会会议室召开。（1）学习《湖南省县级以上人民代表大会预算审查监督条例》，听取和审议县政府《关于2002年财政预算执行情况与2003年财政预算安排情况的汇报》。（2）研究决定召开十四届人大二次会议的有关事项，审议并通过人大常委会将在十四届人大二次会议上的工作报告。

十四届人大常委会第3次会议，于2003年3月24日在人大常委会会议室召开。听取和审议十四届人大常委会《关于代表异动情况的报告》、县政府《关于2002年度县财政预算执行情况的报告》、县人大常委会财政经济工作委员会《关于2002年财政预算执行情况和2003年财政预算（草案）的审查报告》。还审议、通过了其他事项。

2003年5月23日上午，肖德生主任在人大常委会会议室主持召开主任（扩大）会议，部署义务教育执法检查，明确指导思想、检查内容、方法、时间、步骤和主要对象，成立了领导小组和执法检查办公室。

十四届人大常委会第4次会议，于2003年5月25日在人大常委会会议室召开。（1）听取和审议县政府《关于雪峰广场建设情况的汇报》、人大常委会财政经济工作委员会的调查汇报。（2）听取邵怀高速公路洞口县协调指挥部的前期工作汇报，决定于8月组织视察。（3）听取和审议人大常委会各项工作规则、规定及说明。（4）组织人大常委会部分组成人员并邀请部分县人大代表旁听法院行政审判。（5）人事任免。

十四届人大常委会第5次会议，于2003年6月30日至7月1日在人大常委会会议室召开。（1）修正并通过人大常委会议事规则、各工作委员会的规章等共12项。（2）审议并通过《关于拆除迴龙洲非法建筑、保护迴龙洲生态环境的决定》。（3）听取和审议法院《关于审判工作的汇报》、人大常委会内务司法工作委员会《关于〈行政诉讼法〉执行情况的调查报告》。

2003年8月8日，人大常委会与“一府两院”联席会议在人大常委会会议室召开，县委书记赵清云出席会议并发表讲话。肖德生主任作题为《以“三个代表”重要思想为指导，携手开创人大工作新局面》的主旨发言；“一府两院”的主要负责人分别发言，表达了尊重人民代表大会及常务委员会的法定地位，自觉接受监督，依法办事，为人民服务，努力开创人大工作新局面的决心。

十四届人大常委会第6次会议，于2003年8月27日至29日在人大常委会会议召开。（1）集中学习《中华人民共和国刑法》《中华人民共和国刑事诉讼法》。（2）审议、批准县政府2002年财政决算和2003年财政预算调整方案。（3）听取和审议县政府《关于2003年上半年财政预算执行情况及全县财政体制改革情况的汇报》。（4）分别听取和审议公安、检察、法院关于取保候审的情况汇报，并提出交办意见，要求公检法真正依法办案、规范办案。（5）听取和审议县政府《关于贯彻实施义务教育法律法规工作情况汇报》，并提出工作要求。

2003年10月28日，主任会议听取县政府《关于全县农网改造情况的汇报》，指出了存在的一些问题，要求县政府督促有关部门认真落实中央指示精神，为农民办好这件实事，建议县政府抓紧出台农网改造、管理的具体规定。

十四届人大常委会第7次会议，于2003年10月29日至30日在人大常委会会议室召开。（1）听取和审议县政府《关于全县农村财务管理工作的汇报》，提出了交办意见，要求县政府督促有关乡镇，对未建账、建糊涂账的村采取紧急有效措施，实行财务公开。（2）听取和审议县政府《关于代表建议、批评和意见办理情况的汇报》。（3）审议、确定人大常委会《关于对“一府两院”有关人员进行述职评议的方案》。（4）通过人事任免事项，同意肖国强辞去副县长职务的请求；根据县长提请，决定任命唐宏华为县政府副县长。

2003年11月27日，肖德生主任在人大常委会会议室主持召开主任会议，县委书记和县长应邀出席会议，会议听取省市人大代表视察情况反馈。工业组反馈：（1）打破电力管理模式，保证正常供电；（2）提高农产品质量，以农促工；（3）启动政务公开，方便外来老板“一站式”办手续。农业组反馈：（1）粮食生产要紧紧抓住不放；（2）突出“猪经济”，提高饲养质量，重视防疫工作；（3）调整产品结构要尊重民意，政府要少搞或不搞政绩工程，不要搞强迫命令。城建组反馈：（1）规划不要朝令夕改；（2）搞规划搞建设要增强环保意识，行政长官尤其要增强环保意识；（3）要保护迴龙洲自然景观。

十四届人大常委会第8次会议，于2003年12月9日至10日在人大常委会会议室召开。市人大常委会副主任郭国清、县委书记赵清云应邀出席会议。会议分别听取和审议县政府23个工作机构的主任、局长和法院副院长、检察院副检察长的述职报告；分别听取了人大常委会调查组的情况汇报和常委会组成人员的评议发言；进行了无记名测评投票，并当场公布投票（测评）结果。2名局长的不称职票超过半数，人大常委会对其进行诫勉谈话，限期改正，将在4个月以后的人大常委会会议上再次进行评议表决。

十四届人大常委会第9次会议，于2004年1月6日在人大常委会会议室召开。（1）听取乡镇人大工作量化目标管理考核汇报，按照《乡镇人大岗位责任制考核办法》评比先进，评出乡镇人大工作先进单位、人大宣传工作先进单位13个和乡镇人大工作先进个人9名。（2）其他事项。

十四届人大常委会第10次会议，于2004年2月18日至19日在人大常委会会议室召开。（1）为十四届人大三次会议做准备。审议和通过补选代表的资格审查报告和人大常委会的工作报告，通过大会议程草案。（2）听取、审议县政府《关于2004年财政预算安排情况的汇报》。（3）根据《湖南省县级以上人大常委会述职评议工作条例》和《邵阳市领导干部辞职暂行办法》，对本届1次会议修订的“人事任免办法”第30条，予以修正补充。（4）根据县长提请，决定任命陈晖为县政府副县长。（5）审议通过人大常委会2004年工作要点。（6）听取县政府《关于河道管理情况的汇报》，视察平溪江部分河段。

2004年4月6日，主任会议研究开展人口与计划生育执法检查，学习市人大常委会有关文件，明确指导思想、内容、对象、方法、步骤和要求，成立领导小组，组成3个执法检查组，计划月底结束。

十四届人大常委会第11次会议，于

2004年4月20日在人大常委会会议室召开。（1）听取和审议县政府《关于县城综合整治情况的汇报》、人大常委会财政经济工作委员会的调查报告，提出了交办意见。（2）对本届常委会第8次会议评议不称职票超过半数的2名局长进行再次述职评议，评议表决结果是：1名称职，1名基本称职。（3）根据廖碧波本人的辞职请求，同意辞去副县长职务；根据县长提请，决定任命何维良为县人民政府副县长。

十四届人大常委会第12次会议，于2004年7月8日至9日在人大常委会会议室召开。（1）听取县政府《关于县城规划修编工作情况的汇报》。（2）听取和审议县政府《关于义务教育执法检查交办意见落实情况的汇报》；（3）听取和审议人大常委会农业工作委员会《关于全县河道管理的调查报告》，根据十四届人大三次会议授权，审议并通过《关于切实加强河道管理的决议》。（4）人事任免。

2004年8月20日下午，肖德生主任在人大常委会会议室主持召开主任（扩大）会议。（1）听取和审议县政府《关于计划和物价工作情况的汇报》及人大常委会财政经济工作委员会的调查报告。（2）就落实农业法及相关综合执法检查后的意见，向县政府交办。（3）基本确定纪念人民代表大会制度建立50周年系列活动安排。

十四届人大常委会第13次会议，于2004年8月26日在人大常委会会议室召开，县委副书记罗建南应邀出席会议。（1）听取和审议审计局《对2003年财政预算执行情况的审计报告》及人大常委会财政经济工作委员会的审查意见，批准县政府2003年度财政决算。（2）听取和审议县政府《关于2004年上半年财政预算执行情况汇报》、人大常委会财政经济工作委员会的调查汇报，审查和批准县政府《2004年财政预算调整报告》。（3）审议和确定2004年述职评议对象。（4）通报主任会议关于纪念人民代表大会制度建立50周年系列活动安排及经费预算情况。

十四届人大常委会第14次会议，于2004年9月15日在人大常委会会议室召开，县委副书记罗建南应邀出席会议。（1）听取和审议县政府《关于社会救济和低保工作的汇报》，会议严肃指出，社会上对吃低保的问题反映很不好，该吃的吃不到，不该吃的就吃了，要求民政部门很好的查一查，不要把国家的好事办歪了。（2）部署乡镇人大换届工作。

2004年9月16日，人大常委会隆重举行人民代表大会制度建立50周年暨洞口县人大常委会设立25周年庆祝大会，县委常委、县人大常委会历届正副主任、县政府正副县长、县政协正副主席、县人武部部长、法院院长、检察院检察长和部分全国人大代表、省人大代表、市人大代表出席会议。肖德生主任作主旨发言，深刻认识坚持和完善人民代表大会制度的重大意义，回顾人大常委会建立25周年的工作，提出做好新时期人大工作的设想。“一府两院”的主要负责人就尊重人大的法律地位、增强人大意识、接受人大监督，作了发言；县委书记赵清云就进一步改善和加强党对人大工作的领导，保证和支持人大及其常委会依法行使职权作了重要讲话。

十四届人大常委会第15次会议，于2004年10月18日在人大常委会会议室召开，县委副书记罗建南和县委政法委书记许又龙应邀出席会议。（1）听取和审议法院、检察院、公安局关于打击经济犯罪情况的汇报，听取人大常委会内务司法工作委员会《关于全县打击经济犯罪情况的调查报告》，向"一府两院"提出工作建议。（2）听取和审议县政府《关于办理代表建议、批评和意见的情况汇报》。（3）人事任免。

十四届人大常委会第16次会议，于2004年12月28日在人大常委会会议室召开。县委组织部部长沈志定、政法委书记许又龙应邀出席会议。（1）审议、通过《洞口县人大常委会关于加强和改进人大常委会会议审议工作的决定》，不断探索新的监督方式，努力提高审议实效。（2）听取县政府《关于全县河道综合整治情况的汇报》。（3）审议、批准县政府《2004年度财政预算调整方案》。（4）决定对法院审判委员会委员（正、副院长除外）、法庭庭长、检察院检察委员会委员（正、副检察长除外）进行述职评议。（5）人事任免。

十四届人大常委会第17次会议，于2005年1月24日在人大常委会会议室召开，审议通过《洞口县人民代表大会代表辞职的规定》、《洞口县人大常委会2005年工作要点》。

十四届人大常委会第18次会议，于2005年2月17日上午在人大常委会会议室召开，县委副书记罗建南和组织部部长沈志定应邀出席会议。因部分干部工作变动，接受33名十四届县人大代表辞去代表职务，会议予以通过。确定法院人民陪审员名额为12名，由人大常委会正式任命后。参加省高院法律知识培训。

十四届人大常委会第19次会议，于2005年3月12日在人大常委会会议室召开，县委副书记罗建南应邀出席会议。（1）为十四届人大四次会议做准备，审议通过人大常委会工作报告、代表异动和补选情况及补选代表资格审查的报告。（2）听取和审议县政府《关于2004年财政预算执行情况和2005年财政预算安排情况的汇报》。（3）人事任免。

十四届人大常委会第20次会议，于2005年5月24日在人大常委会会议室召开。（1）听取和审议县政府《关于环境保护排污资金使用情况的汇报》、人大常委会财政经济工作委员会的调查报告。（2）听取和审议县政府《关于贯彻执行〈中华人民共和国水法〉的情况汇报》、人大常委会农业工作委员会的调查报告。（3）向县政府交办《关于全县耕地保护的交办意见》《关于全县〈水法〉执法检查的交办意见》。

十四届人大常委会第21次会议，于2005年6月26日在人大常委会会议室召开。（1）听取县政府《关于全县民办教育工作情况的汇报》和人大常委会教科文卫工作委员会的调查报告。建议县政府加强领导，着力宽松民办教育的发展环境，创新民办教育融资体制，畅通民间资金进入民办教育领域的渠道；要求教育行政主管部门认真落实统筹规划、综合协调、管理监督；民办学校要健全规章制度，强化自我管理。（2）根据十四届人大四次会议授权，县人大常委会和县政府就矿产资源的保护利用这一重大课题组织有关单位在县内外做了17天的调查研究，调研组作了考察报告，会议认真审议后通过《关于加强我县矿产资源保护、开发、利用和管理的决定》。

2005年7月25日，肖德生主任在人大常委会会议室主持召开主任扩大会议。听取和审议法院《关于执行工作的情况汇报》、人大常委会内务司法工作委员会的调查报告；听取和审议县政府《关于动物重大防疫工作情况的汇报》、人大常委会农业工作委员会的调查报告；听取和审议县政府《关于贯彻实施〈中华人民共和国气象法〉〈湖南省实施气象法办法〉，开展防雷工作的汇报》、人大常委会农业工作委员会的调查报告。分别向法院、县政府提交了审议意见。

十四届人大常委会第22次会议，于2005年8月24日在人大常委会会议室召开。（1）学习《中华人民共和国公务员法》，审议通过《洞口县人大常委会2005年述职评议和评选“人民满意公仆”方案》。（2）批准、县政府2004年财政决算，审查批准县政府2005年度财政预算调整方案。（3）审查、批准县政府县城总体规划。（4）审查、批准洞口县国家级生态示范区建设总体规划。（5）人事任免。

十四届人大常委会第23次会议，于2005年10月29日在人大常委会会议室召开。（1）学习《中华人民共和国全国人民代表大会和地方各级人民代表大会代表法》。（2）听取县政府《关于人大代表建议、批评和意见的办理工作情况的汇报》，会议对县长亲自办理建议、县政府着力解决实际问题表示满意。（3）会议接受蒋康俭辞去邵阳市十三届人大代表职务的请求。

十四届人大常委会第24次会议，于2005年12月22日至24日在人大常委会会议室召开。（1）对傅丽华、唐宏华、陈晖3名副县长和25个政府工作机构局长（主任）及法院副院长、检察院副检察长共35人进行述职评议，当场公布测评表决结果。公布了113名国家机关工作人员法律考试成绩，最高得分95分，最低得分63分。（2）听取水利局落实人大常委会《水法》执法检查交办意见的情况汇报、国土资源局落实人大常委会《关于加强我县矿产资源保护、开发利用和管理的决定》的情况汇报。（3）审查、批准县政府《2005年度财政预算调整报告》。（4）根据法院的提请，同意人民陪审员名额增加至20名。（5）补选陈钢生为邵阳市十三届人大代表。

十四届人大常委会第25次会议，于

2006年2月28日至3月1日在人大常委会会议室召开。（1）审议并原则通过十四届人大五次会议日程、主席团和秘书长名单、各代表团团长和副团长名单、主席台就座人员名单、列席人员名单（草案）。（2）初审县政府《关于洞口县国民经济和社会发展“十一五”规划纲要（草案）》《关于2005年度财政预算执行情况与2006年度财政预算安排草案》。（3）审议、通过人大常委会“2006年工作要点”和在十四届人大五次会议上的工作报告及《关于授予“人民满意公仆”荣誉称号的决定》。（4）接受杨大高辞去委员职务。（5）人事任免。

十四届人大常委会第26次会议，于2006年7月4日至6日在人大常委会会议室召开。（1）听取和审议县政府《关于贯彻实施〈环境保护法〉的情况汇报》《贯彻实施<传染病防治法>的情况汇报》、《关于农业综合开发项目实施及资金使用情况的汇报》，分别听取了人大常委会环境保护执法检查办公室、教科文卫工作委员会、农业工作委员会的调查汇报，对县政府的三项汇报予以审议票决。（2）就加强我县小学师资队伍建设向县政府提出了交办意见，将于一年后听取和审议贯彻实施情况汇报。（3）接受何维良、唐宏华辞去副县长职务的请求，决定任命陈建平为县人民政府副县长。（4）人事任免。

2006年7月28日上午，肖德生主任在人大常委会会议室主持召开主任（扩大）会议，听取和审议法院《关于民事审判工作全面检查的情况汇报》、人大常委会内务司法工作委员会的调查报告；要求法院坚持依法审判、公正审判，进一步提高当庭宣判率；特别指出，关键在于提高审判队伍素质。

十四届人大常委会第27次会议，于2006年8月28日至29日在人大常委会会议室召开。（1）听取和审议县政府《关于贯彻实施〈湖南省非税收入管理条例〉的报告》《2005年度财政收支决算的报告》《2006年上半年财政预算执行情况的报告》，分别听取了人大常委会非税收入执法检查办公室、财政经济工作委员会和审计局的汇报，对县政府的三个报告予以审议票决，批准2005年度财政决算。（2）通过人大常委会《关于加强我县环境保护工作的交办意见》和《2006年述职述评工作方案》。（3）根据人大常委会主任提名，通过任免名单。

2006年10月11日上午，肖德生主任在人大常委会会议室主持召开主任（扩大）会议，听取县政府《关于全县行政监察工作的情况汇报》、人大常委会内务司法工作委员会的调查报告，表示满意。听取县政府《关于农业机械化发展情况的汇报》、人大常委会农业工作委员会的调查报告，基本满意。

十四届人大常委会第28次会议，于2006年10月27日在人大常委会会议室召开，听取县政府办理十四届人大五次会议代表建议、批评和意见的工作汇报，审议后票决，8票满意，12票基本满意。会议通过人大常委会向县政府《关于加强全县非税收入管理工作的交办意见》，要求县政府在下次常委会会议上报告整改情况。

2006年11月20日上午，肖德生主任在交通局会议室主持召开主任（扩大）会议，听取交通局、公路局的工作汇报，并提出如下要求：（1）管好用好建设资金，保证“干部安全不下水”；（2）对公路危桥要普查上报，拿出维修加固方案，千万不能出问题；（3）民间渡口渡船的安全问题很重要，决不能掉以轻心，必须巩固成果，五十年不出问题，一百年不出问题；（4）道路运输的安全管理要常抓不懈，工程安全和工程质量要紧紧抓住不放松，绝对不能出“豆腐渣”工程。

2006年11月24日上午，肖德生主任在质监局会议室主持召开主任（扩大）会议，听取全县安全监管、质量管理、计量管理、食品安全生产管理和砖厂、预制厂、特种设备行业管理的工作情况汇报，要求县政府高度重视安全生产，高度重视“质量兴县”工作。

十四届人大常委会第29次会议，于2006年12月26日至27日在人大常委会会议室召开。（1）审议、通过县政府、法院提请的免职名单，决定免去罗美光副县长职务，免去8人的审判员职务。（2）听取审议县政府《关于提请调整2006年财政收支预算的议案》和人大常委会财政经济工作委员会的审查意见，审议后予以批准。（3）听取和审议县政府落实人大常委会《关于加强全县环保工作的交办意见》、《关于加强全县非税收入管理工作的交办意见》、检察院《关于反贪污反贿赂工作情况的汇报》及人大常委会内务司法工作委员会的调查报告，审议后票决：县政府落实加强环保工作交办意见，12票满意，7票基本满意；县政府落实加强非税收入管理交办意见，10票满意，8票基本满意，1票不满意；检察院反贪污反贿赂工作汇报，9票满意，9票基本满意，1票不满意。（4）听取并评议袁再雄等5位副县长的述职报告，表决结果：袁再雄，称职18票，基本称职1票；王建华，称职16票，基本称职3票；杨芳德，称职18票，基本称职1票；许安生，称职15票，基本称职3票；弃权1票；陈建平，称职15票，基本称职2票，不称职1票，弃权1票。（5）根据市人大常委会选举任免联络工作委员会的推荐函，补选胡波（市检察院党组书记、代检察长）为邵阳市十三届人大代表。

2006年12月28日，人大常委会在县委大会议室召开贯彻实施《中华人民共和国监督法》动员大会，县直副科以上单位党政一把手、乡镇党委、人大、政府的正职参加会议。肖德生主任以《认真学习，深刻领会，严格执行〈监督法〉》为题，发表主旨讲话：（1）《中华人民共和国各级人民代表大会常务委员会监督法》的产生；（2）全面深刻领会精神实质；（3）搞好规范和过渡工作，确保《监督法》全面贯彻实施；（4）以此为契机，进一步加强和改进人大监督工作。县长、法院院长、检察长先后发言。县委书记赵清云作

《认真贯彻实施〈监督法〉，开创人大工作新局面》总结讲话。

十四届人大常委会第30次会议，于2007年2月6日在人大常委会会议室召开。（1）审议通过《人大常委会2007年工作要点》；审议、决定召开十四届人大六次会议的有关事项，并通过人大常委会的工作报告；听取和审议并通过代表资格审查委员会关于代表异动情况的报告。（2）接受廖勤俭辞去检察院检察长职务的请求，报十四届人大六次会议备案；决定任命宋志刚为县人民检察院检察员、检察委员会委员，副检察长、代理检察长，报邵阳市第十三届人大常委会和邵阳市检察院备案，并报洞口县十四届人大六次会议备案。

十四届人大常委会第31次会议，于2007年3月6日在人大常委会会议室召开。听取和审议县政府《关于2006年财政预算执行情况和2007年预算安排（草案）的报告》。根据县政府提请，通过人事任免事项。

十四届人大常委会第32次会议，于2007年5月10日在人大常委会会议室召开。（1）学习《中华人民共和国物权法》。（2）听取和审议教育局落实人大常委会《关于加强我县小学师资队伍建设交办意见》的汇报。（3）听取和审议《交警大队行政执法情况的汇报》、人大常委会内务司法工作委员会的调查报告。（4）修正并通过县人大常委会“工作简则”“议事规则”“人事任免办法”；审议并通过“选举任免联络工作委员会工作规则”“内务司法工作委员会工作规则”“财政城乡建设工作委员会工作规则”“教育科学文化卫生工作委员会工作规则”和“农业民族华侨外事工作委员会工作规则”。会议决定废止2004年12月28日十四届人大常委会16次会议通过的《洞口县人大常委会关于加强和改进人大常委会会议审议工作的决定》。

2007年5月31日上午，肖德生主任在人大常委会会议室主持召开主任（扩大）会议，听取县政府关于贯彻实施《湖南省城市居民最低生活保障条例》和《邵阳市城市居民最低生活保障制度实施细则》的情况汇报，要求县政府认真负责地督促民政局依法办事，增强透明度，切实把好事办好。

十四届人大常委会第33次会议，于2007年7月10日在人大常委会会议室召开。（1）听取并审议县政府《关于2007年上半年国民经济和社会发展计划执行情况的汇报》、人大常委会财政经济工作委员会的调查报告。（2）听取并审议县政府《关于全县食品监督管理工作情况的汇报》、人大常委会教科文卫工作委员会的调查报告。（3）听取和审议法院、检察院、公安局关于取保候审情况的报告及人大常委会内务司法工作委员会的调查报告。（4）通过人大常委会主任会议提请的免职提名。

2007年7月31下午，肖德生主任在人大常委会会议室主持召开主任（扩大）会议，听取县政府《关于工业园区建设资金管理、使用情况的汇报》、劳动和社会保障局《关于劳动争议仲裁情况的报告》，基本满意。

十四届人大常委会第34次会议，于2007年8月30日在人大常委会会议室召开。（1）听取和审议县政府2006年财政决算（草案）、审计局的审计报告、人大常委会财政经济工作委员会的审查报告，批准县政府2006年度财政决算。（2）听取和审议县政府2007年上半年财政预算执行情况的报告、人大常委会财政经济工作委员会的调查报告。（3）听取和审议县政府《关于国家级、省级土地整理项目实施及资金使用情况的报告》。（4）审议县政府《关于将在县城禁止燃放烟花爆竹调整为限制燃放烟花爆竹的议案》，会议就此做出决定，从2008年1月1日起实施。

2007年9月28日上午，肖德生主任在人大常委会会议室主持召开主任（扩大）会议，听取科技局《关于全县科技创新和科技成果转化工作的汇报》、人大常委会教科文卫工作委员会的调查报告，基本满意。

十四届人大常委会第35次会议，于2007年10月8日在人大常委会会议室召开。（1）听取和审议县政府《关于我县部门预算工作的汇报》、财政局《2007年六个试点单位预算改革情况汇报》。（2）审议、通过人大常委会《关于成立洞口县选举委员会的决定》和《关于设立乡（镇）选举委员会的决定》。（3）通过主任会议提名的人事任命。

十四届人大常委会第36次会议，于2007年10月10日在人大常委会会议室召开，审议邵阳市检察院《报请许可对洞口县人大代表曾××采取强制措施的报告》，许可邵阳市检察院对其采取强制措施。

十四届人大常委会第37次会议，于2007年10月31日在人大常委会会议室召开，县委副书记罗建南和组织部部长沈志定应邀出席会议。（1）听取和审议县政府《关于办理十四届人大六次会议代表建议、批评和意见的工作情况汇报》，比较满意。（2）审议、决定召开十五届人大一次会议的有关事项，通过《关于召开十五届人大第一次会议的决定》。（3）根据县委提名、主任会议提名，审议后决定，蔡明清为法院审判员、审判委员会委员、副院长、代理院长。（4）审议、通过人大常委会主任、县政府县长提请的人事任免事项。

十四届人大常委会第38次会议，于2007年11月23日在人大常委会会议室召开。听取十五届人大一次会议的筹备工作汇报，原则通过议程、日程、主席团常务主席名单、执行主席名单（草案）等，审议通过列席人员及分组名单、十四届人大常委会工作报告、十五届人大一次会议筹备工作报告、十五届人大代表资格审查报告。

第八节 十五届人大常委会重要会议

2007年12月11日，黄先球主任在人大常委会会议室主持召开主任（扩大）会议，“一府两院”的主要负责人应邀列席会议。会议研究主任分工和本届常委会的主要工作任务及第1次会议的有关事项，委托办公室起草2008年工作要点。

十五届人大常委会第1次会议，于2007年12月24日在人大常委会会议室召开。（1）学习中共十七大精神。（2）修订、完善《洞口县人大常委会议事规则》；审议通过《洞口县人大常委会2008年工作要点》；审议、决定十五届人大常委会代表资格审查委员会名单。（3）听取和审议县政府《关于2007年度财政预算调整的报告》，通过县人大常委会财政经济城乡建设工作委员会的“审查意见”。

十五届人大常委会第2次会议，于2008年2月28日在人大常委会会议室召开。县委副书记罗建南和组织部部长沈志定应邀出席会议。（1）学习《中华人民共和国各级人民代表大会常务委员会监督法》。（2）听取和审议县政府《关于2008年财政预算安排情况的报告》。（3）根据县长提请，审查被任命人员的履历和任前承诺，通过县政府组成机构24名主任、局长的任命。

十五届人大常委会第3次会议，于2008年4月18日在人大常委会会议室召开。（1）听取、审议县政府《关于〈中华人民共和国律师法〉贯彻执行情况和法律工作者管理情况的汇报》、人大常委会内务司法工作委员会的调查报告。（2）、根据县长的提请，决定任命龚昕为县政府副县长；（3）审议、通过2名局长的任命。

十五届人大常委会第4次会议，于2008年4月25日在人大常委会会议室召开，县委书记、县长黎仁寅应邀出席会议。（1）听取和审议十五届人大常委会代表资格审查委员会关于代表异动情况的报告，3名代表调离本行政区，1名代表涉嫌诈骗罪暂时停止执行代表职务，洞口镇、石江镇各补选1名，现有代表285名。（2）会议决定于2008年6月2日举行十五届人大第二次会议，会期4天，通过了会议议程（草案）。（3）接受黎仁寅辞去县长职务的请求；根据县委提名、主任会议研究，并审查履历、听取任前发言后投票表决，决定任命肖拥军为县政府副县长、代理县长，报十五届人大二次会议备案。

十五届人大常委会第5次会议，于2008年6月27日在人大常委会会议室召开。听取和审议县政府《贯彻实施〈中华人民共和国农产品质量安全法〉、〈体育法〉的工作汇报》，向县政府提出了审议意见。投票补选童名谦、李朝晖为邵阳市十四届人大代表。

2008年7月24日，在洞口宾馆召开人大常委会与“一府两院”联席会议，县委书记黎仁寅应邀出席会议。会议重点学习《中华人民共和国各级人民代表大会常务委员会监督法》，同时通报《洞口县人大常委会议事规则》；通过《人大常委会、人民政府、人民法院、人民检察院工作联系制度》；讨论《洞口县规范性文件备案审查办法》征求意见稿。黄先球主任就“强化观念、充分认识地方国家权力机关的作用，履行监督职能、促进依法行政和公正司法”作了发言；肖拥军县长、蔡明清院长、宋志刚检察长先后发言；黎仁寅书记以《坚持党的领导，携手开创人大工作新局面》为题发表讲话。“一府两院”的副职和办公室主任及有关单位主要负责人共62人列席会议。

十五届人大常委会第6次会议，于2008年8月29日在人大常委会会议室召开。（1）审查批准《洞口县2007年度财政决算》。（2）听取和审议《洞口县2008年上半年财政预算执行情况、部分预算试点单位预算执行情况》。（3）根据十五届人大二次会议授权，经过调查研究，听取人大常委会财政经济城乡建设工作委员会调查报告，审议并通过《关于建设迴龙洲森林公园的决议》。（4）审议、通过《洞口县人大常委会规范性文件备案审查办法》《洞口县人大常委会工作评议办法》。（5）人事任免。

十五届人大常委会第7次会议，于2008年10月29日至30日在人大常委会会议室召开。（1）听取和审议县政府《关于“十一五”计划前三年执行情况的汇报》《关于县城城市规划实施情况的汇报》；听取人大常委会财政经济城乡建设工作委员会对以上两项内容的调查报告。（2）听取和审议选举任免联络工作委员会《关于人大常委会组成人员走访代表情况的汇报》，向县政府提出了交办意见。（3）审议并决定工作评议方案及对象。（4）听取和审议县政府《关于十五届人大二次会议代表建议、批评和意见办理情况及重点建议、批评和意见办理工作情况的汇报》，基本满意。

十五届人大常委会第8次会议，于2008年12月25日至26日在人大常委会会议室召开。（1）审查、批准县政府2008年度财政收支预算调整方案。（2）听取和审议县政府《关于我县农村合作医疗工作情况的报告》和人大常委会教科文卫工作委员会检查农村合作医疗开展情况的汇报。（3）听取和审议县政府落实《洞口县人大常委会关于加强我县体育工作的交办意见》情况的汇报、落实《洞口县人大常委会关于常委会组成人员集中走访人大代表反馈意见的交办意见》情况的汇报。（4）补选肖拥军为邵阳市十四届人大代表。（5）根据县政府提请，审议后决定免去陈建平副县长职务，任命罗美光为县政府副县长；审议通过了法院提请的任命名单。（6）用一天的时间评议公安局、国土资源局、水利局、人口与计划生育局的工作，票决结果：公安局得基本满意票20票，不满意票1票；国土资源局得满意票2票，基本满意票17票，不满意、弃权各1票；水利局得满意票2票，基本满意票18票，不满意票1票；人口计生局得满意票3票，基本满意票15票，不满意票3票。

十五届人大常委会第9次会议，于2009年2月10日在人大常委会会议室召开。根据人大常委会主任提名和县政府提请，审议通过人事任免。

十五届人大常委会第10次会议，于2009年2月26日在人大常委会会议室召开。（1）审议、决定十五届人大三次会议的有关事项；听取、审议并通过人大常委会在十五届人大三次会议上的工作报告和2009年工作要点；审议修正《洞口县人大常委会工作简则》。（2）决定财政经济城乡建设工作委员会分设为财政经济工作委员会、城乡建设环境资源保护工作委员会；审议通过《城乡建设环境资源保护工作委员会工作规则》和《财政经济工作委员会工作规则》。（3）根据县政府提请，决定任命吴中华为县政府副县长。（4）审议、表决、通过了法院、检察院提请的任免名单。

十五届人大常委会第11次会议，于2009年4月28日在人大常委会会议室召开。（1）听取和审议县政府《关于我县义务教育工作情况的报告》及人大常委会教科文卫工作委员会的调查报告；（2）听取和审议县政府《关于〈中华人民共和国安全生产法〉贯彻执行情况的报告》及人大常委会内务司法工作委员会的调查报告；（3）听取和审议县政府《关于洞口县污水处理厂建设工作情况的汇报》及人大常委会城乡建设工作委员会的调查报告，通过人大常委会《关于批准建设洞口县污水处理厂的决定》；（4）审议、修正《洞口县人大常委会人事任免办法》，废止2007年5月的人事任免办法。

2009年6月1日上午，黄先球主任在人大常委会会议室主持召开主任（扩大）会议，听取和审议县政府《关于我县柑橘产业发展情况的汇报》、人大常委会农业工作委员会的调查报告，要求县政府抓紧抓好拳头产品的生产，主攻无公害生产，提高产品质量，提高市场竞争能力，而且要形成规模生产能力。

十五届人大常委会第12次会议，于2009年6月16日至17日在人大常委会会议室召开。（1）听取和审议公安局、国土局、水利局、人口与计生局关于人大常委会工作评议交办意见落实情况的报告及人大常委会对以上单位落实交办意见的调查报告，比较满意。（2）听取和审议县政府落实人大常委会《关于县城总体规划实施情况交办意见》的情况汇报及人大常委会对此的调查报告，认为县政府做了一些工作，有所成效，比较满意；但违规建房的问题尚未处理到位，下次主任会议将听取专题汇报。（3）审议、通过《洞口县人大常委会关于审议决定县财政投入大型建设项目的办法》。（4）根据县政府提请，决定免去杨芳德县政府副县长职务；任命薛孝平为县政府副县长。5、审议、通过其他人事任免名单。

2009年7月30日，黄先球主任在人大常委会会议室主持召开主任（扩大）会议。（1）听取和审议县政府《关于县城污水处理厂建设情况的汇报》、人大常委会城乡建设工作委员会的调查报告。（2）听取和审查监察局《落实人大常委会〈关于县城总体规划实施情况交办意见〉的有关违规建房问题处理情况的汇报》。

十五届人大常委会第13次会议，于2009年8月27日在人大常委会会议室召开。（1）审查、批准县政府2008年度财政决算。（2）听取和审议县政府《关于2009年上半年财政预算执行情况的报告》及人大常委会财政经济工作委员会的调查报告。（3）听取和审议县政府《关于迴龙洲森林公园建设情况的报告》及人大常委会城乡建设工作委员会的调查报告，总的评议是不理想。（4）听取和审议县政府《关于江万公路洞口段县内配套资金的议案》、《关于花园中学整体搬迁的议案》，均获通过。（5）按照修正后的人事任免办法通过任免名单，决定任命俞峰为县政府副县长；还任命了16名法院陪审员。

2009年9月22日，人大常委会在新华宾馆举行纪念洞口县人大常委会设立30周年座谈会。县委、“一府两院”、政协、人武部的主要负责人，本届人大常委会组成人员和历届人大常委会正副主任、部分在县的全国、省、市人大代表及相关单位负责人，共150余人出席会议。黄先球主任回顾了30年的光辉历程，总结了30年的经验体会，并就如何做好新时期的人大工作谈了建设性意见。县委书记和“一府两院”的主要负责人发表了讲话。人大常委会办公室编发了《洞口县人大常委会设立30周年大事记》。

十五届人大常委会第14次会议，于2009年10月29日至30日在人大常委会会议室召开。（1）学习中共湖南省委转发的《中共湖南省人大常委会党组关于进一步加强和改进省人大代表的工作意见》。（2）听取和审议县政府《关于我县物价管理工作的汇报》、人大常委会财政经济工作委员会的调查报告。（3）听取县政府《关于十五届人大三次会议代表建议、批评和意见办理情况的报告》。（4）听取和审议县政府《关于城北新村小区区域规划调整的议案及说明》、《关于县中医院规划用地性质调整的议案》及说明、《关于桔城宾馆地块规划调整的议案》及说明，听取了人大常委会城乡建设环境资源保护工作委员会对以上三项议案的审查报告，通过人大常委会对三项议案的“审议意见”。（5）对法院、劳动和社会保障局、交通局、林业局、安全生产监督管理局、质量技术监督管理局6个单位进行工作评议，分别听取了单位主要负责人的工作汇报、审计局的审计报告、人大常委会工作评议调查组的调查报告，与会人员评议后投票表决：法院得满意票12票，基本满意票10票，弃权票1票；劳动和社会保障局得满意票8票，基本满意票13票，不满意、弃权各1票；交通局得满意票10票，基本满意票11票，不满意、弃权各1票；林业局得满意票14票，基本满意票8票，弃权1票；安全生产监督管理局得满意票3票，基本满意票11票，不满意票6票，弃权票3票；质量技术监督管理局得满意票8票，基本满意票12票，不满意票1票，弃权票2票。县人大常委会向6个单位分别提出了“交办意见”，要求将落实“交办意见”情况 向主任会议报告。（6）人事任免。

十五届人大常委会第15次会议，于2009年12月28日在人大常委会会议室召开。（1）听取和审议县政府《关于调整2009年财政收支预算的议案》、《我县贯彻实施〈森林法〉的情况汇报》及人大常委会农业工作委员会的调查报告。（2）接受本届24名代表因工作调动而辞去县人大代表职务的请求。（3）审议、通过人事任免事项。

十五届人大常委会第16次会议，于2010年2月26日至27日在人大常委会会议室召开，县委副书记周乐彬应邀出席会议。（1）决定3月21日至24日在县城举行十五届人大四次会议；讨论并原则通过会议议程（草案）、主席团和秘书长建议名单等；听取和审议代表资格审查委员会《关于十五届人民代表大会代表异动情况的报告》。（2）听取和审议县政府《关于2010年财政预算（草案）的报告》。（3）讨论、修改并通过《洞口县人大常委会在十五届人大四次会议上的工作报告》及《洞口县人大常委会2010年工作要点》。（4）补选黄少华为邵阳市十四届人大代表。

十五届人大常委会第17次会议，于2010年4月14日至15日在人大常委会会议室召开，县委副书记周乐彬应邀出席会议。（1）听取和审议县政府《关于县城城乡结合部路网及防洪堤建设开发项目建设资金有关问题的报告》，通过人大常委会《关于同意将偿还城乡结合部路网及防洪堤建设开发项目建设资金列入财政专项预算的决议》。（2）听取和审议县政府《关于〈中华人民共和国行政监察法〉贯彻落实情况的报告》、人大常委会内务司法工作委员会的调查报告，审查票决：满意3票，基本满意16票。（3）听取人大常委会内务司法工作委员会关于《洞口县人大常委会监督重要案件实施办法》（草案）的起草说明，经过审议，通过该“实施办法”。（4）审议、通过洞口县人大常委会《人大代表工作制度》。（5）听取和审议县政府《关于县党政机关整体搬迁建设的议案》、人大常委会城乡建设环境资源保护工作委员会的审查意见，通过相关决议。（6）听取和审议县政府《关于原县茶叶公司地块规划调整的议案》、人大常委会城乡建设环境资源保护工作委员会的审查报告，审议票决：同意4票，不同意7票，弃权8票。（7）接受2名县代表的辞职请求。（8）人事任免。

2010年5月28日，黄先球主任在人大常委会会议室主持召开主任（扩大）会议。（1）听取县政府《关于我县高中阶段教育工作情况的汇报》、县人大常委会教科文卫工作委员会的调查报告；（2）听取县城市场建设投资公司工作情况汇报和人大常委会财政经济工作委员会的调查报告；（3）听取县政府《关于申报贫困县的工作汇报》，予以支持。

十五届人大常委会第18次会议，于2010年6月24日在人大常委会会议室召开。（1）听取和审议县政府《关于环境保护工作的汇报》、县人大常委会城乡建设环境资源保护工作委员会的调查报告，审议结果：6票满意，16票基本满意。（2）听取和审议县政府《关于〈动物防疫法〉贯彻落实情况的汇报》、人大常委会农业工作委员会的调查报告，审议结果：3票满意，16票基本满意，1票弃权。（3）听取和审议县政府《关于提请审议洞高公路县内配套资金的议案》，22票同意，通过相关决议。（4）听取和审议县政府《关于审计科研培训综合楼建设问题的议案》及说明、人大常委会财政经济工作委员会的调查报告，17票同意、3票弃权，通过相关决议。（5）听取和审议县政府《关于再次向县人大常委会提请审议原县茶叶公司地块规划调整的议案》，经审议，22票同意，通过人大常委会“审议意见”。（6）人事任免。

2010年7月29日，黄先球主任在人大常委会会议室主持召开主任（扩大）会议，县委副书记周乐彬应邀出席会议。分别听取法院、劳动和社会保障局、交通局、林业局、安全生产监督管理局、质量技术监督局落实人大常委会第14次会议工作评议“交办意见”的工作情况汇报和调查组的调查报告。会议对6个单位的落实情况比较满意，希望6个单位以此为契机，切实做好各自的本职工作，争创新的业绩。

十五届人大常委会第19次会议，于2010年8月16日在人大常委会会议室召开。（1）根据公安局提请，十五届人大代表廖某某非法从事地下“六合彩”，已涉嫌非法经营罪，要求对其采取强制措施，会议同意对廖某暂时停止执行代表职务。（2）审议、通过《关于认定我县地方调查点农民人均纯收入数据的决议》，我县农民人均纯收入数据使用《国家统计局湖南调查总队统计年鉴》数据，即2007年为2613元，2008年为2622元，2009年为2638元。

十五届人大常委会第20次会议，于2010年8月26日在人大常委会会议室召开。（1）听取和审议县政府《关于2009年财政收支决算报告》和审计局《关于县人民政府2009年财政预算执行情况的审计报告》、人大常委会财政经济工作委员会的审查报告，审查批准县政府2009年度财政决算，通过《决议》。（2）听取和审议县政府《关于2010年上半年财政预算执行情况的报告》、人大常委会财政经济工作委员会的调查报告。（3）听取和审议县政府《关于县消防大队整体搬迁问题的议案》及工程情况汇报、人大常委会财政经济工作委员会的调查汇报，通过《关于县消防大队整体搬迁经费问题的决议》。

2010年9月28日，黄先球主任在人大常委会会议室主持召开主任（扩大）会议，听取县政府《关于廉租房建设和使用情况的汇报》《住房保障工作情况汇报》《关于农业综合开发工作情况的汇报》，分别提出工作建议。

十五届人大常委会第21次会议，于2010年10月28日在人大常委会会议室召开，县委副书记周乐彬应邀出席会议。（1）听取和审议县政府《办理十五届人大四次会议代表建议、批评和意见的情况汇报》，表示比较满意。（2）听取和审议县政府《关于交通工作和公路管理的汇报》、人大常委会财政经济工作委员会的调查报告，票决结果：满意11票，基本满意9票。（3）对检察院等3个单位进行工作评议，听取单位汇报、审计局的审计报告和人大常委会评议调查组的调查报告，评议表决：检察院得满意票10票、基本满意票7票、不满意票3票；民政局得满意票15票、基本满意票5票；建设局得满意票10票、基本满意票10票。

十五届人大常委会第22次会议，于2010年12月27日在人大常委会会议室召开。（1）听取和审议县政府《关于2010年财政预算调整的议案》关于洞口经济开发区二期工程连接线黎园东路建设问题的议案》。（2）听取人大常委会城乡建设环境资源保护工作委员会《关于县规划委员会作出规划调整决定需由建设单位补交“土地两金”等款项落实情况的调查报告》。（3）审议、通过人大常委会《关于加强对县人民政府预算调整监督的决定》《关于洞口经济开发区二期工程连接线黎园东路建设问题的决议》《关于成立用地性质变更和建设规划调整的相关规费追缴专题调查委员会的决定》。（4）听取县政府《关于“十二五”规划编制工作的汇报》，建议抓紧修改定稿，提请十五届人大五次会议审查。

十五届人大常委会第23次会议，于2011年3月10日在人大常委会会议室召开，县委副书记周乐彬应邀出席会议。（1）听取和审议县政府《关于花古食品站规划调整的议案》及其说明，同意洞口至石桥公路规划宽度由36米调整为24米。（2）审议、决定召开十五届人大五次会议的时间和议程（草案）。（3）听取和审议代表资格审查委员会《关于十五届人大代表异动情况的报告》。（4）审议并通过《洞口县人大常委会在十五届人大五次会议上的工作报告》及《洞口县人大常委会2011年工作要点》。（5）听取县政府《关于2011年财政预算（草案）的报告》，提请十五届人大五次会议审议。

十五届人大常委会第24次会议，于2011年4月28日在人大常委会会议室召开。（1）听取和审议县政府《关于县城城郊土地整理与开发项目建设资金问题的议案》、城建投公司《关于向省农业发展银行申贷三亿元的报告》，予以通过。（2）人事任免。（3）听取和审议检察院《关于提请许可对县十五届人大代表胡某某采取刑事强制措施的议案》，予以许可。

2011年5月27日，黄先球主任在人大常委会会议室主持召开主任（扩大）会议。听取县政府《关于我县人民防空经费收取和人防工作开展情况的汇报》和人大常委会的调查报告；听取县政府《关于我县农机工作情况的汇报》和人大常委会农业工作委员会的调查报告。对两项工作比较满意。

十五届人大常委会第25次会议，于2011年6月16日在人大常委会会议室召开。

（1）听取和审议县政府《关于县城景观坝建设问题的议案》、人大常委会农业工作委员会的调查报告，予以通过。（2）听取和审议县政府《关于新建洞口经济开发区管委会综合服务大楼的议案》，会议通过《决议》，同意建筑面积7800平方米，总投资2200万元。（3）听取和审议人大常委会用地性质变更和建设规划调整有关规费追缴专题调查委员会的汇报。（4）听取和审议法院《关于提请任命13名人民陪审员的议案》，并予以通过。

十五届人大常委会第26次会议，于2011年6月23日在人大常委会会议室召开。听取法院《关于提请许可对县十五届人大代表胡某某依法进行刑事审判的议案》，予以许可。听取和审议县政府《关于以政府土地资产置换洞口农村合作银行不良贷款问题的议案》。

十五届人大常委会第27次会议，于2011年8月30日在人大常委会会议室召开，县委副书记周乐彬、县人大常委会党组第一副书记曾晓桃应邀出席会议。（1）听取和审议县政府《关于矿产资源开发利用管理和保护情况的汇报》及人大常委会城乡建设环境资源保护工作委员会的调查报告。（2）听取和审议县政府《关于县城华荣路南侧建设用地规划范围调整问题的议案》、人大常委会城乡建设环境资源保护工作委员会的调查报告，经审议并投票表决，未获通过。（3）听取和审议县政府《关于洞口大道东段150亩土地用地性质调整问题的议案》，通过了“审议意见”。（4）听取和审议县政府《关于人防工程建设有关问题的议案》及人大常委会财政经济工作委员会的调查报告，通过《决议》。（5）听取和审议县政府《关于2010年度财政决算的报告》及审计局的审计报告，批准2010年度财政决算。（6）根据县政府提请，决定免去罗美光、傅丽华、俞峰的县政府副县长职务，任命孙立志、杨芳德、付军山为县政府副县长。

十五届人大常委会第28次会议，于2011年9月9日在人大常委会会议室召开。听取和审议县政府《关于再次提交县城华荣路南侧建设用地规划范围调整的议案》及人大常委会城乡建设环境资源保护工作委员会的审查报告：（1）今后不再对华荣路西南侧150米以外的区域进行建设用地规划的调整，以防止对柑橘基地造成更深更大的破坏；（2）在华荣路西南侧150米以内区域不得安排园艺场其他非拆迁职工建自住房屋；该议案仍未通过。根据人大常委会主任提请，通过人大常委会机关的人事任免。

十五届人大常委会第29次会议，于2011年10月31日在人大常委会会议室召开。（1）听取并审议县政府关于《中华人民共和国水法》和《湖南省水法实施办法》贯彻落实情况的汇报及人大常委会农业工作委员会的调查报告，提出审议意见。（2）听取并审议县政府《关于办理十五届人大五次会议代表议案、建议、批评和意见的情况汇报》，比较满意。（3）人事任免。

十五届人大常委会第30次会议，于2011年12月27日在人大常委会会议室召开。（1）听取和审议县政府《关于2011年财政预算调整方案》及人大常委会财政经济工作委员会的审查报告，通过人大常委会《关于2011年度财政收支预算调整的决议》。（2）审议并通过主任会议《关于评选“人民满意公仆”的议案》。（3）人事任免。

十五届人大常委会第31次会议，于2012年2月29日在人大常委会会议室召开。会议为十五届人大六次会议做准备。听取县政府关于2012年财政预算（草案）的汇报；审议政府工作报告（讨论稿）；审议通过人大常委会2011年工作报告和2012年工作要点；听取关于十五届人大代表异动情况的报告；通过人大常委会《关于表彰“人民满意公仆”的决定》《关于召开十五届人大第六次会议的决定》。

十五届人大常委会第32次会议，于2012年3月22日在人大常委会会议室召开。听取和审议县政府《关于县基本气象观测站搬迁问题的议案》及其有关情况汇报、人大常委会财政经济工作委员会的调查报告，同意在花古乡江南村长湾岭征地1公顷，行政划拨给县气象局用于观测站建设，投资总额控制在700万元以内，资金来源从政府基金中解决，由县财政分期分批拨付，通过《关于洞口县基本气象观测站搬迁问题的决议》。

2012年5月30日上午，黄先球主任在人大常委会会议室主持召开主任会议，听取县政府《关于我县食品安全情况的汇报》和执法检查组的执法检查情况汇报。将执法检查意见向县政府交办。

十五届人大常委会第33次会议，于2012年6月28日在人大常委会会议室召开。（1）听取和审议审计局《关于县政府2011年财政预算执行情况的审计报告》、县政府《关于2011年财政预算执行“审计报告”中所列问题的说明及2010年财政预算执行审计存在问题整改情况的汇报》。（2）听取和审议县政府《基层医疗卫生单位实施基本药物制度的工作情况汇报》、人大常委会教科文卫工作委员会的调查报告。（3）听取和审议县政府《关于我县城市管理工作情况的汇报》、人大常委会城乡建设环境资源保护工作委员会的调查报告。（4）根据县政府提请，决定任命贺钧为县人民政府副县长。

十五届人大常委会第34次会议，于2012年8月31日在人大常委会会议室召开。（1）听取和审议县政府《关于2011年财政收支决算的报告》、人大常委会财政经济工作委员会的审查报告，批准县政府2011年财政决算。（2）听取和审议县政府《关于2012年上半年财政预算执行情况的报告》、人大常委会财政经济工作委员会的调查报告。（3）审议县政府《关于县委党校学员新宿舍楼修建问题的议案》及说明、人大常委会财政经济工作委员会的调查报告，通过《决议》。（4）审议县政府《关于县交通信息指挥中心建设问题的议案》及情况汇报、人大常委会财政经济工作委员会的调查报告，通过《决议》。（5）审议县政府《关于言爱基金援建洞口县思源实验学校问题的议案》及情况汇报、人大常委会财政经济工作委员会的调查报告，通过《决议》。（6）审议、通过县文化广播电视新闻出版局局长人选。（7）审议通过《关于成立洞口县选举委员会的决定》。（8）决定设立乡镇选举委员会，通过乡镇选举委员会成员名单。

十五届人大常委会第35次会议，于2012年10月30日在人大常委会会议室召开，县委副书记周乐彬应邀出席会议。审议、通过人大常委会主任会议和法院提请的人事任免名单。

十五届人大常委会第36次会议，于2012年11月6日在人大常委会会议室召开。会议做出《关于召开十六届人大一次会议的决定》，并原则通过议程、日程、主席团和秘书长名单、主席团常务主席名单、执行主席分组名单、副秘书长名单、主席台就座人员名单和列席人员名单等草案。

十五届人大常委会第37次会议，于2012年11月15日在人大常委会会议室召开。审议、通过十五届人大常委会在十六届人大一次会议上的工作报告、关于十六届人大一次会议的筹备工作报告、代表资格审查委员会关于十六届人大代表资格的审查报告。

第九节 十六届人大常委会重要会议

十六届人大常委会第1次会议，于2012年12月25日在人大常委会会议室召开。（1）审议通过本届人大常委会代表资格审查委员会名单。（2）听取和审议县政府《关于2012年财政预算调整情况的报告》、人大常委会财政经济工作委员会的审查报告，通过《关于批准2012年财政收支预算调整议案的决议》。

2013年1月14日，曾晓桃主任在人大常委会会议室主持召开主任会议（1）研究机关管理，要严肃财政纪律，反腐倡廉，公款开支要讲规矩，津贴必须规范。（2）研究2013年的监督工作，要紧扣民生问题，重点放在农业、生态文明和水资源保护等方面；公款旅游纳入监督之列；人民群众关心的、做得到的、有实效的就列入工作重点。（3）研究春节前后的有关工作，保证文明祥和、安全和谐。

2013年2月22日，曾晓桃主任在人大常委会会议室主持召开主任（扩大）会议，研究创建县级文明单位，决定成立领导小组，曾晓桃任组长，委托曾泽群副主任具体负责创建活动，由办公室起草实施方案，审议通过后以正式文件发出，抓紧贯彻执行。还研究了代表培训、调研活动、执法检查等重要工作；讨论了全年工作安排。

十六届人大常委会第2次会议，于2013年3月18日在人大常委会会议室召开。（1）为十六届人大二次会议做准备，听取和审议《政府工作报告》（征求意见稿）、2013年财政预算报告（草案）；审议并通过人大常委会工作报告和2013年工作要点。（2）审议《洞口人大常委会组成人员守则（草案）》、《洞口县人大常委会议事规则》（修订案）等规章制度，要求办公室将人大常委会的工作总则、有关规则、办法、制度和各工作委员会工作规则及机关规章制度等予以收集、整理，完善成册。

十六届人大常委会第3次会议，于2013年4月16日在人大常委会会议室召开，县委副书记唐克俭应邀出席会议。（1）学习《中华人民共和国监督法》。（2）接受肖拥军辞去县长职务的请求，报十六届人大二次会议备案；根据县政府提请，免去付军山县政府副县长职务，任命周乐彬、丁剑、吕辉红、王澍为县政府副县长。（3）会议通过《关于周乐彬副县长为洞口县人民政府代理县长的决定》、《关于召开洞口县第十六届人民代表大会第二次会议的决定》。

2013年5月27日，曾晓桃主任在人大常委会会议室主持召开主任（扩大）会议，听取县政府《关于近三年改造学校危房的工作汇报》、人大常委会科教文卫工作委员会的调查报告，会议向县政府提出工作建议：至本届政府期满，实现一个目标，顺利通过省里的“教育强县”建设验收；落实领导、乡镇和“五部门”（教育行政部门、财政部门、建设部门、国土部门、审计部门）的“三个责任”；抓好“五个到位”，力争县级财政保障到位，收费减免措施落实到位，危改项目程序精减到位，危改质量监管到位，教育基建管理机构优化到位。

2013年6月25日，曾晓桃主任在人大常委会会议室主持召开主任（扩大）会议，听取房产局《关于廉租房建设、分配、管理工作的汇报》、县政府《关于我县住房保障工作的汇报》。会议要求加强动态管理，要与相关镇多沟通，强调民主、公开，接受群众监督，不搞暗箱操作。

十六届人大常委会第4次会议，于2013年8月19日在人大常委会会议室召开。（1）听取和审议县政府《关于2012年财政决算的报告》、审计局《关于洞口县2012年财政预算执行情况和其他财政收支情况的审计报告》、县政府《对2012年审计报告》中所列问题整改情况的说明，认真审议后批准县政府2012年财政决算。（2）听取和审议县政府《关于2013年上半年国民经济和社会发展计划执行情况的报告》《关于2013年上半年财政预算执行情况的报告》《对2013年审计报告所列问题的说明》，批准县政府《关于2013年度财政预算调整方案》。

2013年9月2日，曾晓桃主任在人大常委会会议室主持召开主任（扩大）会议，县委副书记唐克俭应邀出席会议。听取公、检、法贯彻落实《洞口县人大常委会监督重要案件实施办法》的情况汇报，听取人大常委会内务司法工作委员会对以上工作的调查汇报，认为“实施办法”总的贯彻落实情况尚好，自十五届人大常委会第17次会议通过、2010年4月14日公布实施后，公检法三家对此做了一些工作，但还存在一些不足：认识上还存在差距，对“实施办法”的重要性认识不够，主动性不足，公安、法院存在迟报、漏报现象，而且比较严重；不严格办案的现象依然存在，周桂莲故意伤害致人死亡案三年未能结案，原因在于公检法互不配合；量刑适用法律不当的情况也还有之，苏绥兴贩卖毒品三次，属累犯对其适用缓刑，存在异议。要求公、检、法三家从思想上提高认识，在行动上自觉执行，进一步规范重要案件的报送备案工作。

十六届人大常委会第5次会议，于2013年10月21日在人大常委会会议室召开。会议听取和审议县政府《关于隆回至武冈公路洞口段扩改工程配套资金问题的议案》及说明、《关于提请将洞口县枫木冲土地储备项目资本金及还款资金支付列入年度财政预算的议案》及说明。会议通过《关于隆武公路洞口段扩改工程配套资金的决议》，同意县政府从地方债务资金中解决配套资金，具体数额由财政投资评审中心评审后，报人大常委会批准确定；通过《关于将枫木冲土地储备项目资本金及还款资金支付列入年度财政预算的决定》，要求县政府严格规范贷款资金使用，发挥资金效益。

十六届人大常委会第6次会议，于2013年12月2日在人大常委会会议室召开。（1）听取和审议县政府《关于岩山乡撤乡建镇的议案》《关于水东乡撤乡建镇的议案》、人大常委会城乡建设环境资源保护工作委员会的调查报告，会议作出《关于撤销水东乡建立水东镇的决议》《关于撤销岩山乡建立岩山镇的决议》。（2）审议主任会议《关于提请暂停王某某县十六届人大代表职务的议案》，鉴于王某某煽动群众妨碍公安部门抓捕逃犯，又涉嫌参与开设赌场，决定暂停其代表职务。

十六届人大常委会第7次会议，于2013年12月25日在人大常委会会议室召开。（1）人事任免。（2）审查县政府《关于财政预算调整的议案》。（3）听取和审议县政府《关于支持雪峰博雅职业学校发展的议案》、人大常委会城乡建设环境资源保护工作委员会的调查报告，通过《关于支持雪峰博雅职业技术学校发展问题的决议》。（4）决定近期召开人大常委会与“一府两院”工作联席会暨颁发任命书大会。

2014年1月3日，人大常委会在县委大会议室召开与“一府两院”工作联席会暨颁发任命书大会，公布《洞口县人大常委会议事规则》，向政府组成机构主任、局长颁发任命书，被任命人代表作了表态发言。曾晓桃主任向被任命的27名主任、局长提出三点要点：一要树立正确的权力观，倍加珍惜党和人民的信任；二要树立正确的执政观，自觉接受人大及其常委会的监督；三要树立严肃的法制观，严格依法行政。曾晓桃主任向“一府两院”提出多沟通，多协调，共同促进洞口经济社会又好又快发展的要求。县长、院长、检察长先后发言；县委书记艾方毅即席讲话，向被任命人员表示祝贺并提出严格要求，向“一府两院”提出新的希望，认真、切实地支持人民代表大会及其常务委员会依法履职。

十六届人大常委会第8次会议，于2014年1月17日在人大常委会会议室召开，审查县政府《关于2013年度下半年财政收支预算调整的议案》，听取人大常委会财政经济工作委员会的审查报告，作出《关于批准2013年度下半年财政收支预算调整方案的决议》。

十六届人大常委会第9次会议，于2014年3月4日在人大常委会会议室召开。（1）决定2014年3月16日举行十六届人大三次会议，会期4天；通过会议议程（草案）和有关事项；审议政府工作报告（征求意见稿）、财政工作报告（草案）；审议并通过县人大常委会在十六届人大三次会议上的工作报告和2014年工作要点。（2）听取和审议县政府《关于县城禁炮禁狗工作的议案》、人大常委会城乡建设环境资源保护工作委员会的情况说明，作出《关于将“在县城限制燃放烟花炮竹”调整为“禁止燃放烟花炮竹”的决议》，自即日起执行，原洞人常发〔2007〕4号《关于洞口镇城镇规定区域内禁止燃放烟花炮竹调整为限制燃放烟花炮竹的决定》同时废止。

十六届人大常委会第10次会议，于2014年6月28日在人大常委会会议室召开。（1）审议县政府《关于提请审议洞口县县城总体规划（2003—2020）（2012年修改）的议案》，先后听取县政府《关于修改〈洞口县县城总体规划（2003—2020）〉的工作汇报》和人大常委会城乡建设环境资源保护工作委员会的审查报告，通过决议。（2）听取和审议县政府《关于全县城乡环境卫生整治行动的工作汇报》、人大常委会城乡建设环境资源保护工作委员会的调查报告。（3）听取和审议县政府《关于2013年度收支决算的报告》、审计局的审计报告、财政局《关于2013年度县本级预算审计存在问题的说明》、人大常委会财政经济工作委员会的审查报告，批准2013年度财政收支决算。（4）人事任免。

十六届人大常委会第11次会议，于2014年8月28日在人大常委会会议室召开。（1）听取和审议县政府《关于2014年上半年财政预算执行情况的报告》和人大常委会财政经济工作委员会的调查报告；听取和审议县政府《关于我县“十二五”规划纲要实施中期评估的报告》和人大常委会财政经济工作委员会的调查报告；听取和审议县政府《关于我县城乡规划工作情况的汇报》和人大常委会城乡建设环境资源保护工作委员会的调查报告。（2）审议检察院《关于提请任命一名副检察长的议案》，予以通过。（3）接受1名邵阳市十五届人大代表的辞呈。

十六届人大常委会第12次会议，于2014年10月30日在人大常委会会议室召开。（1）听取和审议县政府、国土局、水利局办理人大代表建议的工作情况汇报，听取人大常委会选举任免联络工作委员会的督办情况汇报，认为办理成效还不太理想，能够落实和见成效的只占1/3，主要原因是办理单位工作不深入，没有主动拿出解决问题的措施和方案，要求县政府就此在十六届人大四次会议上作出书面报告。（2）听取和审议县政府《关于全县森林资源保护管理情况的汇报》、人大常委会农业工作委员会的调研报告，提出了工作建议。（3）审议县政府《关于杨林乡撤乡建镇问题的议案》及情况说明、人大常委会城乡建设环境资源保护工作委员会的调查报告，通过《关于撤销杨林乡建立杨林镇的决议》。（4）审议县政府《关于申报洞口县棚户区改造项目贷款问题议案》《关于平溪江北路建设项目申贷问题的议案》，通过《关于批准洞口县棚户区改造项目贷款问题的决议》《关于批准平溪江北路建设项目申贷问题的决议》。（5）审议、通过法院提请任命23名人民陪审员的议案。（6）接受曾泽群辞去十六届人大常委会副主任的请求，报十六届人大四次会议备案。

2014年12月2日，县人大常委会在人民会场隆重举行庆祝人民代表大会制度设立60周年大会，县委、人大常委会、政府、政协、人武部的负责人，县直机关负责人，乡镇（管理区）的党、政、人大负责人，部分省、市、县代表出席会议。曾晓桃主任发表题为《继往开来，秉承辉煌，充分发挥人民代表大会制度的根本政治制度作用》的长篇讲话，回顾60年来的光辉历程和近35年的实践经验，展望社会主义民主政治的发展前景。“一府两院”的主要负责人、政府组成机构负责人代表先后发言。县委书记艾方毅就进一步加强和改善党对人大工作的领导，坚持和完善人民代表大会这一根本政治制度，凝聚全县人民的智慧和力量建设小康洞口作总结讲话。

十六届人大常委会第13次会议，于2014年12月30日在人大常委会会议室召开，县委副书记唐克俭应邀出席会议。（1）根据县政府提请，免去杨芳德、周彦县政府副县长职务，任命刘文龙、曾泽群为县政府副县长；根据检察院提请，审议3名检察员的任命。（2）审议县政府《关于森林公安局选址及规划用地性质调整问题的议案》及汇报、人大常委会城乡建设环境资源保护工作委员会的调查报告，因为申请地属规划绿化用地、公共用地，不准侵占，故建议另行考虑选址。（3）审议县政府《关于调整2014年度财政收支预算的议案》、人大常委会财政经济工作委员会对此议案的审查报告，决定批准县政府的调整方案，通过决议。

十六届人大常委会第14次会议，于2015年1月19日上午在人大常委会会议室召开，听取和审议人大常委会主任会议提出的《关于推荐肖磊同志为邵阳市十五届人大代表候选人的议案》，审议后通过。

十六届人大常委会第15次会议，于2015年2月28日在人大常委会会议室召开。审议、决定十六届人大四次会议的时间、议程及有关事项；原则通过人大常委会在十六届人大四次会议上的工作报告。审议并通过人大常委会2015年工作要点。接受两名县代表辞去代表职务。

十六届人大常委会第16次会议，于2015年3月13日在人大常委会会议室召开。审议《政府工作报告（讨论稿）》《洞口县2014年财政预算执行情况和2015年预算草案》；听取人大常委会代表资格审查委员会关于代表异动情况的报告。

十六届人大常委会第17次会议，于2015年4月27日在人大常委会会议室召开。（1）听取和审议县政府落实人大常委会2014年交办的城乡规划工作、洞口大道西段路网建设、森林公安局选址及规划用地性质调整、“十二五”规划实施中期评估、执行财政预算、国土资源工作、旅游产业发展等七项审议意见情况的汇报，审议后测评，对县政府的落实情况表示满意、基本满意。（2）听取和审议县政府《关于申请省农业信用担保有限公司融资担保问题的议案》。（3）根据县政府提请，免去丁剑、吕辉红、王澍县政府副县长职务；决定任命刘自强、潘家海为县人民政府副县长。（4）其他。

十六届人大常委会第18次会议，于2015年6月24日在人大常委会会议室召开。（1）听取审计局《关于2014年度县本级财政预算执行情况和其他财政收支的审计报告》、县政府《关于2014年审计报告中所列问题的说明及2013年审计报告发现问题整改情况的汇报》，批准县政府2014年度财政决算。（2）听取和审议县政府《关于安居保障房建设和管理工作情况的汇报》、人大常委会城乡建设环境资源保护工作委员会的调查报告，基本满意。（3）听取和审议县政府《关于撤销洞口镇和花古乡，设立文昌等三个街道的议案》及说明、《关于洞口大道西段路网建设项目几个具体问题的议案》《关于森林公安局业务技术用房建设问题的议案》；会议作出《关于撤销洞口镇、花古乡，设立文昌、雪峰、花古三个街道的决议》，通过《关于洞口大道西段路网建设项目几个具体问题的审议意见》。

十六届人大常委会第19次会议，于2015年7月24日在人大常委会会议室召开，审议县政府《关于平溪河北岸（一期）防洪堤及淹没区治理工程建设项目贷款问题的议案》《关于县经济开发区建设有限公司向省农业信用担保有限公司申请担保贷款问题的议案》《关于洞口火车站站前广场建设项目贷款问题的议案》《关于县城供水设施扩容提质及桔城路改造升级工程有关问题的议案》4项贷款议案，要求进一步论证再提请审议。会议重点审议了《洞口县生态县建设规划（2014—2020年）》《关于在全县开展法治宣传教育的第六个五年规划》，分别通过《决议》。

2015年7月28日，曾晓桃主任在人大常委会会议室主持召开主任（扩大）会议，听取县政府《关于全县食品药品安全工作的汇报》。指出当前存在的主要问题：机构不健全，管理体制不顺，基层监管缺失；现有的监管机构缺乏技术支撑，基础薄弱；社会监管尚未形成，风险防范能力太弱。建议：县政府对此要引起高度重视，以民为本，切不可掉以轻心；加大改革力度，整合力量，形成合力；强化队伍建设，提高执法水平；抓紧组织联合行动，着力清扫学校周边的摊店，切实消除垃圾食品的危害。

十六届人大常委会第20次会议，于2015年8月25日在人大常委会会议室召开。（1）接受宋志刚辞去检察院检察长职务的请求；根据主任会议提名，任命吴青山为县检察委员会委员、检察院副检察长，决定为代理检察长。（2）听取和审议县政府《关于2015年上半年财政预算执行情况的汇报》、人大常委会财政经济工作委员会的调查报告，提出工作建设。（3）听取和审议县政府《关于〈劳动法〉贯彻执行情况的汇报》、人大常委会内务司法工作委员会的调查报告，肯定了成绩，指出了存在的主要问题。（4）听取和审议县政府《关于洞口经济开发区建设有限公司向省农业信用担保有限公司申请担保贷款问题的议案》及其说明、《关于洞口火车站站前广场建设项目贷款问题的议案》及其情况说明《关于平溪河北岸（一期）防洪堤及淹没区治理工程建设项目贷款问题的议案》及其情况说明、《关于县人民医院融资问题的议案》及说明、《关于协助国家开发银行化解洞口佳和建材有限公司等4家企业贷款风险问题的议案》，审议后未通过决议。

2015年9月22日，曾晓桃主任在人大常委会会议室主持召开主任（扩大）会议，听取县政府《关于高中负债情况的汇报》。会议肯定洞口县的高中教育很有成绩。会议指出，历史负债太多，年年积累，2014年已高达1.6亿元。会议建议：县政府将此列入重要议事日程，拿出真实感人的材料，争取上级资助，本级财政同样要考虑增加投入；教育主管部门要当好政府的参谋，掌握相关信息跑上层求援，在县内切实建立校长考核机制，不能大手大脚，绝对不能新增债务。

十六届人大常委会第21次会议，于2015年9月29日在人大常委会会议室召开。听取和审议县政府《关于申请棚户区改造项目贷款和火车站站前开发建设政府采购贷款问题的议案》《关于县自来水公司向日立租赁（中国）有限公司融资问题的议案》《关于火车站站前开发建设项目向河北省金融租赁有限公司融资问题的议案》《关于将洞口县易地扶贫搬迁项目委托代建资金纳入县财政预算问题的议案》《关于将洞口湘商产业园配套基础设施建设项目政府购买服务资金列入县财政预算问题的议案》，会议通过《关于申请棚户区改造项目贷款和火车站站前开发建设政府采购贷款问题的决议》《关于县自来水公司向日立租赁（中国）有限公司融资问题的决议》《关于将火车站站前开发建设项目向河北省金融租赁有限公司融资问题的决议》《关于将洞口县易地扶贫搬迁项目委托代建资金纳入县财政预算问题的决议》《关于将洞口湘商产业园配套基础设施建设项目政府购买服务资金列入县财政预算问题的决议》。

十六届人大常委会第22次会议，于2015年11月3日在人大常委会会议室召开。（1）听取和审议县政府《关于代表建议、批评和意见办理工作情况的汇报》、人大常委会选举任免联络工作委员会的督办情况汇报。代表在十六届人大四次会议提出的议案、批评、建议和意见共95件，大会答复外，6个月内基本办结。所提建议已经解决和在年度内基本能解决的占55.7%；经过努力、列入计划有望解决的占39.8%；目前完全不能解决的占8.4%。（2）接受1名邵阳市第十五届人大代表的辞呈。

2015年12月1日，曾晓桃主任根据省市人大代表集中视察后的11月19日情况反馈，在人大常委会会议室主持召开主任会议，听取县政府《关于全县水利工作的情况汇报》。会议充分肯定洞口县水利建设的巨大历史成就，严肃指出现阶段存在的问题："五小"水利荒废，渠道无人管，农村饮水不安全，农民意见大，视察组的评价不太好。建议：（1）用好国家投资，保证专款专用，保证工程质量，保证不出任何问题，向政府负责，向人民负责；（2）县里负担的配套资金要尽力满足，不要落空；（3）加强水利设施管理，重在科学，因事设岗，落实责任；（4）综合开发、新农村建设、城乡环境综合整治等工作和农村饮水安全要统筹兼顾，整合资源，让农民受益；（5）理顺管理体制，稳定水利队伍素质，特别要加强青年职工的培训。

十六届人大常委会第23次会议，于2016年1月8日在人大常委会会议室召开。（1）审议检察院提请任命三名检察员的议案，予以通过。（2）审查县政府《关于调整2015年度财政收支预算和实施跨年度滚动平衡预算的议案》和《关于2015年县本级预算调整方案的报告》，决定批准县政府的调整方案。（3）听取和审议县政府《洞口县县城总体规划2003—2020（2015年修改）汇报》，会议形成如下意见：一是原则同意县政府提出的修改方案；二是按总体规划修改的法定程序报批；三是将修改结果报县人大常委会备案。四是审议县政府《请求审议〈洞口县城市商业网点规划（2014—2020）〉的议案》及其说明，原则通过，要求认真组织实施。

十六届人大常委会第24次会议，于2016年3月2日在人大常委会会议室召开，县委副书记欧阳向东应邀出席会议。（1）根据主任会议提请，审议通过雪峰、文昌、花古三个街道人大联络工作委员主任任命名单。（2）审议县政府《关于洞口县城经山门至醪田镇公路扩改项目融资问题的议案》及其情况汇报。（3）研究召开十六届人大五次会议的有关事项，审议通过人大常委会在十五届人大五次会议上工作报告。（4）听取县政府《关于"十二五"规划执行情况和"十三五"规划编制情况的报告》，提请十六届人大五次会议审查。

十六届人大常委会第25次会议，于2016年3月9日在人大常委会会议室召开。县委副书记欧阳向东应邀出席会议。（1）人事任免。（2）听取和审议《政府工作报告》（讨论稿）。（3）听取《洞口县2015年预算执行情况和2016年预算草案的报告》，提请十六届人大五次会议审查。（4）其他。

十六届人大常委会第26次会议，于2016年6月28日在人大常委会会议室召开。（1）人事任免。（2）审议县政府《关于支持县公安局技术业务用房工程项目建设问题的议案》及其情况汇报，通过《决议》（草案）。（3）审议县政府《关于邵阳洞口报木公铁联运物流园项目建设问题的议案》及有关情况汇报，会议通过《决议》（草案）。（4）审议县政府《关于洞口县交建投有限公司向洞口农商银行借款4000万元的议案》及有关情况汇报，会议通过《决议》（草案）。（5）审议县政府《关于申请洞口县城城东大道工程建设项目政府购买服务贷款问题的议案》及有关情况说明，会议通过《决议》（草案）。（6）审议县政府《关于将洞口湘商产业园配套基础设施建设项目政府购买服务资金列入县财政预算问题的议案》及经济开发区管委会重新出具的报告，会议通过《决议》（草案）。（7）审议县政府《关于发行企业债券的议案》，会议通过《决议》（草案）。（8）听取审计局《关于2015年度财政预算执行情况的审计报告》、财政局《关于2014年度审计报告中所列问题整改情况的汇报》，批准县政府2015年度财政决算。（9）审议、通过县人大常委会主任会议《关于许可对县十六届人大代表张某某采取强制措施的议案》和《关于许可对县十六届人大代表曾某某采取刑事拘留措施的议案》。

十六届人大常委会第27次会议，于2016年7月7日在人大常委会会议室召开。（1）审议《洞口县人民政府关于提请审议邵阳市人民政府迁入邵阳市行政中心的议案》，同意市人民政府驻地由大祥区城北路6号迁移至双清区兴隆街道邵阳市行政中心。（2）接受一代表辞去县十六届人大代表职务。（3）其他。

十六届人大常委会第28次会议，于2016年8月22日在人大常委会会议室召开。（1）人事任免。（2）通过《关于成立洞口县选举委员会的议案》，做出《关于成立洞口县选举委员会的决定》，通过主任、副主任、成员及办公室正副主任名单。（3）听取和审议县政府《关于2016年上半年财政预算执行情况的报告》、人大常委会财政经济工作委员会的调查报告，要求县政府“立足现实，增强收入管理；立足重点，持续优化支出；立足管理，确保预算平衡。（4）分别听取和审议公安局、森林公安局、检察院、法院、司法局关于贯彻执行《中华民共和国刑事诉讼法》的情况汇报及人大常委会内务司法工作委员会的调查汇报；会议肯定总的贯彻执行情况良好，同时指出存在的问题和困难：执法理念还存在偏差，证据意识不够强，辩护权的保障有待提升；鉴定乱的现象时有发生，证人出庭做证的难度比较大，特殊犯罪嫌疑人、被告人的收监收治困难很大；以罚代刑的现象在个别侦查机关也还存在，司法机关的配合仍存在不顺现象，执法不规范的行为依然存在；执法保障还需加强。会议提出如下建议：进一步转变司法理念，确保法律的严格实施；加强队伍建设，确保公正、廉洁执法；加强基础建设，促进装备落实；认真整改问题，并将整改情况报人大常委会内务司法工作委员会，人大常委会主任会议将听取专项汇报。

十六届人大常委会第29次会议，于2016年9月29日上午在人大常委会会议室召开。根据“一府两院”提请，分别审议拟任人简历和任职承诺后，投票表决通过：免去刘定湘公安局局长职务，任命刘德雄为公安局局长；任命李林为法院审判员、审判委员会委员、副院长；任命唐智友为检察院检察员、检察委员会委员、副检察长。接受吴青山辞去检察院检察长职务、蔡明清辞去法院院长职务的请求。审议、通过主任会议《关于提名李林副院长为洞口县人民法院代理院长的议案》《关于提名唐智友副检察长为洞口县人民检察院代理检察长的议案》。审议通过主任会议《关于调整选举委员会成员的议案》和《关于成立高沙等乡镇选举委员会的议案》。

9月29日下午，曾晓桃主任在人大常委会会议室主持召开主任会议，听取县政府《洞口县雪峰蜜橘产业发展情况汇报》和人大常委会农业工作委员会的专题调研报告，审议认为：柑橘生产在洞口县有过辉煌的历史，是洞口县经济作物的重要支柱产业和传统优势产业，近年来品牌建设和产业链条有新发展，但制约柑橘产业做大做强的因素依然存在：优质橘园种植规模偏小，且已经老化；生产技术落后，配套设施缺位；品牌宣传乏力，溯源管理落后；产业链条单一，销售网络不全；管理机制不畅，财政投入偏软。向县政府提出如下建议：抓基地建设，切实扩大种植面积；抓品牌战略，切实打造雪峰蜜橘之乡；抓产业链条，切实提高经营效益；抓农户对接，切实拓宽精准脱贫渠道；抓运营管理，切实理顺管理体制机制。

10月18日上午，县人大常委会在县委大会议室召开县乡人大换届选举工作推进会。县人大常委会主任、县选举委员会主任曾晓桃对各乡镇（街道、管理区）人大换届选举的前段工作给予充分肯定，要求围绕下一阶段投票选举工作制定好切实可行、依法依规的工作方案，明确干部职责，深入选区，加大宣传力度，广泛听取选民意见，营造良好的舆论氛围，切实做到“零容忍、零差错、零问题”，确保换届选举工作万无一失。县委副书记欧阳向东强调，各乡镇（街道、管理区）党委（党工委）要切实担负起主体责任，以高度的责任感统揽全局，牢牢把握换届选举工作原则，严明换届纪律，讲政治，讲规矩，严格责任追究，确保换届环境风清气正、选举结果令人民满意。

十六届人大常委会第30次会议，于2016年11月10日上午在人大常委会会议室召开，县委副书记欧阳向东应邀出席会议。（1）听取和审议县政府《关于代表建议、批评和意见办理工作情况的报告》，十六届人大五次会议期间，代表共向政府提出建议69件，已在规定时间办理完毕并向代表作了答复，实现答复率100%，与代表走访见面率100%；已经解决或基本解决问题的共48件，占总量的69.6%，比上年提高14%；正在解决或列入计划逐步解决的13件，占总量的18.8%；受条件、政策或资金因素限制，作出解释说明的共8件，占总量的11.6%。会议对办理情况比较满意，同时指出存在的问题：个别单位领导不太重视，工作进展缓慢；对一些综合性建议，牵头单位不主动，协办单位不配合，应付式的答复代表；相当一些单位在办理思路、办理方式、办理手段上是老套数，个别单位甚至有厌烦情绪。会议提出以下要求：切实加强对建议办理工作的领导，增强办理工作的力度，推动有关问题的解决，对一些高难度的办理件，政府分管领导要亲自出面协调督办，落实责任，找出解决问题的办法，让代表满意；承办单位要建立“回头看”机制，加大落实力度，切实解决“答复了事”的问题；创新办理方式，创新督办方式，提高督办实效，切实提高办理质量。（2）会议决定2016年11月28日，在县城召开第十七届人民代表大会第一次会议，会期4天，并通过会议议程、日程草案。（3）初审了《政府工作报告（讨论稿）》，原则通过十六届人大常委会在十七届人大一次会议上的工作报告。（4）审议、通过洞口县第十六届人大常委会代表资格审查委员会《关于洞口县第十七届人民代表大会代表资格的审查报告》。

专记 十七届人大常委会第1次会议

十七届人大常委会第1次会议，于2016年12月13日在县人大常委会会议室召开，特邀县委副书记欧阳向东参加会议。（1）会议听取和审议县政府《关于提请审议2017年融资工作意见的议案》等。（2）听取和审议县政府《洞口县农村义务教育学校学生营养改善计划实施情况的汇报》和人大常委会教科文卫工作委员会的调研报。调研报告指出存在的主要问题：学生饮用奶品质量欠优且配送不规范，条件保障不到位，食堂管理有待加强。提出以下建议：规范企业供餐，提高保障水平，加强食堂管理，确保食品安全和资金安全。会议将以上工作建议向县政府交办。

第五篇
县人大常委会履职纪要

县人大常委会在县委的领导和上级人大的指导下，围绕经济建设中心和稳定发展的大局，总揽人大工作全局，以维护人民群众的根本利益为己任。在依法履职的过程中，注重依法决定县内社会、经济发展的重大事项，依法行使对“一府两院”的法律监督和工作监督，依法搞好人事任免工作，依法把代表工作列入重要议事日程，依法指导乡镇人大开展工作。

第一章 决定重大事项

《中华人民共和国地方各级人民代表大会和地方各级人民政府组织法》明确规定：县级以上地方各级人民代表大会常务委员会，讨论、决定本行政区域内的政治、经济、教育、科学、文化、卫生、环境和资源保护、民政、民族等工作的重大事项。洞口县人大常委会自1980年建立到2016年年底，讨论、决定县内经济建设、社会发展、安定团结、群众生产生活等重大事项，作出重要决定决议149项，促进了全县经济、社会的发展和人民群众物质文化生活水平的不断提高。

第一节 突出经济建设

中共十一届三中全会以后，全党工作实现了以经济建设为中心的重大转移。县人大常委会围绕振兴县域经济决定重大事项。

一、打击经济犯罪

1982年4月12日，县八届人大常委会第11次会议认真学习了五届全国人大常委会第二次会议通过的《关于严惩严重破坏经济的罪犯的决定》，作出《关于坚决打击经济领域中违法犯罪活动的决定》，向“一府两院”交办。县人大常委会召开了广播大会，举办了广播讲座，组织宣传车巡回宣传《决定》和有关法律条文，7名罪犯投案自首，交出赃款赃物（折价）1万余元，得到宽大处理。

5月，公检法组织力量，对乱砍滥伐森林、倒买倒卖生产资料、乱涨价或变相涨价、破坏国家粮食政策、破坏集体经济、破坏专业户重点户和经济联合体生产经营的违法犯罪活动从重从快处理，逮捕7人，拘留12人，训诫教育98人。

年内，县人大常委会选择30名经济罪犯和重点罪犯的典型案例，组织广播讲座11次，出动宣传车巡回宣传15天；区、公社、镇、大队分别举办骨干学习班，宣传发动；举办违法人员学习班，交代问题，退赔兑现；声势之大，前所未有。

1983年，全县整顿社队财务，清出各种经济问题计565万元，退赔444万元，处分12人，其中4人被追究刑事责任，净化了改革初期的经济环境。

县人大常委会紧跟中央部署，相继采取措施，督促“一府两院”治理经济环境，整顿经济秩序，组织反贪污、反腐败、反盗窃、反行贿、反投机倒把，清理公司和反“地霸”等专项行动，打击经济领域中的违法犯罪活动。

2004年10月18日，县十四届人大常委会举行第15次会议，县委副书记和县委政法委书记应邀出席会议。会议听取和审议法院、检察院、公安局关于打击经济犯罪情况的汇报，听取人大常委会内务司法工作委员会《关于全县打击经济犯罪情况的调查报告》。提出“认清形势，明确任务，继续深入地打击经济犯罪，确保改革开放、经济建设顺利进行”等工作建议向“一府两院”交办。

二、保护经济资源

加强土地管理

在实行农业生产责任初期，公社管委会无偿调用生产队土地的现象有之，农民滥用耕地修建房屋的现象呈上升之势。1982年9月28日，县八届人大常委会第16次会议作出《关于坚决制止乱占滥用耕地修建房屋的决议》（以下简称《决议》），向“一府两院”交办。

县人大常委会对《决议》的执行情况进行了重点检查，首先检查了管竹公社管委会无偿调用生产队土地准备留做他用的处理情况。该公社管委会在驻地多占土地14公顷，农民反映强烈，向县人大常委会举报。县人大常委会会同竹市区委、区公所到现场召开县、公社代表会议听取意见后做了妥善处理：147亩退还原生产队，开成水田种双季稻；4.2公顷留作公社农科站，用于引种试验和高产示范。公社管委会表示满意，坚决服从，农民群众拍手称赞。此举在全县反响较大，农民占耕地修房之风有所收敛。

家庭联产承包责任制逐渐完善后，延长了土地承包期，一些人认为土地是自家的，乱占耕地建房之风又有所抬头，甚至毁田烧砖制瓦。县人民政府在1987年3月的十届人大一次会议上提出《认真执行〈土地管理法〉，切实加强土地管理的议案》，大会通过《关于认真执行〈土地管理法〉，切实加强土地管理的决议》。

1988年5月26日，县十届人大常委会第9次会议听取和审议县国土局《关于〈土地管理法〉贯彻落实情况的汇报》，作出《关于认真贯彻执行〈中华人民共和国土地管理法〉的决议》向“一府两院”交办督办。县人民政府立即行动，开展声势浩大的宣传月教育活动，全县各乡（镇）充分利用各种宣传方式和宣传工具，大张旗鼓地宣传《中华人民公和国土地管理法》，使《土地管理法》家喻户晓，深入人心。同时，县人民政府县长曾广权亲自带队，对城关镇、高沙镇、石江镇、黄桥镇等地非法占地、用地的情况进行一次大检查，依法查处违法土地案件140余起，其中有12户自行拆除了违法占田修建的房子，依照法律程序强制拆除了3户非法占田修建的房子。同时，狠抓了占用耕地税费的清查补缴工作。共查出城关、高沙、石江、黄桥、竹市等镇406户应补缴税费和管理费共17万元。进一步健全了建设用地审批制度，坚持一支笔批地。1988年，全县三项建设计划用地指标为118公顷，实际用地52.1公顷，比1987年减少45.64公顷，下降47%。

1996年，县人大常委会会同县政府有关职能部门开展了声势浩大的《土地管理法》颁布实施十周年宣传月活动，并对1994—1996年非生产用地进行了执法检查，共查处各类土地违法案件171起，计占用耕地778.2亩，追缴税费72.1万元，依法拆除影响极坏的违法占田建房3座。

1999年4月23日，县十三届人大常委会第8次会议听取和审议国土局《关于近年来国土管理情况的工作汇报》和县人大常委会农业工作委员会《关于土地执法情况的调查汇报》，在肯定成绩的同时，严肃指出了存在的问题：违法批地和以罚代批的现象依然存在，在少数乡镇还相当严重；部分乡镇随意改变土地性质，造成农村村民违法占田建房的问题十分突出；少数开发项目、重点工程先用后批、批少占多或占而不用、开而不发，浪费耕地；国土管理部门执法不严，漏税短费现象严重，甚至滥设收费项目，加重建房户负担，因人而异，认人不认法。会议通过《关于加强土地管理、保护耕地的决议》，向“一府两院”交办，并于年底的第13次会议督办。“一府两院”认真贯彻落实县人大常委会这一决议，组织多个工作组，深入村组农户，通过5个多月的工作，查处土地违法案件313起，取消7个不合理的收费项目，补缴税费120余万元，罚款70余万元，对9起严重违反《土地管理法》的建房户作出了拆除非法建筑物的处罚，从而扭转了乡（镇）借地生财、以罚代批、越权批地的土地管理混乱局面。

2001年6月，国土资源部、农业部授予洞口县“全国基本良田保护工作先进单位”奖牌。

保护森林资源

洞口县山林面积占全县总面积的67.9%，森林森林资源丰富，潜力很大，但由于“左”的思想影响，林业已成为国民经济中的薄弱环节。建立县人大常委会之时，森林蓄积总量比建县初期减少72%，森林覆盖率减少36%。因为森林遭受破坏，造成生态严重失调，水土流失，泥沙淤积，河床升高，小气候发生变异，水旱灾害频繁，珍贵野生动物、植物减少，给农业生产带来严重影响，对群众的生产生活造成很大困难。

1981年12月16日，县八届人大二次会议通过《关于保护森林、发展林业的决议》，要求：切实保护现有森林资源，严格控制木材采伐量；以营林为基础，造林育林；抓紧抓好林业定权发证和完善林业生产责任制；大力普及林业科学技术知识，积极推广先进科研成果，使林木成长快，产量高。

县人大常委会抓紧向“一府两院”交办督办，“一府两院”迅速采取有效措施。县政府于1982年6月上旬召开四级干部会议，学习贯彻中共中央、国务院《关于保护森林发展林业若干问题的决定》，进一步学习贯彻森林法，部署搞好林业“三定”（稳定山权林权、划定社员自留山、确定林业生产责任制）工作，县人民法院成立林业审判庭，县人民检察院增设林业检察股，从严从快打击毁林犯罪。

县人大常委会督办并参与了林业定权发证工作，经过一年多的辛勤努力，全县发出山林所有权证书12587份，村民自留山达63.78万亩，乡村集体林86.07万亩，所有权30年不变。从此，群众造林，封山育林，集体办林场，营造速生丰产林形成高潮，林区管理出现新气象，44个重点林区增配87名林管员，“山上管严，山下搞活”。

1991年7月17日，县十一届人大常委会第9次会议听取和审议县政府《关于“四年消灭宜林荒山、八年绿化洞口”规划实施情况的汇报》，会议通过《关于消灭宜林荒山，绿化洞口的决议》。

经过“一府两院”和全县人民的共同努力，“消荒”和绿化取得很好成绩：1994年获湖南省消荒金杯奖；1996年实现“全面绿化县”目标，获得“全国造林绿化先进单位”和“全国造林绿化百佳县”荣誉；2005年，获“全国森林资源管理先进县”称号。

保护水利资源

洞口县共有大小溪河130多条，其中5公里以上的溪河80条，有蓄水、灌溉、发电、运输之功能，但疏于治理，河道防护林被砍伐、非法采砂取石、河床淤塞、改弯道建房屋、河水污染等问题日渐严重。

欧阳坚等11名县人大代表在县十四届人民代表大会第三次会议上联名提出《关于依法治理河道，保证河道行洪功能，确保人民生命财产安全的议案》，大会通过立案决议，授权县人大常委会在调查研究的基础上做出相应的决议。

县人大常委会根据大会授权，成立了专题调查组，历时两个多月，从多个角度了解全县河道管理现状及存在的问题，听取各界人士和沿河群众的意见。2004年2月18日，十四届人大常委会第10次会议听取县政府《关于全县河道管理情况的汇报》，并视察了平溪江部分河段。7月9日，十四届人大常委会第12次会议听取专题调查组的调查报告、人大常委会农业工作委员会的若干建议，审议通过《关于切实加强河道管理的决议》，要求巩固营造长江中上游防护林成果，加强水土保持；保护河岸风景林、堤岸防护林，打击非法采砂取石；严禁侵占河岸搞建筑；科学规划水电站建设；组织实施城镇防洪工程。“一府两院”和水利水政部门及沿河乡镇逐项限期落实。当年完成堤防工程8000处，依法拆除了侵占河堤、弯道的非法建筑物。

保护矿产资源

洞口县矿产资源丰富，已发现的有煤、石煤、油页岩、滑石、金、铝、银、铁、锰、磷等20多种，分布面广，其中以铁、锰、煤形成大中型矿藏，颇有开采价值。在“有水快流、有矿快采”的影响下，一度出现乱挖滥采。卢诚等11名人大代表在县十届人民代表大会第四次会议上提出《关于加强我县矿产资源保护、开发、利用及管理的议案》，批评“重开采、轻安全”“重效益、轻环保”“重富矿、轻贫矿”“重眼前、轻长远”。大会通过立案决议，授权县人大常委会在调查研究的基础上做出相应的决议。

县十四届人大常委会根据大会授权，组织专题调研组，在县内做了比较深入的调查、考察，并广泛听取了专业技术人员和人民群众的意见，查阅和获取了较多的资料，还和县政府组成联合考察组赴武冈、花垣、贵州铜仁、重庆秀山等县市学习矿产管理经验。2005年6月27日，第21次常委会会议听取专题调研组、联合考察组的汇报，审议、通过《关于加强我县矿产资源保护、开发、利用和管理的决定》（以下简称《决议》），向“一府两院”交办；12月22日，常委会第24次会议听取和审议县政府、县国土资源局执行《决定》的情况汇报，予以督办。县长在第十四届人大五次会议上汇报了执行《决定》的工作情况。代表比较满意。

三、加强基础设施建设

水利建设

洞口县地处衡邵干旱走廊，解放前“十年九旱”。建县后动员、组织群众大兴水利，取得很大成绩，但在大旱之年仍有干旱死角。1982年，全县遭遇大旱，7月连续干旱24天，部分社队无水抗旱，代表提出“解决干旱死角”的提案。县人大常委会在办复代表提案时，督促水利部门从水利事业费中划出3.05万元，抽调水电安装技术人员，帮助15个大队修建电灌站，新增灌溉面积8000多亩。

1985年、1988年连续遭遇大旱灾。65名县人大代表在县十一届人民代表大会第一次会议上就解决石江、黄桥、秀丰、管竹、竹市等地干旱死角问题提出议案，大会通过立案决议，授权县人大常委会在调查研究的基础上作出相应的决议。

1990年5月23日，县十一届人大常委会第2次会议听取、审议县政府分管农村农业的副县长刘千苟《关于办理十一届人大一次会议议案〈解决干旱死角水利问题〉的汇报》和人大常委会农业工作委员会《关于干旱死角的调查报告》，通过《关于解决干旱死角地区水利问题的决议》，向县政府交办，并召开主任扩大会议督办。县政府出台“三年规划”。

1990年冬，县人大常委会支持县政府组织了“四长（县区乡村）带队上工地，十万劳力办水利”的冬修高潮，至次年春，全县共投入资金1067万元，投劳500余万个工日，完成水利工程10810处，新增蓄水量600多万立方米，新增加和恢复灌溉面积1.2万亩，改善灌溉面积6.64万亩。1991年，洞口县荣获“全国水利建设先进县”“全国抗旱先进县”奖牌。

电力设施

洞口县电力设施起步迟，中共十一届三中全会后，县委县政府作出《关于加快水电资源开发的决定》，电力事业有很大发展，但水电设施屡遭不法分子破坏。县政府在县十一届人民代表大会第一次会议上提出《关于保护水利电力设施安全的议案》，大会予以立案，授权县人大常委会在调查研究的基础上做出相应的决议。

县人大常委会组织力量调查研究了全县水电设施运行和遭受破坏的情况，听取了农民、政法干警、水电部门有关保护水利设施安全的建议，在1990年7月15日的十一届人大常委会第3次会议上，听取、审议县水利水电局《关于水利电力设施管理保护情况的汇报》和调研组的调研报告，通过《关于保护水利电力设施的决议》，向“一府两院”交办。

“一府两院”组织专门力量，连续两次开展打击破坏水利电力设施犯罪活动的专项斗争，取得明显成效。同时进一步健全县、乡镇两级综合管理责任制，完善联防联治措施，坚持综合整治措施，水利电力事业得以巩固发展。翌年，洞口县被列入全国第二批初级电气化县。

农村道路建设

从1958年到1986年，全县新建地方公路64条、总长481.53公里，还修通简易公路和队组机耕道上千公里，在一定程度上改变了农村交通条件和生产条件。但绝大多数由乡（社）村（队）自行管理、民工建勤维修，一度失管失修。1990年2月，县政府向县十一届人民代表大会第一次会议提出《关于切实搞好地方公路、农村机耕路的维护和管理的议案》，大会予以立案，授权县人大常委会在调查研究的基础上作出相应的决议。

县人大常委会主持召开了经委、交通局、农委、农经站、农机局和部分乡村负责人座谈会，听取意见，并派出调研组深入农村调查研究，听取基层的意见。1990年9月25日，县十一届人大常委会第4次会议听取交通局《关于农村公路建设情况的汇报》和县人大常委会财政经济工作委员会的调研报告，做出《关于切实搞好地方公路和机耕道的维护和管理的决议》向县政府交办。

县政府在扩改建公路主干道的同时，向区、镇、乡下达了维修地方公路的任务，由县政府办公室发文，提高地方公路养路代表工报酬，乡镇负担每人每月100元，县交通局地方公路管理站负担每人每月50元，以提高养护积极性；由乡村无偿出地，交通局出资，在地方公路新建养护管理工班房，就近划出取土场，改善养护管理条件。农村社教铺开，驻村工作组为村组机耕道的维修提供了一定资助，并组织党员、团员、民兵和积极分子义务投劳，全面维修村组机耕道，提高通行能力。县政府在此基础上先后新改建石水公路、金潮公路、花西公路、茶青公路、黄长公路和黄马公路。

1993年上半年，县委、县人大常委会、县政府从有关职能部门抽调60名干部实施“畅安工程”，确保全县公路畅通安全，为建设安全快捷的县域公路网打下了基础。

集贸市场建设

随着商品经济的发展，集贸市场建设引起人大代表的关注和重视。42名县人大代表在县十一届人民代表大会第二次会议上提出3件修建农贸市场的议案，大会授权县人大常委会在调查研究的基础上作出相应的决议。

县人大常委会派出调研组深入高沙、黄桥、石江、竹市、山门、杨林、大水等地考察，听取当地政府和工商部门汇报，征求人大代表意见，掌握第一手资料，由县人大常委会1名副主任带队，组织县财委、县工商局先后赴武冈、邵东、望城等地学习考察，借鉴外地先进经验。1991年9月19日，十一届人大常委会第10次会议听取调研组的调研报告，审议通过《关于加强集贸市场建设和管理的决议》，向县政府交办，要求县政府加强领导，解放思想，统一规划，合理布局，多渠道集资，切实解决集贸市场设施简陋、模式单一、管理松懈、阻碍经济发展的问题。

县政府抓紧制订出台《洞口县“八五”期间集贸市场建设管理总体规划》，报县人大常委会审批。工商部门立即行动，当年挤出资金扩建了城关镇、石江镇的交易场棚，完成了兴建工艺厂（城东）集贸市场的前期准备工作，确定了高沙集贸市场的选址，相继建成石江镇桥南市场、大水市场、城关镇大正市场和大桥市场及文昌市场、黄桥市场、山门里仁市场等，为县域商品经济的发展提供了平台。

四、发展工业

洞口县的“五小工业”一度兴旺发达，为繁荣洞口经济、方便人民生产生活做出了重大贡献。在县八届人民代表大会第一次会议上，33名代表提案要求建立完善工矿企业经济责任制，强化企业经营管理，增加轻工产品，加强“三废”治理。

1982年7月18日，县八届人大常委会第14次会议听取和审议县政府《关于上半年工业情况的汇报》，作出《关于进一步贯彻调整方针，提高经济效益，发展工业生产的决议》（以下简称《决议》），要求突破“左”的思想影响，借鉴“沅江经验”，大胆进行经济体制改革，打破“大锅饭”，扭转工业亏损局面，努力提高经济效益。

县政府认真执行《决议》。1983年，积极推行经济承包责任制；1984年，进一步扩大企业自主权，从劳动工资、人事管理、产品生产、销售等方面对企业“松绑放权”，工业企业的生产经营情况大有改变。

县人大常委会相继介入企业第一轮承包、第二轮承包，派出“支帮促”工作组帮助企业挖潜增效，支持并参与工业总体战；组织了视察，因企施策，帮助解决面临的困难和问题，改变工业“短腿”局面，走出工业低谷。

2002年10月25日，县十三届人大常委会第34次会议听取和审议县政府《关于工业企业发展情况的汇报》。会议对“实施民营为主、工业强县战略，工业已走出低谷”表示满意，并提出以下建议：把工业化与信息化、农业产业化、城镇化结合起来，努力构建以民营为主的所有制结构和以农林矿产品加工为主的产品结构相结合的新型工业体系；工业布局要以集镇特别以县城为主，引导城乡劳动力向城镇转移，集中力量办园区工业；要突出工业重点食品加工和肉食加工，为农村农业服务，促进农业大县向经济强县的转变；要优化经济发展环境，让工业能人进得来，稳得住，发得起。建议先后被县政府采纳，逐条落实。

2011年6月16日，县十五届人大常委会第25次会议听取和审议县政府《关于新建洞口经济开发区综合服务大楼的议案》及其说明。会议认为，这是加快推进新型工业化、打造新型工业大县的需要，同意总投资2200万元，建筑面积7800平方米，要求经济开发区乘势发展，吸引优势企业入园，带动全县工业发展。

第二节 发展社会事业

一、发展教育事业

县九届人民代表大会第一次会议收到代表提案575件，其中关于增加教育投入，提高教师社会地位、努力提高教育质量、尽快普及小学教育的提案有58件，引起了人大常委会的高度重视。

1984年7月6日，县九届人大常委会第2次会议讨论发展教育、尊重知识、起用人才的措施，听取和审议县教育局《关于普及小学教育的汇报》，作出《关于普及小学教育的决议》（以下简称《决议》），《决议》要求全县各级政府，把教育工作摆在发展国民经济的重点位置上，切实加强领导，努力增加教育投入，切实普及小学教育，千方百计提高教育质量；同时，严肃处理侮辱殴打教师和侵占、损坏学校财产的案件，进一步树立尊师重教的社会主义新风尚。“一府两院”和教育主管部门认真贯彻执行《决议》。县政府首次发动群众集资办学，共筹款223万元，新建和维修了一批校舍；严肃处理了侮辱、殴打教师和侵占损坏学校财产的案件，调动了教师积极性，提高了教育质量。

1985年，经省政府评估，洞口县通过了普及小学教育验收。

县十届人民代表大会第三次会议收到县政府《关于征收农村教育附加的议案》和刘图松等10名代表联名提出的《关于保护学校合法权益、维护学校正常教学秩序的议案》，大会决定立案。

1988年11月18日，县十届人大常委会第12次会议通过《关于保护学校合法权益的决议》，向“一府两院”交办。执行情况良好，很有成效。

1989年3月25日，县十届人大常委会第14次会议听取县教委《关于〈义务教育法〉执行情况的汇报》《关于教育经费及学校收费情况的报告》及人大常委会教科文卫工作委员会《关于教育收费情况的调查报告》，批准县政府征收农村教育附加，要求县政府切实组织乡镇人民政府，动员全县人民解决办学中的问题和困难，力争2000年前实现普及九年制义务教育的目标。县政府及乡镇人民政府动员、组织和依靠人民群众为发展教育事业付出了很大的努力。

1991年3月，县人民政府制订出《洞口县九年义务教育实施规划（草案）》，提请县人大常委会审议。县人大常委会认为，普及九年义务教育是贯彻《中华人民共和国义务教育法》，发展洞口基础教育的需要，是培养人才，振兴洞口经济的需要，是提高民族素质，促进两个文明建设的需要，特将《规划（草案）》提交县十一届人民代表大会第二次会议审议，并安排县教委主任做了三点说明。会议审议认为，洞口县实施九年义务教育有较好的基础，有足够的师资，有强烈的愿望，有可靠的保证，决定批准《洞口县九年义务教育实施规划》（以下简称《规划》），到2000年，全县全面实现九年义务教育。

经过全县人民的共同努力，《规划》实施情况比预期要好。1998年7月2日，县十三届人大常委会第3次会议听取和审议县政府《关于“普九”工作情况的汇报》和县人大常委会教科文卫工作委员会的调查报告，通过《关于洞口县1998年提前普及九年义务教育的决定》（以下简称《决定》），《决定》要求县、乡镇两级提高认识，坚定信心，落实经费，保证专款专用，迅速解决教育用地，抓紧学校建设和配套，切实降低中小学辍学率，真正提高教育质量。各级各部门抓紧落实《决定》，迎接省政府检查验收。

1998年10月底，洞口县的“普九”“普实”（实验室）经省政府评估验收合格。

2013年5月27日，县十六届人大常委会主任扩大会议听取和审议县政府《关于近三年改造学校危房情况的工作汇报》，要求落实县、乡镇两级政府和教育、财政、建设、国土、审计五部门的责任，做到财政保障、收费减免、项目程序精简、质量监管、教育基建管理机构优化“五到位”，力争三年后通过省人民政府的“教育强县”建设检查验收。

二、发展科技事业

中共十一届三中全会以后，科技工作成为全县“双文明”建设的重要内容。1980年，县政府确立“依靠科学进步、全面振兴洞口”的兴县大计，把科技工作的重点转移到振兴洞口经济上来。至1990年，洞口县已连续5次被评为全省科技工作先进县。此后的县十一届人民代表大会、十二届人民代表大会，均有代表就巩固科技成果、发展科技事业提出建议、批评和意见。

1994年4月21日，县十二人大常委会第8次会议听取、审议县政府《关于我县科技队伍和科技网络建设工作的汇报》、县人大常委会教科文卫工作委员会《关于全县科技工作的调查报告》，审议后通过《关于加强科技网络建设和科技投入的决议》，要求：各级各单位要牢固树立“科学技术是第一生产力”的观点，真正抓好科技工作；要进一步健全科技机构，切实抓紧科技队伍建设；努力健全农村科技网络，发展科技示范户；着力建立农村科技培训基地，加强传播农村实用技术，发展高效农业；多层次多渠道增加科技投入，搞好农业、工业、医疗卫生和其他领域的科技开发。此后，县农业局、县林业局、县畜牧兽医工作站、县农药厂、县水泥厂、县肝病专科医院共7个科技项目获市级以上科技进步奖，7人次获科技专利。

1996年建立洞口县科技网站，每天上传科技信息和动态20余条，平均日访量达300多人次。

1998年，洞口县获“全国科技先进县”荣誉称号。

2000年8月30日，县十二届人大常委会第18次会议听取和审议县政府《关于1998年以来科技工作情况的汇报》、县人大常委会教科文卫工作委员会《关于近三年全县科技工作的调查报告》，会议就巩固发展全国科技先进县成果提出工作建议：进一步加强组织领导，切实加强科技宣传和科普力度及科技网络建设，依靠科技强农兴工，注重农业科技推广，注重科技与工业“联姻”，注重民营科技创新，注重开展青少年科普活动。县政府认真执行建议，促进了科技事业发展。

三、保护环境

1981年9月5日，县八届人大常委会第7次会议听取县建委《关于执行〈环境保护法〉的情况汇报》，作出《关于加强环境保护的决议》。县政府先后办理了人大代表提出的工矿企业防尘、治理工业“三废”、治理学校周边噪声、保护迴龙洲的提案、建议、批评和意见。

在县十二届人民代表大会第三次会议上，尹青山等52名代表联名提出《加强城镇环境卫生设施建设与管理的议案》，大会通过立案决议，授权县人大常委会在调查研究的基础上作出相应的决议，督促县人民政府予以落实。

1995年8月23日，县十二届人大常委会第16次会议听取和审议县政府办理十二届人大三次会议《关于加强城镇环卫设施建设与管理的议案》的工作汇报、县人大常委会调研组的调研报告，通过《关于加强城镇环卫设施建设与管理的决议》向县政府交办。县政府着力解决增加环卫工人名额、增拨环卫经费、增添环卫设施、加强环卫管理等具体问题。

1995年到1997年，县人大常委会、县政府、县政协连续3年组织对造纸、选金、建材、采矿、化工等行业开展专项整治行动，均有一定成效。

2001年5月，县十三届人大常委会根据人大代表的建议、批评和意见，组成包括县政府领导和环保、国土、城建、卫生、水利等部门主要负责人在内的联合检查组，对环境污染比较严重的迴龙洲、县人民医院、县中医院、城关蔬菜市场、洞口塘、平溪江沿河两岸进行检查，并由县电视台拍摄实境曝光，引起全县人民特别是县城群众的高度关注。

2002年4月29日，县十三届人大常委会第30次会议观看了上年5月的检查录像，听取和审议县政府《关于贯彻实施〈湖南省爱国卫生条例〉工作情况汇报》，视察县城卫生状况和环境保护情况，向县政府提出“加强环境监测，加强环保宣传与教育，实施行政监管、经济监管、执法监管，切实加强水土保持”等交办意见。

2002年8月29日，县十三届人大常委会第32次会议审议通过《关于洞口城镇规定区域内禁止燃放烟花炮竹和养狗的决议》（以下简称《决议》）。此后又2次修改，完善了《决议》。

在县十四届人民代表大会第二次会议上，尹显治等15名代表联名提出《关于拆除迴龙洲非法建筑，切实保护好迴龙洲的议案》。大会通过立案决议，授权县人大常委会在调查研究的基础上作出相应的决议。

2003年6月30日，县十四届人大常委会第15次会议审议通过《关于拆除迴龙洲非法建筑，保护迴龙洲生态环境的决定》，向“一府两院”交办。经县人大常委会、“一府两院”及洞口镇政府艰苦细致的工作，洲内47处非法建筑在限定时间内全部拆除。

2005年5月24日，县十四届人大常委会第20次会议听取和审议县政府《关于环保工作的汇报》和《关于环境保护排污资金使用情况的汇报》、县人大常委会财政经济工作委员会的调查报告。会议对县政府环境保护排污资金的使用比较满意。

2008年8月29日，县十五届人大常委会第6次会议根据十五届人大二次会议授权，审议通过《关于建设迴龙洲生态公园的决议》向县政府交办。

2014年6月28日，县十六届人大常委会第10次会议听取和审议县政府《关于全县城乡环境卫生整治行动的工作汇报》和人大常委会城乡建设环境资源保护工作委员会的调查报告，要求抓紧环境整治，努力建设“生态和谐、适宜居住、利于创业”的优美环境。

2015年7月24日，县十六届人大常委会第19次会议重点审议了《洞口县生态建设规划（2014—2020年）》，会议批准了该规划，并通过决议。

第三节 促进安定团结

一、整顿社会治安

1981年9月4日，县八届人大常委会第7次会议听取、审议县公安局《关于整顿社会治安情况的汇报》、县人大常委会调查组的调查报告，鉴于全县刑事案件逐年增多的严峻形势，会议作出《关于进一步整顿社会治安的决议》，向“一府两院”交办。社会治安一度好转。

1983年5月27日，县八届人大常委会第21次会议听取和审议公、检、法、司的工作汇报，会议认为社会治安形势不容乐观，人民生命财产已受到严重威胁。会议作出《关于进一步搞好综合治理，争取社会治安根本好转的决议》，向“一府两院”督办。

“一府两院”根据中央关于严厉打击刑事犯罪活动的指示和省委召开的全省政法工作会议精神，决定从1983年起，在全县开展“三年为期、三个战役”的严厉打击严重刑事犯罪分子的斗争，重点打击流氓犯罪团伙、流窜作案分子、杀人、放火、投毒、强奸、抢劫、爆炸、破坏水利水电设施等现行犯，当年挖出团伙7个，破历年积案676起，其中大要案7起，收审170人；1984年组织6次搜捕流窜犯的统一行动，破获各类刑事案件290起，其中重特大案件32起，收捕各种犯罪分子218人；1985年组织8次搜捕、追逃、打击流氓犯罪的统一行动，破获各种刑事案件306起，其中大案41起，收捕各种犯罪分子155人，社会治安明显好转。

二、“打拐”专项斗争

1983年5月28日，县八届人大常委会第21次会议针对当时残害、拐骗妇女和虐待女婴的社会丑恶现象，作出《关于维护妇女儿童合法权益的决议》，向“一府两院”交办。“一府两院”连续4年开展了以宣传教育为主要形式的专项活动。

1984年3月，县人大常委会组织县司法局、县妇联，联合开展维护妇女儿童合法权益的大型宣传活动，自编自绘本县6件案例52幅图片，配合法制宣传图片190幅，在全县巡回宣传展览为时一年，举办法律咨询23场，发出宣传资料8000余份。

1987年，县九届人大常委会检查“维权”活动的成效，走访代表听取意见，代表直言不讳地反映，农村拐卖妇女、儿童的情况还比较严重，不下真功夫不行，光宣传教育解决不了大问题。县人大常委会将代表的意见综合上报县委。在县委的统一领导下，县人大常委会组织公检法司、妇联等9个单位组成联合调查组，做了深入调查，并将调查情况向县委汇报，县委立即成立“打击拐卖人口领导小组”（以下简称“打拐”领导小组），部署紧急行动：拨出专款，抽调43名干警，分赴山东、河北、安徽等省的12个县，解救受害妇女34名；各区、镇、乡宣传发动，发现线索，举办学习班，形成“打拐”的高压态势。政法机关开展“打拐”专项行动，依法逮捕2名人贩子和14名重婚罪犯及若干名拐卖人口的从犯，追缴拐卖人口的非法所得4万余元。

1988年4月，群众向县十届人大常委会反映，拐卖妇女儿童的犯罪活动依然猖獗，要求从严从快打击。县人大常委会高度重视，立即组织了专题调研，发现此风涉及全县各乡镇，被拐妇女多达355人，参与拐骗活动的有325人，大部分妇女被拐卖去山东、河北、江苏、福建、安徽等地，要求“一府两院”加大“打拐”力度。县人大常委会安排1名副主任专抓“打拐”斗争。全县收审犯罪嫌疑人97名，逮捕罪犯62名，依法判处2名罪犯死刑、1名罪犯死缓，有效地维护了妇女儿童人身权益。

三、供养“五保户”

1983年8月27日，县八届人大常委会第22次会议学习中央政法工作会议文件，听取和审议县民政局《关于农村“五保户”普查的汇报》、县人大常委会调查组《关于杨林公社“五保户”供养情况的调研报告》。会议认为，实行农业生产责任制以后的“五保户”供养问题是一大社会问题，严重影响精神文明建设，并直接影响计划生育基本国策的落实。会议作出《关于切实做好五保户供养工作的决议》（以下简称《决议》），要求：“五保户”的生活不低于当地社员的生活水平，要做到保吃、保穿、保住、保医、保葬，孤儿保教，每人每年口粮不少于600斤，零用钱不少于60元，食油6斤，大豆12斤，柴火1000斤，物资由所在生产队负责，指定专人及时送到五保户家里，零用钱由大队统筹解决，按月或按季度发给，医疗费用由大队统一负担，个别困难大的由公社（乡）在救济款中适当补助。将此向县政府交办。

县政府认真贯彻执行《决议》，召开区、镇、公社主要负责人会议，专题研究部署，并首次给2116户2418人填发“五保户供养证”。管竹公社落实最好，实行公社、大队、生产队三级负责。

1985年1月，县人大常委会组织4个视察组，视察6乡17村90个“五保户”的供养落实情况，提出整改建议，推介管竹乡、花古乡、醪田乡的经验。省民政厅全文转发了洞口县人大常委会的决议，推介了洞口县妥善供养“五保户”、促进社会安定团结的工作方法。

四、加强民族工作

洞口县是以汉族为主的多民族杂居县，有瑶、侗、苗、回等15个少数民族，1.4万余人，占全县总人口的1.9%，散居于全县14个乡镇。1983年12月9日，县八届人大常委会第24次会议听取人大常委会委员、县委统战部部长曾毓成《关于少数民族工作情况的汇报》，会议决定组织2个慰问（调查）组分赴6个少数民族聚居乡广泛深入地走访少数民族兄弟姐妹，听取意见，并组织召开座谈会11场。因为少数民族居地多属边远山区，交通不便，教育落后，生产生活相对困难，应予重点关注。

1984年9月14日，县九届人大常委会第3次会议学习《中华人民共和国民族区域自治法》，听取2个慰问（调查）组《关于考察少数民族聚居乡的情况汇报》，作出《关于加强民族工作的决议》，向县政府交办，并向县委报告。

县政府确定1名副县长分管民族工作，出台了发展山区水电事业的规划，两次向少数民族困难户赊销棉布13.4万米、棉絮2万公斤，补销了口粮，解决了温饱问题。维修、改造了山区公路，增修了林道和简易公路。在洞口县第九中学增开了民族高中班，扩建了萧溪瑶族中学，在瑶乡恢复了4所瑶民小学。县委决定，在招工、招干、招生方面向少数民族增加指标，政策扶贫予以倾斜。相继建成莃溪瑶族乡大江坳水电站、莃溪瑶族乡电视差转台，增添了莃溪医院的医疗设备。

1986年4月，大屋瑶族乡、长塘瑶族乡先后成立。

1988年4月，莃溪瑶族乡获国务院《全国民族团结先进集体》奖牌。

五、依法治县

1992年4月14日，县十一届人大常委会第13次会议听取和审议县政府《关于“二五”普法启动情况的汇报》、人大常委会法制工作委员会《关于启动“二五”普法的调查汇报》，会议通过《关于开展依法治县的决议》向“一府两院”交办。

县人大常委会抓紧部署人大代表评议司法机关的工作，强调依法这个重点，突出整改这个关键；相继听取和审议建委、教委、国土局、工商局的执法情况汇报，提出整改督办意见；授权法制工作委员会对各乡（镇）的乡（镇）规民约进行修改完善，杜绝“乡规违宪违法”，保证“乡规依法合法”，制止农村乱收费、乱罚款、乱摊派、乱集资。

县政府迅速制定《关于开展依法治县的实施细则》，在全县范围普遍开展依法治乡（镇）、依法治林、依法治厂（场、矿）、依法治校、依法治村、依法治商、依法治路等活动。

“一府两院”连续两次开展专项斗争：1993年下半年开展打击流氓地痞地霸的专项斗争，共抓获各类犯罪分子362名，摧毁犯罪团伙64个；1994年下半年抽调123名干警赴高沙开展打击市霸专项斗争，捣毁各种欺行霸市、掺杂使假团伙33个，教育208人，缴获作案工具19套，取缔违法经营点4个，净化了市场环境。

1995年3月，全省林区严打整治工作现场会在洞口县召开；12月，洞口县荣获《全国林业公安林区严打先进单位》奖牌。

第四节 维护群众利益

一、贯彻执行《食品卫生法》

1985年3月，人大代表和人民群众向县人大常委会反映，食品卫生状况很糟糕，严重影响消费者的身体健康。九届人大常委会组织调查组分赴洞口、高沙、石江3镇现场调查，察看了23个食品经营单位和19个摊点，分别听取了当地政府和卫生、工商机关的意见，写成专题调研报告。5月26日，县九届人大常委会第7次会议听取、审议县政府《关于贯彻执行〈食品卫生法（试行）〉的情况汇报》和县人大常委会专题调研组的调研报告，向县政府提出交办意见，要求认真贯彻执行食品卫生法，加强食品行业管理，切实保护群众利益。

县城居民向县人大常委会反映，粮站销售的大米质量不达标，损害了群众利益，要求人大常委会管一管。县人大常委会与县财委、县粮食局、县标准质量局等单位组成调查组赴大米厂、粮站现场调查，查证每公斤大米含谷粒162颗，超限量标准12.5倍，含粗糠2.27克，严重超标，证明群众反映属实，便责成粮站张贴通知，把已经销售的不达标的万余斤大米收回来，给买米者如数斛换合格大米，群众拍手称好。

《中华人民共和国食品卫生法（试行）》的执行情况一度较好，但不久后又出现反弹。1988年5月27日，县十届人大常委会第9次会议听取县卫生局《关于近三年执行〈食品卫生法〉的情况汇报》，审议通过《关于深入贯彻实施〈食品卫生法〉的决议》，向“一府两院”交办。

县人大常委会与县政府组织卫生、工商、轻工、粮食、商业、质监等部门联合执法，对食品生产、食品经营单位进行了认真的清理整顿，对从业者进行了健康检查；落实“谁主管、谁负责”的经常监管，确保人民群众“进口安全”。1990年，全市检查评比，洞口县总分居全市第一。

二、减轻农民负担

在1992年12月的各乡镇十二届人民代表大会第一次会议上，乡镇人大代表对一些部门和单位的乱收费、乱摊派、乱罚款反映强烈，要求减轻农民负担的呼声很高。在1992年年底至1993年年初的县十二届人大一次会议上，50名县人大代表就制止“三乱”、减轻农民负担提出4件议案，大会通过《关于制止“三乱”、切实减轻农民负担的议案立案的决议》，授权县人大常委会深入调查研究并做出相应的决议，督促县政府采取有效措施贯彻执行。

县人大常委会组织力量深入农村，广泛听取农民和县、乡人大代表的意见：一些部门政出多门，巧立名目乱收费，滥收费，分送抗旱柴油票竟向农民收取“服务费”；行政管理服务被异化，借有偿服务之名索拿卡要，搞“盖章收费”；不顾群众承受能力，盲目追求达标上等级，乱集资，乱摊派，农民苦不堪言。

1993年4月23日，县十二届人大常委会第2次会议听取县政府《关于制止“三乱”和减轻农民负担情况的汇报》、县人大常委会调查组的调查汇报。会议通过《关于制止“三乱”、减轻农民负担的决议》，向“一府两院”交办，并要求认真贯彻落实中共中央办公厅、国务院办公厅《关于切实减轻农民负担的紧急通知》精神，把减轻农民负担问题作为一项紧迫的政治任务，摆上重要议事日程，采取过硬措施，尽快把农民的过重负担减下来。

县委、县人大常委会、县政府、县政协联合行动，组成清理“三乱”领导小组，派出9个清理小组，分别由“四大家”领导带队，为时3个多月，清查248个单位，清查出“三乱”资金295万元，其中直接退还农民109万元，县财政收缴32万元；撤销不合理负担项目16个，停止17项集资和基金的筹集，减少农民负担800余万元。

1993年10月27日，县十二届人大常委会第5次会议听取县政府《关于“减负”工作情况的汇报》，对县政府采取联合行动、紧急“减负”表示满意并提出工作建议：要求县政府把“减负”和“反腐”紧紧结合起来，防止“三乱”反弹；要认真贯彻中办、国办转发财政部《关于治理乱收费的规定》和《湖南省行政事业性收费管理条例》，不准搞“上有政策，下有对策”；对1993年的乡镇统筹、教育附加、计划生育经费“三大项”进行一次全面清理，以严肃法纪。

县政府认真落实县人大常委会的工作建议，向农村发放18.3万份“农民负担卡”，聘请47名农民担任“减负”监督员，巩固“减负”成果。

县十三届人大常委会于2001年上半年组织了“乡统筹村提留”的使用情况专题调查；7月23日的主任会议听取县政府专题汇报，向县政府提出“部分乡镇村的提留比例超过规定标准，乱开支现象也相当严重，加重了农民负担。”督促县政府出台相关文件，组织专项治理，严肃纪律，确保专款专用。要求县政府加大农业投入和加大农业结构调整力度，引导、扶持和帮助农民增加收入，从根本意义上减轻农民负担。

县十四届人大常委会于2003年上半年组织了农村村级财务管理的专题调查。10月29日，县十四届人大常委会第7次会议听取县政府《关于全县农村财务管理工作的汇报》，提出交办意见，要求县政府督促有关乡镇，对75个未建账、建糊涂账的村紧急采取有效措施，实行财务公开，让农民放心。

2004年3月，黎仁寅县长在县十四届人大二次会议上报告：“通过推进农村税费改革和农民减负专项治理，全县2003年减轻农民负担0.34亿元，人均减负51元。”代表们报之以掌声。

三、制止乱收电费

在1994年的乡镇十二届人民代表大会第四次会议上，乡镇人大代表对乱收电费很有反感。在县十二届人大二次会议上，曾昭跃等12位代表提出《关于严格管理电费及收费的问题》，大会通过立案决议，授权县人大常委会在深入开展调查研究的基础上作出相应的决议。

县人大常委会与县政府、县政协组成联合调查组，听取人大代表、政协委员和各界人士的意见，召开地方政府、电力部门、物价部门座谈会，普遍反映，农村电价偏高，电器安装劳务收费混乱，供电质量差，农民过年停电，点煤油灯吃“年关饭”，导致部分农民不肯交电费。

1994年6月27日，县十二届人大常委会第9次会议听取县水利水电局《关于电力管理和收费情况的汇报》、人大常委会等联合调查组《关于电力收费的综合调查报告》，会议审议通过《关于加强电力管理，制止乱收费的决议》，要求县政府贯彻执行，督促电力部门迅速整改。

县政府派出工作组，督促电力部门整改，公开调整后的电价和电器安装收费标准，向农民退回多收的不合理电费3万多元，农民心甘情愿地按时缴纳电费，减轻了农电员的工作量，电费收缴正常化。

四、加强邮政管理

在县十二届人大四次会议上，贺湘华等11名代表提出《高沙邮电局在高沙各村设邮电站乱收费、乱揽储，完全是增加农民负担》，大会主席团认为全县不少乡村有如此反映，损害了群众利益，决定立案并提请大会表决，大会通过《关于加强邮政储蓄和邮政管理的议案立案决议》，授权县人大常委会在深入调查研究的基础上做出相应的决议，督促县人民政府采取有力措施贯彻落实。

县人大常委会组织调查组做了为时4个月的调查，调查发现邮电局、分局、邮电站投递乡镇邮件加收手续费、强行将汇兑款转储蓄、强行扣缴报纸杂志费等问题。

1996年8月27日，县十二届人大常委会第24次会议听取县邮电局《关于邮电代办网点建设情况的汇报》和调查组的调查报告，审议通过《关于加强乡镇邮政储蓄和邮电管理工作的决议》（以下简称《决议》），向县政府交办。

县政府及县邮电局认真执行《决议》，纠正了乡镇投递邮件收手续费、强行将汇兑款转蓄、强行从汇兑款中扣缴报纸杂志费等问题，改进了服务态度和服务方式，群众反映良好。

第二章 监督“一府两院”

县人大常委会依据宪法和有关法律规定，对“一府两院”实施法律监督和工作监督，且不断探索和积累经验，拓宽监督思路，改进监督方式，努力提高监督实效。

第一节 法律监督

县人大常委会依法对“一府两院”实施法律监督。督促“一府两院”开展普法教育宣传活动，推进全民学法、懂法、守法；开展执法检查，保证宪法、法律、行政法规和上级人民代表大会及其常务委员会决议在本行政区域的贯彻执行，监督重要案件，纠正错案冤案；审查、评议“一府两院”的工作，促其依法行政、秉公司法、依法办事、勤政为民、诚信为民。

一、普法

法制宣传教育试点

县八届人大常委会于1981年组织有公安、司法参加的法制宣传教育工作组，由1名副主任带队，在金田公社进行法制宣传教育的试点，整顿和调整了基层治保、调解、护林组织，调解处理了一批民事纠纷，制定了乡规民约，落实了综合治理措施，对违反《治安管理处罚条例》的12人给予行政拘留处罚，刹住了歪风，伸张了正气。试点结束后，运用试点经验，结合推行农业生产责任制，把全县法制宣传教育引向深入，以增强干部、群众的法制观念。

1982年，县八届人大常委会主任伍芬奎率公检法司和人大常委会机关的部分干部，在花古公社办法制宣传教育点，通过宣传教育，公民学法懂法，依法办事，促进了社会治安好转和农业生产发展，民事纠纷比1981年下降48%，粮食比1981年增产286万斤。县委总结、推广“花古经验”，把全县的法制宣传教育继续引向深入。

代表学习法律日

县人大常委会注重组织人大代表学法，在安排代表小组学习法律的同时，在人民代表大会期间安排了学习法律日。

1983年3月的县八届人大三次会议期间，安排一天时间学习五届全国人大五次会议通过的《中华人民共和国宪法》，县委常委、县人民政府副县长肖茂林作中心发言：充分认识通过新宪法的重大意义，领会新宪法的基本精神和基本内容，要求人大代表做学习宣传新宪法、贯彻实施新宪法的带头人。各代表团组织了认真的学习和讨论。

1986年4月的县九届人大三次会议期间，县委书记孙在田在代表学习法律日作中心发言：社会主义法制的重大地位和作用；宪法是我国的根本大法；普及法律常识，严格依法办事；全体人大代表要高度重视普法学习，做学法、懂法、依法办事的表率。各代表团联系实际，讨论了1986年普法安排。

为贯彻实施《中华人民共和国各级人民代表大会常务委员会监督法》，县委书记赵清云在2006年12月28日的动员大会上发表题为《认真贯彻实施〈监督法〉，开创人大工作新局面》的动员报告。县人大常委会主任肖德生在2007年3月的县十四届人大四次会议上发表《认真学习〈监督法〉，进一步加强和改进人大监督工作，努力增强监督实效》的中心发言，重点宣讲《中华人民共和国监督法》。

督促普法

1982年12月29日，县八届人大常委会组成人员集中学习五届全国人大五次会议通过的新宪法，作出《关于组织全县人民学习、贯彻、执行新宪法的决议》，向“一府两院”交办督办。全县掀起学习宣传新宪法的热潮。

1985年12月14日，县九届人大常委会第10次会议听取公、检、法、司一年来的工作汇报，做出《关于向全县人民普及法律常识的决议》（以下简称《决议》）。《决议》要求：乡镇、公司主要负责人以上的领导干部学完“九法一条例”（宪法、刑法、刑事诉讼法、民事诉讼法、婚姻法、继承法、经济合同法、森林法、兵役法和治安管理处罚条例）；其他干部、教师、职工、居民、村民、中学生学习“四法一条例”（宪法、刑法、婚姻法、经济合同法和治安管理处罚条例）。县普法领导小组在县委党校举办普法骨干培训班3期计257人；县属各机关、乡镇分批举办了普法培训班；县人大常委会组织公、检、法、司和妇联等单位，对刑法、婚姻法开展广播讲座8课，还组织法律咨询团，以农村墟场为平台，先后在5个集镇和6个边远乡开展法律咨询活动，绘制宣传图片130张，印发宣传资料9800份，接待法律咨询660人次，直接受到法律教育的计11.87万人。

1989年，是“一五”普法教育第四年，县十届人大常委会在督促、支持普法教育的同时，着重抓了验收发证工作，经分类考核，全县有40.1万人参加应试，有23万人符合发证标准，其中有2.5万名干部、教师、职工领到普法合格证书。

1991年5月17日，县十一届人大常委会第8次会议听取县政府《关于贯彻执行〈兵役法〉〈民兵工作条例〉〈国防教育条例〉的情况汇报》以及司法局《关于普法工作的汇报》。会议对第一个五年普法工作比较满意，对“二五”普法规划提出了完善意见，通过《关于在全县公民中继续普及法律常识的决议》，要求抓紧宣传普及“四法两条例”，形式要多样化，要讲求实效，提高公民素质。

1996年11月5日，县十二届人大常委会第25次会议听取审议司法局《关于“二五”普法和“三五”普法及依法治县情况的汇报》根据县人民政府县长提请，通过《关于在全县公民中认真开展“三五”普法教育的决议》，强调加强“三五”普法，推动依法治县。

2000年12月29日，县十三届人大常委会第20次会议听取县政府《“三五”普法工作情况和“四五”普法大体安排》，对依法治县领导小组的法治教育、法治宣传、依法治理等工作表示满意，要求在“四五”普法过程中全面铺开“地方、行业、基层”三大依法治理工程，并取得实际效果。

县人大常委会督促、支持、参与了“五五”普法和“六五”普法。

二、执法检查

县八届、九届人大常委会对学习贯彻新宪法，贯彻实施婚姻法、刑法、药品管理法进行了大检查。全县召开了公社主要负责人以上的三级干部会部署学习新宪法，在县城召开了干部职工大会进行动员，共发出新宪法单行本2.1万册，印发宣讲资料2300份，县、区、公社、大队层层举办新宪法学习班，全县掀起学习贯彻新宪法的热潮。督促“一府两院”开展了保护妇女儿童合法权益、打击重婚和丢弃女婴犯罪的专项斗争，严肃查处了某公社少数干部非法关押群众、某派出所2名干警使用电棒殴打2名社员的违法案件。

县十届人大常委会对贯彻实施《中华人民共和国森林法》《中华人民共和国土地管理法》等法律法规进行了执法大检查，共查出违法问题96起，督促“一府两院”依法予以处理，特别有力地刹住乱砍滥伐歪风，获全国人大常委会视察组的高度评价。依法整治了医药市场，共检查65个单位，查出伪劣药品110种、2400公斤，罚没多收价款5516元，取消无证经营的药店和诊所29个，并督促政府调整了医疗网点，切实维护群众利益。省人大科教文卫委员会肯定并推介了“洞口经验”。

县十一届人大常委会贯彻实施义务教育法行政诉讼法等“九法六条例”进行了执法检查，加强对司法机关和行政执法单位的执法检查，4起久拖不决的案件有了公证的结论，对乱收费、滥发、私分、贪污、受贿等重大案件，督促组织力量调查核实，催促执法机关依法依规做了严肃处理。县人大常委会确定1名副主任具体负责，对贯彻实施《湖南省文化市场管理条例》组织执法检查，督促县政府有关职能部门对全县178个文化经营点进行全面核查，取缔播放色情淫秽点1家，收缴淫秽裸体画1990张、非法出版的录像带775盒，收缴宣扬色情淫秽、凶杀暴力、封建迷信等非法出版物1.178万册（张），净化了文化市场，促进了精神文明建设。特别是组织了首次司法评议。

县十二届人大常委会先后开展了《中华人民共和国农业法》、《中华人民共和国农业技术推广法》、《中华人民共和国环境保护法》、《中华人民共和国土地管理法》、《中华人民共和国城市规划法》、《中华人共和国刑法》《中华人民共和国刑事诉讼法》、、《中华人民共和国行政诉讼》法、《中华人民共和国义务教育法》、《中华人民共和国老年人权益保障法》、《中华人民共和国劳动法》等29部法律的执法检查；会同县委政法委员会、县人民政府法制办公室对政法机关实施刑法、刑事诉讼法的情况进行了全面检查，对群众反映较大的取保候审、免予起诉和缓刑方面的问题，在全县政法队伍整训会上进行了通报，并进行了逐个检查和跟踪监督；对群众反映强烈的22件司法案件分别进行了个案监督，其中催办督办14件。

县十三届人大常委会先后组织《中华人民共和国对刑法》、《中华人民共和国刑事诉讼法》、《中华民共和国预算法》、《中华人共和国土地管理法》、《中华人民共和国环境保护法》、《中华人民共和国森林法》、《中华人共和国档案法》、《中华人民共和国义务教育法》、《中华人民共和国科学技术进步法》、《中华人民共和国科学技术成果推广法》、《中华人民共和国法官法》、《中华人民共和国人民警察法》、《中华人民共和国散居少数民族工作条例》等法律法规开展了执法检查；还配合省市人大常委会对《中华人民共和国农业法》、《中华人民共和国企业法》、《中华人民共和国税收征管法》、《中华人民共和国城市规划法》、《中华人民共和国动物防疫法》、《中华人民共和国基本农田保护条例》、《中华人民共和国房地产条例》、《中华人民共和国乡镇财政管理条例》、《中华人民共和国爱国卫生条例》、《中华人民共和国少数民族地区普及九年义务教育若干规定》等法律法规执行情况进行了检查或调查。推行执法责任制，认真落实上级人大常委会《关于建立执法责任制的决定》，督促“一府两院”贯彻执行。抓住群众反映强烈的热点、难点和焦点问题实施监督，重点纠正和处理了一些疑难案件，林业公安分局纠正错案9起，退还林农罚没款5.9万元，维护了法律的尊严和人民群众的合法权益。

县十四届人大常委会对劳动法、行政处罚法、义务教育法、农业法等31部法律法规作了执法检查。每次检查都坚持做到：统一部署，上下联动，自查和调查相结合；围绕中心，突出重点，在调查的基础上找准问题，增强针对性；抓住典型，集中审议，发挥集体智慧，提出整改意见；认真交办，督促整改，保证整改到位。组织开展的义务教育法执法检查，先是全面深入检查调查，再是针对存在的问题和薄弱环节，提出“逐年加大投入，合理调整布局，严禁乱收费，加大危房改造力度，严格保学控流，提高教育质量”的整改意见。县政府和教育主管部门认真组织实施，人大常委会跟踪督办，巩固了“两基”（基本扫除青壮年文盲、基本普及九年义务制教育）成果，提高了义务教育质量，城关一小获“全国青少年科技教育示范学校”荣誉称号。省、市人大常委会对洞口县的义务教育法执法检查表示满意，省人大常委会副主任吴向东、副省长许云昭给予很高评价。省人大常委会副主任庞道沐等对洞口县的农业执法检查和农业农村工作表示满意，称赞道：洞口的农业综合执法检查，领导特别重视，工作特别扎实，整改特别认真，监督特别有力。

县十五届人大常委会先后对《中华人民共和国律师法》、《中华人民共和国森林法》、《中华人民共和国气象法》、《中华人民共和国民族区域自治法》、《中华人民共和国食品安全法》、《中华人民共和国安全生产法》等24部法律的贯彻实施情况进行了执法检查。听取和审议了公安局关于“打黑除恶”专项工作的汇报，加强了对社会治安管理工作的监督，听取和审议了检察院关于“渎侦”工作的专题汇报，提出了关于加强查办和预防渎职侵权工作的建议；组织人大代表参加县人民法院法庭审判评议41次，召开专题会议听取法院关于审判工作的汇报，提出“进一步完善审判制度和工作机制，不断提高审判质量和效率，严惩犯罪，维护社会稳定”的督办意见。

县十六届人大常委会配合省、市人大常委会开展了对保护未成年人合法权益的“两法两条例”和食品《中华人民共和国安全法》、《中华人民共和国档案法》等24部法律法规实施情况的执法检查，在对《湖南省实施〈中华人民共和国村民委员会组织法〉办法》进行修订的立法调研中，提出了系列意见，得到省人大常委会高度赞同。而且扎实开展了规范性文件备案检查工作，共审查处理报送备案的规范性文件235件，审查退回2件，做到有件必备、有备必审、有错必纠。针对食品安全面临的问题，听取专项汇报，回应群众关切，督促健全食品安全责任体系，强化源头管理，着力清除食品安全监管环节的“真空”“盲点”和“死角”。

三、司法评议

1992年，县十一届人大常委会首次组织县人大代表和乡镇人大代表小组组长评议司法机关的工作。上半年做准备，在代表中、司法机关中进行思想发动，指出：意义在于继承和发扬党的群众路线、实事求是、批评和自我批评的优良传统，不断完善人民代表大会制度，为改革开放和经济建设创造一个良好的社会环境；目的在于监督和支持司法机关严格依法执法，纠正少数干警的违法行为，促进司法机关的勤政廉政建设，密切警民关系，树立司法机关良好形象；要求司法机关端正态度，正确对待主人的评议，认真整改；要求代表广泛听取群众意见，认真调查核实材料，确定参评人员。7月14日至16日，参评代表与司法干警进行面对面的评议，共62份评议材料，评之有据，议之有理，言之有法，实事求是，全程严谨有序。评议之后，县人大常委会确定6条整改标准，于8月7日召开公检法司“四长”会议予以交办。相继3次听取和审议办理情况汇报，法院、检察院、司法局于年内全部办理完毕，公安局尚有6件未办结。经县十二届人大常委会督办、催办，于1993年上半年全部办理完毕，向代表交了一份比较满意的答卷。

1994年12月28日，县十二届人大常委会组成人员和部分县人大代表评议政法机关的工作，并特邀县委书记和县委政法委员会书记参加。评议会议重点是公安局的解除收审、取保候审案件，检察院决定的不诉、撤诉、免诉案件，法院判处的缓刑案件，从随意抽查的48件案件中的6件进行公开评议。这六件中有：明显构成犯罪、应依法追究刑事责任的，却决定解除收审；有取保候审、而事实上成了保而不审、不了了之；有该报捕的不报捕，该起诉的不起诉，收钱追赃后降格处理，事实上的以钱赎罪；有对重大案件中的嫌疑对象轻易决定取保候审，未能及时有力打击严重危害社会治安的犯罪分子。公开评议后，将此六件分别向公检法交办，要求复查复议，限期整改。4个月后，公检法向县人大常委会报告复查复议、依法整改结果，县人大常委会表示满意。

1998年8月28日，县十三届人大常委会第4次会议听取和审议公检法“三长”贯彻实施修订后的新“两法”（刑法、刑事诉讼法）的工作汇报，及人大常委会内务司法工作委员会的调查报告。会议指出公检法“三家”亟待解决的问题：创收没有度，创收影响了严肃执法；保外就医和监外执行人犯有脱管现象；刑讯逼供和越权办案的现象仍有发生，超期羁押情况还比较突出；以罚代法、以罚代刑，在群众中造成了极坏影响。会议要求公检法“三家”切实加强队伍思想作风建设和业务能力建设，严格依法办案；要争取党政领导支持，营造好的执法环境；要增强办案透明度，以案说法，推动“三五”普法。“三长”逐项落实了县人大常委会的交办意见，并于年底向人大常委会报告了整改结果。

2016年8月22日，县十六届人大常委会第28次（扩大）会议分别听取公安局、森林公安局、检察法、法院、司法局贯彻执行《中华人民共和国刑事诉讼法》的工作情况汇报及县人大常委会内务司法工作委员会的调查报告。在肯定成绩的同时指出存在的问题：执法理念还存在偏差，证据意识不够强，辩护权的保障有待提升；鉴定乱的现象时有发生，证人出庭做证的难度比较大，特殊犯罪嫌疑人、被告人的收监收治困难很大；以罚代刑的现象在个别侦查机关也还存在；司法机关的配合仍存在不顺现象，执法不规范的现象也依然存在，周某故意伤害致人死亡案3年未能结案，苏某贩卖毒品3次却适用缓刑而存有异议。会议提出以下整改意见：进一步转变司法理念，确保法律严格实施；加强队伍建设，确保公正、廉洁执法；加强基础建设，促进装备落实；认真整改问题，整改落实情况书面报县人大常委会内务司法工作委员会。换届前，主任（扩大）会议听取了专项汇报，基本满意。

第二节 工作监督

县人大常委会听取和审议“一府两院”的工作汇报，实施工作监督。而且注重参与，坚持在参与中支持，在参与中监督，寓支持与监督之中。

一、审议汇报实施监督

第八届人大常委会听取“一府两院”工作汇报21次，建议“一府两院”坚持政治思想教育，加强法制宣传教育，督促并支持“一府两院”面对农业生产责任制“包产到户、包干到户”的新情况，解决新问题。县政府督促安排扶贫专项贷款30万元、扶贫专项化肥191吨、贫困社员救济款5万元，调动全体社员的积极性，大办粮食；为供销社、农业机械厂增批竹木、生铁指标，扩大中小农具生产；解决干旱死角的水利问题；保护森林，实行定权发证；供养五保户，三级负责；采取综合治理措施，争取社会治安明显好转。交办后实施了跟踪监督，县政府采取了一系列落实措施，1983年全县粮食大增产。

第九届人大常委会先后听取和审议了“一府两院”关于林业、卫生、体育、民政、科普、供销体制改革、工业企业经济体制改革、民事审判、法纪检察、普法等工作汇报，提出了工作建议和整改意见；支持和督促县政府解决了杂交水稻种子的供应问题，解决化肥、柴油、煤油的供应问题；监督县政府把发展粮食生产摆在第一位，防止粮食生产滑坡，把教育、科技、卫生、广播和体育等工作摆上重要议事日程，坚持两个文明建设一起搞，两种生产一起抓；监督“两院”依法办案，保护专业户、重点户和经济联合体的经营活动，发展商品生产。1985年7月13日，第8次会议听取和审议县政府《关于抗旱情况的汇报》，全县面临严重旱灾，会议要求县政府组织全力抗大旱，区乡干部“一边倒”，科学调度水电，增加火力发电量，控制城镇、机关用电，保证农村抗旱用电，农民对此表示满意。

第十届人大常委会听取和审议“一府两院”的工作汇报43次，提出工作建议和交办意见，监督和支持“一府两院”的工作。支持县政府大办商品粮、雪峰蜜柑、良种茶叶、速生杉木林、瘦肉型出口猪“五大基地”，第4次会议就“五大基地”建设提出了“普及科学技术，落实责任制和经济政策，建立基地办事机构，县区乡着力办样板示范，努力发展饲料加工业”等工作建议，向县政府交办；就银坪电站新建工程、石江电厂扩建工程提出了督办意见。第12次会议监督普法，推进了普法教育；督促强化维稳，消除了动乱影响，保持了社会大局稳定。第13次会议要求“一府两院”治理经济环境，整顿经济秩序，加强廉政建设和法制建设，开展了税务、财务、物价“三大检查”，清理整顿了公司，特别是清理了一些“官倒”“私倒”，查处了倒卖化肥、农药的人，群众拍手称好。

第十一届人大常委会听取和审议“一

府两院”关于农业、工业、科技、环保、医药、财税、廉政、司法、“两反”等19个方面的工作汇报83次。督促和支持县政府把发展农业摆在发展国民经济的首位，落实党在农村的经济政策，确保农业升温；成建制开发吨粮田，集中连片实施“1331”（一亩田种三季，产粮3000斤，纯收入1000元）增产增收“三熟制”工程；监督县政府压缩基建投资规模，控制消费需求的过快增长，深入开展“双增双节”运动，压缩财政支出；支持并积极参与了工业总体战，转换企业经营机制，大办乡镇工业、街道工业，放手发展个体私营工业；督办了解决干旱死角地区水利问题、保护水利电力设施、加强集贸市场建设等决议的落实。1992年2月25日，第12次会议听取和审议县政府《关于1991年财政预算执行情况的汇报》。会议指出，财政形势严峻，累计赤字已达1480万元，相当于全年财政收入的一半。会议要求县政府：拿出抓农业的劲头抓工业，突出抓重点产品，提高效益；在决不放松粮食生产的前提下抓多种经营，发展优质米，提高农业效益；政府机关带头过紧日子，压缩小车经费，从严控制办公经费膨胀，并压缩非生产性基建开支。会议决定：除天灾人祸外，不追加预算支出。此监督得到人大代表支持。

第十二届人大常委会听取和审议了关于发展民营经济、丘岗山地开发、环保、“打假扫黄”、清理农村合作基金会等64项工作汇报。就丘岗山地开发和发展养猪业，5次听取汇报，4次组织视察，紧扣“规模、投入、管理、服务、效益”5大点，提出“制定配套优惠政策，加大科技和资金投入，加强项目领导和管理，扩大社会服务，加快农业规模化、产业化、商品化步伐”等建议和要求。就发展民营经济，5次听取汇报，重点剖析了面临的困难，督促解放思想，改变观念，提出“优政策，兴市场，建体系”等工作建议；2次组织调查，分别在面上、点上作调查研究，写出调研报告，指出存在的问题，提出解决办法，引起县政府高度重视。1993年4月23日，县十二届人大常委会第2次会议听取县政府《关于1993年财政预算草案的报告》，审议认为，预算外资金纳入财政调控监督的仅700多万元，储存不足；要求预算草案做部分变更。会后，县人大常委会会同县政府组成3个工作组，对102个行政事业单位1992年至1993年7月的预算外资金收支及管理情况进行了全面调查，调查发现，大量预算外资金游离于财政调控监督之外，造成坐支、随意开支。督催县政府立即采取调控措施。县政府年底报告，实行财政预算管理的已达2854万元。1994年，县人大常委会继续会同政府有关部门，对166个单位的行政性收费和预算外资金进行了全面清理，预算外资金专户储存达到6207万元，实现了“当年财政收支平衡，略有节余”。

第十三届人大常委会对农业农村工作加大了监督力度，督促和支持县政府加速农业产业化进程，先后就楠竹低改、丘岗开发、农村规模化养猪、农业科技扶贫、林区林业工作、减轻农民负担等听取了专题汇报，组织了专题调研，提出了工作建议。对落实计划生育基本国策，督促县政府狠狠整治“放水养鱼，罚款保胎”歪风，整顿乡镇计划生育工作队，查处一批计划生育工作中的违法行为，保证专款专用。大力支持工业企业的改革和发展，督促“一府两院”对国有、集体企业实行大刀阔斧的改革改制，建立以民营为主的所有制结构和以农林矿产品加工为主的产品结构相结合的新型工业体系。督促和支持城镇扩容提质，听取汇报，组织视察，监督城市维护费的合理使用，还批准动用400万元预算外资金用于县城基础设施建设。特别是2002年5月，组织司法、财政经济、建设环保、农业农村4个视察组深入基层，视察行政审批项目和政务公开情况、职能部门的行政行为、政法机关的执法情况、资源环境保护情况，比较系统全面的监督“一府两院”的工作。

第十四届人大常委会在监督内容上，从重监督具体行为向监督具体行为和抽象行为并举转变，进一步加强对行政、司法机关的监督，强化对经济工作的监督，共听取和审议“一府两院”的工作汇报147次。督促县政府加强社会主义新农村建设，着力组织实施国家大型优质稻基地、粮食产业工程、现代农机装备推进工程、土地整理、土地流转、农业综合开发、退耕还林、农村能源建设、沼气开发、“阳光培训工程”等项目；督促县政府坚持新型工业化核心战略，完善园区功能，增强园区产业的辐射带动力。督促和支持法院“法律手段和行政手段并用、强制措施与法理教育相结合、领导督促与群众支持并举、法律约束力与社会支撑力共进”，加大执行力度，打造洞口特色的执行文化。督促和支持检察院坚决查办坐在“三机关一部门”的职务犯罪，深挖黑恶势力后台“保护伞”，严肃查办司法人员贪赃枉法、徇私舞弊等职务犯罪，开展自身反腐工作。县人大常委会在审议汇报、实行工作监督的实践中，探索、积累了“审议意见实行交办制，决定重大事项实行票决制，落实决定实行督办制”系列新举措，且取得工作监督新成效，《人民之友》2007年第一期以《让审议充满刚性》为题，向全国推介了洞口县人大常委会的工作方法。

第十五届人大常委会听取和审议“一府两院”工作汇报116个（次）。密切关注经济增长的质量和效益，推动县域经济结构调整和优化升级，着力加强对经济工作的监督：组织了2009年的全县柑橘产业发展现状全面调研，听取县政府的专题汇报后，督促县政府“建立柑橘产业发展基金，实施高标准发展规划，加大品牌注册保护力度，打造洞口名片，增强柑橘产业发展后劲。”县政府曾两次提请调整华荣路南侧建设用地规划范围，征用洞口园艺场橘园搞开发，不予批准。第28次会议决定：为避免和减少对柑橘基地的破坏，华荣路西南侧150米以外地区，不得调整建设用地规划范围。视察经济开发园区的建设，督促和支持县政府出台优惠政策，吸引优势企业入园，发展园区工业，带动全县工业发展。支持和督促县政府夯实县域经济发展基础和产业基础，批准启动了一批重点工程项目，增强了发展后劲。组织在县的省、市人大代表和县人大常委会成员认真审议《洞口县旅游发展总体规划》，建议县政府加大投入，组织旅游资源推介包装，分期分批实施规划，加快菲溪森林公园、蔡锷公馆、高沙文史博物馆等景区景点的建设步伐。关注解决民生问题：强力支持县政府建成了污水处理厂，控制了水质污染；全程督办了华兴锰业矿渣违规堆放、黄桥电解锌废渣废液以及杨林境内非法采锰等环境污染问题；听取和审议了乡镇医疗卫生工作情况汇报，尤其是医疗保障政策、基本药物制度、医疗体制改革执行情况的调查汇报，结合开展“三湘农民健康行”活动，着力解决群众“看病难”、“看病贵”问题。

第十六届人大常委会按照“为民人大、敢为人大、创新人大”的要求，积极回应群众关切，监督政府持续改善民生，共听取和审议工作报告66个（次）。一是推动食有所安。针对食品安全面临的严重问题，听取专项汇报，组织视察，督促政府健全食品安全责任制，强化源头管理；牵头开展了“农产品质量安全行”活动，督促政府健全农产品质量标准、检验检测标准和认证认可体系；开展了基本农田保护、农业产业布局等综合调研，要求县政府坚守耕地红线，保障粮食安全。二是推动住有宜居。听取社会各界意见后，督促县政府开展环卫体制改革、环境卫生大检查、县城禁炮禁狗；就落实保障性住房政策，听取专项汇报后，督催县政府“统筹规划，科学制定方案，健全管理机制，搭建管理信息平台，多方筹措资金，切实解决城镇低收入家庭住房困难”。三是推动病有所医。听取专题汇报，结合“三湘农民健康行”活动开展农村卫生医疗工作调研，督促政府改善村级卫生室条件，缓解农民“看病难”“看病贵”，经过几年努力，全县已建成标准化村卫生室145个。四是推动贫有所济。把精准扶贫纳入监督重点，调研了全县武陵山片区扶贫攻坚开展情况，听取和审议了专项汇报，督促县政府加强项目资金整合力度，做好项目衔接和落地工作。

二、在参与中监督

1987年5月，西中乡福田村一妇女服农药自杀，其娘家人煽动百余名不明真相的群众推倒该村唐某的红砖房子一座，损失6000多元，县公安局面对这一群体闹事，难以控制局面，即向县人大常委会求援，县人大常委会派法制工作委员会参与处理。法制工作委员会的工作人员赶赴现场，一方面调查事件真相，动之以情，晓之以理，以案说法，稳定了局面；一方面督促公安干警依法办案，息事宁人，妥善处理了此案。

1988年秋，县政府部署开发冬季农业，县人大常委会积极参与，在联系点江潭乡宣传发动大种油菜，征集人大代表和基层干部意见，总结了“提供良种，成片栽培、安排专项化肥指标，科学使用硼肥、及时防治病虫害”等关键措施，将此向县政府提出建议。县政府予以采纳，逐项落实，取得良好的效果。1989年4月18日，全省春收作物现场会在洞口县召开，与会人员参观了江潭油菜丰产片。当年，洞口县被评为“全国夏季粮油生产先进县”，首获国务院嘉奖。

1989年，县人大常委会为贯彻最高人民法院、最高人民检察院《关于贪污受贿投机倒把等犯罪分子必须在限期内自首坦白的通告》，抓好反贪污、反受贿斗争，两次召开主任会议进行专题研究，并派员到“两反”办公室工作。县人大常委会及时听取“两反”工作的专题汇报，提出工作建议，促进了“两反”工作的健康进行，70多名案犯在限期内自首坦白。至年底，共立案查处贪污、受贿、投机倒把等经济案件91起。

1993年，洞口县的国家级商品粮基地县建设进入实质性阶段。县人大常委会督促县政府主攻三熟高产栽培技术，大力推广科学种田，抢抓农时，并积极参与商品粮基地县建设，在江潭乡办500亩连片小麦示范点基本成功，麦苗长势喜人，邵阳市人民政府于当年11月组织各县县长和农口单位的负责人到现场参观，赞不绝口，次年获得稻稻麦三丰收，亩产粮食超过3000斤。洞口县“四大家”形成合力，连续3年奋战，1995年国庆节前夕，国家级商品粮基地县经中央、省、市三级验收达标、合格。

县十二届人大常委会在不断强化监督力度的同时，十分注重参与，坚持在参与中支持，在参与中监督，正副主任分别在县工业领导小组、重点工程建设领导小组、农业领导小组、财贸工作领导小组、社会治安综合治理领导小组、科教文卫计生领导小组担任领导成员，组织、领导全县“两个文明”建设；正副主任和各办委负责人直接参与或组织领导了茶路电站工程建设、高沙经济开发区建设、花园禾梨坳万亩笋竹林开发、渣坪万头牛基地建设、县印刷厂股份制改革试点、洞口工业小区建设、城关镇等10个乡镇农民负担的清查等工作，推动了人大常委会各项决议决定及有关重要建议的落实，促进了全县的改革开放和经济建设。

县十三届人大常委会直接参与了农村合作基金会清理、财税征收入库、工业企业解困和建整扶贫等中心工作，在参与中支持了政府工作，较好地完成了任务。按照县委的统一安排，正副主任分别联系醪田、杨林、水东、石柱、古楼、石江6乡镇，掌握了农业农村的第一手资料，有力地监督政府落实党的政策，促进“三农”工作，推动丘岗地、山地的高效农业开发和规模养殖业。

在十四届人大常委会届期中，县政府的重要工作之一是招商引资。县人大常委会积极参与这一工作，为政府出计策，出信息，出项目，出力气；为外来人员协调服务，排忧解难，使其进得来、站得稳、发得起。人大常委会机关牵头引进的裕吉塑料包装材料公司，不断发展壮大，进入工业园区，一期工程占地15亩，投入650万元，当年开工生产；引进华兴锰业，投入1800万元，当年落户，当年兴建，当年试投产；引进香港一位企业家在古楼河实施水力发电梯级开发，3个水电站全部建成投产，为全县电力事业的发展做出了贡献。县人大常委会机关和工作人员的辛勤付出，得到县委、县政府的充分肯定，被评为“全县招商引资工作先进单位”，人大常委会副主任黄明和被评为“全县招商引资先进个人”。

十五届人大常委会参与抗特大冰冻和灾后的生产恢复，驻点岩山乡金兴村建整扶贫，在山区贫困村组织灾后重建，整顿了村级领导班子，提高了“两委”战斗力，在恢复电力供应、农田水利设施和山区交通设施的基础上拉通了长大公路，开发了特色药材生产，为县委提供了建整扶贫的经验，为政府提供了“山区发展富县”的思路。还参与了处理茶路电站与中国东方资产管理公司多年未解决的债务纠纷。

十六届人大常委会深入开展“下基层、解民忧、办实事、促发展”活动，10名处级干部承担了13项县本级重点项目建设任务，在参与中支持，在参与中监督，监督工程进度，监督工程质量，监督资金的管理和使用，将发现的问题进行集中梳理，明确提出部分项目超标、超规模、超预算，甚至有违规开支现象，要求县政府加以约束和调整，促进了十五届人大常委会发布的《关于审议决定县财政投入重大项目建设办法》的落实。县人大常委会机关按照县委的要求，参与新农村建设、群众工作站、建设扶贫、综合治理、信访稳定、冬种冬修等工作，经受了锻炼，增长了才干，较好地完成了任务；机关扶贫联系点大屋瑶族乡马洞村，在启动农网改造和村级亮化工程的同时，扩大了茶叶产业规模，达300亩，走精准扶贫之路。

第三节 重要案件监督

1988年，高沙王玉槐数次向县人大常委会反映，邵阳市中级人民法院对他的房屋产权判决不公；高沙镇县人代表小组也反映，邵阳市中级人民法院的判决与事实不符。县人大常委会向邵阳市人大常委会反映，并建议市中级人民法院按审判监督程序办理该案。市中级人民法院复查后于1989年2月撤销了对王玉槐房屋产权的错判，维护了公民的合法权益，在社会上造成很好影响。

1989年6月，黄桥区代表团在县十届人民代表大会第四次会议上提出：黄桥镇晒龙村女村民谢某被谢某打伤后于次日死亡，法医鉴定的死于心脏病不符合事实，公安机关断定死者亲属负责安葬费不公，有包庇凶手之嫌。县人大常委会主任会议决定复查，并向县人民检察院交办。检察院立案侦查，经调查取证，并邀请市、省医学专家重新鉴定，确定谢某系死于外伤胰腺炎，为谢某殴打所致。检察院速即逮捕人犯，向法院提起公诉。法院以故意伤害（致人死亡）罪，依法判处谢某有期徒刑15年，剥夺政治权利2年。

1992年3月5日，横溪乡龙坪村女公民欧阳某在凤形山上吊死亡。是自杀？还是他杀？众说纷纭。横溪乡县人大代表小组提出质疑。县人大常委会一次交办，两次督办，公安局的结论都是自杀，受害人家属不服该结论继续提灯上访。县人大常委会委派1名副主任带3名干部深入基层，走访群众，在获取颇有价值的线索后向市人大常委会报告，并两次携案卷赴省汇报。省刑事科学技术研究所审阅案卷材料后认为“不排除他杀可能”。1993年6月23日，主任会议决定，该案交由县检察院侦办。县检察院成立专案组，深入调查取证，近至发案现场，远至广东，对原有的文证资料进行仔细审查分析，做出“死者是他杀，自缢现场是伪造”的结论；再明察暗访死者生前行迹，案情有重大突破。7月14日，专案组收审重大嫌疑对象杨某，杨在铁证面前交代了杀害欧阳某的犯罪事实，逍遥法外一年零四个月的杀人凶手被绳之以法。《中国检察报》、《湖南日报》、《民主与法制》、《人民之友》、省电视台、《邵阳日报》等新闻媒体对该案作了翔实报道，在全省乃至全国产生较大影响。

1997年6月28日，水东乡女村民潘某死亡，经法医鉴定，系服农药自杀，潘某的父亲拄着拐杖喊冤不断。县人大常委会接待潘某的父来访后，主任会议研究决定对此案予以监督，请市人大常委会出面组织市公检法三家法医重新开棺验尸。经检验，潘某虽服毒自杀，但死前多处受伤，且构成轻伤。县人大常委会将此案向县公安局交办。县公安局掌握充分材料后对杨某以涉嫌故意伤害罪立案侦查，侦查终结后移送起诉，县人民法院依法追究杨某的刑事责任。

2001年6月27日，县十三届人大常委会举行第24次会议；总结实施个案监督、处理疑难案件、纠正错案冤案的经验，作出《实施个案监督办法》，年内纠正和处理了36起疑难案件。

2010年4月14日，县十五届人大常委会举行第17次会议，作出《监督重要案件实施办法》，对公检法办理的重要案件实施监督。原《实施个案监督办法》同时废止。

1984年至2016年年底，县人大常委会共向司法机关交办、督办重要案件（含上级人大交办的重大信访案）共138起，使一批久拖不决案和冤假错案得到公正处理。

第三章 人事任免

《中华人民共和国宪法》第一百零四条规定，地方各级人民代表大会及其常委会依法行使人事任免权。洞口县历届人大常委会以对党、对人民高度负责的精神，不断完善任免程序，改进任免方式，并加强任后监督。

第一节 任免范围和对象

县人大常委会在人民代表大会闭会期间，根据《中华人民共和国地方各级人民代表大会和地方各级人民政府组织法》和《中华人民共和国全国人民代表大会和地方各级人民代表大会选举法》的规定，行使人事任免权。任免的范围和对象：在县人民代表大会闭会期间，县人大常委会根据县长的提请，决定个别副县长的任免和县人民政府办公室主任、县政府工作局局长的任免；根据县人民法院院长的提请，任免县人民法院副院长、庭长、副庭长、审判委员会委员、审判员；根据县人民检察院检察长的提请，任免县人民检察院副检察长、检察委员会委员、检察员。

县人大常委会根据县人大常委会主任的提名，任免县人大常委会办公室及各工作委员会的主任、副主任；任免县人大常委会代表资格审查委员会主任委员、副主任委员和委员；任免各区人大联络工作委员会委员；任免管理区、街道人大联络工作委员会主任、副主任。

第二节 任免程序

第八届、第九届人大常委会会议，根据县人民政府县长、县人民法院院长、县人民检察院检察长的提请，审议后举手表决，通过人事任免。

1987年5月21日，第十届人大常委会第2次会议通过《关于改进人事任免工作的决议》，改举手表决为无记名投票，表决通过后颁发任命书。

1991年11月29日，第十一届人大常委会第11次会议通过《人事任免办法（试行）》，在听取、审议提请报告的同时，还了解、考察被任命人德、才、绩。1992年，1名局长人选连续2次会议表决未获通过。

第十三届人大常委会对拟任人员进行任前法律知识闭卷考试，成绩合格者方可参与任前述职，听取和审议任前述职后无记名投票表决。任命书发给“一府两院”。

2003年1月24日，第十四届人大常委会第1次会议第一次修正、完善《人事任免办法》，拟任人员必须呈交书面述职报告，在人大常委会组成人员会议上作简短的任前发言，组成人员对拟任人进行多角度的询问，拟任人逐一回答后才投票表决。

2004年2月18日，第十四届人大常委会第10次会议第二次修正《人事任免办法》。

2007年5月10日，第十四届人大常委会第32次会议第三次修正《人事任免办法》。

2009年4月28日，第十五届人大常委会第11次会议第四次修正《人事任免办法》。

经过修正、完善《人事任免办法》，任免程序规范化：

第一阶段为调查研究和材料准备。县人大常委会会议召开前10天，由拟任对象提请机关将任免人员的履历、任免理由以及任命人员的任职承诺书等材料，报送县人大常委会选举任免联络工作委员会；县人大常委会深入拟任对象所在单位，对拟任对象的履历、德、能、勤、绩、廉进行深入调查了解；再由县人大常委会组织力量对拟任对象进行经济责任审计；将调查情况和审计结果与县委组织部门互通信息，形成共识；公示拟任对象有关情况。

第二阶段为任免综合评议。首先，由拟任对象提请单位主要负责人到会介绍被提名人选的履历、有关情况及任免理由，听取与会人员意见。其次，由被拟任者在人大常委会会议上作任职前承诺发言，回答有关问题。再次，由县人大常委会将提请机关主要负责人介绍的情况、人大常委会选举任免联络工作委员会调查了解的情况、任前法律知识考试情况、经济责任审计的情况、任前公示群众反映的情况，以及被提名人的承诺发言等进行综合评议。

第三阶段为人大常委会会议表决和任免结果公示。以县人大常委会到会组成人员过半数同意为通过；通过的人事任免，县人大常委会将行文通知各相关单位。同时，将人事任免名单登载在县人大常委会的公报上予以公示。向被任命者颁发由县人大常委会主任署名的任命书。

第三节 任免人员名单

一、任免县人大常委会各工作委员会负责人名单

洞口县第八届人民代表大会常务委员会

经1980年5月21日第1次会议通过，

任命：刘扬中为洞口县人大常委会办公室主任

彭绍来为洞口县人大常委会办公室副主任

经1982年2月10日第10次会议通过，

任命：邓光雄为洞口县人大常委会办公室主任

洞口县第九届人民代表大会常务委员会

经1984年4月23日第1次会议通过，

任命：彭绍来为洞口县人大常委会办公室副主任

杨乐生为洞口县人大常委会办公室副主任

经1985年1月16日第5次会议通过，

任命：肖承嗣为洞口县人大常委会法制工作委员会主任

莫然德为洞口县人大常委会科教文卫工作委员会主任

杨相华为洞口县人大常委会财政经济工作委员会副主任

经1985年12月14日第10次会议通过，

任命：彭绍来为洞口县人大常委会办公室主任

杨相华为洞口县人大常委会财政经济工作委员会主任

谢光银为洞口县人大常委会财政经济工作委员会副主任

许正武为洞口县人大常委会法制工作委员会副主任

肖调武为洞口县人大常委会办公室副主任

免去：莫然德洞口县人大常委会科教文卫工作委员会主任职务

杨乐生洞口县人大常委会办公室副主任职务

经1986年9月3日第15次会议通过，

任命：肖健录为洞口县人大常委会科教文卫工作委员会主任

刘中桂为洞口县人大常委会科教文卫工作委员会副主任

洞口县第十届人民代表大会常务委员会

经1988年3月28日第8次会议通过，

任命：张宏义为洞口县人大常委会科教文卫工作委员会副主任

经1988年5月28日第9次会议通过，

任命：杨相华为洞口县人大常委会选举任免联络工作委员会主任

肖调武为洞口县人大常委会选举任免联络工作委员会副主任

谢光前为洞口县人大常委会选举任免联络工作委员会副主任

谢光银为洞口县人大常委会财政经济工作委员会主任

谢坤世为洞口县人大常委会财政经济工作委员会副主任

肖调旺、黄生伟为洞口县人大常委会办公室副主任

免去：杨相华洞口县人大常委会财政经济工作委员会主任职务

肖调武洞口县人大常委会办公室副主任职务

经1989年1月14日第13次会议通过，

任命：张宏义为洞口县人大常委会农业工作委员会主任
李光裕为洞口县人大常委会选举任免联络工作委员会副主任
免去：张宏义洞口县人大常委会教科文卫工作委员会副主任职务

经1989年3月25日第14次会议通过，
任命：张学华为洞口县人大常委会农业工作委员会副主任

经1989年11月1日第19次会议通过，
免去：黄生伟的洞口县人大常委会办公室副主任职务

经1989年11月14日第20次会议通过，
任命：姜照明为洞口县人大常委会办公室主任
刘家鼎为洞口县人大常委会选举任免联络工作委员会主任
卿启文为洞口县人大常委会财政经济工作委员会主任
曾令国为洞口县人大常委会财政经济工作委员会副主任
邓光明为洞口县人大常委会法制工作委员会副主任
张宏义为洞口县人大常委会教科文卫工作委员会主任
杨相华为洞口县人大常委会农业工作委员会主任
免去：谢光银洞口县人大常委会财政经济工作委员会主任职务
张宏义洞口县人大常委会农业工作委员会主任职务
杨相华洞口县人大常委会选举任免联络工作委员会主任职务
彭绍来洞口县人大常委会办公室主任职务
肖健录洞口县人大常委会教科文卫工作委员会主任职务
张学华洞口县人大常委会农业工作委员会副主任职务

洞口县第十一届人民代表大会常务委员会

经1990年7月15日第3次会议通过，
任命：许正武为洞口县人大常委会法制工作委员会副主任

经1991年1月21日第6次会议通过，
任命：陈雪姣为洞口县人大常委会办公室副主任
黎贵南为洞口县人大常委会农业工作委员会副主任

经1991年3月13日第7次会议通过，
免去：刘家鼎洞口县人大常委会选举任免联络工作委员会主任职务

经1991年5月17日第8次会议通过，
任命：肖调武为洞口县人大常委会选举任免联络工作委员会主任

经1992年5月24日第14次会议通过，

任命：黄生伟为洞口县人大常委会法制工作委员会副主任

免去：邓光明、许正武洞口县人大常委会法制工作委员会副主任职务

洞口县第十二届人民代表大会常务委员会

经1993年2月23日第1次会议通过，

任命：杨相林为洞口县人大常委会财政经济工作委员会主任

黎贵南为洞口县人大常委会农业工作委员会主任

尹华正为洞口县人大常委会法制工作委员会主任

尹俊生为洞口县人大常委会教科文卫工作委员会副主任

免去：杨相华洞口县人大常委会农业工作委员会主任职务

肖承嗣洞口县人大常委会法制工作委员会主任职务

卿启文洞口县人大常委会财政经济工作委员会主任职务

肖调旺洞口县人大常委会办公室副主任职务

谢光前洞口县人大常委会选举任免联络工作委员会副主任职务

谢坤世洞口县人大常委会财政经济工作委员会副主任职务

经1993年4月24日第2次会议通过，

任命：刘继仁为洞口县人大常委会农业工作委员会副主任

经1993年12月27日第5次会议通过，

任命：唐骅为洞口县人大常委会办公室副主任

杨大高为洞口县人大常委会法制工作委员会副主任

经1994年12月27日第12次会议通过，

免去：尹华正洞口县人大常委会法制工作委员会主任职务

张宏义洞口县人大常委会教科文卫工作委员会主任职务

经1995年3月2日第13次会议通过，

任命：黄思和为洞口县人大常委会办公室副主任

经1996年3月19日第21次会议通过，

免去：唐骅洞口县人大常委会办公室副主任职务

经1996年4月26日第22次会议通过，

任命：黄生伟为洞口县人大常委会内务司法工作委员会主任

陈雪姣为洞口县人大常委会教科文卫工作委员会主任

林爱萍为洞口县人大常委会办公室副主任

瞿光奇为洞口县人大常委会教科文卫工作委员会副主任

免去：陈雪姣洞口县人大常委会办公室副主任职务

李光裕洞口县人大常委会选举任免

联络工作委员会副主任职务
尹俊生洞口县人大常委会教科文卫工作委员会副主任职务

经1997年3月4日第27次会议通过，
任命：尹显光为洞口县人大常委会农业工作委员会副主任
免去：黎贵南洞口县人大常委会农业工作委员会主任职务
杨相林洞口县人大常委会财政经济工作委员会主任职务

经1997年8月27日第30次会议通过，
免去：瞿光奇洞口县人大常委会教科文卫工作委员会副主任职务

经1997年11月11日第32次会议通过，
任命：袁安宝为洞口县人大常委会办公室主任
黄思和为洞口县人大常委会办公室副主任
黄生伟为洞口县人大常委会内务司法工作委员会主任
杨大高为洞口县人大常委会内务司法工作委员会副主任
肖调武为洞口县人大常委会选举任免联络工作委员会主任
刘兴茂为洞口县人大常委会选举任免联络工作委员会副主任
唐行甲为洞口县人大常委会财政经济城乡建设工作委员会主任
曾令国为洞口县人大常委会财政经济城乡建设工作委员会副主任
龙际权为洞口县人大常委会教育科学文化卫生工作委员会主任
刘大贵为洞口县人大常委会教育科学文化卫生工作委员会副主任
尹显光为洞口县人大常委会农业民族华侨外事工作委员会主任
刘继仁为洞口县人大常委会农业民族华侨外事工作委员会副主任
免去：姜照明洞口县人大常委会办公室主任职务
林爱萍洞口县人大常委会办公室副主任职务
陈雪姣洞口县人大常委会教科文卫工作委员会主任职务
刘中桂洞口县人大常委会教科文卫工作委员会副主任职务

洞口县第十三届人民代表大会常务委员会

经1999年12月27日第13次会议通过，
任命：胡志群为洞口县人大常委会办公室副主任

经2000年10月18日第19次会议通过，
免去：黄生伟洞口县人大常委会内务司法工作委员会主任职务

经2001年4月25日第23次会议通过，
任命：杨大高为洞口县人大常委会内务司法工作委员会主任

经2001年6月27日第24次会议通过，

免去：唐行甲洞口县人大常委会财政经济城乡建设工作，委员会主任职务

龙际权洞口县人大常委会教育科学文化卫生工作委员会主任职务

任命：尹显治为洞口县人大常委会财政经济城乡建设工作委员会主任

林爱萍为洞口县人大常委会教育科学文化卫生工作委员会主任

贺兴吾为洞口县人大常委会内务司法工作委员会副主任

经2002年1月25日第28次会议通过，

任命：申群和为洞口县人大常委会办公室主任

免去：袁安宝洞口县人大常委会办公室主任职务

曾令国洞口县人大常委会财政经济城乡建设工作委员会副主任职务

刘继仁洞口县人大常委会农业民族华侨外事工作委员会副主任职务

经2002年3月8日第29次会议通过，

任命：贺兴吾为洞口县人大常委会财政经济城乡建设工作委员会副主任

免去：贺兴吾洞口县人大常委会内务司法工作委员会副主任职务

黄思和洞口县人大常委会办公室副主任职务

经2002年8月28日第32次会议通过，

免去：刘大贵洞口县人大常委会教育科学文化卫生工作委员会副主任职务

经2002年10月25日第34次会议通过，

任命：刘兴茂为洞口县人大常委会选举任免联络工作委员会主任

李柏林为洞口县人大常委会内务司法工作委员会副主任

曾广炎为洞口县人大常委会教育科学文化卫生工作委员会副主任

雷小晶为洞口县人大常委会农业工作委员会副主任

王少君为洞口县人大常委会选举任免联络工作委员会副主任

唐煜为洞口县人大常委会办公室副主任

免去：肖调武洞口县人大常委会选举任免联络工作委员会主任职务

洞口县第十四届人民代表大会常务委员会

经2004年4月20日第11次会议通过，

任命：雷小晶为洞口县人大常委会办公室副主任

许明主为洞口县人大常委会教育科学文化卫生工作委员会副主任

曾广炎为洞口县人大常委会农业民族华侨外事工作委员会副主任

免去：雷小晶洞口县人大常委会农业民族华侨外事工作委员会副主任职务

曾广炎洞口县人大常委会教育科学文化卫生工作委员会副主任职务

胡志群洞口县人大常委会办公室副主任职务

经2005年8月24日第22次会议通过，

任命：胡求华为洞口县人大常委会农业民族华侨外事工作委会副主任

肖维生为洞口县人大常委会教育科学文化卫生工作委员会副主任

免去：曾广炎洞口县人大常委会农业民族华侨外事工作委员会副主任职务

经2006年2月28日第25次会议通过，

任命：肖晓明为洞口县人大常委会内务司法工作委员会主任

免去：杨大高洞口县人大常委会内务司法工作委员会主任职务

唐煜洞口县人大常委会办公室副主任职务

经2006年8月28日第27次会议通过，

任命：尹邦来为洞口县人大常委会办公室副主任

经2007年7月10日第33次会议通过，

免去：王少君洞口县人大常委会选举任免联络工作委员会副主任职务

胡求华洞口县人大常委会农业民族华侨外事工作委员会副主任职务

经2007年10月8日第35次会议通过，

任命：杨恢君为洞口县人大常委会选举任免联络工作委员会副主任

经2007年10月31日第37次会议通过，

任命：欧阳征寨为洞口县人大常委会农业工作委员会主任

尹华君为洞口县人大常委会农业工作委员会副主任

肖蓉为洞口县人大常委会办公室副主任

免去：尹显光洞口县人大常委会农业工作委员会主任职务

洞口县第十五届人民代表大会常务委员会

经2009年2月10日第9次会议通过，

任命：欧阳征寨为洞口县人大常委会城乡建设环境资源保护工作委员会主任

谢苏为洞口县人大常委会农业民族华侨外事工作委员会主任

雷小晶为洞口县人大常委会选举任免联络工作委员会主任

刘继东为洞口县人大常委会办公室副主任

免去：欧阳征寨洞口县人大常委会农业民族华侨外事工作委员会主任职务

刘兴茂洞口县人大常委会选举任免联络工作委员会主任职务

雷小晶洞口县人大常委会办公室副主任职务

经2009年6月17日第12次会议通过，

任命：肖子明为洞口县人大常委会城乡建设环境资源保护工作委员会副主任

经2009年8月27日第13次会议通过，

免去：尹邦来洞口县人大常委会办公室副主任职务

经2009年12月28日第15次会议通过，

任命：王少君为洞口县人大常委会办公室副主任（排第一）

经2010年4月14日第17次会议通过，

任命：谢　苏为洞口县人大常委会办公室主任

王少君为洞口县人大常委会农业民族华侨外事工作委员会主任

免去：申群和洞口县人大常委会办公室主任职务

尹显治洞口县人大常委会财政经济工作委员会主任职务

王少君洞口县人大常委会办公室副主任职务

谢苏洞口县人大常委会农业民族华侨外事工作委员会主任职务

经2010年6月24日第18次会议通过，

任命：尹健生为洞口县人大常委会财政经济工作委员会主任

经2011年4月28日第24次会议通过，

免去：刘继东洞口县人大常委会办公室副主任职务

经2011年9月9日第28次会议通过，

任命：胡平、周晓华为洞口县人大常委会办公室副主任

徐银莲为洞口县人大常委会教育科学文化卫生工作委员副主任

免去：肖蓉洞口县人大常委会办公室副主任职务

经2012年10月30日第35次会议通过，

任命：王友火为洞口县人大常委会办公室主任

伍玉潮为洞口县人大常委会城乡建设环境资源保护工作委员会主任

刘东兵为洞口县人大常委会教育科学文化卫生工作委员会主任

周国清为洞口县人大常委会农业民族华侨外事工作委员会主任

贺兴吾为洞口县人大常委会信访办公室主任

尹玮玮为洞口县人大常委会内务司法工作委员会规范性文件备案审查室主任

免去：谢苏洞口县人大常委会办公室主任职务

欧阳征寨洞口县人大常委会城乡建设环境资源保护工作委员会主任职务

林爱萍洞口县人大常委会教育科学文化卫生工作委员会主任职务

王少君洞口县人大常委会农业民族华侨外事工作委员会主任职务

贺兴吾洞口县人大常委会财政经济工作委员会副主任职务

洞口县第十六届人民代表大会常务委员会

经2016年6月28日第26次会议通过，

任命：苏开怀为洞口县人大常委会城乡建设环境资源保护工作委员会主任

免去：胡平洞口县人大常委会办公室副主任职务
伍玉潮洞口县人大常委会城乡建设环境资源保护工作委员会主任职务。

二、任免县人民政府和所属部门负责人名单

洞口县第八届人民代表大会常务委员会

经1981年3月13日第5次会议通过，

任命：许梓元为洞口县人民政府办公室主任
雷家端为洞口县计划委员会主任
唐光璋为洞口县经济委员会主任
蒋仁华为洞口县财贸办公室主任
刘穆坤为洞口县公安局局长
孙仲楚为洞口县司法局局长
刘家鼎为洞口县民政局局长
袁耀斌为洞口县水利水电局局长
曾德余为洞口县农业局局长
唐学柏为洞口县林业局局长
刘参军为洞口县农业机械局局长
郭连生为洞口县财政局局长
谢裕煌为洞口县粮食局局长
肖龙臣为洞口县供销合作社主任
王明元为洞口县物资局局长
向省身为洞口县教育局局长
王振武为洞口县卫生局局长
谢后成为洞口县广播事业局局长

经1981年5月26日第6次会议通过，

任命：许樺元为洞口县人事局局长
薛忠鑑为洞口县档案局局长
刘国华为洞口县工商行政管理局局长
王有惠为洞口县对外贸易局局长
姜国富为洞口县邮电管理局局长
谢瑞池为洞口县工业局局长
谢光耀为洞口县交通局局长
匡贵求为洞口县轻工业局局长
傅湘熙为中国农业银行洞口县支行行长
张贤为洞口县商业局局长
郭名煊为洞口县社队企业局局长
林汉阳为洞口县广播事业局局长

免去：谢后成洞口县广播事业局局长职务

经1981年11月26日至28日第8次会议通过，

任命：雷家端为洞口县人民政府副县长
尹文安为洞口县人民政府副县长
肖坤熊为洞口县人民政府副县长
肖龙臣为洞口县财贸办公室主任
谢瑞庭为洞口县农村办公室主任
杨明富为洞口县经济委员会主任
沈云梯为洞口县供销合作社主任
邓镇中为洞口县教育局局长
邓克恭为洞口县社队企业管理局局长

免去：雷家端洞口县计划委员会主任职务
肖龙臣洞口县供销合作社主任职务
向省身洞口县教育局局长职务

经1982年2月10日第10次会议通过，

任命：莫然德为洞口县科学技术委员会主任
肖信常为洞口县计划委员会主任
欧阳昌文为洞口县文化局局长

经1982年4月12日第11次会议通过，
任命：刘华安为洞口县工业局局长
肖平凡为洞口县劳动局局长
免去：谢瑞池洞口县工业局局长职务

经1982年6月12日第13次会议通过，
任命：周振寰为洞口县人民政府副县长

经1982年8月27日15次会议通过，
免去：郭连生洞口县财政局局长职务
张贤洞口县商业局局长职务

经1983年1月20日第19次会议通过
任命：朱嵩高为洞口县商业局局长
杨守豪为洞口县水利水电局局长

洞口县第九届人民代表大会常务委员会

经1984年4月24日第1次会议通过，
任命：许梓元为洞口县人民政府办公室主任
谢瑞庭为洞口县农业委员会主任
杨明富为洞口县经济委员会主任
肖龙臣为洞口县财贸委员会主任
莫然德为洞口县科学技术委员会主任
肖信常为洞口县计划委员会主任
唐前睦为洞口县教育局局长
王振武为洞口县卫生局局长
欧阳昌文为洞口县文化局局长
林汉阳为洞口县广播电视管理局局长
张宏义为洞口县计划生育委员会主任
曾广松为洞口县体育运动委员会主任
谭炎庭为洞口县公安局局长
刘家鼎为洞口县民政局局长
孙仲楚为洞口县司法局局长
肖平凡为洞口县劳动人事局局长
肖延秀为洞口县物价局局长
谢光耀为洞口县交通局局长
谢瑞池为洞口县建设环境保护局局长
匡贵求为洞口县轻工业局局长
尹寿生为洞口县农业局局长
贺家烈为洞口县林业局局长
杨守豪为洞口县水利水电局局长
邓克恭为洞口县乡镇企业管理局局长
王有惠为洞口县商业局局长
尹龙成为洞口县粮食局局长
谭正南为洞口县财政局局长
许樺元为洞口县审计局局长
林睦龙为洞口县工商行政管理局局长
以上单位原任局长、主任一律免去，不再办理免职手续

经1984年9月14日第3次会议通过，
任命：刘大燕为洞口县统计局局长
邓星智为洞口县卫生局局长
肖硕仁为洞口县文化局局长
免去：王振武洞口县卫生局局长职务
欧阳昌文洞口县文化局局长职务

经1985年1月18日第5次会议通过，
任命：吴聚怀为洞口县人民政府副县长
欧阳清晏为洞口县科学技术委员会主任
免去：莫然德洞口县科学技术委员会主任职务

经1985年10月5日第9次会议通过，

免去：唐前睦教育局局长职务

经1985年12月16日第10次会议通过，
任命：张振东为洞口县农业委员会主任
邓裕田为洞口县经济委员会主任
黄先华为洞口县建设委员会主任
梁恩龙为洞口县财贸委员会主任
黄贤成为洞口县计划委员会主任
谢先羽为洞口县农业机械局局长
王周光为洞口县农业局局长
刘奇平为洞口县水利水电局局长
朱嵩高为洞口县对外贸易局局长
严弟保为洞口县工商行政管理局局长
张华志为洞口县轻工业局局长
肖洪孝为洞口县司法局局长
免去：许梓元洞口县人民政府办公室主任职务
谢瑞庭洞口县农业委员会主任职务
肖信常洞口县计划委员会主任职务
肖龙臣洞口县财贸委员会主任职务
杨明富洞口县经济委员会主任职务
林睦龙洞口县工商行政管理局局长职务
匡贵求洞口县轻工业局局长职务
尹寿生洞口县农业局局长职务
杨守豪洞口县水利水电局局长职务
孙仲楚洞口县司法局局长职务
刘参军洞口县农业机械局局长职务
王明元洞口县物资局局长职务

经1985年12月25日第11次会议通过，
任命：段以美为洞口县人民政府副县长
欧阳清晏为洞口县人民政府副县长兼洞口县教育委员会主任，免去其洞口县科学技术委员会主任职务

经1986年2月26日第12次会议通过，
任命：袁连成为洞口县人民政府办公室主任
许毓民为洞口县物价局局长
免去：肖延秀洞口县物价局局长职务

经1987年1月12日第17次会议通过，
免去：肖硕仁洞口县文化局局长职务

经1987年2月22日第18次会议通过，
免去：朱嵩高洞口县外贸局局长职务

洞口县第十届人民代表大会常务委员会

经1987年5月23日第2次会议通过，
任命：袁连成为洞口县人民政府办公室主任
张振东为洞口县农业委员会主任
黄贤成为洞口县计划委员会主任
邓裕田为洞口县经济委员会主任
梁恩龙为洞口县财贸委员会主任
黄先华为洞口县建设委员会主任
刘家鼎为洞口县民政局局长
邓克恭为洞口县国土管理局局长
王周光为洞口县农业局局长
刘奇平为洞口县水利水电局局长
胡南古为洞口县税务局局长
肖　伦为洞口县档案局局长
熊家完为洞口县食品工业办公室主任
贺家烈为洞口县林业局局长
谢先羽为洞口县农机局局长

肖常颖为洞口县多种经营办公室主任
肖平凡为洞口县劳动人事局局长
刘大燕为洞口县统计局局长
许毓民为洞口县物价局局长
谢光耀为洞口县交通局局长
张华志为洞口县轻工业局局长
尹龙成为洞口县粮食局局长
谭正南为洞口县财政局局长
王有惠为洞口县商业局局长
严弟保为洞口县工商行政管理局局长
许樺元为洞口县审计局局长
曾广松为洞口县体育运动委员会主任
张宏义为洞口县计划生育委员会主任
邓星智为洞口县卫生局局长
林汉阳为洞口县广播电视局局长
谭炎庭为洞口县公安局局长
肖洪孝为洞口县司法局局长
林亲文为洞口县环境保护局局长

经1987年7月16日第3次会议通过，
任命：唐前睦为洞口县教育委员会主任
尹俊生为洞口县文化局局长

经1988年1月27日第7次会议通过，
任命：邓爱民为洞口县国土管理局局长
袁安荣为洞口县物资局局长
黄少德为洞口县计划生育委员会主任
曾祥忠为洞口县乡镇企业局局长
孙孝友为洞口县监察局局长
免去：张宏义洞口县计划生育委员会主任职务
邓克恭洞口县国土管理局局长职务

经1988年5月28日第9次会议通过，
任命：梁开迪为洞口县档案局局长
免去：肖　伦洞口县档案局局长职务

经1988年7月15日第10次会议通过，
任命：曾祥忠为洞口县乡镇企业委员会主任
免去：曾祥忠洞口县乡镇企业局局长职务

经1988年11月17日第12次会议通过，
任命：梁恩龙为洞口县人民政府副县长
孙建楚为洞口县财贸委员会主任
免去：胡济泉洞口县人民政府副县长职务
梁恩龙洞口县财贸委员会主任职务

经1989年元月14日第13次会议通过，
任命：肖平凡为洞口县劳动局局长
刘兴亮为洞口县人事局局长
唐　珂为洞口县广播电视局局长
曾德集为洞口县统计局局长
刘大燕为洞口县多种经营办公室主任
免去：肖平凡洞口县劳动人事局局长职务
刘大燕洞口县统计局局长职务
林汉阳洞口县广播电视局局长职务
肖常颖洞口县多种经营办公室主任职务

经1989年3月24日第14次会议通过，
任命：肖育斌为洞口县科学技术委员会主任
欧阳希为洞口县对外经济贸易局局长

经1989年9月30日第18次会议通过，
任命：林大鸣为洞口县人民政府副县长

经1989年11月17日第20次会议通过，

任命：谢光银为洞口县档案局局长

戴昌录为洞口县民族事务委员会主任

彭绍来为洞口县卫生局局长

邓星智为洞口县计划生育委员会主任

段世立为洞口县广播电视局局长

王道芦为洞口县司法局局长

杨升为洞口县民政局局长

周述居为洞口县乡镇企业委员会主任

曾祥忠为洞口县农业委员会主任

唐松茂为洞口县水利水电局局长

刘奇平为洞口县农机局局长

杨长风为洞口县林业局局长

张又姣为洞口县劳动局局长

尹显然为洞口县轻纺工业局局长

欧阳叙录为洞口县工商行政管理局局长

杨相林为洞口县建设委员会主任

谢正阶为洞口县统计局局长

许毓民为洞口县国土管理局局长

尹华积为洞口县物价局局长

陈泽文为洞口县农业局局长

免去：梁开迪洞口县档案局局长职务

邓星智洞口县卫生局局长职务

黄少德洞口县计划生育委员会主任职务

唐珂洞口县广播电视局局长职务

肖洪孝洞口县司法局局长职务

刘家鼎洞口县民政局局长职务

曾祥忠洞口县乡镇企业委员会主任职务

张振东洞口县农业委员会主任职务

刘奇平洞口县水利水电局局长职务

谢先羽洞口县农机局局长职务

贺家烈洞口县林业局局长职务

肖平凡洞口县劳动局局长职务

张华志洞口县轻纺工业局局长职务

严弟保洞口县工商行政管理局局长职务

黄先华洞口县建设委员会主任职务

曾德集洞口县统计局局长职务

邓爱民洞口县国土管理局局长职务

许毓民洞口县物价局局长职务

王周光洞口县农业局局长职务

洞口县第十一届人民代表大会常务委员会

经1990年3月23日第1次会议通过，

任命：袁连成为洞口县人民政府办公室主任

邓裕田为洞口县经济委员会主任

孙建楚为洞口县财贸委员会主任

曾祥忠为洞口县农业委员会主任

杨相林为洞口县建设委员会主任

黄贤成为洞口县计划委员会主任

唐前睦为洞口县教育委员会主任

周述居为洞口县乡镇企业委员会主任

肖育斌为洞口县科学技术委员会主任

曾广松为洞口县体育运动委员会主任

邓星智为洞口县计划生育委员会主任

杨升为洞口县民政局局长

孙孝友为洞口县监察局局长

许毓民为洞口县国土管理局局长

谭炎庭为洞口县公安局局长

王道芦为洞口县司法局局长

刘兴亮为洞口县人事局局长

张又姣为洞口县劳动局局长

谢正阶为洞口县统计局局长

尹华积为洞口县物价局局长

谢光跃为洞口县交通局局长
杨长风为洞口县林业局局长
陈泽文为洞口县农业局局长
唐松茂为洞口县水利水电局局长
谭正南为洞口县财政局局长
许樺元为洞口县审计局局长
胡南古为洞口县税务局局长
王有惠为洞口县商业局局长
欧阳叙录为洞口县工商行政管理局局长
尹龙成为洞口县粮食局局长
彭绍来为洞口县卫生局局长
尹俊生为洞口县文化局局长
段世立为洞口县广播电视局局长

经1991年1月21日第6次会议通过，
任命：尹华积为洞口县粮食局局长
免去：尹龙成洞口县粮食局局长职务
尹华积洞口县物价局局长职务

经1991年9月20日第10次会议通过，
任命：王道信为洞口县科学技术委员会主任
唐积才为洞口县计划生育委员会主任
陈正明为洞口县物价局局长
免去：肖育斌洞口县科学技术委员会主任职务
邓星智洞口县计划生育委员会主任职务

经1991年11月30日第11次会议通过，
任命：邓隆禹为洞口县人民政府副县长，决定为代理县长

经1992年4月15日第13次会议通过，
任命：林盛辉为洞口县税务局局长
免去：胡南古洞口县税务局局长职务

经1992年5月24日第14次会议通过，
任命：黄元桂为洞口县建设委员会主任
曾令钧为洞口县交通局局长
谢扬凡为洞口县工商行政管理局局长
尹龙成为洞口县商业局局长
范积元为洞口县财政局局长
尹小东为洞口县审计局局长
陈正湘为洞口县监察局局长
许正武为洞口县司法局局长
免去：杨相林洞口县建设委员会主任职务
谢光耀洞口县交通局局长职务
欧阳叙录洞口县工商行政管理局局长职务
王有惠洞口县商业局局长职务
谭正南洞口县财政局局长职务
许樺元洞口县审计局局长职务
孙孝友洞口县监察局局长职务
王道芦洞口县司法局局长职务

经1992年8月15日第16次会议通过，
任命：欧迪增为洞口县人民政府副县长

经1992年9月18日第17次会议通过，
任命：王征跃为洞口县经济委员会主任
免去：邓裕田洞口县经济委员会主任职务
杨升洞口县民政局局长职务

经1992年12月24日第18次会议通过，
任命：欧阳叙录为洞口县公安局局长

免去：黄长勇洞口县人民政府副县长职务
谭炎庭洞口县公安局局长职务

洞口县第十二届人民代表大会常务委员会

经1993年2月22日至23日第1次会议通过，

任命：袁连成为洞口县人民政府办公室主任
张治胜为洞口县民政局局长
陈正湘为洞口县监察局局长
许毓民为洞口县国土管理局局长
刘兴亮为洞口县人事局局长
曾祥忠为洞口县农业委员会主任
陈泽文为洞口县农业局局长
袁光能为洞口县林业局局长
胡求俭为洞口县水利水电局局长
黄贤成为洞口县计划委员会主任
谢正阶为洞口县统计局局长
陈正明为洞口县物价局局长
张又姣为洞口县劳动局局长
王征跃为洞口县科学技术委员会主任
胡祥林为洞口县经济委员会主任
曾令钧为洞口县交通局局长
孙建楚为洞口县财贸委员会主任
范积元为洞口县财政局局长
林盛辉为洞口县税务局局长
谢扬凡为洞口县工商行政管理局局长
尹小东为洞口县审计局局长
尹华积为洞口县粮食局局长
肖和友为洞口县建设委员会主任
唐前睦为洞口县教育委员会主任
周述居为洞口县乡镇企业委员会主任
唐积才为洞口县计划生育委员会主任
曾广松为洞口县体育运动委员会主任
彭绍来为洞口县卫生局局长
唐　珂为洞口县广播电视局局长
欧阳叙录为洞口县公安局局长
许正武为洞口县司法局局长
尹龙成为洞口县商业局局长

免去：杨长风洞口县林业局局长职务
王征跃洞口县经济委员会主任职务
唐松茂洞口县水利水电局局长职务
王道信洞口县科学技术委员会主任职务
黄元桂洞口县建设委员会主任职务
尹俊生洞口县文化局局长职务
段世立洞口县广播电视局局长职务

经1993年12月27日第6次会议通过，

免去：段以美洞口县人民政府副县长职务

经1994年4月22日第8次会议通过，

任命：黄民治为洞口县文化局局长

经1994年6月28日第9次会议通过，

任命：罗美光为洞口县计划生育委员会主任

经1994年11月16日第11次会议通过，

任命：王征跃为洞口县科学技术局局长
罗美光为洞口县计划生育局局长
陈正明为洞口县计划物价局局长
刘兴坤为洞口县教育局局长
谢先桂为洞口县人事局局长
肖常颖为洞口县建设局局长
尹光荣为洞口县财政局局长
米小碧为洞口县交通局局长

免去：黄贤成洞口县计划委员会主任职务
肖和友洞口县建设委员会主任职务
唐前睦洞口县教育委员会主任职务
刘兴亮洞口县人事局局长职务
范积元洞口县财政局局长职务
曾令钧洞口县交通局局长职务
陈正明洞口县物价局局长职务

经1994年12月27日第12次会议通过，
任命：肖育斌为洞口县人民政府副县长

经1995年3月2日第13次会议通过，
任命：吴明达为洞口县人民政府副县长

经1995年6月30日第15次会议通过，
任命：许安生为洞口县建设局局长
杨爱国为洞口县卫生局局长
廖文中为洞口县监察局局长
免去：肖常颖洞口县建设局局长职务
彭绍来洞口县卫生局局长职务
陈正湘洞口县监察局局长职务

经1995年9月1日第17次会议通过，
任命：郑纪湖为洞口县人民政府副县长

经1995年12月29日第19次会议通过，
任命：蒋绍情为洞口县人民政府副县长
曾晓桃为洞口县人民政府副县长
免去：欧迪增洞口县人民政府副县长职务

经1996年1月31日第20次会议通过，
任命：王建华为洞口县人民政府副县长

经1996年3月19日第21次会议通过，
任命：李厚璋为洞口县公安局局长
免去：欧阳叙录洞口县公安局局长职务
（与任职洞口县司法局局长的欧阳叙录不是同一人）

经1997年3月4日第27次会议通过，
任命：欧阳远新为洞口县计划生育委员会主任
欧阳典成为洞口县劳动局局长
姜桂香为洞口县文化局局长
免去：梁恩龙洞口县人民政府副县长职务
吴明达洞口县人民政府副县长职务
罗美光洞口县计划生育委员会主任职务
张又姣洞口县劳动局局长职务
黄明治洞口县文化局局长职务

经1997年4月30日第28次会议通过，
任命：刘建平为洞口县人民政府副县长

经1997年7月4日第29次会议通过，
任命：周吉平为洞口县人民政府副县长，决定为代理县长

经1997年8月27日第30次会议通过，
任命：周后泉为洞口县监察局局长
免去：廖文中洞口县监察局局长职务

经1997年11月11日第32次会议通过，
任命：罗美光为洞口县人民政府办公室主任
尹小东为洞口县计划物价局局长
谢扬凡为洞口县审计局局长

杨相升为洞口县农业局局长

免去：尹小东洞口县审计局局长职务

袁连成洞口县人民政府办公室主任职务

陈正明洞口县计划物价局局长职务

陈泽文洞口县农业局局长职务

洞口县第十三届人民代表大会常务委员会

经1998年2月25日第1次会议通过，

任命：罗美光为洞口县人民政府办公室主任

胡祥林为洞口县经济委员会主任

许安生为洞口县建设委员会主任

尹小东为洞口县计划物价局局长

傅文保为洞口县科学技术局局长

刘兴坤为洞口县教育局局长

李厚璋为洞口县公安局局长

欧阳远新为洞口县计划生育委员会主任

尹光荣为洞口县财政局局长

张治胜为洞口县民政局局长

谢先桂为洞口县人事局局长

欧阳典成为洞口县劳动局局长

米小碧为洞口县交通局局长

杨相升为洞口县农业局局长

袁光能为洞口县林业局局长

胡求俭为洞口县水利水电局局长

姜桂香为洞口县文化局局长

杨爱国为洞口县卫生局局长

周后泉为洞口县监察局局长

谢扬凡为洞口县审计局局长

免去：王征跃洞口县科学技术局局长职务

许正武洞口县司法局局长职务

经1998年10月19日第5次会议通过，

任命：欧阳叙录为洞口县司法局局长

经1999年4月23日第8次会议通过，

任命：谭仁石为洞口县公安局局长

免去：刘建平洞口县人民政府副县长职务

李厚璋洞口县公安局局长职务

经2000年4月27日第15次会议通过，

任命：游标为洞口县人民政府副县长

经2000年7月20日第17次会议通过，

任命：赵清云为洞口县人民政府副县长、代理县长

李桂楚为洞口县人民政府副县长

经2000年10月18日第19次会议通过，

任命：刘志荣为洞口县财政局局长

尹柏青为洞口县林业局局长

免去：尹光荣洞口县财政局局长职务

袁光能洞口县林业局局长职务

经2000年12月29日第20次会议通过，

任命：肖照祥为洞口县经济委员会主任

免去：胡祥林洞口县经济委员会主任职务

经2001年2月16日第21次会议通过，

任命：周卫臣为洞口县人民政府副县长

沈志定为洞口县人民政府副县长

经2001年4月25日第23次会议通过，

免去：罗美光洞口县人民政府办公室主任

职务

谢先桂洞口县人事局局长职务

任命：谢先桂为洞口县人民政府办公室主任

杨芳德为洞口县人事局局长

经2001年6月27日第24次会议通过，

免去：张治胜洞口县民政局局长职务

胡求俭洞口县水利水电局局长职务

任命：唐发光为洞口县民政局局长

罗筱安为洞口县水利水电局局长

经2001年12月26日第27次会议通过，

免去：周卫臣洞口县人民政府副县长职务

经2002年1月25日第28次会议通过，

任命：肖时钊为洞口县司法局局长

廖军为洞口县审计局局长

谢苏为洞口县文化体育局局长

周英豪为洞口县卫生局局长

肖照祥为洞口县经济发展局局长

尹小东为洞口县发展计划局局长

葛邦伟为洞口县计划生育局局长

欧阳典成为洞口县劳动和社会保障局局长

李迪喜为洞口县环境保护局局长

李炳清为洞口县国土资源局局长

许安生为洞口县建设局局长

罗筱安为洞口县水利水电局局长

免去：欧阳叙录洞口县司法局局长职务

谢扬凡洞口县审计局局长职务

杨爱国洞口县卫生局局长职务

经2002年4月29日第30次会议通过，

任命：廖碧波为洞口县人民政府副县长

免去：曾祥忠、游标的洞口县人民政府副县长职务

经2002年6月27日第31次会议通过，

任命：肖国强为洞口县人民政府副县长

经2002年9月30日第33次会议通过，

任命：欧阳远新为洞口县监察局局长

朱桂梅为洞口县科技局局长

免去：周后泉洞口县监察局局长职务

傅文保洞口县科学技术局局长职务

洞口县第十四届人民代表大会常务委员会

经2003年1月23日第1次会议通过，

任命：尹小东为洞口县人民政府办公室主任

谢雄为洞口县发展计划局局长

肖照祥为洞口县经济发展局局长

尹柏青为洞口县教育局局长

朱桂梅为洞口县科学技术局局长

欧阳远新为洞口县监察局局长

唐发光为洞口县民政局局长

曾雁华为洞口县公安局局长

肖时钊为洞口县司法局局长

刘志荣为洞口县财政局局长

肖洪甲为洞口县人事局局长

欧阳典成为洞口县劳动和社会保障局局长

李炳清为洞口县国土资源局局长

薛孝平为洞口县建设局局长

米小碧为洞口县交通局局长
向建清为洞口县农业局局长
罗筱安为洞口县水利局局长
胡俊敏为洞口县林业局局长
李迪喜为洞口县环境保护局局长
周英豪为洞口县卫生局局长
葛邦伟为洞口县计划生育局局长
谢苏为洞口县文体局局长
廖军为洞口县审计局局长

经2003年10月29日第7次会议通过，
任命：唐宏华为洞口县人民政府副县长

经2004年2月18日第10次会议通过，
任命：陈晖为洞口县人民政府副县长

经2004年4月20日第11次会议通过，
任命：何维良为洞口县人民政府副县长

经2004年7月8日第12次会议通过，
任命：张学华为洞口县司法局局长
免去：肖时钊洞口县司法局局长职务

经2004年10月18日第15次会议通过，
任命：甘建华为洞口县财政局局长
免去：刘志荣洞口县财政局局长职务

经2005年8月24日第22次会议通过，
任命：谢雄为洞口县发展和改革物价局局长
肖照祥为洞口县工业经济局局长
葛邦伟为洞口县人口和计划生育局局长
肖志华为洞口县安全生产监督管理局局长
杨平泉为洞口县统计局局长

经2006年7月4日第26次会议通过，
任命：陈建平为洞口县人民政府副县长

经2006年12月26日第29次会议通过，
免去：罗美光洞口县人民政府副县长职务

经2007年3月6日第31次会议通过，
任命：许志华为洞口县人民政府办公室主任
免去：尹小东洞口县人民政府办公室主任职务

经2007年10月31日第37次会议通过，
任命：袁中勇为洞口县工业经济局局长
免去：肖照祥洞口县工业经济局局长职务

洞口县第十五届人民代表大会常务委员会

经2008年2月28日第2次会议通过，
任命：许志华为洞口县人民政府办公室主任
谢雄为洞口县发展和改革（物价）局局长
袁中勇为洞口县工业经济局局长
谢瑞生为洞口县科学技术局局长
曾雁华为洞口县公安局局长
左银莲为洞口县监察局局长
唐发光为洞口县民政局局长
张学华为洞口县司法局局长
甘建华为洞口县财政局局长
王周龙为洞口县人事局局长

葛邦伟为洞口县劳动和社会保障局局长
傅昭良为洞口县建设局局长
向建清为洞口县交通局局长
罗筱安为洞口县水利局局长
曾纪尧为洞口县农业局局长
胡俊敏为洞口县林业局局长
谢苏为洞口县文化体育局局长
周英豪为洞口县卫生局局长
胡扬平为洞口县人口与计划生育局局长
廖军为洞口县审计局局长
李迪喜为洞口县环境保护局局长
杨平泉为洞口县统计局局长
肖志华为洞口县安全生产监督管理局局长

经2008年4月18日第3次会议通过，
任命：龚昕为洞口县人民政府副县长
尹柏青为洞口县教育局局长
彭明君为洞口县国土资源局局长

经2008年4月25日第4次会议通过，
任命：肖拥军为洞口县人民政府副县长，决定为代理县长

经2008年8月29日第6次会议通过，
任命：黄柏栋为洞口县公安局局长
免去：曾雁华洞口县公安局局长职务

经2008年12月25日第8次会议通过，
任命：罗美光为洞口县人民政府副县长
免去：陈建平洞口县人民政府副县长职务

经2009年2月10日第9次会议通过，
任命：林铁石为洞口县监察局局长
刘兴茂为洞口县文化体育局局长
免去：左银莲洞口县监察局局长职务
谢苏洞口县文化体育局局长职务

经2009年2月26日第10次会议通过，
任命：吴中华为洞口县人民政府副县长

经2009年6月17日第12次会议通过，
任命：薛孝平为洞口县人民政府副县长
免去：杨芳德洞口县人民政府副县长职务
任命：胡海林为洞口县城市管理行政执法局局长

经2009年8月27日第13次会议通过，
任命：俞　峰为洞口县人民政府副县长
唐发光为洞口县审计局局长
向　敏为洞口县民政局局长
曾昭奇为洞口县环境资源保护局局长
王昌武为洞口县商务局局长
免去：周英豪洞口县卫生局局长职务
廖　军洞口县审计局局长职务
李迪喜洞口县环境保护局局长职务
唐发光洞口县民政局局长职务

经2009年10月30日第14次会议通过，
任命：曾纪水为洞口县卫生局局长

经2009年12月28日第15次会议通过，
任命：唐孝刚为洞口县水利局局长
曾广增为洞口县教育局局长

免去：罗筱安洞口县水利局局长职务
尹柏青洞口县教育局局长职务

经2010年4月14日第17次会议通过，
任命：刘谋军为洞口县林业局局长
免去：胡俊敏洞口县林业局局长职务

经2011年4月28日第24次会议通过，
任命：李 晖为洞口县人民政府副县长
肖小林为洞口县人民政府办公室主任
尹跃龙为洞口县发展和改革局局长
杨国荣为洞口县统计局局长
免去：许志华洞口县人民政府办公室主任职务
谢雄洞口县发展和改革局局长职务
杨平泉洞口县统计局局长职务

经2011年8月31日第27次会议通过，
任命：孙立志为洞口县人民政府副县长
杨芳德为洞口县人民政府副县长
傅军山为洞口县人民政府副县长
免去：罗美光、傅丽华、俞峰洞口县人民政府副县长职务

经2011年10月31日第29次会议通过，
任命：葛邦伟为洞口县林业局局长
向建清为洞口县人力资源和社会保障局局长
王周龙为洞口县交通局局长
免去：葛邦伟洞口县劳动和社会保障局局长职务
向建清洞口县交通局局长职务
王周龙洞口县人事局局长职务

经2011年12月27日第30次会议通过，
任命：刘定湘为洞口县公安局局长
免去：黄柏栋洞口县公安局局长职务

经2012年6月28日第33次会议通过，
任命：贺 钧为洞口县人民政府副县长

经2012年8月31日第34次会议通过，
任命：严楚纲为洞口县文化广电新闻出版局局长

洞口县第十六届人民代表大会常务委员会

经2013年4月16日第3次会议通过，
任命：周乐彬为洞口县人民政府副县长，代理县长
丁剑为洞口县人民政府副县长
吕辉红为洞口县人民政府副县长
王澍为洞口县人民政府副县长

经2013年12月25日第7次会议通过，
任命：肖小林为洞口县人民政府办公室主任
尹跃龙为洞口县发展和改革局局长
丁有良为洞口县经济和信息化局局长
曾广增为洞口县教育局局长
谢瑞生为洞口县科学技术局局长
刘定湘为洞口县公安局局长
唐智龙为洞口县监察局局长
向敏为洞口县民政局局长
蒋建德为洞口县司法局局长

肖　磊为洞口县财政局局长
廖　军为洞口县人力资源和社会保障局局长
彭明君为洞口县国土资源局局长
傅昭良为洞口县住房和城乡建设局局长
王周龙为洞口县交通局局长
刘长益为洞口县水利局局长
尹显光为洞口县农业局局长
葛邦伟为洞口县林业局局长
严楚纲为洞口县文化广电新闻出版局局长
曾纪水为洞口县卫生局局长
胡扬平为洞口县人口与计划生育局局长
王明庆为洞口县审计局局长
曾昭奇为洞口县环境资源保护局局长
杨国荣为洞口县统计局局长
曾志贤为洞口县安全生产监督管理局局长
刘光奇为洞口县食品药品监督管理局局长
胡海林为洞口县城市管理行政执法局局长
王昌武为洞口县商务局局长

经2014年12月30日第13次会议通过，
任命：刘文龙为洞口县人民政府副县长
曾泽群为洞口县人民政府副县长
免去：杨芳德、周彦洞口县人民政府副县长职务

经2015年4月27日第17次会议通过，
任命：刘自强为洞口县人民政府副县长
潘家海为洞口县人民政府副县长
免去：丁剑、吕辉红、王澍洞口县人民政府副县长职务

经2016年1月18日第23次会议通过，
任命：胡扬平为洞口县卫生与计划生育局局长

经2016年3月2日第24次会议通过，
任命：戴伟建为洞口县国土资源局局长
曾　刚为洞口县市场质量监督管理局局长

经2016年6月28日第26次会议通过
任命：文立斌为县人民政府办公室主任
肖小林为卫生和计划生育局局长

三、任免县人民法院和所属部门负责人及工作人员名单

洞口县第八届人民代表大会常务委员会

经1980年5月21日第1次会议通过，
任命：黄沐成、黄德清为洞口县人民法院副院长
邓光雄、黄沐成、黄德清、尹显宏、黄荣富、李明琼、谢桂山为洞口县人民法院审判委员会委员
尹显宏为洞口县人民法院民事审判庭庭长、审判员
肖松元为洞口县人民法院民事审判

庭副庭长、审判员

黄荣富为洞口县人民法院刑事审判庭庭长、审判员

尹大玉为洞口县人民法院刑事审判庭副庭长、审判员

谢桂山为洞口县人民法院办公室副主任、审判员

肖和璋、肖玉春、李明琼、李俊武、杨胜云、谭立轩、尹文雄、陈锡云为洞口县人民法院审判员

肖怡清为洞口县人民法院助理审判员

经1980年9月26日至28日第3次会议通过，

任命：王瑞申、谢扬松、董芳桃、刘孙庚为洞口县人民法院助理审判员

经1981年5月26日第6次会议通过，

任命：谢桂山为洞口县人民法院办公室主任

肖松元为洞口县人民法院经济审判庭庭长

杨旺济、肖怡清为洞口县人民法院审判员

经1981年11月26日第8次会议通过，

任命：杨胜云为洞口县人民法院民事审判庭副庭长

尹华正、向传玉、黄振高、王道治、谢扬松为洞口县人民法院审判员

经1982年2月10日第10次会议通过，

任命：黄德清为洞口县人民法院代理院长

经1982年4月12日第11次会议通过，

免去：肖怡清洞口县人民法院审判员职务

经1982年6月5日第12次会议通过，

任命：邓光明为洞口县人民法院副院长、审判委员会委员

经1982年9月28日16次会议通过，

任命：杨胜云为洞口县人民法院副院长、审判委员会委员

向传玉为洞口县人民法院山门法庭庭长

黄振高为洞口县人民法院城关法庭庭长

肖尊德为洞口县人民法院洞口法庭庭长、审判员

唐金石为洞口县人民法院江口法庭庭长、审判员

杨旺济为洞口县人民法院刑事审判庭副庭长

尹华正为洞口县人民法院民事审判庭副庭长

彭规来为洞口县人民法院经济审判庭副庭长、审判员

邓定程、董芳桃为洞口县人民法院审判员

免去：尹文雄洞口县人民法院审判员职务

经1982年12月19日第17次会议通过，

任命：王道治为洞口县人民法院竹市法庭庭长

李俊武为洞口县人民法院黄桥法庭庭长

曾明辉为洞口县人民法院审判员

免去：谢桂山洞口县人民法院审判委员会

委员、审判员职务
肖和璋洞口县人民法院审判员职务

经1983年1月20日第19次会议通过，
任命：许盛强为洞口县人民法院民事审判庭庭长、审判委员会委员、审判员

经1983年8月29日第22次会议通过，
任命：肖宪强为洞口县人民法院江口林业法庭副庭长、审判员
刘逊庚、王治民、郭珍钊、向本偶为洞口县人民法院审判员

洞口县第九届人民代表大会常务委员会

经1984年4月23日第1次会议通过，
任命：邓光明、杨胜云为洞口县人民法院副院长

经1984年7月7日第2次会议通过，
任命：王道芦、邓光明、杨胜云、黄沐成、黄荣富、李明琼、许盛强为洞口县人民法院审判委员会委员
黄荣富为洞口县人民法院刑事审判庭第一庭庭长、审判员
杨旺济为洞口县人民法院刑事审判庭第二庭副庭长、审判员
许盛强为洞口县人民法院民事审判庭庭长
尹华正为洞口县人民法院民事审判庭副庭长
彭规来为洞口县人民法院经济审判庭副庭长
肖宪强为洞口县人民法院林业审判庭副庭长
王道治为洞口县人民法院竹市法庭庭长、审判员
肖尊德为洞口县人民法院洞口法庭庭长、审判员
李俊武为洞口县人民法院黄桥法庭庭长、审判员
黄振高为洞口县人民法院城关法庭庭长、审判员
唐金石为洞口县人民法院江口法庭庭长、审判员
向传玉为洞口县人民法院山门法庭庭长、审判员
郭珍钊为洞口县人民法院桥头法庭副庭长、审判员
肖正春、谢扬松、董芳桃、刘孙庚、王治民、曾明辉、谭立轩、邓定程、曾德银、王定华、谢光荣、向书龙、胡扬斌、唐贤耿、李明琼、王瑞申为洞口县人民法院审判员

经1984年11月12日第4次会议通过，
任命：谭立轩为洞口县人民法院刑事审判庭第一庭副庭长

经1985年1月17日第5次会议通过，
任命：谢扬松为洞口县人民法院刑事审判庭第一庭副庭长
王瑞申为洞口县人民法院桥头法庭副庭长
向书龙为洞口县人民法院石江法庭

副庭长
杨自鸣为洞口县人民法院山门法庭审判员
向本偶为洞口县人民法院桥头法庭审判员
尹华正为洞口县人民法院经济审判庭副庭长
曾明辉为洞口县人民法院民事审判庭副庭长
郭珍钊为洞口县人民法院高沙法庭副庭长
免去：尹华正洞口县人民法院民事审判庭副庭长职务
郭珍钊洞口县人民法院桥头法庭副庭长职务
彭规来洞口县人民法院经济审判庭副庭长职务

经1985年5月26日第7次会议通过，
任命：杨恢亮为洞口县人民法院审判员
免去：向本偶洞口县人民法院审判员职务

经1985年12月14日第10次会议通过，
任命：伍玉龙为洞口县人民法院代理院长
王道芦为洞口县人民法院副院长

经1986年2月28日第12次会议通过，
任命：尹华正为洞口县人民法院经济审判庭庭长
曾明辉为洞口县人民法院民事审判庭庭长
杨旺济为洞口县人民法院刑事审判庭第二庭庭长
肖宪强为洞口县人民法院林业审判庭庭长
郭珍钊为洞口县人民法院高沙法庭庭长
王瑞申为洞口县人民法院桥头法庭庭长
胡扬斌为洞口县人民法院民事审判庭副庭长
彭规来为洞口县人民法院经济审判庭副庭长
肖万生、周岳林、李少球为洞口县人民法院审判员
免去：许盛强洞口县人民法院民事审判庭庭长职务

洞口县第十届人民代表大会常务委员会

经1987年5月22日第2次会议通过，
任命：谢杨松为洞口县人民法院刑事审判庭第一庭庭长
许盛强为洞口县人民法院行政审判庭庭长
唐贤耿为洞口县人民法院民事审判庭庭长
王治民为洞口县人民法院刑事审判庭第一庭副庭长
向书龙为洞口县人民法院石江法庭庭长
胡扬斌为洞口县人民法院执行庭副庭长
谢扬松、曾明辉、尹华正、杨旺济为洞口县人民法院审判委员会委员
免去：胡扬斌洞口县人民法院民事审判庭副庭长职务
彭规来洞口县人民法院经济审判庭副庭长职务

黄荣富洞口县人民法院刑事审判庭第一庭庭长职务
黄沐成、黄荣富、李明琼的洞口县人民法院审判委员会委员职务

经1988年3月28日第8次会议通过，
任命：申维静、刘美涛、贺永坚、旷志芳、肖汉军为洞口县人民法院审判员

经1988年5月28日第9次会议通过，
任命：胡扬斌为洞口县人民法院执行庭庭长

经1988年7月15日第10次会议通过，
任命：段太辉为洞口县人民法院审判员

经1988年11月17日第12次会议通过，
任命：唐贤耿为洞口县人民法院竹市法庭副庭长
免去：唐贤耿洞口县人民法院民事审判庭副庭长职务

经1989年3月26日第14次会议通过，
任命：段太辉为洞口县人民法院行政审判庭庭长
贺永坚为洞口县人民法院洞口法庭副庭长
周岳林为洞口县人民法院民事审判庭副庭长
尹大贵、朱延龄为洞口县人民法院审判员
王治民为洞口县人民法院林业审判庭庭长
免去：王治民洞口县人民法院刑事审判庭第一庭副庭长职务
肖尊德洞口县人民法院洞口法庭庭长职务
许盛强洞口县人民法院行政审判庭庭长、审判委员会委员、审判员职务

经1989年7月17日第17次会议通过，
任命：邓定程为洞口县人民法院告诉、申诉审判庭庭长

经1989年9月30日第18次会议通过，
任命：唐金石为洞口县人民法院洞口法庭庭长
肖宪强为洞口县人民法院江口法庭庭长
免去：唐金石洞口县人民法院江口法庭庭长职务
肖宪强洞口县人民法院林业审判庭庭长职务

经1989年11月16日第20次会议通过，
任命：曾令柏为洞口县人民法院副院长、审判委员会委员、审判员
黄民胜为洞口县人民法院副院长、审判委员会委员、审判员
免去：王道芦洞口县人民法院副院长、审判委员会委员、审判员职务
邓光明洞口县人民法院副院长、审判委员会委员、审判员职务

经1990年2月7日第22次会议通过，
任命：周岳林为洞口县人民法院黄桥法庭

庭长

尹大贵为洞口县人民法院黄桥法庭副庭长

肖汉军为洞口县人民法院桥头法庭副庭长

李光清为洞口县人民法院经济审判庭副庭长、审判员

肖万生为洞口县人民法院民事审判庭副庭长

杨中元为洞口县人民法院刑事审判庭第一庭副庭长、审判员

欧阳范潜、王东毅、赵旭华为洞口县人民法院审判员

免去：周岳林洞口县人民法院民事审判庭副庭长职务

李俊武洞口县人民法院黄桥法庭庭长职务

洞口县第十一届人民代表大会常务委员会

经1990年3月23日第1次会议通过，

任命：尹华正为洞口县人民法院副院长

免去：王瑞申洞口县人民法院桥头法庭庭长职务

经1990年5月26日第2次会议通过，

任命：段太辉为洞口县人民法院审判委员会委员

王东毅为洞口县人民法院执行庭副庭长

经1990年7月18日第3次会议通过，

任命：王瑞申为洞口县人民法院经济审判庭庭长、审判委员会委员

经1990年9月26日第4次会议通过，

任命：邓联强为洞口县人民法院桥头法庭副庭长

经1991年1月21日第6次会议通过，

任命：杨胜云为洞口县人民法院副院长、审判委员会委员、审判员

免去：曾令柏洞口县人民法院副院长、审判委员会委员、审判员职务

曾明辉洞口县人民法院民事审判庭庭长、审判委员会委员、审判员职务

经1991年5月17日第8次会议通过，

任命：唐贤耿为洞口县人民法院民事审判庭庭长、审判委员会委员

经1992年5月25日第14次会议通过，

任命：杨大康为洞口县人民法院第一副院长、审判委员会委员

王道芦为洞口县人民法院副院长、审判委员会委员

贺永坚为洞口县人民法院行政审判庭庭长

肖汉军为洞口县人民法院洞口法庭副庭长

王东毅为洞口县人民法院告诉申诉审判庭副庭长

杨自鸣为洞口县人民法院山门法庭副庭长

杨鲜明、邓集纯为洞口县人民法院审

判员

免去：黄明胜洞口县人民法院副院长、审判委员会委员职务

贺永坚洞口县人民法院洞口法庭副庭长职务

肖汉军洞口县人民法院桥头法庭副庭长职务

王东毅洞口县人民法院执行庭副庭长职务

段太辉洞口县人民法院行政审判庭庭长、审判委员会委职务

周岳林洞口县人民法院黄桥法庭庭长职务

赵旭华洞口县人民法院审判员职务

经1992年7月11日第15次会议通过，

免去：李光清洞口县人民法院经济审判庭副庭长、审判员职务

洞口县第十二届人民代表大会常务委员会

经1993年2月22日至23日第1次会议通过，

任命：曾德银为洞口县人民法院行政审判庭庭长、审判委员会委员

邓联强为洞口县人民法院黄桥法庭庭长

肖万生为洞口县人民法院山门法庭庭长

周后立为洞口县人民法院桥头法庭副庭长、审判员

肖汉军为洞口县人民法院刑事审判庭第一庭副庭长

唐礼仁为洞口县人民法院经济审判庭副庭长、审判员

尹大贵为洞口县人民法院高沙法庭副庭长

朱延龄为洞口县人民法院林业审判庭副庭长

谢扬松为洞口县人民法院副院长

杨中元为洞口县人民法院审判委员会委员、刑事审判庭第一庭副庭长

杨云、周瑛、曾海林、胡扬龙、匡宗云为洞口县人民法院审判员

免去：肖汉军洞口县人民法院洞口法庭副庭长职务

邓联强洞口县人民法院桥头法庭副庭长职务

肖万生洞口县人民法院民事审判庭副庭长职务

尹大贵洞口县人民法院黄桥法庭副庭长职务

谢扬松洞口县人民法院刑事审判庭第一庭庭长职务

贺永坚洞口县人民法院行政审判庭庭长职务

邓定程洞口县人民法院告诉申诉审判庭庭长职务

尹华正洞口县人民法院副院长、审判委员会委员、审判职务

经1993年4月24日第2次会议通过，

任命：李俊武为洞口县人民法院告诉申诉审判庭庭长

旷志芳为洞口县人民法院民事审判庭副庭长

李少球为洞口县人民法院执行庭副庭长
邓集纯为洞口县人民法院经济审判庭副庭长
周瑛为洞口县人民法院竹市法庭副庭长
曾海林为洞口县人民法院石江法庭副庭长
曾广义、王新红为洞口县人民法院审判员

经1993年6月30日第3次会议通过，

任命：兰柳林、贺远林为洞口县人民法院审判员

免去：肖汉军洞口县人民法院刑事审判庭第一庭副庭长、审判员职务

经1993年12月29日第6次会议通过，

任命：唐贤朝、许名富、尹显刚、刘武为洞口县人民法院审判员

经1994年2月22日第7次会议通过，

任命：周后立为洞口县人民法院桥头法庭庭长
曾海林为洞口县人民法院高沙法庭庭长
郭珍钊为洞口县人民法院告诉申诉审判庭庭长
胡扬龙为洞口县人民法院洞口法庭庭长
孙立群、周武、陈绥平、欧阳丽、刘孙容、黄兰艳为洞口县人民法院审判员

免去：曾海林洞口县人民法院石江法庭副庭长职务
郭珍钊洞口县人民法院高沙法庭庭长职务
尹大贵洞口县人民法院高沙法庭副庭长职务
李俊武洞口县人民法院告诉申诉审判庭庭长职务

经1994年12月27日第12次会议通过，

任命：尹显刚为洞口县人民法院石江法庭副庭长
曾广义为洞口县人民法院高沙法庭副庭长
周武为洞口县人民法院经济审判庭副庭长
唐礼仁为洞口县人民法院行政审判庭副庭长
杨爱国、李柏林、彭芳爱为洞口县人民法院审判员

免去：唐礼仁洞口县人民法院经济审判庭副庭长职务
胡扬斌洞口县人民法院执行庭庭长职务
朱延龄洞口县人民法院林业审判庭副庭长、审判员职务
陈绥平洞口县人民法院审判员职务

经1995年6月30日第15次会议通过，

任命：贺永坚为洞口县人民法院审判委员会委员
唐贤朝为洞口县人民法院刑事审判庭第一庭副庭长
段夏生为洞口县人民法院审判员、林业审判庭副庭长

兰柳林为洞口县人民法院林业审判庭副庭长
许又奇、汤国玲为洞口县人民法院审判员
免去：周瑛洞口县人民法院竹市法庭副庭长、审判员职务

经1995年8月25日第16次会议通过，
任命：王道治为洞口县人民法院执行庭庭长
唐礼仁为洞口县人民法院竹市法庭庭长
免去：王道治洞口县人民法院竹市法庭庭长职务
唐礼仁洞口县人民法院行政审判庭副庭长职务

经1995年10月27日第18次会议通过，
免去：李少球洞口县人民法院执行庭副庭长职务

经1996年元月31日第20次会议通过，
任命：王道治为洞口县人民法院审判委员会委员
王瑞申为洞口县人民法院告诉申诉审判庭庭长
贺永坚为洞口县人民法院经济审判庭庭长
王东毅为洞口县人民法院执行庭副庭长
匡宗云为洞口县人民法院行政审判庭副庭长
杨鲜明为洞口县人民法院竹市法庭副庭长
杨爱国为洞口县人民法院桥头法庭副庭长
袁迪平、肖荷生为洞口县人民法院审判员
免去：王瑞申洞口县人民法院经济审判庭庭长职务
王东毅洞口县人民法院告诉申诉审判庭副庭长职务
郭珍钊洞口县人民法院告诉申诉审判庭庭长职务

经1996年3月19日第21次会议通过，
任命：邓祥红为洞口县人民法院副院长、审判委员会委员、审判员，决定为代理院长
李光清为洞口县人民法院副院长、审判委员会委员、审判员

经1996年4月26日第22次会议通过，
免去：李柏林洞口县人民法院审判员职务

经1997年3月4日第27次会议通过，
任命：谭江辽、谢丽华、杨培生、袁晓文、卿笃炉、张帮和、刘兴健、熊 广、谢五平、曾晓勋为洞口县人民法院审判员

经1997年7月4日第29次会议通过，
任命：李俊武为洞口县人民法院立案庭庭长
王瑞申为洞口县人民法院审判监督庭庭长
旷志芳为洞口县人民法院城关法庭庭长
熊广为洞口县人民法院民事审判庭

副庭长
孙立群为洞口县人民法院经济审判庭副庭长
杨云为洞口县人民法院执行庭副庭长
刘兴健为洞口县人民法院江口法庭副庭长
曾晓勋为洞口县人民法院黄桥法庭副庭长
免去：杨旺济洞口县人民法院刑事审判庭第二庭庭长、审判委员会委员职务
黄振高洞口县人民法院城关法庭庭长职务
王瑞申洞口县人民法院告诉申诉审判庭庭长职务
旷志芳洞口县人民法院民事审判庭副庭长职务

洞口县第十三届人民代表大会常务委员会

经1998年2月25日第1次会议通过，
任命：贺永坚为洞口县人民法院副院长
免去：李光清洞口县人民法院副院长、审判委员会委员、审判员职务

经1998年4月29日第2次会议通过，
任命：唐贤朝为洞口县人民法院刑事审判庭庭长
杨中元为洞口县人民法院经济审判庭庭长
唐贤耿为洞口县人民法院行政审判庭庭长
曾德银为洞口县人民法院民事审判庭庭长
邓联强为洞口县人民法院高沙法庭庭长
曾广义为洞口县人民法院黄桥法庭庭长
尹显刚为洞口县人民法院高沙法庭副庭长
曾海林为洞口县人民法院石江法庭庭长
杨鲜明为洞口县人民法院山门法庭庭长
张积华为洞口县人民法院审判员
免去：杨中元洞口县人民法院刑事审判庭庭长职务
唐贤耿洞口县人民法院民事审判庭庭长职务
曾德银洞口县人民法院行政审判庭庭长职务
邓联强洞口县人民法院黄桥法庭庭长职务
曾广义洞口县人民法院高沙法庭副庭长职务
尹显刚洞口县人民法院石江法庭副庭长职务
曾海林洞口县人民法院高沙法庭庭长职务
杨鲜明洞口县人民法院竹市法庭副庭长职务
贺永坚洞口县人民法院经济审判庭庭长职务
肖万生洞口县人民法院山门法庭庭长职务
向书龙洞口县人民法院石江法庭庭长职务

经1998年10月19日第5次会议通过，

任命：谢建华、杨恢喜、李同改为洞口县人民法院审判员

经1999年3月10日第7次会议通过，

任命：段太辉、唐贤朝为洞口县人民法院审判委员会委员
肖荷生为洞口县人民法院高沙法庭副庭长
刘孙容为洞口县人民法院审判监督庭副庭长
汤国玲为洞口县人民法院刑事审判庭副庭长
邓集纯为洞口县人民法院审判监督庭副庭长
胡扬龙为洞口县人民法院刑事审判庭副庭长
杨爱国为洞口县人民法院执行庭副庭长
王东毅为洞口县人民法院民事审判庭副庭长
曾晓柏为洞口县人民法院审判员

免去：邓集纯洞口县人民法院经济审判庭副庭长职务
胡扬龙洞口县人民法院洞口法庭副庭长职务
杨爱国洞口县人民法院桥头法庭副庭长职务
王东毅洞口县人民法院执行庭副庭长职务
许明富洞口县人民法院审判员职务

经2000年4月27日第15次会议通过，

任命：唐贤耿为洞口县人民法院审判监督庭庭长
唐礼仁为洞口县人民法院行政审判庭庭长
周后立为洞口县人民法院立案庭庭长
孙立群为洞口县人民法院桥头法庭庭长
曾晓勋为洞口县人民法院江口法庭庭长
刘兴健为洞口县人民法院经济审判庭副庭长
杨恢喜为洞口县人民法院桥头法庭副庭长
卿笃炉为洞口县人民法院竹市法庭副庭长

免去：唐贤耿洞口县人民法院行政审判庭庭长职务
唐礼仁洞口县人民法院竹市法庭庭长职务
周后立洞口县人民法院桥头法庭庭长职务
孙立群洞口县人民法院经济审判庭副庭长职务
曾晓勋洞口县人民法院黄桥法庭副庭长职务
刘兴健洞口县人民法院江口法庭副庭长职务
李俊武洞口县人民法院立案庭庭长职务
肖宪强洞口县人民法院江口法庭庭长职务

经2000年10月18日第19次会议通过，

任命：申群高为洞口县人民法院副院长、审判委员会委员、审判员
段太辉为洞口县人民法院副院长

王兴然为洞口县人民法院副院长、审判委员会委员、审判员
王周烨、曾立忠、杨中德、黄五玲、袁桂容为洞口县人民法院审判员
免去：杨胜云的洞口县人民法院副院长、审判委员会委员职务
谢扬松洞口县人民法院副院长、审判委员会委员、审判员职务

经2001年9月4日第25次会议通过，
任命：欧阳范潜、唐礼仁为洞口县人民法院审判委员会委员
旷志芳为洞口县人民法院执行庭庭长、审判委员会委员
曾海林为洞口县人民法院行政庭副庭长
匡宗云为洞口县人民法院石江法庭庭长
曾晓柏为洞口县人民法院石江法庭副庭长
伍雨峰为洞口县人民法院审判员、民事审判庭副庭长
免去：旷志芳洞口县人民法院城关法庭庭长职务
曾海林洞口县人民法院石江法庭庭长职务
匡宗云洞口县人民法院行政审判庭副庭长职务

经2002年6月27日第31次会议通过，
任命：刘孙容为洞口县人民法院审判监督庭庭长
尹显刚为洞口县人民法院黄桥法庭庭长
曾广义为洞口县人民法院高沙法庭庭长
卿笃炉为洞口县人民法院立案庭副庭长
杨恢喜为洞口县人民法院民事审判庭第一庭副庭长
李同改为洞口县人民法院山门法庭副庭长
杨中德为洞口县人民法院黄桥法庭副庭长
免去：邓联强洞口县人民法院高沙法庭庭长职务
尹显刚洞口县人民法院高沙法庭副庭长职务
曾广义洞口县人民法院黄桥法庭庭长职务
唐贤耿洞口县人民法院审判监督庭庭长、审判委员会委员职务

洞口县第十四届人民代表大会常务委员会

经2003年7月1日第5次会议通过，
任命：周瑛为洞口县人民法院副院长
孙立群为洞口县人民法院经济审判庭庭长
免去：申群高洞口县人民法院副院长、审判委员会委员、审判员职务
杨中元洞口县人民法院经济审判庭庭长职务

经2003年10月29日第7次会议通过，
任命：段夏生为洞口县人民法院林业审判庭庭长

经2004年4月20日第11次会议通过，

任命：唐礼仁为洞口县人民法院立案庭庭长
周后立为洞口县人民法院行政审判庭庭长
卿笃炉为洞口县人民法院民事审判庭副庭长
免去：唐礼仁洞口县人民法院行政审判庭庭长职务
周后立洞口县人民法院立案庭庭长职务
卿笃炉洞口县人民法院立案庭副庭长职务

经2004年10月18日第15次会议通过，
任命：曾德银为洞口县人民法院民事审判庭第一庭庭长
王东毅为洞口县人民法院民事审判庭第一庭副庭长
杨恢喜为洞口县人民法院民事审判庭第一庭副庭长
卿笃炉为洞口县人民法院民事审判庭第一庭副庭长
孙立群为洞口县人民法院民事审判庭第二庭庭长
刘兴健为洞口县人民法院民事审判庭第二庭副庭长

经2005年5月24日第20次会议通过，
任命：曾海林为洞口县人民法院行政审判庭庭长
杨恢喜为洞口县人民法院民事审判庭第一庭庭长

经2005年8月24日第22次会议通过，
任命：谢建华为洞口县人民法院刑事审判庭庭长
免去：唐贤朝洞口县人民法院刑事审判庭庭长职务

经2006年7月5日第26次会议通过，
任命：刘兴健为洞口县人民法院山门法庭庭长
杨爱国为洞口县人民法院石江法庭庭长
匡宗云为洞口县人民法院立案庭庭长
谢玉平、王东毅为洞口县人民法院立案庭副庭长
林章勇为洞口县人民法院审判员、山门法庭副庭长
免去：杨鲜明洞口县人民法院山门法庭庭长职务
匡宗云洞口县人民法院石江法庭庭长职务
唐礼仁洞口县人民法院立案庭庭长职务
刘兴健洞口县人民法院民事审判庭第二庭副庭长职务
王东毅洞口县人民法院民事审判庭第一庭副庭长职务
胡扬龙洞口县人民法院刑事审判庭副庭长职务

经2006年12月26日第29次会议通过，
免去：杨胜云、黄振高、郭珍钊、向传玉、向书龙、王定华、李俊武、杨自鸣人民法院的洞口县审判员职务

经2007年10月31日第37次会议通过，

任命：蔡明清为洞口县人民法院副院长、审判委员会委员、审判员，决定为代理院长

洞口县第十五届人民代表大会常务委员会

经2008年8月29日第6次会议通过，

任命：刘生光为洞口县人民法院副院长、审判委员会委员、审判员

杨恢喜、谢建华为洞口县人民法院审判委员会委员

免去：段太辉洞口县人民法院副院长、审判委员会委员职务

欧阳范潜、杨中元洞口县法院审判委员会委员职务

经2008年12月25日第8次会议通过，

任命：匡宗云为洞口县人民法院行政审判庭庭长

曾海林为洞口县人民法院民事审判庭第一庭庭长

汤国玲为洞口县人民法院立案庭庭长

袁桂容为洞口县人民法院民事审判庭第一庭副庭长

张积华为洞口县人民法院林业审判庭副庭长

曾小柏为洞口县人民法院民事审判庭第二庭副庭长

李同改为洞口县人民法院民事审判庭第二庭副庭长

兰柳林为洞口县人民法院刑事审判庭副庭长

谢志君为洞口县人民法院审判员

免去：匡宗云洞口县人民法院立案庭庭长职务

曾海林洞口县人民法院行政审判庭庭长职务

汤国玲洞口县人民法院刑事审判庭副庭长职务

曾小柏洞口县人民法院石江法庭副庭长职务

李同改洞口县人民法院山门法庭副庭长职务

兰柳林洞口县人民法院林业审判庭副庭长职务

王东毅洞口县人民法院立案庭副庭长职务

孙立群洞口县人民法院民事审判庭第二庭庭长职务

杨恢喜洞口县人民法院民事审判庭第一庭庭长职务

尹大贵、刘美涛、肖宪强洞口县人民法院审判员职务

经2009年2月26日第10次会议通过，

任命：周瑛为洞口县人民法院审判员、审判委员会委员

经2009年6月17日第12次会议通过，

任命：曾小柏为洞口县人民法院高沙法庭庭长

谢丽华为洞口县人民法院石江法庭庭长

林章勇为洞口县人民法院山门法庭庭长

免去：曾广义洞口县人民法院高沙法庭庭

长职务

杨爱国洞口县人民法院石江法庭庭长职务

刘兴健洞口县人民法院山门法庭庭长职务

曾小柏洞口县人民法院民事审判庭第二庭副庭长职务

经2009年10月30日第14次会议通过，

任命：黄五玲为洞口县人民法院民事审判庭第二庭副庭长

谢玉平为洞口县人民法院民事审判庭第一庭副庭长

周盖雄、李少杰为洞口县人民法院审判员

免去：李同改洞口县人民法院民事审判庭第二庭副庭长职务

谢玉平洞口县人民法院立案庭副庭长职务

谢志君、王周烨洞口县人民法院审判员职务

经2009年12月28日第15次会议通过，

任命：杨爱国为洞口县人民法院民事审判庭第二庭庭长

杨中德为洞口县人民法院行政审判庭副庭长

肖剑培、陈平为洞口县人民法院审判员

免去：杨中德洞口县人民法院石江人民法庭副庭长职务

经2010年6月24日第18次会议通过，

任命：孙立群为洞口县人民法院审判委员会委员

贺远林为洞口县人民法院民事审判庭第二庭副庭长

经2011年4月28日第24次会议通过，

任命：肖剑培为洞口县人民法院山门法庭副庭长

陈平为洞口县人民法院石江法庭副庭长

经2012年10月30日第35次会议通过，

任命：汤国玲为洞口县人民法院立案庭庭长

谢健华为洞口县人民法院刑事审判庭庭长

曾海林为洞口县人民法院民事审判庭第一庭庭长

杨爱国为洞口县人民法院民事审判庭第二庭庭长

匡宗云为洞口县人民法院行政审判庭庭长

卿笃炉为洞口县人民法院审判监督庭庭长

黄五玲为洞口县人民法院高沙法庭庭长

兰柳林为洞口县人民法院石江法庭庭长

贺远林为洞口县人民法院山门法庭庭长

谢丽华为洞口县人民法院刑事审判庭副庭长

林章勇为洞口县人民法院民事审判庭第二庭副庭长

洞口县第十六届人民代表大会常务委员会

经2013年12月25日第7次会议通过，

任命：曾海林、刘兴健、刘孙容为洞口县人民法院审判委员会委员
肖治军为洞口县人民法院石江法庭副庭长、审判员
肖黛群、郑析军为洞口县人民法院审判员

免去：旷志芳洞口县人民法院审判委员会委员职务

经2014年6月28日第10次会议通过，

任命：曾毅、杨城、马水湘、姚远光为洞口县人民法院审判员
肖黛群为洞口县人民法院民事审判庭第二庭副庭长
郑析军为洞口县人民法院刑事审判庭副庭长
雷吉尔为洞口县人民法院山门法庭副庭长、审判员
文泽坤为洞口县人民法院高沙法庭副庭长、审判员
肖蓓蕾为洞口县人民法院高沙法庭副庭长、审判员

免去：肖荷生洞口县人民法院高沙法庭副庭长职务

经2015年4月27日第17次会议通过，

任命：王立保为洞口县人民法院审判员

经2016年8月22日第28次会议通过，

任命：袁晓文、匡宗云为洞口县人民法院审判委员会委员
姚远光洞口为县人民法院石江法庭副庭长
尹良为洞口县人民法院审判员、石江法庭副庭长
罗靖为洞口县人民法院审判员、高沙法庭副庭长
陈平为洞口县人民法院审判监察庭副庭长
马水湘为洞口县人民法院审判监督庭副庭长
杨城为洞口县人民法院民事审判第一庭副庭长
傅祥军为洞口县人民法院审判员

免去：肖治军洞口县人民法院石江法庭副庭长职务
陈平洞口县人民法院石江法庭副庭长职务
唐礼仁洞口县法院审判委员会委员审判员职务
旷志芳洞口县人民法院审判员职务
段夏生洞口县人民法院林业审判庭庭长、审判员职务

四、任免县人民检察院负责人和工作人员名单

洞口县第八届人民代表大会常务委员会

经1980年5月21日第一次会议通过，

任命：肖迎祥为洞口县人民检察院副检察长
李迪尧、肖迎祥、曾煌章、罗运正、黄民胜、申济跃、林亲平为洞口县人民检察院检察委员会委员

曾煌章、申济跃、林亲平、黄民胜、罗运正、蒋兴中为洞口县人民检察院检察员

经1981年5月26日第6次会议通过，

任命：肖尊华为洞口县人民检察院检察员

经1981年9月5日第7次会议通过，

任命：罗运正为洞口县人民检察院副检察长
欧阳英、周维海、彭文忠、曾广穆、尹辉钦、尹瑞光为洞口县人民检察院检察员

经1982年4月12日第11次会议通过，

任命：刘绍光、杨相艳、谢光泉、黄保腾、刘国海、左赋尧为洞口县人民检察院检察员

免去：彭文忠洞口县人民检察院检察员职务

经1982年6月12日第13次会议通过，

任命：雷启发为洞口县人民检察院副检察长、检察委员会委员

经1982年7月19日14次会议通过，

免去：左赋尧洞口县人民检察院检察员职务

经1982年12月19日第17次会议通过，

任命：文灿华、曾令毛为洞口县人民检察院检察员

免去：谢光泉洞口县人民检察院检察员职务

洞口县第九届人民代表大会常务委员会

经1984年4月23日第1次会议通过，

任命：罗运正为洞口县人民检察院副检察长
尹龙光为洞口县人民检察院副检察长、检察委员会委员

免去：雷启发的洞口县人民检察院副检察长、检察委员会委员职务

经1984年7月7日第2次会议通过，

任命：肖迎祥、罗运正、黄民胜、蒋兴中、肖尊华为洞口县人民检察院检察委员会委员
黄民胜、蒋兴中、肖尊华、曾广穆、黄保腾、尹辉钦、刘国海、曾令毛、尹瑞光、欧阳英、刘绍光、文灿华、杨相艳、周维海、唐章水、胡金轩、欧阳朝生、黄兴中、张青石、王三赞、许又田、廖武中、朱坤玉、尹红为洞口县人民检察院检察员

经1984年11月12日第4次会议通过，

任命：曾卓贤、许又湘为洞口县人民检察院检察员

经1985年3月23日第6次会议通过，

任命：刘生光、陈锡雄为洞口县人民检察院检察员

经1985年7月14日第8次会议通过，

任命：刘芳熙为洞口县人民检察院检察员

经1985年12月16日第10次会议通过，

任命：蒋兴中为洞口县人民检察院副检察长

免去：罗运正洞口县人民检察院副检察长职务

经1986年9月3日第15次会议通过，
任命：罗明生为洞口县人民检察院检察员

洞口县第十届人民代表大会常务委员会

经1987年5月22日第2次会议通过，
任命：向本偶为洞口县人民检察院检察员

经1988年元月27日第7次会议通过，
任命：王兴然为洞口县人民检察院检察员

经1988年5月28日第9次会议通过，
任命：唐章水为洞口县人民检察院副检察长、检察委员会委员
肖迎祥、尹龙光、蒋兴中、曾令毛、胡金轩、周维海、肖尊华、文灿华为洞口县人民检察院检察委员会委员
免去：黄民胜、罗运正洞口县人民检察院检察委员会委员职务

经1989年11月1日第19次会议通过，
免去：朱坤玉洞口县人民检察院检察员职务

经1989年11月16日第20次会议通过，
任命：刘兴义为洞口县人民检察院副检察长、检察委员会委员、检察员
袁廉贵为洞口县人民检察院副检察长、检察委员会委员、检察员
免去：尹龙光洞口县人民检察院副检察长、检察委员会委员、检察员职务
蒋兴中洞口县人民检察院副检察长、检察委员会委员、检察员职务
周维海洞口县人民检察院检察委员会委员、检察员职务

洞口县第十一届人民代表大会常务委员会

经1990年3月23日第1次会议通过，
任命：文灿华为洞口县人民检察院副检察长
张先绍、肖清亮、申中平、李河山为洞口县人民检察院检察员

经1990年11月22日第5次会议通过，
任命：肖尊忠、王树槐、尹取平、龙岩石、蒲本胜、曾国清、任荣华为洞口县人民检察院检察员

经1991年1月21日第6次会议通过，
任命：曾令毛为洞口县人民检察院副检察长
免去：刘兴义的洞口县人民检察院副检察长、检察委员会委员、检察员职务

经1991年5月17日第8次会议通过，
任命：尹瑞光为洞口县人民检察院检察委员会委员
刘品元为洞口县人民检察院检察员

经1992年7月11日第15次会议通过，
免去：肖尊华洞口县人民检察院检察委员会委员、检察员职务
刘生光洞口县人民检察院检察员职务

经1992年9月18日第17次会议通过，

任命：彭常平为洞口县人民检察院检察员

洞口县第十二届人民代表大会常务委员会

经1993年2月22日至23日第1次会议通过，

任命：黄保腾为洞口县人民检察院检察委员会委员

经1993年6月30日第3次会议通过，

任命：肖小勇、袁茂荣为洞口县人民检察院检察员

经1993年10月27日第5次会议通过，

任命：朱坤玉为洞口县人民检察院副检察长、检察委员会委员、检察员

经1994年4月22日第8次会议通过，

任命：刘生光、曾桃莲、曾广权、吴贤龙为洞口县人民检察院检察员

经1994年8月24日第10次会议通过，

任命：黄兴中、王兴然为洞口县人民检察院检察委员会委员

经1994年12月27日第12次会议通过，

免去：欧阳英、罗运正、曾国清洞口县人民检察院检察员职务

经1995年6月30日第15次会议通过，

任命：潘厚槐、肖光辉、李约琴、王小平为洞口县人民检察院检察员

免去：蒲本胜、彭常平洞口县人民检察院检察员职务

经1995年10月27日第18次会议通过，

免去：李河山洞口县人民检察院检察员职务

经1995年12月29日第19次会议通过，

任命：傅昭石、刘江涛为洞口县人民检察院检察员

经1996年3月19日第21次会议通过，

任命：李连喜为洞口县人民检察院副检察长、检察委员会委员、检察员，决定为代理检察长

曾纪尧为洞口县人民检察院副检察长、检察委员会委员、检察员

经1997年3月4日第27次会议通过，

任命：罗孝华、王明陵、杨玲为洞口县人民检察院检察员

免去：袁廉贵洞口县人民检察院副检察长、检察委员会委员职务

经1997年11月11日第32次会议通过，

免去：龙岩石、刘品元洞口县人民检察院检察员职务

洞口县第十三届人民代表大会常务委员会

经1998年2月25日第1次会议通过，

任命：胡再奇为洞口县人民检察院检察员、

检察委员会委员、副检察长

免去：朱坤玉洞口县人民检察院副检察长、检察委员会委员、检察员职务

文灿华洞口县人民检察院副检察长、检察委员会委员职务

经1998年4月29日第2次会议通过，

任命：刘生光、吴贤龙为洞口县人民检察院检察委员会委员

邓集福、丁维民、谢宏云、王生寨为洞口县人民检察院检察员

经1998年12月23日第6次会议通过，

免去：曾令毛洞口县人民检察院副检察长、检察委员会委员职务

经1999年3月10日第7次会议通过，

任命：彭云尧、龙会友为洞口县人民检察院检察员

经2000年10月18日第19次会议通过，

任命：廖勤俭为洞口县人民检察院副检察长、检察委员会委员、检察员，决定为代理检察长

黄生伟为洞口县人民检察院副检察长、检察委员会委员检察员

李光清为洞口县人民检察院副检察长、检察委员会委员、检察员

周玉国、周玉庆、肖颂国、王晟芳、罗一标、杨恢胜、谢嗣彪为洞口县人民检察院检察员

免去：王兴然洞口县人民检察院检察委员会委员、检察员职务

曾纪尧洞口县人民检察院副检察长、检察委员会委员、检察员职务

经2002年6月27日第31次会议通过，

任命：王小平、申中平、肖小勇为洞口县人民检察院检察委员会委员

免去：胡再奇洞口县人民检察院副检察长、检察委员会委员、检察员职务

胡金轩、黄保腾、尹瑞光洞口县人民检察院检察委员会委员职务

王树槐洞口县人民检察院检察员职务

洞口县第十四届人民代表大会常务委员会

经2003年7月1日第5次会议通过，

任命：王小平为洞口县人民检察院副检察长

邓集福为洞口县人民检察院检察委员会委员

李约琴为洞口县人民检察院检察委员会委员

龙　凌为洞口县人民检察院检察员

免去：黄兴中洞口县人民检察院检察委员会委员职务

经2004年12月28日第16次会议通过，

任命：王晟芳为洞口县人民检察院检察委员会委员

经2006年2月28日第25次会议通过，

任命：杨大高为洞口县人民检察院副检察长、检察委员会委员

肖颂国、谢宏云为洞口县人民检察院检察委员会委员

免去：李约琴洞口县人民检察院检察委员会委员、检察员职务

杨恢胜洞口县人民检察院检察员职务

经2007年2月6日第30次会议通过，

任命：宋志刚为洞口县人民检察院副检察长、检察委员会委员、检察员，决定为代理检察长

洞口县第十五届人民代表大会常务委员会

经2008年8月29日第6次会议通过，

任命：谢嗣彪为洞口县人民检察院检察委员会委员

刘红梅、黄志雄为洞口县人民检察院检察员

免去：刘生光洞口县人民检察院副检察长、检察委员会委员、检察员职务

肖小勇、王晟芳洞口县人民检察院检察委员会委员职务

经2009年2月26日第10次会议通过，

任命：周玉国为洞口县人民检察院检察委员会委员

王小松为洞口县人民检察院检察员

经2010年4月14日第17次会议通过，

任命：袁仁能为洞口县人民检察院检察员、检察委员会委员

经2011年10月31日第29次会议通过，

任命：肖光辉为洞口县人民检察院检察委员会委员

罗恢海、聂静为洞口县人民检察院检察员

洞口县第十六届人民代表大会常务委员会

经2013年12月25日第7次会议通过，

任命：肖 华、刘恒菊、胡峻为洞口县人民检察院检察员

经2014年8月28日第11次会议通过，

任命：邹军华为洞口县人民检察院副检察长、检察委员会委员、检察员

经2014年12月30日第13次会议通过，

任命：李斌、刘祚麒、周放为洞口县人民检察院检察员

经2015年8月25日第20次会议通过，

任命：吴青山为洞口县人民检察院副检察长、检察委员会委员、决定为代理检察长

经2016年1月8日第23次会议通过，

任命：刘总生、黎建琛、肖冬梅为洞口县人民检察院检察员

经2016年8月22日第28次会议通过，

免去：邹军华洞口县人民检察院检察员、检察委员会委员职务

第四节 任后监督

县人大常委会根据宪法和有关法律的规定，对由县人民代表大会选举和县人大常委会任命的“一府两院”工作人员实施法律监督和工作监督，督促其在任职期间模范遵守宪法、法律、法规，依法行政、廉洁自律、勤政为民，忠于职守、奋发有为，不负人民重托。

一、公开述职评议

县十四届人大常委会根据《湖南省县级以上人民代表大会常务委员会述职评议工作条例》和县人大常委会《人事任免办法》，加强任后监督，切实实施“跟踪”监督。2003年11月，由人大常委会领导带队，组织6个调查组，对县人民政府组成机构的主任、局长，县人民法院副院长、县人民检察院副检察长，作了任后“跟踪”调查，于12月9日至10日举行县人大常委会第8次会议，听取他们的述职报告，并进行了公开评议和民主测评，当场公布民主测评结果，其中得优秀票60%以上的有3人，得称职票60%以上的有25人，得不称职票50%以上的有2人。对不称职的2名局长，县人大常委会进行了诫勉谈话，限期改正；对其需要整改的问题，下次常委会会议再评议表决。

2004年4月21日至22日，县十四届人大常委会举行第11次会议，对县人民法院审判委员会委员、县人民检察院检察委员会委员共19人进行述职评议，评议结果均为称职；对上一次述职评议中2名不称职票超过50%的局长再次进行述职评议表决，1名为称职，1名为基本称职。

这两次述职评议、表决，在全县震动很大，影响颇深。县人大代表看了人大常委会的公报后，普遍认为这一做法反映了群众的意愿，树立了人大制度的权威性，提高了国家工作人员勤政廉政的自觉性。

2005年12月22日，县十四届人大常委会第24次会议对3名副县长进行会议述职评议；对县人民政府工作机构25名主任（局长）、县人民法院4名副院长、县人民检察院3名副检察长进行了书面述职评议。评议前，在县内新闻媒体公示述职人员名单，广泛征求社会各界的意见，并派出调查人员深入评议对象的工作单位和相关部门，听取群众反映，详细了解情况。评议会上，对评议对象既肯定成绩，指出不足，又明确提出了今后的努力方向。这次评议共提出整改意见30余条，并向有关部门交办。通过评议，充分发挥了人大监督机制的作用，既提高了被评人员廉洁自律、勤奋工作的法制理念和责任性，又增强了任后监督工作的实效。县十四届人大常委会任期内，共开展评议46人次，接受书面述职80人次。

二、法律知识考试

县人大常委会要求“一府两院”工作人员加强对宪法、法律、法规的学习，提高法律水平和执法能力。

2005年9月，县人大常委会对县人民政府组成机构的25名主任（局长），对县人民法院的50名审判员，对县人民检察院的38名检察员进行法律知识闭卷考试，督促其提高法律知识水平。

三、评选“人民满意公仆”

县人大常委会用“正能量”为导向的任后监督形式。根据《中华人民共和国地方组织法》的规定，在县人大常委会任命的干部当中，开展“坚持执政为民，当好人民公仆”的创先评优活动，组织评选“人民满意公仆”。

2006年2月28日，县十四届人大常委会第25次会议作出《关于授予“人民满意公仆”荣誉称号的决定》，在社会各界的积极参与下，对6名“人民满意公仆”进行了表彰。强化任后监督机能。

2011年12月27日，县十五届人大常委会第30次会议通过主任会议《关于评选“人民满意公仆”的议案》；2012年2月29日，县十五届人大常委会第31次会议通过《关于表彰“人民满意公仆”的决定》，深入开展创先评优活动。

四、健全监督机制

县人大常委会不断健全监督机制，实施切实有效的监督。

2009年4月28日县十五届人大常委会第11次会议通过第四次修正的《洞口县人民代表大会常务委员会人事任免办法》，其中第三十条明确规定：县人大常委会主任会议和县人大常委会组成人员三分之一以上联名，可以提出撤销由县人大常委会任命的国家机关工作人员职务的议案。第三十一条明确规定，县人大常委会受理人民群众对县人民代表大会选举产生和县人大常委会任命的国家机关工作人员的申诉和控告。人民群众的申诉和控告，涉及重要问题的，由主任会议提出意见，督促有关部门查处，或提交县人大常委会会议审议。并要求有关部门认真办理县人大常委会交办的申诉案件，向县人大常委会报告查处结果。为实施有效监督，在制度机制上提供了保障。

第四章 为代表服务

县人大常委会根据《中华人民共和国宪法》、《中华人民共和国地方组织法》、《中华人民共和国代表法》等有关法律规定，为充分发挥人大代表的主体地位作用，把认真做好代表工作，为代表履职服务当作重要职责之一，建立健全联系制度，提高代表素质，组织代表视察，督促办理人大代表的议案、建议、批评和意见，务实创新，夯实了全县人大工作的基础。

第一节 完善代表联系制度

1980年9月28日，县八届人大常委会第3次会议制订了《关于加强同县人大代表联系的几项规定》，规定以公社、镇、战线组成代表小组，代表小组每季度举行一次会议，收集人民群众的意见和要求，归纳整理向人大常委会反映。当年，县人大常委会组成人员参加代表小组活动，收集代表意见315条，联系代表247人，占代表总数的46%。此后在实践中不断探索、总结，通过普遍联系与重点联系、块块联系与业务对口联系、分系统联系与定点联系相结合的办法，并视调查研究的范围和问题与人大代表专门联系等形式，制定县人大常委会和各工作委员会专人负责的联系制度，使这一制度逐步完善。县人大常委会办公室从1987年起，采取编写《人大常委会工作纪要》的形式，连同《会议公报》一起寄发给人大代表。使人大代表及时了解人大常委会工作动态，以利于上下互动，步调一致，同心同德做好人大工作。这一做法得到了省、市人大常委会的充分肯定，并在全省、全市予以推广。

县人大常委会认真组织和充分发动人大代表开展各种有益活动。1994年，县十二届人大常委会以“人民选我当代表，我当代表为人民”为主题，发出《关于在人大代表中开展“万户万元户活动”的通知》。县人大常委会加强服务，一方面向代表们提供致富信息，帮助其选准致富渠道和学习科学技术；一方面帮助代表们解决在这一活动中遇到的困难和问题，使这一活动卓有成效。长塘瑶族乡林家村的县人大代表刘家如，当年养猪1140头，为国家提供税费14万余元。花古乡人大代表、叶家村农民唐前明，按照县人大常委会的《通知》精神，辛苦劳作15年，靠发展种植业、养殖业脱贫致富，他承包村园艺场土地70亩，经其改造、改良，年产早熟柑橘过百吨；种责任田和承包田10余亩，年产稻谷15万余斤；建有两个中型养猪场，年销售额40万元以上；邻近农民群众在他的影响和帮助下，先后办起了养猪场，其中年出栏大猪80头以上的有20户，逐一脱贫致富。这两个典型在代表中传开。

县十五届人大常委会2010年4月14日17次会议通过《洞口县人大常委会人大代表工作制度》，明确规定：常务委员会实行主任、副主任及相关委室分片联系县人大代表的制度，每年制定联系计划，对联系代表走访一次以上，代表联系工作进一步制度化、规范化。

县十六届人大常委会根据《中华人民共和国代表法》和县人大常委会关于换届选举后应及时建立代表小组的规定，将县内省、市人大代表和县人大代表分为38个代表小组，建立了38个“代表活动之家”，为人大常委会加强与代表的联系创造了有利条件。

第二节 提高代表素质

县人大常委会为了使县、乡（镇）人大代表在参与管理地方国家事务、管理地方经济和文化事业、管理地方社会诸多事务中充分发挥主体作用，高度重视人大代表素质的“三个转变”和提高，即：由“会议代表”向“职务代表”的转变，由“举手代表”向“主体代表”的转变，由“荣誉代表”向“使命代表”转变。

第八届、第九届人大常委会，在人民代表大会期间安排“代表学习法律日”，集中学习《中华人民共和国宪法》，由县委的主要负责同志作中心发言，分代表团讨论，派理教干部辅导，晚上分代表小组学习，代表轮流发言，谈学习体会，提高口头表达能力，提高政治素质，提高理论水平。大会后，县人大常委会办公室向代表分别寄发学习资料、简报、笔记本，推介代表的学习心得、代表小组的学习经验，巩固大会期间的学习成果，引导、鼓励、督促代表自学，提高法律素养，提高文化水平，提高书写表达能力。

第十届人大常委会抓紧代表培训。县级培训以代表小组组长和在县的省市代表为主要对象；区级培训主要是县代表；乡镇培训对象是县代表和乡镇代表；同级党委、人大的主要负责同志和县人大常委会组成人员负责授课，学法律法规，学人大性质，学代表业务，理论联系实际，提高代表综合素质。

县十一届人民代表大会第二次会议于1991年3月22日通过《关于在县人大代表中开展争先创优活动的决议》，县人大常委会积极支持这一活动，热情服务这一活动，在代表培训中突出争先创优，突出工作能力、科学技术、率先致富的培训，激励先进。罗恢来、肖和亳、雷金财、胡纯尧、肖凤莲、谢香莲等一批代表在创先争优活动中一展身手，提高了致富本领，提高了做群众工作的能力，提高了领导水平，届末，县人大常委首次表彰11个县代表小组和50名优秀县人大代表。

1993年4月和1994年4月，县十二届人大常委会在县委党校先后举办了一期有60余人及一期有70余人参加的县、区、乡（镇）人大工作培训班。在培训期间，学习了《中华人民共和国宪法》《中华人民共和国地方组织法》《中华人民共和国选举法》《中华人民共和国代表法》等六项课程。县人大常委会正、副主任亲自授课，收到了良好的效果。各区、乡（镇）分别在1993年5月至8月，1994年5月至7月，对所在单位的省、市、县、乡（镇）人大代表，普遍进行了一次轮训。县十二届人大常委会副主任龙际红在各乡（镇）举办培训班时，带领机关工作人员深入各乡（镇）指导和授课。为了深入贯彻《中华人民共和国代表法》，县十二届人大常委会在全县开展了声势浩大的宣传活动，把《中华人民共和国代表法》发给每位代表，并以乡（镇）为单位组织学习和宣传，还组织全县性的《中华人民共和国代表法》知识竞赛活动，大屋瑶族乡代表队获全县第一名。有力地推进了《中华人民共和国代表法》的贯彻实施。

县人大常委会把轮训人大干部和人大代表当作经常性的任务。第十五届人大常委会五年内共组织在县的省、市人大代表和县人大代表培训班30期，培训了人大干部和人大代表500多人次，其中有20名省、市、县人大代表参加国家举办的人大代表培训班。

县十六届人大常委会于2013年在县委党校举办了为期三天的培训班，对在县的省、市人大代表和县人大代表、县人大常委会组成人员，乡（镇）人大主席团主席进行集中培训，并指导各乡（镇）对本级人大代表开展履职培训。通过培训，人大代表进一步坚定了对人大制度的自信，依法行使选举权、被选举权，积极参与管理国家经济、社会事务，行使为人民当家做主的神圣使命，使全县人大工作充满生机和活力。

第三节 组织视察、评议

县八届人大常委会于1983年组织部分县代表开展了三次规模较大的视察活动：一是以市场物价为主要内容的视察；二是以发展农村专业户、重点户为主要内容的农村工作视察；三是在山区公社开展以少数民族工作和林业生产为重点的视察。视察意见和建议均被县政府采纳并落实。

县九届人大常委会组织部分县代表就农村落实中央文件，延长土地承包期开展了视察；就落实五保户供养组织了视察；就生产资料供应组织了视察调研。对桥头劳改场和县看守所、监狱进行了视察，对于办好劳改场、加速犯人改造、起到了促进作用。1985年，对乡以上党政机关贯彻实施宪法组织了较大规模的视察，发现10起违法问题，视察报告呈送县委后，县委责成有关部门和单位进行了处理和纠正，维护了法律的尊严，保障了公民的权利。

1987年3月9日，县十届人民代表大会第一次会议通过《关于颁发人大代表证并持证检查工作的决议》，尔后，分别组织县代表对公安派出所和法庭建设、《中华人民共和国企业法》的贯彻实施、蔬菜生产、水利水电建设进行了6次视察评议活动，将视察中发现的问题及县人大常委会的建议书面报送省、市人大常委会和县委，并通报“一府两院”；前后两次组织部分县人大代表，依据视察和调查了解的情况及问题，与县人民政府组成人员实行面对面的评议，向县人民政府提出工业、农业、社会治安、科教文卫方面的意见130余条，县人民政府负责人当场拍板解决25条，其余的问题经过一年半的努力落实了一部分，另一部分作了专门研究，部署逐年解决。县人大代表对此表示满意。

1996年，县十二届人大常委会组织县内部分省、市人大代表专项视察民营经济的发展情况，听取和审议了县人民政府关于发展民营经济情况的汇报，对江口镇来势较好的民营经济发展势头出现逆转的情况作了主客观分析，提出了整改意见和补救措施，要求县人民政府和各乡（镇）人民政府及有关职能部门提高认识，加强领导，采取有效措施，热情扶持和服务，切实为民营经济和外来个体工商户营造和谐、宽松的社会环境，促进民营经济迅速、健康发展。

1999年，县十三届人大常委会组织县内省、市人大代表先后视察了320国道县城过境路工程，1805线省道洞口二大桥及接线工程、青山防洪堤工程、迴龙洲防护堤工程等建设项目，在视察中发现320国道县城过境路西段2号涵洞拱圈、侧墙等多处开裂，属“豆腐渣工程”，即向县委书面汇报，并责成县人民政府全面检查各项工程施工情况，严格工程质量监理，强化施工现场管理，明确各项质量管理指标，对“豆腐渣工程”坚决返工，推倒重来。县人民政府及各工程指挥部对这些意见逐项进行认真研究，逐项出台整改措施，逐项予以落实。

2004年11月，县十四届人大常委会组织县内省、市人大代表集中开展视察活动，组成重点工程组、教育组、工业组，分别视察高速公路，县、乡公路，雪峰广场等重点工程项目；视察洞口万塘耕地保护，山门镇河道治理，高沙镇曲塘水利工程，翠园学校，花园鞋厂，裕洁包装厂，畜药厂，水电设备厂和县工业园等单位的生产、开发、建设情况；集中视察后，听取和审议了县人民政府关于重点工程建设情况的汇报，县内省、市人大代表和县人大常委会组成人员，对县人民政府认真落实九大重点工程建设任务表示满意。

2005年11月，县十四届人大常委会组织县内省、市人大代表视察县辣妹子食品厂污水处理工程、华兴锰业公司和县工业园的生产建设情况；视察杨林乡农业综合开发项目和岩山乡土地整理项目的情况；还视察了交通局、地税局、劳动和社会保障局年度工作情况；听取和审议了县人民政府关于“八件实事”落实情况的汇报。就落实“八件实事”必须坚持科学发展观，建设有中国特色的社会主义和谐社会等方面提出了建议和意见。

县人大常委会在组织人大代表开展视察活动中，除了对全县社会和经济发展中存在的问题和不足，集中代表的智慧提出整改措施向“一府两院”解决和有关部门交办、督办外，还组织人大代表为“一府两院”一时难以解决的复杂问题和矛盾出谋献策。县十五届人大常委会在组织代表视察活动中，发现县茶路电站和中国东方资产管理公司之间存在1.7亿元债务纠纷久拖未决。县人大常委会主任黄先球亲自带队，于2011年组织县内省、市人大代表多次赴省、市人大常委会、省高级人民法院请示汇报，要求妥善解决债务问题，通过县人大常委会和县内省、市人大代表的共同努力，在省、市人大常委会的指导、帮助下，最后双方达成还款3000万元的协议，圆满解决了这起久拖不决的债务纠纷。

第四节 督办议案、建议、批评和意见

第八届人民代表大会一、二、三次会议立案的代表提案共1088件。县人大常委会安排一名副主任督促县政府及所属单位负责办理；县政府就办理情况发出2次通报。县政府在大会公开答复的和在限定时间办复的占92%；已经得到解决或基本解决的，占提案总数的79%。

县九届人大一次会议的代表提案共491件，在县人大常委会督促下，县政府公开答复的和在限内时间内办完的，为提案总数的100%，其中基本得到解决的占50.4%，正在创造条件逐步解决的占20.9%。二次会议立案的代表提案共40件，县人大常委会主任会议进行了专题研究部署，其中23件交由县政府直接办复，17件交由县政府有关单位办复，均在限定时间内办理完毕。经县人大常委会派员检查，代表满意率超过50%。二次会议的代表建议、批评和意见共243件，均在限定时间内办理完毕。

代表总体评价是：县政府在大会公开答复的，相当满意；政府部门书面答复的，多为“绣花枕头”“文字游戏”，不太满意。

从1987年3月的第十届人民代表大会起，改提案为议案。

县十届人民代表大会第一次会议秘书处议案组收到代表团提出的、10人以上代表联名提出的、县人民政府提出的议案共29件，经大会主席团审议、大会表决，对县政府提出的《认真执行，<土地管理法>，切实加强土地管理的议案》、王道钦等11名代表提出的《关于实行代表持证检查工作的议案》两件决定立案，大会通过决议，向“一府两院“交办，授权县人大常委会督办、催办，向代表大会报告办理情况。其他27件改做代表建议，由县人大常委会组织“一府两院”相关单位办理并答复代表。

1990年，县人大常委会办公室印制《洞口县人大代表议案、建议、批评和意见复文反馈表》，连同办理复文一并寄给代表，如果代表对办理结果不满意，则责成办理单位重办，直至代表满意或基本满意为止。

1992年，县人大常委对征集和办理代表建议、批评和意见，作了探索和改革：一是交办单位与承办单位签订责任状，实行百分制考核计分；二是改大会期间征集、会后交办为大会前征集、交办，使代表有充裕的时间调查研究，广泛收集选民的意见与要求，提高代表建议、批评和意见的质量，有利于提高建议、批评和意见的公开答复率，当年见成效，调动代表参政议政的积极性；三是改单位直接办复为单位先报送县政府办公室审核后再答复，并抄报县人大常委会选举任免联络工作委员会；四是改坐在办公室答复为登门办理、现场办理、邀请代表共同办理；五是办复之后听反馈，是否需要重办，把办理质量置于代表监督之下。

县十一届人民代表大会第三次会议共征集代表建议、批评和意见241件，其中大会前征集167件，会议期间收集46件，议案改作建议、批评和意见的28件。在大会期间，县政府及其组成单位答复81件，其余的均在6个月内答复了代表，事事有着落，件件有答复。

2000年，县人大常委会明确规定：办理代表建议、批评和意见，解决问题的落实率要达50%。2001年的办复结果接近这个指标；2002年达到这个指标。

2005年3月，县十四届人民代表大会第四次会议征集代表建议、批评和意见共65件，县人大常委对其中的32件重点督办、现场督办、会议督办、电话督办相结合，促使办理见成效，正副主任对事关经济社会发展、人民群众普遍关心和有重要影响的11件，亲自督办，要求县政府领导亲自办。县长亲自办理其中3件，副县长办理8件。当年实现办复率100%，与代表见面率100%，代表满意及基本满意率100%。

十五届、十六届人民代表大会，对县政府的大会答复表示十分满意，代表报之以热烈的掌声。代表对会后的书面答复，表示满意、基本满意。

从十一届人民代表大会到十六届人民代表大会，大会立案的议案共26件，其中县政府提出2件，10名代表以上联名提出24件。大会通过决议决定，直接向“一府两院”交办，委托人大常委会督办、催办的有3件。大会授权人大常委会在调查研究的基础上做出决议决定向“一府两院”交办、督办、催办的有21件，其中关于解决干旱死角地区水利问题4件内容相近似并为1件，减轻农民负担问题4件内容相近似并为1件，城区禁狗禁炮2件内容相近似并为1件，加强对公费购买小汽车、移动电话管理和使用2件内容相近似并为1件，归并后共13件。县人大常委会对代表负责，对人民负责，对社会负责，连续3届督促减轻农民的负担，先后2次修正、完善禁炮禁狗的决议决定。至2016年年底，除“尽快启动廻龙洲生态公园”一案正在办理外，其他各案已圆满办结。

第五章 指导乡镇人大工作

乡镇人大工作是我国人民代表大会制度植根于基层的基础性工作，县人大常委会把指导乡镇人大工作列入重要议事日程，指导、帮助乡镇人大召开人民代表大会会议，实施换届选举；指导、帮助乡镇人大开展大会闭会期间的代表活动，认真总结乡镇人大工作经验并勇于实践，积极探索，使乡镇人大工作不断开创新局面。

第一节 指导乡镇召开人大代表会议

1980年5月，由县八届人民代表大会第一次会议选举产生县人大常委会，但公社、镇的人民代表大会都没有建立常设机构。1981年3月，县人大常委会派出工作组在竹市区的5个公社试点，4月份举行公社第七届人民代表大会第二次会议，会议比较规范，代表畅所欲言，民主气氛相当浓厚。县委转发了竹市区的做法，随后召开了区、公社、镇主要负责人会议，部署公社、镇举行第七届人民代表大会第二次会议，要求充分发扬民主，发挥基层代表的桥梁作用、参谋作用、监督作用。至6月底，全县公社镇都举行了第七届人民代表大会第二次会议。此后，公社、镇依照法律规定，按期举行第三次会议。部分公社因人事变化，举行了第四次会议，补选了公社管理委员会主任、副主任、委员。

1983年8月，县人大常委会组织工作组赴竹市公社宣传宣传贯彻五届全国人大五次会议通过修改的《中华人民共和国宪法》，进行“撤社建乡”试点，经过宣传发动，率先撤销竹市人民公社，恢复竹市乡人民政府，组织选民选举乡人大代表，举行竹市乡第八届人民代表大会第一次会议，选举产生竹市乡人民政府乡长、副乡长。竹市试点结束后，又派出工作组去江口公社试点，为全县“撤社建乡”做准备，并邀请区委、公社党委的负责人列席县人大常委会例会，共商“撤社建乡”，举行乡镇第八届人民代表大会事宜。

1985年3月，全县调整行政区划，扩老镇、建新镇，原39乡5镇调整为31乡8镇。县人大常委会在县委的统一领导下，派员指导乡镇选举年轻有文化，在改革开放中涌现出来的积极分子为乡镇大大代表，在春耕大忙前举行乡镇第九届人民代表大会第一次会议。有的乡镇人事变化，县人大常委会及时指导举行第二次会议补选。

1986年冬，县委、县人大常委会培训县、乡镇两级人大换届选举业务骨干10263人，其中选民登记员750名。县级干部联系乡镇，以村为单位召开骨干会议，以村民组为单位学习《中华人民共和国选举法》，设818个选区，投票选举乡镇人大代表。1987年1月，县人大常委会派员指导乡镇举行第十届人民代表大会第一次会议。会议听取和审议政府工作报告、财政预算和预算执行情况报告，并通过决议；选举乡（镇）长、副乡（镇）长；按照《地方组织法》的规定，选举产生乡镇人民代表大会主席团，选举主席团常务主席。

1991年，县十一届人大常委会为了帮助和指导好乡（镇）开好人民代表大会，制定了《洞口县乡（镇）人民代表大会会议工作程序》：一是会前准备，包括组织准备、材料准备、会务后勤准备，并对各项具体工作做了明细安排；二是举行会议，包括代表大会预备会议、主席团会议、全体代表会议、代表小组讨论、换届选举事项、办理代表建议等内容和有关细则；三是会后的总结；使乡（镇）召开人民代表大会有了规范化的程序。

1995年上半年，全县撤区并乡扩镇，原39个乡镇撤并为22个乡镇，人事变化较大。9月，县委、县人大常委会向扩建的7镇1乡派出指导组，指导乡镇紧紧抓住宣传发动、培训骨干、发扬民主、依法办事等主要环节，着力宣传《中华人民共和国代表法》和《湖南省实施办法》，筹备召开乡镇十三届人民代表大会第一次会议。县人大常委会组成人员和机关工作人员实行分组驻乡责任制，面对面的指导，发现问题苗头，及时解决，但不准包办代替。在大会上，引导代表充分酝酿，统一思想，把坚持党管干部的原则和尊重民意、依法选举与坚持民主集中制的原则有机地统一起来，党委推荐的候选人全部当选，全程依办法办事，圆满完成会议议程，洞口县受到邵阳市人大常委会表彰。

1998年10月，全县铺开乡镇人大换届选举。县委要求：要充分尊重选民权利，提高直投率；要注重提高代表素质，结构要合理，既要有广泛的代表性，又要有较强的参政议政能力；新一届乡镇人大、政府领导班子，要代表信任、廉洁务实。县人大常委会按照县委的要求，“力量一边倒”，直接深入选区宣传发动，一环紧扣一环地依法做工作，选民参选率达96%，直投率达90.3%，代表中40岁以下的占54.9%，高中文化程度的占62.1%。在乡镇十四届人民代表大会第一次会议上，选举进展顺利，选票集中，党委推荐的候选人高票当选。会议圆满完成各项议程，突出了齐心合力奔小康这个主题。邵阳市委、邵阳市人大常委会在洞口县召开了全市乡镇换届选举工作现场会。

2001年8月下旬，全县铺开乡镇人大换届选举，县委强调，在“跨千年”的新世纪，要坚持和加强人民代表大会制度，进一步推进民主法制建设。县人大常委会印发了宣传材料，宣传人大换届选举的意义、目的、步骤、方法和几个法定时间，还印发了《洞口县乡镇人民代表大会会议工作程序及文书格式》，保证全程规范化。培训了换届选举业务骨干3785人，直接进村入组宣传发动，依法登记选民。

10月，乡镇分别举行第十五届人民代表大会第一次会议，县人大常委会派员指导和服务，圆满完成大会任务，精简了乡镇领导职数，党委满意，代表满意，人民满意。省、市人大常委会充分肯定洞口县的乡镇人大换届选举工作，分别转发了洞口县乡镇人大换届选举的做法，邵阳市乡镇人大换届选举工作总结大会在洞口县城召开。2004年8日至9月，县人大常委会根据十届全国人大二次会议修改、通过的《宪法》有关规定，延长乡镇人大届期，广泛宣传发动，指导乡镇做好具体工作，乡镇分别举行本届第四次、第五次会议。

2007年9月，铺开县、乡镇人大换届选举。县委向各乡镇党委发出《关于批转<中共洞口县人大常委会党组关于做好县、乡镇两级人民代表大会换届选举有关工作意见>的通知》，要求切实加强领导，做到“严谨、细致、深入、实在”，强调“程序就是政治”，必须突出政治，确保换届选举工作始终沿着正确的轨道运行。县人大常委会党组向乡镇派出6个联系指导组，依法依规依程序操作。县乡人大换届选举工作领导小组办公室编印《洞口县人大代表换届选举工作手册》一千余本发至各选区，增强了可操作性。经过两个月的宣传发动、代表资源调查、酝酿讨论、推荐候选人、确定正式候选人五个阶段，选区正式投票选举代表，选民参选率达到96.63%，11月19日至23日，各乡镇分别举行十六届人民代表大会第一次会议，县委、县人大常委会党组派员赴乡镇指导、监督。换届选举工作全程坚持党委领导，坚持发扬民主，坚持依法办事，坚持按程序进行。会议突出了“贯彻落实科学发展观，构建社会主义和谐社会，提高党的执政能力，加强基层政权建设”这一重大主题。

2012年9月5日，县委向各乡镇党委、县委各部办委、县直副局级以上单位党组织转发《中共洞口县人大常委会党组关于做好县、乡镇两级人民代表大会换届选举工作的意见》（以下简称《意见》）。《意见》提出指导思想和工作原则及具体操作规程，必须依照修改后的《中华人民共和国选举法》和“湖南省直接选举细则”进行，首次实行城乡按同比例选举人大代表。县人大常委会向各乡镇派出联系指导组，县人大常委会办公室印发了《洞口县乡镇人民代表大会基本程序和内容》。11月下旬，各乡镇举行十七届人民代表大会第一次会议，会议安排了上级领导同志讲话，同级党委书记讲话，突出了党的领导、人民当家作主，依法圆满完成各项议程。

2016年7月，全县铺开县、乡镇两级人大同步换届选举。县委批转中共洞口县人大常委会党组《关于县乡两级人大换届选举工作的意见》，要求坚持党的领导和发扬民主与依法办事的有机统一，遵照中央“九个严禁，九个一律”换届纪律要求，选举忠诚、干净、担当的好代表。8月22日，县十六届人大常委会第28次会议通过《关于成立洞口县选举委员会的决定》；县选举委员会下发了《洞口县县乡两级人大换届选举工作方案》。县人大常委会党组、县选举委员会派出24个指导组，在选举的各个阶段深入各乡镇、各选区了解情况，指导工作，4次召开各乡镇换届工作碰头会，1次召开全县换届选举促进会，确保换届选举风清气正。

第二节　指导乡镇人大开展活动

县人大常委会成立初期，公社、镇的人民代表大会尚无常设机构。县八届人大常委会向各区委、区公所建议，督促公社、镇建立代表小组。公社、镇人大代表共5783人，以大队、街道为单位，建代表小组615个，选举代表小组正副组长1285人。县人大常委会走访县代表征求意见时，走访了部分公社、镇代表小组正副组长，多数公社、镇代表小组开展了学习活动，召开了小型座谈会，综合了一些选民的意见向公社管理委员会、区公所或县人大常委会反映。公社、镇的代表小组活动虽不很正常，但在新形势下有了良好开端，结束了过去那种“代表代表，散会就了”的历史。

1987年1月，各乡镇分别举行第十届人民代表大会第一次会议，选举产生乡（镇）人大主席团，选举主席团常务主席，乡镇人民代表大会有了常设机构。从此，县人大常委会采取一系列措施，加强了对乡镇人大主席团工作的指导。

1988年，县人大常委会制定《洞口县乡镇人大主席团工作条例》，规范乡镇人大主席团的工作，并在江潭乡办联系点，指导、帮助主席团建章立制，完善“三项职责”“四项程序”“五项制度”，总结经验，全面推开。8个区分别成立人大联络工作委员会，为县人大常委会派出机构，加强了对乡镇人大主席团的指导力量。

1990年，县人大常委会制定《洞口县乡镇人大工作岗位责任制考评标准》，把岗位责任制引入人大工作管理机制；1991年3月，相继制定《洞口县乡镇人大工作目标管理及考评办法》，推进了乡镇人大主席团工作的经常化。大部分乡镇人大主席团开展了闭会期间的代表活动：管竹乡人大主席团先后组织了义务维修村组公路、扶贫帮困活动，获群众称赞；醪田乡人大主席团组织了供养五保户的调查研究，向乡政府提出“全面动员，制订乡规民约，分级负责，任务落实到人”的建议，乡政府出台《关于对五保老人实行乡村组三级负责、定期定量落实到户的供养决定》，进一步落实了五保户供养，推进了计划生育和精神文明建设。

1992年，县人大常委会举办了县、区、乡镇人大干部培训班，分区培训县人大代表，分乡镇培训乡镇人大代表，集中学习宪法、地方组织法、代表法。乡镇人大活动档案工作纳入岗位责任制的内容并进行检查计分。乡镇人大主席团普遍组织了闭会期间的代表活动：桥头区各乡镇人大主席团开展了“代表接受选民监督，定期向选民述职”的活动；高沙区各乡镇人大主席团开展了“人民选我当代表，我当代表为人民”的教育活动，人大代表为减轻农民负担建言献策；山门区各乡镇人大主席团组织了“为发展商品经济献计策”的活动；菲溪瑶族乡人大主席团开展了“我为恢复灾后‘四通’做贡献”（菲溪瑶族乡1993年8月7日遭受百年未遇的特大洪灾）的活动；均有成效。

1996年初，县人大常委会举办乡镇人大主席、副主席、秘书培训班，全面贯彻《湖南省乡镇人民代表大会主席团和乡镇人民代表大会主席、副主席工作若干规定》，乡镇人大工作逐步走向制度化、规范化、法律化的轨道，经常开展活动。黄桥镇人大主席团制止了乱收“盖章费”，学校多收“搭餐费”；江口镇人大主席团在代表中开展了“争一帮一”（争取每人每年创纯收入一万元，帮一家贫困户脱贫）活动；大屋瑶族乡人大主席团在代表中开展了“我为瑶乡发展做贡献”的活动，连续两届，持之以恒。

2003年7月，县人大常委会在竹市镇召开乡镇人大工作现场会，总结交流经验，对乡镇人大工作提出“创新工作机制，突出发展主题，增强代表工作实效性，推进基层民主法制建设”的要求；9月，县人大常委会组织乡镇人大主席赴沿海地区考察学习，拓宽视野，借鉴先进经验，进一步理顺县和乡镇人大的工作关系，完善法律监督关系，确定业务指导关系，肯定工作联系关系，促进了乡镇人大活动的开展。长塘瑶族乡人大主席团于2004年11月组织代表视察乡政府交通建设、乡林业站森林资源管理和邵怀高速公路乡内重点工程，县人大常委会派员派车参加视察活动，新闻部门派记者带车跟踪采访，此活动在邵阳市内外乃至湖南省内外产生积极影响。石江镇人大主席团不断创新工作机制，努力增强活动实效，坚持在视察、评议活动中不出难题出点子，不找岔子找出路，不添麻烦添动力，十六届期间的活动卓有成效。黄桥镇人大主席团正确把握“有位”和“有为”的关系，在自身建设上求创新；正确把握“突出重点”与“统筹兼顾”的关系，在监督方式上求创新；正确把握“会期履职”与“闭会履职”的关系，在组织代表活动上求创新；赢得党委满意、代表满意、政府尊重。

2008年，规范乡镇人大名称，改乡镇人大主席团为乡镇人民代表大会，由代表大会选举主席、副主席各1名。县人大常委会邀请乡镇人大主席列席县人大常委会会议，派员参加、指导乡镇人大重要活动，加强县、乡镇两级人大之间的工作联系。此后的乡镇人大活动颇具特色：山门镇人大以“学习要有新进步、作风要有新气象、工作要有新举措、活动要有新内容”为目标，在十七届期间，共组织活动48次，其中工作评议14次，县镇代表联合视察和执法检查16次，以镇代表小组为单位开展活动18次，镇人大代表在镇十八届人大一次会议上评价镇人大工作称“在政府重点工作上助了一把，在政府难点工作上帮了一把，在政府热点工作上推了一把”。

2014年下半年，县人大常委会先在洞口镇、高沙镇、石柱乡试点，建立人大代表联系群众工作室，以此作为代表在闭会期间依法执行职务，密切联系群众的重要平台。2015年上半年，县人大常委会推介了“两镇一乡”的经验和做法，全县各乡镇（管理区）都建起了人大代表联系群众工作室，代表联系群众形成常态。高沙镇人大代表联系群众工作室坚持带政策解“惑”，带法律解“结”，带真情解“忧”，带科技解“难”，带资金解“困”，总结了“主席团通力协作，代表小组专题调研，代表分散做工作，镇政府着力解决问题”的“高沙经验”。各乡镇人大活动亮点纷呈（详见本志第六篇第三章第四节）。

第六篇
乡镇人民代表大会

1953年2月11日，中央人民政府委员会审议通过《中华人民共和国全国人民代表大会选举法》，成立中央选举委员会，部署开展第一次全国人口普查和全国范围的普遍选举。5月6日，洞口县成立选举委员会，在抓紧完成第一次人口普查的同时，部署第一次基层民主普选。至1954年3月底，全县用人民普选方法产生乡镇人大代表3865名；4月，全县165个乡镇分别举行了第一届人民代表大会第一次会议，基本形成人民代表大会制度。实行政社合一的人民公社体制后，改称社员代表大会。1964年，全县城乡开展以“四清”为中心内容的社会主义教育运动，紧接着是“文化大革命”运动，人民（社员）代表大会中断。至1980年恢复人民代表大会。以上各届代表会议均由大会临时主席团组织和领导，会后无常设机构，代表也无闭会后的活动。1984年5月，乡镇举行第八届人民代表大会第一次会议，由人大主席团组织领导。1987年一季度的乡镇十届人民代表大会第一次会议选举产生乡镇人民代表大会主席团，选举产生主席团专职常务主席。自此，乡镇人民代表大会制度日臻完善。1990年以后，乡镇人大主席团建立工作责任制，健全“三项要求”“四项程序”“五项制度”，逐年有新发展，按期举行代表会议，组织代表活动，依法行使职权。

第一章 代表及代表会议

第一节 乡镇第一届人民代表大会

1953年5月6日，成立洞口县选举委员会，在抓紧完成第一次人口普查的同时，部署第一次基层民主普选。县选举委员会先在第一区平清乡试点，通过试点培训普选业务技术骨干234名；10月，各区相继选乡试点；年底在全县铺开，各乡（镇）分别成立选举委员会，共派出县区干部289名、乡镇干部497名、教师和积极分子400余人下乡入村宣传发动，登记选民，核发选民证，划分选区，酝酿代表候选人。代表候选人的基本条件是：跟共产党和人民政府走社会主义道路的人，热情为人民群众服务的人，办事公道的人，能领导好生产的人，家庭成分好，社会关系好，本人历史清楚。县选举委员会规定：1954年3月14日至23日，为选区投票选举时间。全县共有192991人参加投票选举，占选民总数的92%，选举乡（镇）人大代表3865名，其中妇女占20%。

1954年3月至4月，全县160个乡、5个镇分别举行第一届人民代表大会第一次会议。由大会主席团主持会议；乡（镇）长报告本行政区政治经济形势和下阶段工作任务，交代表讨论通过；选举产生乡（镇）长、副乡（镇）长和乡（镇）人民政府委员，全县共选举825人；并选举产生县人大代表。原有的基层干部96.8%继续当选，基层干部队伍基本保持稳定。

乡镇人民政府内设民政优抚委员会、生产合作委员会、人民武装委员会、治安保卫委员会、文教卫生委员会、财粮委员会，均由乡镇人民政府委员兼任主任委员。乡镇人民政府委员和各专门委员会委员都不脱产，约9人至13人。

乡镇第一届人民代表大会第一次会议号召人民群众翻身不忘共产党，紧跟人民政府走互助合作道路，“刨穷根，栽富根，免吃二遍苦”，坚决执行党在过渡时期的总路线，紧急掀起爱国增产运动新高潮，夺取1954年大丰收，支援国家建设，以逐步实现国家的社会主义工业化，并逐步实现国家对农业、对手工业和对资本主义工商业的社会主义改造。

从此，乡镇实现了人民代表大会制度，保证了人民当家作主，提高了人民群众的政治积极性，推动了互助合作运动，巩固了人民民主专政。

大部分乡于1955年3月至4月举行了第二次会议，巩固初级农业生产合作社。

第二节 乡镇第二届人民代表大会

1956年上半年，撤9个区，将165个乡镇并为32个乡、3个镇（洞口、高沙、石江）。10月，县委、县人民委员会部署基层民主选举，先在花古乡试点。11月，全县铺开，选举乡镇人大代表。

这次基层民主选举的特点，是在全面宣传发动的基础上，特别注重广泛发动妇女参选，让妇女顶起“半边天”，全县女选民的98.5%参加投票选举，花古乡85岁高龄的周月英、双江乡84岁高龄的王六妹等一批高龄女选民，穿着新衣服，拉着拐杖，赶赴选区投票，行使神圣职权。

全县选民参选率为92.3%，选举乡镇人大代表1349人，其中：中共党员520人，占38.5%；妇女265人，占19.6%；劳动群众621人，占46.0%。

乡镇分别于1956年年底举行第二届人民代表大会第一次会议，代表们以主人翁身份肩挑稻草、被服，带着口粮指标，赶赴乡（镇）人民委员驻地开会，听国家形势，议地方大事，条件简陋打地铺，精神焕发，以苦为荣。大会主席团主持会议；前任乡长报告工作，通过施政工作报告，通过当前重要工作决议；选举乡（镇）长、副乡（镇）长、乡（镇）人民委员，产生乡（镇）人民委员会；选举县人大代表；选举有一定文化、懂法律、办事公道、兼职较少的县人大代表或乡（镇）人大代表为人民陪审员（乡镇选5～9人报县人民法院、县人民委员会）。

乡（镇）人民委员会内设生产合作委员会、民政调解委员会、治安武装委员会、文教卫生委员会、财政经济委员会。全县乡镇人民委员会委员共496人（男424人、女72人）。原乡（镇）干部大都当选为乡（镇）人民委员会委员或乡（镇）人大代表。

乡镇第二届人民代表大会第一次会议，号召人民群众开展生产自救，掀起合作化高潮，办好高级农业生产合作社、要求全体代表爱社如家，发挥骨干作用，全面完成国家各项任务。

1957年冬，各乡镇举行第二届人民代表大会第二次会议，总结反资斗争、巩固高级农（林）业社的成绩，掀起冬修水利高潮，掀起春季积肥高潮和造林绿化高潮，迎接农（林）业生产“大跃进”。

第三节 乡镇第三届人民代表大会

1958年4月，全县铺开第三次基层民主选举，时有选民220188人，计有216312人参选，占在家选民的98.3%。共选出乡镇人大代表1498名。代表中：共产党员855名，占代表总数的58%；其他各阶层劳动人民643名，占代表总数的42%；代表都是在各行各业“大跃进”中涌现出来的先进人物，贫农、下中农占优势。

5月，32个乡、5个镇（新增山门、黄桥两镇）先后举行第三届人民代表大会第一次会议，大会主席团主持会议。会议总结社会主义革命和社会主义建设的伟大胜利，总结大跃进的伟大成绩，学习党的建设社会主义总路线，鼓足干劲，力争上游，多快好省地建设社会主义。在小组讨论中开展批评和自我批评，向乡党委、乡人民委员会提意见，大鸣大放，知无不言，言无不尽，民主团结气氛热烈。会议号召人民群众团结战斗，革命加拼命，干劲加钻劲，敢想敢干，夺取1958年特大丰收。会议选举产生了新一届乡（镇）人民委员会，选举县人大代表。

9月24日至30日，全县37个乡镇并为15个“政社合一、工农兵学商五位一体”的人民公社，辖5镇、217个大队。人民公社设党委会、管理委员会。公社管理委员会既是行政机关，又是生产经营管理机构，下设办公室和计划、科研、农业、林业、工交、财政、粮食、信用、商业、文教卫生、内务劳动、畜牧水产、水利水电、人事监察等科室。大公社设15个科室，规模小的设5~7个科室。

公社管理委员会成员由县人民委员会任免。生产计划由县人民委员会下达，公社无需召开社员代表大会。

第四节 人民公社第四届社员代表大会

1960年2月，县人民委员会决定恢复洞口、高沙、石江3个镇，建市镇人民公社。洞口镇建城关（市镇）人民公社，从洞口公社析出；高沙镇称迴澜（市镇）人民公社，从高沙公社析出；石江镇称石江（市镇）人民公社，从石江公社析出，原石江公社改称双江公社。全县共18个人民公社，其中3个市镇人民公社、15个农村人民公社。

9月，县人民委员会按照湖南省人民委员会312号文件精神，成立县选举委员会，部署基层选举，其中15个农村人民公社不搞基层选举，代表以原乡代表为基础，择优调整，只减不增，经公社党委审查同意后由公社管理委员会指名通知；要求10月底以前必须召开一次公社社员代表大会，选举产生县人大代表；不选举公社管理委员会，公社管理委员会组成人员保持原状。只在3个市镇人民公社进行基层选举。

县人民委员会发出通知：根据中共八届六中全会精神，农村人民公社社员代表大会相当于乡人民代表大会，会议会标统一为“洞口县××人民公社第四届社员代表大会第一次会议”；会议要高举总路线、“大跃进”、人民公社“三面红旗”；要总结大跃进、大办水利抗大旱、大办农业、大搞工具革新、大反右倾鼓干劲的经验；要研究部署开展生产自救、搞小秋收、找代食品、整风整社等重要工作；要动员人民群众充分认识自然灾害的严峻形势，艰苦奋斗，自力更生，做好思想准备，过一段时间的苦日子。

3个市镇人民公社的总人口为28401人，选民13516人，12170人参选。按照上级规定的代表条件，必须选举高举总路线、“大跃进”、人民公社“三面红旗”的积极分子，共选出代表93人（男70人、女23人，党员57人、各界劳动群众36人）；分别选举产生3个市镇公社管理委员会的组成人员共47人（男40人、女7人）。

15个农村人民公社和3个市镇人民公社的社员代表共1300名，比上届减少198名；共选出县人大代表343名报县选举委员会。

1961年9月，恢复区的建制，相继两次调整公社规模，加之暂时经济困难和紧张战备，公社第四届社员代表大会没有举行第二次会议。

第五节 公社（镇）第五届社员代表大会

1963年5月，全县铺开基层选举，县选举委员会要求54个公社、镇做到“三个统一”（统一领导、统一思想、统一安排）、“两手抓”（一手抓生产，一手抓选举，搞好生产迎选举，搞好选举推生产）、“两按时”（6月底选出公社代表，7月15日前开完公社（镇）代表大会，选出县代表）。

县选举委员会行文指示：农村人民公社是政社合一的组织，是我国社会主义政权在农村中的基层单位，公社的社员代表大会就是乡的人民代表大会，公社的社员代表就是乡的人大代表，公社的社长就是乡长。为了统一称呼，本届一律称“洞口县××人民公社第五届社员代表大会第一次会议”，选举产生××人民公社管理委员会。选举××人民公社社长。

本届基层选举共选出公社、镇代表5855名，贫农、下中农、城市贫民占绝对优势。公社、镇代表大会共选出公社社（镇）长、副社（镇）长、管理委员会组成人员648人，监察委员会主任、副主任、委员606人，人民陪审员162人，县人大代表370人。

本次公社（镇）社员代表大会的中心议题是：总结过苦日子后恢复和发展农业生产的经验，总结大跃进、总路线、人民公社“三面红旗”的伟大成绩；贯彻党的阶级路线；提出阶级斗争、生产斗争、科学实验，“三大革命一起抓”的战略决策和实行计划生育、种植业和养殖业并举、开展社会主义教育运动等新举措。

从1964年1月的县、区、公社三级干部会议起，全县城乡开展了以“四清”（清政治、清经济、清组织、清思想）为中心内容的社会主义教育运动，这成为工作重心；7月，地委从洞口县抽调1184名干部组成社教分团赴邵阳县郦家坪区开展“社教”运动，为期一年，次年8月，地委组织10个分团共5526人进驻洞口县开展社教运动，为期一年；紧接着是轰轰烈烈的“文化大革命”，公社（镇）人民代表大会一度中断，为期14年。

第六节 公社（镇）第六届社员代表大会

1976年10月，中共中央政治局采取断然措施，一举粉碎江青反革命集团，标志“文化大革命”结束。11月30日至12月1日，全国第四届人大常委会第3次会议在京举行，人民代表大会制度逐渐恢复。洞口县委按照中央的部署，展开了揭批江青反革命集团的三大战役，澄清是非，清查有关的人和事。1977年10月初，县委三届十次全体会议提出《关于召开洞口县第七届人民代表大会的建议》，恢复人民代表大会制度。12月5日至8日，中共洞口县第四次代表大会胜利召开，第四届县委将召开县七届人民代表大会列入重要议事日程，于12月11日发出《关于召开洞口县第七届人民代表大会的通知》，要求各区委、镇和公社党委、革委会高度重视，严肃认真地组织选举，抓紧召开公社（镇）第六届社员代表大会，选举产生县七届人大代表。

城关（区级）镇、38个公社、4个公社级镇于1977年12月中旬紧急召开第六届社员代表大会第一次会议（有关代表记载不详）。

43个公社（镇）的第六届社员代表大会第一次会议，由大会主席团主持，分别听取公社（镇）党委书记的开幕词、革命委员会的工作报告，并通过若干决议；选举产生了县七届人大代表。

本次会议号召社员群众高举毛泽东主席伟大旗帜，继承毛泽东主席遗志，紧紧团结在以华主席为首的党中央周围，坚持党的基本路线，执行党的十一大路线，巩固和加强无产阶级专政，抓纲治国，继续革命，甩开膀子大干社会主义，为尽快建成大寨县、基本实现农业机械化而努力奋斗。

1979年2月，公社、镇分别举行第六届社员大会第二次会议，以传达贯彻中共中央十一届三中全会精神为主要内容，审议通过工作报告，动员广大社员群众集中精力发展生产，以经济建设为中心。

第七节 公社（镇）第七届人民代表大会

1980年2月24日，成立洞口县选举委员会，相继印发选举宣传资料4期。选举工作情况简报7期，派出6个检查组（包括地委工作组）深入基层检查督促指导。区和各战线成立领导小组，公社、镇成立选举委员会，由党群副书记、组织委员、秘书、民政干部集中精力专抓基层选举，共出动区、公社、镇干部、大队干部、生产队干部、选民登记员17862人，设公社、镇代表选区674个、投票站737个。公社、镇代表候选人8847名，6083人当选，其中30岁以下的970人。至4月20日，38个公社、5个镇开完第七届人民代表大会第一次会议。

公社、镇第七届人民代表大会第一次会议，由大会主席团主持，改公社革命委员会为公社管理委员会，改镇革命委员会为镇人民政府。会议听取、审议、通过公社管理委员会（镇人民政府）工作报告，对当年的重大工作作出决议。选举产生公社管理委员会、镇人民政府领导班子，候选人共482名，398人当选，其中30岁以下的社主任4人、副主任20人、委员61人。对落选人员，由同级党委书记、区委组织委员找其促膝谈心，做好思想工作，鼓励其努力工作，奋发有为。

公社、镇第七届人民代表大会第一次会议，动员广大人民群众坚持四项基本原则，珍惜和维护安定团结的政治局面，解放思想，发展经济，改善生活。

1981年二季度，县人大常委会指导各公社、镇召开了第二次会议。

本届公社（镇）人民代表大会举行过三、四次会议。补选公社管理委员会主任、副主任，镇人民政府镇长、副镇长；审议通过公社管理委员会（镇人民政府）工作报告。各公社人民代表大会的中心议题分别是：林业定权发证，实行“山上管严、山下搞活”；生产队划组作业，划小核算单位；试行包产到户、包干到户的“双包”责任制；发展农村种养重点户、专业户。镇代表大会的中心议题分别是：城市体制改革，民主管理镇、街企业；发展个体工商业；打开城门，欢迎农民进城经商务工办企业；治理脏、乱、差，推进精神文明建设。

第八节 乡镇第八届人民代表大会

1983年下半年，县委、县人大常委会、县政府全面宣传贯彻全国五届人大五次会议通过修改的《中华人民共和国宪法》；8月，组织工作组赴竹市公社进行“撤社建乡”试点，率先恢复竹市乡；11月，竹市乡举行第八届人民代表大会第一次会议，选举竹市乡人民政府乡长、副乡长。

1984年1月20日，洞口县成立选举委员会，铺开换届选举。区、战线成立选举工作领导小组；39公社（城关镇于1981年划出4个农村生产大队，并从洞口公社划出5个农村生产大队，新建城郊公社，归城关镇管辖）、5个镇（含城关区级镇）建立选举委员会。县委常委、县人大常委会副主任、县政府副县长共15位县级领导同志分赴8区和城关（区级）镇督促指导；全县共组织9798人的工作组深入833个选区宣传发动，每个选区都有工作组帮助开展工作。至3月25日，共选出公社（乡）、镇代表4984名，选民参选率达91%，直投率为81%。

1984年5月，全县改变“政社合一”的人民公社体制。先于江口公社试点，召开江口乡第八届人民代表大会第一次会议，会议选举产生乡人大主席团，由乡人大主席团主持会议，撤社建乡，改江口公社管理委员会为江口乡人民政府，选举乡长、副乡长，听取和审议乡政府工作报告，确定加快改革步伐、发展经济的奋斗目标。中旬，雪峰山内8个乡（公社）开完第八届一次会议。至5月27日，全县完成撤社建乡，各乡镇分别举行第八届人民代表大会第一次会议，共选举产生44名乡（镇）长（其中大中专文化的13人），平均年龄35.82岁，比上届的49.21岁下降13.39岁；副乡（镇）长61名（其中高中文化的29人），平均年龄35岁，比上届的43.8岁下降8.8岁，乡镇领导班子符合年轻化、知识化的要求。

乡镇人大代表对稳定完善家庭联产承包责任制的呼声很高，尖锐地指出:上面放，下面望，中间有条顶门棒。县委、县政府于6月17日组织120人的工作队赴花园乡搞完善家庭联产承包责任制试点，历时一个月。于7月27日发出《关于稳定和完善农业生产责任制有关具体问题的规定》。代表们对此反映极好。

本届代表大会只召开过这一次会议。

第九节 乡镇第九届人民代表大会

1985年3月，县政府发出《关于撤乡建镇和撤乡扩镇的通知》，调整行政区划，扩老镇、建新镇。城郊乡并入城关（区级）镇，太平乡并入高沙镇，黄桥乡并入黄桥镇，山门乡并入山门镇，大塘乡并入石江镇，竹市乡改为竹市镇，桥头乡改为毓兰镇，江口乡改为江口镇。39个乡镇共选出乡镇代表5053名，代表结构明显变化，趋向年轻化、知识化，多是改革开放中涌现的积极分子。4月，39个乡镇分别举行第九届人民代表大会第一次会议。

会议听取和审议乡（镇）人民政府工作报告，听取和审议乡（镇）财政预算和预算执行情况的报告，选举产生乡（镇）长和副乡（镇）长。会议首次发动群众集资办学；会议首次提出普法要求。会议号召人民群众立足改革，进一步解放思想，用好政策，继续发展重点户、专业户，争创万元户，加快发展经济，进一步提高生活水平。

有的乡镇因人事变化，举行过第二次会议。

第十节 乡镇第十届人民代表大会

1986年11月22日，县委召开县乡（镇）两级人大换届工作会议，成立洞口县选举委员会，培训了10263人的选举工作业务骨干，其中选民登记员750名。39个乡镇成立选举委员会，以村为单位召开骨干会议，以村民组为单位召开选民大会。学习《中华人民共和国选举法》。全县总人口为680926人，其中18周岁以上的446006人，未列入选民的有161人，选民为445845人，占总人口的66.5%，选民参选人数超过38万人。县选举委员会分配乡镇代表名额2302名，乡镇代表选区818个，经过一轮提名，二轮协商，三轮确定候选人后投票选举，共选出乡镇代表2275名，其中工人48名，占2.1%；农民1682名，占73.9%；干部477名，占21%；知识分子27名，占1.1%；其他劳动群众41名，占1.9%。代表中，非党员占31.6%，妇女占18.8%。

1987年1月，39个乡镇分别举行第十届人民代表大会第一次会议。会议听取、审议政府工作报告并作出决议；选举产生乡镇长39名、副乡（镇）长90名；按照地方组织法的规定，选举产生乡镇人大主席团成员221名，其中常务主席39名（内有乡党委书记或副书记兼任的12名）；根据《中华人民共和国人民法院组织法》的有关条款规定，县选举委员会办公室通知8个镇选举委员会，在县、镇代表中选举人民陪审员18名（城关镇4名，其他7镇各选2名）。会议根据县九届人民代表大会第三次会议精神，联系乡镇实际，动员人民群众因地制宜，发展商品生产，努力建设商品粮基地、瘦肉型出口猪基地、雪峰蜜柑基地或良种茶基地、速生杉木林基地、药材生产基地。大会期间，雪峰山外乡镇，特别是产粮大乡镇的代表，对政府实行粮食合同定购宣传不深入、订合同走过场、收购合同粮采取蛮办法，表示反感；9个林区乡的代表，对林区的乱砍滥伐、林业局和县乡两级政府不作为，提出了尖锐的批评。县政府迅速派员赴乡镇，在代表大会闭幕式上作检查反思和整改承诺。

本次会议，选举产生乡镇人民代表大会主席团，选举主席团常务主席，常务主席主持主席团会议，并受主席团委托，负责日常工作，人民代表大会制度日臻完善。

本届期限三年，各乡镇举行过三次会议。

第十一节 乡镇十一届人民代表大会

1989年11月，全县铺开乡镇人大换届选举。县选举委员会认真学习并印发了全国人大《1989—1990全国县乡人民代表大会换届选举宣传提纲》，在宣传发动和实践操作中，突出“强化党的领导、发扬社会主义民主、依法办事”三大重点。县、区、乡（镇）保证了换届选举工作的领导力量，县委常委会抽调32名县级干部、107名区（镇）、科、局级干部深入乡（镇）、选区宣传和指导工作，乡镇分别组织小型文艺宣传队赴村组演唱“直接选举就是好”、“八唱换届选举好”等歌舞节目。县委行文规定：在投票选举代表日期内，全县停止一切会议活动，保证选民集中投票。全县选民参选率达95%，直投率达82.7%。选出乡镇人大代表2255名，一次成功率为97.4%。代表性比较广泛，素质比较高，参政议政能力也比较强，选民满意，党委满意。

1990年1月，39个乡镇分别举行十一届人民代表大会第一次会议。在预备会议上，乡镇党委书记着重宣讲中共十三届四中全会、五中全会精神，宣讲党中央平息北京政治风波的英明决策，要求各位代表稳定政治大局，坚持四项基本原则，完成大会议程，保证达到预期目的。会议听取、审议了政府工作报告、财政工作报告。会议选举产生了乡镇人大主席团成员（全县共223名）、常务主席（共36名，有3个乡镇由书记或副书记兼任）、乡（镇）长39名、副乡（镇）长93名；党委推荐的1名乡长候选人、2名副乡长候选人未选上。会议重点研究了跨“吨粮”、兴修水利、消灭宜林荒山、计划生育、农村社会主义教育等重大工作。会议号召人民群众坚持四项基本原则，消除动乱影响，完善各种责任制，加快经济发展。

本届举行了三次会议。1991年1月，举行第二次会议，1名副乡长被罢免，2名人大主席团常务主席、1名镇长、3名乡长、2名副乡长辞职，予以补选。1992年2月，举行第三次会议，全县人事变化较大，计有人大主席团常务主席、乡（镇）长、副乡（镇）长共60人因工作调动辞职，予以补选。至此，39个乡镇配齐了乡镇人大主席团常务主席。

第十二节　乡镇十二届人民代表大会

1992年下半年，恰逢15年一遇的五级人大同期换届。县委加强了领导，明确指出，除特殊紧急任务外，其他工作都要为换届选举让路；区、镇、乡党委将此列入重要议事日程，切实加强领导和具体指导，均由党群副书记具体负责，一抓到底。全县选民510409人，参选率达94%，直投率为84%。选出乡镇人大代表2259名，其中十人联名推荐当选的占38%，一次成功率为99.2%。

12月上旬、中旬，39个乡镇分别举行十二届人民代表大会第一次会议，听取和审议政府工作报告，财政工作报告、人大主席团工作报告，并分别作出决议。选举产生乡（镇）人大主席团成员（全县共249名）、常务主席（38名，1个乡暂缺）、乡（镇）长39名、副乡（镇）长106名，党委推荐的189名候选人，有2名未当选乡人大代表、5名落选，其余均实现了党委意图。代表们对一些部门（单位）的乱收费、乱摊派、乱罚款，反映强烈；要求减轻农民负担的呼声很高。

1993年7月至8月，各乡镇分别举行第二次会议，罢免1名副镇长，接受1名镇长、3名乡长的辞职请求，予以补选。代表们对政府的2次抗洪救灾和组织灾后恢复生产表示满意，对“盖章收费”表示反感，对少数干部的不廉洁、“索、拿、卡、要”进行了“对事不指名”的批评。

本届期限三年，15个乡镇举行过三次会议，23个乡镇举行过四次会议，月溪乡举行过五次会议。

第十三节　乡镇十三届人民代表大会

1995年5月，全县调整行政区划，撤区并乡扩镇，至8月底结束，原39个乡镇撤并为22个乡镇，其中：撤城关镇、洞口乡、木瓜乡，新建洞口镇；原高沙区所属马安、茶铺、洪茂、南泥4乡并入高沙镇；原石江区所属江潭、树林、青龙3乡并入石江镇；原竹市区所属大水、秀丰、管竹3乡并入竹市镇；原黄桥区所属石背、金田2乡并入黄桥镇；原横溪乡并入山门镇；原石桥乡并入毓兰镇；原西中乡并入花园乡；原江口镇、苏溪瑶族乡、月溪乡、渣坪乡、长塘瑶族乡、古楼乡、花古乡、岩山乡、杨林乡、水东乡、醪田乡、石柱乡、桐山乡、大屋瑶族乡不变。9月4日，县委、县人大常委会铺开乡镇人大换届选举，向扩建的7镇1乡派出指导组。各乡镇紧紧抓住宣传发动、培训骨干、发扬民主、依法办事等主要环节，环环扣紧，至10月19日结束，为期45天。

全县时有总人口751122人，其中选民508583人，计有464022人参加投票选举，选出乡镇人大代表1377名，代表中：妇女

404名，占代表总数的29.3%；非中共党员509名，占代表总数的37%；少数民族99名，占代表总数的7.2%。

乡镇十三届人民代表大会第一次会议（洞口镇为第一届第一次会议）于10月举行。会议集中学习《中华人民共和国代表法》和“湖南省实施办法”；先后听取大会筹备工作报告、代表资格审查报告；听取和审议政府工作报告、财政工作报告、教育工作报告，并通过决议；选举产生了乡镇领导班子，全县统计，选举产生了乡镇人大主席团成员162名，其中主席、副主席各22名；乡（镇）长22名，副乡（镇）长58名，党委推荐的候选人全部当选。

会议突出了“发展高效农业、大办乡镇企业、群众增收、财政增收”这一主题，且全程依法办事，圆满完成选举任务，故受到邵阳市人大常委会表彰。

本届期限三年，各乡镇至少举行过三次会议。

第十四节 乡镇十四届人民代表大会

1998年10月中旬，全县铺开乡镇人大换届选举。

全县时有779914人，其中选民507872名，22个乡镇划为761个选区，计有487729名选民参加选举，参选率达96%；直接参加投票的选民440590名，直投率达90.3%；选举产生乡镇人大代表1395名。当选的代表素质较高，结构合理，既有广泛的代表性，又有较强的参政议政能力。代表中：妇女占32.5%；非中共党员占37%；少数民族代表占6.5%。代表结构趋于年轻化，40岁以下的占54.9%，41岁至56岁的占40.5%，56岁以上的仅占4.6%，代表的文化程度有所提高，大专以上文化程度的占18.4%，中专及高中文化程度的占43.7%，初中文化程度的占32.3%，小学文化程度的仅占5.6%。代表组成结构比较合理，工人代表占4.2%，农民代表占70.6%，干部代表占11.3%，知识分子代表占7.2%，其他方面的代表占6.7%。

11月下旬，各乡镇分别召开十四届人民代表大会（洞口镇是第二届）第一次会议，听取和审议政府工作报告、财政工作报告、人大工作报告，并通过决议。会议选举产生乡（镇）人大主席团主席、副主席各22名，乡（镇）长22名，副乡（镇）长89名，新一届乡镇人大、政府领导班子，符合政治坚定、廉洁务实、结构合理、精干高效的要求，代表信任，党委满意，人民放心。会议突出了“维护社会稳定，巩固粮、猪、橘三大传统支柱产业，因地制宜发展林、笋、药等优势产业，努力发展以食品、饲料、生猪、竹木制品为重点的农副产品加工业，齐心合力奔小康”这个主题，依法圆满完成各项议程。中共邵阳市委、邵阳市人大常委会在洞口县召开了全市乡镇换届选举工作现场会。

本届期限三年，乡镇举行过3–4次会议。

第十五节 乡镇十五届人民代表大会

2001年8月下旬，全县铺开乡镇人大换届选举，培训骨干3785人，广泛深入宣传乡镇人大换届选举工作的意义、目的、步骤、方法和几个法定时间，严格依法办事。全县22个乡镇，总人口为761418人，其中选民532784名，划分为754个选区。504681名选民参加选举，参选率达94.7%；直接参加投票选举的有420748人，直投率为83.4%。选举产生乡镇人大代表1396名，其中：妇女代表占27.8%，非党代表占36.4%，少数民族代表占7.2%。代表结构比较合理，农民代表占72.3%，干部代表占12.4%，其他各方面的代表占15.3%；就年龄结构而言，40岁以下的占45.7%，41岁至55岁的占49.5%，56岁以上的占4.8%；就文化程度而言，大专以上文化程度的占19.1%，中专及高中文化程度的占42.3%，初中文化程度的占35.9%，小学文化程度的仅占2.7%。

2001年10月，22个乡镇分别举行第十五届（洞口镇为第三届）人民代表大会第一次会议，县委、县人大常委会派员加强指导，县换届选举工作领导小组办公室印发了《洞口县乡镇人民代表大会会议工作程序及文书格式》，保证全程规范化、法律化。乡镇人民代表大会共选出乡（镇）人大主席、副主席各22名、乡（镇）长22名、副乡（镇）长60名。新选举产生的乡镇人大、政府领导人，越来越年轻化，文化层次越来越高。30岁以下的占14.3%，40岁以下的占65.1%，41岁以上的占20.6%；大学文化程度以上的占27%，大专文化程度的占65.1%，中专及高中文化的占7.9%。

大会强调，在“跨千年”的新世纪，要进一步加强和坚持人民代表大会制度，进一步推进民主法治建设。大会号召，认真落实江泽民总书记“三个代表”重要思想，为实现“十五”计划纲要开好局，起好步。

省、市人大常委会充分肯定洞口县的乡镇人大换届选举工作，分别转发了洞口县乡镇人大换届选举的做法。邵阳市的乡镇人大换届选举工作总结大会在洞口县城召开。

2004年8月至9月，根据全国十届人大二次会议修改、通过的《中华人民共和国宪法》有关规定，延长乡镇人大届期，各乡镇分别举行第四次（有的是第五次）会议，完成延长届期的选举工作，至2007年换届。

第十六节 乡镇十六届人民代表大会

2007年9月，铺开县、乡（镇）人大换届选举，县委向各乡镇党委、县直副局级以上单位党组织发出《关于批转〈中共洞口县人大常委会党组关于做好县、乡两级人民代表大会换届选举有关工作意见〉的通知》，要求切实加强领导，做到“严谨、细致、深入、实在”，充分发扬民主，严格依法办事，强调“程序就是政治”，必须突出政治，确保换届选举工作始终沿着正确的轨道运行。县人大常委会党组向乡镇派出6个联系指导组，督促依法依规操作。县乡人大换届选举工作领导小组办公室编印《县人大代表换届选举工作手册》1000余本，发至各选区，增强了可操作性。

全县时有总人口854161人，18周岁以上人口608784人，其中被剥夺选举权利的19人，共登记选民594460人，占全县总人口的69.8%。经过宣传发动、“代表资源调查”、酝酿讨论、推荐候选人、确定正式候选人五个阶段，于11月15日至17日由各选区投票选举，选民参选率达96.63%。718个选区在1951名候选人中共选出乡镇人大代表1403名，其中妇女代表占28.1%，非党代表占36.4%，少数民族代表占1.19%；代表中：工人代表占12.1%，农民代表占52.6%，知识分子代表占11.1%，军人代表占0.7%，干部代表占18.0%，其他代表占5.5%；代表文化程度较高，高中以上文化程度的占58%；代表年轻且成熟，36岁至55岁的占66.9%。

11月19日至23日，22个乡镇分别举行十六届人民代表大会（洞口镇为第四届）第一次会议，县委、县人大常委会派员赴乡镇指导、监督。会议坚持党的领导，全过程都在党委领导下进行；坚持发扬民主，尊重和保障代表的权利；坚持严格依法办事，全程规范有序。会议突出“贯彻落实科学发展观，构建社会主义和谐社会，提高党的执政能力，加强基层政权建设”这一重大主题。在预备会议上，乡（镇）选举委员会作大会筹备工作报告、代表资格审查报告，通过大会议程，选举产生大会主席团，通过代表议案、建议、批评、意见提出和处理办法，听取上级党委和本级党委的指导意见。大会听取和分组审议政府工作报告，财政预算执行情况报告、人大主席团工作报告，审议后分别作出决议。大会听取党委关于推荐人大正副主席、乡（镇）长、副乡（镇）长候选人情况介绍，通过监、唱、计票人名单，投票选举，计票后由执行主席向大会宣布选举结果。全县统计，党委推荐的候选人全部当选。

本届届期五年，乡镇举行过五次会议，其中2009年，乡镇领导班子成员变动较大，代表大会予以补选。

本届代表对政府推出的新型工业化、农业产业化、城镇扩容提质、新农村建设、新型农村合作医疗制度、农村环境卫生综合整治、扶贫、发展民营经济、协调发展各项社会事业、改善民生民利等工作表示满意。对少数干部不作为、乱作为、以权谋私利，持有异议。

第十七节 乡镇十七届人民代表大会

2012年9月5日，县委向各乡镇党委、县委各部办委、县直副局级以上单位党组织转发《中共洞口县人大常委会党组关于做好县、乡两级人民代表大会换届选举工作的意见》（一下简称《意见》）。《意见》强调这次换届选举的指导思想是：深入贯彻落实科学发展观，坚持党的领导、人民当家做主、依法治国的有机统一，坚持和完善人民代表大会制度，扩大社会主义民主政治，全面落实依法治国方略，加快建设社会主义法治国家，进一步巩固基层政权，推动科学发展，促进社会和谐发展。《意见》提出这次换届选举的具体操作：依照修改后的选举法和湖南省直接选举细则进行；首次实行城乡按同比例选举人大代表；县、乡同步换届选举，县代表选区套若干个乡镇代表小选区，取消以往人数较少的乡镇机关选区；乡镇人大代表名额为1407名，其中妇女占30%，非党占35%，少数民族占1.13%，连任代表不应少于30%，35岁以下青年代表的比例应比上届有适当提高；代表选举日安排在10月27日或28日，29日作为机动选举日。各乡镇、县直单位认真贯彻执行了《意见》。

乡镇十七届（洞口镇为第五届）人民代表大会第一次会议于11月中旬（11月15日前）举行。县人大常委会加强了指导，印发了《乡镇人民代表大会基本程序和内容》，全程规范。会议安排了上级领导同志和本级党委书记的讲话；大会听取政府工作报告、财政工作报告、人大工作报告，审议后作出决议；听取党委关于推荐人大主席、副主席、乡（镇）长、副乡（镇）长候选人情况介绍，投票选举；听取关于代表建议、批评、意见处理报告和部分议案、建议、批评、意见的答复。党委加强了领导，人大精心组织尊重民意，尊重代表权利，科学决策，推荐的候选人全部高票当选。圆满完成各项议程。

2013年4月，各乡镇举行第二次会议。

2014年4月，各乡镇举行第三次会议。当年8月，水东乡撤乡建镇，举行水东镇第一届人民代表大会第一次会议；9月，岩山乡撤乡建镇，举行岩山镇第一届人民代表大会第一次会议。

2015年4月至5月，乡镇举行第四次会议。水东镇、岩山镇分别举行第一届二次会议。洞口镇第五届人大四次会议、花古乡十七届人大四次会议以后，撤销洞口镇和花古乡，新建文昌、雪峰、花古3个街道。

本届代表对中共十八大以来的“打老虎、拍苍蝇”，反腐倡廉，拍手称好；对政府推出的科学发展、统筹城乡发展、经济社会协调发展、生态建设、整治人居环境、提高民生保障、发展成果广泛共享，表示满意。

本届届期四年。

第十八节 乡镇十八届人民代表大会

2016年7月，全县铺开县、乡两级人大同步换届选举，8乡12镇分别成立选举委员会。乡镇选举委员会按照中共洞口县委洞发〔2016〕28号文件、洞口县选举委员会洞选发〔2016〕1号文件精神，坚持党的领导和发扬民主与依法办事的有机统一，遵照中央“九个严禁、九个一律”换届纪律要求，统筹谋划，精心组织，有序推进，选举忠诚、干净、担当的好代表，切实履行职责，为加快建设“富裕宜居新洞口”

做出应有贡献。

换届选举具体工作，分五个阶段，即宣传发动阶段、选民登记和选区划分阶段、提名推荐和确定候选人与投票选举阶段、依法召开新一届代表大会第一次会议阶段、总结阶段进行。全县共登记选民543025名，采取选举县级人大代表的选区中套若干个选举乡镇人大代表的选区。考虑乡镇区划调整和建制村合并后，乡镇人大代表名额除剃减原洞口镇、花古乡的名额外，其他8乡12镇代表名额保持不变，为1251名。县选举委员会要求严格注意代表结构，并保证各民族、各方面都有适当数量代表；全县统一，10月6日前公布选民名单，10月26日至28日选举产生县、乡人大代表，11月7日至11日分别召开乡镇人民代表大会第一次会议。

乡镇选举委员会坚持依靠人民群众、充分发扬民主的原则，经过推荐、考查、联审，严把代表候选人"入口关"，把好代表"政治关、素质关、结构关"，严格把握标准，真正把那些"政治素质好、道德品行好、履职能力好、表率作用好、群众基础好"的优秀人才选举为人大代表。

乡镇人大代表选区651个，一次性选举成功。选民参选率达93.26%，代表结构比例符合上级要求。1251名乡镇代表中，妇女占34.61%；非党代表占31.49%；少数民族占8.07%。工人代表占10.15%，农民代表占80.57%，专业技术人员代表占7.67%，干部代表占15.59%。大学本科以上文化程度的代表占13.59%；中专及高中以上文化程度的代表占43.65%；初中文化程度的代表占31.02%。35岁以下的代表占13.83%；36岁至55岁的代表占62.59%；56岁以上的代表占23.58%。

12月上旬，乡镇举行十八届（水东镇、岩山镇为第二届）人民代表大会第一次会议，由人大主席团主持。县委派指导组赴乡镇指导。会议按县人大常委会《关于乡镇人民代表大会会议基本程序和内容》进行组织准备、材料准备、会务生活准备。大会举行预备会议、主席团会议、全体会议。全体会议听取和审议政府工作报告、财政预决算报告、人大主席团工作报告，听取党委关于推荐人大正副主席，正副乡（镇）长候选人的情况介绍，通过《选举办法》，投票选举，宣布选举结果；新当选的正副乡（镇）长、人大主席向宪法宣誓；新当选的乡（镇）长、人大主席向大会作承诺表态讲话，答复代表建议、批评和意见；通过若干决议。

全县统计，共选举产生了乡（镇）人民代表大会正副主席各20名，乡（镇）长20名，副乡（镇）长40名。党委推荐的候选人全部高票当选。

本次会议的热门话题是脱贫攻坚，精准扶贫，代表们对"六个精准"提出了许多建议和意见。

第二章 机构沿革

第一节 大会临时主席团

1954年3月至4月，各乡镇分别举行第一届人民代表大会第一次会议，由大会临时主席团组织领导。大会临时主席团由乡农会主席（建立党组织的乡由党小组组长）、乡政府乡长（或乡长候选人）、在乡指导工作的区干部、农民代表、妇女代表、荣复转退军人代表（或民兵组织负责人）、团员（或青年积极分子）代表、小学校长（或进步教师）等7～11人组成，经由执行主席（乡农会主席）宣布名单后，代表举手通过即可。大会临时主席团只负责本次会议的组织领导，散会后无常设机构，也无代表活动。

1956年下半年，各乡镇分别举行第二届人民代表大会第一次会议，大会临时主席团由乡党委（总支）书记、副书记、乡人民委员会主要负责人（或候选人）、各专门委员会主任委员、妇女代表、民兵代表、青年代表、文化教育卫生战线的代表等人组成，部分高级社主任、党支部（分支）书记进入主席团。大会临时主席团也只负责本次会议的组织领导，散会后无常设机构，闭会期间无代表活动。

1958年5月，各乡镇分别举行第三届人民代表大会第一次

会议，大会临时主席团由乡镇党委书记、乡（镇）长、文教卫生战线和民兵、青年、妇女组织的负责人等组成，同样只负责组织领导本次会议。

此后的公社社员代表大会，均由大会临时主席团组织领导。这种由大会临时主席团组织领导人民（社员）代表会议的模式，沿袭至1983年。因为代表大会后无常设机构，亦无闭会后的代表履职活动。

第二节 人大主席团

1984年5月，各乡镇分别举行第八届人民代表大会第一次会议，大会选举产生人大主席团，由人大主席团组织、领导、主持会议。人大主席团除主持本次会议外，还负责召集下一次会议，承担组织、领导任务，并负责召集、组织换届后的第一次人民代表大会会议。人大主席团为本级人大代表行使职权、履行职责服务，向代表报告工作，受代表大会监督。

1987年一季度，各乡镇分别举行第十届人民代表大会第一次会议，会议根据“地方组织法”的规定，选举产生乡镇人民代表大会主席团成员（全县共选出乡镇人大主席团成员221名，规模小的乡有3

名，中等规模的乡有5名，大镇有7名），其中选举乡镇人大主席团常务主席1名（全县乡镇人大主席团常务主席39名，其中兼职的有12名）。常务主席主持主席团会议，并受主席团委托，负责日常工作。有牌子，有工作班子，有办公房子，有会议记录本子。县人大常委会邀请部分乡镇人大主席团常务主席列席人大常委会例会。

1990年一季度，各乡镇分别举行十一届人民代表大会第一次会议，对乡镇人大主席团提出了新的要求，自此，乡镇人大主席团建立工作责任制，健全“三项要求”“四项程序”“五项制度”，乡镇人大工作年初有计划，活动有内容，年中有检查，年末有总结，逐年有新发展。

1995年二季度撤区并乡扩镇，原39个乡镇并为22个乡镇，各乡镇于三季度分别举行十三届（洞口镇为第一届）人民代表大会第一次会议，选举产生人大主席团成员5～7名，主席、副主席各1名。主席、副主席为人大主席团成员；主席召集和主持主席团会议；副主席受主席委托或者在主席出缺的时候，可以召集人民代表大会并报告工作，受本级人民代表大会监督，列席本级人民政府的有关会议，对本级人民政府的工作提出建议、批评和意见。

第三节 人民代表大会

2008年，乡镇人大主席团根据“地方组织法”和上级人大常委会的指示精神，规范乡镇人大名称，将“乡（镇）人大主席团”改称为“乡（镇）人民代表大会”，经乡镇人民代表大会选举正副主席各1名，内设人大办公室，配专职或兼职秘书。县人大常委会在一般情况下都邀请乡镇人大主席列席人大常委会会议，加强沟通。乡镇人大不断加强自身建设，组织代表活动，依法履职。

第三章 活动纪略

第一节 第十届至第十二届期间

1987年春，乡镇第十届人民代表大会第一次会议选举产生乡（镇）人民代表大会主席团，选举产生乡（镇）人民代表大会主席团专职（或兼职）常务主席。此后，乡镇人民代表大会制度日臻完善，有牌子，有班子，有办公房子，有活动内容。

1987年，县人大常委会在江潭乡办人大工作联系点。江潭乡人大主席团开始建立工作责任制，健全“三项要求”“四项程序”“五项制度”，人大工作年初有计划，活动有内容，年中有检查，年末有总结。县人大常委会向各乡镇人大主席团推介了江潭乡人大主席团的做法，并会同各区人大工作联络员去乡镇检查、指导、督促。城关镇、高沙镇、莃溪瑶族乡、石背乡、竹市镇、山门镇、花古乡等人大主席团分别开展了活动，出现了新的局面。至1990年年初，39个乡镇选举了人大主席团专职常务主席（其中3个乡为兼职）；8个区分别成立人大联络工作委员会，配区委委员为主任。在县人大常委会和区人大联络工作委员会的指导、督促下，各乡镇人大主席团普遍建立工作岗位责任制，并健全各项制度，实施《洞口县乡镇人大主席团工作条例》，促进了人大主席团的活动。

管竹乡人大主席团由5人组成，专职常务主席带领一班人坚持政治理论学习，提高对人大工作的认识，增强责任性，且不断提高业务水平，改进工作方法，调动代表积极性，努力为人民办实事。1989年，乡人大主席团号召代表带领群众修公路，解决交通“瓶颈”问题。棉花村代表小组最先响应，4名县乡代表带领团员、民兵、青年积极分子大干一个星期，义务投劳1500余工日，对全村公路、机耕路进行了维修，还新修了一条1.5公里长的村组公路，改善了交通条件。在棉花村代表小组的带动下，各村代表小组发动新老代表出主意、出力气，两个月内发动群众修路做善事，筹资3.6万元，义务投劳2万多个工日，全面维修公路，新修了通21个村民小组的简易公路。1990年春，主席团成员走访农户发现，杂交水稻种子缺乏，调查摸底，计有438个农户种子不足。主席团召开代表小组长会议，要求所有县乡代表挨家挨户做工作，调整余缺。经调查统计，调整余缺后，全乡尚缺1750公斤早稻杂交水稻种。经乡政府与县种子公司联系，派农技干部及时买回种子，分别送到各村，由村干部、县乡代表分别送到缺种农户，解决了缺种户的燃眉之急。1990年夏，遇上了少见的大旱，抗旱柴油相当紧张，乡政府积极向县政府争取支援，人大主席团成员分赴各地联系、求援，共购回柴油12吨，争取上级支援12吨，基本满足了抗旱需要，农民皆大欢喜。

醪田乡人大主席团就做好“五保户”供养工作出新招。县人大常委会的决议公布后，乡人大主席团立即行动，经过调查研究后，向乡政府提出“全面发动，制订乡规民约，分级负责，任务落实到人”的建议，督促乡政府出台《关于对五保老人实行乡村组三级负责、定期定量承包落实到户的供养决定》。紧接着，乡人大主席团督促各村落实，委托代表小组组长按季度逐户检查，保证落实兑现。乡人大主席团动员县乡代表为“五保”老人做好事，做善事，带头执行县人大常委会的决议和乡政府的决定，仅1990年统计，全乡人大代表63名，带头为“五保”老人办实事152件，其中：乡人大主席团主席、成员捐资为“五保”老人买尿盆，三次为“五保户”打扫卫生；廖洪坤代表让民兵砍自己责任山的杂柴送给“五保户”；代表发动家属和妇女积极分子为“五保”老人制做布鞋52双；杨龙小学师生为“五保户”捐资150元，送去盐、袜子、杯子、火柴共200余件。由于做好了“五保户”的供养工作，全乡计划生育、精神文明建设跨入全县先进行列。

1993年8月7日凌晨4时，苝溪瑶族乡遭受大暴雨侵袭，公溪河流域降雨180毫米，山洪暴发，山体滑坡，公路严重受损，交通中断，苝溪、龙头、堆上等村受灾惨重，经济损失1300多万元。乡人大主席团紧急召开代表小组长会议，要求各级人大代表带领瑶汉同胞立即投入恢复通路、通水、通电、通信号的“四通”工作；主席团主席和乡党委、乡政府的负责人积极向上级汇报灾情，争取支援。经瑶汉同胞艰苦奋斗，并得上级大力支援，不到两年时间，全乡恢复“四通”。

第二节 第十三届至第十五届期间

1995年，撤区并乡扩镇，全县设22个乡镇。下半年分别召开十三届人民代表大会，选举产生乡镇人民代表大会主席团和乡镇人民代表大会主席、副主席各一名，加强了人大工作力量。1996年初，县人大常委会举办了乡镇人大主席、副主席、专职（或兼职）秘书培训班，全面贯彻《湖南省乡镇人民代表大会主席团和乡镇人民代表大会主席、副主席工作若干规定》，切实加强乡镇人大自身建设，完善工作制度，乡镇人大工作逐步走向制度化、规范化、法律化的轨道，经常开展活动。

黄桥镇人大主席团1996年调查发现一些村给村民办理有关证明手续时，每次收“盖章费”100元，及时予以制止，并责成全部退还。山门镇人大主席团调查发现某校开学时向每个学生收取“搭餐费”27元，开学后不久又向搭餐学生每人收取

"搭餐费"27元，主席团对该校进行了严肃的批评，责令把开学时向每生收取的27元"搭餐费"全部退还。各乡镇人大主席团由此狠刹"乱收费"之风。

1996年7月17日，全县遭受特大洪灾，县人大常委会电告沿河各乡镇人大主席团立即组织各级人大代表抢险救灾。石江镇人大主席团紧急行动：县代表文保祥与当地村干部和民兵组成突击队，救出被洪水围困的居民600余人；县代表金富莲为受灾的"五保户"连续服务三个昼夜，还拿出270元给受灾的"五保"老人改善生活；数名镇代表为重灾户送米送菜；多数镇代表投入了紧张的恢复"四通"工作。洞口镇人大主席团、竹市镇人大主席团、江口镇人大主席团、高沙镇人大主席团、山门镇人大主席团、花园乡人大主席团等，都在抢险和灾后恢复"四通"的特殊战斗中发挥了重要作用。

江口镇人大主席团从1996年起，在人大代表中开展"争一帮一"活动，即每个代表争取每年创纯收入一万元，帮一家贫困户脱贫。镇代表带头与4家困难户承包一片老化荒芜的茶园，改种楠竹，并发展竹篾加工，经5年苦干，4家困难户脱贫，走上致富路。

大屋瑶族乡人大主席团从1997年起，坚持不懈地开展"人民选我当代表，我为瑶乡做贡献"活动，活动内容包括："争一帮一"活动，"奔小康示范户"竞赛活动、"六个一"活动，提一条建议、做一件好事、绿化一片山、种一片药材、喂一群牛、养一群羊。当年收到颇有价值的建议10条、脱贫致富信息15条，主席团成员和人大代表办500亩连片的药材生产示范点2处，共为瑶民办好事实事40件。2001年换届后，活动不断。县乡代表带领群众在脱贫致富的道路上艰辛奋进8年，杨鲜木、张学宜、张采红、张录宽等不断摸索总结天麻栽培技术，每人每年天麻收入过万元；全乡种植天麻1.1万余窖，建成中药材生产基地3000亩，成为一大经济增长点；潘玉石家居雪峰山腹地半江村，年出栏山羊过百只致富，他的联系户潘中业，年出栏黄牛十余头而脱贫；曾钢丁稍富后，引导和帮助20多户村民成为养殖、种植、运输、加工、贩运的重点户，且捐资2000元，并向上级争取2万元，率百余名劳力开山石、运山土，修成千余米长的标准水泥渠，引山泉灌农田，结束了和木村"靠天吃饭"的历史。

山门镇人大主席团发动、组织各级代表积极投身地方经济建设。镇代表段太石筹资建成集商贸、餐饮、商业住宅于一体的第三产业新亮点；县代表刘成甫筹款建成预制厂；市代表朱新兰开办餐饮业；各级代表广泛发动并模范带头，热情支持镇人民政府集聚民间资金160余万元，对蔡锷公馆进行整体复修，建成全市的爱国主义教育基地，新增了旅游景点，由此带动了第二、三产业的发展，新增农村加工企业7家、商业门面60多个。

竹市镇人大主席团坚持督促人大代表到选区述职，接受选民监督；集中县、镇代表学习《中华人民共和国代表法》，举办以“人民选我当代表，我当代表为人民”为主题的演讲比赛，激发代表履职积极性，推进人大工作。县人大常委会于2003年7月在该镇召开人大工作现场会，总结、交流乡镇人大工作经验。

长塘瑶族乡人大主席团于2004年11月组织市、县、乡人大代表30余人，出动6台视察车，对乡人民政府办交通，乡林业站的森林资源管理和邵怀高速公路的七、八、九、十标段工地、隧道工程、高架桥工程等进行视察；县人大常委会派员派车参加活动，新闻部门派记者带车跟踪采访。代表们扩大了眼界，增强了发展意识，对保护群众合法权益与优化施工环境有了正确的态度；同时，提高了人大知名度，对于融洽工农关系、遏制野蛮施工、保护生态环境，发挥了监督作用。中央人民广播电台、湖南电视新闻台、《湖南日报》《邵阳日报》《邵阳人大》等新闻媒体对这一活动分别做了翔实报道；省高速公路管理局、市县协调指挥部、施工方的项目经理部，都对此举表示赞许。

第三节 第十六届期间

2007年11月，乡镇分别举行十六届（洞口镇为第四届）人民代表大会第一次会议，选举产生新一届人大主席团。县人大常委会对乡镇人大工作提出了新要求：创新人大工作机制，突出发展主题，推动基层民主法制建设，增强代表工作的实效性。各乡镇人大及主席团着力于开拓创新，力求增强活动实效。

石江镇人大不断创新工作机制，努力增强监督实效。首先是创新代表小组座谈会。各代表小组制作了“代表联系群众责任卡”，明确了每个代表的联系对象、联系任务；代表小组每季度召开一次座谈会，把群众反映最强烈的问题疏理集中反映给人大主席团；主席团汇总后转交政府，要求具体落实；政府将落实情况书面反馈给代表，代表及时向群众作出答复。树林代表小组要求政府修复胜利坝高灌区，经主席团督促，镇政府发动受益村民自筹2万元，积极争取上级资助40万元，如期修复高灌区，解决了联合、白果、中山等村千亩稻田的灌溉难题。代表提出巨头粟家组水毁农田难恢复的问题，人大主席团与镇政府共同努力，发动占田户集资3万元，争取国土部门通过土地平整项目投资30万元，修复防洪堤150米，恢复水毁耕地一百余田，解决了群众多年来的吃饭难题。再是认真组织代表视察，力求解决主要矛盾，取得实效。2008年，先后组织主席团成员和在镇的省、市、县三级人大代表及部分镇代表视察石江镇中心医院、邵阳市石下江煤矿，向视察单位提出中肯意见，促其发展，并采取积极措施，妥善解决了中心医院净化池用地选址难题；经与电力部门和石下江煤矿协商，由煤矿出资帮助川石村5个组进行农网改造，保证他们正常用电，化解了多年来的矛盾，优化了煤矿周边环境。再次是积极推动民主评议。得党委支持，对镇属“七所八站”先后进行工作评议，重点评议了国土、城管、城建三个部门，人大代表听取他们的述职汇报后，根据群众的反映发表评议意见，最后以无记名投票进行满意度测评，并在政务公开栏公布评议结果，镇政府和三部门有较大触动，研究了整改措施，组织力量拆除街道临时摊点40多处，依法处理违章建筑5处，赢得人们好评。

黄桥镇人大正确把握三个关系，不断创新人大工作。正确把握“有位”和“有为”的关系，在自身建设上求创新；正确把握“突出重点”与“统筹兼顾”的关系，在监督方式上求创新；正确把握“会期履职”与“闭会履职”的关系，在开展代表活动上求创新。经过代表培训，提高代表素质，把“会期履职”与“闭会履职”结合起来，制定了代表活动的“五个一”工作法，即每年组织代表开展一次以上工作评议或述职评议活动，开展一次以上执法检查和视察活动，开展一次以上专题议政活动，开展一次办理代表议案、建议、批评和意见的监督活动，开展一次以上社情民意调查活动，而且努力做到每次活动有新意、有实效。重点监督粮食直补资金和民政资金的发放、民生问题、新农村建设和重点工程建设。在此同时，统筹兼顾，延伸人大监督的触角，包括改善在校学生生活问题、学校周边环境问题等等。人民代表大会主席团创新监督方式，坚持不出难题出点子，不找岔子找出路，不添麻烦添动力，与党委政府同唱一个调，同吹一把号，同使一股劲。本届党委政府在调结构、抓发展方面卓有成效，交通建设也取得明显成效，完成了黄长、黄马两条县道的扩改硬化和33个村、62.8公里的通村公路建设，教育事业亦出现新气象，镇中心小学整体搬迁，3所完小的危房改造全面完成，尊师重教氛围空前浓厚、党委政府更加重视人大工作，尊重人大地位，发挥人大作用，优先安排人大经费，切实为人大和人大干部营造“有为”空间，人大正副主席除完成本职工作任务外，还出色地做好招商引资、通乡通村公路建设等工作。

山门镇人大创新代表活动，促进依法履职。在山门镇政府网站上设人大工作专栏，人大网页,为人大工作开辟一条相对规范的联系人民群众的新途径，成为展示代表风采的舞台，成为代表沟通选民的桥梁、了解社情民意的通道；经过周密思考和大胆探索，设立了“人大监督电话专线”，将监督号码公开，欢迎人民群众使用专线，督促政府及有关部门及时处理群众反映的问题，群众对此反映很好。2009年，镇人大根据代表和人民群众的反映，对蔡锷东路的开发和福苑小区的建设组织了视察和调研，从规划设计、招商引资、道路建设、移民拆迁、征地补偿、被征地农民的生活保障和长远生计、工程进度和文明施工及工程质量等，进行了全程监督，维护了人民群众的切身利益，推进了重点工程项目建设，党委、政府、开发商、施工方、人民群众对此举表示满意。

第四节 第十七届期间

2012年11月，乡镇举行十七届（洞口镇为第五届）人民代表大会第一次会议，选举产生新一届人大班子。此届乡镇人大注重加强自身建设，抓紧代表培训，提高代表履职能力，开展代表视察活动，拓宽代表履职视野，密切联系乡镇实际，认真组织闭会期间的代表活动。

山门镇人大以“学习要有新进步、作风要有新气象、工作要有新举措、活动要有新内容”为工作目标，新制定《关于闭会期间主席团会议的规定》《关于镇人大代表联系选民的制度》《关于镇代表小组活动实施办法》《关于办理代表议案和批评意见建议的规定》《关于组织人大代表视察办法》《关于评议镇政府工作实施办法》。向代表发放《人大代表手册》，给代表订阅《人民之友》月刊，完善镇人大、镇政府向代表通报工作制度，组织代表定期、不定期的听取镇长、副镇长和职能部门对群众关心问题的专题汇报，并予以评议。在建立选民联络员的基础上，形成代表大会、人大代表、选民相互联系的三级网络，保证人大代表有新的作为。第十七届期间，共组织活动48次，其中镇人大主席团组织工作评议14次，县镇代表联合视察和执法检查16次，以镇代表小组为单位开展活动18次，在镇第十八届人大一次会议上，代表审议镇人大工作报告时评价，镇人大“在政府重点工作上助了一把，在政府难点工作上帮了一把，在政府热点工作上推了一把”。

2014年下半年，县人大常委会先行试点，在洞口镇、高沙镇、石柱乡建立人大代表联系群众工作室，以此作为代表在闭会期间依法执行职务、密切联系群众的重要平台。2015年上半年，县人大常委会推介了他们两镇一乡的经验和做法。至2015年5月底，全县各乡镇（管理区）都建起了人大代表联系群众工作室，代表联系群众形成常态。

高沙镇人大代表联系群众工作室坚持带政策解“惑”，带法律解“结”，带真情解“忧”，带技术解“难”，带资金解“困”；总结了主席团通力协作、代表小组专题调研、代表分散做工作、镇政府着力处理解决问题的“高沙经验”。

石柱乡人大代表联系群众工作室坚持名实相符，有牌子，有机构，有工作计划，有实施方案，有活动制度，有专项经费，主席团主席、副主席、县乡人大代表和民情信息员轮流值班，不唱“空城计”，四年接待来访群众300多人次，妥善处理信访33件。乡人大、乡政府对群众反映强烈的水电路建设和生态建设作出积极回应，届中改建新建标准水渠18公里，完成24座病险水库的改造加固，6000多亩稻田受益，家家户户用上电，村道硬化率达98%，成功申报省级生态乡，积极创建国家级生态乡，群众对此表示满意。

黄桥镇人大代表联系群众工作室联系接待群众280余人次，收集整理群众意见、建议上百条，就群众最关心的问题积极做出回应：石（江）黄（桥）杨（林）公路是陕西安康至广西北海高速公路的连接线，事关洞口乃至邵阳的发展，镇人大、镇政府和在镇的各级人大代表积极争取立项，扩改提质，以适应新形势；黄桥镇处衡邵干旱走廊，且是干旱死角之一，县、镇代表积极争取水利建设向黄桥倾斜，得到县政府高度重视；以上两大工程实施后，镇人大连续组织县镇代表实地视察，帮助施工方解决实际问题，加快工程进度，保证工程质量。本届4年，共组织县镇代表视察、执法评议活动8次，镇代表活动10次，代表小组活动14次。2016年，代表联系群众工作室接待来访选民60余人次，选民最关心的是代表质量，要求严格按照上级“十五项负面清单”把好代表候选人推荐关，镇党委、镇人大、镇选举委员会对此进行严肃认真的研究，把严候选人推荐关，依法依程序组织选举，经“三上三下”讨论酝酿，从156名镇代表第一轮候选人中选举产生镇十八届代表97名，选民对此表示满意。

毓兰镇的县镇代表共72名，全部参加人大代表联系群众工作室活动，有年度活动计划，有联系、接待、处理记载，有年末总结、交流会议，把代表联系群众落到实处。镇人大代表联系群众工作室作为代表的履职平台，作为代表争先当模范的载体，要求代表在联系群众的实践中传播正能量，通过联系群众听取意见，反映民情民意，当好党委、政府参谋，推动全镇经济社会发展。届期中，镇人大共组织民情民意专题通报会2场，代表听取镇政府“知情知政”通报会2场，县镇代表集中视察2次，执法检查、评议2次，增强了代表履职的积极性和社会影响力。

醪田镇人大代表联系群众工作室听取群众关于调整产业结构、发展特色经济、努力形成产业规模的意见、建议后，镇人大组织了代表和有关人士座谈讨论，形成综合材料，向镇党委、镇政府提出工作建议。在党委、政府领导下，经村支“两委”、各级代表和人民群众的共同努力，至2016年，全镇紫薯种植面积发展到300亩，红薯种植面积扩大2000亩，形成醪田红薯产业链，油茶种植面积达到2000亩，红米、黑米、五彩米种植面积发展到500亩，尾参、玉竹、百合等中药材种植面积发展到300亩，成立20个农民专业合作社，建立家庭特色农场8家，其中省级家庭农场6家。

花园镇人大代表联系群众工作室确定代表接待日，公告参与接待的代表名单，年接待、联系群众60人次，矛盾纠纷调解成功率在90%以上。镇人大根据群众反映的问题，先后组织代表对教育、农村合作医疗、粮食直补等惠民政策、社会治安综合治理、重点工程项目等进行集中视察评议，在人大公示栏公布评议结果及整改情况，让群众知根知底，密切了代表与选民的关系，丰富了闭会期间代表活动的内容，增强了代表履职的责任感。

国家和省、市重点工程怀邵衡快速铁

路洞口段启动后，沿线乡镇人大把积极支持和全力配合重点工程建设作为闭会期间代表活动的重要内容之一。

江口镇境内需征地600余亩，拆迁房屋121座，迁坟216冢，工作量大，一度进展缓慢。镇人大组织在镇的历届各级人大代表，配合县、镇工作队（组）做工作，代表们发挥各自的优势，在亲朋好友、老中少三辈中谈形势，拉家常，循循善诱，启发开导，“润物细无声”，保证征地拆迁按时按量完成，并一鼓作气，完成国道320线江口段改造和岩滩小区项目建设，此被誉为“江口经验”。

月溪乡境内，铁路建设红线内和铁路建设临时用地计220余亩，乡人大组织在乡的历届各级人大代表深入群众做工作，“一把钥匙开一把锁”，化解矛盾纠纷10余起。该乡率先完成征地拆迁和腾地任务，给施工方创造了良好的施工环境。并顺势推进拆迁户的“山水宜城”建设、鸿程集贸市场建设、苏宝顶风电场至洞口平溪江变电站风电线路月溪段建设、国道320线月溪段扩改等工程项目，代表们在视察调研中督促调处矛盾纠纷30余起，建设方、施工方均表感谢。

岩山镇人大发动代表广泛深入地宣传铁路建设对本镇建设的带动作用，代表收集群众意见420余条，人大代表联系工作室接待群众来访660余人次，综合整理群众意见100余条，组织代表小组调研、视察3次，化解、调处了一批矛盾纠纷；对铁路建设、火车站建设、站前广场建设的土地征用补偿及发放进行了全程跟踪监督；对移民、失地农民的安置予以高度关注，3个村纳入开发规划区，成为火车站物流园区板块的一部分。

竹市镇人大把优化铁路建设环境作为闭会期间代表活动的主要内容之一，组织了视察调研，听取了施工方的意见，工程进展顺利，2016年拉通镇内6.8公里铁路路基。

石江镇有3个村涉及铁路建设，镇人大于2015年组织县、镇人大代表对镇内段的建设进行调研，实地考察关于群众切身利益的土地评估、房屋拆迁、移民安置等实际问题，维护了群众利益。经过代表小组的努力，为施工方提供了各方面的服务，引进了衡邵工业燃气公司，乘铁路建设之东风打造湘西南精品旅游项目。

山区乡人民代表大会紧扣山区特点，为发展山区经济组织闭会期间的代表活动。

古楼乡人大组织代表发掘“明代贡茶”文化资源，利用自然资源优势，几次座谈后向乡政府提出“巩固名优品种、品牌，扩大云雾茶种植面积，筑巢引凤，开发茶文化，以古典茶楼带旅游，促古楼发展”的工作建议。乡党委、人大、政府采纳后，在乡的各级代表积极支持，广泛发动，亲身参与，发掘史料，扩大茶园，招商引资，打造茶文化，筹办“开茶节”。经四年努力，新增云雾茶园540亩，全乡优质良种茶园达到1500亩；引进制茶大师，在巩固、扩大名优品种品牌的同时，新增红茶、岩茶加工生产线，奇山茶叶有限公司正式投产，重点打造古奇山商标，推出“九天”“祥云”“朝阳”“天骄”等红茶系列品牌和“龙芽”“龙眉”“龙鬚”“龙爪”等绿茶系列品牌，全乡已有颇具规模的茶厂4家；恢复古楼标志性建筑，沿湘黔古道建造观景台古典茶楼八家，集住宿、餐饮、休闲为一体，成功举办了首届“茶文化节”“开茶节”；2016年，县委、县政府把该乡定位为“名茶生产基地”。

渣坪乡人大完善在乡各级代表分组分片责任制，乡、片、组分别开展闭会期间的代表活动，代表根据所在村的优势搞调研，当参谋，且身体力行，促进特色经济发展，共完成人大调研信息10篇。大山村的高山优质茶、大叶村的红豆杉育种、舒家村的葛根种植、客溪村的延季时令蔬菜、沙洞村的中药材种植、银坪库区的生态泉水鱼等，均已初具规模，山区传统种植业向多元化发展。

桐山乡人大以“推进非公有制经济发展，改变山区面貌”为主题，开展闭会期间的代表活动，要求代表扩大眼界，组织能人，广交朋友，引进民营企业入驻桐山，而且要热情服务，“引得进，稳得住，发得起”。经乡党委、政府和在乡各级人大代表及各界人士共同努力，四年共引进竹木加工企业5家、特色养殖场4家、金银花加工企业3家、石材厂2家、洗发水厂1家、娱乐休闲度假村1家，为全乡经济社会发展增添了活力与合力。

瑶族乡人民代表大会根据各自实际，发掘地方资源，组织闭会期间的代表活动。

蓈溪瑶族乡人大组织在乡的市、县、乡代表发掘乡土旅游资源，调研、视察、座谈旅游开发，为发展旅游事业献计献策，团结瑶汉同胞保护、利用自然资源，促进该乡生态旅游年年有新发展：2012年，成功申报为湖南省第一批生态示范区；2013年，蓈溪国家森林公园成功申报为国家AAA级旅游景区；2014年，白椒村被列入“十二五”时期全国少数民族特色村寨保护与发展名录村寨；2015年，宝瑶村被评为省级历史文化名村、湖南省第三届最美少数民族特色村，大麻溪村成功举办首届“相约四月八、多彩乌饭节”，盛况空前；2016年，中村村启动200万元美丽瑶寨村建设，唱歌洞风景开发区、高顶山游步道、普照寺修缮整理等工程全面启动。

大屋瑶族乡人大组织代表进村入寨听取群众呼声，瑶汉人民对安全工作呼声很大，提出意见、建议142条。党委、人大、政府想人民之所想，急人民之所急，高度重视安全工作。首先组织代表进行了为时三天的消防安全督查，健全防火制度，加大宣传力度，增加消防设施，减少、杜绝火灾隐患。其次，组织代表对人畜饮水安全进行视察调研，设计、实施18处安全饮水工程。再次是组织代表排查道路安全隐患共150多处，督促乡政府、村委会维修养护村组公路20多公里，硬化村道44.3公里；督促、支持林业部门维修林道80.8公里；督促乡政府筹资180多万元恢复水毁公路，加固安保设施，设置警示标志；争取公路部门支持，在山（门）大（屋）公路沿线安装防护栏。代表们竭力做好群众工作，为施工队伍创造良好的施工环境，保证工程进度；代表们在支持中监督资金使用和工程质量，保证工程干净。

长塘瑶族乡人大组织代表在闭会期间深入村寨、访民情、察民意、为瑶汉人民鼓与乎，共征集意见、建议50多条，梳理后向乡政府交办。在政府的实施过程中，人大依法履职：在村级公路硬化、农村电网全面改造升级等基础设施建设方面，予以全程监督，派出代表任监督信息员，并以专栏形式向群众公开，监督乡政府不贪图虚名，不急功近利，不向群众摊派，不搞负债建设；在产业结构调整方面，组织代表视察，尊重民意，不搞强迫命令，代表们身体力行，团结和依靠群众新扩金银花、雪莲果、茯苓等药材500多亩，新增养殖专业户30多家；在维护群众利益方面，人大代表参与了3个村的财务清查和审理，督促、支持乡政府建立便民服务中心，及时公布为民办实事的要点和进度、重点工程项目和进度、退耕还林落实情况、为群众办事程序，促进政府工作透明化。

水东撤乡建镇、举行水东镇第一届人民代表大会第一次会议后，镇人大把发展水东教育作为闭会期间代表活动的重要内容之一。组织在镇的市县乡人大代表视察水东教育，既肯定成绩，也认识差距，增强代表的使命感和责任心，共同为发展水东教育鼓与呼；组织工作评议，要求镇政府始终坚持教育优先发展战略，进一步改善教育环境，合理调控生源布局，增加投入，改造学校危房，调动教师积极性；组织代表监督，督促创建合格的镇中心小学，监督中学教学楼的全面改造，督催消除D级危房，在监督中予以支持。一步一个脚印，发展教育见成效：镇中心小学创建合格学校顺利通过省级验收；教育投入逐年增加，D级危房全面消除；完成镇中学教学楼的全面改造，旧貌变新颜；整合了教育资源，教育质量明显提高，全县统考小学教育水平进入前五名。

杨林乡人大为迎接撤乡建镇，组织代表在闭会期间开展“重基础、惠民生”活动，发挥“东邻隆回、南连武冈”的边境贸易地理优势，紧扣交通、水利搞调研，提建议，视察监督重点工程。四年来，全乡完成通村公路硬化30多公里，其中硬化杨林至塘下的乡干道，6个村的群众得实惠；对3个村的村道进行改造升级；修建通组公路22.8公里，境内通畅便利的公路网已经基本形成；改造加固五类危桥杉木桥，消除3个村的出行安全隐患；特别是石黄杨公路的扩改提质，改善杨林与武冈、隆回边界的交通条件；维修加固3座病险水库，建成标准行水灌溉沟渠8.5公里，增强了抗旱灾能力；建成杨林自来水公司，12个村用上放心水。2016年11月，杨林镇第一届人民代表大会第一次会议隆重召开。

第七篇 人物

在洞口县的各界人民代表会议代表和各级人民代表大会代表中，有的曾在战火中浴血奋斗，功勋卓著；有的领导或参与了剿匪斗争、土地改革和合作化运动，在社会主义革命中付出了极大的努力；有的组织或参与了阶级斗争、生产斗争和科学实验，经受了“三大运动”的考验，在社会主义建设中做出了很大成绩；有的在改革大潮中击浪涌进，成为时代的骄子。他们为建立、完善人民代表大会这一根本政治制度，为洞口县的经济建设、政治建设、文化建设、社会建设和生态文明建设做出了贡献。本篇为数名作古的代表立传，记录各界人民代表会议常务委员会和人民代表大会常务委员会的主任简历、简介全国人大代表和部分省、市、县人大代表。

第一章 传略

（以出生年为序）

许华山

许华山（1896—1974），武冈县第一届各界人民代表会议代表，洞口县一、二届各界人民代表会议代表，并当选为洞口县第一届、第二届各界人民代表会议常务委员会委员；湖南省特等二级农业劳动模范。

许华山是竹篙塘金龙寨（今洞口县竹市镇金龙村）人，出身赤贫，以佃耕、帮工、挑担维持生计。新中国成立后，翻身做主人，任区农民协会代表、乡农民协会委员，积极组织农民发展生产，成绩特别突出，1951年先后参加武冈县劳动模范代表大会、湖南省劳动模范代表大会，省人民政府授予“湖南省特等二级农业劳动模范”称号，颁发了锦旗、奖章和奖品。出席武冈县、洞口县各界人民代表会议后，带头试种双季稻，获早晚两季亩产400公斤的好收成。在互助合作运动中，率先组织互助组，担任组长；相继带领全组参加初级农业合作社。1955年夏秋连旱，他组织社员开展生产自救，带领儿、媳斩荆凿石，开垦马脑石荒坡，种植旱粮作物、越冬作物，多收粮食；是年冬，组织人民群众自力更生，修筑山塘4口，能灌稻田30多亩。

公社化以后，许华山苦于没文化，且年过花甲，不再担任基层干部，仍以劳模、代表自励，爱党爱国爱社会主义，自觉完成各项任务。1974年7月5日，因病逝世，享年78岁。

米楚楠

米楚楠（1898—1974），武冈县第一届各界人民代表会议代表，洞口县一、二届各界人民代表会议代表，洞口县第二届、第三届、第四届人民代表大会代表和第二、三、四届县人民委员会委员。

米楚楠是洞口县高沙镇檀木村人，1924年夏毕业于湖南省立第一师范。1924年下学期在武冈早期革命摇篮思思小学（意在以马克思、恩格斯学说为指南）任教，受进步思想影响，倾向革命，成为中国共产党的忠实朋友。1928年2月15日，中共武冈（地下）县委在洞口文昌塔举行首次县委扩大会议，米楚楠受县委书记唐盛委托在渡口片安亭负责联络和警戒，见颈上衣扣解开、鞋子拖着、右手拿雨伞或毛巾或黄茅者，则对暗语，暗语无误，米楚楠发话：“玩，就往宝塔上去玩吧。”

党组织遭受破坏后，米楚楠仍与唐盛保持秘密联系，数次巧妙地帮助唐盛脱险。1943年上半年，米楚楠协助唐盛在马渡唐氏祠堂举行了隆重的纪念“七七”抗日六周年文艺公演，唤起民众有钱出钱，有力出力，驱逐日军，收复失地。1946年出任硖江中学教务员，硖江中学时有4名学生无端被指控为异党分子，扣押入警察所，米楚楠邀集知名人士直奔武冈，向当局慷慨陈词，据理力辩，使之得释。

米楚楠在武冈、洞口中小学执教多年，享有较高声望。武冈解放后，应武冈县人民政府邀请，出席民主人士座谈会，被尊称为“共产党的知己，教育界的元老”；他深受鼓舞，心潮澎湃，表示坚决拥护共产党，决心为振兴人民教育尽全力。相继出席各界人民代表会议，投身接管、发展教育工作。洞口建县后，积极开展劝学、扫盲和小学教育整顿巩固工作，支持民办教育，连续教龄35年，桃李满园。退休后，珍惜人民代表、人民委员、人民教师等光荣称号，爱党爱国爱社会主义。1974年9月病故，享年76岁。

袁茂生

袁茂生（1903—1970），生于邵东范家山袁家湾，后迁洞口石江镇定居。洞口县第一、二届各界人民代表会议代表，第二届人民代表大会代表、县人民委员会委员。

袁茂生自幼经商，民国36年（1947）前在石江镇开设“茂盛昌瓷铁商店”，经营瓷器、铁货、土产等；又在石江乡砂子坪（石江镇今树林村内）兴办炼铁厂，年生产毛铁近30吨。对小本手工业者和缺乏资金的贩铁农民，常开展赊销业务。

新中国成立后，袁茂生拥护中国共产党和人民政府的领导，1950年，主动将自家的14亩田土连同契约献给农会。是年，石江镇成立工商联分会，袁当选为分会主任，后又担任县工商联执行委员。1951年6月，武冈县人民政府召开各界人士抗美援朝代表会，号召捐物捐款购买飞机大炮，袁茂生当即带头捐献大米25吨。县人民政府授予“抗美援朝，保家卫国”锦旗。同年6月底，武冈县人民政府派员与袁茂生洽商建办合营铁厂，袁慨然应允．将自己在石江水口开办的干木冲铁厂改为“公私合营铁厂”。同年8月，又把铁厂的全部财产献给国家，更名为“武冈县劳改铁厂”。

1952年，洞口县开展“三反”“五反”运动，袁茂生除自己依法纳税外，还积极参加评税，向群众进行“纳税光荣，偷税可耻”的宣传，对推动当时的税收工作起了积极作用，洞口县人民政府授予他“爱国纳税模范”锦旗。

1956年，政府开始对私营工商业进行社会主义改造，袁茂生被选为石江镇公私合营的私方经理，带头将自己的“茂盛昌瓷铁商店”和另一片小店全部折价入股，并将其1400余元流动资金投入公私合营企业。之后，又带动私方代表放弃定息。同年冬，袁茂生当选为洞口县第二届人大代表，并在二届一次会议上被选为县人民委员。袁茂生虽然身兼数职，仍然坚持站柜台、搞营业。因此，多次被评为单位的先进工作者，先后参加过省、地举办的民主党派、工商界人士学习班。在省城学习结业时，还受到当时省长程潜的接见并合影留念。

袁茂生一贯爱国守法，依法纳税，1958年5月，洞口县税务局赠给他“特等纳税模范手册”，县长宋运良、财贸部部长穆从全分别在手册上题了褒奖词。袁为人正直，廉洁奉公，工作积极，毕生致力于工商事业。

1970年年初，袁茂生身患重病，自知难以痊愈，嘱咐儿女要听共产党的话，好好工作；丧事简办，不要麻烦政府。2月15日病逝，享年67岁。

尹显和

尹显和（1907—1989），洞口县山门镇里仁村人，洞口县第一届人民代表大会代表，湖南省第一届人民代表大会代表，湖南省甲等农业劳模。

尹显和16岁时就给地主当长工。新中国成立后，翻身做主人，出任乡农会委员。1952年春，他带头响应共产党的号召，积极走互助合作道路，将临时互助组建成全县第一个长年互助组，带领全组抢抓农时，精耕细作，粮食大增产：该组7户，27亩水田产稻谷22935斤，平均亩产由上年的560斤增至849斤；他种的1.17亩试验田产稻谷1316斤，亩产由上年的761斤增至1119斤，被评为洞口县特等劳动模范、湖南省甲等农业劳模，政府奖给大水牛1头，并赴京参加国庆观礼，荣幸地见到了毛泽东主席等党和国家的领导人。是年冬，尹显和加入中国共产党。

1953年年底，县委农村部在里仁乡办初级农业生产合作社试点，尹显和带领他的长年互助组与其他互助组共32户，创办山门区第一个初级农业生产合作社，组织入社群众民主拟订了五章二十四条的初级社章程，细化了“月小评、半年大评、年终总评”的评比办法，激励先进，全社着力改善生产条件，使用良种良法，1954年实现“办社头一年大变样”：该社78亩稻田，平均亩产960斤，比上年亩增160斤；社员口粮由上年的550斤增至680斤，社员走合作化道路的决心和信心更加坚定，该社成为全区的示范点。他试种的0.34亩双季稻喜获丰收，比一季中稻亩增200斤稻谷。

尹显和在湖南省第一届人民代表大会第一次会议期间，以主人翁的姿态行使职责，认真负责地提出《建洞口县麻风病医院，防治麻风病》和《丘陵区的粮食增产措施是一亩田当两亩田用，大种双季稻》两件提案，都被省人民委员会采纳。洞口县麻风病医院（管理所）于1955年建成，收治县内、县外麻风病患者34人。双季稻开始全面推广，由间作改连作，洞口县1955年试种1061亩，都比一季中稻增产。

公社化以后，尹显和因为没有文化而让贤，在公社、大队不担任任何职务，也很少参加县一级的活动，但一直担任里仁大队大和生产队队长，历时21年。他始终保持人大代表、劳动模范的本色，坚守第一线，依靠和团结社员群众发展生产，在粮食生产上不断取得新成绩。1975年，全队粮食亩产1400多斤，向国家交售余粮8000多斤。1978年，带领社员群众实施“稻稻麦”三熟制，全队粮食亩产达1617斤，向国家交售余粮过万斤，成为全县粮食生产的旗帜。尹显和终于实现了他的“人过七十，粮超双纲”（亩产1600斤）的夙愿，1979年辞去生产队队长职务。

1989年1月，尹显和病逝，享年82岁。

袁仁卓

袁仁卓（1913—1986），洞口县高沙镇塘前村人，曾用名袁四晚，化名龙湘元，1940年毕业于湖南师范学院体育科，执教于观澜书院、蓼湄中学等学校；1943年参加创办观澜农校，1946年任校长。1949年春，出任国民党新八军少将警卫团团长；是年冬，率部向解放大军投诚；由于对中国共产党政策不大了解，1950年离乡，经香港去了台湾，以学校教育为业。1983年1月，出于对台湾国民党当局的不满和其他一些原因，毅然离台，经日本辗转香港，返回大陆，申请定居高沙，省委统战部、地委统战部、洞口县委、县人大常委会、县政府、县政协和高沙区、高沙镇的主要领导热情接待，妥善安置。

1983年4月，湖南省人民政府任命袁仁卓为省参事室参事。1984年春，袁仁卓当选为洞口县第九届人民代表大会代表，在九届人大一次、二次会议上被选为主席团成员，就座主席台。

袁仁卓回高沙定居后，感受家乡巨变，深感新家之温暖，盛赞共产党施德政、施仁政，感谢人民政府的大恩大德，数次通过香港致信在台的亲属、学生、好友，勿听台湾当局的反共宣传，务必为祖国统一尽心尽力。在纪念中国人民解放军福建前线广播电台创建25周年前夕，袁仁卓欣然接受前线台记者采访，发表长篇讲话，感谢前线台一贯的政治启迪，称赞前线台“电波架天桥，功业传千秋”，建议前线台“提高技巧性，更上一层楼，以争取人心取胜”。袁仁卓任县人大代表期间，建议县政府“发展职工业余文化教育，发展专业技术教育，走教育兴县、科技兴县之路”。

1986年3月26日，袁仁卓患病住院，因心脏病和糖尿病并发，医治无效，于4月19日17时病逝，享年72岁。湖南省参事室、邵阳市委统战部、洞口县“四大班子”派员参加追悼会，曾广权县长致悼词，肯定了袁先生毅然离台回归祖国的爱国行动和回乡后的报国行为。

傅满山

傅满山（1914—2006），洞口县岩山乡陡山村人。洞口县第二届各界人民代表会议代表，第四届县人大代表、县人民委员会委员，第五届县人大代表，湖南省美术家协会会员。

傅满山13岁学艺，以雕刻祠堂庙宇的神像及牌楼、建筑物、家具上的装饰浮雕维生。新中国成立后，雕刻艺术受到社会的尊重和国家的保护。1953年3月，作为民间艺人的代表，出席洞口县第二届各界人民代表会议，这是做梦也没有想过的事。从此，深入钻研雕刻艺术，为党为人民为社会做贡献。1956年底应聘入县雕刻生产合作社（县工艺厂前身）为师，带徒授艺，生产墨晶石雕、黄杨木雕等工艺美术品，打入国际市场。县工艺厂两次被评为全国手工业系统先进单位，产品销往苏联、日本、美国、英国、法国等30多个国家和地区。

傅满山善于从实践中总结经验，颇有造诣，曾先后于1957年、1964年两次赴京参加全国工艺美术研讨会，受到朱德、周恩来等中央领导的接见。他以荣誉为动力，扎扎实实工作，受到人民群众的钦佩，1960年当选洞口县四届人大代表，在四届人大一次会议上当选县人民委员会委员；1964年再次当选县五届人大代表。“文化大革命”运动开始后，他一度受到冲击，因众多徒弟保护，免遭大劫，便以“年龄大、眼睛差”为理由，拒不参加造反派的任何活动，埋头雕刻创作。

傅满山一生作品甚丰，硕果累累。《将相和》《松鹤屏》等作品曾参加湖南省首届美术展，《哪吒闹海》《五龙戏珠》荣获二等奖；《松鹤屏》悬挂于人民大会堂湖南厅；《文家市全景》悬挂于韶山毛泽东陈列馆；《双龙戏珠》被加拿大一收藏家珍藏；作品远销日本、美国、苏联等30多个国家和地区。

傅满山退休后，珍惜人大代表、人民委员、省美术家协会会员、全国工艺美术研讨会参与者等系列荣誉，拥护中共十一届三中全会以后的路线、方针和政策，爱党爱国爱技艺，继续在家乡带徒传艺。85岁高龄之时，祖孙三代创作雕刻品《封神演义》，费时六年，完成高1.5米、直径4米的大型根雕，此为他的谢世之作。

2006年11月，傅满山辞世，享年92岁。

林卫华

林卫华（1915—1966），洞口县花古乡正龙村人。洞口县第二届、第三届、第四届人大代表，第二届、第三届、第四届县人民委员会委员。

林卫华乳名睦华，又名梅生，自幼勤奋好学，读过四书五经，立保卫中华之志，抗日战争爆发后改名卫华，在林拔萃部下当过排长、连长，作战勇敢，后提任57师师部少校参谋，相继调任国民政府国防部第四厅第二处第四科科长，因对蒋介石判处抗日将领张学良徒刑极为不满，愤然离开军界回乡。

1948年春夏之交，林卫华在原中共武冈（地下）县委书记唐盛的影响带动下，赴长沙结识曾参加“八一南昌起义”的贺锄非，得知中国国民党革命委员会主席李济深托贺锄非筹建反蒋游击武装，响应解放，遂返回洞口策反各乡公所的自卫队，掌控了智胜乡、平善乡和平元乡的地方武装。1949年2月，参与组织了洞口起义（花古洄水），打出了拥共反蒋的旗帜，号召“打倒土豪劣绅分田地”；4月，创建中国人民解放军江南别纵队，贺锄非任司令员，唐盛任政治委员，林卫华任副参谋长兼某团团长；同时在半江创办江南军政干校；5月下旬，林卫华巧妙化装，冒着极大危险，只身陪送贺锄非一家三代六口秘密赴武汉，向中国人民解放军十二兵团司令员萧劲光和王首道、袁任远等军政首长汇报、请示工作，得明确指示后返回洞口，升任参谋长。在解放大军入境前夕，投入紧张的“迎解支解”工作，颇有成效。新中国成立后，贺锄非称“林卫华是江南别纵队的创始人之一”，并得到萧劲光司令员关照，林卫华最早进入湖南行政干校学习，结业后分配至洞口县人民委员会任文教科副科长。

1955年下半年，林卫华当选为洞口县第二届人民代表大会代表，在二届人大一次会议上当选为县人民委员会委员。连续当选为第三届、第四届人大代表、县人民委员会委员。任期内，认真执行第二届人大一次会议作出的《关于文教卫生工作的决议》，深入基层抓文教工作，动员和组织中小学教师学习毛主席的《关于正确处理人民内部矛盾问题》，发挥群众办校的积极性，走集体办校之路，发展民办农业初中，缓解了一批高小毕业生的升学矛盾。在三届人大一次会议上，林卫华就加强思想改造，走又红又专道路，坚决拥护建设社会主义总路线、“大跃进”、人民公社作了大会专题发言。

1966年7月，“四清”运动尚未结束，“文化大革命”运动开始，县属机关批判邓拓、吴晗、廖沫沙“三家村”，林卫华受到大字报冲击，于洞口塘投河自尽，时年51岁。

中共十一届三中全会后，拨乱反正，中共洞口县委为林卫华平反昭雪，恢复名誉。

舒和田

舒和田（1921—2006），洞口县高沙镇南水村人，洞口县第九届、第十届人大代表，湖南省劳动模范。

舒和田从小爱养鱼。解放后，形成了稻田放养鲤鱼仔的习惯，清明节后从江河捞回沾有鱼卵的水草放在稻田中孵化，任其自然生长，收割水稻前捕食或转放鱼池养殖。合作化以后，在南水高级农业社全面推广稻田养鱼，1957年放养87亩，稻鱼双丰收，省、地在洞口县连续召开渔业生产现场会，听取舒和田关于稻田养鱼的经验介绍。1958年，该农业社荣获国务院颁发的渔业生产先进单位锦旗，舒和田获“湖南省劳动模范证书”。此后，黄桥、石江、高沙、竹市、洞口等区推广并发展了稻田养鱼。

舒和田在县水产专干的指导下，于1958年开始做家鱼人工孵化试验，数年失败而不气馁，直至1965年成功，不仅能孵化草鱼苗，还有鲢鱼、鳙鱼、青鱼苗等，办起了茶铺鱼种鱼苗场，孵化设备、孵化技术、催产技术、催产率、授精率、孵化出苗率、鱼苗成活率等都有新的突破，结束了过去洞口人远赴湘潭、长沙、益阳等地担鱼苗放养的历史。

1984年，舒和田当选洞口县第九届人大代表，后又连续当选第十届人大代表。随着农村改革开放的深入，渔业生产快速发展，养鱼重点户、专业户不断涌现，舒和田除管好本场的生产、经营外，每年用三分之一的时间义务宣传科学养鱼和鱼病防治，为200多家重点户、专业户上门传技术，每次离场外出时，总在场部留言："找我治鱼病者，请留下地址和姓名，以便尽快赶到。"在舒和田的指导、帮助下，大批养鱼重点户、专业户脱贫致富，以南水村为中心，麻山、社山、巴水、月英、抚军等村相继连片，形成区域化养鱼产业带。

2006年9月，舒和田因病逝世，享年85岁。

许兰菊

许兰菊（1924—1996)，女，洞口县第一届人大代表，湖南省第一届人大代表，湖南省特级劳模。

许兰菊，1924年（农历）7月17日出生于灌塘许家贻谷院子（今竹市镇贻谷村），家里穷，未读过书。解放前夕嫁与塘冲谢家（今洞口镇塘冲村）谢后禄。她身材高大，做事说话，风风火火，好比男子汉。

1950年冬，许兰菊响应国家号召，送夫参军上前线，抗美援朝，保家卫国。此后，家里家外一把手，艰苦奋斗，自力更生，不要政府优待和群众代耕，学会了扶犁掌耙，能扛水车、斛桶，还把省吃俭用积蓄起来的5万元（旧币）现金捐献给国家购买飞机大炮，强我国防。经常请有文化的人给丈夫写信，给远在朝鲜前线的志愿军写慰问信，鼓励他们杀敌立功。1951年冬，许兰菊被评为湖南省农业劳模。

1952年4月，许兰菊在县、区工作组的启发和帮助下，建立洞口县第二个常年互助组——许兰菊互助组，而且率先建立洞口县第一个农忙托儿所，寄托儿童40名，达到互助互利的目的，常年互助组的产量比单干户的产量高出1/3多，产生了积极的影响。是年8月，许兰菊在洞口县首次烈、军、工属和荣誉军人及拥军优属模范代表会上被表彰为特等模范军属；10月底，在洞口县首次农业劳模代表会上被评为特等劳模，政府奖给大水牛一头，许兰菊互助组被评为特等模范互助组。是年，许兰菊获"湖南省特级劳模"称号。

1953年1月，许兰菊加入中国共产党。1954年春，当选洞口县第一届人大代表，在县一届人大一次会议上当选为湖南省第一届人大代表。

许兰菊带领群众走社会主义道路，组织群众改善生产条件。1957年夏旱50余天，她组织高级农业社的男女老少奋战两天两夜，于小溪沿线低洼地打水井48口，抗旱保苗夺高产，在周围数十里传为佳话。“大跃进”时期修水库，她与男社员比力气挑重担，扭伤了腰，不声不响继续干重活，留下了后遗症。丈夫退伍后，生育1女2子，身体渐差，又苦于没文化，再三让贤。从一线退下来后，仍珍惜劳模和人大代表光荣称号，爱党爱国爱集体，带头完成各项任务。1970年，丈夫离世，其长子10岁，次子年仅5岁，她挑起家庭重担，抚育子女成人、成家，并严格教育子女永远跟共产党走，投身改革开放，勤劳致富。她在严重佝偻的困境中，未向组织提出任何要求，默默无闻地生活着，邻里老幼皆称她为老代表、老模范，赞扬有加。

1996年4月，许兰菊病逝，享年72岁。

丰明臣

丰明臣（1926—1999)，洞口县长塘瑶族乡大公村黄毛垅组人，瑶族，1926年农历4月17日出生，高小文化，1950年3月参加革命工作，1954年8月加入中国共产党，先后担任武冈县第九区大湾乡政府文书、洞口县第一区区政府文书、秘书，县人民委员会民政科科员、科长，中共洞口县委第一届、第四届委员，政法战线党组书记。从1956年12月起，连选连任洞口县第二、三、四、五届人大代表，连选连任洞口县第二届、第三届、第四届、第五届县人民政府（县人民委员会）副县长；“文化大革命”初期，任洞口县“抓革命、促生产”指挥部副主任，一度遭“造反派”批斗；后任县委宣传部副部长、部长。1980年，丰明臣当选第八届县人大代表、县人民政府副县长。1984年11月提前退休，享受正处级待遇。

丰明臣身材高大，胆识过人，敢为公众解难。1948年冬的一个晚上，大雪纷飞，一只斑斓大虎到黄毛垅觅食，在周围吼叫，全村人紧闭门窗，唯有他手持粗棒冲至全村人合伙盖的猪舍前点燃数堆熊熊大火，敲响竹梆，于周围威武吆喝，驱走了猛虎，全村人畜安然无恙。1951年4月，丰明臣驻九区石家（今月溪乡石家村）瑶寨扎根串联办农会，开展土地改革。当时社情复杂，土匪猖獗，到处杀害土改干部和农会骨干，他被列入黑名单之首。某夜，他掩闭房门，将被窝拱好，床前摆上一双鞋，却悄悄带两农会骨干藏于屋后密林观察动静。夜半时分，一伙土匪破门而入，往他睡的床上刀棍相加，揭开被褥，方知上当中计。此时，后山响起锣声、喊杀声，土匪仓皇逃命。

丰明臣是洞口瑶族史上第一位副县长，先后任期长达18年。任期内，经常深入少数民族地区访贫问苦，调查研究，协调关系，实地为各族群众解决实际问题。他待人和蔼，说话客气，轻言轻语，入情入理，深受人们尊重。少数民族地区的问题，包括归属关系、山林纠纷、民族矛盾，只要丰明臣出面，就会迎刃而解。丰明臣离任后，应县委、县人大常委会、县政府之托，带队赴少数民族乡村慰问、调研，就民族团结、民族教育、山区开发、少数民族计划生育等重大问题建言献策，继续发挥团结教育、振兴少数民族社会经济的作用。

1999年农历六月，丰明臣因病去世，享年73岁。

孙明贤

孙明贤(1928－1994)，洞口县洞口镇天井村人。少年勤奋好学，品学兼优，在武冈洞庭中学读高中时，受进步教师张玉玲等影响，洞口刚解放即参加革命工作当区干部，1951年6月加入中国共产党，继任洞口四区（竹市）工委主任、区委书记、团县委书记。1954年年初，当选洞口县第二届人大代表；4月当选为洞口县人民委员会副县长。此后，连续当选县第三届、第四届人大代表；1956年5月当选县委常委，同年12月当选为县长，补选为湖南省第一届人大代表。1960年8月至1963年3月任县委书记（当时县委设第一书记），后改任县委副书记。“文化大革命”时一度受冲击，1968年3月任县革命委员会常委。1969年11月调任绥宁县委副书记；1971年冬调任邵阳师专党委书记兼革命委员会主任，1987年因病提前退休。

孙明贤当区干部时，带领群众清匪反霸，某夜遭土匪暗算，掩护队友转移后、孤身与土匪搏斗于荒山野岭，然后从山坡滚入水田脱险。孙明贤任洞口县副县长期间，组织1镇7乡124个农业社的3000名社员民工建勤，修成了建县后的第一条公路——洞绥公路洞口段23.5公里。任县长期间，组织300名工程技术人员和万名劳动大军奋战半江峡谷，历时7个多月，建成湖南省第一座钢筋混凝土拱坝和汤家园姐妹水库，总蓄水量达734万立方米，水利部、湖南省委、国内外专家对该工程称赞不已。任县委书记期间，同县委第一书记初增科于1962年1月进京参加中央扩大工作会议，回县后深入基层，看望受过错误批斗的社员和错误处理的基层干部，为他们承担责任，鼓励他们站起来继续工作。由于工作得法，迎来了全县大增产。1963年清明节前，黄桥区袁、肖二姓为争坟山聚集2500人械斗，孙明贤带队前往调处，竭力阻止向袁家垅冲击的肖姓队伍，义正词严地教育党员干部，进而疏导群众各自回家，防止了流血事件的发生；再按处理人民内部矛盾的方法，分别做细致的思想工作，化解矛盾；最后召集双方代表协商，予以妥善解决；对参与闹事的党员干部在党内进行积极的思想教育，并给予恰当的处分，严肃了党纪，教育了群众，

孙明贤在洞口县工作20多年，且任要职，却从未给任何亲属安排过工作，未给批过任何计划物资。胞妹有文化，年龄不到20岁，数次请县长哥哥找个工作，当工人、营业员、勤杂工都行，孙明贤坚决不开这个先例。胞弟整修房子，求书记哥哥搞一点木材指标，孙明贤坚决不让走后门搞特殊。长子大学毕业后分配在洞口九中任教，是中共党员、学校领导成员，组织上考虑调其从政，亦被孙明贤谢绝。

1994年12月，孙明贤病故，享年66岁。

尹文安

尹文安（1930—2006），男，汉族，洞口县醪田镇花桥村人。洞口县第二届、第四届、第五届、第八届、第九届人大代表；县人民政府副县长、顾问。

尹文安1949年12月参加革命工作，1952年12月加入中国共产党，历任洞口县公安局局长、黄桥公社党委第一书记、县委委员、组织部部长、宣传部部长、高沙区党的核心小组组长、县计委党组副书记兼计委副主任。1981年12月18日，县八届人大常委会第9次会议任命为县人民政府副县长；1985年4月，在县九届人民代表大会第二次会议上辞去副县长职务；继任县政府顾问。

尹文安勤政廉政。在县计委工作期间，带领木材清理小组工作人员走遍大大小小的山头，摸清全县森林资源家底，为发展林业生产提供了第一手资料；计委掌管全县木材、钢材、水泥等重要物资的分配，掌管工程计划，他不以权谋私，而且带领一班人坚持原则，不开“后门”，不搞特殊化，不发奖金奖品，不开“工作餐”，保证水利建设、重点工程、“五小工业”发展的需要，被县委称为“红管家”。在任副县长期间，着力发展地方工业，轻工企业得到了长足的发展，县委、县人大常委会表示满意。任顾问期间，言传身教，热情传帮带，积极做好财贸工作，受到上级表彰。

2006年5月，尹文安因病去世，享年76岁。

曾广权

曾广权(1935－1997)，洞口县高沙镇文丰村人，自幼聪敏好学，初小阶段即能背诵、默写诸多楹联、碑文。1955年考入武冈师范，1958年毕业后任教于石堰小学。1960年考入邵阳师专，1963年毕业，先后供职于邵阳专署文教局、邵阳地区革委会宣传部；1971年加入中国共产党，调中共邵阳地委办公室工作。1981年调回洞口县，任县文教办副主任。1983年12月，任中共洞口县委副书记。

1984年年初，曾广权当选为洞口县九届人大代表；4月，在洞口县第九届人民代表大会第一次会议上当选为县人民政府县长；1986年4月，当选邵阳市第九届人大代表；1987年3月，再次当选为县长，年底，当选为邵阳市第十届人大代表；1990年2月，曾广权县长离任。他在任职期间，常戴斗笠、着草鞋，穿行于农村，吃住在基层，调查研究洞口发展之策。1985年的雹灾和特大旱灾后，他再三强调，从国家长治久安、各业兴旺发达、人民安居乐业的高度，加强基础建设，狠抓粮食生产，大力开发冬季农业，着力建设吨粮田。他身体力行，历时四年，提高复种指数，使用良种良法，办点示范，壮大农业科技队伍，健全四级农业科技网络，全面推广科学种田，至1989年，洞口县被评为全国夏季粮油生产先进县，首获国务院嘉奖。他为县域公路网建设、农田水利建设和商品粮、雪峰蜜柑、良种茶叶、速生杉木林、瘦肉型出口猪“五大基地”建设呕心沥血，做了大量卓有成效的工作。离任时，谨以“洞口县发展国民经济几项主要数字统计表”向各位代表汇报第九届、第十届县人民政府对几项主要工作的完成情况，其中：新修维修水利工程67990处，共投资4292.1万元，新增有效灌溉面积10万亩；新修县道44.6公里，扩改主干道114.2公里、新建公路桥2座190延米，共投资460万元；橘、茶、猪等出口额由299万元增至1104万元。

1990年，曾广权主持县委工作；后改任主管教育和意识形态的副书记；1992年冬，任县委顾问、调研员。不顾年老体弱，仍积极参与全县改革、稳定、发展的重大决策，忠心耿耿。繁忙之余，收集、整理地方史志资料，有《高沙文史资料集》等出版，有洞口县的教育、水利、吨粮田建设等史志资料数十万言手稿存世。

曾广权博闻强记，擅演讲，善写作，好对联，工书法，素有“捷才”之誉。1984年11月，一夜亲笔拟就县人民政府《关于扩建、改建公路的动员令》；一气写成动员讲稿，站着作报告，倾吐激情，鼓舞人心。1986年3月，石背大桥通车前夕，应邀作桥联，出口曰：“一拱过大江，楚湘此是第一；双手造胜迹，中外要争无双”。接曰：“不尽江波唱桥去；无边山浪涌歌来。”连吟数对，听者无不拍手称绝。

曾广权从政后一直保持俭朴本色，以勤政廉政闻名遐迩。其妻无业，有人提议给安排一份工作，亦被婉拒。为官数年，既无力营建私房，且少有积蓄，需借钱治病。身患绝症后，数次向组织请求，留在县内治疗，尽量节省医疗费用。

1997年11月，曾广权因病去世，享年63岁。

第二章 主任简历

（一）各界人民代表会议常务委员会主任

李长枚

李长枚，中共雪峰县委代书记，中共洞口县委代书记，洞口县第一届各界人民代表会议常务委员会主任。

李长枚，1920年农历正月十五日出生于山东省蒙荫县官庄镇。1940年，进入山东省抗日军政大学一分校学习；1941年1月，加入中国共产党；“抗大”毕业后分配至鲁中财金局三分局工作。1942年，任沂南敌工小站站长，对日军据点开展政治攻势，安插内线，伏击日军，引起日伪极大恐慌和疯狂报复，以一百块（元）银洋悬赏其人头，并放火烧掉了他家的房子。这更激起了抗日军民的仇恨，于当年冬一举端掉三个据点，继而解放蒙荫县。1944年6月，调任临沂敌工站站长，对青州之敌展开斗争；解放青州，出任青州市东管区区长、米河区区长，发动群众，先后支援解放台儿庄和孟良崮、莱芜、淮海等战役。1948年，赴河南做新区试点工作，准备南下。1949年5月，南下人员集中郑州学习，党组织安排他为湖南省武冈县副县长兼县公安局局长；当年10月随南下工作团到达武冈县，还兼任第三区（今石江镇、黄桥镇、杨林乡等地域）教导员、区工委书记。1950年2月，应聘为武冈县第一届各界人民代表会议代表；3月，当选为武冈县各界人民代表会议常务委员会副主席兼秘书长。

1950年11月，中共邵阳地委任命他为中共雪峰县委代书记，主持武冈县西北部79个乡镇（今洞口县区域）的全盘工作。1952年4月，正式成立中共洞口县委，任代书记（呈报中共湖南省委，待省委任命）。应洞口县第一届各界人民代表会议筹备委员会聘请，为第一届各界人民代表会议代表，在第一次会议上当选为各界人民代表会议常务委员会主任。1952年8月调任邵阳专署公安处处长、中共邵阳地委委员。

李长枚在武冈县、洞口县留有（可查的）《建立和巩固武冈县人民政权的回顾》、《在重点试验土改干部第三期干训班及县机关干部大会上的讲话》、《雪峰县召开区工委扩大会议布置民主建政与转业建设工作的报告》、《关于坚决纠正恶霸作风的决定》《洞口建县的前前后后》、《洞口农村第一批建党》等手稿18件，均属珍贵的党史资料、人大工作史料。

1990年11月2日，70岁高龄的李长枚重返洞口。走访了当年土地改革蹲点村三角乡第一分村（黄桥镇排上渡），和土改根子、农会干部、工作队员、儿童团长拉家常，说古道今谈变化；看望了当年各界人民代表会议的数名代表和常务委员会梁四姣委员等一些老同志，花甲过后话当年。他心里装着洞口人民，洞口人民心里也一直装着他，时任洞口县委书记孙在田深有感慨，写下《历史不会忘记》一文抒怀。

2002年，洞口庆祝建县50周年，李长枚发来讲话录音，以示祝贺。

2012年10月，中共洞口县委党史研究室、洞口县中共党史联络组撰编出版洞口县党史资料丛书《洞口县记忆——原中共洞口县委书记李长枚口述》，和洞口人民群众见面。

李先明

李先明，洞口县第一届各界人民代表会议常务委员会第二任主任、第二届各界人民代表会议常务委员会主任。

李先明，1921年12月28日出生于山东省文登县泽库乡的一个农民家庭，1938年10月参加中共地下党组织领导的中华民族解放先锋队，1940年加入中国共产党，历任文登县委巡视团团长、文登区委书记。1948年4月，夫妇同时随军南下，编入中原支队，人豫西试点、整训，1949年10月进抵邵阳。随后分配至隆回县委，先任组织部部长，继任县委副书记。

1952年8月，李先明任洞口县委书记兼各界人民代表会议常务委员会主任。1953年3月，应聘为洞口县第二届各界人民代表会议代表，在第二届一次会议上当选为洞口县第二届各界人民代表会议常务委员会主任。他抽调3名干部驻常务委员会，负责联系代表，处理代表和群众来信来访等日常工作，促使各界人民代表会议常务委员会工作经常化。

李先明在洞口县工作期间，强调冬修水利，要在苦干小塘小坝的同时，努力兴建一批水库作为骨干工程，加大水利建设力度，保证全县粮食增产。1952年冬，全县组织8万名劳动力上工地，动工修建27座水库，拉开了大搞农田水利建设的序幕，洞口县获邵阳地委、湖南省委通报表彰。1953年4月，李先明调离洞口县。

1957年冬，中共湖南省委为加强大跃进的领导力量，再次从省直机关调李先明入邵阳，任地委委员；1958年2月，李先明再任洞口县委第一书记；1959年3月，洞口县召开第二次党代会，李先明当选为县委委员、常委、第一书记。1960年5月，李先明再次调离洞口县。

（二）人民代表大会常务委员会主任

唐光荣

唐光荣，洞口县第八届人大常委会第一任主任。武冈县朱溪公社人，1927年10月出生，贫农，初中文化。1952年4月参加革命工作，同期加入中国共产党，历任乡长、区委副书记、武冈县委组织部副部长、娄底市人民委员会副市长、中共武冈县委副书记、武冈县人民委员会县长。

1969年9月，唐光荣调洞口县工作，任县革命委员会常务委员、生产指挥组副组长；1971年3月，任中共洞口县委常委；1973年7月，任县委副书记，主管农业。1978年1月，洞口县举行第七届人民代表大会第一次会议，唐光荣当选为县革命委员会副主任（排第一）。

1980年3月，洞口县第一次直接选举县人大代表，唐光荣在马安公社高票当选为县八届人大代表；5月，洞口县举行第八届人民代表大会第一次会议，唐光荣当选为县人大常委会主任。为县人大常委会的开局建设付出了极大努力。1981年12月，唐光荣在八届人大二次会议上辞去主任职务。

伍芬奎

伍芬奎，洞口县第八届人大常委会第二任主任。新化县太阳公社人，1939年11月出生，家庭成份下中农，系学生，初中文化，基层干部，1956年11月加入中国共产党。1958年3月加入中国人民解放军，历任炮兵连侦察兵、团司令部保密员、团政治处干事、第二炮兵五十三基地政治部干部处副处长。

伍芬奎于1976年3月从部队转业，调洞口县工作，任县委常委、县革命委员会副主任。1977年8月，任县委副书记。1980年3月，当选县八届人大代表；1981年12月，伍芬奎在洞口县第八届人大二次会议上当选为县人大常委会主任。1982年，率公检法司和人大常委会机关部分干部在花古公社办法制教育试点，促进全社粮食大增产，县委、县人大常委会总结了“花古经验”向全县推行。1983年，伍芬奎被选为湖南省第六届人大代表。1984年4月，县人大换届后，调回县委任副书记。

1986年12月，伍芬奎调离洞口县。

王道钦

王道钦，洞口县第九届、第十届人大常委会主任。洞口县石江镇庆节村人，1932年生，小学毕业后在家务农。解放后加入农会，当民兵，当村文书，积极投身减租减息和剿匪反霸斗争。1950年4月转为区干部，1952年9月17日加入中国共产党。历任副区长、区长、区委副书记、乡镇党委第一书记、县委工交部部长、财贸工交政治部部长、县委委员、石江钢铁厂党委书记兼厂长，是洞口县围绕农业办工业、办好工业促农业的“五小工业”（小水电、小水泥、小农机、小化肥、小五金）的创始人之一。为1975年的粮食跨“纲要”创造了条件。

1970年10月，王道钦任县革命委员会副主任；同年12月，在洞口县第三次党代会上当选为县委委员，在三届县委一次会议上当选县委常委（兼任县革命委员会副主任至1978年1月）；1977年8月，任县委副书记（至1982年3月）。其间，任县委公路桥梁建设领导小组组长，全县交通运输事业有大发展，开通了农村短途客班车，是全国开通农村短途客班车的第二县。

1980年5月，王道钦在洞口县第八届人大一次会议上当选为县人民政府县长（至1981年12月）；1982年3月，任县委书记（至1985年4月）。

1984年4月，王道钦在洞口县第九届人大一次会议上当选为县人大常委会主任。1987年3月，在县十届人大一次会议上再次当选为县人大常委会主任；1989年10月辞职。1992年退休。

雷家寿

雷家寿，洞口县第十一届人大常委会主任。1933年7月出生于高沙镇檀木村一个贫农家庭，高小文化。1950年4月，任村农会主席，1951年2月参加第九区土改工作队，继任区宣传干事、公安干事。1952年8月，加入中国共产党，先后任洞口区副区长、江口区副区长、江口区供销社代主任、县人委商业科副科长、平溪乡党委第一书记、石桥乡党委第一书记、桥头公社党委副书记、公社社长、县农科所党支部书记、江口公社党委书记、江口区委副书记、县毛泽东思想学习班副主任、县氮肥厂工地指挥部副指挥长、县氮肥厂党总支书记兼厂长。在任氮肥厂厂长期间，刻苦学业务，掌握氮肥全程生产技术，碳氨年年超计划，为全县发展粮食生产做出了积极贡献。1980年，中共邵阳地委授予雷家寿“优秀共产党员”称号。1981年5月，任县委纪律检查委员会副书记，主持日常工作。1983年12月，任县委常委、县纪律检查委员会书记。

1985年3月，雷家寿在县十届人大二次会议上当选为县人大常委会副主任；1989年11月，代理县人大常委会主任职务。1990年3月，在县十一届人大一次会议上当选为县人大常委会主任。是洞口县第八、九、十、十一、十二届人大代表，邵阳市第十届人大代表，湖南省第七届人大代表。1993年9月退休。

袁仁祝

袁仁祝，洞口县第十二届人大常委会主任。高沙镇塘前村人，1939年10月出生。初中毕业后，历任互助组记工员、初级农业社保管员；公社化后，任高沙公社太平大队会计。1959年12月应征入伍，经广东万山群岛施工磨练，于1961年2月加入中国共产党；在部队历任副班长、班长、排长、副指导员、青年干事、组织干事、组织科科长、团政治处主任、副政委。部队在广东台山烽火角海滩围海造万亩水田的历程中，袁仁祝先后总结出某部一连团支部“学雷锋吃苦耐劳”的经验、某部炮连“在青年战士中开展一帮一、一对红、促后进变先进”的经验、某部机炮一连勤俭节约的经验。某部一连创建“四好”连队的经验等，进而总结了全师用雷锋精神培养青年战士茁壮成长的经验，获广州军区表彰。

1984年4月，袁仁祝转业，任洞口县人民政府副调研员；同年7月，任县纪律检查委员会副书记。1985年11月任县纪律检查委员会书记、县委常委；1991年2月，任县委副书记。

1993年1月，袁仁祝在县十二届人大一次会议上当选为人大常委会主任，1997年12月换届。1998年任县委调研员。2001年1月退休。

肖德生

肖德生，洞口县第十三届、十四届人大常委会主任。1948年3月出生于会同县堡子镇上坊村，大专文化。1968年2月应征入伍，被分配到郴州军分区独立营第一连当兵，1969年8月加入中国共产党，年底任班长，被评为军分区优秀班长、学习毛主席著作积极分子，出席省军区、广州军区学习毛主席著作先代会；1970年提升为排长；1971年上半年调任邵阳军分区独立营营部参谋；下半年任军分区司令部作训科参谋，继任副科长，期间，被选入广西陆军学校深造。

1981年，肖德生调任洞口县人民武装部副部长，1983年任部长；1986年6月为中共洞口县委常委；1994年被湖南省委组织部、省军区政治部评为全省县市区人武部优秀领导干部。1995年7月，调任中共洞口县委副书记；2003年被评为邵阳市“艰苦奋斗、勤廉为民优秀领导干部”，获市委、市政府表彰。

1997年12月，肖德生在县十三届人大一次会议上当选县人大常委会主任；2002年11月，在十四届人大一次会议上再次当选为人大常委会主任。期间，被选为邵阳市第九届、第十届、十二届、十三届、十四届人大代表，湖南省第十届人大代表。肖德生连任两届县人大常委会主任，坚持“爱民的实事要多办、爱民的好事要勤办、惠民的事要挺起腰杆办圆满”，被老百姓称为“爱民主任”，其爱民事迹以《以民为本重千钧》为题，登载于省人大常委会机关刊物《人民之友》2005年1—2期，《人民日报》社同时转载。

肖德生于2008年3月退休。

黄先球

黄先球，洞口县第十五届人大常委会主任。1955年农历12月出生于桐山乡马颈村，大专文化，1976年2月参军，在湖南省军区独立团服役；1978年6月，加入中国共产党，历任排长、副连长、连长。1983年12月，调入洞口县人民武装部，先后任正连级参谋，军事科副科长、科长，后勤科科长。1993年10月任县人武部副部长，1995年9月任部长，1997年3月授陆军上校军衔。任部长6年，两次被邵阳军分区党委评为“党委班子建设一对好搭档”。2000年6月任中共洞口县委常委。军旅生涯25年，16次受嘉奖。2001年3月，任中共洞口县委副书记。

2007年12月，黄先球在洞口县第十五届人大一次会议上当选为县人大常委会主任，至2012年11月换届，继续任县人大常委会党组书记，至2013年12月离任。

2016年6月退休。

曾晓桃

曾晓桃，女，研究生学历，洞口县第十六届人大常委会主任。高沙镇洪茂村人，1963年5月出生。1981年12月参加工作，1984年8月加入中国共产党。1982年2月至1987年7月，任江潭乡妇联主任、副乡长；1987年7月任竹市区妇联主任；1989年5月，调县委组织部工作，先后任办公室副主任、干审组组长；1991年10月任县编制委员会办公室副主任；1993年2月，任县妇联主席。1995年9月，任县政府党组成员；12月，县十二届人大常委会第19次会议任命为县政府副县长。2000年10月，任中共洞口县委常委、宣传部部长。2011年6月，任人大常委会党组第一副书记，补选为县十五届人大代表。

2012年10月，曾晓桃当选县十六届人大代表；11月，在县十六届人大一次会议上当选为县十六届人大常委会主任、邵阳市十五届人大代表；12月，在邵阳市十五届人大一次会议上当选为湖南省十二届人大代表。

2016年10月，曾晓桃当选为县十七届人大代表；11月，在县十七届人大一次会议上当选为洞口县第十七届人大常委会主任、邵阳市十六届人大代表。

第三章 人物简介

（以出生年为序）

谢璞

谢璞，湖南省第三届、第五届人大代表。1932年11月21日出生于高沙李氏宗祠（今洞口县高沙镇）。

1949年冬，谢璞在蓼湄中学初中毕业，时值高沙解放，即投入征粮支前、减租反霸的群众运动，出任高沙镇文书，配合驻军清剿残匪立过功。1950年秋，政府实行“人民助学金”补助贫困学生制度，谢璞考入蓼湄中学高中部，1952年读高二时，两篇作文发表于北京《新观察》杂志，轰动全校、全镇，他由此增强了学习文学创作的信心。高中毕业后返回祖籍青龙大田冲劳动，在劳动中体验农村生活，频频在省级报刊上发表反映农村新人新生活的小说，引起省文学界关注。1955年3月，县人委文教科聘请谢璞任县城重点完小教员，在执教同时坚持在郊区体验生活，从事业余创作，数篇新作问世。1956年初春，谢璞出席盛大的全国青年文学作者大会，不仅受到了茅盾先生等一批老作家的精心教导，还进入中南海怀仁堂聆听了周恩来总理的长篇讲话，受益匪浅，更难得的是被选拔进入中国作家协会文学讲习所做重点培养，他珍惜机缘，刻苦发奋，以小说《竹娃》获优秀成绩毕业。1957年，谢璞被调进“洞口县报社”做编辑工作，参加县二届人大会议的筹备和大会服务，经受了教育和锻炼。此后，他经常深入农村体验生活，与农民群众保持密切联系，成果颇丰；同年，散文小说集《竹妹子》（北京通俗文艺出版社）出版；1959年4月，小说集《姊妹情》（长江文艺出版社）出版；当年被吸收为中国作家协会会员。1960年5月，谢璞被调进湖南省文联“文学专业创作组”从事专业创作，为了深入体验农村生活，即“落户”家乡农村，家室由县机械厂迁出，爱人回青龙公社当社员（近二十年，1979年才迁长沙工作），他一直与家乡父老乡亲保持着血肉般的联系，体验了底层劳动人民的生活，丰厚了创作根基，也更加坚定了为人民、为社会主义服务的创作信念，成名作小说《二月兰》发表于1962年3月《人民文学》。

1964年8月底，洞口县举行第五届人民代表大会第一次会议，谢璞以高票当选为湖南省第三届人大代表；此后又当选为省五届人大代表。

谢璞于1984年加入中国共产党，历任中国作家协会湖南分会副主席、名誉主席，湖南省文联副主席、执行主席、《小溪流》杂志主编、《小天使报》（创始人）总编辑、湖南省儿童文学委员会主任等职。1989年获国家一级作家职称；年底担任中国作家代表团团长出访缅甸，为中缅两国人民友好和文化交流作出努力。1990年享受国务院的政府特殊津贴。

谢璞先后出版文学著作二十多部，其中以莿溪瑶胞苦难历史为原型的长篇小说《从摆子寨逃出的孩子》是他的代表作之一；散文《珍珠赋》入选国家教委审定的全国中学语文课本和大学文科教材；《湖的呼唤》和《一片菩提树叶》先后荣获全国散文一等奖和金奖。

谢璞成名成家后，情系故土。在庆祝洞口建县50周年之时，向《洞口文艺》惠赐反映家乡现实生活题材的佳作《情多草莺》，情注故土，为新生活鼓与呼；同时发表创作谈《情透千重铁的两个“为”字——与家乡洞口文友们谈心》，道出了几十年来为人为文的心血体验，弥足珍贵。2003年11月，谢璞回乡参加“橘子红了”采风活动，挥笔写就《醉在莿溪》，“高高举起情重千斤的酒杯，为我故乡泉脉动，草心苏，呼来八面四方春雨生机干杯，再干杯！2008年12月，洞口老干部组编文艺作品专集纪念改革开放30周年，谢璞欣然送上名家特稿《种花老人赋》。

刘仁诰

刘仁诰，1933年11月出生，洞口县桐山乡市坪村人。泥湾乡第一届人大代表，桐山乡（公社）第二届至十五届人大代表、十八届人大代表，洞口县第七届人大代表。

刘仁诰家庭贫苦，十岁丧父，外出山西给地主做长工，解放前夕回乡，新中国成立后翻身做主人，紧跟共产党闹革命。土地改革期间，先后任村儿童团团长、民兵队长、治安委员；合作化时期，先任初级农业社主任，继任高级农业社主任。1958年9月加入中国共产党，1962年任大队党支部副书记，1965年任书记，连选连任，直至2003年70高龄退休，历时38年。期间，带领社员群众学大寨，开田改土160余亩，修筑盘山引水渠、垅田排水圳80余公里，修会场、办学校，建筑面积计千余平方米。发扬共产主义大协作精神，带领社员外出修建龙江水库、山（门）马（颈骨）公路、山（门）大（屋）公路，数次受到县革命委员会和公社党委的表彰，大队分别受到邵阳地区和洞口县的奖励，获20马力柴油机、10马力柴油机各1台。他3次出席湖南省农业学大寨积极分子代表大会，并参加邵阳地区农业学大寨宣讲团，赴各县介绍经验。1978年赴昔阳参观学习，受到国务院副总理陈永贵接见。

改革开放以后，组织群众普及杂交稻，推广杂交玉米，发展粮食生产，扩种经济作物，在此基础上带领群众努力办交通，不等不靠，先在村内修筑3条村组公里，计10余公里，再联系其他市县乡人大代表，一再向乡、县、市提出“兴建桐（山）青（山）跨县公路，解决半个桐山乡的交通闭塞问题”的建议。在市交通局立项、县交通局完成测设放样后，立即组织群众民工建勤，率先完成泥湾至市坪边境段6公里路基建设任务。在桐青公路关键工程双江公路桥施工期，刘仁诰受乡党委委托，出任常务副指挥长，不计报酬，长驻工地，协助工程师抓进度，抓质量，在资金调度发生严重困难时，他以个人名义借贷款解决，市交通局被这位老支书、老代表一片丹心办交通所感动，欣然解决燃眉之急，并优先安排路面工程配套经费，半个桐山乡由此成通途，南通山门达洞口，北接青山连隆回。

公路通了，他退休了，但仍孜孜不倦地忙着村组公路的硬化，想着全村经济的发展，“人到八十五，好比出山虎”，身体硬朗，精力充沛，群众信任有加，2016年10月，84岁高龄的他以高票当选桐山乡第十八届人大代表。

杨美秀

杨美秀，女，洞口县第八、九、十、十一届人大代表，并被选为八、九、十、十一届县人大常委会委员。

杨美秀出生于1939年，洞口县水东乡杨湾村人。1955年高小毕业后在初级农业社任会计，后在高级农业社任会计助理；1958年7月考进县商业部门当营业员。1960年加入中国共产党，历任县百货公司门市部主任。她工作积极，服务态度好，数十次被评为公司、商业系统、县、地（市）、省里的先进工作者，奖状、荣誉证书一沓沓；且勤俭持家，尊老爱幼，特别是教子有方，擅长于爱国主义教育，经常给孩子们讲英雄故事，传播正能量。

杨美秀的儿子陈日升，高中毕业后去农村劳动锻炼，接受贫下中农再教育，表现出色，被评为全县优秀共青团员，邵阳地区、湖南省上山下乡知识青年先进个人。1978年3月，陈日升应征入伍，听从妈妈教诲：戒骄戒躁，为国争光。在军事训练中，受到领导机关嘉奖；在军事通讯业务比赛中，获军语熟记、对话及排除故障等项目的总分第一名；在部队加入中国共产党。陈日升于1979年2月初参加对越自卫还击作战，积极要求配属到主攻“417”高地的第三连担任通讯联络任务。在争夺高地的激战中，当4名连级干部和3名排长身负重伤、失去战斗能力的紧急关头，他挺身而出，果敢地组织3人战斗小组去消灭阻挡我军前进的2个火力点。在殊死战斗中，2名战友负重伤，他的左脚后跟也被炸伤，援军第六连迅速冲了上来，要陈日升立即退下去。陈日升向第六连连长报告：“我已经熟悉了这里的地形，和你们一道战斗吧！”便背着步话机带领7名战友再次向“417”高地冲击。敌炮弹猛泻，2名战友牺牲，5名战友负伤，战情险恶，他用步话机向营指挥所报告战况并宣誓：“只要我还有一口气，就一定拿下‘417’高地！”此时，彭排长率8名战士前来配合，陈日升第三次冲击“417”高地。当接近高地主峰时，陈日升于左侧无名高地中弹殉国。战友们强压怒火，一举摧毁这个无名高地，为后续部队夺取“417”高地，赢得战机。部队为陈日升追记三等功、一等功各一次，总政治部批准为烈士，中央军委授予陈日升“一级战斗英雄”称号。

杨美秀强忍中年丧子的极大悲痛，化悲痛为力量，继续努力工作，谢绝组织上调她去区、镇任党委委员、妇联主任的安排，依然在平凡的岗位上孜孜不倦地劳作。1979年10月，杨美秀应广州军区邀请，出席中越边境自卫反击战战斗英雄命名大会，她作为战斗英雄的母亲在大会上含泪作题为《固我国防，前赴后继》的悲壮讲话，把晚女送进了中国人民解放军。

1980年年初，杨美秀被选为洞口县第八届人大代表，在八届人大一次会议上当选为县人大常委会委员。连续当选为县九届、十届、十一届人大代表，连选连任九届、十届、十一届县人大常委会委员，直至退休离任。这位光荣的战斗英雄的母亲，一直过着普通人的俭朴生活。

彭孟秋

彭孟秋，洞口县第七届、第八届人大代表，湖南省第五届、第六届、第七届人大代表。

彭孟秋祖籍双丰县，1942年1月生，解放前夕随父母迁洞口大正街定居。1962年于洞口一中高中毕业，即被县印刷厂招录为工人。他有文化，忠厚老实，积极肯干，被厂党支部看重，当时生活物资紧缺，食堂是重要阵地，先让他去食堂工作，试试他的工作态度和工作能力。他不负党组织厚望，经受了考验，手脚勤快，办事利落，职工普遍称好，旋即调他当机印工。彭孟秋聪敏好学，尊敬师傅，和师兄师弟合得来，舍得花力气，脚踩四开印刷机，汗流浃背不言累，一名二级工往往完成五级工、六级工的生产任务。“文化大革命”期间，他与“造反派”无缘，埋头学技术，加班加点搞生产，一度被指责为“只会埋头拉车”。每逢节假日，陪支部书记、厂长义务值班、加班，逐步熟悉了全厂的生产流程，成为印刷行业的行家里手。1971年加入中国共产党，相继任厂生产组组长；1973年当选为党支部委员。1977年秋，在县革命委员会扩大会议上当选为湖南省第五届人民代表大会代表。

彭孟秋当选省人大代表以后，感到肩上的担子重了，经常加班加点搞生产，深入学习毛主席著作，积极创建大庆式企业，得到了组织的信任和群众的拥护，相继出任印刷厂副厂长，主管生产经营，负责县政府、法院、税务局印章的用印监管，先后被评为全县学习毛主席著作积极分子、“工业学大庆”先进个人、“五讲四美三热爱”先进个人，参加全县“五讲”“四美”报告团巡回作报告。1983年3月，在洞口县第八届人民代表大会第三次会议上，彭孟秋当选为湖南省第六届人大代表。1987年3月，洞口县第十届人大一次会议主席团向邵阳市人大常委会推荐他为湖南省第七届人大代表候选人；在次年的邵阳市十届人大一次会议上，彭孟秋当选为湖南省第七届人大代表。

彭孟秋任省代表期间，广泛联系群众，深入调查研究，积极为民鼓与呼，共向省人大常委会、省政府提出提案、建议20多件，其中《省政府要资助首批广播站改广播电台以发展广播电视事业》《要求解决教育事业在发展中的一些问题》《应该解决民办教师转公办教师的问题》《关于要求解决洞口县财政困难的问题》《关于制定<湖南省保护消费者合法权益条例>的建议》《关于制定省、地市州、县（区）人大常委会联系办法的建议》《改革国有工业企业体制要积极稳妥地实施》等，得到省人大常委会、省政府的重视，并得以解决。在本单位的改革发展中，彭孟秋发挥了应有的作用，积极协助书记、厂长、工会主席做工作，印刷厂1984年建成“大庆式企业”，1994年完成股份制改造，是全县国有企业改革第一家。省人大常委会办公厅委新闻记者赴洞口县采访彭孟秋的代表经历和经验，他以：“人民选我当代表，我为人民做的工作太少，非常惭愧”婉言谢绝。

彭孟秋1995年退休，党组织关系转文昌社区居委会支部，被选为党支部委员，继续为党为居民兢兢业业地工作，数次被评为优秀共产党员。

李光宝

李光宝，瑶族，1942年1月出生，洞口县菲溪瑶族乡人，菲溪造纸厂厂长，邵阳市第九届人大代表、乡镇企业家、民营经济能人，湖南省第七届、第八届人大代表。

李光宝高中文化，肯动脑筋，刚正不阿，心直口快，讲话有条理，1980年当选为乡人大代表，从此挑起了参政议政、改变大山面貌的重任。菲溪山高林密水好，有丰富的水力资源，然而瑶胞视电为“怪物”，还在点竹片照明。李光宝翻山越岭走访瑶汉同胞，听呼声，寻计策，想大事，出主意，首次向乡政府提交了《关于修建菲溪大江电站的建议》，详尽地记述了公溪河上游数十年水文情况的材料，水位落差的测量数据，以及电站的选址、装机容量的概算、工程造价预算、经费来源等。乡党委、政府为之感动，下了决心大干，经过一年多的艰苦奋斗，一座装机容量8000千瓦、年发电量600万千瓦时的水电站胜利建成了，深山瑶乡撒明珠，瑶汉同胞的生产生活用电基本得到解决。李光宝相继提出“大办交通，力争村村寨寨通公路”“发展少数民族地区教育”“发展特色工业，振兴山区经济”“重视培养使用少数民族人才”等意见、建议，均被乡政府采纳。李光宝几乎天天在观察，在思考，在“多管闲事”，他当选乡代表后，又当选为县代表、第九届市代表，1988年、1993年，连续当选省七届、八届人大代表，任代表期间，共向各级人大常委会、人民政府提交颇有分量的建议和意见70多件。其中有《请求将邵阳市列入全省全国高产优质农业示范区》《请求省政府支援洞口县建设茶路电站》等。

李光宝立足本职，刻苦钻研科学技

术，挤出时间学习了有关化学、造纸、企业管理、市场管理等专业知识，而且有《深化改革抓管理，提高质量争效益》等十数篇论文分别发表于《湖南科技报》《乡镇造纸》等报纸杂志上。李光宝在湖南省七届人大四次会议期间，会议精神使他思绪万千。他已懂得市场经济是竞争经济，产品质量的优劣决定着企业的存亡；作为乡造纸厂厂长的他，也深知企业技术力量薄弱，设备落后，必须痛下苦功夫了。散会后直奔造纸厂，向骨干们简要地传达了会议精神，部署了技术改造，得到了同事们的支持。已有大专文化、获得工程师职称的李光宝，经过三天三夜的苦思实干，拿出技改方案。他精心组织，依靠技术骨干，自行设计，自行安装，自行调试，技改项目竣工投产后，11个品种的产品全部达到省优标准，年产量由原来的500吨上升到1200吨，产值由220万元上升到1000余万元，实现年利税60多万元。广东省某县的一位副县长专程到莃溪造纸厂考察，希望李厂长到广东去，破格转为国家干部，月薪超过2000元，全家转城镇户口。李光宝一一谢绝，动情地说：“深山瑶乡的父老乡亲选我当人大代表，我必须为生我养我的大山做贡献。”1997年3月，省人大常委会选举任免联络工作委员会编辑出版《代表颂》，以《大山的儿子》为题，介绍了李光宝的事迹。

张先玉

张先玉，第五届全国人大代表。洞口县山门镇里仁村人，1942年4月出生。1966年4月加入中国共产党，历任里仁大队团支部书记、党支部委员、副书记。1975年1月当选为里仁大队党支部书记，在“文化大革命”中着力于稳定，一心抓生产，坚持科学实验，种好试验田，带领群众大办粮食，向国家交售余粮。粉碎江青反革命集团以后，遵照上级党委指示，抓纲治国，当好“班长”，积极做好各方面的工作，增强党内团结，发挥党支部的战斗堡垒作用和共产党员的先锋模范作用，在继续抓紧抓好粮食生产的同时，积极发展多种经营，兴办集体企业，壮大集体经济。1977年，全大队粮食总产89万公斤，亩产725.5公斤，跨入全县高产行列；当年向国家交售粮食16.6万公斤、菜油5200公斤、雪峰蜜柑7万公斤；队办集体企业34个，年收入突破10万元，拥有中型拖拉机1台、手扶拖拉机5台、农用机械设备10余台；社员家家有余粮，人均集体纯收入117元，家庭竹篾加工全面兴起，多数家庭有存款；里仁大队成了全县屈指可数的富裕大队。是年，中共洞口县委表彰张先玉为优秀共产党员，并在湖南省人大五届一次会议上当选为第五届全国人大代表。

张先玉参加五届全国人大一次会议后，解放思想，积极改革，在大队试行生产队划组作业，调动社员的生产积极性，粮食亩产达868. 5公斤，向国家交售粮食19. 5万公斤。1979年9月，张先玉被录用为国家干部，先后任石柱公社管理委员会主任、石柱公社党委书记、山门区区长、县委委员、竹市区人大联工委主任、邵阳运输总公司洞口客运分公司工会主席。2004年退休。

许耀先

许耀先，第六届全国人大代表。洞口县竹市镇金山村人，1943年5月出生。1959年毕业于洞口县茶铺园艺技术学校，随即分配至县园艺场当工人；勤奋好学，工作积极，次年担任生产队队长。

许耀先热爱园艺事业，刻苦钻研柑橘高产栽培技术，经验丰富，曾被广西壮族自治区富川县请去当师傅，被当地政府授予先进工作者荣誉称号。1968年回场继任生产队队长。1973年加入中国共产党，他给自己约法三章：苦干实干加巧干，坚持科学管园夺高产；一家人一心为公，不占公家便宜；坚持原则，凭票发货，不送人情。最先带领苗圃队职工大搞温州蜜柑嫁接育苗，该队生产的良种苗木除满足本场、本县需要外，远销广西、贵州、广东等省（区），收入颇丰。他长期和场里的科技人员一道，积极开展柑橘修剪、保花保果、疏花疏果、深耕改土、温州蜜柑育种选种、自动控制喷灌等试验10余项，其中选种工作获全省三等成果奖，自动控制喷灌试验获邵阳地区三等成果奖。特别是组织第一队职工下大力气改造低产果园，深耕改土，重施有机肥，及时防治病虫害，加强科学管理，消灭了油它果，大小年结果差额压缩在20%的范围内。1982年，该队脐橙亩产4400公斤，柑橘亩产2632公斤，出口531.1吨，人均实现利润5484元，每亩产量、出口数量质量、人均利润，均居全县第一。当年，他被评为洞口县劳动模范，并获邵阳地区脐橙丰产稳产试验成果奖。1983年，获邵阳地区劳动模范称号，并当选为第六届全国人大代表。后任县园艺场工会主席、党总支副书记，1995年当选场长。2001年退休。

段以美

段以美，女，第八届全国人大代表，全国敬老工作先进个人。山西省永济县人，1944年1月出生，1968年12月毕业于广州中山大学化学系，1969年在洞庭湖军垦农场劳动锻炼。1970年分配至洞口县，先后在县氮肥厂、县酒厂任技术员、化学分析助理工程师，工作积极，出色完成任务，获基层党组织和职工群众一致好评。1984年4月，在政协洞口县一届一次会议上，当选政协洞口县委员会常务委员会委员；8月，调县经济委员会工作。1985年12月，任洞口县人民政府副县长。连选连任共3届、8年，先后分管民政民族、教科文卫、财贸工作，认真履职，清正廉洁，尊老爱幼，待人以诚，人民满意，代表信任。1993年当选为第八届全国人大代表。

1994年12月，段以美调任邵阳市财政局副局长。

张先绍

张先绍，1949年3月出生，洞口县人民检察院技术室主任，邵阳市十一届、十二届人大代表，全国检察系统先进工作者，全国模范检察干部。

张先绍学医出身，1969年3月应征入伍，在技术连队当卫生员，1970年考入中国人民解放军第一军医大学，毕业后在部队任军医。转业后曾任县卫校校长，1989年3月调任洞口县人民检察院法医，踏上了一条正义与邪恶交锋之路。

1992年，某领导的内兄与张某某械斗，被张某某打成左前臂骨折，有关法医为其出具了重伤鉴定，公安机关将张某某移送检察机关批准逮捕，张先绍审查证据时，发现伤者被打伤后形成的两张X光片矛盾极大：第一张检验单两骨折断端为横行，对位对线好，无移位，断端无软组织嵌入影像，符合轻伤特征；第二张检验单两断端有软组织嵌入，骨不连接，符合重伤特征。张先绍带着两张矛盾的片子去找为伤者治伤的主治医师和放射科医师及同室病友。原来伤者住院期间先后请了4个民间游医背着医院医师为其正骨，胡乱推拉复位，反成重伤。从法律角度只能尊重事实，被告人只能对第一张光片检见的轻伤负责。然而，这位领导曾经是张先绍的恩师，现在是上级，审片调查时也打了招呼，张先绍一度犹豫过，打算敷衍了事。但法医和人大代表的神圣职责不允许枉法鉴定，张先绍毅然作出轻伤鉴定结论，检察院随后对张某某作出不批准逮捕的决定。事过不久，一个工作组进入张先绍爱人工作的医院，清查他爱人的经济问题，查来查去，却没清出半点问题，年终评比上报，他爱人成为全县卫生系统先进工作者。张先绍感动得要流泪，更加坚定了为民仗义、秉公执法的决心。

1993年6月，县人大常委会决定将一桩已交公安部门两次办理过的信访案件移交检察院办理。该案发生于1992年3月，女公民欧阳元秀上吊死亡，县公安局法医尸检结论为自缢死亡，群众持怀疑态度，亲属更是不服；市公安机关于1992年4月12日开棺验尸后作出与县公安局相同的结论，但亲属还是不服，白天提灯四处喊冤，社会舆论更是沸沸扬扬。张先绍决心大海捞针，要给一个正确的说法。首先对原有的文证资料进行审查分析，发现死者颈部形成索沟形态与套在尸体上的衣服扭制成的索套不相符，惊奇地找到了突破口；根据第一目击者提供的尸体吊着姿势，用同布质的衣服扭成套索在自己的颈部作玩命式的试验，试验留下的痕迹与尸检报告记载的痕迹明显不符，否定了套在死者脖子上的索套是造成窒息死亡的工具的推断，作出了死亡是他杀、自缢现场是伪造的结论。张先绍瞒过家人，先后用棕绳、麻绳、尼龙绳、裤腰带、帆布挎背带在自己的脖子上做了19次试验，终于发现帆布挎背带的痕迹与死者脖子上的痕迹非常相似，断定了死者是他人用帆布挎包带勒死的。张先绍明察暗访死者生前的踪迹，有人提供，死者生前与杨某某关系暧昧，案发那天，两人在米粉店吃过米粉，杨某某背着帆布挎包。原尸检记录记载死者胃内有米粉辣椒，按照胃内消化排空须在进食

4小时后的法医理论，断定凶手是杨某某无疑，铁证如山。1993年7月14日，杨某某落入法网。

张先绍在市人大代表任期内，鉴定伤害案和重大责任事故案1095起，受理法医鉴定案2831起，文证审查案384件，揭示排除虚证伪证645件，纠正错误鉴定结论388件，向人民、向法律奉献了一份忠诚。1997年3月，湖南省人大常委会任免联络工作委员会编辑出版《代表颂》，该书以《禀正气而行者》为题，记述了张先绍的事迹。2000年，邵阳市人大常委会纪念人大常委会设立二十周年专册《辉煌二十年》，以《维护法律尊严的忠诚卫士》为题，记述了他的事迹。

唐素平

唐素平，女，第四届全国人大代表。洞口县竹市公社向阳大队人，1949年7月出生，1968年高中毕业。高中毕业后，参加公社回乡知青代表会，决心当有文化的新型农民。向阳大队一直驻有县委工作组，是全县农业生产的先进典型，唐素平在大队党支部的领导和县委工作组的培养下，积极参加集体生产劳动，吃得苦，耐得劳，在农业学大寨运动中参加大队铁姑娘突击队，表现突出，而且是现役军人家属，则被选为第九生产队队长。

唐素平组织生产队社员群众学习毛主席著作，批判林彪篡党夺权的反革命政变纲领《“571”工程纪要》，带领群众改善农业生产条件，实现“排灌分家”，开发冬季农业，提高复种指数，大搞“稻稻油”三熟制，成为全公社乃至全县屈指可数的先进典型，前来参观学习取经者络绎不绝。1974年冬，唐素平当选为第四届全国人大代表；1975年1月3日，赴京出席第四届全国人民代表大会第一次会议，会议期间，荣幸地同湖南省代表团与华国锋、许世友等领导同志合影留念。同年3月12日，唐素平加入中国共产党。此后，团结、带领社员群众大搞科学种田，学习中共十一届三中全会精神，发展大好形势。

1980年，唐素平离家随军。

向书凡

向书凡，洞口镇天井村人，县十届人大代表，湖南省九届人大代表，湖南省劳动模范。

向书凡1951年9月出生，高中毕业后在家务农，改革开放后发展家庭养猪，以养种猪为主，1984年发展成全县养猪大户；参加省级“家庭养猪新技术速成函授”学习后，提高科学养殖水平，规模逐渐扩大，成为全县、全省科技示范户，多次获市、县政府及畜牧、外贸部门表彰奖励，全县乡村干部、妇联主任、养猪专业户前来参观学习者络绎不绝。1987年，向书凡当选为洞口县第十届人大代表。

随着全县养猪事业的发展，向书凡着手筹建县养猪协会，为养猪重点户解决缺良种、缺技术和销售渠道不畅等问题，在有关部门的大力支持下，100多个养猪专业户加盟。1994年10月，经县民政局注册登记，在成立大会上向书凡当选协会会长。协会内部统一饲养品种，统一饲料采购，统一防疫灭病，统一产品销售，并加强外向联系，了解供求信息，开拓销售渠道，学习科学养殖技术，提高产品质量，至1995年年底，会员发展到400多户，畜牧小区发展到47处，养猪成为洞口县的支柱产业。1998年，向书凡当选为湖南省第九届人大代表。

向书凡以发展全县养猪事业为己任，投资上百万元，先后向四川内江种猪场、北京华都种猪公司、河北京安种猪集团公司购进长白、大白、杜洛克原种公母猪139头，于2001年建成洞口天井原种猪扩繁场，此为洞口第一家拥有省颁标准的种猪场，常年存栏原种母猪500多头、种公猪18头，生产二元母猪4000多头，大多数以低于市场价的优惠价提供给本县养猪协会会员，少数销售于外省、外县的原种猪场，还提供商品猪4000多头。2005年，向书凡获湖南省劳动模范和科技示范带头人称号，荣获中华农业科技推广奖；该场获“邵阳市农业产业化龙头企业”证书。

向书凡珍惜劳动模范光荣称号，认真履行人大代表职责，“小车不倒只管推”，继续为人民服务，为社会主义建设做贡献。2005年5月，洞口县养猪协会重新登记为洞口县生猪产业合作社，向书凡当选为理事长，该社共有社员350户，其中养猪大户178个，规模养殖场27个，建有种猪生产基地和人工授精配种站5处，年养猪30多万头，出栏20多万头，经过社员的努力，年增收3000多万元，2007年被农业部定为全国示范合作社。天井原种猪扩繁场进一步发展壮大，至2015年，栏舍面积已有8200平方米，宿舍、仓库、加工房、办公室、兽医畜药室等配套建筑1000余平方米，建成生猪人工授精站、大型沼气发电站、渔场、蔬菜场，营造了环保绿化片，共向县内外种猪场提供良种公母猪6万多头，向社会提供商品猪6万多头，实现了猪沼林、猪沼鱼、猪沼菜、综合利用，绿色环保，科学发展。向书凡先后当选湖南省养猪协会常务理事、中国养猪业经济委员会理事，获“中国养猪业精英一等功勋”荣誉称号，其事迹被载入《中国养猪业群英谱》。

罗恢来

罗恢来，洞口县竹市镇棉花村人，1952年2月出生，高中文化，1976年7月加入中国共产党，1980年春当选为洞口县第八届人大代表，1984年任村党支部书记，当选乡代表。此后连续当选为洞口县第十届、十一届、十二届人大代表。

罗恢来当选人大代表后，不负人民重托，努力为人民服务。1983年冬，他来到困难户刘某家里，其妻生病，房屋破烂，年关在即，还没有买一斤过年肉，便掏出袋里仅有的35元钱（约能买30斤猪肉）塞到老刘手上说：“兄弟，先买点肉过年吧，组织上已经了解你的困难了，正在想办法。”两人都流下了热泪。经过支部的努力和政府的救济，老刘家渡过了难关。

罗恢来把这件事一直放在心上，在他担任村支部书记后，便把扶贫帮困提到支委会的议事日程上。经摸底调查统计，全村共64个贫困户，支委会把党团员、村组干部、民兵、青年积极分子组成21个帮困组。罗恢来选择刘某等5个特困户作为联系户，春天帮他们选购良种，借贷款买肥料；夏天指导他们防病治虫，选用对口农药；“双抢”季节替无牛户犁田，抢抓农时；冬天为他们谋划开发冬季农业，搞点小副业；粮食生产都搞上去了，解决了基本问题。经过十年帮扶，老刘家基本脱贫，其他4户开始致富，全村64个贫困户有51个成为小康户。罗恢来在帮助群众靠种养脱贫的同时，努力发展村办企业，巩固发展原有的队办企业，新办砖瓦厂、综合服务部等村办企业。年纯收入3万多元，为村民垫付了各项摊派和上交，减轻了农民负担。特别着力于为村民谋出路，针对卖猪难，他三次走高沙，代表村委会与高沙肉联厂签订了供销合同，由厂方在棉花村设点收购乳猪，全村1992年存栏母猪发展到680头，乳猪收入为36万元；针对农民挣钱难，他组织几位能人“南下”寻财路，全村1992年有386人外出经商务工，收入颇丰。1992年，全村人均年纯入达896元，高出全县平均数104元。村里先后新建起敬老院、教学楼、广播站、村级活动中心。

罗恢来不仅对本村的发展负责，而且对全选区的选民负责。1991年，干旱死角歧石村遭受特大旱灾，1992年3月，他去实地调查90户后向乡人大主席团、乡政府、县人大常委会、县政府发出《关于歧石村灾后群众生活困难的调查报告》，县政府及时拨发了救济粮指标，缓解了群众灾后困难。这一年，他爱人给他立了“出工登记本”，连续4个月只在家里做了48天工，其他时间都用于代表活动。据他自己登记，1992—1996年的5年里，他在选区走访选民2500多人次，征集意见900多条，向县乡提出扩改乡村公路、修建管竹集贸市场、改建乡村有线广播、将管竹等3个乡列入全县水利建设重点、切实减轻农民负担、制止邮政部门兑付汇款强行扣除报纸杂志费等建议共160多条，其中多数被县乡采纳。

罗恢来数次受到县人大常委会表彰，1986年被省委表彰为优秀共产党员，1987年被市委表彰为优秀党支部书记。1993年12月，县委办公室综合他的优秀事迹，以《履行代表职责，谱写奉献之歌》为题上报，省电视台赴洞口、管竹采拍了新闻纪录片。

1996年，罗恢来被录用为国家干部。

王铁石

王铁石，洞口县石江镇江潭村人，1953年10月出生，1982年开始担任村干部，1984年加入中国共产党，历任村党支部书记。他从1987年当选为洞口县第十届人民代表大会代表以后，连选连任洞口县十一届、十二届、十三届、十四届、十五届、十六届、十七届人大代表，其中十五届当选为县人大常委会委员。连续8届、

30年的代表生涯，坚持“人民选我当代表，我当代表为人民”的信念，认真履行代表职责。他履职谏言，就安全饮水、农网改造、农村公路扩改提质、保护地方文物、城乡建设等方面提出建议、意见30多件，均被县属有关部门采纳。

王铁石依靠和团结村民发展生产，搞活农村经济。依托传统农业，在种植、养殖业上打基础，树特色。发动群众大种油菜，邵阳市2007年冬在江潭村召开冬季农业生产现场会；动员大多数村民种优质稻，建基地，由专业合作社收购，增加种粮农户的收入；帮助养猪专业户形成规模，年出栏生猪500头以上的规模养殖户已有4家；引进特色产业种蘑菇，请老年科协派员指导，已有4家规模种植见成效。同时，通过招商引资，发展村级产业，扩建了江潭老寨碎石场，在石坝上修建了发电站，在冷水塘新办了预制厂。致力于旅游事业，组织村民保护、修缮了“湖南第一望”的王元帅宫，保护和美化了碧波荡漾的潭水、风景迷人的月形山，发掘了文史资料，编印了宗祠文化和境内风光宣传册，该村已被纳入“湖南省湘西旅游精品线路”。他依靠和组织群众，并积极争取上级支持，以“三通一建设”为中心，努力建设社会主义新农村。在拉通满竹、庆节等邻村和江潭中学等主干线的同时，扩改并硬化了10条14公里进村入组到院落的农村公路，实现了“家家户户通水泥路”；分期实施了改水工程，分批完成了高标准化水渠改造，更新了8处电灌设备、维修更新了水泵、加固了石坝和防洪堤、硬化了老寨冷水塘堤坝，特别是对江潭田凼和孙家垅桥下的农田进行了土地平整，土地流转500余亩，实现了“耕作农机化、运输车子化、排灌自如化”；率先完成了农村电网改造，村内主干道处处装路灯，颇具城市风貌。文体建设“花开别样红”，新建了村级办公楼，完善了村支“两委”活动室、村级体育场、农家书屋、村卫生室，安装了24组高音广播、16个垃圾池、8块“八荣八耻”宣传牌，丰富了村民文化体育生活。该村党支部获“湖南省五个好优秀党组织”殊荣；江潭村于2011年被评为“省级新农村建设示范村”。

2016年11月，王铁石以年过花甲而让贤，选民联名推荐，连续高票当选为第十七届县人大代表。

舒小云

舒小云，女，高沙镇双合村人，1956年出生，高中文化，从1998年当选高沙镇十四届人大代表起，连续当选高沙镇十六届人大代表，洞口县十四届、十六届人大代表，邵阳市十五届人大代表。18年以来认真负责，乘农村经营体制改革东风，积极发展养猪、种橘、种粮，带领七邻八村的农民脱贫致富，并广泛听取群众意见，向镇、县、市提交“重视村组生猪防疫”“建立城乡治安联防队”“靠良种良法和机械化发展粮食生产”“整治乡镇环境卫生”“解决矿区居民安全饮水问题刻不容缓”等建议20余件，均被镇、县、市采纳。

从2007年开始，舒小云敏锐地抓住农民承包地可以流转集中的政策机遇，先后与本镇飞山村、木山村、石榴村、红鹅村的农民签订了1600多亩稻田流转合同，进行优质双季稻规模化生产，每年出售优质商品粮120万公斤以上，售值300多万元。同期，发起成立了邵阳市第一家优质粮食专业生产合作社，任理事长，经过她的具体运作和社员的共同努力，合作社已积累了“市场化运作、社团化管理、网络化服务、标准化生产、一体化经营”的农村社会化科技服务体系建设的整套经验，共接收社员1470人，发展粮食生产大户250多家，建优质粮生产基地30个共5000余亩。

舒小云采取走出去与请进来、集中授课与现场演示、观看录像与印发技术资料、聘请专业技术人员指导与培训业务骨干相结合等办法，先后出资组织技术培训378场次。参训者3万余人次，在种粮大户中办科技讲座20场次，参训者达5000人次，发放农业科普资料5万余份，推广新品种、新技术12项，优质粮食专业合作社与12个乡镇的1.2万多农户落实订单面积5万多亩，拉长了产业链，全县的优质稻生产从8万亩发展到15万多亩。

舒小云当人大代表以后，获得无数荣誉称号：全国妇女“双学双比”女能手，全国妇女创业建功先进个人，农业部颁发“全国种粮大户”奖牌，获湖南省科技示范户奖牌，袁隆平院士亲自为她颁发湖南省第二届“袁隆平科技奖”奖牌并合影留念，邵阳市委表彰为优秀共产党员，先后获邵阳市“三八红旗手”、邵阳市劳动模范称号，洞口县委表彰为优秀共产党员等等。2011年，舒小云当选高沙镇双合村党支部书记，兼任云贵农业综合开发中心负责人；2012年，当选为县、市党员代表大会代表；2015年3月，在洞口县十四届人大四次会议上补选为县人大常委会委员，同年5月，湖南省人民政府授予劳动模范称号。

李少立

李少立，1964年1月出生，洞口县杨林乡坝上村人。杨林乡十二届、十三届人大代表，洞口县十七届人大代表，邵阳市十二届、十三届、十六届人大代表。

李少立从1980年9月开始担任大队干部，1982年7月加入中国共产党，1995年任村党支部书记。当时的坝上村还处于“行路难、饮水难、脱贫难、村级经济空白、社会矛盾不断”的困境，他不负组织重托，毅然辞去跨县客运车队队长职务，在工作笔记本扉页写上“强村富民、回报乡梓”八个工整的钢笔字，由此带领一班人，团结全体村民走上了治穷治乱的艰难之路。首先，抓紧班子建设，在“两委”建立“班子成员勤政廉政制度”“村集体办公日制度”“村民自治章程”；相继加强普法教育，完善治保委员会、调解委员会、帮教委员会，健全责任制，认真开展综合治理。紧接着率先垂范干实的，自己带头捐款500元，班子成员每人捐款300元，黎明即起上水利工地，带动广大村民义务投劳修水利。在村民的齐心协力和上级的大力支持下，建成3000多米长的水圳，整修了12座水坝，告别干旱历史；又从高山引来清泉，解决了村民饮水难；还扩改建了村内8条机耕道，基本解决行路难的问题。他进一步引导群众科学务农，走向市场，办起了家庭阅览室，推广良种辣椒、优质稻、高产玉米，扩种漆树；自费跑广东、广西、贵州考察生猪市场，谋求良种，学习科学饲养方法，提高生猪质量，扩大销路，卖起好价钱，促进村民种养增收。组织“两委”班子成员和党员深入开展“一扶二帮三联系”的扶贫帮困活动，经过三至五年努力把特困户扶起来了。至2000年，坝上村摘掉了落后帽子，李少立被邵阳市人大常委会表彰为优秀人大代表，其优秀事迹登载于纪念邵阳市人大常委会设立二十周年专集《辉煌二十年》。

已小有名气且获经济管理专业大专文凭的李少立香起来了，深圳某企业以年薪30万元聘他去做管理工作。他说：“一名共产党员、人大代表，离土离根，即使发了天大的财，也是白费，我必须在生我养我的家乡发展，与乡亲们共同富裕。”决然留在了坝上村，办起了环保砖厂，带动和鼓励能人先后办起村建筑工程服务队、满元砖厂、李智勇预制厂，创业青年李云携他香港贸易伙伴黎文显投资3000万元创办成邵阳天然生态农业发展有限公司，这些企业为村内提供110多个就业岗位，村民们在发展种养两业的同时，增加了工副业收入，开始致富。

李少立小富后乐于慈善、公益事业，捐赠救济款物累计8万余元。村级主干道硬化时，他捐款1.04万元，率先建成该乡第一条高标准村级水泥路；牵头建起杨林乡自来水厂，2万多人受益；倡议筹资入股，建起了杨林乡客运站，方便了周围群众和邻县客商。

坝上村先后建起村办公楼、广播室、图书室、卫生室、体育活动场、老年人活动中心、环卫所、垃圾处理场；6公里长的水渠全部改建成高标准；全村电力设施完成了农网改造，安装了82架路灯；新置80多个太阳能和60多口沼气池，洞口县人民政府于2015年授牌为“美丽村庄”，先后被评为“新农村建设市级示范村”“全县综合治理模范村”。邵阳市人大常委会派出新农村建设工作组赴该村考察，把他们的工作方法和工作经验誉为“坝上模式”，建议在全市推广。

坝上村党支部先后被评为全市、全县“五个好党组织”“以村为主开展工作先进单位”。李少立先后被评为全县“双强型”村支部书记、优秀党务工作者、综治工作先进个人、见义勇为先进分子；全市见义勇为先进分子，获二等奖；两次被邵阳市人大常委会表彰为优秀人大代表。

杨晚云

杨晚云，女，洞口县第十二届、十三

届人大代表，邵阳市第十四届、十五届人大代表，邵阳市劳动模范，湖南省特级教师、名优校长、十佳师德标兵，全国师德先进个人、优秀教师、优秀校长，北京奥运火炬接力手。

杨晚云1969年9月出生于洞口县高沙镇大万村，大学文化，中共党员，历任大水乡村小学教师、县城小学校长、教育局教研室党支部书记。

杨晚云爱学习，勤思考，善创新。她创设的“精品故事引领教师、精美文章感染教师、精彩活动打动教师、精悍口号感召教师”的“四精”管理法获得省级管理创新一等奖，代表湖南省小学校长在北京师大向来自全国各地的校长介绍了经验。为了办出学校特色，她于2003年将学校电脑联网，让老师们“立足小县城，面向全世界”；率先在学生中倡导“享受阅读”，率先在学生中倡导并实行交流日记，经典诗文朗诵，让孩子们受益匪浅。为了加强对孩子们的品行教育，她创造性地进行“感动教育”德育主题活动，在社会反响很好，被评为省级优秀创新案例。

杨晚云在加强校园文化建设方面做了十分深刻的探索，学校物质文化、制度文化、精神文化相得益彰，在全省校园文化建设经验交流会上与湖南名校雅礼中学校长同台发言，掌声雷动，反响热烈，省教育厅的领导赞叹道：“没想到小县城竟有如此优秀的校长，有如此独特的办学思想，湖南的教育有希望。”由此确立了她在湖南省小学校长领域的领先地位。

杨晚云自23岁开始当县人大代表，用真情、用智慧履行代表职责。在乡村小学任教时，走访了大量农村教师和农民群众，向县人大常委会提交了《关爱留守儿童，让每个孩子得到温暖》《关注乡村教师生存状态，提升乡村教育质量》等20多件质量颇高的议案、意见；担任市人大代表后，撰写了《建议设立青少年校外活动中心》《关于武陵山片区县城大班额的议案》等15条建议、意见，多数被采纳；2014年暑假，她深入黄桥、桐山等乡镇调研，与基层干部、中小学师生、学生家长座谈交流，听取群众意见，写出《武陵山片区教育特殊政策实施过程中的思考与建议》，引起政府和教育主管部门的重视。她每当一届代表，都要记下数万字的学习笔记，写下若干感言，彰显自己浓厚的“文化味”。她参加北京奥运火炬接力以后，在《邵阳人大》杂志发表了随笔《点燃激情、传递梦想》，道出了一名人大代表、教育工作者的心声。

附 录

选录洞口县第一届第一次各界人民代表会议全体代表向毛主席、中国人民志愿军的致敬电，洞口县第一届人民代表大会第二次会议向毛泽东主席、中国人民志愿军、中国人民解放军、湖南人民委员会的致敬电。

收录邵阳行署致洞口县第八届人民代表大会第一次会议的贺信。

选录洞口县人民代表大会、县人大常委会部分规定、决议、工作总结。

节录县人大常委会主任部分讲话。

一、致敬电选录

(一)洞口县第一届第一次各界人民代表会议发出的致敬电(共2件)

毛主席并中央人民政府委员会:

洞口县第一届第一次各界人民代表会议于四月三日胜利的开幕了,到会代表182人。我们庆祝了洞口县人民政府的成立,听取了张县长传达中央三次全国政协会议的精神与湖南省第一届第二次各界代表会议的决议。结合各代表的提案,经过我们三天热烈的讨论,大家一致决议:在抗美援朝运动的统一方针下,我们要增加生产,厉行节约,加强思想改造,做好防疫工作。站在各人的工作岗位上,以实际行动来反对美帝国主义发动细菌战的滔天罪行。并成立了常务委员会,以求我们的决议彻底实现。为建设我们的新洞口而奋斗。特电告您,并致以崇高的敬礼。

湖南省洞口县第一届第一次各界人民代表会议全体代表

一九五二年四月六日

中国抗美援朝总会转前线中国人民志愿军：

自从你们一九五〇年十月二十五日出国以来，由于你们的英勇作战，消灭了以美帝为首的侵略军五十多万，打毁了敌机三千六百多架，并缴获了大批的武器。这一胜利的消息，鼓舞了全国人民的斗争意志，推动了我们各项工作的开展。最近美帝更惨无人道，违反国际公法，发动了罪恶滔天的细菌战，来屠杀我们爱好和平的中朝人民。美帝这种血腥斑斑的狠毒事迹，已激起了全国人民的愤怒与抗议，更促进了我们加强抗美援朝的决心。

我们湖南省洞口县人民和全国人民一样，182名代表在第一届第一次各界人民代表会议上，坚决响应毛主席的号召，增加生产，厉行节约，以全力支持你们获得更多的胜利。并保证做好优抚工作，一致为彻底消灭美帝、争取一九五二年的大丰收而奋斗。

此致

敬礼

湖南省洞口县第一届第一次各界人民代表会议全体代表

一九五二年四月六日

(二)洞口县第一届人民代表大会第二次会议发出的致敬电(共4件)

中国共产党中央委员会毛主席:

湖南省洞口县第一届人民代表大会第二次会议于四月六日开幕，今天已胜利闭幕了。

我们代表接受了全县人民的委托，听取了出席湖南省第一届人民代表大会第二次会议代表许兰菊《关于湖南省第一届人民代表大会第二次会议基本精神的传达报告》，选举了县人民委员会组成人员与县人民法院院长，同时进行了兵役法(修正草案)和人民法院组织法的学习讨论，并在会议上通过了各项重要决议。

去年下半年以来，我县各项工作都取得了很大的成绩，虽然入夏以后部分乡遭受了轻重不同程度的水灾，绝大部分乡的秋冬作物又遭受普遍的秋旱冬冻的侵袭，但由于中共中央和您的英明领导和省人民政府的及时指示，依靠全县人民的共同努力，开展了轰轰烈烈的超额增产、节约度荒的运动，战胜了自然灾害，获得了农业生产的丰收。我们正为着办好农业生产合作社，进步巩固提高，全面争取一九五五年生产更大丰收忘我劳动，辛勤工作。我们深刻体会到，我们过去几年所取得的各项成绩和现在能轰轰烈烈的顺利开展春耕生产运动，都是与中共中央和您的英明领导分不开的，我们代表全县人民，向中共中央和您表示衷心感谢！致以崇高的敬意！并保证今年工作搞得比去年更好。

现在，当我们进行和平生产建设时，美帝国主义却一直不甘心它的失败，不断地对我国进行干涉和侵略，并与蒋介石卖国集团签订所谓《共同防御条约》，企图永远霸占我国领土台湾。最近又疯狂地进行战争挑衅，企图扩大对我国的侵略，准备新的战争。我们同全国人民一样，表示极大的愤怒，一定要更加紧密地团结起来，从各方面加强工作，为支援解放台湾、消灭蒋介石卖国集团、粉碎美蒋战争条约，不屈不挠地奋斗到底。

湖南省洞口县第一届人民代表大会第二次会议

一九五五年四月八日

中国人民志愿军全体指战员：

湖南省洞口县第一届人民代表大会第二次会议，今天胜利闭幕了，我们谨代表全县人民向你们致以崇高的敬意和亲切的慰问。

你们代表祖国人民的意志，为了保卫祖国的安全和世界和平，援助朝鲜人民反抗侵略，同英勇的朝鲜人民军并肩作战，打败了以美帝国主义为首的侵略集团，取得了朝鲜停战的伟大胜利。朝鲜停战后，你们又警惕地保卫阵地，并热诚地帮助朝鲜人民医治战争创伤，恢复和发展被战争破坏了的国民经济。你们的英雄事迹，将永远成为历史上的最光辉的一页，你们的爱国主义和国际主义的崇高品质将永远成为全国人民的榜样。

现在朝鲜虽然已获得了停战，但是美帝国主义却死不甘心它的失败，不断阻挠和破坏朝鲜停战协定的实施，始终拒绝和平解决朝鲜问题，千方百计地制造国际紧张局势，阴谋挑起新的战争，最近在与蒋介石卖国集团签订所谓的《共同防御条约》之后，更加紧军事行动和战争挑衅，武装干涉我国内政，阻挠我国解放台湾，坚决与中国人民为敌，因此我们必须继续进行不懈的斗争，只有反抗侵略，才能保卫和平。

我们为实现和平解决朝鲜问题，为解放台湾、保卫祖国、保卫世界和平而奋斗到底！

湖南省洞口县第一届人民代表大会第二次会议

一九五五年四月八日

中国人民解放军全体指战员：

湖南省洞口县第一届人民代表大会第二次会议，今天胜利闭幕了。我们谨代表全县人民向你们致以崇高的敬意和亲切的慰问。

我们全体代表和全县人民深切体会到中国人民革命的伟大胜利，中华人民共和国成立以来，所取得的新的伟大胜利，是和你们二十七年多来英勇战斗、辛勤警卫分不开的。饮水思源，人民是一时一刻也不会忘记你们伟大的自我牺牲精神和不朽的革命功勋，你们对祖国的无限忠诚和革命英雄主义的崇高品质，已成为鼓舞全国人民忘我地进行社会主义建设的巨大力量。

现在，我们正进行着和平建设，需要一个和平的环境，但是美帝国主义却死不甘心它的失败，一直没有停止过对我国的干涉和侵略，最近在同蒋介石卖国集团签订了《共同防御条约》之后，公然武装干涉我国内政，阻挠我国解放台湾，并扩大对我国的侵略，这是我国人民绝对不能容忍的。

我们全县人民与全国人民一样要求和平，坚决反对战争，我们并不害怕战争，只有反对战争才能保卫和平。我们解放台湾、维护祖国领土的完整、保卫远东和世界和平的事业是正义的，正义的事业是战无不胜的。我们坚信，中国人民解放军一定发扬革命的英雄主义的光荣传统，胜利地完成解放台湾的历史使命。

我们代表全县人民向你们坚决保证，继续加强团结，发挥艰苦奋斗的精神，做好各项工作，为支援解放台湾而不屈不挠地奋斗到底。

湖南省洞口县第一届人民代表大会第二次会议

一九五五年四月八日

湖南省人民委员会：

洞口县第一届人民代表大会第二次会议于四月六日开幕，至四月八日胜利闭幕。

这次会议，我们代表受全县人民的委托，听取了省人民代表大会代表许蘭菊的传达报告，听取和审查了县人民政府丁锡祥县长的施政工作报告，通过了今后任务的各项决议，并选出了县人民委员会组成人员，县人民法院院长，同时对中华人民共和国兵役法和人民法院组织法（修正草案）进行了讨论，表示一致拥护。

去年下半年，在省人民委员会的正确领导下，洞口县贯彻了国家过渡时期总路线和中华人民共和国宪法，各方面取得了巨大成就，这都是与省人民委员会的正确领导分不开的。最近几个月以来，在省人民委员会的正确领导下又顺利进行了各项工作，并取得了重大胜利，我们代表全县人民向省人民委员会表示衷心的感谢，并致以崇高的敬意，今后在共产党和人民委员会的正确领导下，坚决贯彻以互助合作为中心环节的农业生产运动，克服各种困难，逐步完成农业社会主义改造，办好185个农业生产合作社，为夺取一九五五年的生产战线上的大胜利而奋斗。

现在，当我们进行和平建设的时候，美帝国主义却死不甘心它的失败，不断地对我国进行干涉和侵略，与蒋介石卖国集团签订所谓的《共同防御条约》企图永远霸占我国领土台湾，最近一方面玩弄策动联合国进行所谓停火的诡计，另一方面加紧军事行动和战争挑衅，公然武装干涉我国解放台湾，扩大对我国的侵略，准备新的战争，这是我国人民绝对不能容忍的。我们深深认识到只有反对侵略，才能保卫和平。我们保证，全县人民在中国共产党和人民委员会正确领导下，更加紧密团结起来，从各方面加强工作，增加生产，厉行节约，为支援解放台湾，粉碎美蒋战争条约而不屈不挠地奋斗到底。

洞口县第一届人民代表大会第二次会议

一九五五年四月八日

二、贺 信

邵阳行署致洞口县第八届人大一次会议的贺信

洞口县第八届人民代表大会第一次会议：

在全党全军全国各族人民深入贯彻党的十一届三中、四中、五中全会精神，满怀信心地朝着四个现代化的宏伟目标胜利前进的歌声中，洞口县第八届人民代表大会第一次会议胜利开幕了。这是洞口县60多万人民政治生活中的一件大事，也是我们邵阳地区第一个按照全国五届人大二次会议通过的《中华人民共和国地方各级人民代表大会和地方各级政府组织法》《中华人民共和国全国人民代表大会和地方各级人民代表大会选举法》召开的县人民代表大会。这次代表大会对于发展社会主义民主、健全人民代表大会制度，对于发挥人民群众参与管理国家大事，加强对各级政府的监督，对于推动全县经济建设和文化建设，加快实现现代化的步伐，都具有重大的意义，地区行政公署特向大会表示热烈的祝贺，向全体代表致以亲切的问候。

粉碎“江青反革命集团”以后，特别是十一届三中全会以后，洞口县的广大干部和群众，在坚决贯彻执行华国锋同志为首的党中央的战略决策、深入开展真理标准的讨论，坚持四项基本原则，认真落实党的各项政策，深入揭批林彪、江青的反革命罪行以及他们蓄意制造和推行的极“左”路线，及时地把工作着重点转移到社会主义现代化建设上来，做了大量的工作，取得了很大的成绩。这些成绩的取得，是党的路线、方针、政策带来的巨大变化，也是与洞口全县人民的团结战斗、奋发努力分不开的。

当前的中心任务就是要搞四个现代化，洞口县有许多有利条件，有很好的基础。我们希望到会代表共同努力，把这次代表大会开成解放思想、发扬民主的大会，开成向四个现代化进军的誓师大会，开成团结的大会、胜利的大会。通过这次大会，要把全县干部群众的思想进一步统一到党的十一届三中、四中、五中全会精神上来，在华国锋为首的党中央领导下，在上级党委和政府的领导下，高举马列主义、毛泽东思想的伟大旗帜，坚定不移地贯彻执行党的政治路线和思想路线，坚定不移地相信和依靠广大人民群众，进一步落实党的各项政策，充分调动群众的积极性，加强各级政权建设，在国家计划的统一指挥下，结合洞口实际，不断研究新情况、新问题，摸索新经验，走出一条具有自己特色的路子，使各行各业有一个突飞猛进，为尽快地把洞口县建设好，为实现四个现代化作出应有贡献而努力奋斗！

预祝大会圆满成功！

邵阳地区行政公署

一九八〇年五月十六日

三、规定、决议、工作总结选录

洞口县人民代表大会常务委员会文件

洞常发〔1980〕3号

关于加强同县人民代表联系的几项规定

（一九八〇年九月二十八日洞口县第八届人民代表大会常务委员会三次会议通过）

县人民代表大会常务委员会是县人民代表大会的常设机关，是地方国家权力机关，又是工作机关。为了及时了解全县人民群众的意见、愿望和要求，加强人民对国家机关的监督，县人民代表大会常务委员会必须加强同人民代表的联系。经研究，特作如下规定：

一、书信联系。由县人大常委会印送专用信纸信封分发给代表，县人民代表应注意听取人民群众对县人民政府、法院、检察院贯彻执行党的路线、政策和国家法律、法令的意见和建议，以及对政府机关工作人员的申诉和意见，及时收集反映，来信直接寄县人大常委会办公室。

二、常务委员下去视察、检查工作及调查研究时，组织当地代表开座谈会，或登门走访，互通情报，广泛听取人民群众的意见。此外，常务委员会还要经常安排工作人员下去与代表联系，进行调查研究。

三、常务委员会对本县的政治、经济、文化、教育、卫生、民政、民族工作所做的重要决议，印发给代表。

四、常务委员经常同自己所在地区的代表和与自己专业有密切关系的代表取得联系。常务委员关于工作的意见和建议，可随时告知县人大常委会办公室。

洞口县人民代表大会常务委员会

一九八〇年九月二十八日

洞口县第八届人民代表大会第二次会议关于保护森林发展林业的决议

（一九八一年十二月十六日县八届人大二次会议通过）

洞口县第八届人民代表大会第二次会议，根据《中华人民共和国森林法（试行）》，中共中央、国务院《关于保护森林发展林业若干问题的决定》和《湖南省保护森林发展林业暂行条例》的精神，结合我县实际情况，对保护森林、发展林业问题，进行了认真讨论，并作出决议。

会议认为，中华人民共和国成立以来，在党和政府的领导下，经过全县广大人民和林业职工的努力，我县林业生产和建设取得了一定的成绩，为祖国社会主义建设事业做出了应有的贡献。但是，长期以来，由于“左”的指导思想的影响，林业仍然处于落后状态，成为全县国民经济中的一个薄弱环节。现在森林总蓄积量，比五十年代减少百分之七十二，森林覆盖率由50年代的72%减少到34%。由于森林遭受破坏，造成生态失调，水土流失，泥沙淤积，河床升高，小气候发生异变，水旱灾害频繁，珍贵野生动、植物大量减少。给农业生产带来了严重影响，对群众的生产、生活造成了很大困难。

会议指出，保护森林，发展林业是造福子孙后代的大事，是农村尽快富起来的重要途径。我县山林面积占总面积的67.9%，资源丰富，潜力很大。全县各级干部，广大人民群众，一定要认真贯彻落实“休养生息，恢复发展”的方针，尽快改变落后面貌，把林业生产搞上去。会议设想，经过十几年的努力，全县森林覆盖率要由现在的34%提高到55%，山区达到70%，每年每亩山收入力争达到20，要建设好13个公社和国营林场141万亩用材林基地和3个公社的12万亩楠竹基地，继续抓好从花园到石柱的百里林带建设，两年内完成造林，十年成林。丘陵区要尽快消灭荒山，改造好残林，做到用材、烧柴自给有余。全县各地要尽快实现四旁绿化。

会议强调指出：要实现上述目标，必须在党和政府的领导下，动员全县人民，抓好以下几件事：

第一、切实保护好现有森林资源。

（1）坚决制止乱砍滥伐，关闭木材自由市场，停止议购议销，实行统一经营。对搞木材转手买卖、投机倒把、破坏森林的犯罪分子，要依法惩治。

（2）搞好封山育林，禁止毁林开荒，坡耕地要改造成梯地，不能改造的要退耕还林，禁止在林地、荒山坡地和水土保持地带铲草皮，保护植被，禁止在幼林中放牧、砍柴，禁止滥挖竹笋。

（3）努力节约用材。在全县范围内逐步实现“六改”：一是非山区改为烧煤；二是大办沼气；三是山区改撑架灶为节柴灶；四是集体建房改钢木结构为钢筋混凝土结构，社员建房改纯木结构为土木结构；五是改烧砖瓦用柴为用煤；六是改烤火用木炭为用煤。

（4）对风景林、护田、护路、护岸、固沙和水库周围的防护林、名胜古迹林、珍贵树木、回龙州的林木实行保护，未经县人民政府批准，其他任何单位和个人不得砍伐。

（5）严禁任何单位和个人在林区狩猎稀有珍贵动物。

（6）建立健全各级护林机构，配好护林员，制定乡规民约。在重点防火期内，林区内禁止一切生产生活用火，防止山火发生，防治病虫害。

第二、严格控制采伐量。

（1）集体林的砍伐计划（包括国家统购任务、集体和个人用材）统一由县下达，实行按计划砍伐，不得层层加码，每年一次落实到社队集体和个人。

（2）国有林主伐要执行《国有林主伐试行规程》，抚育间伐要执行《国有林抚育间伐、次生林改造技术试行规程》，各国营林场根据上级下达的计划，进行伐区调查，做出采伐规划，由县林业局审查发证。凭证采伐。

（3）一律履行砍伐批准手续，凭证采伐。不论山区、丘陵区集体林木的砍伐，都要经过批准。凡砍伐木材两个立方米以下经公社批准；两个立方米以上经区公所批准，由公社发给砍伐证。邮电、供电、广电部门和各机关单位，对妨碍线路和基建用地，需要砍伐林木，均应事先提出申请，经社、队、国营林场签具意见，报县人民政府批准，由县林业局发给砍伐证。

（4）社队集体和个人砍伐集体林木，凡有造林条件的，要先造后砍，砍一造三。

（5）疏残林改造，每亩有幼林五十株以上的，不准烧垦，可采用人工开垦补造。集体林抚育间伐，由区林业站派员检查，领取抚育间伐证。

第三、以营林为基础，造林育林。

（1）大力发展社队集体造林，积极营造国有林，鼓励社员个人植树造林。区、社、镇要根据农业区划、城镇建设规划的要求，制订造林绿化方案，限期完成任务。大队、生产队每年要安排一定的劳动力造林育林。坚决贯彻落实五届全国人大四次会议关于开展全民义务植树运动的决议，干部、职工、学生、居民要积极参加植树造林的义务劳动。

（2）公路两旁，江河两岸、水库、渠道、荒州在两年内完成造林，搞好“四旁”绿化。公路两旁由主管部门自造自有。城镇、机关、学校等单位在所属范围内自造自有，江河两岸由当地社队自造自有。

（3）城镇建设和修建公路、水库、工厂、矿山等工程，要把造林绿化作为工程的一部分，统一规划设计，统一列入预算，统一施工验收。

（4）切实办好国营林场和社队集体林场。国营林场是国家森林资源的重要基地。任何单位和个人都不得侵占和乱砍国有山林。社队林场只能巩固办好，不得解散分掉。前段，少数地方已经解散了的，要做好工作，限期恢复。所有林场都要建立苗圃，自育自造，并积极支持周围社队和社员造林。

第四、抓紧抓好林业定权发证和完善林业生产责任制的工作，有条件的地方划好自留山。

第五、大力普及林业科学技术知识，积极推广先进科研成果，使林木成长快，产量高。

会议决定，各级人民政府（各公社管委会）要把林业摆到重要位置，列入议事日程，确定专人负责，加强领导。县人民政府要确定一名副县长分管林业，以林为主的区、社、大队要分别确定一名副区长、公社副主任、大队长抓林业生产。丘陵地区的区、社、大队都要有一名负责人分管林业工作。要建立一支坚强的林业队伍。

会议号召，在县委和县政府领导下，全县人民、各级领导干部和全体林业工作者，动员起来，认真贯彻落实《森林法》和《条例》，振奋革命精神，艰苦奋斗，为保护森林，发展林业，尽快改变我县林业生产面貌，加快社会主义现代化建设做出贡献。

洞口县人民代表大会常务委员会关于切实做好五保户供养工作的决议

（一九八三年八月二十七日洞口县第八届人民代表大会常务委员会第二十二次会议通过）

洞口县第八届人民代表大会常务委员会第二十二次会议，听取了县民政局局长刘家鼎受县人民政府委托所作关于五保户普查工作情况的汇报。会议认为，我县在落实五保户供养政策方面，做了大量的工作。多数社队认真落实党的政策，措施有力，抓出了成效。不少地方除供给口粮外，还发给一些零用钱，治病、烧柴、用水、住房等生活问题得到了保障，但是，还存在不少问题，有些地方在实行大包干责任制中，忽视了对五保户的供养工作，不管有无劳动能力，都分给一份责任田，生养死葬都靠田来保障，少数生产队甚至对分给了责任田的“五保户”，同其他社员一样负担上交任务；有的地方虽然不分给责任田，但只供给几百斤口粮，烧柴、治病、零用钱都不管，少数生产队分给的口粮要“五保户”自己逐户上门收，致使有部分“五保户”的最低生活标准得不到保障；有些社队干部对“五保”工作不重视，有问题不去解决，采取漠不关心的官僚主义态度。因此，个别地方出现了“五保”老人外出讨米和自杀的严重现象，造成不良的影响。为了认真贯彻实施新宪法和落实党的政策，进一步搞好“五保户”供养工作，特作如下决议：

一、进一步宣传党的政策，提高思想认识

对五保户实行供给的政策，是我们党和政府根据我国宪法的规定确定的。宪法第四十五条规定：“对中华人民共和国的公民，在年老、疾病或者丧失劳动能力的情况下，有从国家和社会获得物质帮助的权利。”对丧失劳动能力，生活没有来源，无依靠的老、弱、孤、寡、残疾的社员，由集体保障他们的基本生活需要，是我们党的一项重要政策，也是我国目前农村一直实行的一种社会福利和社会保险制度。搞好五保工作，对于体现社会主义制度的优越性，促进计划生育工作，巩固安定团结，搞好“四化”建设，推动社会主义精神文明建设，都有着十分重要的意义。我们是为人民服务的，要关心群众生活，为人民办事，坚决克服那种不倾听群众呼声，不关心群众疾苦的官僚主义作风。各级政府和基层组织，要下大功夫，依靠集体，依靠群众，深入宣传宪法和党的政策，提高认识，全面落实五保供给政策，做好五保户的供养工作。

二、关于五保对象的确定和范围

农村享受五保的人，必须是丧失劳动能力，生活没有来源，无依靠的老人、残废人和孤儿。有女无儿老人，过去已享受五保的不再变更。今后按照宪法和《婚姻法》的规定，原则上由女儿赡养（如女儿缺少赡养能力，可只负担一部分，不足部分由所在队负担）。改变了地主、富农成分的人，在旧社会任过伪职，以及过去曾经犯过一些错误的人，只要有公民权，符合五保条件的，就应予五保。对实行五保的对象，由公社（乡）发给供给证。

三、认真落实供给政策全面安排好五保户生活

凡符合政策规定的“五保户”，要做到保吃、保穿、保住、保医、保葬，孤儿保教。“五保户”的生活不低于当地一般社员的实际生活水平，并尽量从优安排。“五保户”的供给标准和办法：每人每年口粮不少于300公斤，零用钱不少于60元，食油3公斤，大豆6公斤，柴火500公斤。供给物资由所在生产队负责，并指定专人及时送到五保户家里，零用钱由大队统筹供给，按月或季发给。医疗费由大队统一负担解决，个别困难大的，由公社（乡）在救济款中适当补助。重灾地区和个别困难的生立队，由公社（乡）从救灾救济款和统销粮中优先给予救济。城镇五保户除国家双定补助的生活费外，街道和居委会都应给予适当补助并负责安排好住房》有条件的地方，可以举办敬老院，集中供养，但必须贯彻“依靠集体，以养为主，民主管理，勤俭办院”的方针。坚持入院自愿，出院自由。入院老人的房屋财产仍归个人所有，生活用具可带进敬老院。

“五保户”日常生活的料理，可区别情况采取义务照顾和派专人照料相结合的办法。对生活能够自理的，建立群帮小组，由小组负责义务照顾，做到经常探望，帮助解决困难。对盲残、患病，生活不能自理的，由亲属或生产队指定专人照料，料理人由生产队或大队给子适当报酬。五保老人去世后，由集体妥善处理，开追悼会，进行安葬。

“五保户”一般不分给责任田，对已经自耕责任田的“五保户”，不能规定上交和提留以及各种摊派任务。

四、切实加强“五保”工作的领导

各级人民政府和基层组织要重视这项工作，要有一名领导分管，民政干部具体负责，政府各有关部门，特别是农业、粮食、卫生、教育、妇联、共青团、计育等部门要当作一项工作任务抓好。各公社（乡）、镇每年对五保供养落实情况要组织检查两次，逢年过节，由镇、社（乡）、队（村）、居委会组织慰问，要形成制度。对损害“五保户”利益、虐待刁难和因供养不落实而出现非正常死亡等问题，要追究责任，严肃处理，直至追究法律责任。

会议要求各级领导干部，高度重视，认真贯彻落实党的政策，尽心竭力地做好工作，把“五保”工作提高到新的水平。

洞口县人民代表大会常务委员会文件

洞常发〔1993〕3号

关于制止“三乱”、减轻农民负担的决议

（1993年4月23日县第十二届人大常委会第2次会议通过）

洞口县第十二届人大常委会第二次会议，将洞口县第十二届人大一次会议交办的议案列入本次会议的主要议程，听取和审议了县人民政府关于我县乱收费、乱摊派、乱罚款（以下简称“三乱”）和农民负担情况与制止“三乱”、减轻农民负担情况的汇报。

会议认为，国务院发布的《农民承担费用和劳务管理条例》（以下简称《条例》）公布实施以来，得到了广大农民群众的热烈拥护，县人民政府相继成立了机构并采取了一系列措施，对减轻农民负担和制止“三乱”起了一定的作用，但是，一些地方和单位有法不依，有禁不止。有的至今对中央的指示置若罔闻，我行我素，已明令禁止或多次批评的不合理负担，仍在推行，或者巧立名目乱收费，或者提高标准多收费；有的不顾企业和群众的实际承受能力，为了升级、达标，搞乱摊派、乱集资；有的借“有偿服务”之名，行“索、拿、卡、要”之实；有的把自愿的原则变成强迫命令；有的不使用财政部门规定的票据而用本单位自制的收据或写白条进行收费和罚款。凡此种种，严重挫伤了农民的生产积极性，影响了经济的发展，损害了党群、干群关系，腐蚀了一些干部，造成了社会不安定因素。为了制止“三乱”，减轻农民负担，密切党和政府同人民群众的联系，稳定社会，促进我县经济持续、稳定、协调发展，特做如下决议：

一、提高认识，加强领导。各级政府要认真贯彻落实中共中央办公厅、国务院办公厅《关于切实减轻农民负担的紧急通知》精神，把减轻农民负担问题作为一项紧急政治任务，摆上重要议事日程，加强调查研究，采取过硬措施，尽快把农民的过重负担减下来。同时，要充分发动群众，建立有权威的制止“三乱”，减轻农民负担领导机构和办事机构，正式挂牌办公，受理人民群众对“三乱”的检举、揭发、控告和处理。

二、清理文件，令行禁止。各级各单位都要按中共中央办公厅、国务院办公厅

的紧急通知精神取消一切升级、达标活动，对涉及农民负担的摊派、集资、行政事业性收费、罚款及在农村建立的各种基金等文件，一律先停止执行，然后组织力量进行清理，经过清理后确定需执行的，按照《条例》批准的权限重新批准后执行，对不能执行的文件要明令废止。

三、清理“三乱”，严肃纪律。对前段的“三乱”，县人民政府要规定时限和政策界限，一方面责成单位行政一把手挂帅自查，然后督促有关单位组织检查；一方面深入发动群众进行检举揭发，对清理出的“三乱”款项该退的要退，该收缴财政的坚决收缴财政。同时按照问题的大小、性质及其认错态度，除在经济上从严处理外，问题严重的还要按党纪、政纪进行处理，触犯刑律的依法追究其法律责任。

四、建立制度，加强监督，要建立和健全制止“三乱”和处理“三乱”的制度。目前外地建立的农民负担卡制度是制止“三乱”，减轻农民负担行之有效的制度之一，建议借鉴。农民负担卡要一户一卡，一年一卡，农民除依法纳税和按《条例》规定应负担的费用外，卡外负担农民有权拒交并进行检举和控告。卡内负担应严格控制在上年农民纯收入的5%以内。同时，必须做到亮证收费，证件和规定的收据两全，并建立强有力的监督机制和约束机制，加强对“三乱”的监督。

五、县人民政府要根据本决议精神和我县的实际情况，包括对企业和个体户等，采取有力措施，坚决查处和制止“三乱”，切实减轻企业和人民群众的负担。

民主的大实践 法治的里程碑

——洞口县人大常委会工作二十年回顾

洞口县人大常委会于1980年5月设立以来，已经走过了二十年的历程。二十年来，县人大及其常委会依照宪法和法律赋予的职权，依法审议决定了本行政区域内一些重大问题；加强了对“一府两院”的工作监督和对法律实施情况的检查监督，近年来还创造性地进行了代表评议“一府两院”的工作，述职评议、个案监督，取得了较好的效果；决定任免了国家机关组成人员，指导了县乡两级人大代表的直接选举；加强了人大机关的自身建设，建立健全了人大常委会的工作机构。总之，回顾我县人大及其常委会二十年的建设和工作历程，可以说是全县人民对人民代表大会制度的认识不断深化的二十年；是促进我县社会主义民主法制建设不断前进并取得成效的二十年，是代表人民利益，依法行使各项职权，为全县政治、经济和社会稳定发展做出重要贡献的二十年。

一、依法行使决定权，督促和支持政府改进工作

1、督促政府解决干旱死角地区的水利问题

有收无收在于水。自1980年以来，先后有代表在八届至十届代表大会上提出解决干旱死角地区水利问题的议案或建议，在县十一届一次人代会上，有120名代表就解决干旱死角的水利问题提出6个议案，大会予以立案并授权县人大常委会在调查研究的基础上做出决议督促政府落实。县人大常委会派员深入到几个乡镇33个村进行调查，调查发现，到20世纪80年代末，我县水利设施严重老化，水电设施破坏严重，干旱死角地区的水利问题急待解决。县人大常委会根据代表大会的授权和调查材料，于1990 年5月在县十一届三次人大常委会上做出《关于解决干旱死角地区水利问题的决议》和《关于保护水利电力设施的决议》。之后，县人民政府进行了认真地贯彻，作出了三年解决干旱死角的规划，确定了“先干后奖，先筹后投，先贷后补”的兴修和维修水利设施的原则。为了把这两个决议落到实处，县人大常委会派员进行了跟踪检查，检查中发现存在设施不配套、进度不平衡、个别工程质量差等问题，主任会议听取汇报后向政府做了通报，县政府又采取了增加水利投入，对水利技术员实行工程质量承包责任制等措施。由于各方的努力，人大常委会每年进行一次调查和审议，三个水利年度共完成大小水利工程3.2万处，新增和改善灌溉面积5.2万亩，连续三年被评为全省水利先进县，其中1991年被评为全国水利先进县，为我县的农业丰收打下了坚实的水利基础。

2、加强了散居少数民族工作

我县共有瑶族、苗族、侗族、回族等15个少数民族，计13000余人，分布在我县的14个公社、镇。为落实党的民族政策，搞好民族团结，发展民族经济，县人大常委会于1983年7月组织2个调查组，对蒲溪、月溪、长塘、古楼、花园公社等散居地区少数民族进行调查访问，召开各种座谈会11个，走访联系县、乡代表73人，写出专题调查报告，并向县人民政府做了通报。县人大常委会会议根据我县少数民族大分散、小聚居的实际，为切实保障少数民族的权益，促进少数民族各项建设事业的发展，作出了《关于加强少数民族工作的决议》，决议作出以后，县人民政府扩建了蒲溪瑶族中学，恢复了4所瑶民小学，加强了蒲溪医院的医疗设备，修筑了通往桐山、大屋、蒲溪的公路，在县九中开设了民族高中班。为解决部分少数民族生活方面的困难，县人民政府于1984年、1985年两次赊销棉被，纯棉布价值28.89万元。

3、加强“五保户”供养工作

20世纪80年代初，随着农业生产责任制的普遍实行，“五保户”的供养出现新的情况，有的认为，人人都有责任田，各管各人不相连。有些地方的“五保户”的“五保”成了一句空话，因此，出现“五保户”外出乞讨甚至因生活困难自杀的现象，影响了社会稳定和计划生育工作的开展。县人大常委会派员调查了黄桥、高沙、洪茂、杨林公社的“五保户”的供养情况，并在1983年8月县八届人大22次常委会上作出了《关于切实做好“五保户”供养工作的决议》，之后，县人民政府作出了对“五保户”的供养不低于当地一般社员的实际生活水平的标准，具体是：每年口粮不低于300公斤，油3公斤，大豆6公斤，柴500公斤，零用钱不少于60元，其他物资分配应和其他社员一视同仁。对分了责任田的，应由生产队派工或亲属无偿代耕代收，收获全部归其所有，免去上交任务。重灾地区的“五保户”供应确有困难的，可从救灾款中和统销粮中优先给予救济。经人大常委会跟踪调查，决议的落实为我县两千多户“五保”老人提供了生活保障。省民政厅转发了我县人大常委会的决议，推介了洞口县“五保户”供养经验。

4、加强了市场建设

随着商品经济的发展，我县集贸市场场地狭窄，以路为市的问题在个别地方比较突出，在1991年的县十一届人大二次会议上，有42名代表对此提出了议案，大会予以立案，并授权县人大常委会做出决议。县人大常委会派员于1991年8月深入到我县的高沙、竹市、黄桥、山门、杨林、大水、水东等农村墟场进行10天的调查，又先后到武冈、邵东、望城等地参观取经，根据调查组提供的情况和经验，提出了加强领导，解放思想，统一规划，合理布局，多渠道集资的建议，并作出了《关于加强集贸市场建设和管理的决议》。几年时间先后建成了石江镇的桥南市场、大水市场、城关镇的大正市场、大桥市场、文昌市场、黄桥市场、山门里仁市场等，为我县商品经济的发展提供了载体。

二、加强执法监督，维护人民群众的合法权益

二十年来，县人大及其常委会通过审议、视察、调查、开展执法检查、述职评议及受理申诉、控告等方式，对“一府两院”的工作或执法情况进行了工作监督和法律监督，取得了一定成绩。

1、维护公民的人身权益

1983年8－12月，在严厉打击刑事犯罪中，原马安公社专案组非法捆绑、吊打、拘禁群众。县人大常委会对此进行了专题调查并向县委做了汇报。县人民法院依法严肃处理了专案组有关责任人。

2、纠正错案

1989年4月，黄桥镇晒龙村谢某在与本村妇女谢某秀因宅基地纠纷斗殴，谢某秀次日死亡，县公安局在处理此案时，认为谢某秀是死于心脏病，与被打无关，死者的安葬费由死者亲属负责。死者的亲属对县公安局处理不服，多次向县人大常委会申诉，在县十届人大四次会议上，黄桥区代表团提出复查此案的意见，经县人大常委会研究后，责成县检察院重新立案侦查，经过几个月的调查取证，并请市、省专家对谢的死因重新进行鉴定，确定谢某秀是死于外伤性胰腺炎，为谢某殴打所致。县检察院依法向县人民法院提起公诉，县人民法院以故意伤害（致人死亡）罪依法判处谢某有期徒刑15年。使此案有了一个公正的结论。

3、代表评议，人大督办，纠正冤案

在1992年7月14日县人大常委会组织的评议会上，横溪乡县代表小组的发言《欧阳某秀之死是自杀还是他杀？！》向县公安局提出了质疑。县人大常委会经研究后进行了交办，结论仍然为自杀。换届后，县十二届人大常委会继续抓紧对此未办结案件的办理。1993年3月主任会议专题听取欧阳某秀死亡一案的汇报，结论仍然是自杀。主任会议后，县人大常委会由一名副主任带队，派出3人全力调查此案，在获得一些有价值的线索后，向市人大常委会内务司法委员会做了汇报，并携带案卷两次赴省公安厅刑事技术科学研究所做了汇报，刑科所专家阅卷后，又引见了市、县法医，根据尸体形成的伤痕，改变了原自杀的定论，认为欧阳某秀之死不能排除他杀的可能。据此，县人大常委会于1993年6月23日将此案交由县检察院深入细致的调查取证，案情很快有了突破，'1993年7月4日，专案组收审了重大嫌疑对象杨某某，杨某某在大量的人证物证和法律面前，不得不向审讯人员交代了他的犯罪事实，此案终于真相大白，逍遥法外一年多的杀人凶手杨某某终于落入法网。此案在全省乃至全国都产生了较大影响，《中国检察报》、《民主与法制》、《湖南日报》、《人民之友》、《邵阳日报》、省电视台

都进行了报道。

三、加强人事任免工作

根据地方组织法的规定，县人大及其常委会的一个重要职责就是任免国家工作人员，为充分表达县人大常委会组成人员的意愿，县人大常委会不断改进人事任免的审议方式和表决方式，先后制定并通过了《关于改进人事任免工作的决议》《洞口县人大常委会人事任免办法》，这些决议和办法规定，在审议任免事项时，“三长”必须向县人大常委会会议做人事任免说明，除介绍被任命人员的简历外，被任命人员还要向人大常委会会议做述职。任命前要进行法律考试，不及格的不得任命。坚持先免后任，先任命后到职，同时要求被任命人员在任期内保持相对稳定。在任免表决方式上，从县十届人大常委会二次会议开始，改举手表决为无记名投票方式，为人大常委会组成人员充分表达自己的意志提供了较好的方式。任命后，县人大常委会每届都要举行任命书颁发仪式，以激发他们的使命感和责任感。任职期间，县人大常委会还要派员会同县委组织部门考察他们的政绩，每年安排几名县政府组成人员在人大常委会会议上述职评议，以督促他们不辜负人民的重托，全心全意地为人民服务。

2000年8月

（原载湖南省邵阳市人大常委会《辉煌二十年》

四、主任讲话节录

县人大常委会主任王道钦在首次颁发任命书大会上的讲话

1987年9月2日

同志们：

今天，我们举行隆重的任命证书颁发仪式。县人大常委会代表全县人民的意愿，向人民政府的组成人员庄严地颁发任命书，把党的要求，人民的重托一并交给你们，这在洞口县的历史上尚属首次。在此，我代表县人大常委会向受任人员表示良好的祝愿和热烈的祝贺；向出席会议的县委领导、“一府两院”的负责同志、各单位的负责同志表示热烈的欢迎。

根据《宪法》第一百〇六条、《组织法》第四十九条规定，洞口县第十届人大常委会第2次、第3次会议讨论决定，任命了本届县人民政府组成人员，并代表全县人民向本届政府各办委的主任、各局的局长颁发任命书，这绝不是简单的“形式”的表现，任命书中寄托了党和人民对同志们的高度信任，是人民交给自己的权利和应尽义务的统一标志，具有重大的意义。它是人民当家作主、依法行使管理国家事务、监督国家机关工作人员的职权的实际体现。

任命证书和任命通知书是两个不同的概念。任命通知书是任命机关在通过任命手续后，发给原提请单位的告诉性文件，是对原提请任命单位及其负责人的法律文书；而任命书是任命机关确认某一干部担任某一职务的证明文书，它是这一干部依法履行相应的职权、承担相应义务的根据。由于它是权力机关依照法律程序颁发的，所以具有法律效力。因此，它倾注着人民对你的信任，寄托着人民对你的厚望，体现了权力机关对受任者某一特定权力和义务的确认，它是权利和义务的结合体。

我们是社会主义国家，人民是国家的主义，人民当家作主的权利集中体现在选举权、监督权、任免权上，这是无产阶级民主与资产阶级民主的根本区别之一。人民享受这种权力，就可以从国家制度方面保证国家工作人员的纯洁性。宪法和地方组织法规定“中华人民共和国的一切权力属于人民，人民行使权力的机关是全国人民代表大会和地方各级人民代表大会”；“国家行政机关、审判机关、检察机关都由人民代表大会产生，对它负责，受它监督”；“一府两院”行使的行政权、审判权、检察权是由国家权力机关依法授予的。地方人民代表大会和它的常务委员会是地方权力机关，地方人大常委会依照法律规定的权限，决定“一府两院”组成人员的任免，既是人民民主权利的真正体现，又是法律赋予人大的职权，这是我国社会主义民主与法制日益健全的具体表现。这样做，还能促使每个受命人员时常反思，人民给了我的权力，我为人民做了什么？从而有效地防止产生对人民不负责任的官僚主义，防止从人民的公仆变成人民的老爷。正如列宁同志所说的：“任何由选举产生的机关或代表会议，只有承认并实行选举人对被选举人的罢免权，才能被认为是真正的民主和确实代表人民意志的机关。”所以，依法搞好任免和颁发任命证书具有重要而深远的意义。

有幸接受人民重托，担任一个单位的主要负责人，而且是政府组成人员，应该感到责任重大而光荣。值此机会，提出以下几个要点：

一、要进一步加强政治和业务学习，不断提高为人民服务的本领。第一，要认真学习马克思主义、毛泽东思想，深刻理解并逐步掌握其立场、观点和方法，提高工作上的预见性、科学性和创造性。要认真学习《建设有中国特色的社会主义》和《坚持四项基本原则，反对资产阶级自由化》两本书。在实践中深刻理解两个基本点，一个是坚持四项基本原则，一个是坚持改革开放。改革开放是中国的出路所在，坚持四项基本原则是立国之本，是进行社会主义现代化建设的武器。要努力增强本人抵制资本主义、封建主义腐朽思想和精神污染的能力。要认真贯彻党的十一届三中全会以来的路线、方针和政策，在政治上与党中央保持高度一致。第二，要认真学习宪法、法律法规，努力增强法制观念，自觉做到学法、知法、守法、严格依法办事。要正确处理好权力机关与执行机关的关系，正确处理好权利和义务的关系，为党为人民正确使用好人民赋予自己的权力，尽好自己应尽的义务。

二、要改进工作作风，密切联系代表和群众，全心全意为人民服务。我们的国家是人民民主专政的社会主义国家，国家的性质决定，人民是国家的主人，我们与会的同志是人民的公仆，公仆联系主人是义不容辞的责任。密切联系代表和群众，倾听人民群众的呼声，接受人民群众的监督，关键在于为人民办几件像样的好事，让人民满意。县人大常委会决定：从今年起，对县政府组成人员、法院审判员、检察院检察员分期分批进行政绩考核。对政绩卓著的，建议县委、县政府嘉奖或提拔重用，对碌碌无为、甚至严重渎职、损害人民利益的，将依法免除或撤销其职务。

三、要尊重人民的民主权利，自觉接受人民群众的监督。这不仅是法律的规定，而且是工作职责之必需，也是我们每个国家工作人员起码的职业道德。我们的民主，是绝大多数人的民主，只有让广大人民的民主权利得到充分发挥，社会主义的优越性才能得到充分的体现。只有自觉地接受人民的监督，才能密切干群关系，防止我们工作中的失误，少犯错误，我们的工作才能逐步走上民主化、制度化的轨道，做到急人民所急、想人民所想，为人民群众办好事、办实事。

四、要加强同人大常委会的联系。县级人大常委会设立的时间还不长，许多工作还有待完善和加强。根据省、地、县委的部署，已经设立了“一室三委”，都是部、办、委一级的单位，是人大常委会的工作机构，希望大家互相联系，互相配合，互相理解和支持，共同做好党的、国家的、人民的工作。

最后，祝大家工作顺利、文明健康、政绩卓著。

认真行使法律赋予的职权 促进我县政治、经济和社会稳定发展

——雷家寿主任在洞口县人大常委会设立十周年报告会上的讲话

1990年12月1日

同志们：

洞口县人民代表大会常务委员会，是根据全国五届人大二次会议修改的地方组织法的规定，于1980年5月在洞口县第八届人大一次会议上选举产生的，已经设立10周年了。十年来，人大常委会在党的十一届三中全会以来的路线、方针指导下，在县委的正确领导下，在上级人大及其常委会的指导下，坚持四项基本原则，坚持改革开放，坚持以经济建设为中心，结合洞口实际，行使宪法和法律赋予的各项职权，发挥权力机关的职能作用，为促进洞口政治、经济和社会的稳定发展，维护安定团结的政治局面，推进社会主义民主政治与法制建设，做出了积极贡献。在决定本行政区域内重大事项中的重要作用越来越明显，人民群众对人大及其常委会的性质、地位和作用的认识日益深化，人大及其常委会的建设和各项工作正稳步健康地向前发展。

根据江泽民同志关于总结人民代表大会制度建设经验的指示精神，认真回顾和总结我县十年的人大工作和建设经验，对坚持和完善人民代表大会制度，更好发挥地方国家权力机关的作用，具有十分重要的意义。

洞口县人大常委会设立十年来，主要做了以下工作。

一、讨论决定重大事项，并开展工作监督

十年来，县人大及其常委会把促进改革开放、发展全县经济作为工作重点，共听取“一府两院”的汇报172次，作出决议决定122个，同时采取有力措施，保证人大及其常委会作出的决议决定的贯彻落实，为全县的改革和经济建设的持续发展发挥促进作用。

（一）加强对国民经济和社会发展计划以及财政预算的宏观调控。每年都要听取和审议县政府有关计划工作汇报2～3次，从计划的制订到执行，以及执行中遇到的问题及其采取的措施，都适时提出意

见和建议，促使计划顺利完成。每年要听取和审议财政预算的执行情况和税收、财政、物价检查的情况汇报三、四次，及时指出存在的问题，督促政府改进。在审查1988年财政预算执行情况和1989年预算草案时，发现一些开支项目不太合理，支农资金安排偏少，财政管理监督不严，财政支出审批制度不健全等问题，提出了改进意见。县政府调整了部分收支计划，拿出了整改措施，代表大会予以通过，人大常委会批准后实施，维护了执行财政预算的严肃性。

（二）突出农业的基础地位，确保农业生产发展。前些年农业生产滑坡，人大常委会先后三次听取县政府关于农业投入和支农情况的汇报，并组织了视察，先后作出《关于解决干旱死角地区水利问题的决议》《关于保护水利电力设施的决议》《关于认真执行土地管理法，切实加强土地管理的决议》，向县政府交办。县政府采取了有力措施，特别是用三年时间解决干旱死角地区的水利问题，很有成效，在今年旱灾相当严重的情况下，农业生产仍然获得较好收成。林业生产是人大及其常委会十分关注和高度重视的问题之一，八届人大二次会议作出《关于保护森林发展林业的决议》，前两年执行情况很好，后来就放松了，林政管理松弛，木材经营市场混乱，乱砍滥伐现象相当严重。人大常委会听取了县政府的专题汇报，提出了“贯彻执行《森林法》不力、林业生产责任制不完善”、“三证”管理不配套，对乱砍滥伐打击不到位、林农造林积极性受挫等问题，“一府两院”分别采取了相应的整改措施，林业生产出现了恢复性发展的势头。

（三）加强对城乡建设、科教文卫、民族等工作的监督，推进各项社会事业发展。在城乡建设方面，先后审议通过了城关、高沙、石江、黄桥、山门、竹市、毓兰、江口等八个集镇的建设规划，作出《关于认真贯彻执行〈环境保护法〉的决议》，督办了县造纸厂污水排放的治理和黄桥自来水厂的建设。为了加快教育事业的发展，县人大常委会先后作出《关于普及小学教育的决议》《关于维护学校合法权益的决议》，督办了中小学危房的改造，制止了少数学校的乱收费。为切实保障少数民族的权益，人大常委会组织了视察和调研，作出了《关于加强民族工作的决议》，县委、县政府非常重视，出台了系列优惠政策，少数民族的生产生活条件有了较大改善。在实行家庭联产承包的农业生产责任制以后，“五保户”的供养是不是能够落实，人大常委会作了广泛的调查研究后，作出了《关于切实做好五保户供养工作的决议》，县人民政府认真贯彻执行，取得了很好的社会效果，省政府高度评价这一创举，省民政厅将此《决议》批转各县。此外，还对医药市场、文化市场、农村道路建设等社会事业做了大量的调查研究，在监督中提出了改进意见和建议，都有较好的成效。

二、开展法律监督，支持和推动“一

府两院”的工作

依法监督“一府两院”的工作，是宪法和法律赋予人大常委会的一项重要职权。江泽民同志指出：“在我们国家生活的各种监督中，人大作为权力机关的监督是最高层次的监督”。十年来，人大常委会为了保证宪法、法律、法规和上级人大及其常委会的决议决定在我县的贯彻实施，对“一府两院”进行了有效的法律监督，支持和推动了“一府两院”的工作。

一是听取和审议司法工作汇报，监督和支持执法机关的工作。1983年3月全国人大常委会作出《关于严惩严重危害社会治安的犯罪分子的决定》后，县人大常委会及时听取审议公检法司关于开展“严打”斗争的情况汇报，作出《关于进一步搞好综合治理争取社会治安根本好转的决议》，支持执法机关开展“严打”斗争。

二是开展执法检查，对执法机关的执法行为进行监督。县人大常委会于1987年9月作出《关于监督司法机关执行法律的决议》，此后，分别于1988年、1990年两次在全县范围内开展以执法机关、执法人员为重点的执法大检查，通过检查，共查出违法问题353起，主要表现在：以罚代法、以罚代拘、执法违法等方面，通过交办、督办，大部分问题得以解决，执法人员的法制观念有了较大的增强，执法水平有一定提高。

三是重视受理人民群众的申诉和控告，把它作为实施法律监督的重要渠道。十年来，县人大常委会机关接待来信来访、申诉、控告登记在册的达8000多件次，大部分转“一府两院”办理，对其中重要的问题，由人大常委会调查核实后交有关部门依法处理，已纠正了25起违法或违法不究的案件，维护了法律的尊严。

三、加强制度、网络建设，密切联系代表和群众

设立人大常委会的1980年，人大常委会就制定了《关于加强同县人大代表联系的几项规定》；相继于1984年4月制定《关于建立代表来访接待日制度》；党的十三届六中全会后，发出《关于加强县级国家机关同县人大代表联系的通知》；这些制度明确要求县人大常委会组成人员、各工作委员会、办公室，把联系代表和群众纳入各自的工作岗位责任制，分别采取定点联系、普遍联系、分线分片定点联系等形式，广泛联系、走访代表。十年来，共走访代表2500多人次，收集各种意见3570条；接待代表来访424人次；收到代表和群众来信8200多件，其中较交“一府两院”办理3400多件，人大常委会直接办理1500多件，解决了一些人民群众普遍关心的问题。

联系网络，在不断建立和健全。加强了代表小组的活动，注意发挥代表小组的整体功能，这是基础。乡镇人大主席团配备了常务主席，有了联系网点。各区配备了人大工作联络员，今年在各区设立了人大联络工作委员会，这是网络骨架。县人大常委会最早在办公室设联络组，1988年正式设立选举任免联络工作委员会，这是

网头。联系网络基本形成。

认真办理代表的提案、建议、批评、意见。十年来，在人民代表大会期间，共收到代表提案、建议、批评、意见3239件，其中交由县政府及所属单位办复2947件，法院办复20件，检察院办复4件，人大常委会及各工作委员会直接办复54件。办理质量正在不断提高，由“答复满意”向“落实满意”转变。

四、认真搞好换届选举和人事任免工作

搞好换届选举，对于发扬社会主义民主，完善人民代表大会制度，加强政权建设，激发人民当家做主的积极性，具有十分重要的意义。县人大常委会共主持了三届县乡两级人大换届选举，共选出县、乡（镇）两级人大代表17141名，其中县代表1567名；同时，间接选出市人大代表81名、省人大代表19名、全国人大代表2名。换届选举中，着重抓住思想发动和宣传教育工作，严格履行法律程序，坚持依法选举，保证了每次换届选举工作圆满完成。

选举任免国家机关工作人员，是宪法和法律赋予人大及其常委会的一项重要职权。十年来，县人大及其常委会共选举任免国家机关工作人员548人，内有任命的452人、免职的95人、撤职的2人；还接受了15名人大常委会和政府组成人员的辞职。县人大常委会不断改进人事任免的审议方式和表决办法，先后制定并通过了《关于改进人事任免工作的决议》、《洞口县人大常委会人事任免办法》。

五、指导和联系乡镇人大工作

根据地方组织法的有关规定，我县从1987年起，在各乡（镇）设立了人大主席团，并设1名专职常务主席，进一步加强了基层政权建设。从此，把指导和联系乡镇人大工作作为县人大常委会的一项经常性工作来抓。

第一抓培训。先后在县委党校举办了3期人大工作培训班，计150多人次；参加市人大常委会举办的人大工作轮训班计70人次。通过培训轮训，乡镇人大主席团常务主席能胜任工作，部分同志工作出色。

第二抓制度建设。县人大常委会1988年制订了《洞口县乡镇人大主席团工作条例》，并给他们提供必要的学习资料，及时寄发公报、简报，交流信息，有计划地安排他们列席县人大常委会会议，提高业务水平。今年，在江潭乡办人大工作联系点，帮助他们理顺人大主席团与乡政府的关系，制订工作计划和规章制度，健全“三项要求”“四项程序”“五项制度”，以此带动了全县乡镇人大工作的开展。

第三抓经验交流。先后召开两次人大工作经验交流会，计有23个单位和个人介绍了经验，其中有7份典型发言分别被省、市人大工作简报采用，推动了乡镇人大工作上新水平。

同志们：县人大常委会十年来做了一些工作，取得了一些成绩，这是同县委的正确领导、“一府两院”和各部门的配合支持、各级代表的监督和努力分不开的。

由于县人大常委会设立的时间不长，人们对人大及其常委会的性质、地位和作用认识不足，监督机构不健全，加之人大常委会本身缺乏工作经验，宪法和法律赋予的职权没有得到全面有效的行使，我们的工作离党和人民的期望、离宪法和法律的要求也还有一定的距离：做出的一些决议没有得到很好的贯彻；在一些人事任免方面也还存在极少数不按法律程序办事的现象；人大常委会组成人员变换太快太多，影响了工作的连续性；自身建设还有待进一步加强，各种制度也有待进一步完善；同“一府两院”的关系需要进一步理顺；这些问题，需要在今后的工作和建设中不断探讨，认真研究，逐步加以解决。

回顾十年来的工作和建设，有以下几点主要体会（略）。

1.不断深化对人民代表大会制度的认识，是做好人大工作的前提。

2.坚持党的领导，是做好人大工作的根本保证。

3.坚持依法办事，是做好人大工作的关键。

4.加强自身建设，是做好人大工作的重要条件。

5.充分发挥各工作委员会的作用，是做好人大工作的主要依托。

同志们，实践已经证明，只有加强社会主义民主与法制建设，坚持和不断完善人民代表大会制度，才能把国家的政治生活、经济生活、社会生活纳入民主与法制的轨道，为社会主义现代化建设和改革开放事业提供法律保障，才能保证国家的长治久安，才有利于体现我国的根本性质，保证人民当家做主、行使管理国家事务、管理经济和文化事业、管理社会事务的权力，充分调动人民群众建设社会主义的积极性和主动性。今天，总结十年人大工作和建设的经验，将进一步贯彻落实党的十三届四中、五中、六中全会精神和江泽民同志关于坚持和完善人民代表大会制度的指示，紧紧围绕保证政治、经济和社会的持续稳定发展，积极主动地开展人大工作，开创我县人大工作新局面。

热爱人大工作 加强业务学习
把乡镇人大工作提高到一个新水平

——在全县乡镇人大干部学习班上的讲话

县人大常委会主任 袁仁祝

（1995年11月13日）

同志们：

我县乡镇人大换届选举工作已圆满结束，大家分别当选为各乡镇的人大主席、副主席，还有几位同志做专职秘书工作，我向大家表示衷心的祝贺！这一届的乡镇人大主席、副主席，年龄低于上届，文化层次高于上届，是一个适应新形势下人大工作需要的乡镇政权班子。但人大工作对于大家来说，还是一个新岗位，务必热爱人大工作，加强业务学习，按照宪法、法律的要求，严肃认真地履行职责，继往开来，努力把我县人大工作提高到一个新的水平。

一、讲讲人大的性质、地位和作用

关于人大及其常委会在国家机构中的性质、地位和作用，宪法和地方组织法的有关条款已讲得十分明确。宪法第一条规定：中华人民共和国是工人阶级领导的，以工农联盟为基础的人民民主专政的社会主义国家。这就是我国的国体。宪法第二条规定，中华人民共和国的一切权力属于人民。人民行使国家权力的机关是全国人民代表大会和地方各级人民代表大会。人民代表大会制度，就是我国的政体。人民代表大会制度，是以民主集中制为原则，由人民直接或间接选举代表组成全国和地方各级人民代表大会，代表人民行使国家的一切权力，它对人民负责，受人民监督；人民代表大会组织产生国家行政机关、审判机关和检察机关，这些国家机关对人民代表大会负责，受它监督。人民代表大会保证人民意志的实现，监督其他国家机关按人民的意志办事。人民代表大会制度从根本上实现人民当家做主的权利。这是第一点。

第二点，人民代表大会制度是其他各项制度赖以建立的基础。一个国家的政治制度包括立法制度、司法制度、组织制度等等，但最根本的是政权的组织制度，其他各项制度都是通过它才得以建立和发挥作用。人民代表大会制度是我国国家政权的组织制度。它一经确立后，通过它自身的活动（如立法），可以建立其他各项制度。如通过制定《婚姻法》，可以建立起我国的婚姻制度；通过《兵役法》，可以建立起我国的兵役制度；通过《教育法》，可以建立起我国的教育制度；通过《公务员法》，可以建立起我国的公务员制度；等等。

第三点，人民代表大会制度是我国政治制度的总概括。它反映了我国政治生活的全貌，体现了我国政治制度的源泉，其他的政治制度都从属于人民代表大会制度，是人民代表大会制度的组成部分，只能反映我国政治生活的某一个方面。如选举制是人民代表大会制度重要的有机组成部分，反映了我国选举权的普遍性、平等性，凡年满十八周岁的公民，除被剥夺政治权利的外，不分民族、种族、宗教、信仰、教育程度、财产状况等，都有选举权和被选举权。而且还规定，每个公民在每次选举中只有一个投票权，实行无记名投票，可以投赞成票，可以投反对票，可以弃权，可以另选他人。这就有利于人民行使自己的权力和有效的监督国家机关工作人员。

第四点，人民代表大会的权力是宪法赋予的。宪法第57条规定，中华人民共和国全国人民代表大会是最高国家权力机关，它的常设机关是全国人民代表大会常务委员会。宪法第96条规定，地方各级人民代表大会是地方国家权力机关。宪法第3条第三款规定："国家行政机关、审判机关、检察机关都由人民代表大会产生，对它负责，受它监督。"这些规定表明，全国人民代表大会是我国人民行使最高国家权力的机关，地方各级人民代表大会是地方各级国家权力机关。全国人民代表大会和地方各级人民代表大会的这种性质、地位和权力，是宪法赋予的，我国人民通过人民代表大会行使管理国家的权力，实现人民当家做主的目的。

二、认真行使法律赋予人大的职权

根据地方组织法第九条规定，乡、民族乡、镇的人民代表大会有十三项职权。《湖南省乡镇人民代表大会主席团和乡镇人民代表大会主席、副主席工作若干规定》明确了乡镇人大主席团和主席、副主席的职责。主要是监督权和决定权。根据我们的工作实践，下面谈谈这"两权"大致所包含的内容及其运用方式。

先谈监督权。国家权力机关对同级行政机关、司法机关的监督首先是法律监督，其次是工作监督。

作为乡镇国家权力机关监督的内容，主要是对乡镇人民政府遵守和执行宪法、法律、行政法规、地方性法规和上级以及本级国家权力机关决议的情况实施监督。乡镇人民政府负有管理本行政区城内的经济、教育、科学、文化、卫生、体育事业和财政、民政、计划生育等行政工作的职责；保护全民的集体所有的财产，保护公民私人所有的合法财产，维护社会秩序，保障公民的人身权利、民主权利和其他权利的职责；保障少数民族的权利和尊重少数民族风俗习惯的职责，保障宪法和法律赋予妇女的男女平等、同工同酬和婚姻自由等各项权利和职责。乡镇人民代表大会要对政府履行上述职责中是否依法办事实施监督，同时对村规民约、居民公约是否合法进行监督。

乡镇人民代表大会监督的形式主要是：（1）听取和审议乡镇人民政府的工作报告；（2）审查和批准本行政区域内财政预算和财政预算执行情况的报告；（3）撤销乡镇人民政府的不适当的决定和命令；（4）督促本级人民政府研究处理人大代表提出的建议、批评和意见，并负责答复；（5）在乡镇人民代表大会会议期间，依照法定人数联名，可以提出对正副乡镇长的罢免案，由主席团提请大会审议。经过多年的实践，乡镇人大的法律监督工作已经取得了较大的成绩，这对于发挥基层政权的职能，促进基层的社会主义民主和法制建设发挥了重要作用。

关于工作监督。工作监督的范围，涉及政治、经济、教育、科学、文化、卫生、民族、民政工作等各个方面；方式主要是听取和审议工作汇报，互相出席会议，互送文件和资料，通过调查、视察等方式提出建议、批评和意见，审查和批准本行政区域国民经济和社会发展计划，财政预算及其执行情况的汇报，决定预算的部分变更，撤销本级人民政府违反国家方针政策，脱离本地实际，有损人民群众利益的决定和命令，督促处理人民群众来信来访反映的重大问题等。

再谈决定权。讨论，决定本行政区域内的重大事项是地方各级人大及其常委会的一项重要职权。什么是本行政区域内的重大事项，可以从三个方面来看：一是看涉及的范围，看是不是带全局性的问题。二是看包含的内容，看是不是与加强社会主义民主和社会主义法制建设，保证宪法和法律的遵守与执行密切相关；看是不是经济建设、文化建设和公共事业建设中带决策性的问题，是不是人民群众普遍强烈要求解决的问题：三是看产生的影响，是不是有重大影响的问题。就现在来说，决定权的内容：一是抓本行政区域涉及社会主义民主和法制建设的重大问题；二是涉及改革开放、发展经济的重大问题；三是人民群众普遍反映强烈的问题。我这里提出的是一个基本原则，乡镇根据具体情况、讨论、决定本行政区域内的政治、经济、教育、科学、文化、卫生、环境和资源保护、民族、民政等工作的重大事项。行使决定权的方式有两种：一是会议形式，会议对本行政区域内的重大事项通过决议、决定或提出建议交执行机关执行。二是通过人民代表大会审议通过议案的形式来决定本行政区域的重大事项。

三、继往开来，开拓前进，努力做好本职工作

第一，要坚持依法办事。法律赋予乡镇人大的职权有13项，要行使好这些职权，必须严格依法办事，严格按照法定程序进行。要做到这一点，必须尽快地学习和熟悉宪法、地方组织法、代表法及其他有关法律、法规，增强法制观念，提高法律素养，以适应工作的需要。

第二，坚持民主集中制的原则。坚持集体行使职权，是人大工作的一个显著特点。它与政府的首长负责制、党委的委员会制有明显的不同。人大主席、副主席，主席团成员和人大代表在代表大会和主席团会议上表决都只有一票的平等权利，少数服从多数，同时必须过半。这一原则，可以防止主观武断，使许多重大问题的决策建立在民主科学的基础之上。

第三，紧紧依靠全体代表和紧密联系人民群众，是我们开展工作的基础和依托。主席、副主席、主席团成员是代表大会选举产生的，必须向代表大会负责，置于代表大会的监督之下，我们开展工作必须依靠广大代表和人民群众的支持。要加强同他们的紧密联系，认真倾听他们的呼声，全面、及时、真实地反映他们的意愿和要求，依法维护他们的权益，这是我们义不容辞的职责。

第四，经常地、广泛深入地搞好调查研究，是我们必须练好的基本功。必须深入了解政府工作情况，了解本行政区域的实际情况，必须扎扎实实地进行调查研究，只有这样，我们主席团的工作才真正具有科学性、可行性和针对性，才能更加紧密、直接、有效地为经济建设服务。

第五，要坚持以经济建设为中心。促进改革开放和经济建设，是我们工作的立足点和出发点，要紧紧围绕这个中心开展工作，促进本乡镇的改革开放和经济建设。

第六，坚持党的领导，是人大工作必须遵循的一条重要政治原则。党对国家权力机关的政治领导是我国社会主义政治制度的显著特色，也是我们必须发挥的政治优势。人大工作和建设中的重大问题，必须事先报告党委并征得党委的原则同意。同时要认真贯彻党的路线、方针和政策，通过法定程序，使党委的决策变成国家意志。我们要正确处理好贯彻党委意图与反映人民意愿的关系，正确处理好加强党的领导与依法办事的关系，正确处理好贯彻党的政策与执行国家法律的关系，切实地把握好工作中的这些关键环节，把我们的工作做得更好并富有成效。

第七，必须在工作上发挥主动性、创造性。充分发挥主动性和创造性，大胆探索，勇于开拓，是做好人大工作的又一基本经验。从1987年各乡镇人大主席团设立常务主席以来，条件都差不多，但各乡镇人大工作的开展和效果很不平衡，有的乡镇人大工作开展得好，因而有威有位，有的开展得比较差，种了别人的地，荒了自己的田。要做好人大工作，开创人大工作的新局面，就必须在宪法和法律的范围内，发挥主动精神，认真研究人大工作中的新情况和新问题，积极探索深化人大工作的新途径，这样才能推动本乡镇的人大工作不断向前发展。

第八，必须不断加强自身建设。随着社会主义民主法制建设的不断向前发展，对人大工作及其自身建设不断提出新的要求。因此必须加强学习，学习有关的法律法规和党的方针政策，学习人大工作业务知识，不断深化对人大工作的认识，不断提高自己的人大工作理论水平和业务水平，适应人大工作的需要，这是大家面临的新课题；同时还要不断提高乡镇代表的素质，提高他们的参政议政水平，并为他们履行职责创造必要的条件。要不断建立和健全主席团各项工作制度和工作程序及议事规则，使我们的各项工作不断走向制度化和规范化。

同志们，我在这里起个抛砖引玉的作用，希望大家通过自学和工作实践，把这些最基本的学懂学通，努力开创乡镇人大工作的新局面。

在纪念人民代表大会制度建立50周年座谈会上的讲话

洞口县人大常委会主任 肖德生

（2003年9月13日）

同志们：

今天，我们欢聚一堂，座谈纪念我国人民代表大会制度建立50周年。这个座谈会，是我县纪念人大制度建立50周年系列活动之一。根据县人大常委会今年的工作要点的安排，经主任会议研究，报请县委同意，将开展一系列纪念活动。在8月23日召开各乡镇人大主席会议，部署了各乡镇纪念活动。9月10日召开了县属有关单位办公室主任会议，安排了县城户外宣传活动。9月14日晚在洞口电视台，我将有个电视讲话，9月16日将举行隆重的纪念大会。9月20日，开展一次人大知识抢答赛。此次纪念活动，得到了县委、县政府的高度重视和大力支持，县委成立了赵清云书记为组长的纪念活动领导小组，先后2次召开了县委常委会、党政联席会议，专门研究和部署纪念活动，县人民政府专门拨付了纪念活动专项经费。今天会议的目的主要是简要回顾人民代表大会制度建立50周年来的光辉历程，交流经验，联络感情，畅谈体会，进一步把我县人大工作做得更加出色。在此，我首先代表洞口县十四届人民代表大会常务委员会，对到会的各位领导和历届各级人大代表表示热烈的欢迎！对中共洞口县委、县人民政府及其组成机构和各有关单位多年来给予我县人大工作的关心和支持表示衷心的感谢！对致力于推进我县民主法制建设进程的历届各级人大代表、人大离退休老领导老同志和人大常委会组成人员致以崇高的敬意！下面，我讲几点体会，与大家共勉。

一、回顾历史，深刻认识坚持人大制度的重要意义。1954 年9月，第一届全国人民代表大会胜利召开和通过了《中华人民共和国宪法》，人民代表大会制度正式确定为我国的根本政治制度。我县也于同年5月召开了洞口县人民代表大会第一次会议，1980年5月在县第八届人民代表大会上选举产生洞口县人大常委会。半个世纪的实践充分证明，人民代表大会制度是我国的根本政治制度，是人民当家做主的政权组织形式，是适合我国国情的制度，具有巨大的优越性和强大的生命力。因此坚持人民代表大会制度，加强和改进人大工作是发展社会主义民主政治建设的必然要求；是依法治国，建设社会主义法治国家的必然要求；是保证人民当家作主、实现党和国家长治久安的必然要求。也是把坚持党的领导、人民当家做主和依法治国有机统一起来的根本保证。

二、立足现实，为洞口的经济社会发展服务。主要讲两个方面的想法。一是正确行使职权。县人大常委会要切实行使好重大事项决定权、监督权、人事任免权。努力做到：人民群众关心的问题、人民群众普遍反映的事要多做，阻碍洞口发展、损害人民群众的事坚决不做. 始终坚持人民的利益高于一切。过去的几十年，我们依法对县内重大事项作出了决议，如1999年县十三届人大常委会依法作出《关于加强土地管理，切实保护耕地的决议》，2000年县十三届人大常委会依法作出《关于加强林业公安队伍整顿，确保公正执法的决议》，2002年十四届人大常委会依法作出《关于县城内禁爆禁狗的决议》，2003年县十四届常委会依法作出《关于拆除迴龙洲非法建筑，保护生态环境的决议》，2004年县十四届人大常委会第十二次会议依法作出《关于依法治理河道的决议》。这些决议都得到了人民群众的拥护和赞扬。二是要正确处理好人大常委会与“一府两院”的关系。宪法规定，人民代表大会及其常委会与人民政府、人民法院、人民检察院的关系是决定与执行、监督与被监督的关系，主要是通过工作监督和法律监督来实现。人大监督是对“一府两院”必要的制约，“一府两院”在工作中必须对人民代表大会及其常委会负责，落实人大常委会的各项重要决议。人大常委会对“一府两院”的监督，要管粗不管细，管大不管小。既不能失职，也不能越权，监督讲究一个“度”。总而言之，要做到相互尊重、相互支持、相互信任。

三、放眼未来，努力做好人大各项工作。为进一步做好新时期的人大各项工作，我认为要做到“三个坚持，两个加强”。三个坚持：一是要坚持党的领导。这是一条不可动摇的根本原则，也是通过实践证明做好人大工作的首要前提。中国共产党是中国特色社会主义事业的领导核心。我县人大工作要在党的路线方针、政策的指引下，在县委的领导下开展工作，要自觉维护县委的权威，争取县委对人大工作的重视和支持，使人大工作稳步向前发展。坚持党的领导最重要的就是：一要经过法定程序，使党的主张成为国家意志；二要经过法定程序，使党组织推荐的人成为国家机关领导人，并对他们进行监督。二是要坚持依法治县。要强化法制宣传，推进依法治县进程，要继续开展普法教育，提高全民法律素质，加强执法检查的力度，维护法律的尊严，每年要突出搞好1～2部法律的执法检查；要加强个案监督，严肃查处司法不公的案件，在全县形成知法、守法和依法办事的社会氛围。要按照依法治国方略的要求，大力推进依法治县进程，维护社会稳定。三是要坚持

"人本"观念，以人为本。我们在国家权力机关工作，受全县人民重托，为人民行使权力，要做到正确行使手中的权力，努力做到权为民所用，情为民所系，利为民所谋。要了解民情，反映民意，集中民智。要围绕我县改革、发展、稳定的重大事项和人民群众关注的热点、难点、重点问题及时作出决议决定；要坚持全心全意为人民服务的宗旨，要把维护人民群众利益、为老百姓办实事作为工作的出发点，把人民群众高兴不高兴，满意不满意，答应不答应作为衡量工作好坏的标准。要进一步加强代表工作。提高代表素质，增强代表参政议政能力。两个加强：一要加强对"一府两院"的监督。加强监督工作是人大常委会的重要职责，要以增强监督实效为核心，有重点地开展监督工作，探索和完善监督方式和监督机制，促进依法行政和司法公正。既要监督事，也要监督人。除了法律监督和工作监督外，我们还要进一步加强对"一府两院"负责人的述职评议工作，探索评议方式，改进评议方法，不断提高评议实效。二要加强人大队伍建设。人大干部要继续加强学习，注重调查研究，确保在工作中把握正确的政治方向，增强依法履行职责的能力，要以制度建设为重点，切实加强机关建设，进一步理顺关系，明确责任，规范程序，提高工作质量和办事效率。不断提高人大机关工作人员的综合素质。要在总结和借鉴过去经验的基础上，从洞口实际出发，大胆实践，不断创新，努力把我县人大工作提高到一个新的台阶。

谢谢！

在纪念洞口县人大常委会设立30周年座谈会上的讲话

县人大常委会主任 黄先球

（2009年9月22日）

同志们：

30年前，五届全国人大二次会议通过了《关于修正<中华人民共和国宪法>若干规定的决议》和《中华人民共和国地方组织法》，要求县级以上地方各级人民代表大会设立常务委员会，1980年5月，洞口县第八届人民代表大会第一次会议选举产生了洞口县人大常委会。从此，揭开了人民代表大会制度在洞口深入实践的新篇章。

今天，在庆祝中华人民共和国成立60周年之际，我们欢聚一堂，庆祝并纪念这一在洞口发展史上具有重要意义的制度建设重大成果的诞生，这对于进一步团结动员全县人民坚持人民代表大会制度，建设和谐新洞口，具有十分重要的意义！30年前，以党的十一届三中全会为标志，我们胜利开启了改革开放灿烂辉煌的历史新时期。30年来，伴随着改革开放的伟大历程，洞口经济社会迅猛发展，各项事业都取得了辉煌成就。在这一伟大历程中，县历届人大常委会和人大代表在中共洞口县委的正确领导下，认真履行职能，充分发挥作用，为维护宪法和法律在我县的正确实施，为推进我县民主法制建设，为建设团结、民主、富强、和谐的洞口做出了积极贡献。在此，我谨代表洞口县第十五届人民代表大会常务委员会，向到会的各位领导、同志们表示最热烈的欢迎！对县委、县人民政府、县政协及有关部门对人大工作长期以来的关心和支持表示衷心的感谢！同时，对致力于推进我县民主法制建设而无私奉献的历届县人大常委会的老领导、同志们及历届各级人大代表致以最崇高的敬意！

今天，我主要讲三个方面的内容。

第一个方面：县人大常委会30年来的工作回顾

自1980年5月选举产生以来，弹指一挥间县人大常委会已经走过了30个春秋，回顾这30年的光辉历程，县人大常委会在中共洞口县委的领导下，在全县人民的大力支持下，紧紧围绕我县改革发展稳定大局和群众切身利益、社会普遍关注的重大问题，认真行使宪法和法律赋予的各项职权，审议决定重大事项，切实加强工作监督和法律监督，依法人事任免，为保障我县经济社会平稳较快发展付出了大量心血，做出了应有的贡献。归纳起来，我们主要做了以下几个方面的工作：

（一）依法行使审议决定权，促进决策民主化、科学化

30年来，在县委的正确领导下，县人大常委会依法审议决定县内重大事项，共做出决议、决定近200项。其中除依法做出有关重要中心工作的常规性决议，常委会还围绕我县改革发展中的重点、难点问题，围绕人民群众普遍关心的热点问题做出决议，取得的良好成效历历在目。1983年8月，县八届人大常委会第22次会议作出《关于切实做好五保户供养工作的决议》，第一次给我县2116户、2418名孤寡老人填发《五保户供养证》，使五保老人的吃、穿、住、医、葬等问题得到较好解决。省民政厅转发了我县人大常委会的决议，推介了洞口县供养五保户的经验。县八、九、十届人大常委会根据代表和群众反映，我县拐卖妇女、儿童的现象严重，作出《关于进一步搞好综合治理，坚决打击拐卖妇女、儿童，争取社会治安根本好转的决议》。在全县范围内开展了一场大规模的“打拐”专项斗争，共收容审查人犯97名，提请逮捕62名，2名判死刑，1名判死缓，有力地打击了拐卖妇女、儿童的犯罪活动，维护了妇女、儿童的合法权益。1988年县十届人大常委会第9次会议通过《关于认真贯彻执行〈中华人民共和国土地管理法〉的决议》，县人民政府严肃处理84起违法占田建房案件，按照法律程序，拆除了3户违法占田修建的房子，自行拆除12座，狠抓了耕地占用税费的清查补交，健全了用地审批制度，增强了人民群众的法制观念。1990年，县十一届人大常委会作出《关于解决干旱死角地区水利问题的决议》《关于保护水利、电力设施的决议》。当年全县掀起大修水利的高潮，完成工程1081处，新增和恢复灌溉面积0.08公顷，洞口县获邵阳市水利建设第一名、湖南省水利建设先进县称号。1993年，十二届人大常委会第2次会议通过《关于制止“三乱”，减轻农民负担的决议》。县政府为落实这一决议，清查248个单位和乡镇，清出“三乱”资金295万元，退还农民109万元，收缴财政32万元，撤销不合理负担项目16个，停止17项集资和9项基金，减轻农民负担800余万元。县十四届人大常委会第13次会议上作出了《关于切实加强全县河道管理的决议》，提出了6条整改意见向县人民政府进行了交办。县人民政府针对我县河道管理中存在的问题逐项整改到位，并于年底向人大常委会报告了整改情况。此举得到广大群众特别是沿河人民的拥护。县十四届人大常委会根据县十三届人民代表大会第六次会议的议案及群众反映强烈的城区养狗、燃放烟花爆竹的情况，深入调查，发出征求意见表万余份，经过科学论证，做出了《关于在县城规划区域内禁止燃放烟花炮竹和禁止养狗的决议》，有效地整治了城区环境。近年来，为保护回龙洲生态环境，县十四届、十五届人大常委会分别作出《关于拆

除回龙洲非法建筑、保护生态环境的决定》《关于建设回龙洲森林公园的决定》，县委、县政府高度重视，拆除了洲内大量非法建筑，当地生态得到了良好保护。目前，回龙洲整体搬迁和森林公园建设以取得了阶段性成果。

（二）依法行使监督权，促进依法行政、公正司法

监督是人大的一项中心工作，包括法律监督和工作监督。监督“一府两院”，督促其依法行政、公正司法是宪法和法律赋予人大的重要职权。去年“两会”上，胡锦涛总书记明确指出：“人大要继续加强和改进监督工作，认真贯彻实施监督法，突出重点，完善监督形式，进一步增强监督实效，着力推动带有全局性、普遍性、倾向性问题的解决。”从历届县人大常委会的工作经验来看，要增强人大监督工作的实效，关键就是要围绕中心、突出重点、一抓到底。围绕中心、突出重点就是说我们常委会听取工作汇报、执法检查要紧紧围绕关系我县改革发展稳定大局和群众切身利益、社会普遍关注的重大问题来实施。对于重点、难点问题，我们综合运用听取汇报、执法检查、跟踪监督等方式，找准问题，认真抓、反复抓。**一是加大了法律监督的力度。**为保障宪法和法律在我县的贯彻实施，30年来，我们抓住一些比较突出的问题，找准薄弱环节，组织或配合上级人大在县内开展了《中华人民共和国森林法》《中华人民共和国土地管理法》《中华人民共和国律师法》《中华人民共和国义务教育法》《中华人民共和国农业法》《中华人民共和国劳动法》《中华人民共和国动物防疫法》《中华人民共和国行政处罚法》、《中华人民共和国刑事诉讼法》《中华人民共和国环境保护法》等72项法律法规进行了执法检查。其中比较突出的，1996年，正值《中华人民共和国土地管理法》颁布实施十周年，县人大常委会开展了《土地管理法》的执法检查，在主任会议上听取和审议了县人民政府关于建设用地管理情况的汇报，并派员会同政府有关职能部门进行了检查，共查出各类土地违法案件171件，占用耕地面积51.88公顷,处理137件,依法拆除影响较大的违法建房3座,共追缴耕地占用税、基本农田造地费、土地管理费等72.1万元，大大增强了人民群众的国土意识。2004年，为贯彻落实当年中央一号文件精神，按照省市人大常委会的统一部署，开展了《中华人民共和国农业法》综合执法检查。共历时7个月，对全县15个单位和部门、14个乡镇开展了执法检查活动。重点突出，措施得力，效果显著。省人大常委会副主任庞道沐率省人大常委会农业法及相关法规执法检查组来洞口检查时，称赞洞口的执法检查工作：领导特别重视、工作特别扎实、整改特别认真、监督特别有力，洞口的农业增效、农民增收，农民负担减轻了，看得到、感受深，洞口的农村农民富、民风好、环境优。我们的每次执法检查都能取得良好实效，具体做法是：（1）统一部署，上下联动，把自查和调查相结合。（2）围绕中心、突出重点。常委会围绕县委的中心工作，突出依法行政和公正司法这个主题，抓住全县人民广泛关注的热点问题，在调查的基础上，科学分析全县普遍性和倾向性的问题，增强执法检查的针对性。（3）抓住典型，集中审议。检查前，注意掌握有关典型案件和信息；检查中，认真地对重点案件进行深入的调查、剖析；检查后，在常委会上对执法检查情况进行集中审议。（4）认真交办、督促整改。常委会注重检查实效，执法检查后，针对存在的问题，要求有关单位限期整改并报告结果。整改不力的，督促其认真整改，直到整改到位为止。**二是加大了工作监督的力度**。一方面强化计划和预算审查监督，保证计划和预算的执行。常委会加强对计划和预算的审查监督，每年都在深入调查、全面分析经济状况的基础上，听取和审议县人民政府关于上年度财政决算和当年财政预算执行情况的报告，作出批准年度财政决算的决议。常委会始终注重发挥审计监督的作用，通过听取和审议审计工作报告，掌握财政预算执行和资金使用情况，提高对财政决算的审查质量，促进政府依法理财、科学理财。另一方面是选择关系改革发展稳定大局和群众切身利益、社会普遍关注的重大问题，听取和审议专项工作报告。30年来，常委会听取和审议了“一府两院”关于工、农业发展、食品卫生、农村医疗改革、教育、社会事务管理等12方面共300余个专项工作报告。根据组成人员的审议意见，向“一府两院”发出交办意见，要求“一府两院”认真办理落实，推动了相关工作的开展和群众关心的一些问题的解决。1989年，县十届人大常委会16次会议针对代表和群众多次反映的医药市场混乱问题，听取和审议了县人民政府《关于〈药品管理法〉实施情况的汇报》，向县人民政府提出了依法整顿医药市场的建议，共检查65个单位，查出伪劣药品110种计2400公斤，罚没多收价款5516元，取消了无证经营的药店和诊所29个，调整了医疗网点。省人大常委会科教文卫委员会肯定和推介了洞口的做法。1993年县十二届人大常委会第5次主任会议向公安局督办上年司法评议未结案的《欧阳某秀之死是自杀还是他杀》一案，专题听取汇报，结论仍是自杀。会后，由一名副主任带3名干部调查此案，深入基层走访群众，查询线索，并携带案卷两次赴省公安厅刑事技术科学研究所做了汇报。刑科所专家阅卷后，又约见了市、县法医，根据尸体之伤痕，不能排除他杀的可能，改变了原自杀的定论。6月23日的第14次主任会议决定，此案交由检察院办理、公安局协助。通过办案机关的深入调查取证，案情有重大突破。7月14日，专案组收审重大嫌疑对象杨正康，杨交待了杀害欧阳某秀的犯罪事实，逍遥法外一年零四个月的杀人凶手终于落入法网，被绳之以法。《中国检察报》、《湖南日报》、《民主与法制》、《人民之友》、《邵阳日报》、省电视台等新闻媒体对此做了翔实报道，在全省乃至全国产生较大影响。县十三届人大四次会议立案的《关于整治林业公安的议案》，常委会高度重视，从县委督察室、县政府法制办、林业局、公、检、法、司和人大内司委、农工委抽调人员，由2名副主任带队，分成2个调查组，深入林区9个乡镇对1998年以来的林业公安执法情况进行调研，多渠道听取意见，召开各种座谈会，调阅案卷30多个。十四届人大常委会第19次会议认真听取和审议了林业公安分局的执法情况汇报，第20次会议做出《关于加强对林业公安队伍进行整顿、确保公正执法的决议》。县委对此十分重视，发出“会议纪要”。县政府对人民代表高度负责，多次进行认真研究。林业公安分局及时纠正错案9起，直接退还林农罚没款5.9万元。县十五人大常委会制定出台了《洞口县人大常委会工作评议办法》《洞口县人大常委会规范性文件备案审查办法》《洞口县人大常委会关于审议决定县财政投入重大建设项目的办法》，对“一府两院”开展工作评议，并对我县的规范性文件进行备案审查，同时对县财政就重大建设项目投入更进一步加强监督。使我们的监督力度进一步加大，规范化和制度化也得到了大幅提高。另外，我们每届人大常委会都要召开一次与“一府两院”的工作联席会议，以此加强相互之间的工作联系，加大常委会监督的力度、广度和深度。

（三）依法任免，为推进科学发展、加速洞口崛起提供干事之才

同志们，我们要实现经济社会又好又快发展，关键在人。能否选准、用好、管好干部，关乎洞口的全面建设。县人大及其常委会选举和任命干部，始终坚持党的干部路线，坚持正确的用人导向，坚持德才兼备的标准和任职条件，严格按照选举任命程序，把政治上靠得住、工作上有本事、作风上过得硬的干部选举、任命为国家干部。30年来，县人大及常委会共任免干部1800多人次，为洞口建设正确选任了大量的干事之才。我们在依法人事任免中着重把握好了以下几点：一是正确处理好了党管干部与人大依法任免干部的关系，争取党委对人大工作的支持，并形成良性的工作互动。二是完善了人事任免的任前调查，主动与相关部门联系、沟通，注意掌握拟任人员德、能、勤、绩、廉等方面的情况。三是严格程序，认真审议，充分保障人大正确行使表决权。四是切实加强了干部的任后监督，通过述职、承诺、评议等有效方式，督促常委会选举和任命的干部行使好公共权力，勤政廉洁，依法行政，为经济社会又好又快发展提供保障。2003年2月，县人大常委会首次隆重召开颁发任命书大会，2005年12月，县十四届人大常委会第24次会议首次对县人民政府3名副县长进行会议述职评议，对政府组成机构的主任（局长）、法院副院长、检察院副检察长进行了书面述职评议。今年来，县十五届人大常委会对人事任免办法进行了修改，由过去述职发言改为任职前的承诺，由过去的一般调查改为先进行经济责任审计后开展调查，准确把握问题，准确

搞好人事任免。这些举措都有利于增强被任命人员的依法履职的责任感。

（四）关注民生，发挥代表作用，加强对乡镇人大的指导

关注民生方面，县人大常委会始终以人民群众的切身利益为根本，替百姓说话，为人民办事。1985年，我县发生大面积劣质种子销售事件，群众反映强烈，县人大常委会牵头组织4个调查组，对全县杂交水稻种子经营、质量问题、销售劣种及造成的危害进行了全面调查，清理整顿杂交稻种子供销渠道，责成有关责任人写出检讨，采取补救措施，对销售劣种者分别做出党纪、政纪处分和收缴其暴利的处理。由于处理及时，补救措施果断得力，当年粮食总产达2.66亿公斤，依然获得丰收。1996年，洞口县遭受百年未遇的特大洪灾，县人大常委会全力投入抗灾救灾，要求县人民政府立即拨款30余万元解决学校受灾和倒房户子弟读书困难的问题，保证全县无一名学生因灾辍学。动员机关干部、职工两次捐款和交纳特殊党费5760元，捐献6床棉被、78件衣服送往重灾区。还派出干部奔赴黄桥，江口重灾区，参加组织恢复“四通”工作，历时月余，为灾后重建工作付出了极大努力。此外，常委会始终坚持“群众利益无小事”的原则，认真接待人民群众的来信来访。30年来，常委会共接到群众来信6000余件，接待来访1万余人次，常委会对群众来信来访都进行登记，并做好详细记录，经领导批示后，转交有关部门办理，并要求限期回复办理结果；同时健全和规范了常委会主任接访制度，更加提升了常委会信访办理的质量和力度。

代表工作方面，一是着重抓了代表学习工作。要求常委会组成人员加强学习《中华人民共和国宪法》《中华人民共和国代表法》《中华人民共和国地方组织法》等法律法规，加强依法履职的能力；二是在全县组织各级人大代表开展活动，从2008年起，我们根据上级人大的安排，组织了人大代表旁听、评议庭审专项活动，以此加强人民对司法的监督，规范庭审工作作风，提高审判质量，促进司法队伍建设，确保公平正义。目前这项活动受到了广大代表和人民群众的好评。三是加大议案和代表意见、建议的办理力度。常委会对代表大会上代表提出的书面建议、批评和意见按照“分解负责，归口办理”的原则，都及时进行了交办和督办。四是常委会注重密切同代表的联系，拓宽代表知情知政渠道，定时开展常委会委员走访代表活动，在坚持走访代表、向代表寄送有常委会关公报的同时，扩大了代表对常委会活动的参与，并使之规范化、制度化。

加强乡镇人大工作方面，我们深深认识到，要夯实人大工作基础，必须注重从基层抓起，从乡镇人大工作入手。我们一是高度重视对乡镇人大工作的规范和检查，每年都要对乡镇人大制定详细的量化考核标准，督促乡镇人大认真履行职责，有效地开展当年的各项工作，并将考核情况提交主任会议进行汇总审查，评选出一

批乡镇人大工作先进单位、乡镇人大宣传工作先进单位和先进个人。二是坚持邀请乡镇人大主席列席常委会会议制度，2008年，我们将以往的每次常委会邀请1-2名乡镇人大主席列席改为全部列席，更加通畅了县乡两级人大工作联系渠道。三是根据《中华人民共和国地方组织法》和上级人大文件的指示精神，将“乡（镇）人大主席团”更名为“乡（镇）人民代表大会”，统一规范了乡镇人大名称。

（五）加强学习，强化常委会自身建设

30年来，县人大常委会着眼提高履职能力和工作水平，高度重视和加强自身建设，有力地促进了县人大工作的制度化、法制化、规范化。我们一是认真学习和深刻领会党的重大理论和精神，坚持每次常委会会议学习1～2部法律，并以理论指导实践、推动工作，提高了常委会组成人员和机关工作人员的政治业务素养，增强了贯彻执行党的方针、政策的自觉性和坚定性，牢固树立了党的观念、政治观念、大局观念、群众观念和法治观念。二是完善制度。30年来，常委会先后制定和完善了常委会工作条例、常委会议事规则、常委会组成人员守则、常委会人事任免办法等法规，相继制定和完善了监督工作、任免工作、代表工作、信访工作等方面的制度，使常委会及常委会机关的工作有法可依、有章可循、勤政廉洁，作风建设得到加强。三是注重深入实际、深入基层，听取群众呼声，了解民情，为群众排忧解难。在去年“四帮”活动和今年的“大走访”活动中，常委会机关的同志时刻以人民公仆的标准要求自己，真正做到了情为民所系、心为民所想、利为民所谋，得到了基层群众的赞扬和好评。

第二个方面：30年来的工作体会（略）

第一，必须正确处理加强党的领导与发挥人大作用的关系。

第二，必须正确处理人大与人民群众的关系。

第三，必须正确处理人大与政府、法院、检察院的关系。

第三个方面：关于今后工作的一些意见（略）

第一，要牢固树立党的领导意识，自觉接受党的领导。

第二，要围绕中心，服务发展大局。

第三，要切实发挥代表的作用，进一步密切与人民群众的联系。

第四，要奋发有为，不辱使命。

同志们，洞口县人大常委会设立30年来的光辉历程，昭示了社会主义制度的无比优越性，彰显着人民代表大会制度的强大生命力，更坚定了我们坚持和完善人民代表大会制度的信心。让我们更加紧密地团结在以胡锦涛同志为总书记的党中央周围，在县委的坚强领导下，坚持以邓小平理论和“三个代表”重要思想为指导，深入贯彻落实科学发展观，齐心聚力，同心同德，为建设更加美好的洞口而奋斗！以优异成绩向中华人民共和国成立60周年华诞献礼！

继往开来 秉承辉煌 充分发挥人民代表大会制度的根本政治制度作用

——在庆祝人民代表大会制度设立60周年大会上的讲话

洞口县人大常委会主任 曾晓桃

（2014年12月2日）

同志们、朋友们：

今年是人民代表大会制度设立60周年，也是我县人大设立常委会35周年。今天我们在这里隆重集会，纪念并庆祝这一伟大政治制度的60华诞，回顾60年来的光辉历程，展望社会主义民主政治的发展前景，更好凝聚起全县人民群众的无穷智慧和磅礴力量，为建设美好洞口、全面建成小康社会，具有十分重要的意义。

今年9月5日，中共中央、全国人大常委会在北京隆重举行了庆祝大会，习近平总书记发表了重要讲话，全面回顾了我国人民代表大会制度建立和发展的历程，明确提出了坚持和完善人民代表大会制度“四个必须”的基本要求，突出强调了我们肩负的历史责任和重大使命，再次号召全党全国各族人民为实现中华民族伟大复兴而团结奋斗。

同志们！系统总结、深刻认识和广泛宣传我国人民代表大会制度60年的光辉历程、巨大成就、独特优势和重要经验，对于推进人民代表大会制度理论和实践创新，推动人大工作完善发展进一步坚定中国特色社会主义道路自信、理论自信、制度自信，具有极其重要的意义。

为此，我讲三个方面的意见。

一、回顾光辉历程，我们要更加坚定制度自信

翻开历史的篇章，洞口人大从无到有，从创建到发展，再到破坏、恢复和完善，我们走过了一段艰辛、曲折但又光辉的发展历程。历史的车轮向前行驶，留给我们的是弥足珍贵的记忆。

1952年4月1日，中共洞口县委、洞口县人民政府经中华人民共和国中央人民政府政务院批准正式成立。从此中国的版图上标记上了洞口。洞口华丽的篇章也就从此而展开。1954年6月30日至7月2日，洞口县第一届人民代表大会第一次会议胜利召开，标志着之前的各界人民代表会议完成了她的历史使命，退出了历史舞台，这次会议共有271名人大代表出席会议，成立了宪法草案讨论委员会，讨论了《中华人民共和国宪法草案》。从此，洞口县人民代表大会正式形成，为发扬社会主义民主和建立社会主义法制奠定了初步基础，为人民群众当家作主参与国家决策提供了平台，开创了人民当家作主的历史新阶段。而后，在“文化大革命”期间，人民代表大会制度遭受了严重的破坏，这十年内没有举行过一次会议，到“文化大革命”结束后，1978年1月举行的洞口县第七届人民代表大会，我县因“文化大革命”而遭受破坏的人民代表大会制度才得以恢复，人民代表大会制度在我县的生动实践开始了从遭受严重破坏到逐步完善发展的历史新进程。

1980年，我们召开了洞口县第八届人民代表大会第一次会议，按照《中华人民共和国地方各级人民代表会议和地方各级人民政府组织法》《全国人民代表大会和地方各级人民代表大会选举法》规定的要求，县级人民代表大会设常务委员会，县人大及其常委会正式成为地方国家权力机关，依法行使国家权力，依法维护广大人民群众的利益，洞口人大进入一个全新的蓬勃发展阶段。

60年来，人民代表大会制度不断在巩固、完善和发展中显示出了强大的生命力和巨大的制度优越性。保障了人民当家作主，保证了人民依法实行民主选举、民主决策、民主管理、民主监督，确保了人民群众享有广泛的权利和自由；调动了全县人民的积极性，以主人翁的身份投身于社会主义建设，最广泛地凝聚了人民群众的智慧和力量，使全县人民坚定不移地朝着国家发展的宏伟目标奋勇前进。

60年来，我县历经了16届人民代表大会，共召开人民代表大会会议（各界人民代表会议）52次，召开人大常委会会议245次，听取和审议了“一府两院”810多项工作报告，作出决议决定133项，对120多部法律法规在我县的贯彻落实情况进行了执法检查，对县直单位和部门开展工作评议、述职评议110余次，任免国家机关工作人员1824人次，收集代表议案、建议和、批评和意见近万条。60年来，县人大及其常委会坚定不移地贯彻落实县委决策部署，依法履行人大职责，讨论、决定本行政区域内的重大事项；竭尽所能地关注民生，努力推动群众利益问题的有效解决；严肃认真地开展监督，持之以恒督促“一府两院”依法行政、公正司法，维护好人民群众的合法权益；认真仔细地审查了财政预算决算，支持县人民政府依法理财、科学理财，维护财政经济秩序,提高资金使用效益；依法负责地做好人事任免工作，保障县委重要人事安排圆满实现，为我县各项工作的开展奠定了良好的组织保障；充分尊重人大代表的主体地位，发挥了人大代表的作用，积极引导、支持和保障代表依法履职、发挥作用；自觉主动地加强自身建设，提高了常委会依法履职的能力，确保各项工作进一步规范，履职水平进一步提高。

60年来，人民代表大会制度几经沉浮，在风雨中前行，最终展现出强大生命力。这说明，人民代表大会制度是符合我国国情，适合我国发展的唯一正确的政治制度。因此，我们必须要更加坚定制度自信，把人民代表大会制度这一国家根本政治制度坚持好、完善好、发展好。

二、总结实践经验，我们要更加坚定正确方向

发展历程鼓舞人心，实践经验弥足珍贵。综观历史，尽管我们一度走过弯路、受过挫折，但我们始终是根据自己的实际情况走自己的路，并不断进行总结、继承、完善和提高。在这一过程中，我们积累和形成了一系列重要的宝贵的实践经验，认真总结这些经验，对于我们在新的征程上始终坚持正确的政治方向不动摇，与时俱进地不断完善人民代表大会制度，开创人大工作新局面，具有非常重要的意义。具体而言，有以下几个方面的重要经验。

（一）要始终坚持党的领导不动摇，保证正确的政治方向

中国共产党的领导地位是我们党团结带领中国人民长期进行革命、建设、改革实践中形成的，是历史的选择是人民的选择。中国共产党是中国特色社会主义事业的核心，是全国各族人民的主心骨，是支持和发展人民当家做主、充分体现人民共同意志、维护人民共同利益的重要保障。因此，坚持党的领导，是人大制度的重要特色和优势所在，是做好人大工作的根本保证，也是人民代表大会制度60年来取得巨大成就的最重要原因。

60年来，特别是35年来，我县人大及其常委会自觉坚持党的领导，通过代表大会制度，积极保证县委统揽全局、协调各方的领导核心作用，坚决执行县委的重大工作安排，善于使县委的重大决策和主张通过法定程序成为全县人民的共同意志；善于使县委提名的人选通过法定程序任命到合适的国家机关；善于通过对“一府两院”的监督推动县委重大决策部署的贯彻落实。长期以来，县人大在工作中遇到的重大问题和重要事项，我们都坚持主动向县委请示汇报，主动寻求县委的支持。县人大及其常委会的各项工作，始终都坚持了这一原则，始终坚持了这一正确的政治方向。

（二）要始终坚持从县情实际出发，把支持寓于监督之中

人大与“一府两院”是一个有机的整体，分工不同，职责不同，但总的目标和任务是一致的。人大通过依法行使审议决定权行使国家权力，政府严格依法行政，法院和检察院依法公正司法。人大依照宪法和法律的规定，对“一府两院”实行监督，目的是为了督促“一府两院”把各项工作做得更好，把人民赋予的权力真正用来为人民谋利益。这种监督，既是对“一府两院”必要的制约，也是对“一府两

院”工作的支持和促进。

60年来，特别是35年来，我们立足于县情实际，紧紧围绕县委中心工作，抓住经济社会发展的长远问题和改革发展的重大问题，适时作出决定决议，逐步形成深入了解民情、反映民意、集中民智、珍惜民力、保障民益的决策机制。围绕解决法律法规实施中的突出问题和完善社会主义市场经济体制进程中遇到的深层次问题，加强和改进监督工作。加强了对规划、计划、预算特别是部门预算、使用政府性资金建设重大项目等的审查监督，实现对规划、预算的审查由程序性监督向实质性监督转变，监督力度不断加大，监督的针对性和实效性也不断提高。例如，**在依法行使重大事项决定权方面**，我们坚持从实际出发，广泛听取意见，想大事、议大事、抓大事。60年来，就我县经济、政治、文化、社会、生态文明建设等方面，作出决议、决定133项。1983年8月，县八届人大常委会第22次会议做出《关于切实做好五保户供养工作的决议》，为我县2116户、2418名孤寡老人填发“五保户供养证”；1990年，县十一届人大常委会作出《关于解决干旱死角地区水利问题的决议》《关于保护水利、电力设施的决议》，当年全县掀起大修水利的高潮，完成工程1081处，新增和恢复灌溉面积0.008万公顷，当年洞口县获邵阳市水利建设第一名、湖南省水利建设先进县称号；特别是近年来，县十六届人大常委会作出了《关于言爱基金援建洞口县思源实验学校问题的决议》《关于撤销水东乡建立水东镇的决议》《关于撤销岩山乡建立岩山镇的决议》《关于将洞口县枫木冲土地储备项目资本金及还款资金支付列入年度财政预算的决定》等决议决定，通过依法行使决定权，大力支持县域经济发展。**在加强监督工作方面**，在历史的各个时期，我们紧紧围绕中心工作，抓住影响和制约我县经济社会发展的重点、难点、热点问题，认真开展了对“一府两院”的法律监督和工作监督，先后召开常委会245次，听取和审议工作报告810项，对120多部法律法规开展了执法检查，如1996年，正值《中华人民共和国土地管理法》颁布实施十周年，县人大常委会开展了《中华人民共和国土地管理法》的执法检查，共查出各类土地违法案件171件，占用耕地面积51.88公顷,处理137件,依法拆除影响较大的违法建房3座,共追缴耕地占用税、基本农田造地费、土地管理费等72.1万元，大大增强了人民群众的国土意识。2004年，为贯彻落实当年中央一号文件精神，按照省市人大常委会的统一部署，开展了《中华人民共和国农业法》综合执法检查。历时6个月，对全县15个单位和部门、14个乡镇开展了执法检查活动，重点突出，措施得力，效果显著。今年，县十六届人大常委会为支持我县“打非治违”行动，我们安排专门力量，对全县的非法占用耕地违规建房现象进行了全面监督检查，并制作了名为《但留方寸地，留与子孙耕》的专题纪录片。

（三）要始终坚持代表主体地位，进

一步激发履职热情发挥代表作用

做好人大工作，离不开代表作用的充分发挥，60年来，我们坚持尊重代表主体地位，坚持为代表服务的思想理念，进一步完善工作制度，努力提高服务水平，支持和保障代表依法履职，使代表作用得到进一步发挥。一是注重认真办理代表议案建议。我们坚持把代表议案建议办理工作与县人大常委会工作有效结合起来，并选择出社会普遍关注的热点和难点问题作为重点交办件，办理成效明显提高，实现了由“答复满意”向“结果满意”的转变。二是注重激发代表工作活力。我们在组织人大常委会委员进行工作视察和工作评议时，坚持邀请基层代表和乡镇人大主席列席。60年来，县人大常委会共组织省、市、县人大代表2400多人次进行工作视察和调研，参加活动的代表积极建言献策，充分反映人民群众呼声，为提高县人大常委会的工作质量发挥了重要作用，也进一步彰显了人大代表群体的活力。三是积极发挥代表作用。2011年，县人大常委会就县茶路电站和中国东方资产管理公司的1.7亿元债务纠纷，组织省、市人大代表先后赴省人大常委会、省高级人民法院和市人大常委会请示、汇报，请求妥善处理茶路电站与东方资产管理公司之间的债务纠纷。通过县人大常委会和各级人大代表的积极努力，最终达成还款3000万元的协议，圆满处理了该起债务纠纷，充分发挥了人大代表依法维权的积极作用。

（四）要始终坚持自身素质的提高，打造一支过硬的人大工作队伍

打铁还需自身硬。60年来，县人大及其常委会着眼提高履职能力和工作水平，以创一流的标准，高度重视和加强自身建设，着力打造作风优良、运转高效、充满活力的人大队伍，有力地促进了工作的制度化、法制化和规范化。

回望过去，我们一直以改革创新的精神研究解决人大工作中存在的问题，积极推进理论和实践创新，确保更好地体现时代性、把握规律性、富有创造性。在加强思想政治建设上，我们牢固树立政治观念、大局观念、群众观念和法治观念，以奋发进取的姿态投身人大事业。在加强机关组织建设、作风建设和制度建设上，以饱满的热情、积极进取的态度促进人大各项工作的制度化、规范化、法制化，推动人大常委会工作高效运转。县十六届人大常委会选举产生后，我们在总结多年实践经验的基础上，不断完善民主议事、科学决策的各项规章制度，制定了《洞口县人大常委会组成人员守则》，修订、完善了《洞口县人大常委会工作总则》《洞口县人大常委会议事规则》等19项常委会工作制度和12项机关管理制度，保障了制度供给与时俱进，把人大工作的各个层面、各个环节纳入制度化、规范化的轨道。

今年，县人大常委会更是抢抓了党的群众路线教育实践活动这个最大的机遇，对照“四风”问题，按照“三严三实”要求，广泛开展教育实践活动，进一步强化了工作作风、提升了为民服务水平，把自

身建设提高到了一个崭新的层面。

三、认真履行职责，我们要更加坚定前进步伐

同志们！虽然时值初冬，但党的十八届四中全会却让我们感到，中国迎来了一个春天——法治的春天。习总书记的“9·5”讲话，深刻明确提出了当前和今后一个时期需要着重抓好的五个重要环节的工作，为我们坚定不移地坚持和完善人民代表大会制度，加强和改进人大工作推进国家治理体系和治理能力的现代化和法治化，具有重大的指导意义。因此，在新的历史起点上，我们要充分发挥人民代表大会制度这一根本政治制度的优越性，认真履行宪法和法律赋予的职责，认真做好新形势下的人大工作，为社会主义民主政治建设做出新的贡献。

（一）要加强和改进监督工作，切实增强监督实效。人大及其常委会监督“一府两院”的工作和实施有关法律情况，是人民代表大会制度的内在要求和制度安排，体现了国家一切权力属于人民的宪法原则。要全面贯彻实施监督法和有关法律的规定，坚持围绕大局、突出重点，加强对“一府两院”工作的监督，加强对政府全口径预算决算的审查监督和对国有资产的监督，加强对法律法规实施情况的监督，努力健全权力运行制约和监督体系。正确处理监督与支持“一府两院”工作的关系，既敢于监督又善于监督，保证“一府两院”依法行使行政权、审判权、检察权，维护公民、法人和其他组织的合法权益。完善监督工作方式方法，增强监督工作的针对性和实效性，积极回应社会关切。

（二）加强和改进代表工作，充分发挥代表作用。人大代表是国家权力机关组成人员，代表人民的利益和意志依法参加行使国家权力。我们要尊重代表主体地位，支持和保障代表依法履职，坚持代表来自人民、植根于人民的特点和优势，更好发挥代表作用。加强人大常委会同代表的联系，扩大代表对常委会、专门委员会工作的参与，畅通社区民意反映和表达渠道。加强人大代表同人民群众的联系，完善代表联系群众制度，推进代表联络机构和网络平台建设，更好发挥代表在了解民情、反映民意、集中民智方面的独特作用。

（三）要加强人大制度的理论研究和新闻宣传工作。要立足县情，认真总结人大制度在我县的生动实践，不断总结经验积极适应新要求、回答新课题，加强理论研究，不断赋予人大制度新的生机活力，不断丰富人大制度在我县实践所产生的“洞口特色”。要紧紧围绕县人大及其常委会的中心工作和履职情况，继续加强组织策划，改进方式方法积极开展人大新闻宣传工作，全面反映县人大工作的新进展新成绩，生动展现我县民主法治建设的新气象新局面，在全县形成良好的民主法治氛围。

（四）要加强人大及其常委会的自身建设。始终把思想政治建设摆在首位，坚持人大工作正确的政治方向。在思想上政治上与党中央保持高度一致，在工作上行动上与县委同心同德、同步同调，坚决执行县委的重大决策部署。要继续加强作风建设，坚持和贯彻党的群众路线，巩固和发展教育实践活动的成果，深入实际、深入基层，听取群众呼声，了解民情，为群众排忧解难。要大力加强能力建设，拓展学习内容，不断提高综合素质和依法履职能力。

同志们，朋友们！

60年来，人大制度在前行的路上，风雨兼程、步履坚实。到今天，改革发展稳定任务之重前所未有，矛盾风险挑战之多前所未有。既然我们选择了人民代表大会制度，那么就要坚定地走下去！人大制度的坚持和完善，并非一朝一夕一蹴而就，也许前进的道路并不平坦，但只要我们坚定信心、携手奋进、勇往直前，紧紧依靠县委的坚强领导、紧紧依靠全县86万父老乡亲，就能为我县全面建成小康社会，实现中华民族伟大复兴的中国梦做出新的贡献！

后 记

正值全国上下隆重庆祝人民代表大会成立60周年之时，洞口县人大常委会主任扩大会议研究决定编纂人大志，推进社会主义民主政治建设，发展社会主义政治文明。2014年6月5日，县人大常委会办公室发出《关于切实做好<洞口县人大志>编纂工作的通知》，成立了编纂委员会，选定了编审人员，提出了目标要求。6月11日，工作人员到岗到位，编纂工作正式启动。

县人大常委会主任曾晓桃出任编纂委员会主任；特聘健在的历届人大常委会主任为顾问。十六届、十七届人大常委会的副主任和副处以上干部任编纂委员会副主任。先后有曾泽群副主任、吴华玉副主任主管编纂工作。2016年6月，确定县人大常委会原副主任、正处级干部旷筱炎为编纂委员会专职副主任。十六届、十七届人大常委会所属委、室主任为编纂委员会委员；特邀县史志办公室主任邓联文、文广新局局长严楚纲为编纂委员会委员。

编纂委员会下设编辑室。县人大常委会办公室主任王友火出任编辑室主任，主持编辑室全盘工作。特聘曾任县人大常委会5届、19年副主任、正处级干部龙际红为编辑室顾问。聘请洞口县政府办公室原副主任、经济研究室原主任、《洞口县志》副主编曾令钧为主编；聘请县委宣传部理教组原组长、县委党校原副校长、县人大常委会教科文卫工作委员会原（正科级）副主任翟光奇为副主编。编写人员分工负责，通力合作。翟先奇负责“概述”“县人大常委会履职纪要”组稿，并参加总纂；其余部分由曾令钧负责组稿，并负责统稿；主任、顾问参加总纂，负责全志把关。

志稿分批次送审。2016年4月，编辑室向编纂委员会送审“序”、“凡例”、“概述”、“大事记”、“各届人民代表会议”、“人民代表大会代表”、“人民代表大会会议”等部分；2016年8月，送审“人民代表大会常务委员会”、“县人大常委会履职纪要”、“乡镇人民代表大会”、“人物”、“附录”等部分。2017年3月开始总纂，至6月底，复印成图文在内，尚缺后记的评审稿，分送编纂委员会各位领导和健在的、居住在洞口县的、曾任人大常委会副主任的部分老领导审阅。2017年8月8日，召开志稿评审会。

会后，根据评审意见作了修改，由主编一支笔统稿，于当年12月送方志出版社修订。

在编纂过程中，县人大常委会的历任领导和各办委做了大量的组织协调工作，在方案酝酿、篇目拟定、资料收集、评议评审等过程中，热心这一工作的有关工作人员和退休老同志积极配合，提出许多很好的意见和建议。县档案局（馆）为编纂查档整理资料提供便利。县史志办认真负责地审阅全稿，书面和口头提出了重要指导意见。各乡镇人大也提供了比较丰富的素材，并为编纂人员联系基层代表提供了方便。在此，谨向所有重视、关心和支持《洞口县人大志》编纂工作的单位、领导和有关同志表示诚挚的谢意。

由于本志时间跨度大，涉及内容广，资料又欠齐全，加上编写时间比较紧，编写人员经验不足，阅历有限，虽经多次征求意见、审核、修改，错误和遗缺之处仍在所难免，敬请广大读者批评指正。

《洞口县人大志》编纂委员会

2017年12月